GUSTAV ADOLF

Marcus Junkelmann

GUSTAV ADOLF

(1594–1632)

Schwedens Aufstieg zur Großmacht

Verlag Friedrich Pustet
Regensburg

Die Deutsche Bibliothek – CIP-Einheitsaufnahme

Junkelmann, Marcus:
Gustav Adolf : (1594–1632) ; Schwedens Aufstieg zur Grossmacht / Marcus Junkelmann. – Regensburg : Pustet, 1993
ISBN 3-7917-1397-3

ISBN 3-7917-1397-3

Umschlagmotiv: Porträt Gustav Adolfs, Winter 1631/32,
von Matthäus Merian d. Ä. (Detail); Schloß Skokloster, Schweden.
Umschlaggestaltung: Richard Stölzl, München
Gesamtherstellung: Friedrich Pustet, Regensburg
Printed in Germany 1993

Herrn Professor
Dr. Hans Schmidt
in Dankbarkeit
gewidmet

Vorwort

Am 9. Dezember 1994 wird es sich zum 400. Male jähren, daß im Stockholmer Schloß der spätere König Gustav II. Adolf, Schwedens größter Herrscher, das Licht der Welt erblickte. Das Leben und Wirken des Mannes, der sein Land zur Großmachtstellung führte und dessen Eingreifen in den Dreißigjährigen Krieg „die Krisis der deutschen Geschichte für alle Zeit" darstellte (Leopold von Ranke), sind schon oft erzählt und höchst kontrovers beurteilt worden. Das hier vorgelegte Buch soll eine Zusammenfassung des derzeitigen Forschungsstandes bieten. Der Schwerpunkt wird auf die politischen, wirtschaftlichen und militärischen Entwicklungen in Schweden und Europa gelegt, die den Rahmen für Gustav Adolfs Handeln als König und Feldherr bildeten, und auf die Art und Weise, wie er in den nicht ganz 38 Jahren seines bewegten Lebens auf diese Verhältnisse reagierte und einwirkte.

Da das Buch sich an Laien und Fachhistoriker gleichermaßen wenden soll, wurde zwar auf einen Anmerkungsapparat verzichtet (direkte Zitate werden jedoch nachgewiesen), aber eine ausführliche Bibliographie zur eingehenderen Beschäftigung mit dem Thema und seinen zahlreichen Einzelaspekten beigegeben.

Die um 10 Tage auseinanderklaffende Datierung in den protestantischen und katholischen Ländern, von denen die ersteren im 17. Jahrhundert noch den julianischen Kalender verwendeten, während die letzteren bereits zu der 1582 von Papst Gregor XIII. eingeführten modernen Zählung übergegangen waren, bildet ein Problem, das sich einer befriedigenden Lösung entzieht. Ich habe die Ereignisse, welche sich innerhalb Schwedens und seines unmittelbaren Machtbereiches im Ostseeraum abspielten, nach dem dort üblichen alten Kalender datiert, während ich für diejenigen, welche sich auf der internationalen Bühne zutrugen, die Daten nach der modernen Zählung gegeben habe. An „Schnittstellen", wo es zu Unklarheiten kommen könnte, finden sich beide Daten genannt, wobei das 10 Tage früher liegende „protestantische" Datum an erster Stelle kommt (z. B. 6./16. November 1632).

Das Buch hätte nicht zustandekommen können ohne die Unterstützung von zahlreichen Freunden und Bekannten. In nimmermüdem Einsatz hat Christa Peitz-Siebner, Aiglsbach, den größten Teil des Manuskripts auf Maschine geschrieben, unterstützt von ihren Enkelinnen Silke und Kerstin Peitz, Berlin, sowie von Frau Sylvia Menzel, Aiglsbach. Die

Schreibarbeit an weiteren Teilen des Manuskripts und die technische Koordination übernahm Almut Höbel, Ingolstadt. Tuija Berger, Aiglsbach, half bei der Übersetzung schwedischer Texte, Dr. Georg Ritter von Kern, München, bei der Beschaffung von Büchern und Artikeln. Ferner haben Unterstützung gewährt Gerhard Bortenschlager, Ingolstadt, Friedrich Bronsart, Weiden, Dr. Egon Johannes Greipl, München, Marlies Höbel-Gall, Lindkirchen, Dr. Jürgen Kraus, Ingolstadt, Gudrun Pfrogner, Adelschlag, Georg Schindlbeck, Schierling, Wolfgang Strahl, München, Jürgen Woltz MA, München. Ihnen allen mein herzlicher Dank! Dem Verlag Friedrich Pustet darf ich für die Anregung zu diesem Buch sowie für die geduldige und großzügige Betreuung danken.

Schloß Ratzenhofen im Juli 1993 — Marcus Junkelmann

Inhalt

Stammtafel siehe Schutzumschlag-Innenseite

Einleitung

Christ und Held?

Wenn man von Süden kommend auf der Autobahn Nürnberg–Berlin die Leipziger Ebene durchquert, kann man kurz vor der Ausfahrt Merseburg rechter Hand die vom Turm seines Schlosses überragte Silhouette des Städtchens Lützen erkennen.

Lützen, das ist einer jener zahlreichen Orte rings um die sächsische Metropole, deren Namen in die Geschichtsbücher Eingang gefunden haben, jeweils verbunden mit einem Datum, zu dem sie für einen kurzen Augenblick im Rampenlicht der Historie gestanden haben und dem allein die meisten von ihnen ihre Berühmtheit verdanken: Breitenfeld 17. September 1631 und, ein zweites Mal, 2. November 1642, Lützen 16. November 1632, Großgörschen nahe Lützen 2. Mai 1813 und schließlich Leipzig selbst mit zahlreichen Dörfern, die heute Vorstädte geworden sind, 16.–19. Oktober 1813. Es sind Schlachtfelder vergangener Kriege, und keine Gegend in Deutschland besitzt so viele von ihnen wie Leipzig und seine Umgebung.

Lützen 1632 ist aber nicht nur ein Schlachtfeld, auf dem gekämpft und gestorben wurde, wie auf den anderen auch, vor allem erlangte der Name der Stadt seinen düsteren Ruhm durch den Tod eines einzigen unter Tausenden, die hier gefallen sind, den Tod des Schwedenkönigs Gustav Adolf. „Ich bin am 15. Oktober 1844 auf dem Schlachtfeld von Lützen geboren", schreibt Friedrich Nietzsche 1888 in einem Brief an Georg Brandes, „Der erste Name, den ich hörte, war der Gustav Adolfs". Genaugenommen kam Nietzsche in Röcken auf die Welt – und wurde später auch dort beigesetzt –, einem Dorf im Südwesten von Lützen und somit etwas außerhalb des eigentlichen Kampfplatzes vom 16. November 1632.

Dieser erstreckt sich nordöstlich der Stadt entlang der Straße nach Leipzig. Wenige hundert Meter nachdem man auf dieser, der heutigen B 87, Lützen verlassen hat, grenzt rechts an die Straße ein parkartiger kleiner Wald, den man auf den Karten zur Schlacht vergeblich sucht. Er wurde erst 1837 angelegt, die Bäume und Sträucher stifteten verschiedene evangelische Gemeinden in aller Welt, ein Teil ist aus Schweden hierher verpflanzt worden. Inmitten des Wäldchens erhebt sich der spitze Turm eines im Stil skandinavischer Stabkirchen errichteten Gotteshauses über die Wipfel. Die Kirche, finanziert vom schwedischen Konsul Oskar Ekman, entworfen von dem schwedischen Architekten Lars Israel Wahlman, wurde am 6. November 1907 eingeweiht – der konfessionelle Hader kam selbst im Datum der Jahrtagsfeiern zum Ausdruck, indem man bei solchen Anlässen hartnäckig an der im 17. Jahrhundert bei den Protestanten noch üblichen, mittlerweile aber auch von ihnen längst aufgegebenen Datierung nach dem julianischen Kalender festhielt, was eine Verschiebung um 10 Tage bedeutete.

Die Kirche steht unweit der Stelle, an der am Abend des 16.(6.) November 1632 der bis auf die Hemden und Strümpfe entkleidete, von neun Schuß- und Stichwunden durchbohrte Leichnam des Königs unter einem Berg von Toten aufgefunden wurde. Das älteste Denkmal für dieses Ereignis ist der sogenannte Schwedenstein, ein alter Wegestein aus Granit, der schon lange vor der Schlacht an der Straße stand und der dann zur Markierung der Todesstelle Gustav Adolfs verwendet wurde. Anfang des 19. Jahrhunderts – den ursprünglich würfelförmigen Steinblock hatten Souvenirjäger mittlerweile in eine Art unregelmäßigen Kegel verwandelt – brachte man die Initialen des Königs und die Jahreszahl 1632 an. 1837, am 6. November natürlich, wurde über dem Stein ein von Karl Friedrich Schinkel in neogotischem Stil entworfener gußeiserner Baldachin errichtet. Neben einem Hinweis auf das historische Ereignis trägt dieses Denkmal drei Inschriften mit Bibelzitaten, deren Auswahl bezeichnend ist für den militanten Konfessionalismus, der sich immer wieder an der Person des Königs und ganz besonders an seinem „Opfertod" entzündet hat:
„Gott hat uns nicht gegeben den Geist der Furcht, sondern der Kraft, der Liebe und der Zucht. 2 Tim 1,7"
„Er führte des Herrn Kriege. 1 Sam 25,28"
„Unser Glaube ist der Sieg, der die Welt überwunden hat. 1 Joh 5,4"

Der Leipziger Superintendent Christian Gottlob Leberecht Großmann, der bei der selben 200-Jahrfeier 1832, bei der die Errichtung des dann von Schinkel verwirklichten Denkmals beschlossen wurde, die Gründung des Gustav-Adolf-Werkes angeregt hatte, eines Vereins, der sich um die Betreuung evangelischer Christen in der Diaspora kümmern sollte, nannte Gustav Adolf „den christlichen Helden, den großen Feldherrn, den glorreichen König, den geweihten Märtyrer unseres Glaubens, den gottgesandten Retter der evangelischen Kirche und der deutschen Freiheit, ja der Glaubensfreiheit für die Welt." Kein Wunder, daß nach einem solchen Manne, einem inoffiziellen Heiligen des Luthertums, zahlreiche Kirchen benannt wurden.

Die Lichtgestalt des Heldenkönigs trat umso leuchtender hervor, verglich man ihn mit der finster-geheimnisvollen Persönlichkeit seines großen Gegenspielers, von dessen Soldaten Gustav Adolf bei Lützen seine Todeswunden empfing, der des kaiserlichen Generalissimus Albrecht von Wallenstein, Herzogs von Friedland. Wallenstein und Gustav Adolf haben die Phantasie der Zeitgenossen und der Nachwelt beschäftigt, wie das unter den vielen eindrucksvollen Figuren, an denen der Dreißigjährige Krieg so reich war, keine andere vermocht hat. Neben der mysteriösen,

„Geängstigt ward Augspurg die Stadt: Gott durch Gott geholffen hat." Der Kupferstich aus dem Jahre 1632 zeigt rechts den geharnischten Schwedenkönig, über dessen Kopf zu lesen ist: „Diß ist der Mann, der helffen kan." Er berührt mit seinem Feldherrnstab die darniederliegende protestantische Kirche, um sie zu neuem Leben zu erwecken. Im Hintergrund ist das von himmlichen Strahlen beleuchtete Augsburg zu sehen, während links die katholische Abgötterei drastisch vor Augen geführt wird. Jesuiten und Mönche sind emsig damit beschäftigt, die heiligen Schriften zu beseitigen, in der Kirche dahinter wird ein götzenhaftes Heiligenbild kniefällig verehrt, im Giebel ist zu lesen: „Wo dieser [Tempel] steht, Gottes Wort vergeht." (Nürnberg, Germanisches Nationalmuseum)

undurchdringlichen Gestalt des Friedländers, der vom obskuren böhmischen Adeligen zum mächtigsten Mann im Deutschen Reiche aufstieg, sich im Labyrinth rätselhafter Zielsetzungen verstrickte und schließlich als Verräter von den eigenen Offizieren ermordet wurde, erscheint der Schwedenkönig auf den ersten Blick als eine klare, eindeutige Figur. Bei näherem Hinsehen erweist es sich jedoch sehr schnell, daß Gustav Adolf nicht einfach der fromme Kriegsheld und Märtyrer der populären Legende war und daß die Einschätzung seiner Persönlichkeit in der Geschichtsschreibung kaum weniger schwankt als die seines kaiserlichen Gegenspielers. Neben den idealistischen Glaubensheros tritt der nüchtern, ja zynisch kalkulierende Realpolitiker, neben den verfassungstreuen Verfechter einer „libertären" Ordnung gegen die Tyrannis des Absolutismus der aggressive Eroberer und egoistische Wirtschaftsimperialist, neben den zielstrebigen Reformer und Organisator seines Landes der ruhmsüchtige, dem Traum von einer fiktiven großgotischen Vergangenheit Schwedens nachhängende Romantiker.

Dabei ist es nicht das persönliche Wesen des Königs, das so kontrovers beurteilt wird, denn kaum jemand bezweifelt, daß Gustav Adolf ein hochgebildeter, geistreicher und tapferer Mann von ausgeprägter, doch nicht bigotter Frömmigkeit, stark entwickeltem Rechtsempfinden und hohem Pflichtgefühl war, daß er unermüdliche Tatkraft bewies, gute Menschenkenntnis besaß und ungemein gewinnend auftreten konnte, wenngleich sein cholerisches Temperament ihn manche barsche Unbeherrschtheit begehen ließ, auf jeden Fall Eigenschaften, die ihn weit über die meisten Monarchen und Feldherren seiner Zeit erhoben. Des Königs vertrautester Mitarbeiter, der schwedische Kanzler Axel Oxenstierna, faßte diese schon damals gültige Auffassung von der Person Gustav Adolfs am 24. November 1632, wenige Tage nach Lützen, zusammen: „In der ganzen Welt gibt es jetzt und hat es in vielen hundert Jahren keinen gegeben, der diesem Könige gliche, und glaube ich auch nicht, daß in der Zukunft so leicht einer kommen wird, der ihm gleicht. So mag er denn mit Recht bei uns der weise und große König Gustav genannt werden, des Vaterlandes Vater, wie noch nie ein gleicher in Schweden regiert hat, was nicht nur wir wissen, sondern alle fremden Nationen, Feind und Freund bezeugen müssen." (AOSB, I. 7, S. 641)

Es sind die Motive, die hinter Gustav Adolfs Auftreten standen, und die Wirkungen, die von diesen – gewollt oder ungewollt – ausgingen, an denen sich die Geister scheiden. Ohne Zweifel ist unter Gustav Adolf Schweden von einem zurückgebliebenen, kaum beachteten Land am Rande Europas zu einer international anerkannten und gefürchteten Großmacht geworden, ein Vorgang, der kaum weniger wunderbar erscheint als der schwindelerregende Aufstieg Wallensteins. Die unter Gustav Adolf errungene Stellung konnte das Königreich zwar nach dessen Tode noch etliche Jahrzehnte behaupten, doch ist sie schließlich unter Karl XII. in einer letzten heroischen Überanspannung der Kräfte Anfang des 18. Jahrhunderts für immer zusammengebrochen. Schwedens Großmachtzeit ist also ein Intermezzo geblieben, wenn auch ein für Schweden wie für Europa sehr folgenschweres. Der vorübergehende, längst zur bloßen Erinnerung gewordene Charakter der schwedischen Großmachtbildung hat Michael Roberts, den größten unter Gustav Adolfs zahllosen Biographen, dazu veranlaßt, den inneren Maßnahmen des Königs größeres Gewicht beizumessen als den spektakulären außenpolitischen und militärischen Erfolgen: „... auf lange Sicht haben die Gründung der Gymnasien und die Förderung der Universität Uppsala vielleicht mehr für Schweden bedeutet als all die erbeuteten Standarten Tillys und Wallensteins." (Michael Roberts 1953/58, Bd. I, S. 5)

Mit gewissem Recht wendet sich Roberts hier gegen eine sich allzusehr auf die wenigen Jahre der aktiven Teilnahme Gustav Adolfs am Dreißigjährigen Krieg konzentrierende Geschichtsschreibung, wie sie vor allem in Deutschland üblich war, und durch die der König mehr zu einer Gestalt der deutschen als der schwedischen Vergangenheit wurde. Die weitgehende Ausklammerung der Regierungsjahre vor 1630 beraubt ja auch den plötzlichen Durchbruch zur Großmachtstellung seines Hintergrundes und seiner Voraussetzungen. Trotzdem wird man aber Gustav Adolfs weltgeschichtliche Rolle letztendlich nicht in der Gründung schwedischer Gymnasien sehen dürfen, sondern in dem großen und entscheidenden Umschwung, den er durch seinen Sieg in der Schlacht von Breitenfeld im Verlauf des Dreißigjährigen Krieges herbeigeführt hat. Überspitzt formuliert kann man sagen, daß mit dieser einen Schlacht Gustav Adolfs historische Bedeutung steht und fällt.

Gustav Adolfs Engagement in Deutschland und die Geschichtsschreibung

Das Eingreifen in den großen Krieg in Deutschland und die Entscheidung von Breitenfeld führen nun zu den beiden die Gustav-Adolf-Kontroverse beherrschenden Fragen: Was hat den König veranlaßt, sich in Deutschland zu engagieren, und in welcher Weise gedachte er seinen erstaunlichen Siegeszug durch das Reich politisch zu nutzen? Die folgende Gegenüberstellung von Zitaten soll die markantesten Positionen deutlich machen, die diesen Fragen gegenüber im Laufe der Zeit bezogen wurden und werden.

Daß Gustav Adolf nur um des protestantischen Glaubens willen gestorben sei, wurde schon von seiner Tochter und Nachfolgerin Christina bezweifelt. Sie schrieb über ihn in ihrer Selbstbiographie: „Er war wahrhaft groß durch seine Verdienste und durch sein Schicksal. Nichts hätte zu seinem Glück gefehlt, wenn er im alten Glauben seiner Väter gestorben wäre, anstatt als Verteidiger der lutherischen Irrlehre zu verderben. Um aber einem so großen Manne nicht Unrecht zu tun, will ich nicht glauben, daß er sein Leben für diese Sache gewagt hat. Ich glaube vielmehr, daß er sich geschickt dieses Vorwandes bedient hat, um aus seinen weitreichenden Plänen Ruhm zu gewinnen. Wie dem auch sei, er hatte das Unglück, sich um einer Lüge willen zu opfern – oder aber für jenen wesenlosen Schemen, den die Menschen Ruhm nennen ..." (Christina, 19f.) Diese Stellungnahme ist nicht verwunderlich, bedenkt man den Zwiespalt, in dem Christina dieses niederschrieb. Stolz auf den großen Vater einerseits, beseelte sie seit ihrem kurz nach ihrer Abdankung erfolgten Übertritt zum katholischen Glauben der Eifer der Konvertitin andererseits (die Tochter des protestantischen Glaubensheros liegt – Ironie des Schicksals – im Petersdom zu Rom begraben).

Unabhängig von dem noch in der Kriegszeit selbst wurzelnden populären Bild vom Glaubenshelden wurden für die spätere Forschung wegweisend zwei aus dem schwedisch-protestantischen Lager stammende Geschichtswerke, des Bogislav Philipp von Chemnitz „Königlich Schwedischer in Teutschland geführter Krieg" (1648) und, von diesem stark abhängig, Samuel von Pufendorfs „Commentariorum de rebus Svecicis libri XXVI" (1686). Chemnitz schrieb in direkter Abstimmung mit Oxenstierna, sein Werk hat also halboffiziösen Charakter und ist natürlich von der politischen Lage am Ende des Dreißigjährigen Krieges geprägt. Schweden hat nach ihm vor allem für die Freiheit der deutschen Stände, zu deren Schutz vor den Übergriffen des Kaisers Krieg geführt und darf dafür Dank und Entschädigung verlangen. Natürlich gehört zu den geretteten Freiheiten auch die Glaubensfreiheit der Protestanten, doch wird das religiöse Motiv nicht stark betont. Man hatte Rücksicht zu nehmen auf das verbündete katholische Frankreich, auch sollten jetzt, da man dabei war, endlich Frieden zu schließen, alte Wunden nicht unnötig wieder aufgerissen werden, vor allem aber dachte Schweden gar nicht daran, sich mit der bloßen Gewährung von Glaubensfreiheit abspeisen zu lassen.

Sieht man von umfassenden Darstellungen des Dreißigjährigen Krieges ab, beschäftigt sich die Geschichtsschreibung – wie auch die Dichtung –

schon bald nach dem kurzen Höhepunkt, zu dem des Königs Sieg und Tod in Deutschland Anlaß geboten hatten, kaum mehr mit seiner Person. Erst um die Mitte des 18. Jahrhunderts beginnt man, zuerst in Schweden, etwas später auch in Deutschland, Gustav Adolf der weitgehenden Vergessenheit zu entreißen, in die er nach 1635 gesunken war. Besonders König Gustav III. von Schweden (Regierungszeit 1771–1792) war eifrig bestrebt, seinen Vorgänger als größten Helden der Nation, als Musterbeispiel eines gerechten und aufgeklärten Volkskönigs in Erinnerung zu rufen und ihn wieder zu einer populären Figur bei seinen Landsleuten zu machen, wobei er sich nicht scheute, selbst zur Feder zu greifen und drei sentimentale Dramen über den jugendlichen Gustav Adolf zu verfassen. Seinen Bemühungen war beträchtlicher Erfolg beschieden. Die Gustav-Adolf-Renaissance des späten 18. Jahrhunderts ließ, dem Zeitgeist entsprechend, die religiösen Motive stark in den Hintergrund treten, der König ist Kämpfer für ständische Freiheit, humanitäre Gesinnung und weltanschauliche Toleranz im allgemeinen. In Schweden werden außerdem, auch ganz im Sinne der Aufklärung, Gustav Adolfs innenpolitische Leistungen hervorgehoben.

Schiller, Ranke, Droysen

In Deutschland hat dann Friedrich von Schiller durch mehrere Werke dem Interesse am Dreißigjährigen Krieg und besonders an Gustav Adolf kräftig Vorschub geleistet, wobei er verständlicherweise den Schwerpunkt auf den deutschen Teil der Laufbahn des Königs legt. Gustav Adolf erscheint auch hier als Retter der deutschen Freiheit, doch sieht Schiller, der davon ausgeht, der Schwede habe das Reichsrecht mit Füßen getreten und nach der Kaiserkrone gestrebt, auch bedrohliche Züge im Wesen des Helden, die durch seinen rechtzeitigen Tod an der Entfaltung gehindert wurden: „... es war nicht mehr der Wohlthäter Deutschlands, der bei Lützen sank; die wohlthätige Hälfte seiner Laufbahn hatte Gustav Adolph geendigt, und der größte Dienst, den er der Freiheit des deutschen Reiches noch erzeigen kann, ist – zu sterben." („Geschichte des dreißigjährigen Krieges", S. 408) Dies ist ein Gedanke, der noch öfters auftaucht, etwa bei Treitschke (1895): „Ein gnädiges Geschick rief den Retter des deutschen Protestantismus hinweg, gerade in dem Augenblick, da er der Feind unseres nationalen Staatswesens werden mußte." (S. 25)

Im Laufe des 19. Jahrhunderts kam dann das religiöse Motiv wieder stärker zur Geltung, und zwar von protestantischer wie von katholischer Seite, daneben trat von den Befreiungskriegen an die nationale Frage. Sie wurde gleichfalls von beiden Seiten ins Feld geführt. War er den einen nicht nur der Retter des Protestantismus, sondern auch der Vorkämpfer gegen die „undeutschen", von den Jesuiten gelenkten Habsburger und der potentielle Einiger des Reiches unter protestantischem Vorzeichen, ein Vorläufer des hohenzollerschen Kaisertums gewissermaßen, galt er den anderen als Verewiger der religiösen Spaltung, als Kriegsverlängerer, fremder Eindringling und eigensüchtiger Eroberer, kurz als Reichsfeind, der im Bunde mit Frankreich die Einigung Deutschlands durch die Habsburger vereitelt habe. Vor allem in der Zeit des Kulturkampfes gewann die beiderseitige Polemik eine Bösartigkeit, die an die zu Lebzeiten des Königs erschienenen Propagandaschriften erinnert.

Sehr ausgewogen urteilte demgegenüber Leopold von Ranke (1872/1910), wenngleich er ebenfalls in der Religion die Haupttriebfeder für die Handlungsweise des Königs erblickte: „Der Gedanke des skandinavischen Reiches beherrscht auch die deutsche Politik Gustav Adolfs. Die Aechtheit der protestantischen Gesinnung des Königs dürfte man nun nicht leugnen: sie war mit seinem schwedischen Gedanken und zwar für ihn ununterscheidbar verbunden ... Gustav Adolf hatte eine Umgestaltung des Reiches in der Weise, wie sie sich später wirklich vollzogen hat, im Sinne. In dem Eindringen dieses Fürsten im Reich, das für die Rettung des Protestantismus unentbehrlich war, das nun aber wieder zur Folge hatte, daß er eine Ausstattung von dem Reiche verlangte, wie sie für sein Schweden wünschenswert war, lag die Krisis der deutschen Geschichte für alle Zeit." (S. 182)

Gustav Droysen dagegen stellte skrupellose schwedische Machtpolitik ganz in den Mittelpunkt seines aufgrund umfangreicher Quellenuntersuchungen entstandenen Werkes über Gustav Adolf (1869/70). Der König ist für ihn ein großer Realpolitker gewesen, die Religion diente nur zur Propaganda. Moriz Ritter ist ihm in seiner klassischen Geschichte des Dreißigjährigen Krieges (1889–1908) hierin weitgehend gefolgt, spricht von der „kalten Selbstsucht des Eroberers" und leugnet sogar seine Größe als Politiker, hält ihn jedenfalls nicht für einen „systematischen Staatsmann".

Franz Mehring

Ein ganz negatives Bild zeichnete der sozialistische Historiker Franz Mehring, als er, gereizt durch den anläßlich der Feiern zum 300. Geburtstag Gustav Adolfs 1894 allenthalben verkündeten Schwulst, seinen „Fürstenspiegel" verfaßte: „Die protestantischen Fürsten, die vom Schlusse des Bauernkrieges bis zum Westfälischen Frieden gelebt hatten, waren eine so entsetzliche Rotte, daß ein Meer von Tünche kaum ausreichte, um die natürliche Hautfarbe dieser Mohren unter einem fahlen Weiß zu verstecken. Aus keinem dieser greulichen Kobolde war eine legendenhafte Figur zu schnitzen. Blieb also nur Gustav Adolf, der sich als Schirmherr des deutschen Protestantismus aufgespielt hatte, zwar nur zum Schein, um Deutschland desto planmäßiger zu plündern, aber in sozusagen ‚heldenhafter' Positur. Waren ihm doch auch gerade die norddeutschen protestantischen Fürsten durch seinen wirklichen Zweck, die Zerrissenheit der norddeutschen Niederung aufrechtzuerhalten, zu aufrichtigem Dank verpflichtet. So pflegten die Hofprediger dieser Fürsten den Gustav-Adolf-Kultus, und ihre Hofprofessoren dichteten die Gustav-Adolf-Legende; seit dem Westfälischen Frieden wurde in Kirche und Schule ein beutelüsterner Flibustier als der Held Gideon der protestantischen Kirche verehrt ... In einem Punkte nur ist Gustav Adolfs Stellung großartig und ganz unvergleichlich. Er hat es fertiggebracht, was keinem Eroberer vor und nach ihm geglückt ist, von wie vielen Eroberern immer die Geschichte zu erzählen weiß. Ein großes Volk, dessen Todfeind er war und dessen Knochen er blutig geschunden hat, feiert ihn als seinen Helden. Um dies Wunder zu bewirken, mußte freilich auch erst ein ‚Volk der Dichter und Denker' auf der geschichtlichen Bühne erscheinen ... die Annahme seiner Verehrer, er sei wie ein fahrender Glaubensheld in Deutschland eingebrochen, [ist] eine komische Einbildung ... Hätte er das getan oder auch nur tun wollen, was angeblich ‚die Welt an ihm bewundert', so hätten ihn die schwedischen Junker ins Narrenhaus gesperrt, und das von Rechts wegen." (S. 358, 355, 351)

Der Sozialist Mehring bedient sich hier des nationalen Arguments ganz ähnlich wie die katholischen Kritiker des Königs und auch bei Otto Westphal (1932), der Gustav Adolf insgesamt wesentlich positiver gegenübersteht, finden wir eine vergleichbare Argumentation: „... niemals wohl ist einem fremden Herrscher ein gleiches Gedächtnis wie diesem von einer Nation bewahrt worden, der er große Gebiete von ausschlaggebender Bedeutung für ihre Zukunft entrissen hat. Wie sehr blieb der deutsche Napoleonkult, der doch nur die Sorge einiger Intellektueller war, hinter der volkstümlichen Idealisierung Gustav Adolfs zurück, eines ‚Befreiers', der sich unserer Strommündungen bemächtigte und unserer Seegeltung für Jahrhunderte ein Ende bereitet hat ... Und nicht zufällig langt der romfeindlichere Geist des Luthertums dann bei der Verherrlichung Gustav Adolfs an. Mit seinem vorzeitigen Tode – so ließe sich wenigstens glauben – sank die letzte Möglichkeit dahin, an Stelle des paritätischen ein protestantisches Reich aufzurichten. In der Ausmalung Gustav Adolfs zu einer gesamtlutherischen Idealgestalt entschädigen sich gewissermaßen nicht zur Verwirklichung gelangte religiös-politische Tendenzen der Nation." (S. 8, 9)

Johannes Paul und Nils Ahnlund

Eben diesen nationalprotestantischen Phantasien gab sich Johannes Paul in seiner 1927–1932 erschienenen dreibändigen Gustav-Adolf-Biographie hin: „Welche Möglichkeiten hätten sich ergeben, wenn der siegessichere König die gewaltigen Kräfte der deutschen Nation ähnlich organisiert hätte wie die seines schwedischen Heimatlandes, und wenn der Große Kurfürst – ihn hatte Gustav Adolf bekanntlich als seinen Erben ausersehen – sein Werk nicht nur auf das kleine Brandenburg-Preußen, sondern auf jenes große schwedisch-deutsche Reich hätte gründen können? Weder Roms noch Richelieus Macht hätte unsere Väter zu schrecken brauchen. Nein, Gustav Adolfs Tod war ein Verhängnis nicht nur für den kämpfenden Protestantismus, sondern für Deutschland schlechthin." (Bd. III, S. 280)

Es konnte nicht ausbleiben, daß nach 1933 die protestantische und die nationale Komponente noch durch eine nordische bereichert wurden. „Aus den meisten modernen Untersuchungen ergibt sich," schreibt Hans Chilian im Jahre 1939, „daß Gustav Adolf schon damals, ihm selbst unbewußt, für den nordisch-germanischen Rassegedanken kämpfte ... Wie sein Geist seit 1630 durch die Scharen der germanischen Freiheitskämpfer schritt, durch die Heere Friedrichs des Großen, der Befreiungskriege, der deutschen Einigungskriege und des Weltkrieges, so wird er auch uns Volksgenossen des Dritten Reiches zu immer neuer Tatkraft anfeuern und zu einem planmäßigen Zusammenschluß aller Germanen gegen Bolschewisten und Imperialisten begeistern." (S. XV, 213)

Vor solchen Entgleisungen blieb die schwedische Forschung bewahrt. Gleichzeitig mit Johannes Paul in Deutschland veröffentlichte zum 300. Todestag 1932 Nils Ahnlund eine vielbeachtete und in mehrere Sprachen übersetzte (1938 ins Deutsche) Biographie, in der, ähnlich wie in Pauls großangelegtem Werk, die religiös-idealistische Substanz im Auftreten des Königs hervorgehoben und gleichzeitig versucht wird, diesen Aspekt widerspruchslos in die nicht geleugneten machtpolitischen Motive seines Handelns einzufügen. „Ob Gustav Adolf als Glaubensheld oder als Politiker anzusehen ist, dürfte, rein historisch betrachtet, eine müßige Frage sein. Es war nur natürlich, daß des eigenen Landes Sicherheit und Nutzen für ihn in allen Fällen den Ausschlag gab, wo der Gebrauch äußerer Machtmittel in Frage kam. In diesem Streben nach Sicherheit lag ein ungewöhnlich fester Kern von religiösen Gründen. Genau wie sein Vater, und noch zielbewußter als jener, war Gustav Adolf bestrebt, die Interessen seines schwedischen Reiches mit den allgemein-protestantischen in Einklang zu bringen. Das war von einem gewissen Standpunkt aus eine reine Interessenpolitik, aber im Grunde lag in ihr die weitgehende Anwendung einer Lebensanschauung auf die Staatskunst." (S. 363) Bezeichnenderweise heißt es dann einige Seiten weiter: „Und doch – dieser Gustav Adolf, der im Jahre 1630 nach Deutschland hinunterging, wird uns letzten Endes immer mehr bedeuten als ein Politiker, der vor und während des Wagnisses nur wägt und rechnet." (S. 375) Hier wird klar, wie sehr unverhohlenens Wunschdenken in die geschichtliche Deutung einfließen kann.

Michael Roberts

Stark von Ahnlund geprägt ist die von dem Briten Michael Roberts in den Jahren 1953 und 1958 vorgelegte zweibändige Biographie, die, wenn auch in einigen Passagen überholt, noch immer als das gültige Standardwerk angesehen werden darf. Gegenüber Ahnlund betont aber Roberts stark das Reagierende, von den Verhältnissen Getriebene in den Maßnahmen Gustav Adolfs. Dementsprechend ist sein Werk, wie schon aus dem Untertitel „A History of Sweden" hervorgeht, zum ganz überwiegenden Teil einer umfassenden Darstellung des schwedischen Staates und der schwedischen Gesellschaft gewidmet, auch das Heerwesen wird sehr gründlich untersucht (wobei das ab den 30er Jahren erschienene vielbändige schwedische Generalstabswerk und die Geschichte der schwedischen Leibgarde von Bertil Cson Barkman und Sven Lundkvist gute Vorarbeit geleistet hatten), während die herkömmliche Ereignisgeschichte zwar nicht vernachlässigt wird, aber doch deutlich zurücktritt. Die Außenpolitik Gustav Adolfs ist nach Roberts ganz vom defensiven Streben nach Sicherheit und den daraus resultierenden Sachzwängen geprägt, welche allerdings recht subjektiver Natur sein konnten: „Gustav Adolf war im wesentlichen ein empirischer Staatsmann. Er hatte keine grandiosen oder fix und fertig vorbereiteten politischen Pläne. Er begegnete den Situationen, wie sie sich ergaben, mit einem Notbehelf nach dem anderen; oder er traf vorbeugende Maßnahmen gegen klar erkennbare Bedrohungen. Einige allgemeine Hauptziele hatte er: Die Sicherheit seiner Dynastie, die Sicherheit seines Landes, die Sicherheit der protestantischen Religion; aber im ganzen betrachtet, stellte seine Politik die Reaktion auf Druck von außen dar und er selbst hätte sie als im wesentlichen defensiv betrachtet ... Sicherheit erwies sich, wie so oft, als ein Irrlicht, und die von Schweden im Westfälischen Frieden akzeptierten Bedingungen lassen vermuten, daß Gustav Adolf diesem Irrlicht zu weit gefolgt ist. Doch Sicherheit, nicht die Errichtung eines Imperiums war seine eigentliche Absicht; und man kann von ihm nicht erwarten, daß er vorhersehen konnte, wie die aus der Verfolgung dieser Absicht sich ergebenden territorialen Gewinne eines Tages eine Quelle von Schwäche und Gefahr darstellen würden." (Bd. II, S. 780)

Die „neue schwedische Schule"

Nils Ahnlund und die konservative Interpretation der Herrschaft Gustav Adolfs gerieten ab den 30er Jahren unter heftigen Beschuß durch eine die wirtschaftlichen und militärstrukturellen Gegebenheiten und Sachzwänge in den Vordergrund stellende Schule, die sich zunächst in Lund um die Historiker Ingvar Andersson, Artur Attman, Lauritz und Curt Weibull gebildet hatte und die nach dem Zweiten Weltkrieg tonangebend wurde. Das klingt zunächst recht modisch und trendbewußt, doch beruhte die neue schwedische Auffassung auf überaus gründlichen archivalischen Untersuchungen zu Einzelproblemen wie der schwedischen Kriegsfinanzierung, den Beratungen im Reichsrat, der Handelspolitik, dem ideologischen Hintergrund. Ganz neu war sie zudem nicht. 1910 hatte Friedrich Bothe im Vorwort zu seiner Arbeit über die wirtschaftspolitischen Absichten Gustav Adolfs und Oxenstiernas in Deutschland geschrieben: „Mit einer gewissen Wehmut lasse ich dies Buch ziehen. Habe ich doch darin ein Idol meiner Jugend zerstört! Die Idealgestalt des großen Schwedenkönigs wird ihres Schimmers entkleidet, weil ich beweise, daß die Hoffnung, das deutsche Geld in den Dienst seiner national-schwedischen Bestrebungen stellen zu können, seine politische Haltung gegenüber der deutschen Frage wesentlich beeinflußt hat. Er bleibt ja nach wie vor der gewaltige Kämpe, ohne dessen Großtaten das hehre Befreiungswerk der Reformation in Deutschland vernichtet worden wäre. Aber man wird sich daran gewöhnen müssen, hinsichtlich der Beweggründe in ihm weit mehr, als bisher geschehen, den eigennützigen, kaufmännisch berechnenden Herrscher des fremden Staats, nicht den von selbstlosen, idealen Regungen erfüllten Glaubenshelden zu sehen ... Kupfer, Salz, Korn und Kolonialwaren waren für ihn äußerst wichtige Dinge, und der Gedanke an sie hat eine große Rolle in seinen Plänen gespielt ... bin ich jetzt, auf Grund tiefergehender Forschungen, der Ansicht, daß auch für das Wirtschaftsleben Deutschlands der König zur rechten Zeit gestorben ist. Eine furchtbare wirtschaftliche Zerrüttung würde dort sonst höchst wahrscheinlich die Folge seiner Bestrebungen gewesen sein.“ (Friedrich Bothe 1910, S. VII, VIII)

Für die neue schwedische Schule, die in Nachfolge der Weibulls entstanden ist und zu deren bedeutendsten Vertretern Sven A. Nilsson und Sven Lundkvist gehören, war Gustav Adolfs Schweden eine Adels- und Militärmonarchie. Der König verstand es, in pragmatischer Weise seine Interessen mit denen der Aristokratie zu verbinden. Der ostdeutsche Historiker Jan Peters hat 1958/59 recht treffend, wenn auch nicht ohne ideologiebedingten Zungenschlag, diese von der schwedischen Forschung gezeichnete Interessengemeinschaft charakterisiert: „Gustav Adolf war also weder ein Eroberer um der Eroberung willen, noch ein Christ um der protestantischen deutschen Fürstentümer willen. Er war schließlich auch kein Gemisch von beiden. – Gustav Adolf war ein nicht ungeschickter Herrscher, der zur großen Befriedigung der schwedischen Adelsaristokratie erfolgreich die günstigen Bedingungen zur Erweiterung der wirtschaftlich-politischen Position Schwedens in der Ostsee ausgenutzt hat. Anders konnte er auch nicht handeln ...“ (Jan Peters 1958/59, S. 206)

Gustav Adolf gelang es nach dieser Auffassung, den schwedischen Adel in den Dienst seiner dynastisch, strategisch und finanzpolitisch motivierten Ostseepolitik zu spannen, indem er ihm militärische und politische Karrieren eröffnete, ihn an der wirtschaftlichen Ausbeutung der Eroberungen beteiligte und ihm vor allem in Schweden selbst die Ausdehnung seiner Macht erlaubte, auch wenn der königliche Besitzstand darunter erheblich zu leiden hatte. Daraus resultierten Sachzwänge, die Gustav Adolf dazu veranlaßten, in den Dreißigjährigen Krieg einzugreifen: „So gingen in den baltischen Provinzen wirtschaftliche Ambitionen und dynastische Machtkämpfe Hand in Hand: auf der einen Seite brauchte man die Küstenstädte aus ökonomischen Gründen, auf der anderen konnten sie Stützpunkte für den Krieg gegen Polen bilden. Diese Erfolge waren aber nur dazu gut, den schwedischen Appetit weiter zu reizen; und diesem Appetit boten sich binnen kurzem neue Gelegenheiten durch den Gang der Ereignisse in Europa ... Schwedens Erfolge in diesem Krieg [gegen Polen] zogen eine entsprechende Revision seiner Ziele nach sich: bis 1630 hatten sie sich so weit entwickelt, daß sie ein *dominium maris Baltici* beinhalteten. In den Dreißigjährigen Krieg einzugreifen, erschien nur als eine logische Folgeerscheinung dessen, was vorausgegangen war.“ (Sven Lundkvist 1973, S. 30f.)

Nun darf man allerdings nicht übersehen, daß eine einheitliche „neue

Schule" – der Ausdruck stammt von Michael Roberts – nicht existiert. Während manche ihrer Vertreter dem historischen Materialismus nahestehen und die ökonomischen Motive sowie die Interessengemeinschaft von Königtum und Adel in den Vordergrund stellen, betont Sven A. Nilsson die Eigengesetzlichkeit des „Militärstaats" und relativiert ganz erheblich das Ausmaß, in dem die schwedische Gesellschaft als Folge der Großmachtpolitik feudalisiert wurde. Er zieht auch ein Erobern um des Eroberns willen in Betracht. Die Bedeutung des defensiven Gesichtspunkts („Sicherheit") wird zwar nicht geleugnet, doch stark eingeschränkt, der Grundzug der schwedischen Politik erscheint, wie bei allen Vertretern der „neuen Schule", aggressiv und expansiv: „Für Staaten vom Typ, wie ihn Schweden im 17. Jahrhundert darstellte, war Vergrößerung tatsächlich ein Selbstzweck und Krieg war ein Hauptmittel zu seiner Verwirklichung ... Es ist richtig, daß sicherheitspolitische Überlegungen ihre Rolle spielten, obwohl sie, isoliert betrachtet, als eine ziemlich unbefriedigende Erklärung für eine Eroberungspolitik gelten müssen. Sie erhalten mehr Substanz, wenn das sicherheitspolitische Konzept dergestalt ausgedehnt wird, daß man darin die Absicht der etablierten Großmacht einschließt, ihre Gewinne zu behaupten." (Sven A. Nilsson 1988/1990, S. 278)

Hauptmotiv für die angestrebte strategische Beherrschung des Ostseeraums war nach Ansicht der neuen schwedischen Schule die Kontrolle und zollpolitische Ausbeutung des überaus lukrativen Ost-West-Handels, durch den sich die westeuropäischen Staaten mit Holz, Getreide, Fellen, Hanf, Wachs und anderen Rohstoffen aus Polen und vor allem aus Rußland versorgten. Diese Politik war keine Erfindung Gustav Adolfs, sondern war schon im 16. Jahrhundert von Erik XIV. eingeleitet worden, wie das Ingvar Andersson 1935 dargelegt hat. Die Lehre von der dominierenden Bedeutung wirtschaftlicher Interessen und besonders des Rußlandhandels für die schwedische Außenpolitik des späteren 16. und des 17. Jahrhunderts erhielt in den letzten Jahrzehnten geradezu dogmatischen Charakter. Nur selten und höchst vorsichtig wurden von einzelnen Forschern hier noch Zweifel angemeldet, wie etwa 1974 von Axel Nordberg in seiner Dissertation über die Rolle Polens in der Politik Gustav Adolfs: „Man darf nicht die Bedeutung möglicher wirtschaftlicher Motive überschätzen, einfach nur weil Gustav Adolf sich nicht mit einem Frieden oder einem Waffenstillstand begnügt, sondern auch Eroberungen gewollt hat. Denn Eroberungen galten in sicherheitspolitischer Hinsicht gleichfalls für sehr wichtig." (Axel Nordberg 1974, S. 113)

Für Michael Roberts besteht das Problem in der Gewichtung und in der

Kausalitätsverknüpfung an sich klarer Fakten: „Denn wenn wir uns die Sache leidenschaftslos ansehen, dann löst sich der Streit zwischen der Alten und der Neuen Schule in einer einzigen Frage auf: suchte Schweden nach höheren Zolleinkünften, um Feldzüge zu finanzieren, die politisch motiviert waren; oder wurden die Feldzüge im wesentlichen deshalb veranstaltet, weil man hoffte, an sehr viel höhere Zolleinnahmen zu kommen, wenn man den baltischen Handel und vor allem den Handel mit Rußland zu seinem Monopol machte?" (Michael Roberts 1979, S. 41f.) Was seine eigene Ansicht anbetraf, so hatte Michael Roberts schon 1958 im 2. Band seiner großen Gustav-Adolf-Biographie die Antwort auf diese Frage gegeben: „Die wirtschaftlichen Vorteile, die er [Gustav Adolf] ohne jeden Zweifel in Deutschland suchte, waren kein Selbstzweck: sie waren Mittel für andere Zwecke – religiöse Zwecke, politische Zwecke – und die Erkenntnis, daß ökonomische Faktoren wichtig waren, bringt uns wenig voran, wenn wir das Wesen seiner wirklichen Absichten erforschen wollen." (S. 420f.)

Fritz Dickmann (1959/1985, S. 47) versucht die Kontroverse in ganz ähnlicher Weise auf einen Nenner zu bringen, räumt aber keiner der beiden Alternativen Priorität ein: „Die Beherrschung der Ostsee und ihrer Küsten war also nicht nur Zweck, sondern auch Mittel, sie diente zur Behauptung der Zolleinnahmen und damit zur Erhaltung des Heeres. Eines stützte das andere, und man könnte fragen, ob Schweden die Zölle um der Ostseeherrschaft oder diese um der Zölle willen errichtet habe?"

Augenscheinlichstes Zeichen für den Sieg der neuen schwedischen Schule war es, daß Sven A. Nilsson in den 60er Jahren damit beauftragt wurde, den Beitrag über Gustav Adolf im *Svenskt Biografiskt Lexikon* (Bd. 81, 1967) zu verfassen. In Deutschland dagegen vermochte sich das revidierte Gustav-Adolf-Bild nicht so recht durchzusetzen, teilweise wurden die Ergebnisse der jüngeren schwedischen Forschung überhaupt nicht zur Kenntnis genommen, während man Michael Roberts' monumentales Werk als dem Wesen der Biographie nicht entsprechend ablehnte. Ausnahmen stellten die stark dem katholischen, reichstreuen Standpunkt verpflichtete Arbeit von Siegmund Goetze über die Politik Axel Oxenstiernas gegenüber Kaiser und Reich (1971) und die knappe Gustav Adolf-Biographie Ulrich Brachers (1971) dar. Letztere blieb allerdings stark einer rein ereignisgeschichtlich orientierten Darstellungsweise verhaftet, wie das auch für Felix Berners im 350. Todesjahr 1982 erschienenes, weit umfangreicheres Werk gilt. Wer eine erzählende Biographie traditionellen Zuschnitts in der Art eines wissenschaftlich fundierten Lebensromans sucht, wird von Berner in solider und gut lesbarer Weise bedient, die

Analyse der gerade von der neueren schwedischen Forschung herausgearbeiteten Problembereiche kommt dabei allerdings entschieden zu kurz.

Günter Barudio

Letzteres gilt in noch höherem Maße für das weit ambitioniertere Werk von Günter Barudio, das gleichfalls 1982 erschienen ist und das von einem souveränen Desinteresse an sozialen, wirtschaftlichen und militärischen Fragestellungen zeugt. Bei Barudio erscheint Gustav Adolf – „der Große" – wieder ganz als hehrer Idealist, doch führt er nun seine Kreuzzüge weniger im Namen des evangelischen Bekenntnisses als in dem eines in ständigen „Rechtslexionen" propagierten Verfassungsideals, nämlich dem des „libertären" Rechtsstaates. Die Selbstlosigkeit von Barudios Gustav Adolf bleibt in nichts hinter dem von den Festrednern des 19. Jahrhunderts beschworenen Märtyrertum zurück, wenn der König sein Leben in die Schanze schlägt „in Gestalt jenes Pelikans, der sich für das Leben der eigenen Jungen die Brust aufhackt, um sie mit dem Gnadenfluß seines Blutes zu beleben und zu erquicken. An dieses Königsopfer aber also ist jener Kampfauftrag gebunden ... Das libertäre Pro lege, rege et grege. Auf einzigartige Weise hat Gustav Adolf von Schweden sein politisches Leben auf die Verwirklichung dieses Programms gerichtet und es verstanden, die Sache der Gewissensfreiheit im Heiligen Reich mit der Sicherheit seines eigenen Reiches zu verknüpfen und dafür auch die persönlichen Konsequenzen zu tragen, den Preis für die politische Kultur der Freiheit zu entrichten ..." (Barudio 1982, S. 616)

Nach Sven A. Nilsson (1964, 1985) hat Gustav Adolf allerdings die „libertäre" Verfassung Schwedens, wie sie ihm bei seinem Regierungsantritt 1611 aufgezwungen worden war, eher als notwendiges Übel denn als Idealform staatlichen Zusammenwirkens hingenommen. So auch schon Goetze: „Der markanteste Grundsatz der Verfassungspolitik Gustav Adolfs und Axel Oxenstiernas war die schrittweise Beschränkung des ständischen Mitspracherechts in den wichtigsten Fragen des Reichsregiments zugunsten von Königtum und Reichsrat." (Goetze 1971, S. 16) In Deutschland strebte nach demselben Autor schließlich der Schwedenkönig nach nichts geringerem wie sein habsburgischer Gegenspieler: „Entsprachen diese [nach Breitenfeld hervortretenden] Tendenzen dem Bestreben Gustav Adolfs, in Deutschland ein Imperium Macedonicum zu begründen, so waren sie ihrem eigentlichen Kerne nach kaum etwas anderes als eine Variante eben jener Tendenzen, die seit 1618 den legitimen Inhaber der deutschen Zentralgewalt, den Habsburger Kaiser in dessen

Innenpolitik beflügelt hatten, jener Politik der Reichsreform, der Eindämmung des ständisch-feudalen Partikularismus, der Ablösung der ‚Deutsche Libertät' genannten inneren Zerrissenheit durch die wahre Freiheit des Reiches selbst oder wie deren Gegner sagten: durch das ‚kaiserliche Dominat' in Deutschland, das zu vereiteln Gustav Adolf ursprünglich doch ins Reich gekommen war ... Das Imperium Macedonicum, das Gustav Adolf in Deutschland erstrebt hat, hätte sich freilich, wäre er am Leben geblieben, bald als verhängnisvolles Trugbild erwiesen. Denn mit den Zielen und Absichten des im übrigen noch lange nicht überwältigten Kaisers hätte der nordische Eroberer auch die tödliche Feindschaft von dessen Gegnern und Rivalen – innerhalb wie außerhalb der Grenzen des Reiches – mitübernehmen müssen ... Sein Heldentod in der im übrigen für seine Seite glücklich verlaufenen Schlacht zu Lützen am 6. November 1632 hat ihn dann vor dem befürchteten Geschick gnädig bewahrt ..." (Götze 1971, S. 86 und 89f.)

Leider hat es die neue schwedische Forschung noch zu keiner großen Synthese gebracht, zu einer zusammenfassenden Biographie von Schwedens größtem König, „der ehrlich und aufrichtig gerade deswegen in schweren inneren Auseinandersetzungen um die Begründung des Krieges in Deutschland rang, weil er seine Entscheidungen ohne religiöse Rücksichten aus rein machtpolitischen Erwägungen heraus getroffen hatte, so wie auch Wallenstein, Richelieu, Urban VIII. und andere Zeitgenossen Gustav Adolfs in der Politik von der Religion absahen." (Werner Buchholz 1987, S. 314)

Die kurze Fahrt der „Wasa"

Am Nachmittag des 10. August 1628 legte am Kai vor dem Stockholmer Königsschloß „Drei Kronen" ein prächtiges Kriegsschiff zu seiner Jungfernfahrt ab. Blau und gelb, in den Landesfarben Schwedens, flatterten die Flaggen von den Masten, golden blinkte der reiche Zierat auf dem leuchtenden Blau der Planken in der Sommersonne. Mit einer Kiellänge von 38,3 m, einer Heckhöhe von 20,2 m, einer Wasserverdrängung von 1200 Tonnen, einer Bewaffnung mit 64 schweren Bronzekanonen, die auf zwei Geschützdecks standen, und einer Besatzung von etwa 450 Mann war es eines der größten Kriegsschiffe seiner Zeit und gehörte zur Klasse der Royal- oder, wie man in Schweden sagte, der Regalschiffe, der „königlichen" Hauptschiffe einer Flotte. Der Name des neuen Prunkstücks der schwedischen Marine spiegelte seinen Rang: „*Wasen*", „Die Wasa". Das Schiff war nach dem Wappenzeichen des seit 1523 in Schweden regierenden Hauses Wasa benannt, der Getreidegarbe (*wasa* war die ältere, unter dem Einfluß des Deutschen entstandene Schreibweise, daneben kam auch schon das heute ausschließlich gebräuchliche *vasa* vor). Die „Wasa" war Teil eines ehrgeizigen Flottenbauprogramms, das Gustav Adolf in den 1620er Jahren verwirklichte, um seinem Land die Herrschaft über die Ostsee, das *dominium maris Baltici* zu erkämpfen und zu sichern.

Als die „Wasa" nun an jenem 10. August 1628 langsam und majestätisch in südlicher Richtung an der mit Zuschauern angefüllten Uferpromenade Stockholms entlanggeglitten war und nach Westen abdrehte, um das offene Meer zu gewinnen, ließ Kapitän Söfring Hansson Jute zwei Salutschüsse abfeuern. Kurz bevor man nun die Insel Beckholmen erreichte, trafen einige Windböen die Segel und drückten das Schiff so stark auf die Seite, daß das Wasser in die unteren Stückpforten, die Öffnungen für die Kanonenmündungen, zu dringen begann. Innerhalb weniger Minuten versank vor den Augen der kaum 1000 Meter entfernten Menschenmenge die „Wasa" „mit gesetzten Segeln, wehenden Flaggen und allem." Glücklicherweise hatte man die über 300 Mann Marineinfanterie noch nicht an Bord genommen, so daß die Besatzung kaum mehr als 130 Mann zählte, wozu allerdings eine nicht genau bekannte Menge von Frauen und Kindern kam. 30–50 Menschen dürften bei dem Unglück ertrunken sein, der Rest konnte gerettet werden.

Die „Wasa" war bei glatter See und schönstem Wetter gekentert, obwohl kaum die Hälfte der Segelfläche von 1300 m^2 gesetzt worden war, es mußte also entweder ein schwerer Navigationsfehler vorliegen oder das Schiff war falsch konstruiert worden. Während dem König, der jenseits des Meeres gegen die Polen im Felde stand, die Nachricht von der Katastrophe zuging, wurde bereits ein Untersuchungsausschuß unter Vorsitz des Reichsadmirals Karl Karlsson Gyllenhielm, eines natürlichen Sohns König Karls IX. und Halbbruder Gustav Adolfs, einberufen. Offensichtlich sollte möglichst rasch ein Verantwortlicher für den ebenso tragischen wie blamablen Unfall gefunden werden. Daß die „Wasa" so leicht aus dem Gleichgewicht zu bringen gewesen war, hing ohne Zweifel mit ihrer Topplastigkeit zusammen. Man hätte in Anbetracht dieser Eigenschaft mehr Ballast aufnehmen müssen, doch war das wohl unmöglich gewesen, da sich die untersten Stückpforten ohnehin nur 1,2 Meter über dem Wasserspiegel befanden. Der Konstruktionsfehler war darauf zurückzuführen, daß man die Dimensionierung des Schiffes während des Baus noch erheblich vergrößert hatte, vor allem um ein zweites Geschützdeck unterzubringen. Dies dürfte von Gustav Adolf angeordnet worden sein, um die kurz vorher in Dänemark gebaute „Sancte Sophia" zu übertrumpfen. Da demnach die Hauptverantwortung den König selbst traf, stellte der Ausschuß seine Untersuchungen schließlich ein, ohne einen Schuldigen gefunden zu haben.

Alsbald unternahm man Versuche, das in geringer Tiefe liegende Schiff zu heben, die jedoch fehlschlugen. Dagegen gelang es im Laufe der nächsten Jahre immer wieder, wertvolle Ausstattungsstücke, vor allem die meisten der bronzenen Kanonenrohre, durch Taucher bergen zu lassen. Dann geriet die „Wasa" weitgehend in Vergessenheit. Auf Initiative des Marineforschers Anders Franzén konnte 1961 das Schiff, dessen Rumpf weitgehend intakt geblieben war, wieder ans Tageslicht befördert werden. Es ist heute in einem eigens für diesen einmaligen Fundkomplex eingerichteten Museum ausgestellt, ein beeindruckender, unheimlicher Zeuge aus den lange vergangenen Tagen von Schwedens *stormaktstiden*, von Schwedens Großmachtzeit.

Das ikonographische Programm

Zusammen mit dem Rumpf und mit Tausenden von Artefakten unterschiedlichster Art konnten etwa 90% des geschnitzten Zierats geborgen werden, insgesamt über 700 Skulpturen, die ursprünglich vergoldet, teilweise auch farbig gefaßt gewesen waren. Sie lassen ein ikonographisches Programm erschließen, das ganz auf die Person und das Selbstverständnis

Gustav Adolfs zugeschnitten war. Die Panegyrik bewegt sich auf mehreren verschiedenen Ebenen, der heraldischen, der mythologischen, der historischen und der biblischen.

Der „Löwe aus Mitternacht“

Vielfach begegnet der „gotische“ Löwe, den Schwedens alte Königsdynastie, die Folkunger, im 13. Jahrhundert zum Wappentier des Landes gemacht hatten. Im Zusammenhang mit Gustav Adolf war er aber auch

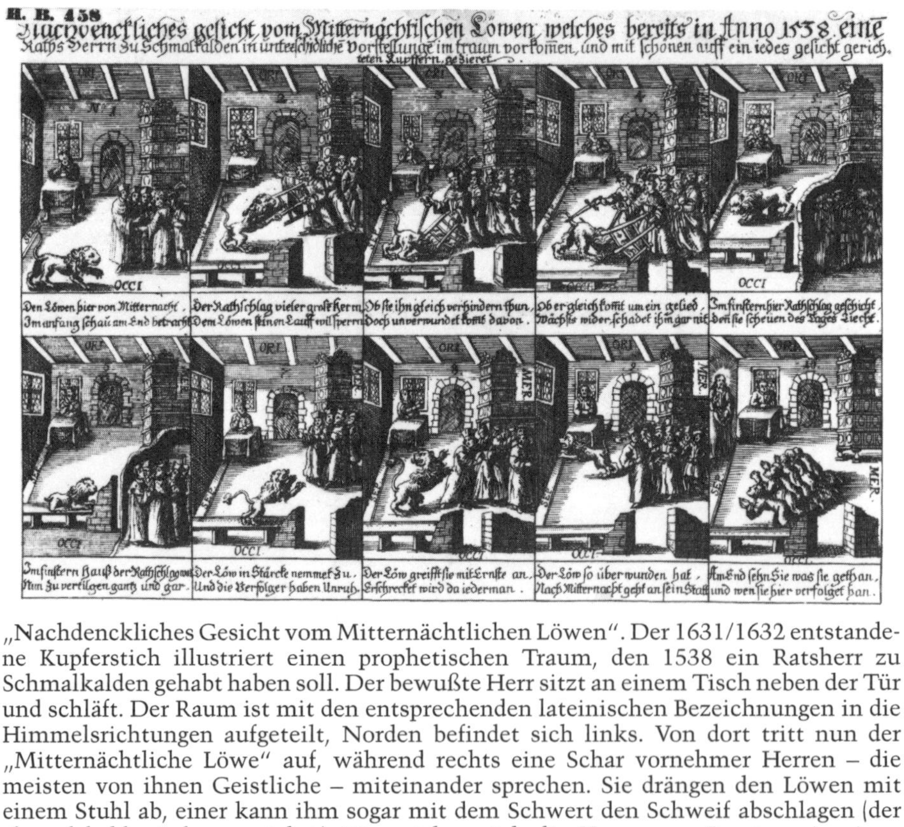

„Nachdenckliches Gesicht vom Mitternächtlichen Löwen“. Der 1631/1632 entstandene Kupferstich illustriert einen prophetischen Traum, den 1538 ein Ratsherr zu Schmalkalden gehabt haben soll. Der bewußte Herr sitzt an einem Tisch neben der Tür und schläft. Der Raum ist mit den entsprechenden lateinischen Bezeichnungen in die Himmelsrichtungen aufgeteilt, Norden befindet sich links. Von dort tritt nun der „Mitternächtliche Löwe“ auf, während rechts eine Schar vornehmer Herren – die meisten von ihnen Geistliche – miteinander sprechen. Sie drängen den Löwen mit einem Stuhl ab, einer kann ihm sogar mit dem Schwert den Schweif abschlagen (der aber alsbald wieder anwächst). Nun ziehen sich die Herren zur Beratung in einen finsteren Raum zurück, „denn sie scheuen des Tages Licht“. Sie können aber ihre Beschlüsse nicht mehr in die Tat umsetzen, da jetzt der Löwe ernsthaft zum Angriff übergeht und seine Gegner zu Paaren treibt. Der siegreiche Löwe wendet sich wieder nach Norden und an seiner Stelle erscheint Jesus Christus, worauf die Herren, indem sie sehen, „wen sie hier verfolget han“, anbetend auf die Knie fallen. (Nürnberg, Germanisches Nationalmuseum)

geeignet, das Motiv des „Löwen aus Mitternacht" anklingen zu lassen. Dies war ein in paracelsischer und rosenkreuzerischer Mystik wurzelndes apokalyptisches Wesen, das aus dem Norden kommen und den Adler des Südens besiegen sollte, worauf Frieden einkehren und die Wiederkunft des Herrn bevorstehen würde. Tycho Brahe legte 1572 die Erfüllung der Prophezeiung auf das Jahr 1632 fest. Ab dem 2. Jahrzehnt des 17. Jahrhunderts spielte der Mitternächtliche Löwe in der Flugschriftenliteratur eine ganz große Rolle, wodurch ein Zustand ekstatischer Erwartung geschaffen wurde, den sich die schwedische Propaganda während der deutschen Feldzüge Gustav Adolfs kräftig zunutzemachen sollte. Dabei darf nicht übersehen werden, daß der König selbst derartigen mystischen Vorstellungen, wie sie auch sein einflußreicher Lehrer Johannes Bureus vertrat, durchaus nicht unzugänglich war.

Ein mächtiger, angreifend vorspringender Löwe bildet die Galionsfigur der „Wasa". In seinen Pranken hält er das Familienwappen Gustav Adolfs, auf das gleich zurückzukommen sein wird. Die rot gestrichenen Innenseiten der Stückpfortendeckel, die sichtbar wurden, sobald man diese hochklappte, um die Geschützmündungen freizumachen, sind mit vergoldeten Löwenmaskeronen verziert. Das Steuerruder zeigt einen Löwen, der ein Groteskenhaupt siegreich niedertritt. Das schwedische Reichswappen im Heckspiegel wird von zwei großartig geschnitzten grimmigen Löwen gehalten.

„Drei Kronen"

Im Gegensatz zum Löwen wird das zweite Element des schwedischen Wappens, das der Drei Kronen, im Bildprogramm nicht betont. Das mag damit zusammenhängen, daß es bereits ein Kriegsschiff mit dem Namen „*Tre Kronor*" – „Drei Kronen" gab, dessen Bildschmuck man gewiß ganz besonders diesem Thema gewidmet hatte. Die Drei Kronen waren die der Schweden, Goten und Wenden (Vandalen), als deren Herrscher sich die Könige Schwedens in ihrer Titulatur zu bezeichnen pflegten. Sie wurden aber auch als ein die Herrschaft über die drei skandinavischen Königreiche (Dänemark, Norwegen, Schweden) symbolisierendes Wappenzeichen von den Dänen beansprucht, die schon Anfang des 17. Jahrhunderts ein Kriegsschiff dieses Namens gebaut hatten. 1563 war die Streitfrage, wer sich der Drei Kronen bedienen dürfe, sogar einer der offiziellen Gründe für den Krieg zwischen Schweden und Dänemark gewesen.

Getreidegarbe

Das andere dominierende heraldische Motiv ist, dem Namen des Schiffes entsprechend, die Getreidegarbe, das Emblem des Hauses Wasa. Der Galionslöwe hält es, wie schon erwähnt, in seinen Pranken. Auf dem Heckspiegel, der großen fassadenartigen Schauseite der Kriegsschiffe jener Zeit, sehen wir es zweimal abgebildet, einmal als gekrönter Herzschild des schwedischen Reichswappens und einmal, unter diesem plaziert, als selbständiges, von zwei Putten gehaltenes Wappen.

Der Greif

Die eklatanteste politische Aussage des ganzen Bildprogramms findet sich aber auf der Heckbekrönung, dem oberen Abschluß des Heckspiegels. Hier ist die Büste des Königs angebracht, dem zwei Greifen die Krone über das Haupt halten. An der Identität des Dargestellten kann kein Zweifel bestehen, denn unter dem Relief sind die Initialien Gustav Adolfs zu lesen. Zweierlei berührt an der Komposition jedoch merkwürdig. Der König ist nicht so dargestellt, wie wir ihn von Porträts der Zeit um 1626/28 kennen, sondern als langhaariger, bartloser Jüngling, wie er nur in den allerersten Jahren seiner Regierungszeit ausgesehen hatte. Ferner ist der Greif weder Bestandteil des Reichswappens, noch hat er etwas mit Gustav Adolfs persönlicher Heraldik zu tun. Bedenkt man aber, daß der Greif das Wappentier der schwedischen Landschaft Södermanland ist, und daß Karl IX., Gustav Adolfs Vater, vor seiner Thronbesteigung Herzog von Södermanland gewesen war und deshalb den Greif in seinem Wappen führte, dann ergibt sich ein klarer politischer Sinn. Die für den Vater des Königs stehenden Greifen krönen den jungen Gustav Adolf bei seinem Regierungsantritt. So soll die Legitimität der Thronfolge vor aller Welt herausgestellt werden, eine Botschaft, die vor allem an den Polenkönig Sigismund III. Wasa gerichtet war, einen katholischen Vetter Gustav Adolfs, den Karl IX. vom schwedischen Thron gejagt hatte und der sich selbst nach wie vor für den rechtmäßigen König von Schweden hielt. Seit Jahren befand sich Gustav Adolf im Krieg mit dem polnischen Wasa, stets fürchtete er Verschwörungen und Umtriebe von dessen Anhängern in seinem Reich.

Dieser Thematik gleichfalls zuzuordnen sein dürften die den oberen Teil des Heckspiegels flankierenden Eckpfosten, von denen nur einer erhalten geblieben ist. Die manchmal auch als Alexander der Große gedeutete Figur in antikischer Rüstung soll wahrscheinlich Karl IX. darstellen. Den Schild ziert ein Greif, zu seinen Füßen liegt – nicht mehr klar identifizierbar – der gotische Löwe. Der verlorene Pfosten war dann aller Wahrscheinlichkeit nach mit der Skulptur Gustavs I. Wasa, des Begründers der Dynastie, verziert. Das im Heckspiegel verwirklichte heraldische Programm führt so vom schwedischen Reichswappen über das Wappen der Dynastie zur symbolisch ausgedrückten persönlichen Legitimation des Königs.

„Großgotizismus"

Das mythologische Programm besitzt zwei Komponenten, eine klassisch-antike und eine national-„gotische". Letzterer sind mit Bestimmtheit fünf (ursprünglich sechs) kriegerische Gestalten zuzuweisen, die mittelalterliche bzw. frühneuzeitliche Rüstungen tragen und das Familienwappen der Wasa am Heckspiegel flankieren. Wir dürfen mit ziemlicher Sicherheit in ihnen gotische Könige aus der sagenhaften schwedischen Frühzeit erblicken.

Für Gustav Adolf und seine Zeitgenossen in Schweden waren diese gotischen Könige und Helden aber keineswegs fiktive Sagengestalten, sondern reale historische Figuren, die von der einstigen Größe des Landes zeugten. Diese als *„störgöticism"* („Großgotizismus") bezeichnete nationale Mythologie war das Werk einiger schwedischer Historiker und Humanisten des 15., 16. und 17. Jahrhunderts. Dem *störgöticism* lag ein gewisser Minderwertigkeitskomplex zugrunde, den die Schweden mit anderen Völkern Nord- und Osteuropas gemeinsam hatten, deren Geschichte keinen Anteil besaß an der klassischen Welt der Griechen und Römer, die der christlich-abendländischen Kultur das Gepräge gegeben hatte. Zum Ausgleich griff man in Schweden auf die Goten zurück, die in spätrömischer Zeit erobernd in das Imperium eingefallen waren und auf seinem Boden ihre eigenen Königreiche errichtet hatten. Da die Goten von Norden gekommen waren und da es in Schweden die Landschaften Västergötland und Östergötland gab, setzte man sie mit den Vorfahren der neuzeitlichen Schweden gleich.

Den Anfang mit dieser Theorie hatte 1434 Bischof Nikolaus Ragvaldi gemacht, als er – bezeichnenderweise – anläßlich einer Rangstreitigkeit auf dem Konzil von Basel die Abstammung der Schweden von den Goten ins Feld führte: „Das Königreich Schweden blickt auf eine ehrwürdigere Ahnenreihe zurück, ist kraftvoller und edler als alle anderen ... Es wurde nie von den Herrschern Roms erobert, zwang vielmehr den Römern seinerseits ein Bündnis auf ... Rom, die Hauptstadt der Welt, fiel im 1164.

Jahr nach seiner Gründung vor diesen Königen, während das gotische Königreich in seinem Ursprungsland blüht und gedeiht wie eh und je."

Ragvaldis Thesen, von denen Curt Weibull (1955/57, S. 181) gesagt hat, selten habe eine historische Abhandlung „so weitreichende Folgen gehabt, wie diese Rede", griff 100 Jahre später der letzte katholische Erzbischof von Uppsala Johannes Magnus auf. 1554 veröffentlichte er im römischen Exil sein Werk „*Historia de omnibus Gothorum Sveonumque regibus*", das eine ausführliche Geschichte der Goten und Sveer enthielt. Nach Johannes Magnus sind die Goten die älteste Nation der Welt, da Schweden und Finnland die ersten Länder gewesen seien, die die Sintflut wieder freigab. Ihr erster König war Magog, Sohn Japhets, Enkel Noahs. Unter König Berik brachen die Goten zu einer Zeit, als Rom noch gar nicht gegründet war, zu gewaltigen Eroberungszügen auf,durch die sie Spanien, Germanien, Gallien, Britannien, Italien, selbst Asien und Afrika in ihre Gewalt brachten. Gemeinsam mit den Amazonen, die gotischer Abstammung waren, nahmen sie auch an den Kämpfen um Troia teil. Rund 30 Völker gehen auf die Goten zurück, die Griechen verdankten ihnen einen Großteil ihrer Kultur. Johannes Magnus erstellte eine lückenlose Liste von über 100 Königen, was dazu führen sollte, daß sich die Söhne Gustav Wasas Erik XIV. und Karl IX. nannten – die Mehrzahl ihrer namensgleichen Vorgänger hatte nur in Johannes Magnus' Geschichtswerk existiert. Erik XIV. machte sich auch persönlich daran, dieses Buch aus dem Lateinischen ins Schwedische zu übersetzen. Als Johannes Schroderus alias Johan Skytte 1620 auf Geheiß seines Schülers Gustav Adolf die Gotengeschichte erneut übersetzte, war dies schon das vierte Unternehmen dieser Art. Skytte besorgte auch eine Übertragung ins Deutsche. Die Ausgabe von 1620, die von einigen katholischen „Irrtümern" des Autors gereinigt war, blieb ein Jahrhundert lang die offizielle Geschichte der schwedischen Frühzeit.

Erstaunlicherweise wurde nur selten Skepsis gegenüber den Konstruktionen des Johannes Magnus und seiner Nachfolger geäußert, zumindest im Inland. Eine Ausnahme war Olaus Petri, der ganz nüchtern verkündete, über die schwedische Vergangenheit aus der Zeit vor Christi Geburt wisse man überhaupt nichts. Damit verärgerte er jedoch Gustav Wasa so sehr, daß Petris Werk ungedruckt blieb. Dem König und seinen Nachfolgern war es nur recht, wenn die Historiker ihnen bescheinigten, daß die Herrscher Schwedens den Habsburgern, den Tudors, den Valois zum allerwenigsten ebenbürtig waren,ein Gesichtspunkt, der umso gewichtiger wird, wenn man bedenkt daß etwa Erik XIV. jahrelang Elisabeth I. von England mit Heiratsplänen verfolgte ...

Die großgotische Theorie wurde im 17. Jahrhundert noch weiter ausgebaut, vor allem von Johannes Bureus und seinem Schüler Stiernhielm. Ihr Eifer galt insbesondere der Ehrenrettung der schwedischen Sprache, die man oft genug selbst im eigenen Lande von Deutsch und anderen ausländischen Sprachen in den Hintergrund gedrängt sah. Nun wurde bewiesen, daß Schwedisch bzw. das mit diesem identische Skythisch die älteste Sprache der Menschheit überhaupt sei, mit möglicher Ausnahme des Hebräischen. Einen besonders schlagkräftigen Beweis für das Alter der gotisch-schwedischen Sprache und Kultur erblickte Bureus in der Existenz der Runeninschriften, auf deren Erfassung und Erforschung der vielseitige Wissenschaftler unendliche Mühe verwendete. Er wurde hierin von Gustav Adolf kräftig unterstützt, der ihn zum Reichsantiquar mit einem weitgesteckten Aufgabenbereich archäologischer, archivalischer, volks- und landeskundlicher Natur ernannte. Bureus, der auch eine Runenkursivschrift erfand, hätte das alte „gotische" Alphabet am liebsten wieder als schwedische Volksschrift eingeführt gesehen. Mystischen Strömungen nahestehend, gab sich Bureus auch der kaballistischen Vorstellung hin, hinter den normalen Runen verberge sich das System der Adulrunen, das den Schlüssel böte, um das Geheimnis der Schöpfung zu lüften. Mit solchen Theorien erweckte Bureus das Mißtrauen der orthodoxen lutherischen Geistlichkeit, doch fand er auch hier Rückendeckung bei Gustav Adolf.

Störgöticism in den wissenschaftlichen und okkulten Höhen und Tiefen, in denen er von Bureus betrieben wurde, war natürlich das Privileg einer kleinen Schicht von Gebildeten. In vereinfachter Form gelangten seine Ideen jedoch infolge einer regen königlichen Propaganda auch unter das Volk. Zur Zeit Gustav Adolfs bildeten der Glaube an die große gotische Vergangenheit und die Absicht, diesem Vorbild nachzueifern, feste Bestandteile des schwedischen Nationalbewußtseins. Der König selbst stand von frühester Kindheit an unter dem Einfluß dieser Lehre. Sie wurde nicht nur von seinem Vater und anderen Mitgliedern der Familie mit Vehemenz vertreten, auch die beiden wichtigsten Lehrer Gustav Adolfs, Skytte und Bureus, gehörten, wie wir gerade gesehen haben, zu den aktivsten Verkündern des *störgöticism*. Bei dem anläßlich seiner Krönung im Jahre 1617 abgehaltenen Turnier trat Gustav Adolf in der Rolle des gotischen Erobererkönigs Berik auf. Als er 1630 Abschied nahm von den schwedischen Ständen, sprach er diese an als „die Abkömmlinge der Goten, die fast die ganze Welt besiegten, die so viele Königreiche niederwarfen und über Jahrhunderte hinweg beherrschten."

Es kann also nicht verwundern, daß die Helden der gotischen Vergangenheit in das Bildprogramm des Regalschiffes „Wasa" aufgenommen wurden und daß sie ihren Platz neben dem Familienwappen des Königs fanden. Merkwürdig mutet es dagegen auf den ersten Blick an, daß neben diesen gotischen Motiven auch solche aus der antiken Mythologie und vor allem solche aus der römischen Kaisergeschichte Verwendung fanden. Dies ist ein bei den nichtromanischen Völkern zur Zeit der Renaissance und des Humanismus häufig zu beobachtender Widerspruch. Einerseits war man stolz auf die germanischen oder sonstigen „barbarischen" Vorfahren, die schließlich sogar das große Rom besiegt hatten, andererseits wollte man als Kulturnation gelten, an der europäischen Bildung und Gesittung regen Anteil nehmen, und das war eben völlig undenkbar, wenn man auf das antike Erbe verzichtete. So durfte Skytte bei aller großgotischen Begeisterung als ein hervorragender Altphilologe und Kenner der griechisch-römischen Geschichte und Mythologie gelten, und Gustav Adolf war sein gelehriger Schüler. Der König, der überhaupt eine ausgeprägte Sprachbegabung besaß und sich zuletzt in sieben Sprachen zumindest verständlich auszudrücken vermochte, war ein vorzüglicher Lateiner und konnte selbst mit den Jesuiten fließende Unterhaltungen führen.

Wenn es nun darum ging, herrscherlichem Selbstverständnis allegorischen Ausdruck zu verleihen, dann mußte man auf die reiche und differenzierte, durch lange Tradition in allen Nuancen entwickelte und zum allgemeinen Bildungsgut gewordene Figurenwelt der griechisch-römischen Mythologie und Geschichte zurückgreifen. Eine der unverzichtbarsten Gestalten herrscherlicher Panegyrik war Hercules. Der unüberwindlich starke Bekämpfer des Übels und selbstlose Wohltäter der Menschheit, der schließlich zu den Unsterblichen aufstieg, war die ideale Verkörperung des durch Tugend und Selbstbeherrschung gezügelten Tatmenschen. An der „Wasa" finden wir Hercules zweimal als große Eckfigur an der unteren Galerie des Heckspiegels angebracht. Wie Hans Soop (1986, S. 46f.) vermutet, ist der Heros am Anfang und am Ende seiner Laufbahn dargestellt, einmal der tatendurstige junge Hercules, das andermal der weise, gereifte.

Eine ähnliche Aussage war wohl den beiden Kriegern in antiker Rüstung zugedacht, die auf beiden Seiten des Vorschiffes standen und von denen nur einer erhalten geblieben ist. Diesem hat man einen ruhenden Löwen beigegeben, hinter dessen Rücken ein Hund herumspringt.Die souveräne Gelassenheit des Löwen soll die Großmut des Stärkeren symbolisieren. Zum Gegenstück gehörte wahrscheinlich ein Löwe, der eine Schlange zerriß, eine Drohung gegen die, welche die Friedensbereitschaft und die Geduld des Herrschers tückisch mißbrauchten.

Historische Herrscherpersönlichkeiten und biblische Figuren

Am Galion betreten wir dann den Bereich der historischen Persönlichkeiten. Hier befanden sich 20 mit ihren Namen gekennzeichnete Figuren römischer Kaiser. Die Caesaren galten als exemplarische Herrschergestalten, in deren Tradition zu stehen das Ansehen eines jeden Fürsten hob. Merkwürdigerweise fehlt der berühmteste von ihnen: Augustus. Das verwundert umsomehr, als der Vergleich Gustav Adolfs mit dem römischen Friedenskaiser ein sehr geläufiger war, bilden doch die Buchstaben von Gustavus ein Anagramm für Augustus. Soop nimmt an, gerade die Gleichsetzung des schon auf dem Heckspiegel abgebildeten Königs mit dem größten der Imperatoren habe eine Aufnahme des Augustus in das Figurenprogramm überflüssig gemacht (Hans Soop 1986, S. 182f.).

Der Heckspiegel weist dann noch zwei Serien römisch gerüsteter Krieger auf, bei denen es sich jedoch, wie der Zusammenhang lehrt, um Israeliten, um biblische Figuren also, handeln muß. Einmal steht in ihrer Mitte König David, Musterbeispiel des von Gott erwählten weisen Herrschers. Interessanter für die Rollenauffassung Gustav Adolfs ist die andere Gruppe, deren Figuren Fackeln und Trompeten tragen. Das sind die Krieger Gideons, des jüdischen Helden, von dem wir im Buch der Richter hören, daß er mit 300 Mann ein Lager der Midianiter nächtlicherweise überfiel, wobei seine Leute im letzten Augenblick die in Gefäßen verborgenen Fackeln hervorholten, in die Trompeten stießen, den Schlachtschrei „Das Schwert des Herrn und Gideons" erhoben und so den weit überlegenen Feind in kopflose Panik versetzten. Ohne Zweifel ist hier die Gleichsetzung Gustav Adolfs mit Gideon anzunehmen, die dann, ähnlich dem „Mitternächtlichen Löwen", eine große Rolle in der schwedisch-protestantischen Propaganda des Dreißigjährigen Krieges spielen sollte. Auch das „Schwert des Herrn" wird immer wieder in Zusammenhang mit Gustav Adolf als protestantischem Glaubenshelden gebracht.

Die komplexe symbolische Aussage des Bildprogramms der „Wasa" ist gewiß vom König selbst zumindest angeregt worden, ausgearbeitet wurde sie wohl, wenn nicht von ihm persönlich, so doch von engsten Vertrauten wie Skytte oder Bureus. Symbolisch wie ihr bedeutungsbefrachteter Bilderschmuck mußte und muß auch die so jählings auf dem Grund der Ostsee endende Jungfernfahrt des Regalschiffes wirken. Sie erinnert an das Bild vom blendenden Feuerwerk einer zum Erstaunen aller plötzlich die Nacht erhellenden, sich aber nur allzu schnell erschöpfenden und ins Dunkel zurücksinkenden Rakete, mit dem Michael Roberts einmal Schwedens kurze Karriere als Großmacht gekennzeichnet hat (1973, S. 1). Der zweifellos auch von vielen Zeitgenossen als unheilverkündend angesehene Untergang der „Wasa" erfolgte zu einem Zeitpunkt, als schwedische Truppen bereits in Stralsund gegen die Kaiserlichen kämpften und Gustav Adolfs Eingreifen in den Dreißigjährigen Krieg so gut wie sicher bevorstand. Schwedens neues Flaggschiff sank also, während der „Löwe aus Mitternacht" sich zum Sprung in das Heilige Römische Reich Deutscher Nation anschickte, während das „Schwert Gideons" dabei war, aus der Scheide zu fahren für die Sache des Protestantismus.

In angustiis intravit

Die erste Zeile der lateinischen Inschrift im Grabchor der Riddarholmskirche zu Stockholm, in der Gustav Adolf am 22. Juni 1634, fast zwei Jahre nach Lützen, beigesetzt wurde, kennzeichnet kurz und treffend die Situation, die der 17jährige Kronprinz beim Tode seines Vaters vorgefunden hatte: *„In angustiis intravit"* – „In enger Not trat er herein". Die Herrschaft der Wasakönige war an einem Tiefpunkt angelangt, äußere Katastrophen und innere Krisen schüttelten Schweden, und die Kräfte eines Minderjährigen schienen hoffnungslos überfordert von der Aufgabe, das Land aus dieser Bedrängnis herauszuführen.

Der Kampf um die Krone Schwedens

Mit Gustav II. Adolf besetzte 1612 das Haus Wasa in der dritten Generation den schwedischen Thron, den es keine 100 Jahre zuvor, 1523, mit der Machtergreifung Gustavs I. errungen hatte. Die Wasa waren damit unter den königlichen Dynastien Europas eine der jüngsten und zudem eine, der von Anfang an das *odium* der Usurpation anhaftete. Von den fünf Angehörigen der Familie, die vor Gustav Adolf die Krone getragen hatten, waren nur zwei durch reguläre Thronfolge an die Macht gekommen, und diese wurden beide von den eigenen Verwandten gestürzt. Auch die Legitimität von Gustav Adolfs Königtum konnte mit guten Gründen angefochten werden. Unversöhnlich standen sich eine ältere und eine jüngere Linie des Hauses Wasa gegenüber, Staatsstreich, Bürgerkrieg und ausländische Intervention waren latente Gefahren.

Mit dem Kampf um die Krone Schwedens untrennbar verbunden war die Frage der Unabhängigkeit des Königreichs. Gustav Adolfs gefährlichster Gegenspieler Sigismund Wasa, das Haupt der älteren Linie, war als Sigismund III. König von Polen, und so drohte das Land in einem durch Personalunion zusammengehaltenen Doppelkönigreich aufzugehen. Viel älter noch war die Gefahr, die vom Nachbarn Dänemark ausging, dessen Könige im späten Mittelalter tatsächlich über alle drei skandinavischen Königreiche, über Dänemark, Norwegen und Schweden, geherrscht hatten und jetzt noch über die beiden ersten von diesen geboten. Im Kampf gegen die verhaßte dänische Oberherrschaft waren die Wasa 1523 an die Macht gekommen, nationale Unabhängigkeit und Regierung des Hauses

Wasa erschienen daher den meisten patriotischen Schweden als ein und dieselbe Sache. Die Dänen dagegen hatten die Hoffnung noch keineswegs aufgegeben, die „Drei Kronen" wieder in ihrer Hand zu vereinigen.

Der dänische Machtanspruch ging auf die sogenannte Union von Kalmar aus dem Jahre 1397 zurück. Damals war es der großen Dänenkönigin Margarete gelungen, den Zusammenschluß der drei Königreiche zu erzwingen. Die praktische Verwirklichung dieser Vereinigung erwies sich jedoch im Laufe des 15. Jahrhunderts immer wieder als höchst problematisch. Mehrfach traten schwedische „Reichsverweser" auf, die sich an die Spitze nationaler Erhebungen gegen die als Fremdherrschaft empfundene Regierung der Dänenkönige setzten. Einer von ihnen, Sten Sture der Ältere, konnte 1471 einen bedeutenden Sieg bei Brunkeberg nahe Stockholm erringen. Doch gingen mit den Unabhängigkeitskämpfen immer Entzweiungen und Bürgerkriege einher, die es den Dänen ermöglichten, ihre Oberherrschaft erneut zur Geltung zu bringen.

1520 strebte der Konflikt einer entscheidenden Krise zu. Der Reichsverweser Sten Sture der Jüngere bekämpfte seine Gegner in einer Art, die bereits viel von dem Stil der späteren Wasakönige vorwegnahm. Er appellierte mit Vorliebe an die Bauern, die in Schweden noch erheblichen politischen Einfluß besaßen, was seiner Herrschaft einen gewissen populistisch-demagogischen Charakter verlieh. Als die Kirche in die Auseinandersetzungen hineingezogen wurde und Rom das Land schließlich mit dem Interdikt belegte, schritt Sture zur Konfiskation von Kirchenbesitz. Der Dänenkönig Christian II., der 1520 in Schweden landete, konnte daher sein Eingreifen als einen Kreuzzug gegen Häretiker rechtfertigen. Sture und seine Anhänger wurden von den Dänen geschlagen, wobei Sture selbst ums Leben kam. Christian hielt dann ein brutales Strafgericht ab, dem 30 adelige Anführer und zahlreiche weitere Anhänger der Sturepartei im „Stockholmer Blutbad" zum Opfer fielen. Damit schien dem nationalen Widerstand das Rückgrat gebrochen, Dänemark beherrschte wieder unangefochten die drei Königreiche. Innerhalb weniger Jahre sollte sich jedoch das Blatt vollständig wenden, und das war das Werk eines jungen schwedischen Adeligen, der mit knapper Not dem von Christian angerichteten Massaker entkommen war, das Werk des um 1496 geborenen Gustav Eriksson Wasa.

Gustav I. Wasa

Unter den Vorfahren Gustavs hatten sich einflußreiche Vertreter der Unionspolitik befunden, doch war sein Vater ein entschiedener Anhänger der Sture gewesen und hatte dafür im Stockholmer Blutbad mit seinem Kopf gebüßt. Gustav selbst war es 1519 gelungen, aus dänischer Geiselhaft nach Lübeck zu fliehen. Nach der Niederlage von 1520 konnte er sich in den Wäldern Nordschwedens verbergen, wenig später entfesselte er in der Landschaft Dalarna, in der es immer viele Anhänger der Sture gegeben hatte, einen Aufstand gegen Christian. Als Schwestersohn der von den Dänen gefangengehaltenen Witwe Sten Stures war er der einzige erwachsene Verwandte des Reichsverwesers, der noch am Leben und auf freiem Fuße war. So fiel ihm nun die Führung in dem wieder mit Vehemenz einsetzenden Unabhängigkeitskampf zu. Entscheidend wurde die Unterstützung, die Gustav Wasa durch die mächtige Hansestadt Lübeck erhielt, für deren Handelsinteressen eine Vorherrschaft Dänemarks im Ostseeraum höchst gefährlich geworden wäre. Bereits 1523 waren die Dänen aus den meisten Landschaften Schwedens vertrieben. In diesem Jahr fand zu Strängnäs ein Reichstag (*riksdag*) statt, auf dem Gustav Wasa zum König gewählt wurde.

Die nächsten Jahre waren von Aufständen und Verschwörungen gekennzeichnet, die nicht nur von Anhängern des Dänenkönigs ausgingen, sondern auch von alten Parteigängern der Sture, die den Wasakönig für einen Usurpator hielten, da er sich über die Ansprüche der kleinen Söhne Sten Stures hinweggesetzt hatte. Auch der wachsende Steuerdruck und die immer deutlicher gegen die katholische Kirche gerichteten Aktivitäten der neuen Regierung waren in manchen Landschaften Anlaß zu Unruhen. Um die für die Niederwerfung des Widerstandes erforderlichen Streitkräfte bezahlen zu können, ohne sich dabei noch tiefer in die immer drückender empfundene Abhängigkeit von Lübeck zu begeben, brauchte Gustav dringend Geld. Die Steuerschraube noch weiter anzuziehen, war unmöglich, und so verfiel der König, wie nicht wenige Fürsten seiner Zeit, auf den verlockenden Ausweg, den reichen Kirchenbesitz einzuziehen.

21,3% der schwedischen Höfe befanden sich in der Hand der Kirche, der Anteil der Krone betrug nur 5,6% und der des Adels 20,7%, der Rest gehörte steuerpflichtigen Bauern. Gustavs Absicht war es nun, den Kirchenbesitz zwischen Krone und Adel aufzuteilen und so eine Interessengemeinschaft mit dem mächtigsten Stand des Reiches zu schaffen. Dieser Politik war auf dem Reichstag von Västerås 1527 voller Erfolg beschieden. Die Schlösser der Bischöfe und die der Kirche zustehenden Abgaben gingen an den König, die Klöster als Lehen an den Adel, welcher auch seine seit Mitte des 15. Jahrhunderts gemachten Stiftungen zurückfordern konnte.

Die Beschlüsse von Västerås bedeuteten faktisch den Bruch mit Rom, eigentlich vollzogen wurde dieser aber erst im Laufe der 1530er Jahre. Es kann keinem Zweifel unterliegen, daß Gustav Wasa sich nicht aus theologischen, sondern aus finanz- und machtpolitischen Gründen für die Annahme der Reformation entschloß. Mit den Wortführern der lutherischen Partei, den Brüdern Olaus und Laurentius Petri, geriet der König bald in Konflikt, weil er weder innerkirchlichen Zank um theologische Spitzfindigkeiten noch eine Einmischung des Klerus in die neu gewonnene Macht des Staates über die Kirche wollte. Gustav Wasa legte so den Grundstein für die homogene, orthodox lutherische Staatskirche, die rasch zu einem Fundament des neuen Schweden werden sollte.

Mit den finanziellen Mitteln, die die Enteignung des Kirchenbesitzes ihm in die Hand gaben, und mit der Unterstützung des größten Teils des Adels, die er durch dessen Beteiligung an der Beute gewonnen hatte, gelang es Gustav I. nun bald, der Unruhen im Lande Herr zu werden. Er verfuhr dabei mit nicht geringerer Brutalität als seinerzeit Christian II., selbst zahlreiche seiner ehemaligen Anhänger endeten unter dem Beil des Henkers. Auch den Lübeckern, die ihm zum Sieg über Dänemark verholfen hatten, zeigte er wenig Dankbarkeit. Als der dänische König in der „Grafenfehde" unter starken Druck der adeligen Opposition geriet und somit für Schweden ungefährlich wurde, unterstützte er ihn gegen die auf der Gegenseite eingreifende Hansestadt. 1535 erlitt Lübeck eine Niederlage, von der es sich nicht mehr erholen sollte, und Gustav Wasa war seinen lästigen Gläubiger los.

Obwohl Gustavs I. Regierungsstil „patriarchalisch, persönlich und primitiv" blieb (Michael Roberts 1953/1958, Bd. I, S. 15), gelang es ihm, die Stellung der Krone ungemein zu stärken, indem er die potentiellen Gegenkräfte virtuos gegeneinander ausspielte. Der Reichsrat (*riksråd*), der traditionelle Wächter über die Verfassung und wichtigste Träger des hochadeligen Einflusses, wurde nur mehr selten einberufen. Statt dessen bediente sich der König meist nichtadeliger Sekretäre, die dank ihrer Ausbildung auf ausländischen Universitäten über eine fachliche Kompetenz verfügten, an der es den damals in der Regel noch recht ungebildeten schwedischen Adeligen zu fehlen pflegte.

Um wichtige Beschlüsse zu legitimieren, aber auch um widerspenstige Adelige und Geistliche unter Druck zu setzen, stärkte Gustav I. den Reichstag, die historisch noch recht junge Vertretung der Stände, zu der in Schweden, im Gegensatz zu fast allen anderen europäischen Staaten, auch Abgesandte der Bauernschaft gehörten. Wie den meisten Wasakönigen bis hin zu Gustav Adolf, kamen ihm seine ausgeprägte rhetorische Begabung und seine demagogische Ader sehr zustatten. Als letztes Druckmittel pflegte er – keinesfalls ernstgemeinte – Rücktrittsdrohungen einzusetzen, wohl wissend, daß sein Königtum das einzige Bollwerk gegen die dänischen Ansprüche darstellte. So gelang es ihm auch, auf dem Reichstag von Västerås 1544 die Einführung der Erbmonarchie durchzusetzen. Bisher waren die schwedischen Könige von den Abgeordneten des Reichstages frei gewählt worden, jetzt sollte die Krone im Hause Wasa erblich sein, was natürlich wieder auf eine wesentliche Steigerung der monarchischen Zentralgewalt hinauslief.

Die „Erbvereinigung" von 1544 änderte das aus dem 14. Jahrhundert stammende Allgemeine Landrecht (*landslagen*) nur in diesem einen Punkt ab, der Erblichkeit der Königswürde nach dem agnatischen Erstgeburtsrecht. Dem ältesten der in Manneslinie auf Gustav I. zurückgehenden Nachkommen stand von nun an der Thron zu. Die alten konstitutionellen Einschränkungen wie der bei Antritt der Herrschaft zu leistende Königseid oder die Verpflichtung, gemeinsam mit dem Reichsrat zu regieren, blieben bestehen. Gustav I. modifizierte die Erbvereinigung in seinem Testament (Endfassung 1560) allerdings noch in einem sehr wesentlichen Punkt. Die jüngeren Söhne der Königsfamilie sollten mit Herzogtümern ausgestattet werden, in denen sie eine halbsouveräne Stellung besaßen. Das schränkte die Verfügungsgewalt des Königs über sein Reich natürlich ein und verschaffte im Konfliktfalle der Opposition eine solide Machtbasis. Diese „Refeudalisierung" entwickelte sich in den nächsten Jahrzehnten zu einer akuten Gefahr für die Einheit und Sicherheit der Monarchie.

Erik XIV.

1560 folgte auf Gustav I. sein einziger Sohn aus seiner ersten Ehe mit Katharina von Sachsen-Lauenburg, Erik XIV. (geb. 1533). Der neue König war ein ehrgeiziger, hochgebildeter und ideenreicher Mann, der aber nur ein schwach entwickeltes Verhältnis zur Realität besaß und sich schließlich im Grenzbereich von Genie und Wahnsinn bewegte. Er geriet alsbald in Konflikt mit seinem Halbbruder Johann, den er nach bürgerkriegsartigen Konflikten 1563 in Gripsholm gefangensetzte. Im gleichen Jahr eröffneten Schwedens revanchelüsterne Gegner Dänemark und Lübeck einen Krieg, der sich 7 Jahre lang hinziehen und dem Königreich trotz beachtlicher militärischer Leistungen mehr Schaden als Gewinn bringen sollte. 1567 richtete Erik XIV. in einem Anfall von Verfolgungswahn ein Blutbad unter oppositionellen Adeligen an, wenig später heiratete er zur Empörung seiner beiden Halbbrüder, der Herzöge Johann und Karl, die aus einfachsten Verhältnissen stammende Karin Månsdotter. Die Herzöge schritten nun zur Tat und setzten 1568 Erik XIV. in Zusammenarbeit mit dem aufgebrachten Adel ab. Der gestürzte König starb nach zehnjähriger Gefangenschaft, vermutlich wurde er vergiftet.

Johann III.

Die Nachfolge trat der ältere der Halbbrüder Eriks an, Johann (geb.1537), ein Sohn Gustavs I. aus seiner zweiten Ehe mit der schwedischen Adeligen Margarete Eriksdotter Lejonhufvud. Der Adel nutzte die Gunst der Stunde, um dem neuen König zahlreiche Zugeständnisse abzupressen. Die Opposition der über den autoritären Führungsstil Eriks XIV. und seiner Sekretäre erbitterten Aristokratie gewann an Gewicht, da nun eine gebildete und selbstbewußte Generation herangewachsen war, die nicht nur auf ihre alten Privilegien pochte, sondern eine moderne Verwaltung mit klaren Verantwortlichkeiten anstrebte, die sie natürlich selbst statt der verhaßten Sekretäre zu übernehmen gedachte. Zum Wortführer dieser Adelsopposition entwickelte sich unter Johann III. der bedeutende Staatsdenker Erik Sparre.

Der neue König war ein feinsinniger Ästhet, ein Förderer der Künste und ein großer Bauherr. Auch besaß er ein starkes Interesse an theologischen Fragen, wobei jedoch eine gewisse Neigung zum Katholizismus unverkennbar war, der von seiner ersten Frau, der polnischen Prinzessin Katharina Jagiellonica, noch kräftig Vorschub geleistet wurde. Sein Versuch, die Liturgie in kryptokatholischem Sinne zu verändern, stieß auf den wütenden Widerstand der lutherischen Geistlichkeit. Auch mit dem Adel geriet Johann III. in schwere Auseinandersetzungen. Die Herrschaft der nichtadeligen Sekretäre dauerte an, wo es nur ging, versuchte der König die Kompetenzen der Krone zu erweitern. In außenpolitischer Hinsicht mißfiel der Aristokratie die starke Verstrickung Schwedens in den Machtkampf zwischen Rußland und Polen im östlichen *Balticum*, die von Erik XIV. eingeleitet worden war und die Johann III. mit Vehemenz und auch mit einigem Erfolg als Verbündeter Polens fortsetzte. Der Umstand, daß Johanns Sohn Sigismund (geb. 1566) im Hinblick auf eine mögliche Erwerbung der polnischen Krone im katholischen Glauben erzogen wurde, erweckte natürlich erhebliches Mißtrauen. Dieses nahm noch zu, als man den Kronprinzen 1587 tatsächlich als Sigismund III. zum König der Polen wählte. Trotzdem wurde Sigismund nach dem Tode seines Vaters 1592 von den Ständen pflichtgemäß auch als König von Schweden anerkannt.

Sigismund, der in Polen bereits Erfahrungen mit der Opposition eines starken Adels gemacht hatte, zeigte wenig Lust, mit Reichsrat oder Reichstag zusammenzuarbeiten.Den Hauptkonfliktstoff lieferte zunächst aber der konfessionelle Gegensatz. Um den bekannten gegenreformatischen Ambitionen Sigismunds III, der 1592 auch noch eine Erzherzogin aus dem Hause Habsburg, der Vormacht des kämpferischen Katholizismus, geheiratet hatte, zuvorzukommen, versammelte sich noch vor seiner Ankunft 1593 in Uppsala ein Konvent der lutherischen Geistlichkeit. Der orthodoxe lutherische Protestantismus der Staatskirche wurde bekräftigt, vor allem aber sollte jeglicher öffentliche Gottesdienst einer anderen Konfession verboten werden, eine Regelung, die sich nicht nur gegen die Katholiken, sondern auch gegen die Calvinisten richtete. Für Sigismund und sein katholisches polnisches Gefolge mußte dieser Beschluß, der ihm bei der Krönung als Teil der „Königsversicherung" vorgelegt werden sollte, natürlich eine Provokation darstellen. Es blieb ihm jedoch nichts anderes übrig als sich – scheinbar – zu fügen, und so konnte im Februar 1594 die Krönung stattfinden. Die von Fall zu Fall festzulegende „Königsversicherung" war eine aus den Zeiten der Wahlmonarchie stammende Einrichtung, die nun wieder aufgenommen und zu einem festen Bestandteil der Thronfolgeregelungen gemacht wurde. Kurz nach seiner Krönung kehrte Sigismund nach Polen zurück.

Während der von Reichsrat und Reichstag heftig kritisierten Abwesenheit des Königs, fiel seinem Onkel Karl (geb. 1550), dem jüngeren Bruder Johanns III., faktisch die Statthalterschaft zu. Dieser regierte seit Gustavs I. Tod mit starker Hand sein halbunabhängiges Herzogtum Södermanland. Sigismund erkannte sehr wohl die Gefahr, die ihm aus einer zu starken Stellung seines Onkels erwachsen konnte, und hütete sich daher, diesen offiziell zum Regenten zu ernennen, wenn er ihn auch als „leitende Persönlichkeit" im Reich anerkannte. Durch Einsetzung ihm ergebener Gouverneure in den einzelnen Provinzen versuchte Sigismund, sich einen gewissen Einfluß zu wahren, hatte aber nur in Finnland Erfolg damit. So existierte nun ein Dreieckskonflikt zwischen dem meist abwesenden König mit seinen Statthaltern, der adeligen Ratspartei um Erik Sparre und schließlich Herzog Karl, der sich zum Sprecher des Reichstages machte und sich dabei vor allem auf die Bauern und die Geistlichkeit stützte.

Karl ließ schon bald erkennen, daß Gesetz und Verfassung für ihn nur von bedingter Bedeutung waren, wenn es darum ging, Sigismund in die Enge zu treiben und sich selbst an die Macht zu bringen. Ohne Erlaubnis des Königs berief er zusammen mit dem Reichsrat 1595 einen Reichstag nach Söderköping. Die Beschlüsse, die eine Verschärfung der in Uppsala verabschiedeten Forderungen und eine Stärkung der Stellung Herzog Karls beinhalteten, wurden von Sigismund nicht anerkannt. Nun entzog der legitimistisch-konservative Reichsrat dem Herzog die Unterstützung, was diesen nicht hinderte, gegen den ausdrücklichen Willen von König und Reichsrat für Anfang 1597 einen neuen Reichstag nach Arboga einzuberufen. Damit hatte er die Grenze zur offenen Rebellion überschritten. Auf der Ständeversammlung spielte er in demagogischer Weise das religiöse Motiv hoch und mobilisierte die Bauern und den größeren Teil der Geistlichkeit gegen Sigismund und den Reichsrat. Die Stimmung wurde so gewalttätig, daß ein Teil der Mitglieder des Reichsrats es vorzog, zum König nach Polen zu fliehen.

1598 entschloß sich Sigismund endlich zum Handeln und landete mit einer kleinen Armee. Erste Kämpfe bei Stångebro endeten entscheidungslos, doch reichte das aus, den König auf eine gewaltsame Lösung des Konflikts verzichten zu lassen. Zu der schwächlichen Haltung Sigismunds trug zweifellos der Umstand bei, daß er gleichzeitig auch in Polen mit großen Problemen zu kämpfen hatte und sich eine längere Abwesenheit nicht leisten konnte. Es waren aber nicht nur objektive Gegebenheiten, die die Entscheidung von 1598 beeinflußten, sondern in noch höherem Maße die Persönlichkeiten der beiden Kontrahenten. Sigismund, der in sich die Sensibilität und die künstlerischen Neigungen seines Vaters, das religiöse Sendungsbewußtsein seiner Mutter und die ihm eigene herrscherliche Hybris des absolutistischen Fürsten vereinigte, besaß weder den bis zur Sturheit gesteigerten moralischen Mut seines Onkels, noch dessen rücksichtsloses Durchsetzungsvermögen und schon gar nicht dessen Gespür für die Ängste und Leidenschaften der Volksseele und die Bereitschaft, sich diese zunutze zu machen, indem er in die Rolle des Volkstribunen schlüpfte. Sigismund schloß mit Karl den für diesen höchst vorteilhaften Vertrag von Linköping ab, in dem er sich verpflichtete, die Regierung in Stockholm zu übernehmen, einen Reichstag einzuberufen, seine ausländischen Truppen zu entlassen und den Landesgesetzen entsprechend zu regieren. Unverzeihlicherweise ließ er sich auch auf Herzog Karls Forderung nach Auslieferung der zu ihm geflohenen Räte ein, wenn auch unter Zusicherung eines fairen Verfahrens vor einem unparteiischen, nichtschwedischen Gericht.

Der Vertrag von Linköping war schon so gut wie gleichbedeutend mit Sigismunds Niederlage, vollends unvermeidlich wurde sie, als der König der Bestimmung, sich nach Stockholm zu begeben, nicht nachkam und statt dessen nach Polen abfuhr. Nun resignierten auch die letzten seiner ursprünglich recht zahlreichen Anhänger und liefen entweder zu Karl über oder verließen das Land. Der im Januar 1599 zu Jönköping zusammentretende Reichstag ernannte Karl zum herrschenden Fürsten und stellte Sigismund ein Ultimatum, binnen vier Monaten den Bestimmungen des Vertrages nachzukommen.Als keine Antwort eintraf, wurde der König für abgesetzt erklärt, wovon jedoch sein Sohn Wladislaw ausgenommen wurde, vorausgesetzt, man ließ ihn unter Karls Vormundschaft lutherisch erziehen. Natürlich ging Sigismund auf dieses Angebot nicht ein, worauf Karl als regierender Fürst bestätigt und sein 1594 geborener ältester Sohn Gustav Adolf zum Nachfolger bestimmt wurde.

Karl IX.

Die Übertragung der Erbfolge von der Linie Sigismunds III. auf die Herzog Karls machte eine die Regelung von 1544 ergänzende Erbvereinigung erforderlich, die 1604 auf einem Reichstag in Norrköping beschlossen wurde. Sie enthielt zwei wesentliche neue Bestimmungen. Zum einen ließ sie auch die weibliche Thronfolge zu, wenn kein männlicher Kandidat zur Verfügung stand. Zum anderen führte sie die sogenannte „Halbregierung" für den Fall ein, daß der König starb, bevor sein Nachfolger die Volljährigkeit erreicht hatte. Zwischen der Vollendung des 18. und der des 24. Lebensjahres sollte der neue König nur über einen Teil der Herrschergewalt verfügen und mit den nächsten Angehörigen der Familie gemeinsam regieren. Karl wollte hierdurch wohl verhindern, daß sich innere oder äußere Feinde, insbesondere der polnische Widersacher, die Minderjährigkeit eines Thronfolgers zunutzemachen konnten. Obwohl zwischen 1611 und 1697 der Fall, für den die Halbregierungsregelung vorgesehen war, nicht weniger als viermal eintrat, kam sie tatsächlich nie zur Ausführung. Trotzdem war die Bestimmung wichtig, da sie den verantwortlichen Politikern die Möglichkeit bot, aufgrund einer Art von „Eignungsprüfung mit Rücksicht auf die Person des Königs und die zu dem Zeitpunkt herrschende politische Lage" flexibel zu entscheiden. (Gösta Hasselberg 1966, S. 149)

Selbst wenn man Sigismunds Absetzung für rechtens hielt, bewegte sich die Nachfolgeregelung aber außerhalb der strengen Legitimität, denn aus der zweiten Ehe Johanns III. existierte noch ein Sohn, Johann von Östergötland. Bei aller Brutalität seines Machtwillens war Karl doch ein von Zweifeln und Skrupeln geplagter Mann, dem es gegen das Gewissen ging, dem eigentlich rechtmäßigen Thronfolger sein Recht vorzuenthalten. Stets vermied es Karl, eine endgültige Lösung zu propagieren, die nicht vorbehaltlich der Ansprüche gewesen wäre, die Herzog Johann eventuell anmelden konnte. Doch erwies sich dieser als zu apathisch, um seine Rechte wahrzunehmen und verzichtete schließlich 1604 freiwillig und in aller Form auf den schwedischen Thron. Diese skrupulöse Haltung Karls wird daraus ersichtlich, daß er sich bis 1604 sträubte, die Krone anzunehmen und lediglich den Titel eines Regenten führte. Erst 1607 fand in aller Form die Krönung statt.

Der Justizmord von Linköping

Weit weniger Gewissensbisse scheint es Karl bereitet zu haben, an den ihm von Sigismund ausgelieferten Ratsherren einen eklatanten Justizmord zu begehen. In Linköping wurde ihnen ein Prozeß gemacht, der nichts mit dem zugesicherten unparteiischen Verfahren zu tun hatte. Karl fungierte persönlich als eine Art öffentlicher Ankläger, und die Urteile fielen erwartungsgemäß aus. Am 17. März 1600 mußten Erik Sparre und drei weitere hochadelige Angehörige des Reichsrats in Linköping das Schafott besteigen, ein fünfter folgte später. Dieses neuerliche „Blutbad" brach zwar vorerst die Macht der aristokratischen Verfassungspartei, vergiftete aber auch das Verhältnis zwischen Karl und dem Adel. Wie seine Vorgänger stützte sich auch der neue König bei seiner Regierungsarbeit weitgehend auf nichtadelige und zum Teil ausländische Sekretäre.

Das Verhältnis zur lutherischen Geistlichkeit blieb gleichfalls nicht ohne Spannungen. Wenn Karl auch ein militanter Verfechter des Protestantismus war, so hatte er doch wenig übrig für die starre Orthodoxie seines Klerus, und man verdächtigte ihn nicht ganz ohne Grund, dem Calvinismus nahezustehen, den das strenge Luthertum nicht weniger verabscheute und fürchtete als den Katholizismus.

Auch außenpolitisch blieb Karl IX. isoliert. Weder im protestantischen Deutschland noch in Westeuropa stellten sich die erhofften Freunde und Verbündeten ein, statt dessen brachen im Laufe der nächsten Jahre Kriege mit allen nur denkbaren Gegnern aus. Die Auseinandersetzung mit Rußland hatte Karl von Erik XIV. und Johann III. geerbt. Zum Glück versank das Zarenreich in jenen Jahren im Chaos innerer Wirren, so daß keine allzu akute Bedrohung von seiten der Moskowiter ausging. Allerdings hatten sich die Polen in Rußland eingemischt, und zeitweise schien die Wahl eines polnischen Prinzen zum Zaren bevorzustehen. Da die unter Johann III. und Sigismund begonnene Zusammenarbeit mit Polen mittlerweile in erbitterte Gegnerschaft umgeschlagen war, erschien die Möglichkeit eines polnischen Zarentums so gefährlich für Schweden, daß nichts anderes übrig blieb, als sich gleichfalls in Rußland zu engagieren. Wie angesichts der persönlichen Feindschaft zwischen Sigismund und Karl IX. nicht anders zu erwarten, dauerte es nicht lange, bis es neben der gegenseitigen Konkurrenz der beiden Mächte in Rußland auch zu einem direkten polnisch-schwedischem Krieg im *Balticum* kam, den Karl durch voreilige Angriffe in Estland und Livland provozierte. Die Schweden erlitten verheerende Niederlagen und konnten sich glücklich schätzen, daß die Polen durch Kriege an anderen Fronten und durch die üblichen inneren Unruhen davon abgehalten wurden, ihre Erfolge energisch auszubeuten.

Der Krieg von Kalmar

Als wären die Konflikte mit Rußland und Polen nicht genug gewesen, gelang es Karl IX. durch sein aggressives Vorgehen in Nordskandinavien, den Erzfeind Dänemark so lange herauszufordern, bis der junge und dynamische Christian IV. 1611 den Krieg erklärte, der als „Krieg von Kalmar" in die Geschichte einging. Der erste Feldzug begann sogleich mit bösen schwedischen Mißerfolgen, und als der schwer an seiner Verantwortung tragende und seit 1609 an den Folgen eines Schlaganfalls leidende Karl IX. am 30. Oktober 1611 in Nyköping starb, befand sich sein Land in einem rundum trostlosen Zustand. „So waren beim Tode Karl IX.", schreibt Michael Roberts (1953/1958, Bd. I, S. 48), „das Ringen um die wirtschaftliche und politische Vormachtstellung im baltischen Raum, der dynastische Streit zwischen den älteren und jüngeren Linien des Hauses Wasa, der Aufeinanderprall von Protestantismus und Katholizismus im Norden und der Verfassungskonflikt zwischen Monarchie und Aristokratie alle in einer einzigen erschreckenden Krise zusammengeflossen, die die Geschichte der letzten vier Könige zusammenfaßte und auf einen Nenner brachte."

Gustav II. Adolf

Der Thronfolger, der dieses deprimierende Erbe antreten sollte, war beim Tode seines Vaters noch keine 17 Jahre alt. Er hatte am 9. Dezember 1594 zwischen 7 und 8 Uhr morgens im Stockholmer Schloß das Licht der Welt erblickt. Seine Mutter war Karls IX. zweite Frau Christina von Holstein-Gottorp, eine Enkelin des protestantischen Helden Philipp des Großmütigen von Hessen-Kassel. Man nannte das Kind nach den beiden Großvätern, Gustav nach dem Begründer der Wasadynastie und Adolf nach dem ersten Herzog von Holstein-Gottorp. Die Ironie des Schicksals wollte es, daß einer der Taufpaten des kleinen Gustav Adolf der Reichsrat Erik Sparre war, der fünf Jahre später das prominenteste Opfer des Blutbades von Linköping werden sollte.

Aufgrund der deutschen Abstammung seiner Mutter und des starken Einflusses, den Deutschland auf das damalige Kulturleben in Schweden ausübte, dürfen wir annehmen, daß Gustav Adolf von Kindheit an die deutsche Sprache kaum weniger vertraut war als die schwedische. Trotz Karls IX. Rücksichtnahme auf die Ansprüche Johanns von Östergötland ließ er seinen Sohn doch ganz in Hinsicht auf sein späteres Herrscheramt erziehen. Wie schon erwähnt, waren die Lehrer des Prinzen zwei der bedeutendsten damals in Schweden lebenden Gelehrten, Johann Schroderus, der sich nach seiner Erhebung in den Adelsstand Johannes Skytte nannte, und Johannes Bureus (eigentlich Johan Bure). Die Ausbildung war gründlich und vielseitig und umfaßte neben Sprachen, Rhetorik, klassischer Literatur und Geschichte auch naturwissenschaftliche und technische Disziplinen. Wesen und Aufgaben des Königtums wurden ausgiebig diskutiert, wobei Skytte antike wie moderne Autoren heranzog, mit besonderer Vorliebe aber Justus Lipsius. Dieses Bildungsprogramm war an sich keineswegs originell, in ähnlichem Sinne wurden Fürstensöhne in ganz Europa erzogen. Was der Ausbildung Gustav Adolfs jedoch ihren besonderen Charakter verliehen hat, das war in den Persönlichkeiten seiner Lehrer begründet. Skytte und Bureus bildeten ein recht widersprüchliches Paar. Auf der einen Seite der vom klaren Geist der Antike geprägte Skytte, Rationalist und Idealist zugleich, der seinem Schüler die ethischen und rechtlichen Maßstäbe für verantwortungsbewußtes Handeln in dialektischem Abwägen des Für und Wider zu vermitteln suchte. Auf der anderen der unergründlich gelehrte und vielseitige Bureus mit seinem Hang für die dunklen, mystischen Seiten der Wissenschaft, der die Phantasie nicht nur des Prinzen, sondern auch später noch des Königs in weit höherem Maße zu fesseln vermochte. So wenig Gustav Adolf abergläubische Umtriebe und die öffentliche Ruhe gefährdende religiöse Schwärmerei dulden wollte, so wenig er auch sein Schicksal der Macht der Sterne ausgeliefert sah, wie sein Gegenspieler Wallenstein es tat, so waren ihm doch persönlich Visionen und Teufelsträume und der Gebrauch magischer Talismane nichts Fremdes. Hier wirkte sich gewiß auch aus, daß beide Lehrer des Königs in religiösen Fragen eher weitherzigen Auffassungen huldigten.

Die Atmosphäre von Mißtrauen, Machtkampf und drohendem Bürgerkrieg, die während seiner Kindheit herrschte, kann nicht ohne tieferen

Eindruck auf den heranwachsenden Kronprinzen geblieben sein. Skytte ließ ihn zur Zeit eines der Hochverratsprozesse einen langen lateinischen Text im Stile der catilinarischen Reden Ciceros verfassen, in dem die Schurkerei der Gegner seines Vaters heftig verdammt wurde. Die antiaristokratische Einstellung Skyttes mag hierbei auch eine Rolle gespielt haben. Ein ins Ausland geflohener schwedischer Adeliger berichtete später, der kleine Gustav Adolf habe mit Holzschwertern die Hinrichtungen von Linköping nachgespielt. Loyalität zu seinem Vater spricht auch aus Gustav Adolfs späteren Äußerungen, insbesondere dem bis zum Jahre 1597 reichenden Fragment eines Geschichtswerkes, das er im Herbst 1627 selbst verfaßt hat. Er verurteilt darin aufs schärfste die egoistischen Machenschaften der adeligen Gegenspieler Karls IX. und plädiert für ein starkes Königtum. Das sollte zur Vorsicht mahnen, wenn versucht wird, Gustav Adolf allzusehr zum Vorkämpfer eines „libertären" Verfassungsideals zu stilisieren.

Im Alter von 10 Jahren nahm Gustav Adolf erstmals an Ratssitzungen teil, auf dem Reichstag von Örebro 1610 trat der 15jährige Prinz bereits in der Rolle eines inoffiziellen Mitregenten an der Seite seines im Vorjahr vom Schlag getroffenen Vaters auf. Nach dem Ausbruch des Krieges mit Dänemark 1611 erhielt er, seinem dringenden Wunsch entsprechend, ein militärisches Kommando. Es gelang ihm, im Sommer einen der wenigen schwedischen Erfolge in diesem Feldzug an seine Fahnen zu heften, nämlich die Einnahme von Christianopel, das er in Flammen aufgehen ließ.

Als Karl IX. am 30. Oktober 1611 starb, hinterließ er nicht nur ein außenpolitisch isoliertes und in einem Dreifrontenkrieg am Rande des militärischen Zusammenbruches stehendes Land, sondern auch eine wirre Thronfolgeregelung, die es den über die Regierungsweise des verstorbenen Königs empörten Ständen erlaubte, den minderjährigen Kronprinzen unter massiven Druck zu setzen und ihrer Interpretation der Verfassung zum Sieg zu verhelfen. Es war wie ein später Triumph Erik Sparres und der anderen zu Linköping hingerichteten Ratsherren.

Wie wir gesehen haben, gab es seit 1544 die Vorschrift, die nicht zur Regierung gelangten Erbprinzen mit halbunabhängigen Herzogtümern und einem Mitspracherecht in wichtigen Staatsangelegenheiten auszustatten. Diese Regelung war eine Voraussetzung gewesen für die folgenschweren Zwistigkeiten unter den Söhnen und Enkeln Gustavs I., denn ohne sie hätten die Herzöge Johann und Karl nicht die Machtbasis besessen, um erfolgreich gegen ihren Halbbruder Erik XIV. vorzugehen, und Karl hätte ohne sie nicht so leicht seinen Neffen Sigismund zu stürzen vermocht. Karl IX. nun hatte, nachdem der eigentlich erbberechtigte Johann von Östergötland schon reichlich für seinen Thronfolgeverzicht entschädigt worden war, den restlichen Kronbesitz zwischen Gustav Adolf und seinem jüngeren Bruder Karl Philipp aufgeteilt. Aufgrund der Norrköpinger Beschlüsse von 1604 stand zwar fest, daß Gustav Adolf König werden sollte, doch für den Fall seiner Minderjährigkeit hatten die Königinwitwe Christina, Herzog Johann von Östergötland und eine weitere testamentarisch festzusetzende Person die Geschäfte zu übernehmen. Bei Vollendung des 18. Lebensjahres sollte Gustav Adolf die halbe Regierungsgewalt zufallen, die volle erst mit Vollendung des 24. Lebensjahres, wie es den Regeln der Halbregierung entsprach.

Reichstag von Nyköping 1611

Da es Karl IX. unterlassen hatte, den dritten Regenten zu benennen, fungierten nur Christina und Johann in dieser Rolle. Gemeinsam beriefen sie einen Reichstag nach Nyköping, der sich dort am 6. Dezember 1611 versammelte. Weder die Königinwitwe noch der Herzog befanden sich in einer starken Stellung. Erstere war zwar eine energische Persönlichkeit, doch fehlte es ihr an Popularität und an Anhängern, während Johann keinen ernsthaften Willen zur Macht besaß und in seiner teils selbstgewählten, teils von Karl IX. absichtlich herbeigeführten Isolation gleichfalls über keine nennenswerte Gefolgschaft verfügte. So fiel die Führung dem Reichsrat und damit dem Hochadel zu. Die dominierende Gestalt unter den Ratsherren war der 28-jährige Axel Oxenstierna, den Karl IX. 1609 in den Rat berufen hatte. Mit Geschick und Nachdruck vertrat er in den nun einsetzenden Verhandlungen die Interessen seines Standes. Ein Großteil der in den folgenden Wochen eingereichten Anträge und verabschiedeten Beschlüsse ist von ihm ausgehandelt und formuliert worden.

Der Reichstag begann mit heftigen Beschwerden der Stände (mit der bezeichnenden Ausnahme der Bauern) über die Regierung des verstorbenen Königs. Ein autoritäres Regiment wie das Karls IX. sollte sich auf keinen Fall wiederholen. Vor allem wollte der Adel Garantien, die ihn vor willkürlicher Verfolgung schützten. Die von allen bisherigen Wasakönigen praktizierte „Herrschaft der Sekretäre" war zu beenden und durch ein ausgeprägtes Mitspracherecht des Reichsrats zu ersetzen. Die Rolle des Reichstags gedachte die Aristokratie zu beschränken, da er zu oft den Königen die Plattform geboten hatte, auf der sie ihre demagogischen Talente erproben konnten, um den Adel mit Hilfe der unteren Stände zu überspielen. Hatte sich seit fast einem Jahrhundert die Verfassungswirklichkeit in

Richtung eines Despotismus mit parlamentarischen Mitteln entwickelt, so sollte sie nun wieder den Bestimmungen des mittelalterlichen Landrechts angeglichen werden. Diese restaurativen Tendenzen, die im Extremfall zu einer oligarchischen Republik hätten führen können, trafen sich in vielem mit dem Ideal einer *monarchia mixta*, einer die besten Elemente von Monarchie, Aristokratie und Parlamentarismus in sich vereinigenden Regierungsform, wie sie vielen Gebildeten damals vorschwebte.

Die Königsversicherung von 1611 oder: Eine aristokratische Revolution

Oxenstierna und seine Mitarbeiter waren sich darüber im klaren, daß es für den jungen und tatendurstigen Thronfolger eine arge Zumutung sein mußte, noch fast sieben Jahre warten zu müssen, bis er, von der Gängelung durch seine Mitregenten befreit, die Zügel der Regierung alleinverantwortlich in die Hand nehmen durfte. In der kritischen Situation des Landes konnte hieraus eine verhängnisvolle Führungsschwäche an der Spitze des Staates entstehen. Man entschloß sich daher, da ganz offensichtlich „Gott durch Verstand ausgeglichen hatte, was an Alter fehlte", Gustav Adolf das Angebot zu machen, er könne mit Einwilligung von Reichsrat und Reichstag die Regierung sofort voll und ganz übernehmen. Voraussetzung für eine solche Regelung war jedoch, daß er einen Eid leistete, der ihm die Erfüllung der von den Ratsherren und den Ständevertretern beschlossenen Forderungen bindend vorschrieb. Am 23. Dezember 1611 wurde eine vom Reichsrat und vom Reichstag abgesegnete Königsversicherung, die den Inhalt dieses Eides und somit eine Art Grundgesetz der kommenden Herrschaft bilden sollte, dem Kronprinzen in ultimativer Form vorgelegt. Am 1. Januar 1612 nahm Gustav Adolf die auf den 31. Dezember 1611 datierte Königsversicherung an, am 4. leistete der Reichsrat den Treueid, am 6. ernannte der König Axel Oxenstierna zum Kanzler. Damit war das Fundament gelegt für eine enge Kooperation des Königs mit seinem Adel, die an die Stelle des bisherigen Zwistes treten sollte. Zugleich war es der Beginn einer Zusammenarbeit von zwei Männern, die in ihrem Temperament nicht gegensätzlicher hätten sein können, deren traditionelle Interessenlage sie eigentlich zu Feinden hätte machen müssen und die doch in selten erreichter Harmonie zusammenwirken sollten.

In den beiden ersten Klauseln der von Gustav Adolf angenommenen Königsversicherung wurde der lutherische Protestantismus zur einzigen in Schweden sanktionierten Religion erklärt, nur Angehörige dieser Konfession durften irgendwelche Staatsämter bekleiden, eine Bestimmung, die natürlich gegen Sigismund und seinen Anhang gerichtet war. Klausel 3 regelte grundsätzlich die Rechtsstellung der Königinmutter, Herzog Johanns, des Reichsrats und der Stände. Klausel 4 verpflichtete Gustav Adolf, sich, den Bestimmungen des Landrechts gemäß, an seinen Königseid zu halten. In Klausel 5 wurde vorgeschrieben, daß die Inhaber der höchsten fünf Staatsämter, sowie alle Mitglieder des Reichsrats, des Schatzamts, alle Rechtsbeamten, Provinzstatthalter und die Kommandeure der wichtigsten Festungen geborene Schweden und von Adel sein mußten und nur durch Gerichtsbeschluß entlassen werden konnten. Damit war eine „Herrschaft der Sekretäre" unmöglich gemacht und dem Adel der gewünschte dominierende Einfluß eingeräumt. Klausel 6 verpflichtete den König, kein neues Gesetz zu erlassen und kein altes abzuschaffen oder abzuändern, ohne das Einverständnis Herzog Johanns, des Reichsrats und der Stände einzuholen, das gleiche galt für die Entscheidung über Krieg und Frieden. Ferner durften alle Maßnahmen, die mit der Erhebung von Steuern und Zöllen, mit Aushebungen und anderen Verpflichtungen zu öffentlichen Diensten zusammenhingen, nur nach Beratung im Reichsrat (aber nicht im Reichstag!) und im Einverständnis mit den Betroffenen beschlossen werden. Klausel 7 bestätigte die Kirchenordonnanz von 1571, vor allem die freie Wahl der Bischöfe, die Klauseln 8 und 9 betrafen die kommunale Verwaltung. Nach Klausel 10 durfte niemand ohne Verurteilung in einem einwandfreien Prozeß bestraft oder enteignet werden, eine Bestimmung, die natürlich im Hinblick auf Karls IX. Regierungsstil aufgenommen worden war.

Die Königsversicherung von 1611 wird sehr unterschiedlich beurteilt. Für manche Historiker stellt sie nicht mehr als die Wiederherstellung einer alten Rechtslage dar, während andere in ihr eine aristokratische Revolution erblicken. Auf jeden Fall sah sich Gustav Adolf durch die Annahme der Versicherung von Anfang an in höherem Maße in seinem Handlungsspielraum eingeengt als seine Vorgänger. Ob er aus der Not eine Tugend machte und in der „libertären" Lösung ein persönlich akzeptiertes Idealbild sah, oder ob er die ihm aufgezwungene Charta als lästigen Hemmschuh empfand, den er nur zu gerne wieder losgeworden wäre, ist gleichfalls eine heftig umstrittene Frage. Sven A. Nilsson und Sven Lundkvist haben auf Äußerungen des Königs hingewiesen, die eher in letztere Richtung weisen, und Gustav Adolf hat sich in der Tat an viele der Bestimmungen der Charta nicht gerade sehr eng gehalten – wir werden darauf noch öfter zu sprechen kommen. Er war aber zu sehr Pragmatiker, um nicht zu sehen, daß er die Kooperation des Adels nur erhalten konnte, wenn er keinen Zweifel an seiner grundsätzlichen Verfassungstreue aufkommen ließ, und daß diese Kooperation sehr viel wertvoller war, als eine für beide Seiten destruktive Konfrontation.

Ihren formellen Abschluß fand die Thronfolge Gustavs II. Adolf fast sechs Jahre nach dem Reichstag von Nyköping, als am 12. Oktober 1617 in Uppsala die feierliche Krönungszeremonie stattfand, gegen die geharnischten Proteste Sigismunds III. natürlich. Wie der König selbst in einem für diesen Anlaß verfaßten Redeentwurf schrieb, hatte ihn Gott auf sehr vielfältige Weise für sein hohes Amt auserkoren. Seine Legitimation beruhte auf der „alten Erbvereinigung" (von 1544), der „Veränderung der Regierung" (d. h. Sturz Sigismunds), der „Renuntiation Herzog Johanns" (d. h. Erbverzicht seines Vetters), der „neuen Erbvereinigung der Stände" (der von 1604) und der „Treue der Stände nach dem Tode des Herrn Vater" (Reichstag 1611). Als man ihm in Uppsala die Krone aufs Haupt setzte, lagen bereits zwei Kriege und eine vielseitige Reformarbeit hinter dem jungen König.

Dominium maris Baltici

Die drängendste Aufgabe, der sich der 17jährige König bei seinem Regierungsantritt im Januar 1612 gegenübersah, war die möglichst baldige und glimpfliche Beendigung des von seinem Vater im Vorjahr so leichtsinnig vom Zaun gebrochenen, militärisch völlig verfahrenen Krieges mit Dänemark. Ohne Zweifel ging es Christian IV. um nicht weniger als um die Wiederherstellung der Union von Kalmar und damit um die Beendigung der schwedischen Unabhängigkeit.

Die strategische Ausgangslage für die Dänen war denkbar günstig. In einem großen Halbkreis umfaßten die Besitzungen Christians IV. das Königreich Schweden und schlossen es fast völlig vom Zugang zu den Ländern West- und Südeuropas ab. Während Schweden 1523 aus der Union der skandinavischen Reiche ausgebrochen war, vereinigte der Dänenkönig nach wie vor in seiner Hand die Herrschaft über Dänemark und Norwegen. Im hohen Norden Skandinaviens, in dem fast nur nomadisierende Lappen lebten, war die Grenzziehung zwischen Norwegen, Schweden und Rußland noch undefiniert und blieb es bis in die Mitte des 18. Jahrhunderts. Die aggressive Grenzpolitik Karls IX. in diesen abgelegenen arktischen Gebieten war es gerade gewesen, die den Krieg provoziert hatte.

In Mittelskandinavien gehörten damals noch die Provinzen Jämtland und Härjedalen zu Norwegen, die sich nördlich von Stockholm weit nach Osten vorwölbten und im Kriegsfall rasch in die Hände der Schweden zu fallen pflegten. So auch während des Kalmarkrieges. Die Südspitze Schwedens mit den fruchtbaren und verhältnismäßig gut entwickelten Landschaften Halland, Skåne (Schonen) und Blekinge war gleichfalls in dänischem Besitz. Halland im Süden und das damals noch norwegische Bohuslän im Norden flankierten den schmalen Streifen Nordseeküste, den Schweden bei Göteborg und Älvsborg besaß, das einzige „Fenster" des Landes nach dem Westen. Der Umstand, daß Südschweden dänisch war, bedeutete, daß der Sund, die Zufahrtsstraße des internationalen Handels zur Ostsee, beiderseits von dänischen Küsten eingeschlossen war, weshalb ihn die Könige des Landes für ein dänisches Binnengewässer erklärten und seit 1429 Zoll erhoben. Der Sundzoll stellte eine erhebliche und regelmäßige Einnahmequelle der Dänenkönige dar, die es ihnen ermöglichte, eine starke Flotte zu unterhalten und eine moderne Söldnerarmee anzuwerben. In der Ostsee besaß Dänemark schließlich in den Inseln Bornholm, Gotland und Ösel wichtige Flottenstützpunkte, die die Verbindung Schwedens mit den gegenüberliegenden Küsten gefährdeten. Infolge der geographischen Lage der dänischen Halbinsel und der Beherrschung des Sunds hatte die Flotte Christians zudem den strategischen Vorteil der inneren Linie und konnte die beiden Flotten, die Schweden in der Ostsee und in der Nordsee aufstellen mußte, getrennt halten.

Verlauf des Kalmarkrieges

Bei Kriegsausbruch 1611 zeigte es sich rasch, daß die schwedischen Flotten der des Gegners hoffnungslos unterlegen waren. Die Seeherrschaft ermöglichte es den Dänen, eine Blockade zu verhängen und die Küsten Schwedens mit amphibischen Operationen zu bedrohen. Zu Lande wurde die ohnehin nachteilige Position der Schweden noch dadurch verschlimmert, daß erhebliche Teile ihrer Armee unter Jakob de la Gardie, dem bewährtesten General des Landes, im östlichen *Balticum* gebunden waren und dort nicht abgezogen werden konnten, ohne den Russen und Polen das Feld zu überlassen. Das erste Kriegsjahr brachte Christian IV. bereits einen spektakulären Erfolg, nämlich die Einnahme von Kalmar. Schwedische Versuche, die wichtige Festung zurückzuerobern, scheiterten.

Im Winter 1611/1612 wurde entlang der ganzen südschwedischen Grenze ein lebhafter Kleinkrieg geführt, in dem beide Seiten mit erbarmungsloser Härte verfuhren. Dutzende von Dörfern gingen in Flammen auf, ohne daß das nennenswerten Einfluß auf die Kriegslage gehabt hätte. Gustav Adolf führte persönlich einige dieser Streifzüge an, und bei einem von ihnen hätte seine Herrschaft beinahe ein schnelles Ende gefunden. In der Nähe von Vittsjö in Skåne wurde seine Truppe von überlegener dänischer Kavallerie überrascht und mußte ihr Heil in der Flucht suchen. Dabei brach der König, als er über einen gefrorenen See zu entkommen suchte, mit seinem Pferd ein und konnte nur mit knapper Not vor Tod oder Gefangenschaft gerettet werden. Unter seinen Helfern befand sich Per Banér, ein Sohn eines der von Karl IX. in Linköping hingerichteten Adeligen. Es war nicht das erste Mal, daß Gustav Adolf beinahe im eisigen Wasser den Tod gefunden hätte. 1601 war die ganze königliche Familie bei der Überfahrt von Reval in der vereisten Ostsee nur mit viel Glück einem fatalen Unfall entronnen, die Mehrzahl der Begleitschiffe war untergegangen.

Als im Frühjahr 1612 wieder entscheidungssuchende Operationen unternommen wurden, konnte Christian IV. alsbald einen Erfolg erringen, der die Eroberung von Kalmar noch weit an Bedeutung übertraf. Am 23. Mai fiel nach dreiwöchiger Belagerung die Schlüsselfestung Älvsborg, von deren Besitz die Behauptung des schmalen Korridors zur Nordsee abhing. Die dort vor Anker liegende schwedische Westflotte ging gleichfalls verloren, das benachbarte, erst 1607 von Karl IX. mit großen Erwartungen gegründete Göteborg wurde von den Dänen dem Erdboden gleichgemacht.

Gustav Adolf war wütend über die Niederlage, denn der Verlust von Älvsborg konnte unabsehbare Konsequenzen für Schwedens weitere Entwicklung mit sich bringen. Mit wenig Berechtigung ließ er den Kommandanten festnehmen und später mit einer hohen Geldstrafe belegen, denn die Dänen hatten bereits Bresche geschossen gehabt und Hoffnung auf Entsatz hatte nicht bestanden.

Der weitere Verlauf des Feldzuges zeigte indes, daß auch die Möglichkeiten des Dänenkönigs zu beschränkt waren, um die Verwirklichung seiner eigentlichen Kriegsziele in greifbare Nähe zu bringen. Von Stockholm trennten ihn riesige Waldflächen, dünnbesiedelt, fast ohne brauchbare Wege und von zahllosen Seen und Flüssen durchzogen. In diesem Gelände wirkte sich die taktische Überlegenheit seiner Söldner nicht aus, die schwedischen Milizen konnten größeren Kampfhandlungen ausweichen und sich auf ihre altbewährte Kleinkriegführung mit Hinterhalten und Überfällen verlegen. Zudem stieß man bei raumgreifenden Operationen auf unüberwindliche logistische Schwierigkeiten. So blieben im Frühjahr und Sommer 1612 sowohl ein Vorstoß entlang der Ostküste wie auch die von Christian mit großem Aufwand vorbereitete Offensive von Westen über Jönköping stecken.

Gefährlicher drohte im gleichen Sommer ein amphibischer Angriff zu werden, den die Dänen im Raum Stockholm unternahmen. Die von der Flotte an Land gesetzten Streitkräfte berannten die Festung Vaxholm, die aber von frisch eingetroffenen flämischen Söldnern erfolgreich verteidigt wurde. So endete im September auch diese Aktion mit dem Rückzug der Dänen. Bald darauf wurden unter englischer Vermittlung in Knäred Friedensverhandlungen aufgenommen.

Engländer, Holländer und Hansestädte waren gleichermaßen dieses Krieges leid, der ihren Ostseehandel empfindlich störte. Ihr Unmut richtete sich vornehmlich gegen die Dänen, da diese die Sundzölle zum Zweck der Kriegsfinanzierung drastisch erhöht, über die schwedischen Häfen eine Blockade verhängt und eine rege Kaperfahrerei betrieben hatten. Vor allem aber wünschte keine der Handelsnationen ein beherrschendes

Übergewicht Dänemarks – oder sonst eines Staates – im Ostseeraum, das sie der Willkür dieser Macht ausgesetzt hätte.

Frieden von Knäred 1613

Christian IV. hatte eingesehen, daß er sein ehrgeizigstes Ziel, die Wiedervereinigung Schwedens mit Dänemark und Norwegen unter seiner Herrschaft, aufgeben mußte. Trotzdem war er berechtigt, den am 21. Januar 1613 den Kalmarkrieg beendenden Frieden von Knäred für einen klaren Erfolg zu halten. Schweden verzichtete auf alle Ansprüche, die Karl IX. in Nordnorwegen geltend gemacht hatte, und gab das zu Kriegsbeginn besetzte Jämtland zurück. Im Gegenzug räumte Christian den Schweden – wie bisher – die zollfreie Durchfahrt durch den Sund ein und erstattete alle seine Eroberungen zurück – bis auf Älvsborg, Göteborg und einige andere Orte in dem schmalen schwedischen Küstenstreifen an der Nordsee. Wollten die Schweden diese Festungen und Städte wieder in ihren Besitz bringen, mußten sie die enorme Summe von einer Million Reichstalern zahlen, und zwar pünktlich in vier Jahresraten ab dem 20. Januar 1616. Christian IV. war zweifellos davon überzeugt, daß das ohnehin arme und durch die Überanspannung seiner Kräfte am Rande des Bankrotts stehende Schweden diese Bedingungen niemals würde erfüllen können. Damit wäre das Land vom direkten Zugang zur Welt außerhalb des Ostseeraums abgeschnitten und im Sund jederzeit durch Dänemark erpreßbar geblieben. Aus eben diesen Gründen stand es für Gustav Adolf fest, daß das Lösegeld für Älvsborg mit allen Mitteln aufgebracht werden mußte.

Desolate Verhältnisse in Schweden

Schweden befand sich nach wie vor in einer trostlosen Situation. Zwar hatte man den existenzbedrohenden und zerstörerischen Krieg mit Dänemark nun beendet, doch die militärischen Verstrickungen in Rußland und in Livland dauerten an. Vor allem aber waren die inneren Verhältnisse gänzlich zerrüttet. Die südlichen Landstriche lagen großenteils in Schutt und Asche, Scharen unbezahlter Soldaten zogen plündernd durch die Provinzen, Gesetz und Ordnung waren fast im ganzen Land zusammengebrochen, ganz besonders in Finnland und in der schon immer aufsässigen Provinz Dalarna. Die Steuern hatte bereits Karl IX. zu unerträglicher Höhe angehoben, und trotzdem stand der König vor leeren Kassen und war zeitweise nicht einmal in der Lage, seinem Schneider 30 Reichstaler auszubezahlen. Die Ansprüche von Beamten und Offizieren konnten oft nur in der Weise abgegolten werden, daß man statt Barzahlung Land oder Steuereinkünfte aus Kronbesitz an die Gläubiger abtrat. Dieses Verfahren, mit dem schon die ersten Wasakönige begonnen hatten und das im 17. Jahrhundert in immer größerem Maßstab zur Anwedung kam, brachte mehr und mehr Land in steuerfreien Adelsbesitz und beraubte den Staat in wachsendem Maße seiner regelmäßigen Einkünfte, ein Teufelskreis, dem kaum beizukommen war.

Familienzwistigkeiten

Was die Lage Gustav Adolfs noch weiter verschlimmerte, war die schon erwähnte von Gustav I. begründete Praxis, den Kronbesitz unter den Erbprinzen des Hauses Wasa aufzuteilen und zwar in der Gestalt halbsouveräner Herzogtümer. Gustav Adolfs Onkel Johann war Herzog von Östergötland und Dalsland und hatte sich seinen Verzicht auf die Thronfolge mit der Abtretung noch weiterer Gebiete bezahlen lassen. Der jüngere Bruder des Königs, Karl Philipp, war Herzog von Södermanland, Västmanland und Närke, so daß der größte Teil des südlichen Mittelschweden der unmittelbaren Verfügungsgewalt und damit der Steuerhoheit der Krone entzogen war. Hinzu kam der territoriale Besitz, mit dem die noch lebende Witwe Gustav Wasas und die Witwe Karls IX. ausgestattet worden waren. Letztere, die schwerreiche und überaus energische Königinmutter Christina, machte sich zudem noch zum Anwalt der Rechte und Ansprüche ihres jüngeren Sohnes, die sie mit großer Hartnäkkigkeit gegen Gustav Adolf verfocht. Es begann so eine endlose Reihe von Familienzwistigkeiten, die zum Teil in aller Öffentlichkeit auf den Reichstagen ausgetragen wurden und die dem jungen König seine ohnehin nicht gerade leichte Aufgabe zusätzlich erschwerten. Es ging dabei nicht nur um finanzielle Fragen und die üblichen Rangstreitigkeiten, sondern auch um die Militärhoheit in den bewußten Herzogtümern, um die Zuständigkeit der königlichen Gerichte und um das Recht, gefährlichen politischen Elementen eigenmächtig Asyl zu gewähren. Die Auseinandersetzungen nahmen schließlich einen derart unversöhnlichen Charakter an, daß ein Schiedsgericht einberufen werden sollte, wozu es aber nicht mehr kam, da 1618 Herzog Johann starb und Karl Philipp ihm 1622 ins Grab folgte. Beide hinterließen keine Erben, so daß die Herzogtümer an die Krone zurückfielen. „Es ist bekannt", schrieb Axel Oxenstierna später, „welch böses Blut es gab zwischen König Gustav Adolf und den beiden Prinzen, Herzog Karl Philipp und Herzog Johann von Östergötland. Hätte

Gott sie nicht so früh zu sich berufen, hätte es gewiß Blutvergießen im Land gegeben." (Michael Roberts 1953/1958, Bd. I, S. 137f.)

Diese Zustände hatten mehr als deutlich gezeigt, wie richtig Gustav Adolf gehandelt hatte, als er 1612 in Nyköping die Bedingungen von *riksråd* und Ständen akzeptiert hatte und auf diese Weise einer sieben Jahre währenden Mitsprache seiner Familie in allen Regierungsangelegenheiten entronnen war. Als 1625 die Königinmutter Christina starb, war die Zersplitterung der Kronrechte beendet, und Gustav Adolf regierte in uneingeschränkter Souveränität.

Lösegeld für Älvsborg

Mit Christina starb auch einer der größten Gläubiger des schwedischen Staats. Die in Finanzfragen sehr geschickte Königinmutter hatte neben dem reichen Kommandeur der in Rußland stehenden Armee Jakob de la Gardie als wichtigster inländischer Kreditgeber in den frühen Regierungsjahren ihres Sohnes fungiert, gegen hohe Zinsen natürlich. Das Kupfer aus dem in jenen Jahren rasch an Bedeutung gewinnenden schwedischen Bergbau diente dabei als Sicherheit. Eine besondere Tücke der in Knäred getroffenen Lösegeldregelung für die Festung Älvsborg bestand ja darin, daß sich Christian IV. die Bezahlung in *riksdaler*, dem schwedischen Äquivalent zum Reichstaler, ausbedungen hatte. Er wußte sehr wohl, daß der *riksdaler* nur die schwedische Außenhandelswährung war, die Regierung ihre Einnahmen aber in der international nicht konvertierbaren schwedischen *daler*- und *mark*-Währung erhielt, soweit die Steuerzahlungen überhaupt in barer Münze erfolgten, denn die Geldwirtschaft steckte in Schweden noch in den Kinderschuhen. Ein Großteil der Steuern – wie auch der Beamtengehälter – wurde mit allen möglichen Naturalien bezahlt, die für den Staat nur schwer in eine international gültige Währung umzutauschen waren.

Um trotz dieser geradezu unüberwindlich erscheinenden Schwierigkeiten das Lösegeld für Älvsborg pünktlich bezahlen zu können, wurde 1613 eine Sondersteuer beschlossen, die in einer gewaltigen gemeinsamen Anstrengung aller Stände die Mittel für die Bewältigung dieser nationalen Herausforderung bereitstellen sollte. Mit der einzigen Ausnahme der Königinmutter Christina, der es anheimgestellt wurde, freiwillig aus ihrem reichen Besitz beizutragen – eine Möglichkeit, von der sie nur recht spärlichen Gebrauch gemacht hat –, war niemand von dieser Steuer ausgenommen. Gustav Adolf und Herzog Johann wollten mit gutem Beispiel vorangehen und ein Drittel ihrer jährlichen Einkünfte zur Verfügung stellen, womit sie allerdings, wie sich bald herausstellen sollte, ihre Leistungsfähigkeit beträchtlich überschätzt hatten. Auch die Ausnahmslosigkeit des nationalen Opfers ließ sich nicht im entferntesten mit der vorgesehenen Konsequenz durchsetzen. Schließlich mußte man die Steuer sechsmal und nicht nur viermal erheben, wie ursprünglich geplant. Trotzdem kam man am Ende nicht aus, ohne erhebliche Schulden aufzunehmen. Der Grund hierfür lag nicht darin, daß die Sondersteuer zu wenig eingebracht hätte. Das Gegenteil war der Fall, denn neuere Berechnungen haben ergeben, daß das schwedische Volk bei dieser „einmaligen Sondersteuer" ein „Übersoll" von nicht weniger als 85% geleistet hat. Die Ursache bestand in der Tatsache, daß Gustav Adolf entgegen der feierlich eingegangenen Verpflichtung, das aus dieser Abgabe stammende Geld ausschließlich zur Bezahlung des Älvsborg-Lösegeldes zu verwenden, fast vom ersten Tage an der Versuchung nicht hatte widerstehen können, die so bequem bereitstehenden Mittel zur Stopfung anderer Haushaltslöcher zu mißbrauchen. Die Sachzwänge werden ihm keine andere Wahl gelassen haben, doch kann nicht geleugnet werden, daß der König hier sein Volk in großem Stile hintergangen hat. Man darf dabei allerdings nicht übersehen, daß bei den durch das Währungsproblem verursachten langwierigen Umtauschaktionen viel Geld durch Zinsen und Gebühren verlorenging. Das schwedische Kupfer war das entscheidende Mittel, um die in Naturalien oder in Landeswährung eingehende Extrasteuer in Reichstaler umzuwandeln. Mit den Steuergeldern wurde in Massen Kupfer eingekauft, das dann an holländische Geldgeber weitergeleitet wurde.

Die Folge dieser Praktiken war, daß trotz der großen Opfer aller Stände nur die erste Rate im Januar 1616 ausschließlich mit Hilfe der durch die Sondersteuer eingenommenen Gelder bezahlt werden konnte. Schon im nächsten Jahr mußte man die Holländer um Kredit ersuchen. Zwar sympathisierten diese mit den Schweden, aber ohne die Sicherheit des in Amsterdam heißbegehrten Kupfers wären sie nicht bereit gewesen, in dem erforderlichen Maße Geld zu leihen. Ein volles Viertel des Lösegeldes, 250.000 Reichstaler, wurden mit nierderländischen Krediten bestritten, von denen Schweden beim Tode Gustav Adolfs trotz einer Zinsleistung von 188.000 Reichstalern immer noch 200.000 schuldete.

Mit knapper Not gelang es so, dem Dänenkönig, der sich auf keinerlei Zugeständnisse einließ und nur darauf wartete, daß die Schweden irgendeinem Teil der Abmachungen von Knäred nicht nachzukommen vermochten, seine Raten pünktlich auszubezahlen. Am 31. Januar 1619 räumten die Dänen Älvsborg und die anderen besetzten Orte, und Schweden hatte wieder seinen Zugang zum Westen. Damit entspannte sich die

Lage zwischen den verfeindeten Königreichen, und im März kam es sogar zu mehrtägigen persönlichen Gesprächen zwischen Christian IV. und Gustav Adolf, die ja die beiden einzigen lutherischen Könige waren, die es in ganz Europa gab. Man spielte sogar mit dem Gedanken eines gegen Polen gerichteten schwedisch-dänischen Bündnisses, doch standen gleichzeitig auch ganz andere Konstellationen zur Debatte, die von einer allen konfessionellen Prinzipien hohnsprechenden dänisch-spanisch-polnischen Allianz gegen Holland und Schweden bis zu der vielfach beschworenen gesamtprotestantischen Front gegen die Kräfte der Gegenreformation reichten. Aus keinem dieser Projekte wurde Realität, was aber für Gustav Adolf entscheidend war, das war die Sicherheit, daß in nächster Zeit keine akute Bedrohung von Dänemark ausgehen würde und er den Rücken freihatte, um die Verhältnisse im *Balticum* in seinem Sinne zu regeln. Hier waren in den letzten Jahren bereits große Fortschritte erzielt worden.

Konfrontation mit Rußland

Nachdem man den Krieg mit Dänemark 1613 beendet hatte, war die nächste außenpolitische und militärische Aufgabe, sich aus der Verstrikkung in die inneren Wirren des russischen Reiches zu lösen, in die man während der letzten Regierungsjahre Karls IX. geraten war. Die Konfrontation mit den Russen bestand schon seit dem Mittelalter und hatte begonnen, als die Schweden im 12. und 13. Jahrhundert Finnland eroberten, christianisierten und ihrem Reich einverleibten. Finnland hatte vor der Vereinigung mit Schweden als geschlossenes Staatswesen nicht existiert, es definierte sich von Anfang an als der östliche, durch Volkstum und Sprache unterschiedene Teil des Königreichs Schweden, dessen genauer Umfang stets einer gewissen Fluktuation unterworfen war. Die Ostgrenze Finnlands blieb durch die nächsten Jahrhunderte in ihrem Verlauf unklar, doch wurde sie von den Schweden langsam nach Osten vorgeschoben. Ab dem späten 15. Jahrhundert gingen die Russen im ganzen östlichen *Balticum* ihrerseits zum Angriff über, was eine Intensivierung der Grenzkämpfe zur Folge hatte. Die Schweden und Finnen standen den in ihren Augen barbarischen, doch in großen Massen auftretenden Moskowitern mit einer Mischung aus Furcht und Verachtung gegenüber, eine Haltung, die auch für die Zeit Gustav Adolfs und lange darüber hinaus typisch bleiben sollte. 1615 galten die Russen bereits als „unser alter Erbfeind", Gustav Adolf sprach 1626 von den „schweinischen russischen Sitten" und Oxenstierna betonte immer wieder die Heimtücke und Doppelzüngigkeit dieses Feindes.

Ein erstes, im ganzen Ostseeraum mit Erschrecken zur Kenntnis genommenes Zeichen der Bedrohung durch das erstarkende Moskowitertum war die Einnahme des großen Handelszentrums Nowgorod durch Iwan III. in den 1470er Jahren. Bald darauf eroberte der Zar Pskow, eine weitere wichtige Handelsstadt, und gründete Iwangorod am Finnischen Meerbusen, womit die Moskowiter einen ersten Stützpunkt an der Ostsee besaßen. Die Schließung der hansischen Handelsvertretung in Nowgorod trug wesentlich zum Niedergang des norddeutschen Städtebundes bei, der im späten Mittelalter das nördliche und östliche *Balticum* unter einer Art Kolonialherrschaft gehalten hatte.

Kampf um die Herrschaft über den Ostseeraum

Im 16. Jahrhundert zerfiel dann auch die zweite Hauptstütze des deutschen Einflusses im Ostseegebiet, nämlich der Ordensstaat in Preußen und Livland. Damit entstand ein Machtvakuum, das die Ursache wurde für den sich anderthalb Jahrhunderte hinziehenden Kampf zwischen Dänemark, Polen, Rußland und Schweden um das *dominium maris Baltici*, um die Herrschaft über den Ostseeraum. Diesen Ausdruck scheint als erster Sigismund II. Augustus von Polen in den 1560er Jahren gebraucht zu haben, in schwedischen Dokumenten taucht er 1614 erstmals auf. Durch die Gebiete des Deutschen Ordens und des mit ihm verbundenen Ordens der Schwertbrüder in Livland waren Polen-Litauen und Rußland von der Küste abgeschnitten gewesen. Die Deutschen – Ritterorden und Hanse – hatten so die Ausfuhr dieser Länder an Getreide, Holz, Fellen und anderen Produkten unter ihre Kontrolle gebracht. Zar Iwan IV. („der Schreckliche") zögerte nicht lange, von der sich bietenden Gelegenheit Gebrauch zu machen, und griff 1558 den zerbröckelnden Staat der Schwertbrüder an. Rasch nahmen seine Truppen Narwa und Dorpat ein, dann traten die Polen der russischen Expansion entgegen. Sie kamen damit einem Antrag des Großmeisters der Schwertbrüder nach, der Livland unter den Schutz des Königs von Polen-Litauen gestellt hatte. Der Bischof von Ösel wandte sich an Dänemark um Hilfe, die man ihm auch nicht verweigerte, worauf die Insel gegen Zahlung einer Summe dänisch wurde. Auch Kurland geriet zeitweise in den dänischen Machtbereich. Die Stadt Reval im nördlichen Livland (Estland) schließlich schickte ein Hilfsersuchen nach Stockholm. Es traf kurz vor dem Tode Gustavs I. ein, der sich zögerlich verhielt, während sein Nachfolger Erik XIV. sofort darauf einging, vorausgesetzt, die Stadt unterstellte sich der schwedischen Krone. So kam Reval 1561 an Schweden und bildete den ersten „überseeischen" Stützpunkt des Landes. Damit war der Weg zum Aufbau eines Imperiums beschritten, der die schwedische Politik bis 1721 bestimmen sollte.

Es waren vor allem handelspolitische Interessen, die den König zu diesem Schritt veranlaßt haben dürften, wenn auch die Absicht, den Erzfeind Dänemark, nachdem er schon Ösel bekommen hatte, nicht noch weiter Fuß fassen zu lassen, auch eine gewichtige Rolle gespielt haben wird. Die Russen hatten 1558 Wiborg in Finnland zum Stapelplatz für ihren Außenhandel gemacht, worauf diese schwedische Hafenstadt einen steilen wirtschaftlichen Aufstieg erlebte, der aber von sehr kurzer Dauer war, da bereits ein Jahr später der Stapelplatz in das frisch von den Russen eroberte Narwa verlegt wurde. Indem es nun Reval in Besitz nahm, beherrschte Schweden an der Einmündung des Finnischen Meerbusens in die Ostsee beide gegenüberliegenden Küsten. Erik XIV. gedachte aufgrund dieser Tatsache den Meerbusen für ein *mare clausum*, für eine Art schwedisches Binnengewässer, zu erklären und den lukrativen Rußlandhandel durch Zölle abzuschöpfen. So kam es zur Blockade des im Inneren des Finnischen Meerbusens gelegenen Narwa, womit sich Schweden nicht nur Rußland, sondern auch die Hansestädte und die westlichen Seemächte zum Feind machte, welche höchst erfreut über den direkten Zugang zum russischen Markt gewesen waren. Der Glaube, es auf diese Weise erzwingen zu können, daß der Handel den Weg über Wiborg und Reval nahm, erwies sich jedoch schon bald als Trugschluß. Ein Großteil des Warenflusses wich statt dessen auf die zollgünstigeren Häfen im polnischen Machtbereich aus oder auf die neue Route um den Norden von Skandinavien herum ins Weiße Meer. Letztere, durch die man auch den dänischen Sundzoll umging, wurde 1553 von den Engländern eröffnet. 1584 gründeten die Russen Archangelsk als Anlaufhafen für die auf diesem Wege mit ihnen in direkten Kontakt tretenden Handelsfahrer.

Hatte sich Erik XIV. mit seiner aggressiven Außenpolitik zwischen alle Stühle gesetzt, versuchte Johann III. im Bündnis mit Polen zum Ziele zu kommen. Das brachte ihn unvermeidlich in Konflikt mit Rußland, denn die Auseinandersetzung zwischen Polen und Rußland war zunächst die grundlegende im Kampf um die Vorherrschaft im Ostseeraum. Die Polen wollten die Moskowiter von der Ostsee abdrängen und Nordwestrußland unter ihre Herrschaft bringen. Unter dem tüchtigen König Stephan Báthory gelang es ihnen tatsächlich, die Grenzen Livlands wieder weit nach Osten vorzuschieben, bis in die Gegend von Pskow. Diese handelspolitisch wichtige Stadt versuchten die Polen 1581 vergeblich einzunehmen, während ihre schwedischen Verbündeten gleichzeitig in Estland und Ingermanland von Sieg zu Sieg eilten. Johann III. hatte in dem aus Südfrankreich stammenden Pontus de la Gardie einen vorzüglichen Feldherrn gefunden, auf den eines der großen Adelsgeschlechter Schwedens zurückgehen sollte. Im russisch-schwedischen Frieden von Teusina 1595 – die Polen hatten ihren Krieg schon 1582 beendet – wurden die Schweden im Besitz Estlands einschließlich ihrer wichtigsten Eroberung, der Hafenstadt Narwa, bestätigt. Die Polen freilich betrachteten Estland als einen Teil von Livland, was es auch war, und machten ihrerseits Ansprüche geltend. Die Bewerbung des schwedischen Kronprinzen Sigismund um die polnische Königkrone schien dieses Problem elegant aus der Welt zu schaffen. Sigismund wurde auf das Versprechen hin, Estland mit Polen zu vereinigen, gewählt, doch gelang es ihm nicht, die Schweden dazu zu bringen, auf ihre Eroberung zu verzichten.

Eine völlig gewandelte Situation entstand, als Sigismund III. 1598 in Schweden durch seinen Onkel Karl gestürzt wurde. Der Zwist innerhalb des Hauses Wasa übertrug sich auf die Völker und brachte zudem das Element des Glaubenskampfes in den Konflikt. Es wäre allerdings Sigismund schwerlich gelungen, den widerspenstigen polnischen Adel zu veranlassen, um seiner schwedischen Königskrone willen Krieg zu führen. Hierzu brauchte es die sinnlose Provokation Karls IX., der 1600 das polnische Livland angriff und damit einen Krieg eröffnete, der, immer wieder von Waffenstillständen unterbrochen, bis 1660 dauern sollte.

Die Schweden erlitten in den ersten Kriegsjahren mehrere Niederlagen, von denen die bei Kirchholm 1605 die katastrophalste ihrer ganzen Militärgeschichte war. Zum Glück für Karl IX. zeigten sich die Polen nicht in der Lage, ihre glänzenden taktischen Siege auszubeuten. Das hatte zwei Gründe. Zum einen bekam es Sigismund III. gerade in jenen Jahren mit einer Adelsopposition zu tun, deren Heftigkeit über das Maß dessen hinausging, was im Rahmen der „goldenen Freiheit" der polnischen Republik üblich war. Sie richtete sich gegen die absolutistischen Tendenzen in Sigismunds III. Regierungsweise, auch der harte gegenreformatorische Kurs des Königs mißfiel Teilen der Aristokratie, unter der es noch manchen Calvinisten gab. Der andere Grund bestand darin, daß sich damals Sigismund und, von ihm unabhängig, einige seiner Magnaten in die inneren Verhältnisse Rußlands einzumischen begannen, wodurch die polnischen Kräfte in wachsendem Maße absorbiert wurden. Schließlich ging es um nicht weniger als um die Aussicht, einen polnischen Kandidaten auf den Zarenthron zu bringen und so die beiden slawischen Großreiche unter Polens Führung zu vereinen, eine Aussicht, die für Schweden einigermaßen alarmierend sein mußte.

Rußlands „Zeit der Wirren"

In Rußland war 1598 das Haus Rurik, die altehrwürdige Zarendynastie, erloschen. Nachfolger wurde der bisherige Regent Boris Godunow, der einige Jahre zuvor Dmitrij, einen jüngeren Sohn Iwans IV. und potentiellen Thronfolger, hatte ermorden lassen. 1604 trat nun ein angeblicher Dmitrij auf, der „falsche Demetrius", hinter dem eine Bojarenfraktion, vor allem aber die Polen standen. Damit brach in Rußland ein Jahrzehnt fortlaufender Palastrevolutionen, Bürgerkriege und ausländischer Interventionen an, das als „*Smuta*", als „Zeit der Wirren", in die Geschichte einging. Nach dem Tode Boris Godunows 1605 wurde Dmitrij zum Zaren gekrönt, ein Jahr später aber ermordeten ihn die Bojaren und brachten ihren Anführer Wasilij Schujskij auf den Thron. Alsbald tauchte ein neuer „falscher Demetrius" auf – es sollte nicht der letzte bleiben –, den abenteuernde polnische Adelige unterstützten. Wasilij Schujskij, der dringend Hilfe brauchte, verbündete sich 1608 mit Karl IX. von Schweden, was Sigismund III. als Bruch der vom Zaren versprochenen Neutralität betrachtete und Rußland den Krieg erklärte. 1610 erlitten die von Jakob de la Gardie geführten Schweden und Russen durch die Polen unter Hetman Zolkiewski bei Kluschino eine vernichtende Niederlage. Sigismund III. schien am Ziele zu sein. Wasilij Schujskij wurde zur Abdankung gezwungen, die Polen zogen in Moskau ein und präsentierten als Kandidaten für den Zarenthron Sigismunds Sohn Wladislaw.

Nun aber beging der polnische König einige gravierende Fehler. Er ließ deutlich erkennen, daß er den Katholizismus in Rußland verbreiten wollte und einseitige Vorteile für Polen zu erringen gedachte, er desavouierte Zolkiewski und andere seiner Adeligen, und er schob schließlich seinen Sohn zur Seite und wollte sich selbst zum Zaren machen. 1611 kam es in Rußland zu einem großen patriotischen Aufschwung, und die Polen gerieten in die Defensive.

Während Sigismund seine beste Chance verspielte, versuchten die Schweden ihrerseits den Zarenthron zu besetzen. Jakob de la Gardie, der 1610 Nowgorod besetzt hatte, gewann für Gustav Adolfs jüngeren Bruder Karl Philipp eine breite Anhängerschar in Nordwestrußland. Aber auch die Schweden wußten nicht die Gunst der Stunde zu nutzen. Königin Christina hatte Angst, ihren Sohn den Fährnissen des russischen Hofes auszusetzen, der schwedische Klerus sträubte sich gegen den zu befürchtenden Konfessionswechsel des Prinzen, und schließlich beging 1612 auch Gustav Adolf den Fehler, sich einer russischen Gesandtschaft selbst statt seines Bruders als Kandidaten anzubieten. So vertat man kostbare Zeit und verunsicherte die Russen. Im Februar 1613 setzten die Kosaken die Wahl eines russischen Adeligen, Michail Romanow, zum Zaren durch, und die „Zeit der Wirren" hatte ein Ende gefunden.

Schweden führte den Krieg gegen Rußland fort, da man doch noch aus der Schwäche des Gegners Gewinn zu ziehen hoffte. Auf einer 1613 in Wiborg abgehaltenen Friedenskonferenz wurden den Russen Maximalforderungen unterbreitet, die die Abtretung von Nowgorod, Pskow und Archangelsk einschlossen, was deutlich die handelspolitische Zielsetzung erkennen läßt. Natürlich lehnten die Russen ab. Gustav Adolf erwog zeitweise auch die Gründung eines Pufferstaats um Nowgorod, über den Karl Philipp die Herrschaft übernehmen sollte. Der Krieg mit Dänemark, in den man gleichzeitig verstrickt war, verhinderte, daß Schweden seinen Forderungen den erforderlichen militärischen Nachdruck zu geben vermochte. Ein Teil der in der Zwischenzeit gemachten Eroberungen – Kexholm, Ladoga, Tichwin, Gdow – ging wieder verloren.

Gustav Adolf im Kampf gegen die Russen

Nachdem aber der Frieden von Knäred mit Dänemark geschlossen war, wandte Gustav Adolf seine volle Aufmerksamkeit dem russischen Kriegsschauplatz zu. Mit Polen herrschte seit 1611 Waffenstillstand, so daß von dieser Seite vorerst keine ernsthafte Störung zu befürchten war. Im Juni 1614 traf der junge König in Narwa ein, um die Kriegführung selbst in die Hand zu nehmen. Hauptergebnis des Feldzuges war die Einnahme von Gdow, das am 10. September kapitulierte. Jakob de la Gardie errang östlich von Nowgorod einen Sieg in offener Feldschlacht. Im folgenden Jahr ging Gustav Adolf mit 14.000 Mann gegen das stark befestigte Pskow vor, über das ein großer Teil des Rußlandhandels in die polnischen Hafenstädte Riga und Pernau floß. Inzwischen waren Vermittlungsversuche von englischer und holländischer Seite im Gange, da beiden Ländern der Seefahrt und Handel behindernde Krieg im *Balticum* höchst lästig war. Infolge der Verhandlungen, die sich schließlich als müßig erwiesen, kam es erst im September zu ernsthaften schwedischen Angriffen auf die Stadt, die aber unter empfindlichen Verlusten zurückgeschlagen wurden. Als schließlich auch noch das Pulvermagazin in die Luft flog, gab man die Belagerung für dieses Jahr auf. Im nächsten Feldzug erschien Gustav Adolf erneut vor Pskow, doch der Erfolg war nicht besser. Gustav Adolfs bisher größte und ehrgeizigste militärische Unternehmung war trotz aller Anstrengungen und Verluste gescheitert.

Vertrag von Stolbowa 1617

Seit Oktober 1615 fanden in Diderina direkte Verhandlungen statt, die allerdings recht schleppend verliefen. Am 27. Februar 1617 wurde dann endlich Frieden geschlossen. Im Vertrag von Stolbowa traten die Russen Ingermanland mit den Städten Iwangorod, Jama, Koporé und Nöteborg, sowie Kexholms Län, ein weites Gebiet in Karelien nördlich des Ladogasees mit der Stadt Kexholm, an Schweden ab, ferner widerriefen sie alle Ansprüche auf Livland und verpflichteten sich zur Zahlung von 20.000 Rubel Kriegsentschädigung. Bis diese vollständig eingegangen war, behielten die Schweden alle übrigen Eroberungen als Faustpfand zurück. Die russisch-finnische Grenze sollte neu vermessen werden und bis zum Abschluß dieses Projekts blieb Gdow gleichfalls besetzt.

Die Friedensbedingungen von Stolbowa wiesen Schweden klar als Sieger aus. Es hatte erhebliche territoriale Gewinne gemacht, der Finnische Meerbusen war ganz in schwedischer Hand, und Rußland sah sich für den Rest des Jahrhunderts von der Ostsee abgeschnitten. Den Moskowitern war Schwedens „Hausflur in Livland und Finnland" verschlossen, wie es Gustav Adolf am 28. Januar 1617 vor dem Reichstag von Örebro formulierte. „... was könnte herrlicher sein", triumphierte der König ein halbes Jahr später auf dem Reichstag zu Stockholm (27. August 1617), „als daß wir diesen unseren mächtigen Nachbarn, mit dem wir uns seit Urzeiten in einem unsicheren und gefährlichen Zustand befunden haben, zurückgetrieben und ihn gezwungen haben, daß er für immer die Räuberhöhle hat verlassen müssen, von der aus er uns einst zugesetzt hat, und daß er jetzt durch Gottes Gnade getrennt ist von uns durch Seen, Sümpfe und Flüsse, worüber er so leicht nicht kommen und uns schaden kann ... Es ist so, als hätte Gott in dieser Stunde des Sieges die Absicht, uns den Schutz der Natur selbst zu verleihen gegen unseren falschen Feind, den Russen; denn dieser kann nun kein einziges Schiff, geschweige denn eine Flotte, ohne unsere Erlaubnis auf der Ostsee fahren lassen." (Styffe, S. 178)

In einer für ihn charakteristischen „Verbindung von Vision und rhetorischer Kraft" (Sven A. Nilsson 1967, S. 446) betonte Gustav Adolf hier das Motiv der Sicherheit, und unter diesem Gesichtspunkt war der Friede von Stolbowa zweifellos ein großer Erfolg. Am Rande erwähnte der König in derselben Rede auch die zweite Zielsetzung, die mit dem Krieg gegen Rußland verbunden gewesen war, nämlich die handelspolitische. Er gab der Hoffnung Ausdruck, die schwedischen Städte würden nun „den ganzen russischen Handel allein an sich ziehen können ... Ich will gar nicht reden von den großen Summen, die durch einen angemessenen, maßvollen Zoll auf den Handel eingenommen werden können, denn alle Verbindungen mit Rußland müssen nun durch diese Länder gehen." (Styffe S. 184)

Das erwies sich als Illusion, da man weder den direkten Kontakt Rußlands mit dem Westen auf der Route durch das Weiße Meer noch den Handel über die polnischen Städte zu unterbinden in der Lage war. Artur Attman und die neue schwedische Schule, die der Politik Gustav Adolfs vornehmlich handelspolitische Motive unterstellen, sind daher geneigt, die Friedensbedingungen eher für einen Mißerfolg zu halten: „Mit dem Frieden von Stolbowa 1617 schwanden die Aussichten Schwedens, den Handel über Archangelsk und den über Pskow zu kontrollieren. Als Entschädigung für seine Opfer erhielt Schweden die Einöden nahe den inneren Küsten des Golfs von Finnland. Das veranlaßte Gustav Adolf, sich den strategischen Gesichtspunkt zueigen zu machen und handelspolitische Zielsetzungen zur Seite zu legen." (Artur Attman 1979, S. 213)

Nun wird man in dem „strategischen Gesichtspunkt" nicht nur ein aus Verlegenheit vorgeschobenes Ersatzmotiv sehen dürfen, sondern eine gleichgewichtige Zielsetzung. Der Friede von Stolbowa verschaffte Schweden für fast 40 Jahre Ruhe an seinen Grenzen zu Rußland und ermöglichte es Gustav Adolf, sich der Auseinandersetzung mit seinen anderen Feinden zuzuwenden. In den folgenden Jahrzehnten entwickelten sich sogar fast freundschaftliche Beziehungen zwischen Schweden und dem Zarenreich, deren Hauptursache zweifellos in der gemeinsamen Gegnerschaft zu Polen zu suchen sein dürfte.

Sigismund III. beendete Ende 1618 gleichfalls den Krieg mit Rußland. Im Waffenstillstand von Deulino erhielt Polen Smolensk und weite Gebiete in Weißrußland, dafür stellten Sigismund und Wladislaw ihre Ansprüche auf den Zarenthron für 14 Jahre zurück, was einem endgültigen Verzicht gleichkam. Damit war für Schweden die Gefahr gebannt, daß Rußland unter die Herrschaft eines polnischen Zaren geriet, der dann unmittelbaren Zugang zur finnischen Grenze gehabt hätte.

Auseinandersetzungen mit Polen

Die kurze Zeitspanne, in der Sigismund noch mit Rußland im Kriege lag, während Schweden bereits seinen Frieden mit Moskau gemacht hatte, nutzte Gustav Adolf zu einem Vorstoß gegen Polen. 1615 war es zwischen den Herzögen von Kurland, das unter polnischer Oberhoheit stand, und Sigismund zu einem Konflikt gekommen. Der eine der beiden herzöglichen Brüder, die Nachkommen des letzten Großmeisters des livländischen Ritterordens waren, söhnte sich mit dem polnischen König wieder aus, der andere floh zu Gustav Adolf. Georg Wolmar von Farensbach, ein kurländischer Adeliger in polnischen Diensten und Parteigänger des geflohenen Herzogs, machte den Schweden das Angebot, ihnen die Hafenstadt Dünamünde in die Hände zu spielen. Im September 1616 lief der Waffenstillstand mit Polen aus und die Verhandlungen zu seiner Verlängerung zogen sich ergebnislos in die Länge. So kam Gustav Adolf im Juni 1617 auf das Angebot Farensbachs zurück. Der Handstreich auf Dünamünde gelang, anschließend marschierten die Schweden durch das von Truppen entblößte Livland und nahmen Pernau ein, eine weitere wichtige Hafenstadt. Dann aber erschien der energische polnische Kommandeur Christoph Radziwill auf dem Kriegschauplatz. Farensbach kam nun zu dem Schluß, auf das falsche Pferd gesetzt zu haben und wechselte erneut die Seite, ein Spiel, das dieser notorische Verräter im Laufe des Dreißigjährigen Krieges noch mehrfach wiederholen sollte, bis er während des schwedischen Angriffs auf Ingolstadt 1632 von der bayerisch-ligistischen Heeresleitung verhaftet und ein Jahr später dem Henker überantwortet wurde. Dank der Hilfe Farensbachs eroberten die Polen Dünamünde ohne große Mühe zurück und machten Anstalten, auch Pernau anzugreifen, doch brachte der einbrechende Winter schließlich die Operationen zum Erliegen. Im Jahr darauf schloß man den Waffenstillstand von Tolsburg, der bis zum November 1620 währen sollte und Schweden vorerst im Besitz von Pernau ließ.

Sigismunds schwedische Anhänger

Wenn es auch zwischen 1611 und 1618 nur zu wenigen direkten Kämpfen zwischen Schweden und Polen gekommen war, so hatte doch die ganze Zeit über eine Art „Kalter Krieg" geherrscht, der Gustav Adolf nicht geringe Sorge bereitete. Sigismund III. führte einen erbitterten Propagandafeldzug gegen den „Usurpator" auf Schwedens Thron, und man fürchtete, die Kampagne solle der Vorbereitung eines direkten Angriffs auf das Königreich dienen. Die wichtigsten Träger der gegen Gustav Adolf gerichteten subversiven Tätigkeit waren die etwa 400 Schweden, die unter der Regierung Karls IX. in Polen Zuflucht gesucht hatten, und deren Kinder. Die prominentesten unter ihnen waren Sigismunds Schwester Anna und Eriks XIV. Sohn Gustav. Alle führenden Adelsfamilien Schwedens waren mit wenigstens einem Mitglied vertreten. Eine Reihe von Emigranten kehrte nach Karls IX. Tod zurück und erlangte Verzeihung, doch stand Gustav Adolf diesen ehemaligen „Verrätern" mit äußerstem Mißtrauen gegenüber, in einigen Fällen verweigerte er kategorisch die Heimkehr.

Zentrum der in Polen verbleibenden Exulanten war Danzig. Man verfaßte zahlreiche Flugschriften gegen Karl IX. und seinen Sohn, die berühmteste von ihnen trug den Titel „Herzog Karls Schlachtbank" und stammte aus der Feder des überaus aktiven Göran Knutsson Posse. In besonderem Maße konzentrierte sich der Propagandafeldzug der Anhänger Sigismunds auf Finnland, in dem das Luthertum noch nicht so fest Fuß gefaßt hatte und das 1598 das letzte Bollwerk der Legitimisten gewesen war. Sigismund versuchte sich auch die Zwistigkeiten zwischen Gustav Adolf und seiner Familie zunutze zu machen, indem er Johann von Östergötland Angebote zukommen ließ, freilich vergebens. Der Versuch, den schwedischen Oberkommandierenden in Rußland, Jakob de la Gardie, abzuwerben, schlug gleichfalls fehl. Obwohl Sigismunds Wühlarbeit kaum greifbare Erfolge vorzuweisen hatte, schuf sie doch ein Klima großer Nervosität. Dauernd rechnete man mit einem polnischen Vorstoß über Finnland oder mit einem Landungsversuch in Südschweden. Gerade in den ersten Regierungsjahren Gustav Adolfs, als seine Herrschaft als ungefestigt gelten mußte, die Erinnerung an die Regierungszeit seines Vaters noch in haßvoller Erinnerung war, das Land den Krieg gegen Dänemark verloren hatte und unter den Älvsborgsteuern stöhnte, Handel und Wandel darniederlagen und die innere Ordnung in weiten Landesteilen zusammengebrochen war, während der größte Teil der Armee in den fernsten Ecken des *Balticum* stand, hätte eine entschlossen durchgeführte Invasion Sigismunds gute Aussichten auf Erfolg gehabt. Aber die Aufregung war umsonst, die Invasion materialisierte sich nicht.

Die Angst vor dem vermeintlich bevorstehenden Angriff Sigismunds veranlaßte Gustav Adolf, den Reichstag von Örebro im Januar 1617 eine Reihe drakonischer Gesetze verabschieden zu lassen, die gegen Sigismunds Agenten und gegen die Katholiken im allgemeinen gerichtet waren. Der König stimmte die Ständevertreter mit einer seiner flammenden Reden ein: „Was haben wir von König Sigismund zu erwarten, der nicht nur das Übel selbst ist, sondern der es fertigbringt, sich von dieser teuflischen Gesellschaft, den Jesuiten, beherrschen zu lassen, den Urhebern der üblen Tyrannei in Spanien, Frankreich und anderen Ländern?" (Styffe S. 143)

Die Gesetze von Örebro bestimmten, daß jeder konspirative Kontakt mit den Exulanten mit Tod und Güterkonfiskation zu bestrafen sei, jeder private Kontakt mit Verbannung. Der Adressat geheimer Botschaften sollte der Bestrafung nur dann entgehen, wenn er den Vorfall so schnell meldete, daß der Überbringer gefaßt werden konnte. Wer seinen Sohn auf eine Jesuitenakademie schickte, sollte verbannt werden und sein Vermögen verlieren. Jeder, der überhaupt im Ausland zu studieren gedachte, hatte sich einer bischöflichen Überprüfung seiner konfessionellen und politischen Zuverlässigkeit zu unterziehen und dieses Leumundszeugnis den Behörden vorzuweisen. Alle Katholiken mußten binnen drei Monaten das Land verlassen. Sie hatten das Bürgerrecht verwirkt und galten als gestorben. Das betraf übrigens nur geborene Schweden, ausländische Händler, Handwerker oder Soldaten, die Katholiken waren, wurden toleriert, solange sie mit ihrem Glauben nicht an die Öffentlichkeit traten, was deutlich macht, daß bei der ganzen Maßnahme sicherheitspolitische und nicht ideologische Überlegungen im Vordergrund standen.

Der Fall Messenius

Tatsächlich ist es nur zu drei Hinrichtungen infolge der Gesetze von Örebro gekommen. Eine weitere war irregulärerweise bereits erfolgt, noch bevor diese Gesetze verabschiedet worden waren. Sie hatte einen gewissen Henrik Hammerus getroffen, der mit einer geheimen Botschaft an Herzog Johann von Östergötland verhaftet worden war. Hammerus war Schüler des schwedischen Gelehrten Johannes Messenius gewesen, den man 1616 gleichfalls zum Tode verurteilt und dann zu lebenslanger Haft begnadigt hatte. Das Schicksal des Messenius ist ein gutes Beispiel für das Dilemma und die persönliche Tragik, welche die Situation der Emigranten und ihnen nahestehender Kreise kennzeichnete. Der als Sohn eines Müllers 1580 geborene Messenius war zur Zeit Johanns III. während seiner Schulerziehung unter jesuitischen Einfluß geraten. Nachdem Karl IX. sich durchgesetzt hatte und in Schweden ein scharfer antikatholischer Wind wehte, verließ er das Land und begab sich an die von den Jesuiten geleitete Universität von Braunsberg in Ostpreußen. Dort wurden zahlreiche Söhne von Emigranten im Hinblick auf die erhoffte Rekatholisierung Skandinaviens erzogen. Die Qualität der jesuitischen Ausbildung war allem, was an lutherischen Schulen und Universitäten in Nordeuropa geboten wurde, turmhoch überlegen, weshalb sie eine große Attraktivität auf den Nachwuchs des Adels und des Bürgertums ausübte. Da diese hierdurch der Indoktrination im regierungsfeindlichen Sinne ausgesetzt waren, wird die geradezu panische Angst verständlich, mit der man damals in Schweden zu verhindern suchte, daß die Söhne der schwedischen Elite im katholischen Ausland studierten.

Nach seiner Ausbildung in Braunsberg reiste Messenius nach Rom und promovierte schließlich in Ingolstadt, der Hochburg der deutschen Gegenreformation. Dann aber entschloß er sich, sei es aus Opportunismus, sei es um eine Mission als Agent Sigismunds zu erfüllen, seinen Frieden mit Karl IX. zu machen, gegen den er zuvor böse Schmähschriften verfaßt hatte. Es gelang ihm tatsächlich, den König von der Aufrichtigkeit seines Gesinnungswandels zu überzeugen. 1609 erhielt Messenius eine Professur an Schwedens erster und einziger Universität zu Uppsala. Er vertrat ein höfisches Erziehungsideal und schuf sich mit seinem den Jesuiten abgeschauten abwechslungsreichen und modernen Unterrichtsstil eine Schar begeisterter Anhänger unter den Studenten. Alsbald geriet er in Konflikt mit einem seiner Kollegen, dem Theologen Johannes Rudbekkius, der kraftvollsten und kämpferischsten Persönlichkeit, die das schwedische Luthertum damals aufzuweisen hatte. Es kam zu einem regelrechten Universitätskrieg, in dessen Verlauf der Kirchenmann seinen Gegner des Kryptokatholizismus zieh. Um die Unruhe zu beenden, entfernte Gustav Adolf 1613 die beiden Streithähne von der Universität. Rudbeckius machte er zum königlichen Hofgeistlichen, Messenius zum höchsten Archivar des Landes und Assessor beim neuen Obersten Gerichtshof. In letzterer Eigenschaft schuf sich Messenius bittere Feinde unter Karls IX. ehemaligen Beratern, deren dubiose Machenschaften er ans Tageslicht zu bringen versuchte. Diese traten zum Gegenangriff an und konnten ihm nachweisen, daß er nach wie vor Kontakte nach Polen unterhielt. Es mag sein, daß es sich dabei um rein wissenschaftliche Korrespondenz gehandelt hatte, aber es reichte zur Verurteilung aus. Messenius, der sich jetzt auch offen zum Katholizismus bekannte, wurde 1616 nach Nordfinnland gebracht und dort unter unwürdigen Umständen in lebenslanger Haft gehalten. Immerhin durfte er seine Bücher mitnehmen, und so entstand im Gefängnis seine von tiefem Patriotismus durchdrungene vierzehnbändige Geschichte Skandinaviens mit dem Titel *Scondia Illustrata*, ein Hauptwerk der älteren schwedischen Historiographie, das aber erst im 18. Jahrhundert veröffentlicht wurde.

So war der größte Historiker, den Schweden damals besaß und der zugleich auch der erste nennenswerte Dramatiker des Landes war, der an Hysterie grenzenden Furcht vor den Umtrieben Sigismunds und seiner jesuitischen Hilfstruppen zum Opfer gefallen, ein für das innenpolitische Klima jener Jahre kennzeichnender Vorfall. 1619 beruhigte sich die Lage. Die Älvsborgzahlungen, die das ganze Volk so sehr belastet hatten, wurden in diesem Jahr abgeschlossen, das Verhältnis zu Dänemark hatte sich entkrampft und man sprach sogar von Bündnis, mit Rußland herrschte seit zwei Jahren Frieden, und selbst mit Polen war ein Waffenstillstand abgeschlossen, der wenigstens noch bis November 1620 militärische Ruhe auch an dieser Front garantierte. Damit konnte die verzweifelte außenpolitische und militärische Krise, in der Gustav Adolf das Land übernommen hatte, als behoben und die Position des seit zwei Jahren in aller Form gekrönten Königs als einigermaßen gesichert gelten.

Heiratsprojekte

1619 war Gustav Adolf 25 Jahre alt und es schien an der Zeit, daß er dem jüngeren Zweig der Familie Wasa den Thron sicherte, indem er sich verheiratete und einen Erben zeugte. Weder des Königs im Vorjahr verstorbener Onkel Johann von Östergötland noch sein jüngerer Bruder Karl Philipp besaßen Nachkommen, und auch aus der Ehe, die Gustav Adolfs Halbschwester Katharina 1615 mit dem Pfalzgrafen Johann Kasimir, einem calvinistischen Wittelsbacher aus dem Hause Pfalz-Zweibrücken-Kleeburg, eingegangen war, gab es bisher „nur" eine Tochter. Schon im Hinblick auf die Drohung, die von Sigismund und seinem Sohn Wladislaw ausging, war es daher dringend geboten, vollendete Tatsachen zu schaffen, die der polnischen Konkurrenz und ihrer Anhängerschaft die Hoffnung nahmen, auf natürlichem Wege doch noch an ihr Ziel zu gelangen.

Einige Jahre zuvor hatte den 18jährigen Gustav Adolf eine leidenschaftliche Verehrung für die um zwei Jahre jüngere Gräfin Ebba Brahe ergriffen, die seit 1611 Hofdame der Königinmutter war. Er hatte ernsthaft vor, seine große Liebe zu heiraten und zur Königin von Schweden zu machen. Diese Absicht war gar nicht so außergewöhnlich, denn schon mehrere Wasakönige hatten sich Frauen aus dem schwedischen Adel genommen, und Ebba gehörte immerhin zu den vornehmsten und reichsten Familien des Landes und war Tochter des Reichsdrosten (eines der fünf höchsten Staatsämter) Magnus Brahe. Der junge König stieß aber auf den unüberwindlichen Widerstand seiner Mutter, in deren Augen nur eine dynastisch interessante Heirat mit einer Prinzessin aus einem ausländischen protestantischen Fürstenhaus in Frage kam. Es gab wütende Auftritte am Hofe, doch letztlich erwies sich Christina als die Stärkere, und ihr Sohn ließ 1615 den Gedanken an eine Liebesheirat fahren. Mit einem letzten wehmütigen Brief schickte er Ebba Brahe als Abschiedsgeschenk ein kostbares Halsgeschmeide. Dann erhob er den großen General des russischen Krieges Jakob de la Gardie in den Grafenstand, denn dieser hatte um

Ebbas Hand angehalten, und so war der Weg geebnet für eine standesgemäße Verheiratung von Gustav Adolfs Jugendliebe.

Der König begab sich zur Armee nach Rußland und tröstete sich dort mit der bürgerlichen Holländerin Margarethe Slots, der Frau eines schwedischen Offiziers, der wenig später, im Herbst 1615, vor Pskow fiel. Diese flüchtige Verbindung, aus der im Mai 1616 ein Sohn, Gustav Gustavsson Graf von Wasaborg, hervorging, erregte den grimmigen Zorn des uns schon aus der Messeniusaffäre bekannten Johannes Rudbeckius, der sich damals in seiner Eigenschaft als Hofgeistlicher gleichfalls auf dem russischen Kriegsschauplatz aufhielt. In schonungsloser Offenheit hielt er dem königlichen Sünder eine geharnischte Strafpredigt, in der er sich nicht des Hinweises enthielt, daß in Teilen des schwedischen Reiches ehebrecherische Beziehungen mit dem Tode bestraft würden, woran er die Bemerkung knüpfte: „Gesetz und Ordnung sind gleich einem Spinnennetz, in welchem sich kleine Fliegen fangen, während die großen einfach hindurchfliegen." Das hinderte Gustav Adolf jedoch nicht, Rudbeckius später die Aufsicht über die Erziehung seines Sohnes zu übertragen.

1615, im gleichen Jahr, als der König seiner großen Liebe Ebba Brahe entsagte und mit Margarethe Slots einen natürlichen Sohn zeugte, wurde auch ein Heiratsprojekt angeregt, das weit eher den Vorstellungen der Königinmutter und der politischen Berater Gustav Adolfs entsprach. Die Kandidatin war Maria Eleonore, Tochter des Kurfürsten Johann Sigismund von Brandenburg. Diese Verbindung versprach große politische Vorteile, da Brandenburg neben Kursachsen der größte lutherische Reichsstand in Deutschland war und zudem Gustav Adolfs Erzfeind Sigismund III. von Westen bedrohen konnte. Die Nachbarschaft und enge Verbindung Brandenburgs mit Polen sollte sich jedoch schon bald als großes Hemmnis in der Verfolgung dieses Heiratsprojekts erweisen. Das Haus Hohenzollern besaß das Herzogtum Ostpreußen als Lehen der polnischen Krone. Bis 1618 hatte hier eine Nebenlinie der Familie geherrscht, doch starb diese in jenem Jahr aus. Man wollte nun in Berlin auf keinen Fall den polnischen König beleidigen, um nicht die Übertragung des Lehens auf das Kurhaus zu gefährden. Vor allem die Mutter Maria Eleonores, die sehr resolute Kurfürstin Anna, war aus diesem Grunde strikt gegen eine Verbindung mit Schweden. Gustav Horn, den der König im Sommer 1619 als Abgesandten nach Berlin schickte, gelang es jedoch, Johann Sigismund in Abwesenheit der Kurfürstin zu einer Zusage zu bewegen. Wenig später starb Johann Sigismund, nachdem er seiner Tochter noch kurz vor seinem Tode das Versprechen abgenommen hatte, den Schwedenkönig zu ehelichen. Die 20jährige Maria Eleonore begann nun eine schwärmerische Zuneigung zu dem ihr zugedachten Gemahl zu entwickeln, auch wenn sie ihn noch gar nicht gesehen hatte.

Das sollte sich jedoch schon bald ändern, denn Gustav Adolf unternahm im Sommer 1620 eine romantische Incognitoreise nach Deutschland. In der Rolle eines Hauptmanns Gars (Abkürzung für *Gustavus Adolphus Rex Suecorum*) begleitete er seinen Schwager, den Pfalzgrafen Johann Kasimir. Ein erster Besuch in Berlin blieb ergebnislos, die Kurfürstinwitwe verhielt sich nach wie vor ablehnend. Der neue Kurfürst, Maria Eleonores Bruder Georg Wilhelm, war abwesend, ließ aber aus Ostpreussen vernehmen, er sei auf keinen Fall mit der Heirat einverstanden. Georg Wilhelm befand sich in der überaus peinlichen Situation, daß sich ausgerechnet sein Lehensherr Sigismund III. für seinen Sohn Wladislaw gleichfalls um die Hand Maria Eleonores bemühte. Dieses Projekt gefiel aber der Kurfürstinwitwe Anna noch weniger, und sie begann, Gustav Adolfs Bewerbung mit mehr Wohlwollen zu prüfen.

Während sich in Berlin ein Umschwung anbahnte, setzten Johann Kasimir und Gustav Adolf ihre Reise durch Deutschland fort. Über Erfurt ging es in die Pfalz. In Heidelberg besuchte der König den berühmten Militärspezialisten Johann von Nassau. Er bekam auch Gelegenheit, die Truppen der Katholiken beim Übergang über den Rhein zu beobachten. Der Konflikt, der später als Dreißigjähriger Krieg in die Geschichte eingehen sollte, war ja mittlerweile schon in sein drittes Jahr getreten und es stand kritisch um die Sache der Böhmen, Pfälzer und Protestanten. Was Gustav Adolf während seines Deutschlandaufenthaltes von der Führung der pfälzischen Partei und der protestantischen Union sah, vermittelte ihm den Eindruck von Inkompetenz, Entschlußlosigkeit, Zerstrittenheit, ja Feigheit, und weckte in ihm eine Verachtung für die protestantischen Fürsten Deutschlands, die er sich bis an sein Lebensende bewahrte.

Hochzeit mit Maria Eleonore von Brandenburg

Bei seiner Rückkehr nach Berlin fand Gustav Adolf eine völlig gewandelte Lage vor. Georg Wilhelm war zwar nach wie vor abwesend und erhob Einspruch gegen die Ehe, womit er sich wohl vor allem vor Sigismund III. rechtfertigen wollte, aber die Kurfürstinwitwe Anna ließ sich in einem persönlichen Gespräch von Gustav Adolf bereitwillig für die schwedische Heirat gewinnen. Im Herbst reiste sie mit ihrer Tochter nach Stockholm, und am 25. November fand dort die Trauung statt.

Die Ehe stellte einen klaren Prestigeerfolg Gustav Adolfs dar, denn außer den polnischen Wasa hatten sich auch der Prinz von Wales und andere illustre Kandidaten um die Hand Maria Eleonores beworben. Die politischen Früchte, die man sich von der Verbindung mit Brandenburg erwartet hatte, stellten sich jedoch in keiner Weise ein. Auch der erhoffte männliche Erbe blieb aus, 1626 kam als einziges überlebendes Kind eine Tochter zur Welt, die aber nach den 1604 getroffenen Regelungen erbberechtigt war. Man nannte sie nach ihrer Großmutter Christina.

Unmittelbar nach ihrer Geburt war dem König die Falschmeldung überbracht worden, er wäre Vater eines Sohnes geworden. Seine Halbschwester, die Pfalzgräfin Katharina, mußte ihm die Wahrheit vermitteln, indem sie die neugeborene Prinzessin dem König in einer Weise überreichte, daß er den tatsächlichen Sachverhalt selbst erkennen mußte. „Der große Fürst zeigte jedoch durchaus keine Überraschung", berichtete Christina in ihren Memoiren, „sondern nahm mich und umarmte mich so herzlich, als sei er nicht in seiner Erwartung enttäuscht worden. Er sagte zu der Prinzessin: ‚Danken wir Gott, meine Schwester. Ich hoffe, daß diese Tochter ebenso gut werden wird wie ein Sohn, und ich bitte Gott, sie mir zu erhalten, da er sie mir ja gegeben hat.' Um ihm etwas Angenehmes zu sagen, wollte die Prinzessin ihm mit der Hoffnung schmeicheln, er und die Königin seien ja noch jung und könnten bald einen neuen Erben haben. Doch der König wiederholte: ‚Meine Schwester, ich bin es zufrieden. Gott schütze sie!' Dann schickte er mich mit seinem Segen zurück und war so vergnügt, daß sich alle wunderten. Er ließ den Psalm ‚Herr Gott, wir loben Dich' singen und alle Freudenkundgebungen abhalten, die bei der Geburt eines Kronprinzen männlichen Geschlechts üblich waren ... Der König sagte über mich und lächelte dabei: ‚Ja, die wird einmal ein schlaues Mädchen werden, so wie sie uns allesamt hinter das Licht geführt hat.'" (Christina von Schweden, S. 27f.)

Trotz ihrer romantischen Vorgeschichte und beiderseits vorhandener Zuneigung entwickelte sich die Ehe Gustav Adolfs und Maria Eleonores unglücklich. Die Königin, die zwar eine bewunderte Schönheit war, aber nur eine recht simple Erziehung genossen hatte, besaß keinerlei Eignung für Staatsgeschäfte und war ihrem Gemahl in der Ausübung seines Amtes keine Hilfe. Sie blieb zwar leidenschaftlich in ihn verliebt, aber sie neigte zur Hysterie und verfolgte ihn mit krankhafter Eifersucht. Gustav Adolf nannte sie im Gespräch mit Oxenstierna einmal sein *„malum domesticum"*, sein „häusliches Übel".

Maria Eleonore wurde nie in Schweden heimisch, sie litt unter dem rauhen Klima, den fremden Menschen und den fremden Sitten. Mehrere Fehlgeburten hatten einen verdüsternden Einfluß auf ihr Wesen, das Mißtrauen gegen ihre Umgebung wuchs sich schließlich zu regelrechtem

1 Porträt Gustav Adolfs, Winter 1631/32. Das Bildnis stammt von Matthäus Merian d. Ä. und zeigt den König in gelbem Lederkoller, rotem, silberbesticktem polnischem Rock, einen roten Hut auf dem Kopf. Die Darstellung paßt gut zu einem anonymen Augenzeugenbericht über den Einzug Gustav Adolfs in Frankfurt am Main am 27. November 1631: „I. Kön. Maj. sein unter dem Fußvolk auf einem schweren Spanischen Pferde in einem roten, scharlachen, mit Silber gestickten Rock geritten." (Schloß Skokloster, Schweden)

2 Die Gustav-Adolf-Gedenkstätte bei Lützen. Im Vordergrund Friedrich Schinkels neogotischer Baldachin von 1837, unter dem sich der „Schwedenstein“ befindet, im Hintergrund die 1907 errichtete Kapelle.

3 Das Gebet Gustav Adolfs vor der Schlacht bei Lützen am 16. November 1632. Kunstdruck nach einem Gemälde von Nils Forsberg im Kunstmuseum von Göteborg. Das historistische Bild ist charakteristisch für die pathetisch-heroische Interpretation des Königs als Glaubenshelden im späten 19. Jahrhundert. (Lützen, Gustav-Adolf-Gedenkstätte)

4a Das Familienwappen der Wasa vom Heckspiegel des Regalschiffes „Wasa". Da das Schiff den Namen des Herrscherhauses trug, wurde außer dem Reichswappen das der Dynastie an prominenter Stelle gesondert angebracht. (Stockholm, Vasa Museum) Siehe dazu auch S. 468. ▷

4b Das schwedische Reichswappen vom Heckspiegel des Regalschiffes „Wasa", wie die meisten der bedeutenderen Skulpturen ein Werk des Bildhauers Martin Redtmer. (Stockholm, Vasa Museum) Siehe dazu auch S. 468. ▷

5 Der Heckspiegel des 1628 gesunkenen, 1961 wieder gehobenen schwedischen Regalschiffes „Wasa“. Das Bild zeigt den oberen Teil des reich mit Schnitzwerk verzierten Hecks, etwa zwei Fünftel des über der Wasserlinie aufragenden Teils der Heckhöhe von 14 m. (Stockholm, Vasa Museum) Siehe dazu auch S. 468.

6 Porträt des königlichen Antiquars Johannes Bureus (1568–1652), gemalt 1627. (Schloß Gripsholm, Schweden)

7 a Ansicht Stockholms von Osten im Jahre 1650. Der Stich von Wolfgang Hartmann ist unter der Herrschaft der Königin Christina entstanden, die oben in der Mitte abgebildet ist. (Stockholm, Stadtmuseum) Siehe dazu auch S. 468.

7 b Das Stockholmer Königsschloß *„Tre Kronor"* (Drei Kronen). Gemälde von Govaert Camphuysen aus dem Jahre 1661. Das Schloß, dessen Bauteile aus sehr verschiedenen Epochen stammten, brannte 1697 nieder und wurde durch einen Neubau ersetzt. Bei dem Brand wurde auch ein großer Teil des schriftlichen Nachlasses Gustav Adolfs vernichtet. (Stockholm, Stadtmuseum)

8 Turnierrüstung Gustav Adolfs aus vergoldetem Stahl. Der Harnisch wurde auf Bestellung von Louis de Geer um 1620 wohl in Norrköping hergestellt und anschließend von dem niederländischen Plattner Charles Dartené in Den Haag vergoldet. Der Waffenrock und die Pferdedecke aus reich mit Perlen, Gold-, Silber- und farbigen Fäden besticktem schwarzen Samt ist wahrscheinlich ein Werk der schwedischen Kunsthandwerker Carl Plageman und Hindrich Eggertz aus dem Jahre 1620. Rüstung und zugehörige Textilien waren vermutlich für das Hochzeitsturnier des Königs in Stockholm am 25. Nov. 1620 bestimmt. (Stockholm, Livrustkammaren) Siehe dazu auch S. 469.

Verfolgungswahn aus. Unerträglich war ihr die häufige Abwesenheit des Gemahls. „Mich anlangend", schrieb sie am 30. Juli 1625 ihrer Schwägerin Katharina aus Reval, „so geht mir's so, daß ich mehr Elend hier in der Fremde leiden muß als Freude, doch hoffe ich, daß Gott mich daraus einmal wird erretten, daß ich meinen herzallerliebsten Gemahl bald hier[her] werde bekommen." (Ulrich Bracher 1971, S. 90)

Was der Mutter an Ausbildung fehlte, suchte Gustav Adolf der Tochter angedeihen zu lassen. Im Hinblick darauf, daß sie mit der größten Wahrscheinlichkeit dereinst Schwedens Krone tragen würde, ließ er sie erziehen, als wäre sie ein männlicher Kronprinz, was sich dereinst in ihrem höchst eigenwilligen, die Konventionen der Zeit sprengenden Wesen niederschlagen sollte. Zärtliche Fürsorge, aber auch mitleidige Geringschätzung der Fähigkeiten Maria Eleonores verrät der Brief vom 4. Dezember 1630, in dem der König für den Fall seines Todes Gemahlin und Tochter dem Reichskanzler Oxenstierna anvertraute: „Sollte mir etwas zustoßen, so ist meine Familie meinethalben, aber auch aus anderen Gründen zu bedauern. Sie sind nur Frauen, die Mutter ohne viel Verstand, die Tochter noch in zartem Alter. Es wäre unglücklich für sie, müßten sie selbst für sich sorgen." (AOSB, II. 6, S. 16)

Doch lagen diese Enttäuschungen im November 1620 noch in der Zukunft. Für den Augenblick konnte die Ehe mit Maria Eleonore von Brandenburg als der Abschluß des Konsolidierungswerks gelten, das Gustav Adolf in den ersten neun Jahren seiner Herrschaft geleistet hatte. Im selben Monat, in dem das Königspaar in Stockholm heiratete, ging der zweijährige Waffenstillstand mit Polen zu Ende, was einen neuen Waffengang um das *dominium maris Baltici* erwarten ließ, während im fernen Böhmen die Streitkräfte des Kaisers und der Katholischen Liga am Weißen Berg bei Prag einen triumphalen Sieg errangen, der ihnen auf zehn Jahre das Übergewicht im Deutschen Reich gab.

Zwischen Barbarei und Zivilität

„In Schweden stinken die Butter und die Menschen", stellte Ende des 16. Jahrhunderts voll Verachtung der polnische Schriftsteller Jan Dymitr Solikowski fest (Maria Bogucka 1983, S. 166). Zur Zeit Gustav Adolfs dürfte sich das Bild, das sich die Polen von ihren feindlichen Nachbarn im Norden machten, kaum gewandelt haben. Es blieben für sie bäuerische und grausame Barbaren, die der Hunger forttrieb aus ihrem trostlosen nebeligen Land, in dem es von Hexen und Zauberern wimmelte, und die nun alle Anrainer der Ostsee mit ihren Raubzügen drangsalierten.

Einen nicht viel freundlicheren Eindruck vermitteln die anschaulichen Berichte, die der dänische Diplomat Peder Galt während seiner von 1622 bis 1624 währenden Gesandtentätigkeit in Schweden verfaßte. Er schildert erbärmliche Wohnungen, miserables Essen, unbefahrbare Wege, Trunksucht, Hunger und Seuchen. Schutzlos finde man sich einem gewalttätigen Pöbel ausgeliefert, der Adel sei kaum weniger bäuerisch und primitiv als die einfache Landbevölkerung, überall könne man einen unheimlichen und bedrohlichen Aberglauben beobachten und von seltsamen Prophezeiungen hören. Der König sei emsig bemüht, Wirtschaft und Kultur zu heben und befahre unermüdlich das Land bis in die fernsten Winkel. Heimgekehrt, schaue er dann aber wieder betrübt vom Stockholmer Schloß auf seinen leeren Hafen und weine über sein armes Jerusalem. (*Peder Galts depescher*).

Wenige schwedische Könige dürften ihr Land so gut gekannt haben wie Gustav Adolf. Von kleinauf hatte er seinen Vater auf dessen Fahrten in die verschiedenen Provinzen begleitet. Nachdem er selbst den Thron bestiegen hatte, setzte er diese rege Reisetätigkeit fort. Das war umso bemerkenswerter, als Gustav Adolf einen großen Teil seiner Regierungszeit bei der Armee im Ausland verbrachte. Zudem waren die Verkehrsverhältnisse in Schweden und in Finnland denkbar miserabel. Es gab nur eine einzige für den rollenden Verkehr ausgebaute Überlandstraße, nämlich die zwischen Stockholm und Nyköping. Zum Glück waren beide Länder dank ihres Reichtums an schiffbaren Flüssen und Seen vorzüglich für den Wassertransport von Menschen und Waren geeignet. Im Winter fuhr man mit Schlitten auf den zugefrorenen Wasserstraßen. Das damals herrschende eisige Klima ließ selbst große Teile der Ostsee mit Regelmäßigkeit zufrieren. Das mittelschwedische Bergbaugebiet wurde von Gustav Adolf dann aber im Laufe seiner Regierungszeit systematisch mit Straßen erschlossen.

Die Verkehrsverhältnisse spiegelten den allgemeinen Zustand des Königreichs, der, gemessen an demjenigen mittel- und vor allem westeuropäischer Länder, als ausgesprochen primitiv bezeichnet werden muß. Dem entsprach die sehr geringe Bevölkerungsdichte Schwedens und Finnlands. Wir besitzen aus dem 17. Jahrhundert zwar noch keine exakten Statistiken, doch gibt es genügend Anhaltspunkte, um die Größe der Bevölkerung mit annähernder Genauigkeit zu schätzen. Demnach dürften um 1610 im eigentlichen Schweden zwischen 850.000 und 900.000 und in Finnland zwischen 350.000 und 400.000 Menschen gelebt haben, zusammen also 1,2–1,3 Millionen. Zum Vergleich: Frankreich hatte damals einschließlich Lothringen annähernd 20 Millionen Einwohner, das Deutsche Reich (ohne Böhmen und Mähren) 14, Italien 13, Polen mit Litauen 8, Spanien ohne Portugal 7, England mit Wales 4,5 und die Niederlande 3,5 Millionen.

Die Landwirtschaft

Sowohl in absoluten Zahlen als auch gemessen an der großen Fläche der Territorien waren Schweden und Finnland also selbst für damalige Verhältnisse sehr schwach bevölkerte Länder. Das lag an den schlechten klimatischen Gegebenheiten und an dem niedrigen Entwicklungsstand Skandinaviens. Die nördlichen Landesteile mit ihren ungeklärten Grenzen zwischen Schweden, Rußland und dem dänischen Norwegen wurden fast nur von nomadisierenden Lappen bewohnt, die von Jagd, Fischfang und Rentierzucht lebten. Die ertragreichsten Provinzen im äußersten Süden der Halbinsel gehörten zu Dänemark. Im Grenzgebiet beließ man weite Flächen ganz bewußt in einem unwirtlichen Zustand, um es feindlichen Armeen zu erschweren, tiefer ins Landesinnere vorzudringen. Die landwirtschaftlichen Nutzflächen in Südschweden wurden vornehmlich als Weideland für Rinder verwendet. In den südlichen Zentralprovinzen um den Mälarsee trieb man dagegen Ackerbau, Östergötland galt als die Kornkammer Schwedens. Nördlich davon schloß sich eine quer durch das Land verlaufende Zone an, in welcher der Bergbau dominierte (*Bergslagen*), die Landwirtschaft war hier nur wenig lohnend. Noch unergiebiger war sie in Norrland, und nördlich davon wurde sie, abgesehen von der Rentierzucht, ganz unmöglich. Insgesamt war weniger als die Hälfte der Landfläche Schwedens und Finnlands für den Ackerbau geeignet.

Will man sich ein realistisches Bild von den Bedingungen machen, unter denen die schwedischen Bauern damals zu arbeiten hatten, dann darf man nicht übersehen, daß die klimatischen Verhältnisse im 17. Jahrhundert deutlich schlechter waren als heute. Die „Kleine Eiszeit", die mit dem Ende des Mittelalters eingesetzt hatte, näherte sich in jenen Jahren ihrem Höhepunkt. Die Sommer waren feuchter und kühler, die Winter härter als das noch im 16. Jahrhundert der Fall gewesen war. Das hatte zur Folge, daß das Ernährungsniveau des überwiegenden Teils der Bevölkerung sank. Verpflegungslisten aus dem 16. und 17. Jahrhundert, die sich in Gripsholm erhalten haben, belegen diese Tatsache. Waren 1555 im Durchschnitt noch 4.166 Kalorien am Tag verzehrt worden, waren es 1638 gerade noch 2.480. Diese Verschlechterung des Lebensstandards ließ sich damals in weiten Teilen Europas feststellen, im ohnehin klimatisch benachteiligten Norden des Kontinents war sie naturgemäß besonders drastisch.

Die überaus monotone Ernährung der breiten Masse bestand aus Brei oder Brot, die aus den beiden hauptsächlich angebauten Getreidesorten des Landes, Gerste und Roggen, zubereitet wurden, in Notzeiten aber auch aus Baumrinde. Zu Beginn des 17. Jahrhunderts machte die wenig wetterempfindliche Gerste, die in Finnland und Norrland fast ausschließlich angebaut wurde, über 60% der Gesamternte aus, der Roggen etwa 35%. Im Laufe der nächsten Jahrzehnte nahm der Anteil des letzteren stetig zu. Im Südwesten Schwedens wurde etwas Hafer erzeugt, Weizen kam auf einigen adeligen Gütern im Süden vor, war aber statistisch gesehen bedeutungslos. Die Anbaumethoden waren primitiv, in den verschiedenen Landesteilen konnte es sich um Ein-, Zwei- oder Dreifelderwirtschaft handeln. Eine große Rolle spielte die Brandrodung, die vornehmlich von den im nördlicheren Mittelschweden zuwandernden Finnen betrieben wurde. Sie ergab ein oder zwei gute Ernten, aber schon nach wenigen Jahren war der Boden so erschöpft, daß die Bauern weiterziehen mußten. Auf diese Weise wurden immer mehr große Waldflächen vernichtet, was zu Reibereien mit der einheimischen Bevölkerung führte und schließlich auch die Regierung, die unter Karl IX. und Gustav Adolf die finnische Einwanderung zunächst gefördert hatte, zu restriktiven Maßnahmen veranlaßte, da der Baumbestand im Interesse des laufend an Bedeutung gewinnenden Bergbaus geschützt werden mußte. Die riesigen Wälder unterstanden größtenteils der Krone, wenn es auch ein Nutzungsrecht der in den eingestreuten Siedlungen lebenden Untertanen gab.

Die meisten Bauern trieben reine Subsistenzwirtschaft, die Erträge der kleinen Anwesen reichten gerade hin, um den Lebensunterhalt bestreiten und die Abgaben zahlen zu können.

Überschüsse wurden allenfalls auf den wenigen größeren Gütern erzielt, die fast durchweg dem Adel gehörten. Um 1560 befanden sich etwas über 20% der schwedischen Anbaufläche in der Hand der Aristokratie, in Finnland waren es bloße 2%. Das sollte sich freilich im Laufe der 1. Hälfte des 17. Jahrhunderts so gründlich ändern, daß sich bis 1654 der Anteil des Adels auf über 65% in Schweden und fast 60% in Finnland erhöht hatte, worauf noch zurückzukommen sein wird. Der überwiegende Teil des Adelsbesitzes bestand aber auch nur aus einer Anhäufung kleiner Einzelanwesen, die dem Grundherrn abgabepflichtig waren, Großgrundbesitz in der Form einheitlich bewirtschafteter Flächen war vorerst noch sehr selten. Die Versorgung des Landes mit Fleisch, Milch und anderen tierischen Produkten konnte als verhältnismäßig gut gelten, wenn sie auch keinen Vergleich aushielt mit der der dänischen Besitzungen in Jütland und Südschweden, die einen höchst lukrativen Viehexport erlaubten. In einer Hinsicht bot die Subsistenzwirtschaft übrigens einen Vorteil, der gerade in der Regierungszeit Gustav Adolfs nicht zu unterschätzen war. Das Land wurde von den ab Beginn des 17. Jahrhunderts dramatisch sinkenden Getreidepreisen und der daraus resultierenden sogenannten Preisrevolution kaum in Mitleidenschaft gezogen.

Ein Teil der Gerstenproduktion diente zur Herstellung des in großen Mengen genossenen Biers. Daneben setzte sich zur Zeit Gustav Adolfs der Schnaps als zweites Volksgetränk durch. Der für das Bierbrauen erforderliche Hopfen mußte importiert werden. Der empfindlichste Mangel der einheimischen Nahrungsmittelproduktion bestand aber darin, daß es in Schweden kein Salz gab. Dieses war nicht nur zum Würzen der Speisen erforderlich, sondern vor allem zum Haltbarmachen von Fleisch und Fisch. Salz stellte daher den wichtigsten Importartikel des Landes dar.

Städte – Zentren von Handel und Gewerbe

Etwa 95% der Bevölkerung lebten zu Beginn der Regierungszeit Gustav Adolfs auf dem Lande. Die einzige wirklich bedeutende Stadt war und blieb Stockholm. Man darf die Bevölkerung der Haupstadt um 1610 auf 9.000 Einwohner schätzen, wozu noch 3.000 in der noch nicht eingemeindeten Vorstadt Norrmalm kamen. Sonst gab es damals keine einzige Stadt mit mehr als 5.000 Einwohnern. Stockholm war im späten Mittelalter faktisch eine deutsche Kolonie gewesen, doch drängte man dann nach dem Niedergang der Hanseherrschaft den deutschen Einfluß bewußt zurück. Der Brand von 1625, der große Teile Stockholms zerstörte, gab Gustav Adolf die Gelegenheit, die Stadt in dem großzügigen Stil wiederaufzubauen, der der Metropole eines entstehenden Imperiums anstand. Große gerade Straßen wurden durch die Ruinen gelegt, man verbot die Errichtung der bis dahin dominierenden und einen provinziellen Eindruck verbreitenden Holzbauten. Gleichzeitig begann der Hochadel, sich in der Hauptstadt repräsentative Residenzen zu errichten, was ebenfalls den weltstädtischen Charakter Stockholms unterstrich. Die Einwohnerzahl nahm kräftig zu und dürfte sich bei Gustav Adolfs Tod der 30.000-Grenze angenähert haben.

Obwohl Gustav Adolf versuchte, den Handel auf möglichst viele als Stapelplätze privilegierte Städte zu verteilen, kam das Wachstum infolge der heftig expandierenden Kupfer- und Eisenindustrie hauptsächlich Stockholm zugute, über das wenigstens zwei Drittel des Außenhandels liefen. Selbst aus entfernten Landesteilen reisten die Bauern und Kleinunternehmer nach Stockholm, da sie es vorzogen, die näher gelegenen Provinzstädte, die geneigt waren, ihre monopolistische Stellung auszunutzen, zu umgehen und ihre Waren in der Hauptstadt zu verkaufen, wo sich infolge der heftigen Konkurrenz günstigere Preise erzielen ließen. Außer wirtschaftlichen Gründen gab es für das Aufblühen Stockholms auch politische. Indem Gustav Adolf eine in der Hauptstadt zentralisierte Verwaltung schuf, zwang er die fast durchweg dem Adel angehörenden höchsten Beamten und all die, welche mit diesen zusammenzuarbeiten und zu verhandeln hatten, zur dauernden oder zumindest zur vorübergehenden Anwesenheit am Regierungssitz.

Es genügte dem König aber nicht, eine prosperierende Hauptstadt zu haben. In seinem wirtschaftspolitischen Weltbild spielten Städte als Zentren von Handel und Gewerbe eine entscheidende Rolle. In ihnen lag der eigentliche Wohlstand des Landes, hier waren die höchsten Einnahmen des Staates zu erhoffen. Kaufleute und Unternehmer waren es, die das so dringend benötigte Bargeld ins Land und letztlich in die Kassen des Königs brachten.Durch eine entsprechende Gesetzgebung wollte Gustav Adolf dieser Entwicklung Vorschub leisten. Ihm schwebte eine Aufgabenteilung zwischen den Städten vor, die er durch die Vergabe unterschiedlicher Privilegien herbeizuführen suchte. Die Stapelplätze an der Küste sollten Zentren des Außenhandels sein, die Binnenstädte einerseits die einheimischen Produkte sammeln und an die Stapelplätze weiterleiten, andererseits von diesen die importierten Waren erhalten und auf das Land verteilen. Die Handelsordonnanz von 1614 beschränkte die Einfuhr aus dem Ausland auf 13 Stapelplätze. Diese und einige weitere Städte durften auch exportieren, aber nur auf eigenen Schiffen. Der Handel mit Nordschweden blieb den dort liegenden Städten vorbehalten, eine Regelung, die auf den heftigen Widerstand Stockholms und anderer Hafenstädte stieß, die sich nicht aus dem Inlandhandel verdrängen lassen wollten. In der Handelsordonnanz von 1617 trug Gustav Adolf den Protesten Rechnung und hob die 1614 verkündeten Beschränkungen wieder weitgehend auf.

Besonders lag dem König die Unterdrückung des *landsköp*, des wilden Handels auf dem Lande, am Herzen. Er wurde für ungesetzlich erklärt, nur in den Städten durfte Handel getrieben werden. Das bedingte, daß in abgelegenen Gebieten neue Städte gegründet werden mußten, die sich aber meist als Totgeburten erwiesen. Die Idee, in dem dünnbesiedelten Land den Städten eine Monopolstellung zuzuweisen, entsprach einer Neigung zum einseitigen rationalistischen Reglementieren ohne Berücksichtigung der natürlichen Gegebenheiten, die viele der wirtschaftspolitischen Maßnahmen Gustav Adolfs kennzeichnet. Das war die Hauptursache dafür, daß sich die Mehrzahl der von ihm betriebenen Städtegründungen zu kläglichen Mißerfolgen entwickelte, obwohl man sie mit zwölfjähriger Steuerfreiheit und anderen Privilegien ausstattete. Von den 18 zwischen 1611 und 1654 aus dem Boden gestampften Städten hatte es noch im Jahre 1800 nur ein Drittel auf 1000 Einwohner oder mehr gebracht. Von Gustav Adolfs 11 Gründungen war lediglich Borås, Sundsvall und vor allem Göteborg langfristig Erfolg beschieden, wobei aber auch letztere Stadt, von der man sich erhofft hatte, sie würde das internationale Handelszentrum für den Warenverkehr zwischen Ostsee und Nordsee werden, weit hinter den in sie gesetzten Erwartungen zurückblieb. Einen deutlichen Aufschwung nahm auch das nach dem Kalmarkrieg (1611–1613) wiederaufgebaute Jönköping, das in den Genuß etlicher Ausnahmeregelungen kam. Die prosperierenden Bergwerksstädte Nora, Lindesberg und vor allem Falun hatten sich spontan entwickelt und konnten nicht als königliche Gründungen gelten, wenn sie dann auch von der Krone kräftig unterstützt wurden.

Das Bürgertum

Wie schon sein Vater war Gustav Adolf ein entschiedener Förderer der Zünfte, in denen sich nach deutschem Vorbild das in den Städten konzentrierte Handwerk organisiert hatte. Deren ungute Neigung, sich durch einen *numerus clausus* abzukapseln, versuchte er durch die Zünfteordnung von 1621 zu bekämpfen. Trotz der städtefreundlichen Politik Gustav Adolfs blieb das Bürgertum, das etwa 2% der Gesamtbevölkerung ausmachte, der wenigstbedeutende unter den vier auf dem Reichstag vertretenen Ständen. Auch war seine Zusammensetzung heterogen. Die Interessen von Händlern, Unternehmern und Handwerkern widersprachen sich oft genug, die erfolgreichsten unter ihnen wurden ohnehin früher oder später geadelt und gingen damit dem Bürgerstand verloren. Hoch war der Anteil von Ausländern, namentlich Deutschen, Niederländern und Schotten, was auch die konfessionelle Geschlossenheit beeinträchtigte, da viele von diesen Calvinisten waren.

Neben dem Bürgertum entwickelte sich zusehends noch eine neue, gleichfalls in der Stadt lebende Mittelklasse, die keinem der vier Stände zuzurechnen war und deren Mitglieder merkwürdigerweise meist als „Standespersonen“ (*ståndspersoner*) bezeichnet wurden. Es handelte sich um nichtadelige Staatsangestellte, Angestellte des Adels, Juristen, Professoren, kleine Unternehmer und nichtadelige Offiziere. Ihr Anteil an der Bevölkerung darf auf 1–2% geschätzt werden. Sie stellten ein Element der gesellschaftlichen Mobilität dar, das vor allem den von Gustav Adolf durchgeführten Reformen in Verwaltung, Rechtssprechung und Erziehung seine Existenz verdankte.

Die Geistlichen

Der traditionelle Träger von Bildung und Schulwesen war der Stand der Geistlichen, dem etwa 1% der Bevölkerung zuzurechnen war. Im Gegensatz zu Bürgertum und Adel setzte sich der Klerus fast nur aus einheimischen Schweden zusammen, eine Tatsache, die ihn mit dem Bauernstand verband, aus dem auch die meisten der einfachen Geistlichen hervorgegangen waren. Das wird schon deutlich, wenn man sich die Porträts damaliger schwedischer Kirchenmänner mit ihren ganz der Mode widersprechenden wallenden Vollbärten betrachtet, die selbst den Bischöfen ein bäuerliches Erscheinungsbild verliehen.

Die Reformation hatte der schwedischen Kirche nicht nur ihren reichen Besitz, sondern auch ihren direkten politischen Einfluß genommen und es ihr ungemein erschwert, die vielfältigen sozialen und kulturellen Aufgaben zu erfüllen, die bis dahin ihre Domäne gewesen waren. Die Fürsorge für Arme, Kranke und Waisen lag beim Regierungsantritt Gustav Adolfs gänzlich im argen. 1619 bestimmte der König, jede Diözese habe große Spitäler einzurichten, stieß damit aber gerade auf den Widerstand der Kirche, der die erforderlichen Finanzmittel fehlten. 1624 wurden dann im großen Stile Armen- und Arbeitshäuser geplant, während gleichzeitig die Bettelei verboten werden sollte, aber wieder wurde aus Mangel an Geld nicht viel daraus. Kaum weniger hatte das kirchliche Schulwesen unter den Folgen der Reformation zu leiden, doch gelang es hier in Zusammenarbeit mit der Geistlichkeit Gustav Adolf, ein neues System einzuführen, auf das wir später zurückkommen werden.

Was nun die Qualität der eigentlichen seelsorgerischen Betreuung anbetrifft, so gab es hier ein großes Gefälle zwischen den einzelnen Landesteilen. In Norrland und weiten Landstrichen Finnlands herrschten arge Mißstände, die Gustav Adolf zu bekämpfen suchte, indem er zusätzliche Geistliche in diese Gebiete schickte, und zwar möglichst solche, die der von den Einheimischen gesprochenen Sprache mächtig waren, was bis dahin meist nicht der Fall gewesen war. Besonders katastrophale Verhältnisse lagen in den neugewonnenen Gebieten in Ingermanland, Karelien, Estland und Livland vor. In den beiden erstgenannten Territorien, die bis zur schwedischen Eroberung russisch gewesen waren, gehörte die Mehrzahl der Bevölkerung der russisch-orthodoxen Kirche an. Der Einmarsch der schwedischen Häretiker ließ einen Großteil der ohnehin sehr wenigen russischen Einwohner über die Grenze fliehen, eine Entwicklung, der Gustav Adolf zunächst durch drakonische Strafandrohungen zu steuern versuchte, die ihm aber langfristig nicht eben unlieb war, da er Ingermanland und den schwedischen Teil Kareliens als Einwanderungsland ansah, wobei er hoffte, daß die russischen „Barbaren" durch zivilisierte Immigranten aus Mittel- und Westeuropa ersetzt würden.

Ganz anders lagen die Dinge in Livland und Estland, wo der deutschstämmige Adel die einheimische baltische Bevölkerung systematisch auf einem primitiven Stand hielt. Die lutherische Priesterschaft war völlig heruntergekommen und nicht in der Lage und auch nicht willens, Gottesdienste in der Landessprache abzuhalten. Es war daher kein Wunder, daß der von Polen geförderte Katholizismus rasante Fortschritte machte. Hier leistete die schwedische Kirche, allen voran der über die Mißstände empörte und durch den hartnäckigen Widerstand des deutschen Adels in seiner Kampfeslust gereizte Bischof Rudbeckius, ein hartes Stück Pionierarbeit. Man führte eine straffe Kirchenordnung ein, machte sich an die Ausbildung baltischsprechender Priester und Lehrer und begann ein Schulsystem aufzubauen. Gegen den Willen des Adels, auf dessen politische und wirtschaftliche Kooperation die Schweden letztlich angewiesen waren, ließ sich dieses auch von Johann Skytte betriebene Reformprogramm allerdings nur teilweise durchsetzen. Axel Oxenstierna, wie stets Vertreter der aristokratischen Interessen, die ihn als größten Grundbesitzer in Livland hier auch in besonderem Maße persönlich tangierten, war kräftig bemüht, den Reformeifer Rudbeckius' und Skyttes zu dämpfen.

Aberglauben und der damals in großen Teilen Mittel- und Westeuropas so gräßliche Formen annehmende Hexenwahn waren auch in Schweden und Finnland weit verbreitet, und zwar nicht nur in den halbbarbarischen Randgebieten. Allerdings nahm die Hexenverfolgung hier keine so drastischen Züge an wie auf dem Kontinent, und es wurden unter der Regierung Gustav Adolfs nur sehr wenige Todesurteile für derartige Delikte ausgesprochen. Als die Schweden 1631 und 1632 in Süddeutschland die fränkischen Bistümer besetzten, in denen es kurz vorher zu einigen der schlimmsten Hinrichtungsserien in der ganzen Geschichte der Hexenverfolgungen gekommen war, bedeutete dies die sofortige Einstellung der Prozesse. Ausschlaggebend war hier, wie stets, die persönliche Einstellung des Herrschers, und weder Gustav Adolf noch seine Tochter Christina hielten etwas vom Hexenwahn. Trotzdem, grundsätzlich gefeit gegen die mörderischeren Formen des Hexenglaubens war das schwedische Luthertum keineswegs, wie sich in den 1660er und 1670er Jahren erweisen sollte, als es zu einer hysterischen Verfolgungswelle mit etwa 200 Hinrichtungen kam.

In dogmatischen Fragen nahm die schwedische Kirche in den ersten Jahrzehnten nach der Reformation eine eher laxe und somit tolerante Haltung ein. In Liturgie und Brauchtum konnten sich viele katholische Elemente erhalten. Die erbitterten Streitereien um theologische Spitzfindigkeiten, wie sie in den deutschen Landeskirchen damals mit solcher Leidenschaft betrieben wurden, waren dem schwedischen Luthertum fremd. Erst in der Reaktion auf die katholisierenden Neigungen Johanns III. und Sigismunds und auf die calvinistischen Tendenzen Karls IX. setzte sich in Schweden eine rigide lutherische Orthodoxie durch. Die *Confessio Augustana*, das „Augsburger Bekenntnis" von 1530, wurde erst 1593 zur offiziellen Grundlage der schwedischen Theologie gemacht. Sie wurde auch in die von Gustav Adolf bei seinem Regierungsantritt unterzeichnete Königsversicherung von 1611 aufgenommen und stellte somit gewissermaßen einen Teil der schwedischen Verfassung dar. Der von starken Gruppen der Geistlichkeit immer wieder unternommene Versuch, die staatliche Politik noch eindeutiger auf ein dogmatisch verengtes Luthertum festzulegen, scheiterte am Widerstand des Königs, der, wie sein Vater und seine Lehrer Skytte und Bureus, einer weitherzigeren, gesamtprotestantischen Richtung zuneigte. Während man calvinistische Gottesdienste wegen der für den Staat und die Wirtschaft so unentbehrlichen Zuwanderer aus Westeuropa dulden mußte, ging man gegen das Wiedertäufertum und andere Formen religiöser Schwärmerei sowie gegen den politisch gefährlichen Katholizismus wesentlich schärfer vor. Die Todesstrafe wurde aber nur selten verhängt, und dann in Fällen, die mit der Gefährdung der öffentlichen Ordnung oder mit politischen Vergehen zusammenhingen.

Nicht nur in dogmatischer Hinsicht diente der Klerus als eine Art geistig-moralische Polizei des Landes. Das Privatleben der Gemeindeangehörigen unterlag einer scharfen Zensur durch die Pfarrer, wobei diese sich keinesfalls auf das Wort beschränkten, sondern auch zu Schand- und Geldstrafen schritten. Der Umstand, daß auf dem flachen Land die Geistlichen die einzigen Personen mit einem gewissen Bildungsgrad waren, die regelmäßig und mit Verläßlichkeit zur Verfügung standen, führte dazu, daß sie von der Regierung zu einer Fülle von Verwaltungsaufgaben herangezogen wurden, für die man keine eigenen Beamten besaß. Sie dienten als propagandistisches Sprachrohr des Staates, hatten Gesetze und Verlautbarungen bekanntzumachen, mußten statistische Angaben liefern, verdächtige Personen melden, wurden mit der Erstellung von Rekrutenlisten und mit der Eintreibung von Steuern betraut. Jan Lindegren (1985) spricht von einer „Umwandlung der Kirche, durch die sie von der Verkünderin einer allgemeinen Weltsicht zur Sprecherin des ‚Militärstaats' und zu dessen Kontrollinstrument wurde". (S. 333)

Die Geistlichen waren von diesen neuen Aufgaben, die sie nicht nur arbeitsmäßig überlasteten, sondern oft genug auch in Konflikte mit ihren Gemeindemitgliedern brachten, wenig begeistert und erhoben häufig Klage, doch änderte das nichts daran, daß ihnen immer mehr Zuständigkeiten übertragen wurden, weil es für den Staat mangels Geld und geeigneter Personen vorerst keine Alternative gab.

Die Bischöfe

Ein weiterer Grund zur Unzufriedenheit für viele Pfarrer war die absolut beherrschende Rolle, welche die Bischöfe in der schwedischen Kirche spielten. Sie übten innerhalb ihrer Diözesen eine fast unbeschränkte geistliche Gewalt aus und setzten sich auch gegen alle Einmischungsversuche des Staates in innerkirchliche Belange massiv und letztlich erfolgreich zur Wehr. Vom Duckmäusertum vieler evangelischer Kirchenmänner in Deutschland waren die selbstbewußt und autoritär ihres Amtes waltenden schwedischen Bischöfe weit entfernt. Wenn es auch unter den im Überfluß vorhandenen Pfarrern manch fragwürdige Existenzen gab, die Bischöfe waren zur Zeit Gustav Adolfs fast durchweg kraftvolle Persönlichkeiten von beachtlicher Kompetenz und ausgeprägtem, wenn auch eigenwilligem Pflichtgefühl. Für niemanden galt das mehr als für die dominierende Gestalt im damaligen schwedischen Kirchenleben, den

Bischof von Västerås Johannes Rudbeckius, der uns schon als Theologieprofessor in Uppsala und als Hofprediger Gustav Adolfs begegnet ist. So wie er seinerzeit in der Affäre Margarethe Slots dem König unerschrocken die Meinung gesagt hatte, war Rudbeckius auch in Fragen der Kirchenpolitik jederzeit bereit, seinen Standpunkt kompromißlos zu verfechten.

Zu einem dauernden Zankapfel zwischen Gustav Adolf und seinen Bischöfen entwickelte sich ab 1623 der Plan des Königs, der Kirche eine kollegiale Verfassung nach dem Vorbild des im lutherischen Deutschland üblichen landesherrlichen Kirchenregiments zu geben. Seit der Reformation fehlte der Kirche in Schweden ein zentrales Organ. Gustav Adolf wollte nun ein aus Kirchenleuten und Laien bestehendes *consistorium generale* schaffen, das einheitliche Zustände herstellen und einen Teil der kirchlichen Gerichtsbarkeit übernehmen sollte. Damit wäre die Verwaltung der Kirche der des übrigen öffentlichen Lebens angeglichen worden, die bereits in fünf Kollegien organisiert war. Angeführt von Rudbeckius setzten die Bischöfe den wiederholten Reformanläufen des Königs jedoch den hartnäckigsten Widerstand entgegen. Sie befürchteten eine Beschneidung ihrer Macht, Gängelung durch den Staat und die dauernde Einmischung des Adels, der in der Regel die Laienposten im *consistorium* besetzt hätte. Um sich die für ihn unentbehrliche Kooperationswilligkeit der Kirche nicht zu verscherzen, verzichtete Gustav Adolf schließlich auf die Durchsetzung seiner Pläne, doch ein gewisser, wohl hieraus resultierender Groll gegen den Klerus ist noch in dem an die Geistlichkeit gerichteten Teil seiner berühmten Abschiedsrede vom Mai 1630 unüberhörbar. Von einer ernsthaften Trübung des insgesamt guten Verhältnisses von Staat und Kirche konnte jedoch keine Rede sein.

Besser, wenn auch nicht ganz frei von Reibereien, war die Zusammenarbeit Gustav Adolfs mit seinen Bischöfen in einem anderen, ihm sehr am Herzen liegenden Projekt. Die erste 1541 erschienene schwedische Ausgabe der Bibel wurde allgemein als unbefriedigend empfunden, 1605 hatte man das Neue Testament noch einmal veröffentlicht und korrigierende Anmerkungen zur Bibel von 1541 angefügt. Die Bischöfe wollten nun die ganze Übersetzung auf der Grundlage von Luthers letzter Fassung und der Korrekturen von 1605 überarbeiten. Gustav Adolf schwebte jedoch ein weit ehrgeizigeres Ziel vor. Nicht die deutsche Übersetzung Luthers, sondern die hebräischen und griechischen Originaltexte sollten den Ausgangspunkt für eine neue, möglichst genaue Übertragung ins Schwedische bilden. 1615 berief der König eine von Johannes Bureus geleitete Kommission ein, um diese Aufgabe unter staatlicher Finanzierung und Regie in Angriff zu nehmen. Das Mißtrauen der Bischöfe war groß, doch erwies es sich schon bald als überflüssig, weil aus dem Übersetzungsprojekt in dieser Form nichts wurde. Die aus Deutschland kommenden Drucker trafen schon 1616 ein, viel zu früh, um Bureus und seine Leute ihre Arbeit durchführen zu lassen. So blieb es bei einer verbesserten Ausgabe der Bibel von 1541, die im wesentlichen das Werk des Rudbekkius war. Aber wenn auch das ursprünglich gesteckte Ziel nicht hatte erreicht werden können, durfte die 1618 erscheinende Gustav Adolf-Bibel doch als das bisher schönste in Schweden gedruckte Buch gelten. Der Preis für das voluminöse Werk war freilich so hoch, daß diesem eine weite Verbreitung versagt blieb. Die entscheidende Grundlage für die religiösen Kenntnisse des Volkes war eine Übersetzung des kürzeren Lutherschen Katechismus, der, mit einer Auswahl von Hymnen zusammengebunden, unter dem Namen Psalmenbuch zahlreiche Auflagen erlebte.

Erziehungswesen

Wie in vielen Ländern hatte die Reformation in Schweden dem bisher vornehmlich von Klöstern und anderen kirchlichen Institutionen getragenen Erziehungswesen zunächst erheblichen Schaden zugefügt. In der Folgezeit blieb der lutherische Schulbetrieb weit hinter dem zurück, was die Jesuiten auf der einen Seite, die Calvinisten auf der anderen leisteten. Um 1600 existierten in Schweden 28 vernachlässigte Lateinschulen, in Finnland weitere 7, die finanzielle Ausstattung war durchweg kümmerlich, die Qualität der Lehrer entsprechend. Außerhalb dieser Lateinschulen beschränkte sich der Unterricht auf das Auswendiglernen des Katechismus. Die Folge war, daß es viel zu wenige Männer gab, die über eine Ausbildung verfügten, die sie für ein Amt qualifizierte. Viele Staatsdiener konnten nicht einmal ihren Namen schreiben. Noch Oxenstierna mußte es erleben, daß das Latein seiner Diplomaten ihren polnischen Verhandlungspartnern zum Gespött diente.

Unter dem Einfluß seiner Lehrer Skytte und Bureus erließ Gustav Adolf bereits 1611 eine Schulordonnanz, durch die er die Lateinschulen in zwei Typen aufspaltete, in die Kathedralschulen zur Erziehung des Priesternachwuchses und in die Provinzialschulen für die der Laien. Da diese Ordonnanz nie offiziell abgesegnet wurde, verfuhren die Bischöfe in den folgenden Jahren nach Gutdünken. Auf dem Reichstag von 1620 in Stockholm verurteilte Gustav Adolf das schwedische Bildungswesen in Bausch und Bogen. Vor allem warf er ihm vor, daß es keine brauchbaren Beamten liefere. Es fehle an einer modernen Ausbildung für die Laienberufe, für Juristen, Diplomaten, Offiziere, Wissenschaftler. Er schlug dem

Klerus vor, zwei Gymnasien vom deutschen Typ zu gründen, ferner fünf Halbgymnasien oder Trivialschulen, die die Provinzialschulen ersetzen sollten, während die Kathedralschulen ganz zu verschwinden hätten. Diese Institute sollten Staatsgelder erhalten. Weitere Trivialschulen wären von den Kommunen auf ihre Kosten einzurichten. Waren in den Provinzial- und Kathedralschulen nach der Ordonnanz von 1611 sechs Fächer gelehrt worden, so waren es an den Trivialschulen jetzt neun und an den Gymnasien dreizehn. In Västerås, das unter Leitung des Rudbekkius als Musterschule diente, umfaßte der Lehrplan neben den traditionellen Fächern – Theologie und die „biblischen" Sprachen, Latein, Griechisch Hebräisch, – auch Mathematik, Astronomie, Physik, Geographie, Geschichte, schwedisches Recht, Musik, Philosophie und Politik. Ferner schlug Gustav Adolf vor, einen Generalinspekteur für das Schulwesen zu berufen, und zwar einen Laien. Dem widersetzte sich die Geistlichkeit, wie sie auch gegen die Ausweitung des Lehrplans Einspruch erhob. Es dauerte bis 1626, daß im Rahmen der Übertragung neuer Kompetenzen an die Kanzlei Oxenstierna faktisch auch den Posten des Generalinspektors erhielt.

1623 wurde in Västerås, dem Bischofssitz des Johannes Rudbeckius, das erste Gymnasium gegründet. Im selben Jahr modifizierte Gustav Adolf seine 1620 eingeleitete Schulpolitik. Vor allem wurde die Zahl der vorgesehenen Gymnasien für zu gering erachtet. So folgte in den nächsten Jahren die Gründung solcher Schulen in Strängnäs, Linköping, Åbo, Dorpat, Reval und Riga.

Einen ganz eigenen, technisch ausgerichteten Schultyp, der der Erziehung von Kaufleuten und Unternehmern dienen sollte, rief der König in Jönköping ins Leben. In dieser Stadt wurde auch versucht, die allgemeine Schulpflicht für Knaben einzuführen und mit ziemlich drakonischen Maßnahmen durchzusetzen. So sollte die Kommune einem Schulpflichtigen von 16 Jahren, der weder Trivialschule noch technische Schule mit Erfolg besucht hatte, ein Drittel des Erbes wegnehmen und einbehalten, „bis er den rechten Weg einschlägt und sich entschließt, ein nützlicher Bürger zu werden."

Die reichere finanzielle Ausstattung der Schulen hatte zur Folge, daß mehr Lehrer angestellt werden konnten und daß sich deren Qualität besserte. Die einseitige Bevorzugung der Gymnasien bei der Vergabe der Staatsgelder führte allerdings zu einem immer krasseren Niveaugefälle zwischen Trivialschulen und Gymnasien. Auch gelang es nicht, den traditionellen *sockengång*, eine Art organisierter Bettelei der Schüler, abzuschaffen, obwohl der Besuch der Schulen – wie auch der der Universität – gebührenfrei war. Stipendien und Verbindungen für arme Schüler und Studenten sollten auch begabten Söhnen aus den Unterschichten die Möglichkeit zu Schulbildung und Studium eröffnen. Die überwiegende Zahl der Gymnasialschüler waren aber Söhne von Geistlichen und Bürgern, denn die Bauern machten selten von dem staatlichen Bildungsangebot Gebrauch, und der Adel ließ seinen Nachwuchs meist sowieso privat erziehen.

Die alten Schulen hatten ihre Absolventen sehr unzureichend auf die Universität vorbereitet. Selbst die Lateinkenntnisse waren rein formalistisch und wenig geeignet zum praktischen Gebrauch gewesen. Dies wirkte sich für die schwedischen Studenten umso nachteiliger aus, als sie fast das ganze 16. Jahrhundert über nur ausländische Hochschulen hatten besuchen können. 1477 war zwar in Uppsala die erste Universität Schwedens gegründet worden, doch hatte sie schon wenige Jahrzehnte später infolge der Reformation den Betrieb eingestellt. Erst 1593 wurde sie neu gegründet. Bis dahin waren schwedische Studenten meist an nord- und mitteldeutsche Universitäten gegangen, von denen Rostock an der Spitze der Beliebtheit stand, gefolgt von Wittenberg und Greifswald.

Wie oben schon im Zusammenhang mit den Parteigängern Sigismunds III. erwähnt, war das Auslandsstudium jedoch stets mit der Gefahr katholischen oder calvinistischen Einflusses auf die junge Elite Schwedens verbunden, weshalb man es von der Regierungszeit Karls IX. an staatlicherseits mit großem Mißtrauen betrachtete und möglichst zu verhindern suchte. Das setzte natürlich ein entsprechendes Bildungsangebot im Inland voraus. Die Wiedergründung von Uppsala erwies sich zunächst aber als wenig tauglich, eine ernstzunehmende Alternative zum Studium an einer ausländischen Universität zu präsentieren. Der Lehrbetrieb war schlecht organisiert, unter den Professoren befanden sich sehr wenige bemerkenswerte Erscheinungen, zudem brach alsbald ein heftiger Streit aus zwischen den Anhängern des Ramismus (benannt nach Pierre de la Ramée), die die aus dem Mittelalter tradierten Lehrmethoden und vor allem die Autorität des Aristoteles verwarfen, und den Neuaristotelikern oder Philippisten (nach Philipp Melanchthon). Johann Skytte, Gustav Adolfs Lehrer und wichtigster Ratgeber in Erziehungsfragen, war Ramist, der damals in Uppsala lehrende Rudbeckius dagegen Philippist. Letzterer entwarf die Statuten für die wiedergegründete Universität, doch weigerte sich Karl IX., der der Loyalität der ganzen Institution mißtraute, sie zu unterzeichnen.

Zu Beginn der Regierungszeit Gustav Adolfs hatte das Chaos in Uppsala einen Grad erreicht, der kaum mehr einen effizienten Lehrbetrieb zuließ.

Eine Ausnahme bildeten die Veranstaltungen des seit 1609 dort lehrenden Johannes Messenius, die eine große Anziehungskraft auf die Studenten ausübten, besonders auf die adeligen. Allerdings geriet er, wie oben schon beschrieben, nach wenigen Jahren mit Rudbeckius in Streit, worauf Gustav Adolf beide Professoren von Uppsala entfernte.

1620 erhöhte der König die Zahl der Lehrstühle von acht auf dreizehn – drei für Theologie, einer für römisches, einer für schwedisches Recht, zwei für Medizin, je einer für Geschichte / Philosophie, Hebräisch / Griechisch, Astronomie, Mathematik, Logik und Rhetorik. 1621 kam noch ein weiterer für Theologie dazu, einer für Optik, Musik und Mechanik, einer für Dichtung, während für Hebräisch und Griechisch getrennte Lehrstühle eingerichtet wurden. Gleichfalls 1621 führte Gustav Adolf die Neuerung ein, daß die Professoren ihre Gehälter nicht mehr in Form von Getreide, sondern in barem Geld ausbezahlt erhielten. Von den Ländern, die durch den Tod Johanns von Östergötland und Karl Philipps an die Krone zurückfielen, schenkte Gustav Adolf 271 ganze Höfe (von 3.500), sowie 74 halbe und 32 Viertelhöfe mit allen Abgaben der Universität, und zwar steuerfrei. Damit verfügte die Hochschule erstmals über ausreichende Einkünfte. 1613 war ihr Getreide im Wert von 2400 Reichstalern zugeteilt worden, 1625 betrugen ihre Einnahmen über 19.000 Reichstaler.

Kanzler der Universität wurde 1622 Gustav Adolfs alter Lehrer Johann Skytte. 1625/26 bekam die Hochschule endlich auch ihre Verfassung. Die Zahl der Studenten belief sich um 1630 auf etwa 1.000. Uppsala profitierte auch von den Eroberungen des Königs. Die seit den frühen 1620er Jahren aufgebaute Universitätsbibliothek erhielt im Laufe der Jahre reiche Bestände aus den erbeuteten Bibliotheken in Riga, Braunsberg, Würzburg und Mainz zugeführt.

Man kann Gustav Adolf als den eigentlichen Gründer der Universität von Uppsala bezeichnen. Sein bildungspolitisches Ziel hat er allerdings nur bedingt erreicht. Die neu angebotenen Fächer wie Geschichte, Jura oder die Naturwissenschaften wurden nur sehr zögernd angenommen. Die Masse der Studenten entschied sich nach wie vor für Theologie, von 62 Erstsemestern im Jahre 1629 wählten nur fünf Jura und zwei Medizin. Der Wandel vollzog sich langsam, aber zwei Jahrzehnte später kamen schon die ersten Klagen, es würden zu viele Studenten Jura belegen, nicht zu wenige.

Auch die Professoren stellten sich nicht alle so schnell auf die neuen Anforderungen ein, wie Gustav Adolf das vorschwebte. Erst nach seinem Tod gelang es, Lehrkräfte für moderne Fremdsprachen zu finden. Das heliozentrische Weltbild setzte sich in Uppsala nicht vor 1670 durch. Der aristokratisch-weltmännische Charakter, der die Veranstaltungen des Johannes Messenius für den Adel so anziehend gemacht hatte, konnte nach dessen Abberufung auch nicht mehr so recht Fuß fassen in Uppsala. Um den Adelssöhnen trotzdem eine ihnen entsprechende Ausbildung anbieten zu können, wurde 1626 in Stockholm das *Collegium Illustre* gegründet, das dem „*Riddarhus*" („Ritterhaus"), einer gleichfalls von Gustav Adolf ins Leben gerufenen zentralen Institution des schwedischen Adels, angegliedert war. Das Kolleg ging aber schon nach wenigen Jahren wieder ein.

Für alle, die ein höheres Staatsamt anstrebten, blieb ein Studienaufenthalt im Ausland weiterhin unverzichtbar. Während in den 1620er Jahren infolge der restriktiven staatlichen Maßnahmen und, mehr noch, der Kriegswirren der Besuch deutscher Universitäten durch schwedische Studenten stark nachließ, wurde Leiden zum bevorzugten Studienplatz. Vor allem der Adel schickte seine Söhne mit Vorliebe an die holländische Eliteuniversität, um eine meist in Uppsala begonnene Ausbildung prestigeträchtig abzuschließen.

Die bildungspolitischen Vorstellungen des Königs dürften sich am reinsten widerspiegeln in dem Erziehungsprogramm des Gymnasiums, das er ohne Beteiligung der schwedischen Kirche seinen Lehrer Johannes Skytte 1630 im livländischen Dorpat gründen ließ und das er zwei Jahre später in eine Universität umwandelte. Neben der klassischen Sprache aller Gebildeten, dem auch von Gustav Adolf so hochgeschätzten und vielverwendeten Latein, und den für die Ausbildung von Theologen unentbehrlichen Sprachen Griechisch und Hebräisch, wurden moderne Sprachen wie Französisch und die baltischen Sprachen gelehrt. Skytte führte in Livland, dessen Generalgouverneur er war, auch ein *consistorium generale* als oberste Koordinations- und Kontrollbehörde für das Zusammenwirken von Kirche und Staat und gerade auch für das Bildungswesen ein, was Gustav Adolf in Schweden selbst infolge der bischöflichen Opposition nicht gelungen war.

Kultureller Aufschwung

Es war mit auf die Bildungsreform Gustav Adolfs zurückzuführen, daß die schwedische Kultur im Laufe des 17. Jahrhunderts ihren halbbarbarischen Charakter verlor. Eine größere Rolle noch dürften aber bei dieser Entwicklung die wirtschaftliche und machtpolitische Expansion des Landes gespielt haben, durch die zahlreiche Immigranten aus den fortgeschritteneren Teilen Europas nach Schweden kamen und durch die viele Angehörige der schwedischen Oberschicht als Offiziere, Diplomaten und Verwaltungsbeamte die Verhältnisse in anderen Teilen Europas, vor allem in Deutschland, kennenlernten. Natürlich trugen auch der wachsende Reichtum vieler adeliger und bürgerlicher Familien und der Zustrom an erbeutetem Kulturgut wesentlich zu diesem Aufschwung bei. Hinzu kam das oft mit Verschwendungssucht gepaarte Repräsentationsbedürfnis einer selbstbewußten Elite, die in ihren Lebensformen an internationalen Maßstäben gemessen werden wollte. Die Aufwärtsentwicklung in allen Bereichen des Kulturlebens erreichte zwar erst unter Christina und deren Nachfolgern ihren vollen Umfang, aber in der Regierungszeit Gustav Adolfs wurden die Fundamente gelegt. Es war dies das Ergebnis einer bewußten Politik, die die schwedische Gesellschaft aus dem verachteten Naturzustand von Chaos und Barbarei zur „Zivilität" führen wollte, zur Bändigung der Natur durch Wissen, Ordnung und Zucht.

Augenscheinlichsten Ausdruck fand Schwedens Anspruch auf Geltung als Kulturstaat in dem weltstädtischen Charakter, den Stockholm in der Zeit zwischen 1620 und 1660 annahm. Aber auch mancher Adelssitz auf dem Lande, der noch zu Beginn der Regierungszeit Gustav Adolfs ein besserer Bauernhof gewesen war, verwandelte sich in eine Schloßanlage, die den Vergleich mit ihren kontinentalen Vorbildern nicht zu scheuen brauchte. Gewiß wirkten der demonstrativ vorgeführte Reichtum und die importierte Kultur der schwedischen Oberschicht unter Gustav Adolf und Christina oft genug allzu neu, zu aufdringlich, ja brutal, aber man darf nicht übersehen, daß dies auch anderswo – und gerade im Deutschen Reich – eine Zeit schnell gemachter Vermögen, gewaltsam errungener und mit wenig Zurückhaltung zur Schau gestellter Macht war.

Wie kaum anders zu erwarten, befanden sich Architektur und Kunsthandwerk fast ausschließlich in der Hand von Ausländern, Niederländern und Deutschen vornehmlich. Sieht man von Beutestücken aus den auswärtigen Kriegszügen ab, beschränkte sich die bildende Kunst weitgehend auf die Porträtmalerei. Die Architektur war noch von dem wuchtigen „Wasa-Stil" geprägt, der die meisten der im Auftrag von Krone und Adel errichteten Repräsentationsbauten kennzeichnete. Die massive Schwere der Bausubstanz wurde mit einer Fülle von Renaissancezierat verbunden, Türme, Kuppeln, Giebel, Schornsteine, Wetterfahnen verliehen der Silhouette einen bewegten und pittoresken Charakter. Gegen Ende der Regierungszeit war dann eine Tendenz zu klareren Formen und klassischer Monumentalität festzustellen, die unter Christina zu voller Blüte gelangen und deren schönstes Beispiel das *Riddarhus* in Stockholm werden sollte.

Das Druckwesen nahm unter staatlicher Förderung einen deutlichen Aufschwung. Existierte noch im Jahre 1600 in ganz Schweden nur eine einzige Druckerpresse, so waren 32 Jahre später immerhin schon deren acht etabliert, und außerdem eine Papiermühle. Das hing natürlich eng mit dem erhöhten Bedarf an Büchern und sonstigen Druckerzeugnissen zusammen, der eine Folge der Bildungspolitik einerseits und der Verwaltungsreform andererseits war. Im Gegensatz zu den bildenden Künsten gab es im Bereich von Wissenschaft und Literatur zur Zeit Gustav Adolfs bereits beachtenswerte eigenständige Leistungen Schwedens.

Den herausragenden Gelehrten des Landes Johannes Bureus und seine antiquarischen Forschungen haben wir bereits kennengelernt. Ein kaum minder vielseitiger Mann war der aus Finnland stammende Sigfrid Aron Forsius, der zeitweise eine Professur in Uppsala hatte und sich als Astronom und Astrologe, aber auch als Theologe und Dichter betätigte. Wie Bureus stand er Paracelsismus und Rosenkreuzertum nahe und geriet in Konflikt mit der orthodoxen Geistlichkeit. Mangels königlicher Protektion nahm das jedoch in seinem Falle ein böses Ende. Er wurde 1619 verhaftet und zum Widerruf seiner deterministischen astrologischen Thesen gezwungen. Man ließ ihn dann zwar wieder frei, verbannte ihn aber in die Provinz und machte seiner Publikationstätigkeit ein Ende.

Tragischer noch war das Schicksal des Messenius, von dem wir oben schon gehört haben. Sein Hauptwerk *„Scondia Illustrata"* entstand in der Gefangenschaft und wurde erst Anfang des 18. Jahrhunderts veröffentlicht. Messenius schrieb nicht nur Geschichtswerke, sondern auch historische Dramen, die gleich diesen von der großgotischen Begeisterung des Autors geprägt waren. Ihre literarische Qualität ist zwar dürftig, doch stehen sie am Anfang der schwedischen dramatischen Dichtung.

Ein enzyklopädisches sechsbändiges Werk mit dem Titel *Ethica Christiana* verfaßte in den Jahren 1617 bis 1630 der Bischof von Strängnäs und spätere Erzbischof von Uppsala Laurentius Paulinus Gothus. Neben Rudbeckius war er die dominierende Figur der damaligen schwedischen Kirche. Autoritär und kämpferisch gleich diesem, vertrat er in dem bildungspolitischen „Glaubenskrieg" zwischen Ramisten und Neuaristotelikern jedoch die entgegengesetzte Position. Laurentius Paulinus war fanatischer Ramist und verwarf nicht nur den Aristoteles, sondern alle antiken Autoren außer Cicero und Vergil, weil sich ihre Schriften seiner Meinung nach nicht mit der christlichen Lehre in Einklang bringen ließen. Er kümmerte sich sehr aktiv um den Schulbetrieb und war ein großer Förderer der Kirchenmusik. In den Wissenschaften ragen seine Leistungen als Mathematiker und Astronom heraus.

Die voluminösen Werke der Gelehrten wurden, wie allgemein üblich, in lateinischer Sprache veröffentlicht. Die Dramen des Messenius dagegen, die ja der Popularisierung der schwedischen Geschichte dienen sollten, waren in der Nationalsprache verfaßt. Während Messenius jedoch nur rohe, gekünstelt aufgedonnerte Verse zustandebrachte, trat mit Lars Wivallius ein Lyriker auf, der von seiner Muttersprache ausdrucksstark Gebrauch zu machen verstand. Wivallius führte ein abenteuerliches Leben und wurde wegen Hochstapelei, Heiratsbetrugs und verdächtiger politischer Kontakte zeitweise ins Gefängnis gesteckt, ein Schicksal, das er ja mit etlichen Schriftstellern der Gustav-Adolf-Ära teilte. Seine Gedichte, die von einem intensiven Naturerlebnis geprägt sind und nicht selten auch autobiographische Züge aufweisen, werden heute noch in Schweden gelesen. Damit dürfte Wivallius einer von zwei schwedischen Autoren aus der ersten Hälfte des 17. Jahrhunderts sein, deren Werke bis in die Gegenwart lebendig geblieben sind. Bei dem anderen handelt es sich um den König selbst, dessen kraftvolle Ansprachen nach wie vor zu den Glanzstücken der schwedischen Prosaliteratur gehören.

Der Adel

Der kulturelle Aufschwung berührte so gut wie ausschließlich den Adel, das Bürgertum, die „Standespersonen" und den kleineren Teil der Geistlichkeit, zusammen höchstens 5% der Bevölkerung. Für die große Masse der Bauern, Landarbeiter, Handwerker und Bergleute blieben die Lebensverhältnisse in dieser Hinsicht unverändert. Innerhalb der gebildeten Oberschicht spielte der Adel politisch, kulturell und gesellschaftlich die weitaus bedeutendste Rolle, wenn auch seine Angehörigen kaum mehr als 0,5% der schwedischen Bevölkerung ausgemacht haben dürften. Zu Beginn des 17. Jahrhunderts gab es zwischen 400 und 500 adelige Familien, von denen die Mehrzahl zum wenig wohlhabenden und politisch ziemlich einflußlosen Kleinadel gehörte. Die Zahl der wirklich reichen und mächtigen Familien betrug nicht mehr als 30–40. Unter diesen finden sich Namen, die uns im Laufe der schwedischen Geschichte wieder und wieder begegnen, die Brahe, Bielke, Horn, Sture, Sparre, Oxenstierna, Bonde, Banér, de la Gardie, Fleming, Posse, Stenbock, Tott. Der durch Titel hervorgehobene Hochadel war erst eine Schöpfung der Wasazeit, da man Diplomaten brauchte, die mit der Hocharistokratie des Auslands auf gleichem Fuße verkehren konnten. Schwedische Grafen und Barone traten erstmals bei der Krönung Eriks XIV. im Jahre 1561 auf. Die Abgrenzung des Adels nach unten war zu Beginn der Regierungszeit Gustav

Adolfs noch ziemlich fließend. Man stritt darum, ob die Geburt oder der Besitz von steuerfreiem (*frälse*) Adelsland ausschlaggebend war für die Zugehörigkeit zur Aristokratie. Auch der Kriegsdienst zu Pferde (*rusttjänst*) wurde vielfach noch als ein Kriterium des Adels angesehen.

Gustav Adolf kam der Forderung der Aristokratie nach einer schärferen Definition des Standes und der Entfernung „unwürdiger" Mitglieder nach. Für den Fall der Verarmung oder von Mischehen mit nicht standesgemäßen Personen war jetzt der Ausschluß aus dem Adel vorgesehen. Maßgeblich wurde die Aufnahme in das *riddarhus* (Ritterhaus), die 1626 geschaffene Standesorganisation des schwedischen Adels. Geburt und königliches Adelspatent waren die entscheidenden Kriterien für die Aufnahme. Die Einzelheiten regelten die im selben Jahr erlassenen *riddarhusordningen* (Ritterhausordnung). Durch diese wurde der Adel auch in drei Klassen geteilt. Die erste umfaßte die damals 12 Familien der Grafen und Barone, die zweite 22 Familien, die jeweils zumindest einen Angehörigen des Reichsrats aufzuweisen hatten. Diese beiden Klassen bildeten nach moderner Terminologie den Hochadel. Die dritte Klasse, der niedere Adel, war mit 92 Familien im *riddarhus* vertreten. Kaum mehr als ein Viertel der Anspruch auf Zugehörigkeit zum Adel erhebenden Familien hatten also den neuen strengeren Kriterien genügen können.

Zur geringen Freude des alteingesessenen Adels wurde der Stand aber von Gustav Adolf und seinen Nachfolgern immer wieder durch nobilitierte Offiziere, Unternehmer, Diplomaten und andere Staatsdiener ergänzt, wodurch ein Verdienstadel entstand, der sich etwa zur Hälfte aus Nichtschweden zusammensetzte, namentlich Deutschen, Niederländern, Schotten und Balten. Auf diese Weise stieg die Zahl der im *riddarhus* vertretenen Familien in den sechs Jahren von 1626 bis zu Gustav Adolfs Tod von 126 auf 187 an. Zwischen altem und neuem Adel, wie auch zwischen Hochadel und niederem Adel gab es Spannungen, die sich die Krone in manchen Situationen zunutze machen konnte. Für die eingeborenen Schweden bildeten der geistliche Stand und die zivile Verwaltung die Sprossen der sozialen Leiter, die innerhalb von zwei oder drei Generationen eine Bauernfamilie zur Nobilitierung führen konnte. Als klassisches Aufstiegsmuster durfte die Reihenfolge Bauer – Geistlicher – Beamter – Adeliger gelten. Im Offizierskorps war dagegen die Präsenz des Geburtsadels so stark, daß die militärische Karriere als Vehikel der sozialen Mobilität nur zweitrangige Bedeutung besaß.

Das wichtigste Privileg des Adels war die Steuerfreiheit seines Landbesitzes. Die Abgaben und Arbeitsdienste der auf Adelsgütern lebenden Bauern gehörten dem Grundherrn und nicht dem Staat. Ferner durfte der

Adel die auf seinem Besitz erzeugten Produkte zollfrei exportieren, was namentlich die Hocharistokratie dazu veranlaßte, sich kräftig in der aufblühenden Metallindustrie und im Handel zu engagieren. Die Armee mit ihrem hohen Bedarf an Offizieren, der diplomatische Dienst und die gewaltig expandierende staatliche Verwaltung schufen unter Gustav Adolf zusätzliche Verdienst- und Aufstiegsmöglichkeiten für zahlreiche Adelige. Wenn wir im folgenden auf die Schattenseiten der Adelsherrschaft zu sprechen kommen, so darf das nicht darüber hinwegtäuschen, daß die große Mehrzahl der schwedischen Aristokraten im 17. Jahrhundert ein außerordentliches Maß an Einsatzbereitschaft, Pflichtbewußtsein und fachlicher Kompetenz bewiesen hat, das sie positiv von der egoistischen Haltung und den eher destruktiven Leistungen eines Großteils etwa des polnischen oder des dänischen Adels abhebt. Immer wieder ließ sich die schwedische Aristokratie freiwillig Eingriffe in ihre Steuerfreiheit und in andere Privilegien gefallen, um dem Staat aus kritischen Situationen zu helfen. Auch darf man sich nicht der Vorstellung hingeben, die Masse der schwedischen Adeligen habe damals aus kriegslüsternen Abenteurern, beutegierigen Soldaten, ausbeuterischen Statthaltern eroberter Gebiete und anderen Kriegsgewinnlern bestanden. Zwar ist es richtig, daß einzelne Individuen ganz ungeheuer von der Großmachtpolitik ihres Landes profitiert haben, doch waren davon in spektakulärem Maßstab nur recht wenige Familien betroffen. Ein erheblicher Teil der mit großer Beute aus dem Krieg heimkehrenden Soldaten und Beamten war zudem ausländischer Herkunft.

Alienationen und Sozialkrise

Was nun zu schweren Mißständen und in der 2. Hälfte des 17. Jahrhunderts sogar zu einer staatsbedrohenden Sozialkrise führen sollte, das war die Einrichtung der Alienationen. Der dauernde Finanzbedarf des Staates ließ die Regierung auf den schon oben erwähnten Ausweg verfallen, der Krone gehörende Immobilien zu vermieten, zu verkaufen oder als Schenkungen abzutreten. Hauptnutznießer hiervon war der Adel, da seine Angehörigen immer wieder Leistungen im zivilen oder militärischen Dienst erbrachten, für deren Honorierung dem Staat das Geld fehlte. Die üblichste, schon von Gustav Adolfs Vorgängern betriebene Form der Alienation war die Überlassung von Kronbesitz in Gestalt des *förlässing.* Darunter verstand man ursprünglich die nicht erbliche Vergabe von Gebieten und Rechten, also keine eigentliche Belehnung. Zur Zeit Gustav Adolfs war daraus eine den Charakter einer erblichen Schenkung annehmende Abtretung der Einkünfte aus dem betreffenden Land geworden. Eine Neuerung der Gustav-Adolf-Zeit war dagegen der Verkauf von Kronland (*frälseköp*), wobei wiederum der Adel den größten Anteil hatte. Nach der Untersuchung von Erik Brännman (1950) gingen 90% des veräußerten Landes an Staatsbeamte und Offiziere, mit etwa 55% war allein der Hochadel beteiligt, mit 25% der niedere, nichtadelige Schweden mit weniger als 5%, der Rest wurde von Ausländern gekauft. *Frälseköp* spielte in den baltischen Provinzen eine weit größere Rolle als in Schweden und Finnland selbst, fast der ganze Staatsbesitz in Livland und Estland wechselte den Eigentümer.

Wie wir schon gesehen haben, ließen diese Alienationen den Anteil des Adelsbesitzes an der ganzen schwedischen und finnischen Anbaufläche bis 1654 auf über 60% ansteigen. Das war etwa das Dreifache von dem, was er zu Beginn der Herrschaft Gustav Adolfs betragen hatte. Zu den Alienationen von Kronbesitz kam noch eine weitere Form von Schenkungen, die zu besonderen Mißbräuchen Anlaß gab. Das war die Abtretung der Steuereinkünfte aus freiem Bauernland an den Adel. Letzterer versuchte dann oft genug, den Status dieser Höfe in den von vollem Adelsbesitz zu verwandeln.

Die Bauernschaft

Die schwedische Bauernschaft, der zahlenmäßig weitaus stärkste der auf dem Reichstag vertretenen Stände, war im Prinzip frei, Leibeigenschaft existierte nur in den neugewonnenen baltischen Gebieten. Es gab jedoch drei Kategorien von Bauern mit sehr unterschiedlichem rechtlichem Status. Das waren die *kronobönder* (Kronbauern), die Land bewirtschafteten, das sich im Besitz der Krone befand, dann die *frälsebönder* (steuerfreie Bauern), die auf Adelsland saßen, und schließlich die *skattebönder* (steuerpflichtige Bauern), denen ihr Land selbst gehörte. Die *kronobönder* und *frälsebönder* waren kündbar und zahlten für ihr Land Pacht, die ersten an die Krone, die letzteren an den adeligen Grundherrn. In gleicher Weise schuldeten sie bestimmte Arbeitsdienste. Bis 1627 wurden die *frälsebönder* in einem um die Hälfte niedrigeren Prozentsatz von der Wehrpflicht erfaßt als die beiden anderen Bauernklassen. Die *skattebönder* genossen dagegen den Vorzug der Unkündbarkeit, solange sie ihre Steuern bezahlten, ferner waren sie zu keinen Arbeitsdiensten verpflichtet. Die Belastungen durch Pacht oder Steuern hielten sich ungefähr die Waage.

Die Alienationen hatten nun zur Folge, daß die eigentlichen *kronobönder* fast völlig verschwanden und zu *frälsebönder* wurden, und daß selbst ein Teil der *skattebönder* in Abhängigkeit vom Adel geriet. Dadurch kamen bis zur Jahrhundertmitte über 60% des Landes in *frälse*, in steuerfreien Adelsbesitz, und schieden als staatliche Einnahmequelle aus. Die Krone erkaufte sich also momentane Vorteile durch Abtretung von Steuern und Pachteinkünften, die sie langfristig eines großen Teils ihrer traditionellen Einnahmen beraubte. Das machte die Monarchie letztlich zu einem Verbündeten der Bauern, die zu fürchten begannen, am Ende der mit den Alienationen eingeleiteten Entwicklung würde für den größten Teil der Landbevölkerung die *servitus* stehen, die Leibeigenschaft nach kontinentalem Muster.

Die Tendenz erschien umso beängstigender, als in Nordostdeutschland damals gerade die „zweite Leibeigenschaft" um sich griff, eine Folge der Agrar- und Währungskrise, die den Dreißigjährigen Krieg begleitete und die durch die Kriegsauswirkungen noch verstärkt wurde. Den vielen im Ausland dienenden schwedischen Adeligen mochten solche Verhältnisse als schlimmes Vorbild dienen. Noch unmittelbarer drohten in dieser Hinsicht gewiß die Zustände in Estland und Livland auf die Verhaltensweise der alt- und neuschwedischen Aristokratie einzuwirken. Hier war der von Leibeigenen bewirtschaftete Großgrundbesitz der Normalfall. Eine Reihe schwedischer Adeliger, allen voran Axel Oxenstierna und Jakob de la Gardie, eigneten sich in diesen Ländern große Latifundien an, während die einheimischen deutsch-baltischen Feudalherren vielfach in den schwedischen Adelsstand eintraten.

Neuere schwedische Untersuchungen (Sven A. Nilsson 1968/1990 u. 1977/1990, Margareta Revera 1984, 1988) haben allerdings gezeigt, daß die unmittelbare Bedrohung der bäuerlichen Freiheit durch den Adel von der Geschichtsforschung bisher stark übertrieben worden ist. Die traditionelle Vorstellung von einem aggressiv die Feudalisierung der bäuerlichen Gesellschaft betreibenden Adel geht noch auf die Polemik der Reichstagsdebatten des 17. Jahrhunderts zurück. Tatsächlich fiel der Aristokratie die Ausdehnung ihres Besitzstandes unter Gustav Adolf und vor allem unter Christina als Folge der königlichen Politik fast zufällig in den Schoß, anders wäre es auch nicht zu erklären, daß sie sich einige Jahrzehnte später einen Großteil dieser Errungenschaften ohne allzu heftigen Widerstand durch die Reduktionen wieder abnehmen ließ. Man darf sich auch keine übertriebenen Vorstellungen von der ökonomischen Zielstrebigkeit und Effizienz vieler Adeliger machen. Der Besitz großer Latifundien wurde zwar häufiger, er blieb aber außerhalb der baltischen Provinzen die Ausnahme. Der mit den steigenden gesellschaftlichen und kulturellen Ansprüchen verbundene Zwang zur Repräsentation und „Verschwendung" zeitigte für nicht wenige Angehörige der Aristokratie bedenkliche finanzielle Folgen. Hinzu kam, daß die Krone durch die Alienationen so viel an Einnahmen verlor, daß es ihr immer schwerer wurde, die Gehälter der Beamten zu bezahlen. Da diese sich aber so gut wie ausschließlich aus dem Adel rekrutierten, trafen die negativen Auswirkungen der Alienationen nicht zuletzt viele Mitglieder des von ihnen vordergründig am meisten begünstigten Standes.

Schließlich darf man nicht übersehen, daß die schwersten Belastungen der Bauernschaft nicht vom Adel ausgingen, sondern vom Staat, der den Steuerdruck laufend erhöhte und einen erheblichen Teil der Arbeitskraft für den Militärdienst beanspruchte. „Die Bedrohung des Landbesitzes und der ländlichen Wirtschaftsordnung rührte in erster Linie nicht vom Adel in seiner Eigenschaft als Gutsbesitzer, sondern vielmehr von der Politik der Expansion und ganz besonders von der sehr bedeutenden Erhöhung der Steuern, die in der Kriegsfinanzierung während der 1. Hälfte des 17. Jahrhunderts begründet war. Tatsächlich muß die Adelsherrschaft eine Erleichterung für die Bauern bedeutet haben ..., vor allem weil die Adelsbauern in geringerem Maße dem Risiko ausgesetzt waren, in Folge der Wehrpflicht den Tod zu finden, als die Bauern auf Kronland, vielleicht auch weil viele Adelsbauern einen bedeutenden Teil ihrer Abgaben in Form von Arbeitsdiensten ableisten konnten, welche der Adel oft in Anspruch nahm, um die für die Aufrechterhaltung seines Status notwendigen Bauprojekte zu verwirklichen." (Margareta Revera 1984, S. 44f.)

Wenn der Adel in der Realität also auch nicht die finstere Schurkenrolle gespielt hat, die ihm die traditionelle Geschichtsschreibung zuweist, so kann doch nicht geleugnet werden, daß die Tendenz langfristig für den nichtaristokratischen Teil der Gesellschaft höchst beunruhigend wirken mußte. Der Höhepunkt der Alienationen und der aus ihnen resultierenden oder zu resultieren drohenden Mißstände, die schließlich einen echten Klassenkampf befürchten ließen, wurde erst in den zwei Jahrzehnten nach Gustav Adolfs Tod erreicht, doch hatte die Entwicklung unter seiner Regierung eingesetzt und bereits ein bedenkliches Ausmaß angenommen. Die Gefahr wurde schon frühzeitig erkannt. 1604 war auf dem Reichstag zu Norrköping beschlossen worden, der Besitz von abgetretenem Kronland müsse bei jedem Regierungsantritt eines Königs neu beantragt und genehmigt werden. In einer Proklamation vom 26. November 1612 betonte Gustav Adolf den vorübergehenden Charakter der Alienationen und das Recht der Krone, diese rückgängig zu machen. Auch gegen den Mißbrauch, die Abtretung von Steuereinkünften dazu zu benutzen, freies Bauernland in Adelsland umzuwandeln, versuchte der König einzuschreiten. 1627 erklärte er derartige Prozeduren für rechtswidrig, ohne jedoch viel an der alltäglichen Praxis ändern zu können. Als Gegenmittel wurde immer wieder der Ruf nach „Reduktionen" laut, nach der Rückführung des an den Adel abgegebenen Kron- und Bauernbesitzes an die ursprünglichen Eigentümer. In mehreren Anläufen sollte es dann in der 2. Hälfte des 17. Jahrhunderts den vereinten Kräften von Königtum, Geistlichkeit, Bauernstand, Bürgertum und Kleinadel gelingen, die Alienationen rückgängig zu machen. Über die Hälfte des Adelsbesitzes fielen Anfang der 80er Jahre diesen Reduktionen zum Opfer. Ein gewisser Ausgleich wurde dadurch geschaffen, daß der Staat nun wieder in der Lage war, die Gehälter der von der Aristokratie gestellten Beamtenschaft auszubezahlen. Hauptnutznießer der Reduktionen waren nicht Bauernschaft oder Bürgertum, sondern die Bürokratie und vor allem das Militär.

Mißstände und Unruhen

Die Alienationen und ihre bedenklichen sozialen Folgen waren nicht der einzige Anlaß für Unruhen im Königreich. In weit höherem Maße noch lösten der immer unerträglicher werdende Steuer- und Abgabendruck und die schwere Belastung durch die unaufhörlichen Rekrutenaushebungen passiven und bisweilen auch aktiven Widerstand in der Bevölkerung aus. Ein weiteres Übel, das fortlaufend für Ärger und Gewalttätigkeit sorgte, bestand in der aus Mangel an einem regulären Postwesen getroffenen Regelung, daß Reisende, die im Dienste der Krone unterwegs waren, die Stellung von Pack- und Reitpferden sowie Unterkunft und Verpflegung verlangen konnten. Hiermit wurde ein ungeheurer Mißbrauch getrieben, wobei die Leidtragenden in der Regel die Bauern waren. Überhaupt gelang es der Regierung nur sehr unvollkommen, das Land polizeilich in den Griff zu bekommen. Namentlich in den entfernteren und weniger entwikkelten Provinzen wie Norrland und Finnland herrschte vielfach das Recht des Stärkeren und man sah sich in Stockholm nicht selten genötigt, gerade die größten Übeltäter nicht nur straffrei ausgehen zu lassen, sondern sie sogar in Amt und Würden zu bringen, um sie wenigstens so etwas unter Kontrolle zu haben. Unruhestifter, Deserteure, Waldfrevler, Wilderer und andere Missetäter, die das Pech hatten, der staatlichen Gewalt in die Hände zu fallen, mußten meist mit ihrer Deportation nach Ingermanland und die anderen von Rußland eroberten Gebiete rechnen. Gustav Adolf hatte diese ursprünglich mit Deutschen und anderen Ausländern besiedeln wollen, doch zog es nur sehr wenige Immigranten in jene Einöden, die daraufhin mehr und mehr den Charakter von Strafkolonien annahmen.

Der Umstand, daß Unrast und Unzufriedenheit weit verbreitet waren, daß es in vielen Landesteilen nicht recht gelingen mochte, Ruhe und Ordnung herzustellen, und daß kaum ein Jahr ohne lokale Revolten vorüberging, sollte aber nicht dazu verführen, die Herrschaft Gustav Adolfs für eine ausnehmend chaotische zu halten. Er hatte diese Verhältnisse schon bei Regierungsantritt vorgefunden, und es lag an der fortdauernden Überspannung der Kräfte infolge der kriegerischen Außenpolitik des Landes, daß bis zu seinem Tode keine grundlegende Besserung der Lage eintrat. Aber die 1. Hälfte des 17. Jahrhunderts war in den meisten Ländern Europas eine Zeit der Kriege und Aufstände, der Hungersnöte und hoher Bevölkerungsverluste. Im Vergleich etwa zum Deutschen Reich, zu Rußland oder zu Polen ist Schweden hier noch recht glimpflich davongekommen. Abgesehen vom allerersten Regierungsjahr konnte Gustav Adolf den Krieg von schwedischem Boden fernhalten, und die Unruhen und Revolten, so verbreitet und häufig sie waren, entwickelten sich doch nie zu regelrechten Aufständen. Zwar gab es in den 1620er Jahren einige Pestepidemien, die erhebliche Opfer kosteten, und zwar führte die Wehrpflicht zu einem stetigen und in seiner Schwere nicht zu unterschätzenden Aderlaß der männlichen Bevölkerung, aber ein zahlenmäßiger Rückgang des schwedischen und des finnischen Volkes insgesamt ist in der Regierungszeit Gustav Adolfs nicht anzunehmen. Das soll nicht die Tatsache verdecken, daß die Großmachtpolitik dem Land zweifellos schwere Opfer abverlangt hat.

Kupfer und Eisen

Auf die enormen finanziellen Anforderungen, die Gustav Adolfs Großmachtpolitik mit sich brachte, war das Land denkbar schlecht vorbereitet. Gleich zu Beginn der Regierung hatten die Lösegeldzahlungen, die für die von den Dänen im Kalmarkrieg besetzten Orte zu leisten waren, deutlich gemacht, in welche Schwierigkeiten die Krone geriet, wenn sie plötzlich und in großem Umfang Geldmittel in einer international anerkannten Währung brauchte. Waffenimporte und vor allem die Besoldung im Ausland geworbener Truppen sorgten dafür, daß sich an diesem Zustand auch nach der vollständigen Zahlung des Älvsborg-Lösegeldes nichts ändern sollte.

Es gab zwei Möglichkeiten, um die Finanzierung der schwedischen Politik – und das heißt in erster Linie der Kriegführung – auf eine solidere Grundlage zu stellen. Die eine bestand darin, daß man so viel wie nur möglich im eigenen Lande produzierte und sich dadurch teure Importe sparte. Was den Waffenbedarf anbetraf, waren die Maßnahmen Gustav Adolfs von glänzendem Erfolg gekrönt. Es gelang dank der im Lande befindlichen großen Erzvorkommen und der günstigen Produktionsbedingungen, eine leistungsfähige Rüstungsindustrie aufzubauen, die Schweden, das 1615 noch in großer Menge Waffen eingeführt hatte, auf diesem Gebiet nicht nur autark machte (Schießpulver war die einzige Ausnahme), sondern auch zu einem der führenden Waffenexporteure Europas werden ließ. Auch das Menschen„material" konnte in den ersten anderthalb Jahrzehnten der Regierungszeit Gustav Adolfs aufgrund einer Art von allgemeiner Wehrpflicht zum überwiegenden Teil im Lande „produziert" werden, was gegenüber der Anwerbung ausländischer Söldner eine große Kostenersparnis bedeutete. Dann aber überstieg der Bedarf die Leistungsfähigkeit des dünnbesiedelten Landes in solchem Maße, daß aus dem schwedischen Nationalheer endlich doch eine Söldnerarmee internationalen Zuschnitts wurde, mit allen finanziellen Folgen, die das nach sich zog.

Die andere Möglichkeit bestand darin, daß die bar verfügbaren Einkünfte der Regierung gesteigert wurden, und das war nur denkbar, wenn Industrie und Handel einen entsprechenden Aufschwung nahmen. Auch hier war Gustav Adolf sehr erfolgreich, obwohl die auf diese Weise bereitgestellten Mittel den Anforderungen der letzten Regierungsjahre auch nicht mehr gewachsen sein sollten. Der militärische Erfolg versetzte Schweden dann aber in die Lage, fremde Länder – feindliche wie befreundete – für die Zwecke der Kriegsfinanzierung im großen Stile heranzuziehen, worauf noch zurückzukommen sein wird. Daß das Land jedoch überhaupt erst die militärische Stärke erreichte, die die Voraussetzung für eine solche Ausbeutungspolitik bildete, war nur durch die Einnahmen aus Industrie und Handel möglich geworden, die Schweden zugleich zu einem kreditwürdigen Partner für das niederländische Großkapital machten.

Wie schon mehrfach erwähnt, war Schweden in der frühen Neuzeit noch ein Land der Naturalwirtschaft. 1573 bestanden nur 6% der Staatseinnahmen aus Bargeld, ansonsten wurden die Abgaben in Form aller möglichen Naturalien geleistet, was zur Folge hatte, daß auch Löhne und Gehälter meist in dieser Form ausgezahlt wurden. Noch 1660 machten Naturalien fast ein Drittel der Staatseinkünfte aus, was zeigt, daß die durch Gustav Adolf bewirkte Modernisierung der schwedischen Wirtschaft nur bestimmte Zweige, vor allem die Kupfer- und Eisenindustrie betroffen hatten, die Verhältnisse im Lande insgesamt jedoch einem sehr viel langsameren Wandel unterworfen waren. Das Außenhandelsvolumen war noch im frühen 17. Jahrhundert unbedeutend und wurde hauptsächlich über die Hansestädte abgewickelt, zwischen 70 und 80% der Ein- und Ausfuhren kamen damals aus Lübeck, Stralsund, Rostock und Danzig oder gingen dorthin. Der einzige bedeutende Umschlagplatz in Schweden war Stockholm. Als wichtigste Importgüter durften Salz, Waffen, Gewürze, Hopfen, Branntwein und Textilien gelten, letztere vor allem von der luxuriösen Sorte, wie sie vom Adel und bei Hofe getragen wurden. Die Exporte bestanden in der Mitte des 16. Jahrhunderts zu etwa 30% aus Osemundeisen, ansonsten aus Butter, Häuten, Getreide, Holz, Pech und Teer, alles jedoch in sehr bescheidenen Quantitäten. Um 1600 bahnte sich dann eine regelrechte Revolution an, die auf der ungeheuer expandierenden Kupfer- und Eisenindustrie beruhte.

Der Umfang der landwirtschaftlichen Produktion ließ sich unter den ungünstigen klimatischen und demographischen Gegebenheiten nicht spürbar steigern. Selbst in guten Jahren gab es nur geringfügige Überschüsse an Getreide, die exportiert werden konnten. Der große Waldreichtum Schwedens und Finnlands war für den Außenhandel schon interessanter, denn die riesigen Kriegs- und Handelsflotten, die damals in Westeuropa gebaut wurden, hatten einen großen Bedarf an Holz, Pech und Teer. Handelspolitische Bedeutung erlangten für Schweden jedoch nur die beiden letzteren Produkte, während das Holz für die holländischen und englischen Schiffe vornehmlich aus Norwegen und Rußland bezogen wurde. Im Handel mit Pech und Teer konnte Schweden fast eine Monopolstellung erringen, das ganze 17. Jahrhundert über machten diese überwiegend in Finnland erzeugten Stoffe 6–8% des schwedischen Exportwerts aus. Damit waren sie die einzigen Produkte, die neben den gut 80%, auf die es Eisen und Kupfer gemeinsam zu bringen pflegten, noch eine statistisch ins Gewicht fallende Rolle spielten.

Bergbau

Der Bergbau besaß in dem an Erzen reichen Schweden eine lange Tradition. Zentrum war Mittelschweden, mit den als *Bergslagen* bezeichneten Landstrichen, die von der Ostseeküste nördlich von Stockholm bis an die norwegische Grenze reichten und große Teile der Provinzen Uppland, Dalarna, Västmanland, Närke und Värmland umfaßten. Während die Eisenerzvorkommen über weite Gebiete verstreut lagen und in zahlreichen einzelnen Gruben und Bergwerken abgebaut wurden, fand sich das Kupfer an einer Stelle konzentriert am *Stora Kopparberg*, dem Großen Kupferberg im südlichen Dalarna.Der Eisenerzabbau war schon im Mittelalter von einiger Bedeutung für Schweden gewesen, der von Kupfer begann dagegen erst in der Mitte des 16. Jahrhunderts eine Rolle zu spielen. Das Kupfer löste die bis dahin ertragreiche Silbergewinnung in der Mine von Sala ab, die um 1600 als erschöpft gelten konnte.

Das schwedische Eisen

Zerstreut wie die Lage der Eisenerzvorkommen, war auch die Organisation des Abbaus. Bis weit in die Neuzeit dominierten Kleinproduzenten, meist Bauern, die die Eisengewinnung als Nebenerwerb betrieben. Sie kümmerten sich auch um die Herstellung der zur Verhüttung in großen Mengen benötigten Holzkohle. In kleinen, wenig leistungsfähigen Öfen aus Holz und Erde erzeugten sie ein nichtflüssiges Roheisen, das durch Hämmern gereinigt und entkohlt („gefrischt") wurde. Man zerbrach es dann in kleine Stücke, packte es in Tonnen und verkaufte es unter der Bezeichnung „Osemund".

Zur Zeit Gustavs I. wurde die Fertigungsmethode durch Einführung des Floßofens verbessert, in dem man ein flüssiges Eisen herstellte, ansonsten blieb aber das Verfahren das gleiche. Damals gelangten im Jahr 2–3.000 Tonnen schwedisches Eisen ins Ausland. Der größte Teil davon wurde in Danziger Hammerwerken zu Stangeneisen gereckt und nach Westeuropa weiterverkauft. Ende des 16. Jahrhunderts ging man in

Schweden dazu über, eigene Hammerwerke einzurichten, um das mit höherem Gewinn abzusetzende Stangeneisen selbst zu erzeugen. Die unter staatlicher Regie stehenden Betriebe gingen hierin voraus, doch konnten auch viele der bäuerlichen Produktionsstätten folgen, indem sie sich genossenschaftlich organisierten. Anfang des 17. Jahrhunderts wurden im Jahr 6–7.000 Tonnen Eisen exportiert, wovon über die Hälfte Stangeneisen war. Gustav Adolf verbot dann die wenig wirtschaftliche Ausfuhr von Osemund ganz. Um 1640 lag der Export von Stangeneisen bei jährlich 18.000 Tonnen. Tatsächlich hatte sich aber das Volumen der Ausfuhr noch mehr gesteigert, denn 1626 exportierte man außerdem 22 Tonnen Eisen in Form der um 30% lukrativeren gegossenen eisernen Kanonenrohre, 1637 waren es schon 576 Tonnen, und das war erst der Anfang. In der zweiten Hälfte des 17. Jahrhunderts fuhr der Eisenhandel fort, kräftig zu expandieren, im 18. Jahrhundert konnte man zeitweise fast von einer Monopolstellung des Landes sprechen. Was waren die Gründe für den erstaunlichen Erfolg des schwedischen Eisens?

Die wesentlichste Voraussetzung bestand natürlich im Vorhandensein reichhaltiger, mit den damaligen Methoden leicht abbaubarer Erzvorkommen von guter Qualität. Zwar wies ein erheblicher Teil des schwedischen Eisenerzes einen hohen Phosphorgehalt auf, der es für die Veredelungsverfahren der frühen Neuzeit ungeeignet machte, doch blieben immer noch so umfangreiche Bestände an phosphorarmem Erz, daß die quantitativen und qualitativen Gegebenheiten als geradezu ideal bezeichnet werden konnten. Trotzdem reicht das bei weitem noch nicht aus, um den phänomenalen Aufschwung der schwedischen Eisenproduktion und des schwedischen Eisenhandels im 17. Jahrhundert zu erklären.

Wichtiger noch als die Menge und die Beschaffenheit des Eisenerzes war die leichte Verfügbarkeit billigen Holzes in unmittelbarer Nähe der Bergwerke. Die Verhüttung wurde damals noch ausschließlich mithilfe von Holzkohle vorgenommen. Um eine Tonne Roheisen zu gewinnen, brauchte man etwa 4 Ster Holz, für eine Tonne Schmiedeeisen 13 Ster. Hier waren nun Schwedens riesige Wälder und seine dünne Besiedlung ein unschätzbarer Vorteil. Nicht, daß damals bereits große Teile des europäischen Waldes Schiffsbau und Bergbau zum Opfer gefallen gewesen wären, wie oft behauptet wird, doch waren nur die Wälder in der näheren Umgebung einer Produktionsstätte ökonomisch interessant. Außerdem gab es in dichter besiedelten Gegenden viele konkurrierende Waldnutzungen, von der Feuerholzbeschaffung für die Haushalte über das Bauholz bis zur Befeuerung von Töpfereien und metallveredelnden Werkstätten. Dazu kam, daß weite Waldgebiete der Wildhege und der Jagd dienten und unter dem Schutz des Adels oder des Landesherrn standen. Das hatte zur Folge, daß in England und auf dem Kontinent die Holzpreise im Spätmittelalter und in der Frühneuzeit kräftig anstiegen. Die Beschaffung der Holzkohle machte hier oft bis zu 70% und mehr der gesamten Produktionskosten bei der Eisengewinnung aus. In Schweden dagegen gab es wenig anderweitige Nutzung des Waldes, und ein Großteil der Waldfläche gehörte der Krone, die ein starkes Interesse am Aufschwung der Eisenindustrie hatte. So konnte wesentlich preisgünstiger produziert werden als in den meisten anderen europäischen Bergbaugebieten.

Der zweite wichtige Energieträger bei der damaligen Eisenverarbeitung, die Wasserkraft, mit der die großen Hammerwerke betrieben wurden, stand gleichfalls reichlich zur Verfügung. Die zahllosen Seen und Flüsse des Landes boten darüber hinaus im Sommer gute Transportmöglichkeiten. Schließlich war in Schweden als „Entwicklungsland" die Arbeitskraft verhältnismäßig billig. Nimmt man noch den Umstand hinzu, daß die Krone den Unternehmern wenig einengende staatliche Auflagen machte, dann ist es nicht verwunderlich, daß zu jener Zeit in großem Umfang ausländisches Kapital und ausländische Fachleute ins Land kamen.

Deutsche, Niederländer und andere Immigranten

Der Aufschwung der schwedischen Metallindustrie wäre ohne diesen Zustrom von Deutschen, Österreichern, Niederländern, Schotten und Engländern ganz undenkbar gewesen. Die politischen und religiösen Wirren auf dem Kontinent waren dieser Entwicklung zweifellos sehr förderlich. Den zahlenmäßig weitaus größten Teil machten die Einwanderer aus Deutschland aus, die bereits im 16. Jahrhundert den leistungsfähigeren „deutschen" Ofen in Schweden einführten, einen 6–7 m hohen, mit kräftigen Blasebälgen betriebenen Ofen, der bei relativ niedrigem Holzkohlenverbrauch ein gutes Schmiedeeisen lieferte. In dieser Weise wurden auch noch zur Zeit Gustav Adolfs etwa 90% des schwedischen Eisens erzeugt.

Eine spektakulärere Rolle spielten die Einwanderer aus den Niederlanden, die überwiegend aus den südlichen Niederlanden stammten und generell als Wallonen bezeichnet wurden. Die meisten von ihnen kamen auf Initiative von großen niederländischen Unternehmern wie Louis de Geer und Willem de Besche ins Land. Ihre Spezialität war das besonders qualitätvolle Dannemara-Eisen, das sie in einem eigenen Verfahren aus dem hervorragenden uppländischen Erz herstellten. Der 8–9 m hohe wallonische Ofen war ganz aus Stein gemauert, in den wallonischen Hammerwerken wurde an zwei verschiedenen Herden gefrischt und gereckt. Die Spitzenerzeugnisse der schwedischen Eisenindustrie kamen von diesen wallonischen Spezialisten, quantitativ machten sie allerdings nur etwa 10% der Produktion aus.

Louis de Geer

Die Mehrzahl der wallonischen Einwanderer waren Calvinisten, auch Katholiken fanden sich unter ihnen, doch konnten sie – im Gegensatz zu den Einheimischen – mit unbedingter Tolerierung ihrer Bekenntnisse rechnen. Zu den Calvinisten gehörte auch der bedeutendste unter den wallonischen Unternehmern, der rasch zur beherrschenden Gestalt des schwedischen Wirtschaftslebens in der 1. Hälfte des 17. Jahrhunderts wurde, der große Louis de Geer. Seine Heimat war Lüttich, doch ging de Geer schon bald nach Dordrecht und von dort nach Amsterdam, wo er sich mit der im Kupfer-, Eisen- und Waffenhandel führenden Familie Trip zusammentat. Den Kontakt mit Schweden stellte 1615 der gleichfalls aus Lüttich stammende Willem G. de Besche her, der seit 1595 die schwedische Waffenindustrie, vor allem die Kanonengießerei reorganisierte. De Besche blieb bis zu seinem Tode 1629 de Geers wichtigster Partner in Schweden. Die großen Unternehmerfamilien Trip, de Geer und de Besche heirateten mehrmals untereinander, was sie jedoch nicht hinderte, sich in geschäftlichen Dingen scharfe Konkurrenz zu machen. Es war oft recht undurchsichtig, wann sie miteinander und wann sie gegeneinander arbeiteten, und das Gleiche galt auch für ihre Kooperation mit der Regierung.

De Geer verlegte den Schwerpunkt seiner Tätigkeit schon bald nach Schweden, 1627 erhielt er das Bürgerrecht, schließlich wurde er auch in den Adelsstand erhoben. Er betätigte sich in fast allen Zweigen von Industrie und Handel, er war der größte Kupferexporteur in Schweden, der größte Eisenhersteller, der größte Waffenproduzent, der größte Kreditgeber. Er modernisierte mit Hilfe der ins Land geholten ausländischen Facharbeiter die Betriebe, stellte Messing, Blech, Stahl, Draht, Papier und Textilien her und betätigte sich als Reeder für die schwedische Handels- und Kriegsmarine.Bei seinem Tod im Jahre 1652 hatte er ein gewaltiges Wirtschaftsimperium errichtet, dessen Umfang in der schwedischen Geschichte einmalig blieb. Die meisten seiner Betriebe und Ländereien hatte er ursprünglich vom Staat gepachtet, doch indem er der Regierung enorme Summen lieh, die nicht zurückgezahlt werden konnten, ging ein Großteil der Immobilien allmählich in seinen Besitz über.

In erster Linie war de Geer nicht Finanzmann, sondern Unternehmer und Handelsherr. Unter den vielen Industriezweigen mit denen er sich beschäftigte, war die Waffenindustrie der weitaus bedeutendste. Auf diesem Sektor brachte er es in Schweden faktisch zu einer Monopolstellung. Was Handfeuerwaffen, Blankwaffen und Harnische anbetraf, wurde das Land durch die Produktion der de Geerschen Werke autark. Zwischen November 1629 und dem Ende des Jahres 1630 lieferten seine Fabriken allein 20.000 Musketen, 13.670 Piken und 4.700 Harnische. Die Masse dieser Waffen wurde für den Eigengebrauch benötigt, in den internationalen Handel kam nur recht wenig.

Das war ganz anders bei den Geschützen. Eiserne Kanonenrohre stellten das einzige Fertigprodukt dar, das Schweden in bedeutenden Massen exportierte. Hauptabnehmer waren, wie auch beim Stangeneisen, die Holländer, die die Rohre teilweise für ihren eigenen Kriegsbedarf brauchten, teilweise weiterverhandelten. Erst in der 2. Jahrhunderthälfte wurden die Engländer zum größten Importeur schwedischen Eisens. Die Produktion gegossener eiserner Kanonenrohre hatte in Schweden zwar schon unter Gustav I. begonnen, doch war die Zahl damals noch gering, die Qualität schlecht. Mangel an Kapital, an Facharbeitern und an erfahrenem „Management" verhinderten vorerst den Ausbau dieser durch die Zeitverhältnisse so begünstigten Industrie. Das änderte sich, als ab der Jahrhundertwende Geld und Spezialisten aus dem Ausland nach Schweden zu strömen begannen und enge wechselseitige Beziehungen zum führenden Markt in Amsterdam hergestellt wurden. Der Export von eisernen Geschützrohren in nennenswertem Umfang ist erstmals durch einen Brief Gustav Adolfs aus dem Jahre 1615 belegt, als er eine Bestellung von 400 Rohren erwähnte. Ab den späten 20er Jahren stieg dann, wie wir oben gesehen haben, die Ausfuhr sprunghaft an.

Gußeisen galt im Vergleich zu Bronze zwar als ein zweitklassiges Material zur Herstellung von Geschützrohren, doch war es sehr viel billiger. Die intensiv beanspruchten Feld- und Belagerungsgeschütze versah man daher fast ausschließlich mit Bronzerohren, die noch den weiteren Vorteil hatten, daß sie wesentlich leichter waren. Bei den schweren Schiffs- und Festungsgeschützen dagegen spielte das Gußeisen eine immer größere Rolle. Gewicht und Beweglichkeit waren hier nicht so entscheidend, zudem standen diese Geschütze die längste Zeit über nur in Bereitschaft, kamen also nicht allzu häufig zum Schuß. Ohne die kostengünstigen gußeisernen Kanonenrohre wäre es unmöglich gewesen, die riesigen Flotten und die ausgedehnten modernen Festungssysteme, die seit dem späten 16. Jahrhundert vornehmlich in den Niederlanden gebaut wurden, in ausreichendem Maße zu bestücken. Der Dreißigjährige Krieg begünstigte dann den Aufschwung des schwedischen Eisenhandels noch weiter. Nicht nur daß der Bedarf stieg, sondern auch die Versorgung des holländischen Marktes mit Eisen aus Deutschland, den österreichischen Erblanden, Spanien, selbst aus Lüttich wurde unsicher. Es kann kein Zweifel bestehen, daß der Krieg die Entwicklung der schwedischen Industrie in entscheidender Weise stimulierte. Die – vergleichsweise eher bescheidene – Messingindustrie war das einzige der zahlreichen Betätigungsfelder Louis de Geers, das nicht primär kriegsorientiert war.

Die überragende Rolle, die ausländische Kapitalgeber, Unternehmer und Handelsherren in der schwedischen Wirtschaft des 17. Jahrhunderts spielten, könnte nun den Eindruck erwecken, das Land sei, wie zu den Zeiten der Hanse, auf einem halbkolonialen Status gehalten und einseitig ausgebeutet worden. Zwar ist es richtig, daß Männer wie de Geer gigantische Profite machten, und daß der Staat finanziell und organisatorisch überbeansprucht, wie er war, in all den undurchsichtigen Transaktionen von diesen erfahrenen Geschäftsleuten oft genug übervorteilt wurde, aber insgesamt betrachtet, hat die schwedische Wirtschaft von den niederländischen, deutschen, schottischen und anderen Immigranten ungeheuer profitiert. Das in der Eisenverhüttung gebräuchliche Verlagssystem kam einer Ausbeutung der billigen einheimischen Arbeitskraft durch ausländische Kapitalisten noch am nächsten. Auf dem internationalen Markt tätige Händler zahlten den schwedischen Betriebsleitern Kredite, worauf diese ihrerseits den Kleinproduzenten Vorschüsse gaben, gewöhnlich in Form von Naturalien. Die Folge war eine Verschuldungskette, die die Arbeiter und kleinen Unternehmer leicht in ein Abhängigkeitsverhältnis brachte. Der entscheidende Unterschied zur Hansezeit bestand aber darin, daß sich die Aktivitäten der ausländischen Kapitalgeber, Unternehmer und Facharbeiter im Rahmen der vom Staat festgesetzten Grenzen und Richtlinien bewegten, daß sie die Infrastruktur und Leistungskraft der schwedischen Wirtschaft verbesserten und daß die meisten dieser Ausländer – und damit ihr Vermögen – in Schweden blieben.

Während der Kupferabbau schon früh stark unter staatliche Kontrolle geriet und die eisenverarbeitende Industrie fast ausschließlich von Großunternehmern wie de Geer betrieben wurde, war der Abbau des Eisenerzes, wie schon erwähnt, von einer starken Zersplitterung gekennzeichnet und befand sich großenteils in der Hand von Kleinproduzenten, die oft gleichzeitig Bauern waren. Die Krone, der schwedische Hochadel und die ausländischen Kapitalisten besaßen zwar eine Reihe von Eisengruben und Hammerwerken, und Gustav Adolfs Bergbaufachmann Karl Bonde versuchte diese Konzentration möglichst zu fördern, aber an dem eben beschriebenen allgemeinen Charakter der schwedischen Eisenerzeugung änderte das nicht allzuviel. Der staatliche Einfluß beschränkte sich so weitgehend darauf, das Einströmen ausländischen Kapitals und ausländischer Fachkräfte zu begünstigen, durch die gesicherte Abnahme von großen Mengen von Kriegsmaterial einen festen Markt zu schaffen und in den eigenen Betrieben mit modernen Herstellungsmethoden beispielgebend voranzugehen.

Der Große Kupferberg

Sehr viel dominierender war die Rolle des Staates in der Kupferindustrie. Dies war möglich, weil im Gegensatz zum Abbau von Eisen, der von Kupfer fast gänzlich auf das begrenzte Gebiet des Großen Kupferbergs konzentriert war und daher leicht kontrolliert werden konnte, und weil sich ein sehr erheblicher Teil der dortigen Kupfergruben in staatlichem Besitz befand – 1616 waren es etwa 25%, auf die aber fast 70% der Produktion entfielen. Hierzu kam, daß Abbau und Verarbeitung von Kupfer leichter waren, als die von Eisen, daß Kupfer im Verhältnis zu seinem Gewicht einen wesentlich höheren Wert besaß, weshalb sich viel geringere Transportkosten ergaben, und daß zu Beginn der Regierungszeit Gustav Adolfs ein außerordentlicher „Kupferboom" auf dem internationalen Markt einsetzte. Obwohl das Eisen für die Volkswirtschaft insgesamt von größerer Bedeutung war als das Kupfer – um 1630 machte es bereits 50% des Exportwertes aus, während es Kupfer nur auf 30% brachte –, spielte letzteres für die Finanzierung der staatlichen Politik die ungleich größere Rolle.

Die Kupferproduktion war in Schweden erst während der zweiten Hälfte des 16. Jahrhunderts zu einem wesentlichen Wirtschaftszweig geworden. Man stieß damals auf besonders reiche und leicht abbaubare Kupferadern am *Kopparberg*. Die Krone verfügte dank der Säkularisation des Kirchenbesitzes über erhebliche Mittel, mit deren Hilfe sie einen großen Teil gerade der besten Gruben in ihren Besitz bringen konnte. Gustav I. und seine Nachfolger förderten kräftig den Bergbau am *Kopparberg*, indem sie Kredite und teure Gerätschaften wie Pumpen beschafften und Fachleute aus dem Ausland holten. Gustav Adolf hielt sich während seiner Regierungszeit nicht weniger als zwölfmal in Falun, der wichtigsten Bergbaustadt am *Kopparberg*, auf.

Die Methoden des Abbaus, der wie beim Eisenerz vor allem von einheimischen Kleinstunternehmen betrieben wurde, blieben primitiv. 1619 kam zwar ein von dem Holländer Govert Silentz entwickeltes Veredelungsverfahren auf, doch war es langwierig und kostspielig und wurde daher fast nur für die im Lande selbst erfolgende Herstellung von Fertigprodukten in größerem Umfang angewandt. Noch 1631 bestanden 95% der Ausfuhr aus unveredeltem Rohkupfer. Die Steigerung der Produktion am *Kopparberg* konnte als eindrucksvoll gelten: im Jahre 1590 waren es 630 Tonnen, 1610 970 Tonnen, 1620 1.290 Tonnen, 1630 1.950 Tonnen, 1650 wurde mit über 3.000 Tonnen die absolute Spitze erreicht. Das war weit über die Hälfte der gesamten europäischen Kupferproduktion und bedeutete, daß Schweden fast eine Monopolstellung im Kupferhandel errungen hatte.

Wie beim Eisen begünstigten die internationalen Verhältnisse die beherrschende Stellung des schwedischen Kupfers. Bisher bedeutende Erzeugungsgebiete wie Mitteldeutschland, Siebenbürgen und die Slowakei erlebten einen Produktionsrückgang durch die Wirren des Dreißigjährigen Krieges, welche auch die zeitweilige Unterbrechung der Handelsverbindungen mit Westeuropa zur Folge hatten. Als Schweden im Laufe der 1620er Jahre die meisten Flußmündungen an der Ostsee in seine Gewalt brachte, benutzte Gustav Adolf diese Gelegenheit auch ganz bewußt dazu, den Kupferhandel der kontinentalen Konkurrenz abzuwürgen. Da die von der holländischen Ostindiengesellschaft in den Jahren vor 1630 sporadisch aufgenommene Einfuhr von japanischem Kupfer noch keinen allzu großen Umfang erreichte und zudem bald wieder abbrach, gab es auf den führenden Märkten in Amsterdam und Hamburg damals kaum eine Alternative zum schwedischen Kupfer.

Die Monopolstellung fiel in den Jahren nach 1600 mit einer dramatischen Steigerung der Nachfrage nach Kupfer und damit des Preises zusammen. Letzterer stieg in Amsterdam zwischen 1599 und 1610 um das Doppelte. Die Ursache hierfür bestand zum Teil in dem Bedarf an bronzenen Geschützrohren, der in kaum geringerem Maße wuchs als der für eiserne; viel wichtiger war aber der Umstand, daß Spanien 1599 eine Kupferwährung einführte. Die für Schweden so günstige Preisentwicklung am Kupfermarkt näherte sich gerade in jenen Jahren ihrem Höhepunkt, als die Älvsborg-Zahlungen geleistet werden mußten. In diesem Zusammenhang zog die Krone den ganzen Kupferhandel an sich. 1619 modifizierte man diese Politik und gründete die Schwedische Handelsgesellschaft, die sich hauptsächlich mit der Vermarktung des Kupfers befaßte, in welcher man ihr eine Monopolstellung gab. Die Gesellschaft zahlte den Bergleuten einen festen Preis bar aus, die Krone hatte ebenfalls ihren festen Anteil, den Gustav Adolf bis Mitte der 20er Jahre auf 40% erhöhte.

Das bedeutete allerdings, daß es der Gesellschaft unmöglich wurde, mit Gewinn zu arbeiten. Als gleichzeitig der Kupferpreis nachzugeben begann, näherte sich die Gesellschaft bald dem Bankrott. 1627 wurde sie aufgelöst, und die Krone übernahm wieder selbst den Handel.

Gustav Adolf versuchte im Verein mit de Geer, Erik Larsson von der Linde und anderen führenden Kupferhändlern dem Preisverfall mit allen Mitteln entgegenzuwirken, denn die Finanzierung des schwedischen Staates und vor allem der Armee war um 1625 noch in hohem Maße von dieser Geldquelle abhängig. Das wurde aber spätestens ab dem Zeitpunkt illusorisch, als Spanien die Herstellung von Kupfergeld aufgab, und das war 1626. Die Entwicklung des Preisverhältnisses von Stangeneisen zu Kupfer sprach eine deutliche Sprache: 1580 1 : 5, 1624 1 : 10,4, 1625 1 : 11,2, 1626 1 : 8,7, 1631 1 : 6,1.

Durch künstliche Verknappung hoffte Gustav Adolf, den Preis wieder anheben oder doch wenigstens stabilisieren zu können. Schon das erste Nachlassen der Preise veranlaßte den König und seine Berater zu energischen Reaktionen. De Geer kaufte große Mengen des Metalls auf und hielt sie zurück. Die Maßnahme war kontraproduktiv, da alle wußten, daß das Kupfer vorhanden war und daß die Krone dringend Geld brauchte. So konnte der Markt es sich leisten, auf die Freigabe des Kupfers zu warten. Besonders verhängnisvoll wirkte es sich aus, daß die Brüder Trip in Amsterdam große Vorräte gesammelt hatten, die sie jederzeit auf den Markt werfen und damit einen Preissturz bewirken konnten. Sie taten das natürlich nicht oder zumindest nur in vorsichtigen Dosen, sie konnten aber der Krone damit drohen und sie auf diese Weise erpressen.

Die Lage war symptomatisch für die finanzpolitischen Sachzwänge, unter denen Gustav Adolf handeln mußte. Er benötigte fortlaufend hohe Geldsummen, die er so schnell wie nur möglich bar in die Hand bekommen mußte, da über das Geld meist schon im voraus verfügt worden war. Das hinderte ihn daran, die Monopolstellung des schwedischen Kupfers auch nur im entferntesten so auszunutzen, wie es ihm bei langfristiger Planung und geduldigem Zuwarten möglich gewesen wäre.

Kupfergeld

Die verhängnisvollste Idee des Königs war, daß er 1625 selbst eine Kupferwährung einführte, und zwar auf der Basis eines Doppelstandards von Kupfer und Silber. Da die Maßnahme dazu dienen sollte, daß substantielle Mengen von Kupfer aus dem Markt gezogen wurden, ohne die Produktion zu drosseln, hatte der Metallwert der Geldstücke dem Nennwert zu entsprechen. Nun besaß aber Kupfer nur den zehnten Teil des Wertes von Silber, weshalb die Kupfermünzen zehnmal schwerer sein mußten als die entsprechenden Silbermünzen. Mit der Zeit führte das dazu, daß Geldstücke mit einem Gewicht bis zu 20 kg geprägt wurden und daß größere Geldtransaktionen nur mehr mit dem Wagen oder mit dem Schlitten durchgeführt werden konnten.

Was die Lage noch weiter verwirrte, war der Umstand, daß die Kupfer- und die Silberwährung in keinem festen Bezug zueinander standen. Da die offizielle Bewertung des Kupfergeldes sich nach dem Mindestpreis richtete, den die Regierung durchsetzen wollte, aber nicht konnte, hatten die anhaltend sinkenden Marktpreise für dieses Metall zur Folge, daß eine kräftige Inflation der Kupferwährung einsetzte. Diese Tendenz wurde dadurch verschlimmert, daß die Regierung viel zu viel Kupfergeld prägen ließ, um ihr erklärtes Ziel, das Angebot spürbar zu verknappen, erreichen zu können. Der schwedische Binnenmarkt mit seiner schwach entwickelten Geldwirtschaft hatte aber nur einen sehr begrenzten Bedarf an im Umlauf befindlichem Geld, weshalb die Inflation immer schlimmere Ausmaße annahm. Indem die Kupfermünzen nun unter den Marktwert des Metalls fielen, brauchte man nur große Massen dieses Geldes aufzukaufen und einzuschmelzen, um sich Kupfer zu weit günstigeren Bedingungen zu beschaffen als sie die schwedische Regierung mit ihrer Mindestpreispolitik durchzusetzen versuchte. Damit war genau das Gegenteil von dem erreicht, was bezweckt worden war: Statt eine preissteigernde Verknappung zu bewirken, belieferten die staatlichen Prägestätten selbst den Markt mit Massen von Kupfer zu inflationären Preisen.

Natürlich verwendete die Regierung ihr Kupfergeld mit Vorliebe dazu, Soldaten und Bergleute damit zu bezahlen, die sich, soweit sie sich im Inland befanden, gegen den Empfang des minderwertigen Geldes kaum wehren konnten. „Und am Ende der Regierungszeit Gustav Adolfs gab es die wahrhaft skandalöse Situation, daß der Staat, dessen militärische Erfolge in einem beträchtlichen Maße von der Arbeitsleistung der Bergleute abgehangen hatten, diesen fast zwei Drittel des ihnen geschuldeten Lohnes vorenthielt." (Roberts 1953/1958, Bd. II, S. 103) Ab 1630 versuchte Gustav Adolf mit großer Hartnäckigkeit, den Deutschen seine Kupferwährung aufzuoktroyieren, stieß damit aber verständlicherweise auf wenig Gegenliebe. Pommern und Mecklenburg konnten sich indes gegen dieses Ansinnen ihres „Befreiers" letztlich nicht wehren und wurden mit entwertetem Kupfergeld überschwemmt, wie es zuvor schon Preußen ergangen war. Erfolgreicheren Widerstand leisteten die Reichsstände in Mittel- und Süddeutschland, als der König immer wieder versuchte, in die

Bündnisverträge einen Passus aufzunehmen, durch den sich der Partner verpflichtet hätte, die Kupferwährung zumindest im Realwert, wenn schon nicht im fiktiven Nennwert, wie in den norddeutschen Küstenländern, zuzulassen.

Trotz des hartnäckigen Widerstandes, den man seinen Plänen entgegensetzte, befahl Gustav Adolf im Januar 1632, die halbe Kupferproduktion dieses Jahres zu 1-Kreuzer-Stücken zu vermünzen, die für den Zahlungsverkehr in Deutschland bestimmt waren. Nicht weniger als 26,5 Millionen dieser 21,25 g schweren Geldstücke wurden geprägt. Der Zweck der Maßnahme war, mit dem aus Deutschland geholten Silber in Schweden das Kupfer aufzukaufen und dadurch die eigene Währung zu stärken. Im Reich, wo man noch den Schrecken der Kipper- und Wipperzeit in den Knochen hatte, weigerte man sich jedoch weiterhin, dieses Geld in Zahlung zu nehmen, und Oxenstierna ließ es nach Gustav Adolfs Tod schließlich wieder einschmelzen. Nur Lützen hat wohl verhindert, daß der König sein für das deutsche Wirtschaftsleben höchst bedrohliches Projekt zum Abschluß bringen konnte.

Die großen Schwierigkeiten, in die Gustav Adolf durch den Preisverfall des Kupfers ab Mitte der 1620er Jahre und seine eigenen wenig zweckdienlichen Gegenmaßnahmen geriet, dürfen aber nicht darüber hinwegtäuschen, daß das Kupfer bis zum Ende der Regierungszeit und noch weit darüber hinaus dem schwedischen Staat mit Regelmäßigkeit sehr erhebliche Einkünfte einbrachte. Allerdings hätte das Kupfer, auch wenn es weiterhin zu den Höchstpreisen des ersten Jahrhundertviertels hätte verkauft werden können, nicht im entferntesten ausgereicht, den gewaltigen Geldbedarf zu decken, den die Kriege in Preußen und vor allem in Deutschland nun mit sich brachten. Hier mußten ganz neue Quellen erschlossen werden, auf die wir im übernächsten Kapitel näher eingehen werden. Zu diesem Zeitpunkt aber hatte das Kupfer bereits seine entscheidende Aufgabe erfüllt, Gustav Adolf die katastrophale finanzielle Krise überwinden zu lassen, die die ersten Jahre seiner Regierung gekennzeichnet hatte, und es ihm zu ermöglichen, ein vorerst noch kleines, aber höchst schlagkräftiges Heer aufzustellen.

Man darf auch nicht übersehen, daß alle damaligen Regierungen die größten Schwierigkeiten hatten, die Geldmittel für ihre rasch wachsenden Aufgabenbereiche aufzutreiben. Im Vergleich mit den meisten anderen Ländern schnitt hier Schweden sogar recht gut ab. Die Verschuldung erreichte nie die Ausmaße wie etwa in Frankreich oder in Spanien, und nach der Abzahlung des Älvsborg-Lösegeldes war das Land keinen Augenblick dem Staatsbankrott nahe, obwohl es eine überaus ehrgeizige Außen-

und Militärpolitik trieb. Ohne die reichen Bestände an Kupfer und Eisen und deren konsequente, wenn auch bisweilen kurzsichtige Ausnutzung für die großen Zwecke des Staates wäre das ganz unmöglich gewesen

Handel und Schiffahrt

Gustav Adolf konnte gar nicht oft genug betonen, Handel und Schiffahrt seien die Grundlagen des Staates. Er huldigte dabei ausgesprochen merkantilistischen Ideen, indem er um jeden Preis eine aktive Handelsbilanz erstrebte. Im Gegensatz zu Oxenstierna neigte er stark zu staatlichen Eingriffen, mit denen er, seiner impulsiven Natur entsprechend, die Verhältnisse unter seinen Willen zwingen wollte. Wie wir am Beispiel des Kupferhandels gesehen haben, wirkte sich das nicht immer positiv aus.

Das entstehende schwedische Imperium war ein um die Ostsee gruppiertes maritimes Reich. Dementsprechend wichtig war die Schaffung einer starken Handels- und Kriegsmarine. Der Warenverkehr sollte nach Möglichkeit auf eigenen Schiffen betrieben werden. Das Navigationsgesetz von 1617 gewährte schwedischen Schiffen hohe Zollvorteile, vor allem wenn sie bewaffnet waren. Gustav Adolf schuf damit nach dänischem Vorbild einen Typus armierter Handelsschiffe, die unter Umständen die Kriegsmarine verstärken konnten. Er hatte beachtliche Erfolge damit, doch blieb der Handel bis zum Ende der Regierungszeit überwiegend in den Händen ausländischer Kauffahrer, vornehmlich hansischer, holländischer, englischer und schottischer.Noch 1640 waren nach Ausweis der dänischen Sundzollunterlagen von den 3.450 Frachtern, die in diesem Jahr den Sund passierten, nur 90 schwedischer Herkunft, während allein 1.600 aus den Niederlanden kamen.

Große handelspolitische Hoffnungen waren mit dem Wiederaufbau des von den Dänen im Kalmarkrieg zerstörten Göteborg im Jahre 1619 verbunden. Man erwartete von der hauptsächlich von Holländern besiedelten Stadt, sie würde der große Umschlagplatz zwischen Ostsee und Nordsee werden und schon bald Danzig und Hamburg in den Schatten stellen, vielleicht sogar Amsterdam Konkurrenz machen. Die mit so großen Opfern bewerkstelligte Auslösung des kleinen Korridors zur Nordsee bei Älvsborg und Göteborg war im Hinblick auf eine solche Zukunft betrieben worden. Gemessen an diesen Hoffnungen, war der Erfolg mager. Die Stadt wuchs nur sehr langsam, und das Handelsvolumen blieb enttäuschend. 1629 wurde mit dem Bau des Hjelmare-Kanals begonnen, der den Hjelmarsee über den Arbogafluß mit dem Mälarsee verbinden und so die direkte Schiffahrt zwischen Stockholm und Göteborg unter Umgehung des von Dänemark kontrollierten Sunds ermöglichen sollte. Aber auch die Fertigstellung des Kanals brachte nicht den erhofften Aufschwung für Göteborg.

Handelskompanien nach dem Vorbild der großen holländischen Organisationen waren ein Lieblingskind der Wirtschaftsmänner des 17. Jahrhunderts. 1624 unterbreitete der Niederländer Willem Usselincx dem König ein ziemlich phantastisches Projekt, für das er schon in seiner Heimat vergeblich geworben hatte, für das Gustav Adolf aber sich nun spontan begeisterte: Eine protestantischen Kreditgebern aus allen Ländern offenstehende „Generalkompanie für den Handel und die Schiffahrt mit den Ländern von Afrika, Asien, Amerika und Magellanica [Australien]" wurde gegründet und sollte Schweden den Durchbruch ins Kolonialgeschäft ermöglichen. Während Usselincx in Deutschland unterwegs war, um für seine Gesellschaft zu werben, engagierten sich die schwedischen Mitglieder der Kompanie im Rußlandhandel und anderen konventionellen Aktivitäten, woraufhin sich Usselincx voll Ingrimm zurückzog. 1632 erschien er aber wieder bei Gustav Adolf, mit dessen Unterstützung er nun einigen Erfolg bei deutschen Geldgebern hatte. Aus diesen Initiativen erwuchs schließlich eine neue Kompanie, welche im Jahre 1641 die kurzlebige schwedische Kolonie Delaware in Nordamerika gründen sollte.

Monarchia mixta

Zum Jahreswechsel 1611/1612 hatte Gustav Adolf die Regierung übernommen als ein König von Oxenstiernas und des Adels Gnaden. Durch die ihm aufgezwungene Königsversicherung sah er sich in seiner Macht beschränkt wie keiner seiner Vorgänger. Nicht ganz sechs Jahre später, am 29. August 1617, verkündete der 22jährige König auf dem Reichstag von Stockholm den Vertretern der Stände strotzend von Stolz und Selbstbewußtsein: „Wer war ich, als ich an die Regierung kam? War ich nicht ein Jüngling von 17 Jahren, der nicht die geringste Autorität besaß, um jemanden zwingen zu können? ... Welche Macht habe ich angewandt, um meinen Willen dennoch durchzusetzen? Auf welche Armee konnte ich mich stützen, um ein ganzes Königreich zu zwingen? Welche Hilfe aus dem Ausland oder sonst irgendeine Unterstützung habe ich gebraucht, um das zu tun? Wahrlich, außer auf Gott habe ich mich niemals auf eine andere Macht verlassen als auf diejenige, welche aus der Treue schwedischer Männer kommt." (Styffe, S. 191 ff.)

Was der König hier im Jahr seiner Krönung aussprach, waren keine tönenden Phrasen, sondern eine im wesentlichen zutreffende Kennzeichnung seiner Herrschaft als faktisch unbeschränkt regierender und doch den Vorschriften der Verfassung gehorchender Monarch. Curt Weibull (1933, S. 7) hat das Königtum Gustav Adolfs „eine vom Volk gebilligte Diktatur" genannt. Das bedeutet, daß die Königsversicherung von 1611 mit fortwährender Duldung der Stände modifiziert und unterlaufen wurde, ohne daß Gustav Adolf sich in Gegensatz zum Adel und anderen Wächtern der Verfassung gebracht hätte. Es war eine Art der Herrschaft, die stark an den von Augustus geschaffenen Principat der frühen römischen Kaiserzeit erinnert. Augustus hatte sich gehütet, die Formen und Mechanismen des republikanischen Staatswesens zu verletzen und den Senatsadel zu provozieren, und hatte dennoch seine Stellung als Alleinherrscher systematisch ausgebaut. So wie dem ersten römischen Kaiser als warnendes Beispiel die Katastrophe Iulius Caesars vor Augen gestanden war, konnte Gustav Adolf seine Lehren ziehen aus dem Sturz Sigismunds III. und den Schwierigkeiten, die seinem Vater aus der Opposition einer erbitterten Aristokratie erwachsen waren. Der König vermied also die Konfrontation mit dem Adel und suchte vielmehr seine Mitarbeit zu gewinnen, ohne jedoch irgend etwas vom grundsätzlichen Machtanspruch der Krone preiszugeben.

Grundlage der schwedischen Verfassung und damit auch der Herrschaft des Königs war das Mitte des 14. Jahrhunderts beschlossene Allgemeine Landrecht (*landslag*). Es bestimmte, daß der König gewählt werden sollte und sein Amt erst antreten durfte, nachdem er geschworen hatte, sich an die Gesetze zu halten. Ihm zur Seite stand der Reichsrat, der sich aus den Bischöfen und zwölf vom König auf Lebenszeit ernannten Adeligen zusammensetzte. Die Reichsräte waren keine Minister, sondern unabhängige Mittler zwischen Herrscher und Volk und Hüter der Verfassung. Neue Gesetze bedurften der Zustimmung der Allgemeinheit.

In einer Wahlmonarchie war der Reichsrat das eigentliche stabile Element in der Staatsordnung. Hier lag der Ausgangspunkt für den „Ratskonstitutionalismus", den die schwedische Aristokratie immer wieder den Machtgelüsten der Könige entgegensetzte. Im 15. Jahrhundert wurde die Stellung des Reichsrats noch gestärkt, indem man den König regelrecht verpflichtete, in Absprache mit dem Rat (*„med råds råde"*) zu regieren. Die Sture spielten dann gegen die Ratsaristokratie die allgemeine Volksvertretung in Form einer noch sehr unklar definierten Ständeversammlung, des Reichstages, aus, die sie in demagogischer Weise zu beeinflussen suchten. „Das wesentliche daran war die Konfrontation zweier gegensätzlicher politischer Ideale: auf der einen Seite beschränkte Monarchie unter oligarchischer Kontrolle, auf der anderen populärer Absolutismus. So hatten die Sture die große Frage gestellt, die die Geschichte der schwedischen Innenpolitik in den nächsten beiden Jahrhunderten beherrschen sollte." (Michael Roberts 1966/1967, S. 18)

Gustav Wasa und seine Nachfolger knüpften an die Tradition der Sture an. Vor allem aber gelang es Gustav I., mit der Erbvereinigung von 1544 die Wahlmonarchie durch die Erbmonarchie zu ersetzen. Es war dies die erste grundlegende Abänderung des ansonsten weiter bestehenden Allgemeinen Landrechts. In den nächsten Jahrzehnten kamen das Testament Gustavs I. von 1560, die Erbvereinigungen von 1604 und Gustav Adolfs Königsversicherung von 1611 hinzu. Zusammen mit den die Reformation betreffenden Beschlüssen bezeichnete man diesen ganzen Komplex von Regelungen als die *leges fundamentales* des Königreichs. Die Absetzung Sigismunds III. (1599) wurde mit Verstößen gegen diese Grundgesetze gerechtfertigt.

Staatstheoretiker sahen in Schweden nun eine Zwischenform von Erbmonarchie und Wahlmonarchie. Einerseits war durch die Erbvereinigungen von 1544 und 1604 die Thronfolge durch Vererbung festgelegt,

Symbolische Darstellung der schwedischen *„monarchia mixta"*. Die Graphik stammt aus der *„Hortus Regius"* betitelten Sammlung von Emblemen, die der schwedische Diplomat und Dichter Schering Rosenhane d. Ä. während der Verhandlungen vor dem Westfälischen Frieden für die junge Königin Christina zusammenstellte. Das vierstökkige Gebäude versinnbildlicht den ständischen Aufbau der schwedischen Gesellschaft. Eine Axt und andere Werkzeuge zeigen an, daß das unterste Stockwerk vom Bauernstand gebildet wird. Darüber kommen der durch Waage und Meßlatte gekennzeichnete Bürgerstand, dann die Geistlichkeit (Bibel und Kelch) und schließlich der Adel (Lanze und Schwert). Auf diesem ständischen Fundament ruht als oberster Abschluß die Königskrone. Links neben dem Gebäude ist eine Waage abgebildet, deren Schalen, von welchen die eine die Krone, die andere die Embleme der Stände enthält, im Gleichgewicht ruhen. Rechts hängt vom Himmel an vier Kettengliedern das Königszepter herab. Der dem Adel angehörende Verfasser weist hier deutlich auf die verfassungsmäßige Bindung der Krone an den Konsens der Stände hin, ohne den die Ordnung zusammenbrechen würde. (Stockholm, Kungliga Bibliotket)

andererseits stellten die Institution der Königsversicherung und das Mitspracherecht von Reichsrat und Reichstag eine Einschränkung der monarchischen Gewalt dar, die das schwedische Königtum wieder in die Nähe einer Wahlmonarchie rückten. Man sprach von einer *monarchia mixta et conditionata*, von einer „gemischten und bedingten Monarchie", einer Regierungsform, die viele für einen idealen Kompromiß hielten. So schrieb Bischof Laurentius Paulinus Gothus in seinem großen Werk *„Ethica christiana"*, für die Sicherheit des Reiches sei eine Erbmonarchie am günstigsten, für die Freiheit aber eine Wahlmonarchie, die Kombination von beiden sei jedoch möglich und erstrebenswert. (Nils Runeby 1962, S. 148f. und 243f.)

Es lag in der Natur der Sache, daß tatkräftige Könige das in der *monarchia mixta* vorausgesetzte Gleichgewicht zu ihren Gunsten ändern wollten, bis man es schließlich mit einem konstitutionell verbrämten Absolutismus zu tun gehabt hätte, während die Vertreter des Ratskonstitutionalismus dem entgegengesetzen Ideal einer monarchisch verbrämten Adelsrepublik zuneigten. Es mußte immer wieder zu Spannungen kommen zwischen der korrekten Befolgung der *leges fundamentales* und den von momentanen Sachzwängen bestimmten Anforderungen einer effizienten Politik. Diese Spannungen ließen die Könige zu Verfechtern eines dynamischen Pragmatismus gegenüber der prinzipiellen Verfassungstreue der aristokratischen Opposition werden.

Gustav Adolf und die Verfassung

In diesen seit Jahrzehnten schwelenden Antagonismus, der unter Karl IX. im Blutbad von Linköping (1600) seinen tragischen Höhepunkt gefunden hatte, sah sich Gustav Adolf bei seinem Regierungsantritt hineingestellt. Der König war in diesem Konflikt Partei und nicht der selbstlos über den Gegensätzen schwebende „libertäre" Heros des Konstitutionalismus, den Barudio phantasievoll aus dem Quellenmaterial hervorzuzaubern versucht. Die Loyalität zu seiner Dynastie und vor allem zu seinem Vater, die ja auch Voraussetzung war für die Legitimation seiner eigenen Stellung, der antiaristokratische Einfluß seines Lehrers Johann Skytte, die Erfordernisse der verzweifelten politischen und militärischen Situation, in der er sein Amt antrat, sein persönlicher Machtwille, alles mußte Gustav Adolf zu einem entschiedenen Gegner monarchisch-aristokratischer Gleichgewichtspolitik machen und ihn danach streben lassen – Verfassung hin, Verfassung her –, die königliche Position zu stärken, wo es nur ging. Daß dies die Einstellung Gustav Adolfs war, geht aus seinen persönlichen Aufzeichnungen, insbesondere aus seinem Historienfragment von 1627 eindeutig hervor, in denen er gegen Erik Sparre und die anderen Vorkämpfer des Ratskonstitutionalismus Partei nimmt und die radikalen Maßnahmen seines Vaters und selbst die Eriks XIV. rechtfertigt.

Viel gewichtiger noch als die Worte des Königs sind aber seine Taten, und diese sprechen eine recht eindeutige Sprache, wie Sven A. Nilsson (1964, 1967) und Sven Lundkvist (1985) wiederholt nachgewiesen haben. Keinen Augenblick dachte Gustav Adolf daran, sich im Buchstaben oder im Geiste an all die einschränkenden Bestimmungen gebunden zu fühlen, die man ihm in seiner Königsversicherung aufgezwungen hatte. Mit den verschiedensten Methoden war er bemüht, die von der Verfassung vorgesehenen Mechanismen der Entscheidungsfindung zu umgehen oder zu manipulieren und sowohl den Reichsrat als auch den Reichstag zu Jasage-Maschinen zu degradieren, die er virtuos zu handhaben verstand, ohne ihnen im entferntesten eine konstitutionelle Gleichrangigkeit neben seinem Königtum zuzugestehen. Die von der Verfassung geschützten Adelsprivilegien waren einer fortlaufenden Unterhöhlung durch Ausnahmeregelungen ausgesetzt, wobei Gustav Adolf sich den Standpunkt zueigen machte, er könne solche Zugeständnisse von der Aristokratie nicht nur in speziell begründeten Sonderfällen, sondern grundsätzlich aus königlicher Machtvollkommenheit fordern. Schon als in den ersten Jahren seiner Regierung Gustav Adolf die Aristokratie an der Aufbringung des Älvsborg-Lösegeldes beteiligte, wurden Stimmen laut, die hierin einen gefährlichen Präzedenzfall sahen. Der Adel verlangte eine schriftliche Versicherung, daß es sich um eine einmalige Ausnahme handle, doch ging der König darauf nicht ein und betonte statt dessen die Pflichten, die allen Ständen aus der Notwendigkeit, das Vaterland zu retten, erwüchsen. Die größten Zugeständnisse rang Gustav Adolf seiner Aristokratie auf dem Reichstag im Januar 1627 ab, als es ihm gelang, sowohl ihre Steuerfreiheit zu durchbrechen als auch die geringere Heranziehung der Adelsbauern zum Wehrdienst abzuschaffen. Wieder erklärten die Adeligen, es sei dies eine Ausnahme und sie hätten nur aus Anhänglichkeit und Neigung ihre Zustimmung gegeben, und wieder antwortete der König, sie hätten nicht mehr als ihre Schuldigkeit getan.

Wie ist es zu erklären, daß Gustav Adolf die Privilegien seines Adels beschneiden konnte, ohne sich dessen Kooperationswilligkeit zu verscherzen? Das lag einmal, wie so vieles, an dem dauernden Kriegszustand, in dem sich das Land befand. So machte der Reichsrat bereits zu Beginn der Herrschaft wenig Schwierigkeiten, als der junge König unter den Sachzwängen des Kalmarkrieges eigenmächtige Entschlüsse traf und so gegen die Abmachungen von 1611 verstieß. Die drangvolle militärische Lage ließ es dem Adel geraten erscheinen, im allgemeinen nationalen Interesse Opfer zu bringen und auf Obstruktion zu verzichten. Auch eine Stärkung der monarchischen Autorität durfte in einer solchen Situation als unumgänglich gelten, vorausgesetzt, der König bot die entsprechenden Führungsqualitäten. Da dies nun in hohem Maße der Fall war und Gustav Adolf sein persönliches Prestige zusehends durch militärische und politische Erfolge zu steigern vermochte, stärkte sich seine Position gegenüber Rat und Adel. Die Persönlichkeit des Königs war auch insofern ausschlaggebend, als er es trotz allen Eingriffen in alte Privilegien und trotz allen Verstößen gegen die Königsversicherung verstand, den Eindruck zu vermeiden, er führe grundsätzlich böse Absichten gegen Adel und Verfassung im Schilde. Hierin unterschied sich seine Politik ganz wesentlich von der Sigismunds III. und Karls IX., die durch ihr schroffes Auftreten die Vertrauensbasis zwischen Monarchie und Aristokratie zerstört hatten. Durch die Königsversicherung hatten die Stände verhindern wollen, daß Gustav Adolf in die Fußstapfen seines Vaters trat. Als sie sahen, daß eine derartige Gefahr nicht bestand, waren sie bereit, es hinzunehmen, daß der König es nicht allzu genau nahm mit der Einhaltung der 1611 getroffenen Abmachungen.

Ferner hatte die Herrschaft Gustav Adolfs dem Adel auch handfeste Vorteile zu bieten. Der Primat der Außenpolitik und die aus der unentwegten Kriegführung resultierenden Finanznöte der Krone zogen die bereits erörterten Alienationen nach sich, durch die der Landbesitz des Adels gewaltig zunahm. Den auswärtigen Eroberungen des Königs entsprachen die Gewinne der Aristokratie im Inland, die Interessen von Krone und Adel ergänzten sich so auf eine gewisse Weise. Der expandierende Bedarf des Staates an Offizieren und Beamten kam gleichfalls in erster Linie dem Adel zugute. In ausschließlicherem Maße als seine Vorgänger behielt Gustav Adolf die leitenden Funktionen in Armee und Verwaltung der Hocharistokratie vor. Damit ging aber eine Wesenswandlung des schwedischen Adels einher, der durch „Privilegierung und Disziplinierung" zu einem staatstragenden Dienstadel wurde. Hierin bestand ein wesentlicher Programmpunkt absolutistischer Innenpolitik, die sich – jedenfalls in dieser Hinsicht – Gustav Adolf höchst erfolgreich zueigen machte. Das neue Selbstverständnis der Aristokratie spiegelte sich auch in den vom König und von führenden Vertretern des Standes gleichermaßen propagierten Bildungsidealen. Der von den Leitbildern des „Dienstadels" und des „Tugendadels" geprägte, fach- und berufsbezogen ausgebildete künftige Staatsdiener war das Ziel der Erziehungspolitik. „Die Konkurrenz um die staatlichen Ämter führte ganz natürlich zu einer Konkurrenz um die Beamtenausbildung." (Lars Gustafsson 1978, S. 113)

Der Reichsrat

Die „Verstaatlichung" der schwedischen Aristokratie wird besonders deutlich, wenn man sich die Entwicklung ihres politisch einflußreichsten Organs, des Reichsrats, während der Regierungszeit Gustav Adolfs betrachtet. Seitdem infolge der Reformation die Bischöfe aus dem Rat ausgeschieden waren, handelte es sich um eine exklusiv adelige Institution. Sie wurde in der Zeit zwischen 1620 und 1650 von einer kleinen Gruppe vielfach untereinander verschwägerter Familien dominiert. In den ersten Regierungsjahren tritt dieser Kreis noch nicht so stark hervor, da die von Karl IX. ernannten Räte nach wie vor im Amt waren. Auch scheint Gustav Adolf zunächst der Politik seines Vaters gefolgt zu sein, die Macht des potentiell widersetzlichen Hochadels durch Ernennung neuer Ratsmitglieder, die den großen Familien fernstanden, zu schwächen. Es war dies eine Tradition, die mit dem der Aristokratie so verhaßten Regime der nichtadeligen königlichen „Sekretäre" zusammenhing. Prominentestes Relikt der väterlichen Politik war Johann Skytte. Er wurde zwar geadelt und schließlich sogar zum Baron gemacht, doch akzeptierten ihn die anderen Räte nie als ihresgleichen. Axel Oxenstierna, der Anführer und Sprecher der hocharistokratischen Ratsgruppe, pflegte eine ausgesprochene Abneigung gegen Skytte und war wenig erbaut davon, daß Gustav Adolf seinem alten Lehrer diplomatische Missionen und Statthalterposten anvertraute.

Nach 1620 folgte der König dann weitgehend den Wünschen Oxenstiernas und des Hochadels und ernannte fast nur noch Mitglieder, die dem engeren Kreis der Ratsfamilien angehörten. „Vielleicht spielten dabei außenpolitische Überlegungen eine Rolle: Der Krieg war dabei, von seinen traditionellen Schlachtfeldern weiter auf den Kontinent zu wandern, und es ist möglich, daß Gustav Adolf bereit war, seine innenpolitischen Bestrebungen hintanzustellen, wenn man ihn dafür ungestört die Rolle des Oberkommandierenden spielen ließ ..." (Kurt Ågren 1976, S. 78)

Wenn der König sich auch in personalpolitischer Hinsicht schließlich dem Willen der großen Familien beugte, so hat er dennoch den Charakter des Reichsrats grundlegend geändert. Bei seinem Regierungsantritt stellte der Rat eine lose Versammlung von Magnaten ohne feste Zuständigkeitsbereiche dar, die ihre Hauptaufgabe in der defensiven Wahrung der Verfassung im allgemeinen und des aristokratischen Besitzstandes im besonderen sah. Der Rat Gustav Adolfs setzte sich dagegen aus den höchsten Beamten des Reiches zusammen, die in der Exekutive Verantwortung trugen. Der Rat wurde so von einem Kontrollorgan zu einem Regierungsorgan, das die Politik des Königs mittrug. Indem unter Gustav Adolf die Ratsmitglieder nicht mehr dem Reichstag angehörten, sah sich die Vertretung des Adels in der Ständevertretung ihrer natürlichen Anführer beraubt. Statt an der Spitze der Opposition zu stehen, identifizierten sich die Ratsherren nun mit der Regierung und wurden zu deren Sprechern.

Regelrechte Treffen des vollzähligen Reichsrats kamen nicht allzu häufig vor, meist besprach sich der König mit einzelnen Mitgliedern, vor allem dem Reichskanzler Axel Oxenstierna, und bereitete mit diesen die Entscheidungen vor. In seinen frühen Regierungsjahren ließ Gustav Adolf dem Rat die anstehenden Probleme vorlegen, ohne selbst bei den Tagungen zugegen zu sein. Die Meinung der Räte wurde ihm dann in Form des *rådslag* (Ratschlag) mitgeteilt. In den 20er Jahren änderte der König dieses Verfahren. Wenn er im Lande weilte, nahm er jetzt persönlich an den Sitzungen teil. Seine Anwesenheit verhinderte, daß sich eine einheitliche Ratsfront bildete, die ihn mit abgesprochenen Entscheidungen konfrontierte, wie das seinem Vater regelmäßig widerfahren war. Vor allem aber brachte er nun den Eindruck seiner machtvollen Persönlichkeit und sein außerordentliches Geschick als Diskussionsredner in die Beratungen ein. So endeten faktisch alle Besprechungen im Reichsrat mit dem Entschluß, den Gustav Adolf schon vorher getroffen und in der Regel mit Oxenstierna ausgehandelt hatte. „Der Sinn der Debatte im Rat war daher, wie der König offen zugab, dieses Organ mit einer Entscheidung zu identifizieren, die bereits vorher gefallen war, die Basis der Verantwortlichkeit zu verbreitern, die Möglichkeit auszuschließen, daß der Rat sich später von einem Unternehmen lossagen mochte, das sich als Fehlschlag erweisen sollte." (Michael Roberts 1953/1958, Bd. I, S. 282)

Es war also keine Diskussion zwischen gleichen Verhandlungspartnern, bei der es um eine echte Entscheidungsfindung gegangen wäre, aber es wurde doch die Illusion einer solchen erweckt. Damit kam der König nicht nur seiner verfassungsmäßigen Pflicht nach, sondern er stärkte auch die Verantwortungsbereitschaft und die Loyalität des Reichsrats, der ja mit der Spitze der Beamtenschaft identisch war, und schuf so die günstigsten Voraussetzungen für eine engagierte Ausführung der Entschlüsse. Das darf aber nicht darüber hinwegtäuschen, daß Gustav Adolf in Fragen der Außenpolitik entschied und handelte wie ein absolutistischer Fürst, wobei er gelegentlich nicht einmal die äußere Form verfassungstreuer Monarchie wahrte. So beschloß er den Angriff auf Polen im Jahre 1621, ohne vorher den Reichsrat zu konsultieren und ohne den Reichstag in Kenntnis zu setzen.

Trotz des unwiderstehlichen Durchsetzungsvermögens Gustav Adolfs gewann der Reichsrat im Laufe der Regierung an Bedeutung. Es war dies zum einen eine Folge der höheren Kompetenz seiner Mitglieder, zum anderen aber resultierte es aus der kriegsbedingten häufigen Abwesenheit des Königs. Bei diesen Gelegenheiten mußte Gustav Adolf in Stockholm eine Art Regentschaft zurücklassen, die sich aus mehreren von ihm bestimmten Angehörigen des Reichsrats zusammensetzte. Besonders akut wurde das Problem ab 1626, als auch Oxenstierna das Land auf Dauer verließ, um die Statthalterschaft in Preußen zu übernehmen. So machten die Erfordernisse des Krieges die systematische Delegierung von Machtbefugnissen und die Entpersönlichung der staatlichen Gewalt unabdingbar. Das setzte die Existenz einer auf ihre Aufgaben vorbereiteten, zuverlässigen Beamtenschaft und damit die eines kooperationswilligen und loyalen Adels voraus. Auch hierdurch wurde der von Gustav Adolf und Oxenstierna betriebenen Professionalisierung des Staatsbetriebs weiter Vorschub geleistet.

Reichskanzler Axel Oxenstierna

Unter all den Maßnahmen, die den relativ reibungslosen Ablauf der schwedischen Regierungsarbeit unter Gustav Adolf ermöglichten und einen breiten nationalen Konsens für seine Politik herbeiführten, besaß keine solches Gewicht wie die Ernennung des 28jährigen Axel Oxenstierna zum Reichskanzler am 6. Januar 1612. 42 Jahre lang sollte von da an der neben Richelieu größte Staatsmann der Epoche dieses Amt innehaben und die Geschicke Schwedens und Europas an entscheidender Stelle mitbestimmen. Oxenstierna stammte aus einer der ältesten Adelsfamilien des Landes, sein Stammbaum wies nicht weniger als 13 Reichsräte auf. Mit mehreren der anderen großen Ratsfamilien war der Kanzler verwandt oder verschwägert, seine Mutter war eine Bielke, die Großmutter mütterlicherseits eine Posse, er heiratete eine Bååt, Gustav Horn wurde sein Schwiegersohn und zeitweise durfte er sich sogar Hoffnungen machen, für seinen Sohn Erik die Hand der Kronprinzessin Christina zu gewinnen.

Oxenstierna hatte in Rostock, Wittenberg und Jena Theologie, Staats- und Rechtswissenschaften studiert und bewahrte sich zeitlebens eine starke Neigung zu gelehrten Studien. Nach seiner Rückkehr aus Deutschland im Jahre 1603 wurde er von Karl IX. an den königlichen Hof geholt und in der Kanzlei angestellt. Dies war zunächst eine Art Geiselnahme, da die Oxenstierna durch ihre Verwandtschaft mit den Bielke und Posse der Adelsopposition nahestanden. Der König erkannte aber bald die außergewöhnliche Begabung des jungen Mannes. Er zog ihn zu verantwortungsvolleren Aufgaben heran und berief 1609 den erst 26jährigen in den Reichsrat. Während der Verhandlungen auf dem Reichstag zu Nyköping, die im Winter 1611/1612 zur Königsversicherung Gustav Adolfs und zu seinem vorzeitigen Regierungsantritt führten, erwies sich Oxenstierna als die dominierende Persönlichkeit des Reichsrats. Er trat als Sprecher der

Aristokratie auf, vermittelte zwischen dem Kronprinzen, der Regentschaft und den Ständen, entwarf die Regelungen, auf die sich schließlich alle Beteiligten einigen konnten, und sorgte mit großem Geschick für den erfolgreichen Abschluß des Reichstages. Der 17jährige König war von den Fähigkeiten Oxenstiernas tief beeindruckt und ernannte ihn wenige Tage nach Regierungsantritt zu seinem Kanzler.

Die Berufungsurkunde vom 6. Januar 1612 machte klar, daß das Amt mit einer außergewöhnlichen Fülle von Kompetenzen ausgestattet werden sollte: „... indem es unmöglich ist, genau zu beschreiben, was er in solch einem Amt und Beruf anordnen und tun muß, überlassen Wir es seinem Urteil und seinem Verstand zu verfahren, wie es ihm am besten dünkt und wie er es vor Gott, vor Uns und vor jedem ehrenhaften Schweden verantworten kann." (AOSB II. 1, S. 1) In der Tat entwickelte sich Oxenstierna zu einem *factotum* der königlichen Regierung. Er kümmerte sich um Diplomatie und Außenpolitik ebenso wie um die Heeresfinanzierung, baute ein leistungsfähiges Archivwesen auf, führte die Verwaltungsreform durch, beaufsichtigte die Bildungspolitik, verhandelte mit den Bischöfen, beschwichtigte Adel und Bauern. Er selbst wie auch der König sprachen von der Kanzlei als der „*anima regni*", der „Seele des Königreichs". Die Arbeitsleistung Oxenstiernas grenzte ans Unglaubliche. Während des Krieges in Deutschland erreichte die Überlastung aber bisweilen ein Ausmaß, das selbst diesen für seine unerschütterliche Ruhe und seine eiserne Selbstdisziplin berühmten Mann an den Rand des Zusammenbruchs brachte. So schrieb er am 25. Juli 1632 an seinen Bruder Gabriel Gustafsson Oxenstierna: „Gott ist mein Zeuge, daß ich einfach nicht in der Lage bin, es zu schaffen, und daß ich so geplagt bin *varietate rerum* [von der Vielfältigkeit der Probleme], so niedergedrückt *mole negotiorum* [vom Gewicht der Staatsgeschäfte], so belastet *difficultatibus* [mit Schwierigkeiten], so umgeben *periculis* [von Gefahren], daß ich oft nicht weiß, was ich tun soll ... Ich bin meines Lebens einigermaßen müde und komme mit allen meinen Pflichten in Verzug ... Denn was Hingabe an die Sache und guten Willen anbetrifft, so ist alles noch so, wie es immer war; aber meine Kräfte und meine Fähigkeiten lassen nach." (AOSB I. 7, S. 509)

In der Zusammenarbeit zwischen Gustav Adolf und Oxenstierna verkörperte sich das Zweckbündnis von Monarchie und Aristokratie. Nicht daß wie durch Zauber alle Gegensätze verschwunden wären, aber beide Seiten waren bereit, sie zurücktreten zu lassen und den gemeinsamen Interessen den Vorrang einzuräumen. Indem der König den Vertreter des Adels und potentiellen Führer der Opposition zu seinem engsten Mitarbeiter machte und ihn mit einer außergewöhnlichen Machtfülle ausstattete, schuf er eine Vertrauensbasis, die ihm die, wenn auch oft genug zähneknirschende, Kooperation der Aristokratie einbrachte. Oxenstierna seinerseits sah in seinem Amt die beste Garantie für die Sicherung der Adelsrechte und war unter dieser Bedingung bereit, sich in den Dienst der königlichen Politik zu stellen. Was Werner Buchholz (1987) als einen wesentlichen Charakterzug Gustav Adolfs herausstellt, gilt in höchstem Maße auch für Oxenstierna, nämlich, „daß er sein politisches Handeln nicht von seinen persönlichen Auffassungen und Einstellungen abhängig machte, sondern seine wohl überdurchschnittliche Fähigkeit bestimmen ließ, das Notwendige und das Mögliche einzusehen." (S. 303)

Die trotz mancher Meinungsverschiedenheit ungetrübte Zusammenarbeit von König und Kanzler wäre undenkbar gewesen, hätte nicht unbedingtes Vertrauen und tiefer gegenseitiger Respekt zwischen den beiden Männern geherrscht. Dies war der Fall, obwohl die Wesensart Gustav Adolfs und die Oxenstiernas kaum gegensätzlicher hätten sein können. Die impulsive Begeisterungsfähigkeit, der Aktivismus, die Ungeduld des Königs waren Oxenstierna fremd. Sein Temperament war eher phlegmatischer Natur, sein Denken prägte nüchterne Illusionslosigkeit, sein Handeln souveräne Gelassenheit.Einer Anekdote zufolge erzählte der Kanzler, Gustav Adolf habe ihn einmal angefahren: „Wenn nicht meine Hitze etwas Leben in eure Kälte brächte, würde alles erstarren und stehen bleiben." Darauf habe er erwidert: „Wenn nicht meine Kälte die Hitze Eurer Majestät kühlte, würde Eure Majestät schon längst verbrannt sein." (Johannes Paul 1927–1932, Bd. II, S. 47)

Zweifellos hatten bei der Berufung Oxenstiernas pragmatische Gesichtspunkte im Vordergrund gestanden. Dem jungen König, der seinen vorzeitigen Regierungsantritt nur der Gunst von Reichsrat und Reichstag zu verdanken gehabt hatte, war kaum etwas anderes übriggeblieben als den führenden Vertreter des einflußreichsten und gefährlichsten Standes in seine Regierung einzubinden, wollte er nicht sofort unter den Druck einer übermächtigen Opposition geraten. Beide Männer scheinen jedoch von Anfang an auch die außerordentlichen Fähigkeiten des Partners erkannt und geachtet zu haben, und hieraus erwuchs eine vollkommene Loyalität des einen für den anderen, die ihren deutlichsten Ausdruck darin gefunden hat, daß der König bei seinem Aufbruch nach Deutschland 1630 für den Fall seines Todes dem Kanzler nicht nur die Regierungsgeschäfte, sondern in bewegenden Worten auch die Sorge für seine Familie anvertraute. Stets fühlte sich Oxenstierna in späteren Jahren als der Sachwalter des politischen Erbes Gustav Adolfs, obwohl er sich mit dessen Kernstück, dem Engagement in Deutschland, nie aus innerer Überzeugung anfreunden konnte.

Gewiß erwuchsen Oxenstierna aus der Zusammenarbeit mit der Krone auch große Vorteile. Er wurde während seiner Amtszeit zum größten Grundbesitzer in Livland und zu einem der vermögendsten Männer im Reich. Die Machtfülle, die ihm aus seiner Stellung als Reichskanzler erwuchs, hätte er gegen den König gleichfalls nie erringen können. Trotzdem wäre es falsch, in Oxenstierna einen Mann zu sehen, der sich durch persönliche Vorteile und die Befriedigung seines Machttriebes vom König hätte kaufen lassen. Sein Amt verlangte schwere Opfer von ihm, die er ohne ein hohes Maß an Pflichtbewußtsein und Patriotismus gewiß nicht auf sich genommen hätte. So schrieb er am 1. November 1627 seinem Bruder, dem Reichsrat Gabriel Oxenstierna, aus Preußen: „Weiß Gott, ich habe hier Sorgen genug, größere als irgend jemand in Schweden ahnt; oft weiß ich an einem Tag nicht, was ich den Leuten am anderen geben soll, und schon gar nicht, wovon sie einen Monat später leben sollen, und der Feind steht Tag für Tag vor der Tür. So kann sich ein jeder vorstellen, wie schwer es mir ankommt, geschieden zu sein von Frau und Kindern und all meinem persönlichen Wohlergehen ... dies ist eine Zeit, die so beschaffen ist, daß Ritterschaft und Adel ihre ganzen Privilegien hintansetzen müssen, die Geistlichen sich nicht ereifern dürfen wegen der Freiheit und ihrer Sonderrechte, den Soldaten es nicht zukommt, auf ihrer Bezahlung zu bestehen oder gar auf einer Solderhöhung, Bürgerschaft und Bauernstand bereitwillig Rekruten und Geld beisteuern müssen ... in dieser Zeit überall das private Interesse auszuspielen, würde bedeuten, daß es bald um uns geschehen wäre und mir und anderen guten Männern nichts anderes mehr zu tun bliebe, als mit Ehre, wenn auch mit verzweifelter, zu kämpfen bis zum Tode.“ (AOSB I. 3, S. 668–677)

Der Reichstag

Neben dem adeligen Reichsrat, der unter Gustav Adolf mehr und mehr zu einem Teil der Regierung wurde, diente die Vertretung der schwedischen Stände, der Reichstag, als zweites verfassungsmäßiges Gegengewicht zur Krone. Er war im 16. Jahrhundert noch eine in ihrer Zusammensetzung und in ihren Kompetenzen kaum definierte Versammlung von Repräsentanten verschiedener Bevölkerungs- und Interessengruppen. Gustav Wasa machte ihn 1527 bei den die Reformation betreffenden Beschlüssen erstmals zum Mitträger der Entscheidung. Er begründete auch die Politik, den Reichstag gegen den aristokratischen Reichsrat auszuspielen und als

Stütze der königlichen Macht einzusetzen. Diese Verfahrensweise wurde später von Karl IX. zur Perfektion entwickelt. Er benutzte den Reichstag als Plattform für seine demagogischen Auftritte, wobei er vornehmlich an die Vertreter des Bauernstandes und der Geistlichkeit appellierte, um den Adel in einer Mischung aus populistischer Agitation und reformatorischer Kreuzzugsstimmung unter Druck zu setzen.

Gustav Adolf beließ es in seinen ersten Regierungsjahren bei den bisherigen unklaren Verhältnissen. Im Durchschnitt wurden alle zwei Jahre Reichstage einberufen – einen festen Rhythmus gab es nicht –, um bestimmte Probleme mit den Ständen zu besprechen. Ein grundsätzlicher Wendepunkt erfolgte im Januar 1617 auf dem Reichstag von Örebro. Oxenstierna legte eine Reihe von Reformvorschlägen vor, die zu einer Reichstagsordonnanz zusammengefaßt wurden, die der Versammlung erstmals eine echte Geschäftsordnung gab. Die Ordonnanz wurde zwar nie offiziell abgesegnet, bildete in Zukunft aber die Grundlage, auf der die Reichstage einberufen und durchgeführt wurden.

Die Versammlungen sollten der Ordonnanz zufolge stets in geschlossenen Räumen stattfinden, eine feste Sitzordnung war einzuhalten. Der Versuch, alle Verhandlungen in der Form freier Rede und Gegenrede durchzuführen, scheiterte allerdings, da insbesondere die Bauernschaft die berechtigte Befürchtung hegte, der Beredsamkeit des Königs und seiner Vertreter nicht gewachsen zu sein (was in der Tat der tiefere Sinn der beabsichtigten Regelung gewesen war). Wenn die Stände also auch weiterhin ihre Stellungnahmen vorher ausarbeiteten und in der Versammlung verlesen ließen, so machte Gustav Adolf selbst doch von seinen rhetorischen Fähigkeiten und der respektgebietenden Autorität der königlichen Präsenz während der Verhandlungen ausgiebigst Gebrauch.

Zwar stimmten die einzelnen Stände darüber ab, wie sie sich zu den vorgelegten Problemen äußern wollten, eine Mehrheitsentscheidung des gesamten Reichstages war dagegen nicht vorgesehen. Als Ziel der Beratungen galt es, einen allgemeinen Konsens herzustellen. Sollte es sich als unmöglich erweisen, zu einem einstimmigen Beschluß zu gelangen, dann lag die Entscheidung beim König. Es bestand für diesen also keine Gefahr, vom Reichstag majorisiert zu werden.

Ständevertretung

Welche Stände vertreten sein sollten, war bisher noch ganz unklar gewesen. Die Ordonnanz von 1617 sah sechs Stände vor: die königlichen

Erbprinzen, den Adel, die Offiziere, die Geistlichkeit, die Bürgerschaft und die Bauern. In den nächsten Jahren starben jedoch die beiden Erbprinzen Johann und Karl Philipp, wodurch dieser Stand faktisch verschwand und auch unter Gustav Adolfs Nachfolgern nicht wieder zum Leben erweckt wurde. Die Offiziere, die sich wegen der dauernden Kriege größtenteils außer Landes befanden und in ihrer Mehrheit ohnehin dem Adel angehörten, konnten sich trotz mehrfacher Anläufe nie als autonomer Stand etablieren, und so pendelte sich die Zahl der im Reichstag vertretenen Stände Anfang der 1620er Jahre bei vier ein. Obwohl die schwedische Regelung, indem sie die Bauern in die Ständeversammlung aufnahm, einen weit höheren Prozentsatz der Bevölkerung am politischen Leben teilnehmen ließ als das in fast allen anderen Ländern Europas der Fall war, konnte doch von einer vollständigen Repräsentierung des ganzen Volkes keine Rede sein.Nicht nur die Unterschichten, die Tagelöhner, Arbeiter, wandernden Händler und Handwerker, waren ohne Vertretung, auch die Adelsbauern und die oben erwähnten „Standespersonen" (nichtadelige Beamte und Offiziere, Juristen, Professoren etc.) befanden sich außerhalb der zugelassenen vier Stände.

Die Modalitäten der Adelsvertretung wurden erst durch die *„riddarhusordningen"* von 1626 eindeutig geklärt. Jeder der ins Ritterhaus aufgenommenen Familien stand ein Abgeordneter zu. Entscheidend waren aber nicht die Mehrheitsverhältnisse innerhalb des Adels als Gesamtstand, sondern innerhalb der drei Klassen, in die dieser zerfiel. Sie stimmten nämlich getrennt ab, und aus der Majorität der Klassen resultierte das Votum der Aristokratie auf dem Reichstag. Die beiden ersten Klassen mit ihren zusammen 36 Familien, die den Hochadel bildeten, besaßen so in aller Regel das Übergewicht über die 92 Familien des niederen Adels.

Die Vertretung des Klerus bestand aus dem Erzbischof, den Bischöfen, den Superintendenten, ferner aus je zwei Geistlichen für jedes Kapitel, während die Landpfarrer für jeden Kreis (*härad*), einen Abgeordneten auf den Reichstag schickten. Die Auswahl wurde teils von den Kapiteln, teils von den Bischöfen vorgenommen. Die Mehrzahl der Geistlichen stand in ihren Sympathien dem Bauernstand nahe.

Die Bürgerschaft der Städte stellte den kleinsten und am wenigsten klar bestimmten Stand dar. Die Zahl der Abgeordneten schwankte je nach Größe der Stadt. Stockholm hatte deren vier, die meisten anderen Kommunen nur einen, wobei es sich häufig um den Bürgermeister handelte.

Die zahlreichste Vertretung besaß der Bauernstand. Jeder Kreis wählte einen Abgeordneten. Das Wahlrecht besaßen die *skatte-* und die *kronobönder*, also die Bauern, die auf eigenem Land oder auf Land der Krone saßen, während die *frälsebönder* (Adelsbauern) ausgeschlossen waren, da man davon ausging, daß ihre Interessen von ihren adeligen Grundherren wahrgenommen wurden. Trotzdem durften die Repräsentanten der Bauernschaft als die einzigen Volksvertreter im modernen Sinne gelten, die aufgrund einer allgemeinen, wenn auch oft genug von staatlichen Funktionären beeinflußten Wahl bestimmt wurden.

Die Gesamtzahl der Abgeordneten schwankte von Reichstag zu Reichstag, im Durchschnitt lag sie bei etwa 500. Eine vollständige Versammlung sämtlicher Ständevertreter ist faktisch nie erfolgt. Vor allem aus den entlegeneren Landesteilen wie Norrland oder Finnland kamen meist nur recht wenige Abgeordnete. Fanden aus besonderen Anlässen Reichstage in sehr rascher Reihenfolge statt, stellten die weiten und kostspieligen Anfahrtswege besonders für die Bauern und Landpfarrer eine beträchtliche Zumutung dar. Dieser Umstand diente der Regierung mit als Begründung dafür, daß man ab 1620 wiederholt Rumpfreichstage einberief, bei denen die Repräsentanten des Bauernstandes gar nicht erst eingeladen wurden. Die eigentlichen Motive für diese Maßnahme bestanden darin, daß die kleineren Versammlungen „handlicher" und weniger schwerfällig waren, und daß man die Opposition gegen neue Belastungen, die von den Bauern als Hauptleidtragenden zu erwarten war, nicht zum Zuge kommen lassen wollte. Das Verfahren war klar illegal, und der Klerus sah sich auch einige Male veranlaßt, Bedenken zu erheben. 1627 und 1632 fanden geheime Reichstagsberatungen statt, bei denen nur Ausschüsse zugezogen wurden. In beiden Fällen ging es um den Kriegseintritt in Deutschland, ein außenpolitisch brisantes Thema, über das man nicht in aller Öffentlichkeit debattieren wollte. Nach Gustav Adolfs Tod gewannen die Geheimen Reichstage geradezu den Charakter einer Dauereinrichtung.

Es gab aber auch Mittel, den Reichstag bei der Gesetzgebung ganz zu umgehen. Der König konnte eine Maßnahme in der Form einer Proklamation, einer Ordonnanz oder einer Privilegienerteilung bindend verordnen, ohne sie offiziell als Gesetz zu deklarieren. Oder er machte von seinem Prärogativ der Rechtsauslegung Gebrauch und modifizierte geltendes Recht, indem er den Obersten Gerichtshof in der betreffenden Frage belehrte. Schließlich gab es die Möglichkeit, direkt mit einzelnen Ständen oder Provinzen zu verhandeln und dadurch der Verpflichtung nachzukommen, die Zustimmung der Betroffenen einzuholen, bevor neue Belastungen beschlossen wurden.

Konnte der Reichstag schon in der Gesetzgebung ausgeschaltet werden, dann galt das erst recht für die Gesetzesinitiative. Die Stände durften zwar Beschwerden äußern, was sie auch mit äußerster Vehemenz zu tun pflegten, aber keine neuen Gesetze einbringen. Unumgänglich war es nach den Bestimmungen der Verfassung eigentlich nur, die Zustimmung des Reichstages einzuholen, wenn neue Steuern und sonstige Abgaben beschlossen oder Rekruten ausgehoben werden sollten. In der Tat wurden die meisten Landtage unter Gustav Adolf zu diesem Zweck einberufen. Dadurch, daß immer mehr Steuern permanenten Charakter erhielten und der Billigung des Reichstages nicht mehr bedurften, sank jedoch die Bedeutung der Stände in dieser Frage. Ferner dienten Reichstage dazu, dem König propagandistisch wirksame Auftritte zu ermöglichen, in denen er seine Politik rechtfertigte und die Solidarität der Stände beschwor.

Insgesamt spielte der Reichstag also eine ziemlich passive Rolle, von einem selbstbewußten Parlamentarismus, wie es ihn zur gleichen Zeit in England gab, konnte überhaupt keine Rede sein. Hinzu kam, daß die Ständevertretung ihre traditionelle Funktion als Gegengewicht gegen den aristokratischen Reichsrat in dem Maße verlor, wie dieser zu einem Organ der königlichen Exekutive wurde. Die eigentliche Bedeutung des Reichstages lag auf psychologischem Gebiet und bestand in der bloßen Tatsache, daß die Ständevertretung überhaupt eingeschaltet wurde. Diese Praxis schuf ein Gefühl kollektiver politischer Verantwortung, das alle Stände, adelige wie nichtadelige, einschloß und die Bereitschaft förderte, die Opfer und Lasten, die sich aus der gemeinsam beschlossenen Politik ergaben, auch gemeinsam zu tragen. Das Ideal des unter der Krone geeinten, der nationalen Größe und Ehre gewidmeten Ständestaats fand seinen großartigsten Ausdruck in der Abschiedsrede, die Gustav Adolf bei seinem Aufbruch nach Deutschland vor dem Reichstag hielt (s. S. 305ff.).

Die Verwaltungsreform

Die Verwaltungsstruktur, die Gustav Adolf bei seinem Regierungsantritt in Schweden und Finnland vorfand, war primitiv und wenig leistungsfähig. Auf lokaler Ebene war sie noch ganz von germanisch-frühmittelalterlichen Traditionen geprägt. Die Krone hatte hier so gut wie gar keinen Einfluß. Auf mittlerer Ebene gab es die Statthalter (*ståthållare*), ein nicht näher definiertes Amt, das teils vorübergehend, teils auf Dauer verliehen wurde. Statthalter konnten höchst ungleichgewichtige Posten ausfüllen, die vom Kommando einer Festung bis zur Verwaltung einer Provinz reichten. Ihnen unterstellt waren die Steuereintreiber, meist übten die Statthalter auch die Polizeigewalt aus. Auf Reichsebene schließlich standen dem König die fünf obersten Beamten zur Seite: der Reichsdrost, der als Mittler zwischen Reichsrat und Reichstag fungierte und mit dem

Rechtswesen verbunden war, der Reichsmarschall, der die Armee kommandierte, der Reichsadmiral, der Schatzmeister und der Reichskanzler. Die Zuständigkeiten dieser von Anghörigen des Hochadels besetzten Ämter waren nicht klar umrissen, tatsächlich handelte es sich um Ehrenposten ohne echte Kompetenzen. Der König regierte in erster Linie durch außerhalb der verfassungsmäßigen Ordnung stehende Personen seines Vertrauens, die beim Adel so verhaßten Sekretäre. Eine professionelle Beamtenschaft mit klar definierten Aufgabenbereichen, geregelten Dienstzeiten, fester Bezahlung und einer funktionsfähigen Hierarchie existierte nicht.

Erik Sparre und andere Vertreter des Ratsadels forderten seit der Regierungszeit Johanns III. eine Verwaltungsreform, um dem Staat eine effiziente, von königlicher Willkür unabhängige Organisation zu geben. Sie sollte von einer neuen, ganz aus dem Adel rekrutierten Beamtenschaft getragen werden. Als Grundlage für die Behördenstruktur konnten die fünf Reichsämter dienen, die mit wirklichen Kompetenzen ausgestattet werden sollten. Der Antagonismus zwischen König und Ratsadel verhinderte, daß unter Johann III. und Karl IX. aus Sparres Vorschlägen etwas wurde. Gustav Adolf und Oxenstierna griffen sie wieder auf, wobei sie natürlich die antimonarchischen Tendenzen ihres Schöpfers eliminierten. Der äußere Druck, unter dem Schweden stand, und die infolge der dauernden Kriege gegebene häufige Abwesenheit des Königs machten es erforderlich, die Verwaltungsaufgaben an einen Beamtenapparat mit klar geregelten Zuständigkeiten und Verantwortlichkeiten zu delegieren. Dies sollte die Regierung entlasten, so daß sie sich auf die wesentlichen Dinge konzentrieren konnte. Die Zuteilung von Kompetenzen mußte daher im Rahmen einer letztlich von der Krone dominierten Hierarchie erfolgen, denn Zentralisation, nicht Zersplitterung der Macht wurde angestrebt. Die Reformtätigkeit Gustav Adolfs und seines Kanzlers war also auf zwei nur scheinbar widersprüchliche Ziele ausgerichtet: auf sachliche Zentralisation bei größtmöglicher personeller Delegierung.

Die Verfahrensweise wurde dem Gutdünken des einzelnen Amtsträgers entzogen und durch Vorschriften reglementiert, um das reibungslose Ineinandergreifen der verschiedenen Institutionen zu gewährleisten und für die Staatsspitze lenkbar und kontrollierbar zu machen. „Neu hinsichtlich der regionalen und lokalen Behörden war, daß ihre Instruktionen einheitlich waren. Die Kompetenzen der verschiedenen Behörden waren klar und eindeutig gegeneinander abgegrenzt, d. h. eine hierarchisch aufgebaute Verwaltung wurde geschaffen. Anweisungen für den Schriftverkehr und die Archivierung wurden erlassen. Was Zeit und Kenntnisse betraf, wuchsen die Anforderungen an die in der Verwaltung Beschäftigten. Das Ergebnis war, daß wir Berufsbeamte mit im voraus festgesetzten Gehältern bekamen ... Mit anderen Worten: Schweden wurde bürokratisiert." (Anna-Brita Lövgen 1988, S. 7)

Das macht verständlich, daß der König mit solchem Eifer daran arbeitete, eine sachbezogen ausgebildete, kompetente und disziplinierte Elite heranzuerziehen, die zur Verwaltung des reorganisierten Staatswesens tauglich war. Zunächst mangelte es noch an Männern, die die Eignung für das neue Berufsbeamtentum besaßen, weshalb die Verwirklichung des Reformprogramms lange Zeit hinter den gesteckten Zielen einherhinkte. Aber die Weichen für die Modernisierung Schwedens waren beim Tode Gustav Adolfs auf allen Ebenen gestellt.

Reorganisation der zentralen Behörden

Zwar traf Oxenstierna schon bald nach dem Regierungsantritt Gustav Adolfs erste Maßnahmen, um die Verwaltungsprozeduren namentlich in den zentralen Behörden zu vereinfachen und zu vereinheitlichen, der entscheidende Schritt erfolgte jedoch erst 1618. Am 14. Oktober wurde die Kammerordnung erlassen, die die Administration der Finanzangelegenheiten regelte, zwei Tage später folgte die Kanzleiordnung. Obwohl sie vom König nie formal sanktioniert wurden, begründeten diese beiden Verordnungen die Geschäftsführung auf kollegialer Basis, die für die schwedische Zentralverwaltung von da an charakteristisch werden sollte. Beide Kollegien wurden faktisch von Oxenstierna geleitet. Die Neigung des Kanzlers, sich um alles zu kümmern und alles an sich zu ziehen, stand immer wieder der Realisierung seines eigenen Kollegialsystems im Wege. Das änderte sich,als Oxenstierna 1626 Schweden verließ, um Verwaltungsaufgaben auf dem Kriegsschauplatz zu übernehmen. Bei dieser Gelegenheit wurde die Kanzleiordnung im Sinne eines gemeinsam verantwortlichen Kollegiums präzisiert.

Die Kanzlei (*kansliråd*) war für die gesamte Regierungsarbeit und allen Schriftverkehr einschließlich der Archivierung verantwortlich, ausgenommen Militär- und Finanzangelegenheiten. Sie umfaßte sechs Sekretäre mit unterschiedlichen Aufgabenbereichen und einen Archivar. Von den Sekretären waren drei für die Innenpolitik und drei für die Außenpolitik zuständig. Mangels geeigneter Mitarbeiter blieb allerdings ein Teil dieser Posten die meiste Zeit über unbesetzt. Das bedeutete, daß die vorhandenen Beamten ein gewaltiges Arbeitspensum zu leisten hatten. Das Kammerkollegium (*kammarråd*) hatte sich um Einkünfte und Ausgaben sowie um die Schuldentilgung zu kümmern. Es wurde in eine Rentkammer und eine Rechnungskammer gegliedert. Das Kollegium arbeitete Haushaltspläne aus und erfaßte das Rechnungswesen der einzelnen Provinzen in gesonderten „Landesbüchern". 1621 wurde erstmals ein nationaler Jahresabschluß (*rikshuvudbok*) erstellt, 1624 führte der Holländer Abraham Cabeljau die doppelte Buchführung in der schwedischen Finanzverwaltung ein. „Auch wenn das Kammerkollegium und die ihm nachgeordneten Behörden niemals so perfekt arbeiteten wie gedacht, baute Schweden doch die modernste Finanzverwaltung Europas auf." (Klaus-Richard Böhme 1988, S. 44)

Ein für das Militärwesen zuständiges Kollegium (*krigsråd*) kam dagegen nicht vor 1630 zustande. Seine Kompetenzen übernahmen bis dahin provisorisch die Kammer, die Kanzlei und die Armee selbst. 1630 wurde das oberste Kriegsgericht (*krigsrätt*) ins Leben gerufen, das aber auch verschiedene administrative Aufgaben wie Rekrutierung und Materialbeschaffung wahrnahm und den Ausgangspunkt für die Gründung des eigentlichen *krigsråd* unter Vorsitz des Reichsmarschalls bildete. In ähnlicher Weise wurde auch die vom Reichsadmiral geleitete Verwaltung der Marine lange Zeit improvisiert. Dagegen fand die Rechtssprechung durch Gründung des Obersten Gerichtshofes (*Svea Hovrätt*) schon 1614 eine höchste Instanz von großer Bedeutung. Auf sie wird unten zurückzukommen sein.

Eine Folge der Reorganisation der obersten Verwaltungsstellen war, daß in Stockholm die Spitzen des neuen Berufsbeamtentums konzentriert wurden, die in den meisten Fällen zugleich Angehörige des Reichsrats waren. Das erleichterte die Regierungsarbeit und förderte die Entwicklung Stockholms zu einer echten Hauptstadt internationalen Zuschnitts. Die Funktion der Stadt als Metropole des Reiches war auch nicht mehr abhängig von der Anwesenheit des Königs.

Verwaltung der Provinzen

Die in Stockholm zusammengefaßten Behörden bedurften zu ihrer Ergänzung dringend der Verwaltungseinrichtungen auf regionaler und lokaler Ebene. Das Land war von alters her eingeteilt in die Provinzen (*länder*), die sich aus ursprünglich unabhängigen Stammesgebieten entwickelt haben dürften. Mit diesen Provinzen weitgehend identisch waren die *lagsagor* genannten Gerichtsbezirke, in denen ein *lagman* Recht sprach und dem Landtag der Provinz (*landsting*) vorsaß. An diesen Institutionen wurde durch die Reformen Oxenstiernas nicht viel geändert, vielmehr setzten diese an dem recht jungen Amt des Statthalters an. Er wurde nun zu einer Art Vizekönig gemacht, dem ein Landesteil unterstand. 1624 änderte man den Titel von *ståthållare* in *landshövding* um, sein Amtsbereich wurde als *län* bezeichnet. Insgesamt gab es 23 dieser Bezirke, davon 11 im eigentlichen Schweden. Die Verordnung von 1624 wies den Statthaltern eine Vielzahl von Aufgaben zu. Sie hatten sich als Alleinverantwortliche um die Steuereintreibung und die öffentliche Ordnung zu kümmern, für die statistische Erfassung ihres *län* zu sorgen, auch in der Rechtsprechung und bei der Rekrutenaushebung wirkten sie mit. Die meisten Statthalter waren von der Ausdehnung ihrer Pflichten wenig erbaut und protestierten heftig, aber vergebens, gegen die Überlastung mit Verwaltungsaufgaben. In seinen Grundzügen ist das von Gustav Adolf und Oxenstierna geschaffene System noch heute in Funktion.

Die Statthalter und ihre Bezirke waren das neue Element in der Provinzialverwaltung, durch das die Krone unmittelbaren Einfluß auf die Verhältnisse im Land nahm. Es trat konkurrierend neben die althergebrachten Organe der lokalen Selbstverwaltung. Das weitaus bedeutendste unter diesen war der *häradsting*, die Versammlung des Kreises (*härad*). Jede Provinz gliederte sich in eine größere Anzahl solcher Kreise, welche die unterste Verwaltungsebene bildeten. Auf der Kreisversammlung, die mindestens zweimal im Jahr zusammentrat, wurden die vielfachen Probleme besprochen und geregelt, die die Bauern unmittelbar betrafen. Da ging es um Fragen der Besteuerung, um die Wahl der bäuerlichen Abgeordneten für den Landtag, um die Erhaltung von Straßen und Zäunen, um die Organisation der Spanndienste, um die Armenfürsorge, um die Durchführung von Treibjagden und vieles anderes. Die Bedeutung des *häradsting* ging jedoch allmählich zugunsten der königlichen Verwaltung zurück, nicht zuletzt eine Folge des Umstandes, daß der Landadel, der natürliche Sprecher der Kreise, sich mehr und mehr dem Staatsdienst zuwandte. „Die Bürokratisierung der lokalen Verwaltung brachte eine, wenn auch noch entfernte, Bedrohung der basisdemokratischen Formen der Selbstverwaltung mit sich, die so alt waren wie Schweden selbst ... Man hat daher die Ansicht vertreten, daß die Reformen Gustav Adolfs den Weg ebneten für die Beseitigung der provinziellen Selbstverwaltung, die unter den absolutistischen Königen aus dem Pfälzischen Hause erfolgte.“ (Michael Roberts 1953/1958, Bd. I, S. 330)

Titelseite des schwedischen Stadtrechts, gedruckt 1617 und 1618. Die gleiche graphische Gestaltung wies auch der Druck des schwedischen Landrechts auf. Oben der Name Gottes und die Gesetzestafeln, umgeben von Engeln, flankiert von den Verkörperungen des Friedens und der Gerechtigkeit. Unten in der Mitte das schwedische Reichswappen, links und rechts davon Herrscher und Soldat als Garanten der gesetzmäßigen Ordnung. Das Blatt ist ein schönes Beispiel für die von Gustav Adolf geförderte Druckkunst. (Stockholm, Kungliga Biblioteket)

Grundlegend für das schwedische Rechtswesen war das schon mehrfach erwähnte mittelalterliche Landrecht (*landslag*). Karl IX. ließ es 1608 erstmals drucken, die immer wieder geplante Überarbeitung kam erst im 18. Jahrhundert zustande. Eine wichtige Ergänzung waren die um 1544 verfaßten und 1616 gedruckten „Regeln für Richter" des Olaus Petri, in denen der gesunde Menschenverstand betont wurde. Bis zur Zeit Gustav Adolfs gab es keinen klaren Instanzenweg und keinen kompetenten Obersten Gerichtshof. Das führte dazu, daß der König als höchster Richter und Herr über Leben und Tod mit einer Flut von Rechtsfällen überschwemmt wurde, die er als letzte Instanz entscheiden sollte. Auf dem Reichstag von Örebro legte Ende 1613 Oxenstierna einen Gesetzesvorschlag vor, durch den die vorhandenen Mißstände beseitigt werden sollten. Am 10. Februar 1614 wurde die Reform beschlossen. Sie sah einen Obersten Gerichtshof (*Svea Hovrätt*) vor, dem unter dem Vorsitz des Reichsdrosten 12 Richter angehörten. Vier von ihnen waren dem Reichsrat zu entnehmen, vier dem Adelsstand und vier den nichtadeligen Ständen. Später wurden eigene Oberste Gerichtshöfe für Finnland und die baltischen Provinzen geschaffen.

Der Oberste Gerichtshof stellte die letzte Instanz eines nun genau festgelegten Rechtsweges dar, gegen die es kein reguläres Berufungsverfahren mehr gab. Die unterste Instanz für die Landbevölkerung war das Kreisgericht (*häradsrätt*), dann kam das Provinzialgericht (*lagmansrätt*) und schließlich der Oberste Gerichtshof. Für den Stadtbewohner entsprach dem der Weg vom niederen Stadtgericht (*kämnarsrätt*) über das Stadtratsgericht (*rådstuvurätt*) zum Obersten Gerichtshof. Grundsätzlich blieb aber der König der oberste Gerichtsherr und behielt sich die letzte Entscheidung vor, wenn es ihm notwendig erschien. Vor allem in den früheren Regierungsjahren durchbrach Gustav Adolf oft genug den von ihm eingeführten Instanzenweg. Das lag nicht zuletzt am Obersten Gerichtshof selbst, indem er den König in seiner Eigenschaft als Rechtsausleger um Rat fragte. Dieser besprach den Fall dann meist mit seinen Ratsherren, so daß der Hofrat wiederholt die Rolle einer Berufungsinstanz für den Obersten Gerichtshof spielte. Prozesse gegen Adelige kamen sofort vor das *Svea Hovrätt*, auch Todesurteile wurden fast immer dem höchsten Gericht vorgelegt. Die unteren Instanzen waren mit solchen sehr schnell bei der Hand, was wegen der abschreckenden Wirkung durchaus nicht unerwünscht war. Die Mehrzahl der Todesurteile wurde vom Obersten Gericht wieder aufgehoben und in mildere Strafen umgewandelt. Die einzige technische Neuerung bei den Verfahren vor dem *Svea Hovrätt* bestand in der Zulassung von Anwälten.

Das schwedische Rechtswesen wies damals Elemente aus drei verschiedenen juristischen Traditionen auf. Das alte schwedisch-germanische Recht dominierte den Betrieb auf der unteren Ebene des Kreisgerichts. Man sträubte sich hier heftig und auch mit Erfolg gegen den von den Vertretern des Staates geförderten Einfluß des Römischen Rechts. Der Klerus unternahm immer wieder Versuche, das mosaische Recht mit seiner alttestamentarischen Rigorosität, namentlich in Fragen der Moral, zur Geltung zu bringen, wodurch manche Konfusion entstand. Das Römische Recht fand Eingang vor allem in die Rechtsprechung auf höchster Ebene. Damit hing auch zusmmen, daß die Folter unter der Regierung Gustav Adolfs häufiger angewandt wurde als unter seinen Vorgängern. Insgesamt betrachtet orientierte sich die Praxis der Gerichte aber nach wie vor ganz überwiegend an den herkömmlichen schwedischen Rechtsauffassungen.

Die „Regierungsform“

Kurz nach dem Tod Gustav Adolfs sandte Oxenstierna einen Entwurf nach Stockholm, in dem er die künftig in Schweden zu befolgende Regierungspraxis beschrieb. 1634 nahm der Reichstag dieses unter dem Namen „Regierungsform“ (*Regeringsform*) bekannte Dokument, das mittlerweile einige Modifikationen erfahren hatte, als Gesetz an. Der Kanzler berief sich in dieser Sache wiederholt auf die Autorität des toten Königs, der dieses Programm mit ihm besprochen und alle wesentlichen Punkte gebilligt habe. Tatsächlich hatte Oxenstierna schon in den 1620er Jahren an der „Regierungsform“ zu arbeiten begonnen, und wir dürfen mit Sicherheit annehmen, daß er und Gustav Adolf die Entwürfe durchdiskutiert haben. Ob aber die „Regierungsform“ in ihrer endgültigen Fassung wirklich den Vorstellungen des Königs entsprach, ist eine in der Forschung höchst kontrovers beurteilte Frage. Halten die einen das Dokument für eine Art politisches Vermächtnis Gustav Adolfs, das die logische Fortführung der unter seiner Regierung eingeleiteten Tendenzen darstellt, ist es für die anderen eine Negierung der königlichen Innenpolitik, ein Sieg des Ratskonstitutionalismus und der Adelsherrschaft, den Gustav Adolf nie hingenommen hätte.

Alles in allem beinhaltete die „Regierungsform“ von 1634 zweifellos eine Zurückdrängung der nichtadeligen Elemente aus den Regierungsgeschäften und aus der Legislative. Regelrechte Reichstage sollten nur noch bei außergewöhnlichen Anlässen wie Krönungen einberufen werden, ansonsten war die Arbeit in Ausschüssen als Regelfall vorgesehen. Dies spiegelt durchaus eine Abneigung Gustav Adolfs gegen die schwerfällige Prozedur vollzählig versammelter Reichstage wider, die in seinen späteren Regierungsjahren zu beobachten war. Die Zahl der Mitglieder des Reichsrats, die seit dem Verschwinden der Bischöfe aus dieser Institution immer etwas fluktuiert hatte, legte man auf 25 fest. Sie hatten sich aus den Spitzen der adeligen Beamtenschaft zu rekrutieren. Die Gliederung der Regierung in fünf Kollegien wurde bestätigt. Die Funktion Stockholms als alleinige Verwaltungszentrale fand Bekräftigung in der Vorschrift, daß die Regierung die Hauptstadt, außer bei Ausbruch einer Pestepidemie, nicht verlassen durfte.

Ausführliche Regelungen betrafen die Regentschaft, die bei Abwesenheit oder Krankheit des Königs oder bei Thronfolge eines Minderjährigen die Geschäfte führen sollte. Hier haben sich die persönlichen Ängste Gustav Adolfs niedergeschlagen, der ja stets mit seinem plötzlichen Tod rechnete und wußte, daß eine zumindest bis 1644 unmündige Prinzessin das Erbe antreten würde. Eben diese Situation war ja dann tatsächlich eingetreten, als Oxenstierna der „Regierungsform" ihre endgültige Gestalt gab. Eine Kommission, die aus den Häuptern der fünf Regierungskollegien bestand, sollte die Regentschaft übernehmen. Es konnte keinen Zweifel geben, daß der Kanzler die dominierende Persönlichkeit innerhalb dieser Kommission sein würde. Wem anderen hätte Gustav Adolf mitten in einem Krieg mit unabsehbarem Ende die Regentschaft für seine kleine Tochter anvertrauen sollen als diesem bewährtesten aller Mitarbeiter? Man darf hierin keine nachträgliche Kapitulation der Monarchie vor dem Ratsadel sehen, sondern eine pragmatische Antwort auf eine überaus kritische Situation. Er selbst hatte ja immer wieder die Einschränkungen durchbrochen, die man ihm bei seinem Regierungsantritt auferlegt hatte, ohne sich grundsätzlich gegen die Verfassung zu stellen. Mochten seine Nachfolger ebenso handeln, wenn es die Umstände erforderten, im Moment ging es darum, die Zukunft des Reiches und der Dynastie in Abwesenheit der monarchischen Gewalt zu sichern, und das war nur durch die Stärkung der staatstragenden Institutionen möglich. Tatsächlich sollte es sich erweisen, daß alle Nachfolger Gustav Adolfs, die unter einer Vormundschaftsregierung auf den Thron kamen, von den Bestimmungen der „Regierungsform" nicht mehr viel wissen wollten, sobald sie im Vollbesitz der Macht waren. Das galt schon für Christina, noch viel mehr aber für Karl XI. und Karl XII., die in Schweden ein absolutistisches Regiment errichteten.

Man wird daher Michael Roberts beipflichten können, wenn er über die „Regierungsform" schreibt: „Sie ist ein Dokument, welches den letzten Entwicklungsstand der konstitutionellen Praxis recht gut widerspiegelt, ein Dokument, das sehr wohl die wahrscheinliche Linie darstellt, auf der sich die Verfassung in Zukunft entwickelt hätte, vor allem aber ein Dokument, das seine [Gustav Adolfs] alptraumhafte Sorge enthüllt, sicherzustellen, daß Schweden im Falle seines Schlachtentodes eine Regierung erhielt, die ausreichend stark und populär und fähig war, um die Entschädigung zu erhalten, auf die das Land Anspruch hatte. Sie gehört daher ebenso zur Geschichte seiner Herrschaft wie zu der seiner Nachfolgerin." (Michael Roberts 1953/1958, Bd. I, S. 349)

Der Militärstaat

Kein anderer europäischer Staat der Neuzeit hat vor dem Aufstieg Brandenburg-Preußens in solchem Maße die Bezeichnung „Militärstaat" verdient wie das Schweden Gustav Adolfs und seiner Nachfolger. Es kam zwar zu keiner eigentlichen geistigen und ethischen Militarisierung, aber sämtliche Stränge staatlichen Wirkens waren auf das eine große, alles andere zu vergleichsweiser Bedeutungslosigkeit verurteilende Ziel gerichtet, Schweden den Status einer unüberwindlichen Kriegsmacht zu verschaffen und zu erhalten. Innere Reformen und außenpolitische Initiativen, Finanzpolitik und Wirtschaftsförderung, alles hatte der militärischen Stärke Schwedens zu dienen, hatte sie zur Voraussetzung und zum Zweck. Auslösender Faktor war „ein gleichsam unentrinnbarer Primat von Außenpolitik", der Schwedens Großmachtzeit kennzeichnete (Klaus Zernack 1981, S. 343), eine nicht minder unentrinnbare „Eigengesetzlichkeit des Militärischen" war das Ergebnis (Herbert Langer in: Konrad Repgen 1988, S. 346). Dabei ist es höchst bemerkenswert, daß in Schweden ein modernes Kriegswesen zustandekommen konnte, ohne daß dies, wie in den absolutistisch regierten Staaten des Kontinents, zwangsläufig mit der Beseitigung der aus dem Mittelalter herrührenden ständischen Verfassungstraditionen, verbunden gewesen wäre.

Wenn ihm auch manche seiner Vorgänger bei dieser Entwicklung vorgearbeitet hatten, ganz besonders Gustav I. und Erik XIV., so kann der schwedische Militärstaat im wesentlichen doch als eine Schöpfung Gustav Adolfs gelten. „Die Periode vor 1620 sollte als eine Phase gesehen werden, in der man Krieg führte, obwohl die Gesellschaft nur bis zu einem gewissen Grade dafür organisiert war, die kriegerischen Anforderungen zu erfüllen. Innere soziale Verhältnisse hatten noch das Übergewicht gegenüber der äußeren Logik des Krieges. Unter Gustav Adolf gab sich Schweden unwiderruflich der Kriegführung auf dem Kontinent hin und die Gesellschaft wurde organisiert, um den Notwendigkeiten solcher Kriegführung gewachsen zu sein ... die Gesellschaft wurde zur Gänze den Bedürfnissen des ‚Militärstaats' unterworfen. Es geschah dies unter Gustav Adolf durch Zentralisation und durch die Konzentration gesellschaftlicher Macht in der Hand des Königs. Dies wurde zum Teil deshalb erreicht, weil Gustav Adolf enorme persönliche Autorität einsetzen konnte, zum Teil, indem man bereits vorhandene Kontroll- und Verwaltungsstrukturen reorganisierte und neue schuf." (Jan Lindegren 1985, S. 335)

„Ordnung des Kriegsvolkes"

Die große Aufmerksamkeit, die der König dem organisatorischen Unterbau seiner Kriegspolitik schenkte, geht auch daraus hervor, daß eine der ganz wenigen erhaltenen Abhandlungen aus seiner Feder diesem Thema gewidmet ist. Der bereits 1620 oder 1621 entstandene Traktat trägt den Titel *„Krigsfolksordning"* („Ordnung des Kriegsvolkes") und ist, wie Gustav Adolfs Werk zur schwedischen Zeitgeschichte, Fragment geblieben. In dem sehr sorgfältig ausgefeilten Teil, der vollendet wurde und sich erhalten hat, befaßt sich Gustav Adolf mit der Aushebung der Truppen (*„Om utskrivning"*). Vorarbeiten zu anderen Abschnitten mögen in den 1621 veröffentlichten schwedischen Kriegsartikeln Niederschlag gefunden haben.

Es handelt sich um „eines der Hauptdokumente des Militärstaates" und enthält die Begründung und Beschreibung eines Systems, in dem „alle dazu kommen, alle zu kontrollieren". (Sven Lundkvist 1985, S. 237) Der König geht von alttestamentarischen und antiken Vorbildern aus, um zu beweisen, daß ein Volk mächtig ist und in Glück und Sicherheit lebt, solange es über eine gute und funktionierende Wehrordnung verfügt. Geht diese verloren, dann wird der Staat unweigerlich von seinen Nachbarn mit Krieg überzogen werden und schließlich seine Unabhängigkeit verlieren. Das war bei den Juden nicht anders als bei den Assyrern, Persern, Griechen und Römern, und die Goten und Schweden mußten die gleichen Erfahrungen machen. Die Mängel in der schwedischen Kriegsordnung hätten nun dazu geführt, daß die dem Lande zukommende Stellung verlorengegangen sei, und daß man sogar stets mit äußerer Einmischung in die inneren Angelegenheiten und Sturz der eigenen Dynastie rechnen müsse. Die Niederlagen, die man erlitten habe, seien eben nicht darin begründet, daß es den Schweden an Mut fehle, wohl aber an einer festen Ordnung im Kriege wie auch in anderen Bereichen.

Die Wehrpflichtigenarmee

Das vom König für sein Land entwickelte System basierte auf der Mobilisierung der eigenen Volkskraft in Form des *„utskrivning"* („Ausschreibung"), also der einen bestimmten Prozentsatz der kriegsfähigen Bevölkerung treffenden Wehrpflicht (Konskription). Um das System funktionieren zu lassen, mußten die potentiell wehrpflichtigen Männer erfaßt und kontrolliert werden. Im Prinzip war das nichts anderes als die verwaltungsmäßige Vervollkommnung des alten schwedischen Militärwesens. Ähnliche Bestrebungen gab es damals in vielen Ländern Europas, denn die Anwerbung von Söldnern, freien Berufssoldaten also, in der die einzige Alternative bestand, war so sündhaft teuer, daß sich der Gedanke geradezu aufdrängte, die eigenen Landeskinder in die Pflicht zu nehmen und zum Militärdienst heranzuziehen. Das Vorbild des Wehrpflichtigenheeres der römischen Republik, wie es seit Machiavelli immer wieder propagiert wurde, hat gewiß auch zur Popularität dieser Idee beigetragen. Die Praxis zeigte aber regelmäßig, daß die ausgehobenen Milizen im Ernstfall den angeworbenen Berufskriegern geradezu hoffnungslos unterlegen waren, und daß „die uf sie gewendte spesa fast vergeblich und umbsonst geschehen", wie Maximilian von Bayern betrübt feststellen mußte, als 1632 seine über viele Jahre hinweg aufgebauten „Landfahnen" angesichts der sieggewohnten schwedischen Truppen schmählich versagten. (Mandat Maximilians I. vom 10. Dezember 1632, Eugen von Frauenholz, 1939, Bd. III/2, Beilage 44)

Der Grund dafür, daß das schwedische System sich so ausgezeichnet bewähren sollte, während ähnliche Experimente in anderen Ländern scheiterten, lag darin, daß Gustav Adolf aus den Konskribierten keine Miliz, keine amateurhaften bloßen Landesverteidiger machte, sondern daß er das durch die Aushebung bereitgestellte Rekrutenmaterial durch intensive Ausbildung und langjährigen aktiven Dienst professionalisierte. Er verband so die durch die Konskription gewährleistete billige Rekrutierung mit den qualitativen Vorzügen des Berufssoldatentums. Auf andere Weise hätte es das arme und zurückgebliebene Schweden, das Gustav Adolf von seinem Vater geerbt hatte, nie zu einer starken und schlagkräftigen, auch im Offensivkrieg einsetzbaren Armee bringen können.

Ein Modell für andere Länder wurde aus dem System Gustav Adolfs jedoch nicht, mußten doch auch die Schweden selbst in den späteren Regierungsjahren des Königs mehr und mehr von geworbenen Söldnern Gebrauch machen. Der Grund hierfür war, daß Schweden und Finnland über ein zu geringes Bevölkerungspotential verfügten, um auf Dauer den furchtbaren Aderlaß verkraften zu können, der sich aus Gustav Adolfs fast ununterbrochener Kriegführung ergab. Die Kämpfe gegen Dänemark und Rußland sowie den Krieg in Livland hatte man noch überwiegend mit den eigenen nationalen Truppen zu führen vermocht. Aber schon im preußischen Krieg mußten diese in ganz erheblichem Maße durch geworbene Ausländer ergänzt werden. Das Eingreifen in Deutschland machte dann

Soldatenmassen erforderlich, die die nationalschwedischen Einheiten in quantitativer Hinsicht sehr rasch in den Hintergrund treten ließen.

Trotzdem kommt dem Konskribiertenheer Gustav Adolfs beim Aufbau der schwedischen Großmachtstellung herausragende Bedeutung zu. Seine Kostengünstigkeit ermöglichte die erfolgreiche Beendigung der ersten Kriege des Königs. Auf diese Weise wurden neue Mittel erschlossen, die es dann schließlich erlaubten, die Armee durch große Massen geworbener Söldner zu den gewaltigen Dimensionen anschwellen zu lassen, die Gustav Adolfs strategische Pläne in Deutschland notwendig machten. Aber auch nachdem die nationalschwedischen Einheiten nur mehr eine Minderheit innerhalb des königlichen Heeres ausmachten, waren sie wegen ihrer Zuverlässigkeit immer noch von besonderem Wert.

Theoretisch bestand in fast allen europäischen Ländern in irgendeiner Form eine grundsätzliche Wehrpflicht der Untertanen, doch war sie in der Regel auf die reine Verteidigung innerhalb der Landesgrenzen beschränkt. So war es auch im frühneuzeitlichen Schweden. Als Gustav Wasa seinen Unabhängigkeitskrieg gegen Dänemark führte, ergänzte er vorübergehend die einheimischen Milizen durch deutsche Söldner. Abgeschreckt durch die hohen Kosten, begann der König 1544 ein stehendes Heer aus freiwillig dienenden Landeskindern aufzubauen. Als das nur ungenügende Resultate brachte, ging er bereits zum *utskrivning*, zur Konskription über. Es gab starke Widerstände in der Bevölkerung und im Reichstag, viele Ausnahmen mußten gewährt werden. Im Normalfall hielten sich die meisten Wehrpflichtigen zu Hause auf, nur einige Garde- und Garnisonstruppen zur Bewachung der königlichen Festungen standen dauernd unter Waffen. Dementsprechend waren Disziplin und Ausbildung der meisten Einheiten höchst mangelhaft. Erik XIV. versuchte eine radikale Heeresreform nach altrömischem Vorbild durchzuführen und hatte auch einigen Erfolg damit, doch nach seinem Sturz ging man mit Erleichterung zum alten Schlendrian über. In irregulären Abwehrkämpfen in waldigem Gelände bewährten sich die schwedischen Milizen in den folgenden Jahrzehnten immer wieder recht gut, aber für die Kriegführung im offenen Feld erwiesen sie sich einem wirklich gefährlichen Feind gegenüber als untauglich, wie die Erfahrungen Karls IX. im Kampf gegen die Polen drastisch zeigten.

Es kann daher nicht verwundern, daß Gustav Adolf in seinen ersten Regierungsjahren den Söldnern bei weitem den Vorzug gab. Sie kämpften besser, da sie Freiwillige seien, heißt es in einem seiner damaligen Schriftstücke, sie seien erfahrene und ausgebildete Leute, sie hätten einen besseren Ruf als Krieger, und man würde durch ihre Anwerbung die Kräfte des eigenen Landes schonen (Styffe, S. 61). Auch das Vorbild der niederländischen Heeresreform wies in diese Richtung, denn die Armee der Generalstaaten rekrutierte sich größtenteils aus dem internationalen Söldnertum. In einer Instruktion für Gustav Horn zu Verhandlungen mit Moritz von Oranien vom 30. September 1623 rückte Gustav Adolf jedoch dem berühmtesten Experten des niederländischen Heerwesens gegenüber die Vorzüge seiner nationalschwedischen Konskribierten in den Vordergrund: „Diese Fußsoldaten sind nicht vom Sold verführt oder in Spelunken aufgelesen, wo sie sich in Unkenntnis der Gefahren verpflichten lassen, sondern sie werden aus der ländlichen Bevölkerung ausgehoben, gewählt mit sicherem Urteil. Sie sind frisch an Alter, gewöhnt an Arbeit und Strapazen, an Kälte, Hitze, Hunger und Wachen, mit keinerlei Verweichlichung vertraut und mit wenigem zufrieden. Viele von ihnen verstehen die Seefahrt oder ein Handwerk; sie erweisen ihren Vorgesetzten bereitwillig Gehorsam, befolgen Befehle ohne Murren und halten vorzüglich Disziplin. Bei der Ausbildung sind sie gelehrig und sie sind körperlich stark und gesund. Wenn es die Lage erfordert und wenn sie richtig geführt werden, dann verachten sie Tod und Unheil." (AOSB, I. 1, S. 592)

Ganz so glatt und einfach, wie es Gustav Adolfs Schilderung hier glauben läßt, war die Konskription allerdings auch wieder nicht durchzuführen. Jedes *utskrivning* bedurfte der Genehmigung der Stände und war von heftigen Klagen im Reichstag begleitet, viele der betroffenen Wehrpflichtigen versuchten sich mit allen möglichen Mitteln dem Dienst zu entziehen oder desertierten einfach. In der Provinz Dalarna mit ihrer langen Tradition von Aufständen kam es während des Krieges mit Rußland wegen Mißbräuchen bei der Rekrutierung zu Massendesertionen und schweren Unruhen, die stark antiaristokratischen Charakter hatten. Die vom König angeordnete Hinrichtung aller ergriffenen Deserteure wurde schon bald ausgesetzt, um einen regelrechten Bürgerkrieg zu vermeiden. Man einigte sich schließlich auf einen Kompromiß, dem zufolge Dalarna gegen Stellung von 1.400 auf beliebige Weise aufzubringenden Soldaten vom Verfahren des *utskrivning* ausgenommen wurde. Auch in Finnland waren Desertion und Widersetzlichkeit so verbreitet, daß selten mehr als die Hälfte des vorgesehenen Rekrutenkontingents tatsächlich eingezogen werden konnte.

In seinen Grundzügen hatte sich das System des *utskrivning* schon in der 2. Hälfte des 16. Jahrhunderts entwickelt. Der Ortspfarrer gab von der Kanzel den Termin bekannt und verfaßte eine Liste aller wehrfähigen Männer im Alter von 15–50 Jahren, von denen aber in der Regel nur die

18–40jährigen wirklich genommen wurden. Eine zur Hälfte aus Soldaten, zur Hälfte aus zivilen Amtsträgern bestehende Kommission nahm dann die Musterung vor. Die Wehrpflichtigen wurden zu diesem Zweck in Gruppen (*rotar*) von 10–20 Mann eingeteilt, von denen dann je einer ausgewählt wurde. Für diesen wurde ein Bürge bestimmt, der im Falle der Desertion einen Ersatzmann stellen oder Strafe zahlen mußte.

1620 erließ Gustav Adolf detaillierte Bestimmungen zur Ausführung des *utskrivning*. Die obere Altersgrenze wurde völlig aufgehoben. Die Absicht hierbei war natürlich nicht, 50- oder 60jährige Rekruten zu den Waffen zu rufen, sondern den Kreis der innerhalb der *rotar* in Frage kommenden Männer zu verkleinern und dadurch einen höheren Prozentsatz von diesen einzuziehen. Wer nicht zur Musterung erschien, wurde automatisch verpflichtet, fahrende Händler und Handwerker hatten ebenfalls wenig Aussicht, dem Dienst zu entgehen, die Rekrutierung von Verbrechern war dagegen verboten. Je höher die von einem Bauern bezahlte Pacht oder Steuer war, mit desto größerer Wahrscheinlichkeit entging er dem Militärdienst, da die staatlichen Einkünfte möglichst wenig in Mitleidenschaft gezogen werden sollten. Ausgenommen von der Wehrpflicht waren Söhne aus Familien, die schon einen Sohn bei der Armee hatten, einzige Söhne von Witwen, Arbeiter in der Rüstungsindustrie, Bergarbeiter, Priester, persönliche Diener von Adeligen, Offizieren und Reiterdienst Leistenden, der Adel selbst und verschiedene kleinere Personengruppen. Dies erklärt einen alljährlichen Exodus von jungen Männern in die Bergbaugebiete, um dort eine vom Wehrdienst befreiende Tätigkeit zu suchen.

Die privilegierte Stellung des Adels erstreckte sich bis 1627 auch auf ihre Bauern, die *frälsebönder*. Während die Bauern auf Krongut und die freien Bauern in *rotar* von 10 Mann erfaßt wurden, zählten die der *frälsebönder* 20, wodurch der Prozentsatz der Eingezogenen bei den Adelsbauern nur halb so hoch war wie bei den anderen Gruppen. Der Grundherr hatte ferner das Recht, selbst zu bestimmen, wer von seinen Bauern zur Armee gehen mußte. Ab 1627 war auch die *rota* der *frälsebönder* nur mehr 10 Mann stark. Der Adel sah in seiner Zustimmung zu dieser Maßnahme ein vorübergehendes Zugeständnis, aber Gustav Adolf ging darauf nicht ein und beließ es bei der neuen Regelung.

Wer bei der Musterung der Rekrutierung entgangen war, der sah sich damit noch nicht aller Verpflichtungen enthoben, denn die übrigen 9 oder 19 Mann einer *rota* mußten pro Kopf 18 *daler* zahlen, um die Ausrüstung für ihren Soldaten zu finanzieren. Ab 1630 ging das Ausrüstungsgeld direkt an die Kriegskasse, aus der dann der Rekrut mit allem Nötigen versorgt wurde. Die Möglichkeit, einen Ersatzmann zu stellen, wurde 1627 beseitigt.

Unterhalt der Truppen

Gustav Adolf gelang es aber nicht nur, die Aufbringung seiner nationalschwedischen Truppen fast ohne Kosten für den Staat zu organisieren – selbst die Anreise der Musterungskommission mußte die betroffene Gemeinde selbst bezahlen –, sondern er wälzte auch einen Großteil des Unterhalts der Armee in Friedenszeiten auf die Bevölkerung ab. Die Soldaten wurden Bauern zugewiesen, die für ihre Unterkunft und Verpflegung zu sorgen hatten. Als Gegenleistung sollte der Einquartierte bei der Landarbeit helfen. Die Besoldung erfolgte auf der Grundlage einer *hemman* (Heimstatt) genannten fiskalischen Einheit. Dem Infanteristen stand ein Jahressold von 1/8 *hemman* zu, dem Kavalleristen das Achtfache, also ein ganzes *hemman*. In dem seltenen Falle, daß der Soldat selbst über entsprechenden Grundbesitz verfügte, konnte er den Betrag einfach von seinen Abgaben abziehen und als Entlöhnung einbehalten. Wenn er jedoch bei einem Bauern einquartiert war, dann bezahlte ihm dieser den Sold und verrechnete ihn mit seinen eigenen Abgaben.

Es war ein einfaches und kostengünstiges System, bei dem vor allem eine Menge Verwaltungsaufwand gespart wurde, es krankte aber auch an einigen Übeln, die sich im Laufe der Zeit immer deutlicher bemerkbar machten. Die wachsende Stärke der Armee und namentlich der Kavallerie ließ den für die Versorgung der Soldaten erforderlichen Landbedarf gewaltig anschwellen, während gleichzeitig infolge der Alienationen von Kronland der von derartigen Belastungen befreite Adelsbesitz stetig zunahm. Auch neigten Kavalleristen und ihre Finanziers, denen ja nicht selten ganze Höfe zur Verfügung standen, dazu, so schnell wie möglich aus dem Land viel herauszuwirtschaften, wobei dieses dann oft genug ruiniert wurde.

Die Notwendigkeit, für die Armee in ausreichendem Umfang Land bereitzustellen, wurde in der zweiten Jahrhunderthälfte zu einem entscheidenden Motiv für die Reduktion des durch Alienation an den Adel verlorengegangenen Kronbesitzes. Dann erst sollte unter Karl XI. die Verbindung von Wehrpflicht und Landzuteilung (*indelningsverket*) ihre volle Ausformung finden.

Wehrsold

Die Besoldung im Krieg setzte sich aus zwei verschiedenen Arten von Zahlungen zusammen, nämlich der „Löhnung" (*läning*) und dem eigentlichen Sold. Letzterer spielte bei den Mannschaften der nationalschwedischen Truppen so gut wie gar keine Rolle. Die Löhnung, mit der der Soldat im wesentlichen seinen Lebensunterhalt bestreiten sollte, wurde oft zum überwiegenden Teil in Naturalien ausbezahlt. Einschließlich Proviant und Kleidung beliefen sich nach einer 1623 verfaßten Berechnung Oxenstiernas die Personalkosten pro Jahr für einen ausgehobenen Infanteristen auf etwa 45 Reichstaler und für einen Reiter auf 64. Der Vergleich mit den von geworbenen Soldaten verursachten Kosten zeigt, wie viel Geld durch den Einsatz nationalschwedischer Truppen gespart wurde: Ein geworbener Infanterist kam nach der gleichen Quelle im Jahr auf über 82 Reichstaler, ein Kürassier gar auf über 257. Der enorme Unterschied bei der Reiterei reduziert sich allerdings um einiges, wenn man die kostspielige Aufstellung der Truppe berücksichtigt, die ja bei der nationalschwedischen Kavallerie im Lande erfolgen mußte und den achtfachen Aufwand im Verhältnis zu der von Infanterie verursachte, während sie bei der geworbenen vom Vertragspartner selbst finanziert worden war und daher im Preis berücksichtigt werden mußte.

Rekrutierung der Kavallerie

Die Rekrutierung der schwedischen Kavallerie hatte Gustav Adolf auf eine ganz neue Grundlage stellen müssen. Traditionell wäre es Sache des Adels gewesen, die Reitertruppe zu stellen. Dies geschah im Rahmen des *rusttjänst*, zu dem jeder Adelige verpflichtet war und dem er ursprünglich seine Steuerfreiheit verdankte. Je nach Größe seines Besitzes hatte er einen oder mehrere schwerbewaffnete Kavalleristen auszurüsten und zum Heer zu schicken, persönlicher Dienst war nicht Voraussetzung. Unter Gustav Adolfs Vorgängern ließ sich diese Regelung immer weniger durchsetzen und unter Karl IX. ist sie ganz zusammengebrochen. 1612 stellte der Adel gerade noch 20 Reiter. Das bessere Verhältnis, das dann zwischen Gustav Adolf und der schwedischen Aristokratie herrschte, ließ die Zahlen zwar in den folgenden Jahren wieder etwas zunehmen, so daß 1623 200 Reiter aufgrund des *rusttjänst* ins Feld zogen, 1630 sogar 375. Doch gemessen an dem enorm gesteigerten Bedarf gerade an dieser Waffengattung, wie er sich im Laufe der 1620er Jahre ergab, war dies nur ein Tropfen auf den heißen Stein.

Utskrivning kam für die kostspielige und besondere Anforderungen an die Rekruten stellende Kavallerie nicht in Frage. Der Ausweg bestand darin, daß man zu einem Freiwilligensystem überging, das in einigen Punkten die für den Unterhalt der Infanterie gefundenen Lösungen übernahm, dem einzelnen Reiter aber eine ausgesprochen privilegierte Stellung einräumte. Er erhielt nicht nur das Achtfache an Land zur finanziellen Ausbeutung überstellt und war von verschiedenen Abgaben und Steuern befreit, es waren auch seine ganze Familie und seine persönlichen Diener vom *utskrivning* ausgenommen, und nach Dienstende stand ihm als Pension ein steuerfreier Hof zu. Kein Wunder, daß es an Freiwilligen nicht mangelte, und daß sich an der Aufstellung der Kavallerie auch Geschäftsleute beteiligten. Wer nämlich Pferd und Ausrüstung eines Kavalleristen bezahlte und dann auch noch einen Freiwilligen „organisierte", kam gleichfalls in den Genuß der genannten Vergünstigungen. Auf diese Weise gelang es erstmals, eine schlagkräftige schwedische Reiterei aufzustellen. Anfang der 1620er Jahre betrug ihre Stärke etwa 2.500 Mann, 1630 um die 8.000. Es war eine Elitetruppe in jeder Hinsicht, Desertionen kamen fast überhaupt nicht vor. Besonderen Ruhm erlangte die finnische Kavallerie auf ihren kleinen Pferden, das *„agmen horribile haccapelitorum"*, „die schreckliche Schar der Haccapelitoren" (letzteres Wortungetüm ist eine Latinisierung von *„hakka päälle*!" – „Hau drauf!", dem Schlachtruf der finnischen Reiter). Finnland stellte fast die Hälfte der nationalschwedischen Reiterei.

Die Freiwilligenwerbung für die Kavallerie nahm dem Fußvolk natürlich einen Teil der besten und willigsten Soldaten weg. Da die schlechter besoldete, schlechter verpflegte, schlechter untergebrachte, weniger angesehene und weniger geschonte Infanterie zudem auch die weit höheren Verluste zu haben pflegte, traten in der Rekrutierung dieser Waffengattung chronische Engpässe auf.

Jahr für Jahr gelang es dem König, dem Reichstag die Zustimmung für ein neuerliches *utskrivning* abzutrotzen. 1626 waren es 8.000 Mann, 1627 13.500, 1628 15.500 (wovon nur 11.000 wirklich eingezogen werden konnten), 1629 8.000, 1630 9.000. Das Hauptargument Gustav Adolfs bestand darin, auf diese Weise würde es dem Land erspart bleiben, selbst Kriegsschauplatz zu werden: „So möchte ich annehmen, daß jeder, der seinen Diener, Sohn oder Mann hergeben muß, das lieber dulden und ertragen wird, als daß sein Eigentum verdorben und er selbst mit Frau und Kind obdachlos wird, und daß die, welche hinausziehen müssen, billigerweise lieber die Beschwerden auf sich nehmen, die der Krieg dem Soldaten auferlegt, als daß sie ihr Vaterland verwüstet, Familie, Freund und sich selbst verdorben und an Leib und Seele versklavt sehen wollen, weshalb denn auch S. K. M. von den Ständen erwartet, daß sie diesem Punkt [einem neuerlichen *utskrivning*] zustimmen werden." (Styffe, S. 304f.)

Die Verluste

Für die, „welche hinausziehen müssen", war es meist ein Abschied für immer. Die Dienstzeit betrug in der Regel 20 Jahre und nur ganz wenige haben ihr Ende erlebt. Ein Östergötlandregiment, das eine Sollstärke von etwa 1.200 Offizieren und Mannschaften besaß, verlor in den Feldzügen von 1631 bis 1633 an Gefallenen und tödlich Verwundeten 32 Offiziere (wohl mit Einschluß der Unteroffiziere) und 149 Mannschaften, an Gestorbenen (meist an Krankheiten) 16 Offiziere und 345 Mannschaften, an Gefangenen 7 Mannschaften, an Desertierten, Zurückgelassenen und Vermißten 5 Offiziere und 126 Mannschaften. Abkommandiert wurden in dieser Zeit 1 Offizier und 25 Mannschaften, ihren Abschied erhielten 1 Offizier und 18 Mannschaften.

Dieses Regiment diente in Deutschland, wo verhältnismäßig günstige klimatische und logistische Verhältnisse herrschten.(Die Kriegführung und selbst der bloße Besatzungsdienst im östlichen *Balticum* pflegten noch sehr viel höhere Verluste durch Krankheiten, Kälte und Unterernährung zu kosten.) Daß dennoch von den Mannschaften mehr als das Doppelte an Krankheiten als an Waffeneinwirkung gestorben ist, war in frühneuzeitlichen Kriegen ganz normal und sollte sich erst im späteren 19. Jahrhundert ändern. Die tödlichen Gefechtsverluste der Dienstgrade sind mit 25% vom Sollbestand deutlich höher als die der Mannschaften mit 15%, was ebenfalls nicht ungewöhnlich ist.

Die volle Schwere der Verluste und ihre demographischen und sozialen Auswirkungen auf Schweden wurden erst erkannt, als Jan Lindegren 1979 eine detaillierte Untersuchung über die Zustände in der Pfarrgemeinde Bygdeå in Västerbotten zwischen 1620 und 1640 vorlegte, die zu Beginn dieses Zeitraums aus 250 Höfen mit 1.900 Einwohnern bestand. 230 junge Männer wurden in diesen zwei Jahrzehnten eingezogen, 1639 waren 215 von ihnen tot, 5 waren als nicht mehr tauglich entlassen worden und die restlichen 10 taten noch Dienst. Die meisten von ihnen waren im *Balticum* an Krankheiten gestorben, die höchste Mortalität fiel in die Jahre 1627 und 1629, die noch vor dem Eintritt Schwedens in den Dreißigjährigen Krieg lagen. Die Folge dieses Massensterbens war, daß die männliche Bevölkerung im Alter zwischen 15 und 60 Jahren von 472 im Jahre 1621 auf 294 im Jahre 1639 zurückging. Am Ende des untersuchten Zeitraums

„Irrländer" und „Lappe". Deutscher Kupferstich aus dem Jahre 1631. Auf einer Reihe von Flugblättern wurden dem staunenden deutschen Publikum die exotisch wirkenden Bestandteile der schwedischen Armee vorgestellt. Bei dem Iren soll es sich um einen von 8.000 handeln, die in Stettin an Land gegangen seien. Auf einem anderen dieser Flugblätter wird die Zahl mit 800 angegeben. Gemeint ist wohl das aus Schotten und Iren bestehende Regiment Alexander Hamiltons, das im August 1631 in Stettin eintraf. Der Soldat trägt die barettartige, gewöhnlich blaue Mütze, die in Irland und gab es in Bygdeå um 50% mehr Frauen als Männer, läßt man aber Kinder und alte Männer außer Betracht, dann überwog bei den wirtschaftlich produktiven Jahrgängen das weibliche Geschlecht um 300%. Die Zahl der von Frauen geführten Haushalte versiebenfachte sich. Bei der letzten Rekrutierung war die Hälfte der Konskribierten nur mehr 15 Jahre alt, der Rest nicht viel älter. Bei alledem wurde der auf der Gemeinde lastende Steuerdruck nicht im mindesten verringert. Fast alle Gewerbe neben dem Getreideanbau mußten aufgegeben werden, die Lebensverhältnisse wurden nicht nur kärglicher, sondern auch primitiver.

Lindegren hat gewarnt, die Verhältnisse von Bygdeå zu verallgemeinern, doch scheinen weitere statistische Stichproben zu zeigen, daß man durchaus berechtigt ist, sie für das ganze Land als einigermaßen repräsentativ zu erachten. Wenn auch die die Gesamtbevölkerung betreffende demographische Katastrophe, die große Teile Deutschlands im Laufe des Dreißigjährigen Krieges entvölkert hat, den Schweden erspart geblieben ist, die Auswirkungen der ununterbrochenen Kriege waren immer noch schlimm genug. Prozentual betrachtet, hat die männliche Bevölkerung Schwedens unter Gustav Adolf vermutlich weit höhere Opfer bringen müssen als die Deutschlands im 1. oder 2. Weltkrieg.

Es kann daher nicht verwundern, daß der nationalschwedische Anteil in der Armee Gustav Adolfs immer mehr zurückgegangen ist, und daß man in zunehmendem Maße bemüht war, ihn möglichst zu schonen. Bereits bei Beginn des Deutschlandkrieges hatte man den größeren Teil der nationalen Einheiten in der Heimat und in den baltischen Provinzen zurückgelassen. Von den 38.000 Mann, die im Juni nach Deutschland gebracht wurden, waren aber immerhin etwa die Hälfte noch Schweden und Finnen. Ein erheblicher Teil von diesen blieb im Laufe der weiteren Operationen in Küstennähe stationiert, nicht nur um ihnen Verluste zu

Schottland populär war, und einen langen gegürteten Kittel, dessen kariertes Muster gewiß einen iroschottischen *Tartan* darstellen soll. Der Lappe ist in Rentier- oder „Gemsen"-leder gekleidet, wie der zugehörige Text erläutert. Beide Krieger führen außer einer Muskete und einem Seitengewehr Pfeil und Bogen. Lappische Hilfstruppen bedienten sich in den Grenzkriegen in Finnland tatsächlich noch manchmal des Bogens, in Deutschland dürfte er jedoch kaum eingesetzt worden sein. Den aus England, Irland und Schottland stammenden Soldaten war es von ihrer Regierung verboten, Kriegswaffen ins Ausland mitzunehmen, weshalb manche von ihnen mit langen Messern, Bogen und Pfeilen als Rudimentärbewaffung ankamen. Sie erhielten aber von der schwedischen Heeresleitung alsbald die üblichen Dienstwaffen. Für die Kleidung gilt ähnliches. Die in ihrer heimischen Tracht eintreffenden Rekruten wurden baldmöglichst regulär eingekleidet, wenn auch funktional nicht störende Besonderheiten wie die iroschottischen Mützen vereinzelt länger getragen worden sein mögen. (Nürnberg, Germanisches Nationalmuseum).

ersparen, sondern auch um den Schutz der Basis an der Ostseeküste den eigenen Truppen anzuvertrauen, die natürlich als zuverlässiger galten als die angeworbenen Ausländer.

Die Armee, mit der Gustav Adolf am 17. September 1631 bei Breitenfeld gesiegt hat, dürfte auch ohne Berücksichtigung der verbündeten Sachsen zu höchstens noch einem Viertel aus nationalen Truppen bestanden haben. Im Sommer 1632 war das schwedische Heer in Deutschland auf insgesamt fast 150.000 Mann angeschwollen, von denen kaum 10% Schweden waren. Nach Gustav Adolfs Tod wurden schon bald fast sämtliche nationalschwedischen Truppen aus den Feldheeren abgezogen und an die Küsten verlegt, wo sie die wichtigen Häfen besetzt hielten, die für das Königreich von überragender Bedeutung waren. Die Schlachten schlugen Söldner überwiegend deutscher Provenienz, die sich in ihrem Charakter kaum von den Soldaten der anderen Kriegführenden unterschieden. Die Schweden stellten dann nur mehr die Fahnen und einen Teil der höheren Offiziere.

Söldner im Dienste Schwedens

Unter den ausländischen Soldaten Gustav Adolfs spielten zunächst die Briten die bedeutendste Rolle. Es handelte sich überwiegend um Schotten, aber auch Iren, Engländer und Waliser waren stark vertreten. Allein in Schottland verließen zwischen 1626 und 1632 etwa 25.000 Männer das Land, um in der Ferne Militärdienst zu nehmen. Die meisten von ihnen gingen zur dänischen oder zur schwedischen Armee. Manche waren von ihren heimischen Behörden als Tunichtgute abgeschoben worden, die meisten aber hatten sich aus materieller Not oder aus Abenteuerlust zu dieser Karriere entschlossen. Gewiß wurde auch der ein oder andere von protestantischem Solidaritätsgefühl motiviert, doch war für die meisten Söldner die konfessionelle Zugehörigkeit nebensächlich. Die Iren waren zumeist katholisch und unter den Deutschen, die ab 1631 den weitaus größten Teil der ausländischen Truppen in schwedischen Diensten ausmachten, fanden sich Lutheraner, Calvinisten und Katholiken in beliebiger Mischung. Auf der Gegenseite war das nicht anders. In den Heeren des Kaisers und der Liga sollen zeitweise mehr Protestanten als Katholiken gedient haben, wie Tilly vielleicht etwas überspitzt einmal gesagt hat. Schotten und Iren gab es hier gleichfalls in nicht geringer Zahl. Bezeichnenderweise war es eine häufig angewandte Praxis, gefangene feindliche Soldaten gleich in die eigene Armee einzureihen.

Die Briten stellten fast ausschließlich Infanterieeinheiten, da sie beim

9a Ausschnitt aus einem Stammbaum König Karls IX. von Schweden, angefertigt 1598 von Hieronymus Nützel. Das große Wappen in der Mitte ist das persönliche dieses Königs, zusammengesetzt in den beiden oberen Feldern aus den üblichen Elementen des schwedischen Reichswappens, während die unteren Felder die Wappen von Södermanland, Närke und Värmland zeigen, Landschaften, die Karl als Herzog regiert hatte, bevor er die Königskrone errang. Der Greif von Södermanland hält auch zusammen mit dem schwedischen Löwen den Wappenschild. Unter dem Wappen steht der König, seinen beiden Frauen die Hände reichend: links von ihm die 1589 verstorbene Wittelsbacherin Maria von der Pfalz, rechts ihre Nachfolgerin Christina von Holstein-Gottorp, die er 1592 heiratete. Ganz unten sind die Kinder aus beiden Ehen verzeichnet, als zweiter von rechts Gustav Adolf. (Stockholm, Kungliga Biblioteket)

9b Silbermedaille mit Porträt des 18-jährigen Gustav Adolf aus dem Jahre 1612. (Stockholm, Antikvarisk-Topografiska Arkivet)

10 Porträt König Christians IV. von Dänemark (1577–1648). Das Bildnis wurde um 1612 von Peter Isaacsz gemalt. Krone, Helm und Marschallstab sollen Christian als König und als Feldherren zugleich charakterisieren. (Frederiksborg, Nationalhistoriske Museum)

11 Porträt König Sigismunds III. von Polen (1566–1632). Das von Joseph Heintz dem Älteren, einem Hofmaler Kaiser Rudolfs II., um 1605 geschaffene Bild zeigt den polnischen Wasa mit dem Orden vom Goldenen Vlies. (München, Bayerische Staatsgemäldesammlungen).

12 Porträt Gustav Adolfs um 1626. Das von einem unbekannten, wohl niederländischen Maler geschaffene Bildnis zeigt den König im Harnisch mit blauer Feldbinde. (Privatbesitz)

13 Porträt der Maria Eleonore von Brandenburg, der künftigen Königin von Schweden und Gemahlin Gustav Adolfs (1599–1655). Das Gemälde stammt aus dem Jahre 1619. (Schloß Gripsholm, Schweden)

14 Porträt des Johannes Rudbeckius, Bischofs von Västerås (1581–1646). Das vermutlich von J. Friitz gemalte Bildnis zeigt den bedeutendsten Kirchenmann Schwedens und zeitweiligen Hofprediger Gustav Adolfs in seinen letzten Lebensjahren. (Stockholm, Svenska Porträtarkivet).

15 Porträt des schwedischen Reichskanzlers Axel Oxenstierna (1583–1654). Die Pastellzeichnung von David Dumonstier stammt aus dem Jahre 1633. (Stockholm, Vitterhetsakademien)

16 „Gustav Adolf, von Gottes Gnaden König der Schweden, Goten und Vandalen, Großherzog von Finnland, Herzog von Estland und Karelien, Herr von Ingermanland etc." Kupferstich zur Krönung Gustav Adolfs im Jahre 1617. Das Bild ist eingefaßt von den Wappen der der Krone Schweden untertanen Länder und Landschaften. In der oberen Reihe in der Mitte das Reichswappen, flankiert von den Wappen von Finnland, Nordfinnland, Südfinnland und Estland (rechts) und denen von Uppland, Västergötland, Småland und Östergötland. Die meisten schwedischen Landschaftswappen waren erst 1560 anläßlich des Begräbnisses von König Gustav I.kreiert worden. (Stockholm, Kungliga Biblioteket)

Verlassen der Insel weder Waffen noch Pferde mitnehmen durften. Die Deutschen wurden dagegen bis 1630 vornehmlich als Reiter engagiert, an denen es den Schweden ja trotz der Aufstellung ihrer neuen Kavallerieeinheiten ständig mangelte. Aber auch die berühmten „farbigen" Infanterieregimenter, das Gelbe, das Blaue, Rote und Grüne, die in den Jahren ab 1626 gegründet wurden, bestanden größtenteils aus Deutschen. Nach Breitenfeld und dem Vormarsch Gustav Adolfs nach Süd- und Westdeutschland strömten die Söldner in Massen seinen siegreichen Fahnen zu. Im Sommer 1632 durfte die schwedische Feldarmee bereits als eine ganz überwiegend deutsch rekrutierte gelten und im weiteren Verlauf des Krieges hat sich diese Tendenz noch weiter verstärkt.

Anwerbung

Die Anwerbung der Söldner geschah durch militärische Unternehmer unterschiedlicher Größenordnung – meist waren es die Regimentsinhaber (Obristen) –, die sich vom jeweiligen Dienstherrn ein Patent ausstellen ließen. Dabei mußten diese Offiziere erhebliche Summen für Waffen, Bekleidung und sonstige Ausrüstung, oft genug auch das Handgeld für die Rekruten vorschießen. Zu ihrem Profit kamen sie einmal durch Manipulationen in der Finanzverwaltung ihrer Regimenter, wobei sie sowohl ihren Dienstherrn als auch ihre Soldaten zu übervorteilen suchten, zum anderen durch die zahlreichen Gelegenheiten zur Bereicherung, die eine einigermaßen erfolgreiche Kriegführung in der Form von Kontributionen und Beute zu bieten pflegte. Die üblichen Methoden bestanden darin, daß man dem Dienstherrn höhere Präsenzstärken berechnete als man tatsächlich Leute unter der Fahne hatte, daß man erhebliche Abzüge an den vom Dienstherrn geleisteten oder durch Kontributionen erhobenen Soldzahlungen vornahm und in die eigene Tasche steckte, daß man in Menge beschaffte Ausrüstungsstücke oder Lebensmittel an seine Soldaten mit Aufschlag weitergab, und so fort. In kleinerem Maßstab betätigten sich die Hauptleute und Rittmeister gleichfalls als profitorientierte Unternehmer, da die Kompanien auf unterer Ebene in sich geschlossene Wirtschaftssysteme darstellten wie die Regimenter auf der oberen.

Bezahlung der Söldner

Während die höheren Offiziere oft sehr beachtliche Gewinne anhäufen konnten, waren die Aussichten für die Mannschaften, aus dem Krieg ein rentables Geschäft zu machen, weit schlechter. Natürlich konnten auch sie einmal Glück haben und etwa bei der Erstürmung einer Stadt reiche Beute machen oder in einer Schlacht einen hochrangigen Gefangenen in die Hand bekommen, von dem ein entsprechendes Lösegeld einzutreiben war, aber die regulären Einkünfte durch „Löhnung" und „Sold" waren überaus unsicher und blieben fast immer weit hinter den Abmachungen zurück, zu denen der Soldat sich verpflichtet hatte. Die einzigen erheblichen Summen, auf deren pünktliche Auszahlung der Söldner hoffen konnte, waren das bei der Anwerbung fällige Handgeld und das Laufgeld, durch das dem Rekruten die Reisekosten zum Standort seiner Einheit vorgeschossen wurden. Hatte er erst einmal diese Köder bekommen, mußte er froh sein, wenn er die nur für seine bloße Existenz ausreichende „Löhnung" einigermaßen regelmäßig erhielt. Einen Profit konnte er – Glücksfall wie Beute oder Lösegeld ausgenommen – nur machen, wenn der eigentliche Sold wenigstens ab und zu ausgezahlt wurde. Da sämtliche Kriegsherren damals militärisch weit über ihre Verhältnisse lebten, und viel mehr Truppen anwarben als sie tatsächlich bezahlen konnten, war von vornherein nicht damit zu rechnen, der Soldat würde je den ihm zustehenden Sold in voller Höhe erhalten. Das war natürlich bekannt, und die Angeworbenen gaben sich da keinen großen Illusionen hin. So ließen sie sich bei den hin und wieder auf Druck der Truppe hin unternommenen Abrechnungen ihre Soldrückstände gutschreiben, wobei sie gewöhnlich mit der Aussicht auf eine Verbesserung der militärischen und damit der finanziellen Situation des Kriegsherrn vertröstet wurden.

Tatsächlich hing die Fähigkeit, die Söldner zufriedenzustellen, direkt mit der Entwicklung der Kriegslage zusammen. Kämpfte man erfolgreich und konnte noch nicht allzusehr ausgesogene Gebiete besetzen, war man nicht nur in der Lage, die Truppe gut zu verpflegen, sondern man konnte auch die Gelder für die Soldzahlung von den Einwohnern erpressen, ein System, das man mit dem euphemistischen Ausdruck Kontribution bedachte und auf das unten ausführlicher zurückzukommen sein wird. Verliefen die Operationen jedoch weniger erfolgreich und hatte man keine leistungsfähigen Landstriche unter seiner Kontrolle, dann ernährte der Krieg nicht mehr den Krieg, die Soldaten erhielten kein Geld und mußten oft genug auch hungern. In solchen Situationen war mit massenhafter Desertion und regelrechten Meutereien, die man richtiger „Streiks" nennen müßte, zu rechnen.

Besonders kritisch wurde die Lage, wenn ein Waffenstillstand oder ein Friedensschluß sich abzuzeichnen schien. Solange der Krieg weiterging, konnten die Söldner noch auf Begleichung ihrer Soldrückstände hoffen, aber im anderen Fall blieb ihnen nichts anderes mehr übrig, als ihre

Kriegsherren zum Offenbarungseid zu zwingen. In keiner Armee des Dreißigjährigen Krieges war dieser Teufelskreis so ausgeprägt, wie in der schwedischen. Als Oxenstierna nach dem Tode Gustav Adolfs den Heilbronner Bund zur Grundlage der schwedisch-protestantischen Kriegführung machen wollte, und als nach der Katastrophe von Nördlingen sogar ein Ausscheiden Schwedens aus dem Krieg und ein allgemeiner Frieden „drohten", brachen Massenmeutereien aus, und der Reichskanzler wurde von seinen eigenen Truppen zeitweise als Geisel festgenommen. Kein Problem verzögerte die schließlich zum Westfälischen Frieden führenden Verhandlungen so sehr, wie die Frage der „Satisfaktion" der schwedischen Armee. Obwohl der Krieg insgesamt erfolgreich für das Land verlaufen war, hatte die Stockholmer Regierung nicht die leiseste Aussicht, die gewaltigen Soldrückstände, die sich im Laufe der Jahre angehäuft hatten, auch nur zu einem erheblichen Teil ausbezahlen zu können. Nur wenn es gelang, diese Last den Deutschen aufzubürden, bestand eine Chance, die eigene Armee zur Beendigung des Kriegszustandes zu bewegen. Der Frieden drohte andernfalls für Schweden ruinöser zu werden als der Krieg, wodurch dieser geradezu zum Selbstzweck wurde.

Zucht und Ordnung in der Armee

So verheerend sich die aus dem Söldnerwesen ergebenden Konsequenzen im Dreißigjährigen Krieg auswirkten, so ist es doch eine grobe Vereinfachung, die Schuld hierfür einfach auf die wüste „Soldateska" abzuwälzen. Die große Mehrzahl der Soldaten gehörte letztendlich auch zu den Opfern. Das Grundübel bestand nämlich darin, daß der Krieg Dimensionen angenommen hatte, die mit den damaligen Mitteln von den Regierenden weder organisatorisch im Griff behalten noch finanziert werden konnten. Wenn Bezahlung und Versorgung zusammenbrachen, war es nur zu verständlich, daß die Soldaten zur Selbsthilfe griffen. Da sie im Konflikt mit der Zivilbevölkerung die Stärkeren waren, wurde diese schließlich zum Hauptleidtragenden. Die alptraumhafte Furchtbarkeit des Dreißigjährigen Krieges, die entgegen den Behauptungen einiger neuerer Forscher durchaus keine Erfindung des 19. Jahrhunderts ist, kann weder als Folge des angeblichen Religionskampfes gelten, der nur sehr wenige Soldaten und Generäle wirklich fanatisiert haben dürfte, noch als ein Resultat der Rekrutierung der Armeen aus Vagabunden und Verbrechern, sondern sie war von dem krassen Mißverhältnis zwischen staatlichem Ehrgeiz und staatlichem Leistungsvermögen verursacht. Wie einige detaillierte Untersuchungen gezeigt haben, unterschied sich die Zusammensetzung der

Söldnerheere kaum von der der Bevölkerung im ganzen, von einem überproportionalen Anteil krimineller Elemente kann keine Rede sein. Die allermeisten Rekruten ließen sich, wie schon erwähnt, aus wirtschaftlicher Not anwerben und nicht wegen der Aussicht auf Mord und Totschlag.

Ganz falsch ist die verbreitete Annahme, die Söldner des Dreißigjährigen Krieges hätten von vornherein weder über Gefechtsdisziplin noch über Kampfmoral verfügt, da es für sie ja nur ums Geldverdienen und ums Plündern gegangen sei. Schlachten wie Lützen, Wittstock, Freiburg, Alerheim, in denen zwischen 25 und 40% blutiger Verluste innerhalb weniger Stunden erlitten wurden, ohne daß die beteiligten Armeen zusammengebrochen wären, sprechen hier eine ganz andere Sprache. Soldaten, die zu solchen Leistungen in der Lage waren, „als zuchtlose Soldateska zu beschreiben, geht völlig fehl und deckt sich in keiner Weise mit dem Quellenbefund. Andererseits ist zutreffend, daß sich im Verlauf des Krieges die Zahl der Invaliden, Marodeure, Untauglichen und Versprengten, die dann als Marodeurbanden den Heeren folgten, ständig vermehrt hat. Im Wissen um ihre soziale Deklassierung wurden diese ehemaligen Soldaten zu gewalttätigen Desperados.“ (Bernhard M. Kroener 1982, S. 110)

Man darf bei der Beurteilung frühneuzeitlicher Verhaltensweisen auch keine modernen Maßstäbe anlegen. „Ein gewißes Maß an Gewalt erschien der Gesellschaft dieses Zeitalters als Zeichen von Lebenskraft und Führungsqualität.“ (ebd., S. 113) Daß ausufernde Eigenmächtigkeiten, Plünderungen und sonstige Übergriffe trotzdem geeignet waren, nicht nur das Ansehen einer Truppe, sondern auch ihre Disziplin und damit ihren militärischen Wert zu gefährden, darüber waren sich alle Feldherren vollkommen im klaren, und sie versuchten dagegen einzuschreiten, so gut sie es konnten. Weder Tilly noch Wallenstein noch Gustav Adolf sparten mit Vorschriften, Ermahnungen, Strafpredigten und exemplarischen Exekutionen, um Zucht und Ordnung in ihren Armeen herzustellen. Sie hatten damit allesamt aber nur sehr begrenzten Erfolg, denn sobald die Truppe Not leiden mußte, ging sie zur Selbsthilfe über. Bewundernde Biographen haben immer wieder behauptet, die Soldaten ihrer Helden hätten sich im Gegensatz zu allen anderen durch strenge Kriegszucht ausgezeichnet, doch liegt hier stets eine Verwechslung von Absicht und Ergebnis vor.

Das gilt auch für die Schweden Gustav Adolfs, deren mustergültiges Betragen eine unausrottbare protestantische Legende ist. Sicher haben sie manchmal durch Disziplin und Wohlverhalten Erstaunen erregt. So kam es während ihres Aufenthaltes im eroberten München zu keinen nennenswerten Exzessen, die wenigen Übeltäter wurden gehängt. Aber diese schonende Behandlung hatten sich die Münchner mit der gigantischen Kontribution von 300.000 Reichstalern zu erkaufen, deren Bezahlung die Schweden sich durch Verschleppung zahlreicher Geiseln zu sichern gedachten (sie ist trotzdem nur zu etwa 40% geleistet worden). Vor allem aber war der Himmel rings um München dunkel vom Rauch der brennenden Dörfer, und in den Straßen der Stadt boten die Soldaten die Beute aus der Umgebung zum Kauf an.

Die systematische Verwüstung Bayerns mag nun noch als reguläre Kriegsmaßnahme gelten, durch die man dem Gegner seine Versorgungsbasis zerstören wollte. Für die Betroffenen änderte das zwar nicht viel, aber nach damaligem Kriegsrecht handelte es sich um eine durchaus zulässige Verfahrensweise, der auch Hugo Grotius seinen Segen erteilt hatte. Ähnliches gilt für die Erstürmung von Städten und Festungen, die nicht rechtzeitig kapituliert hatten. Die Verteidiger besaßen nach Kriegsrecht in solchem Falle keinen Anspruch auf Schonung, die Zivilbevölkerung war der Plünderung preisgegeben. Kein Feldherr hatte es dann noch in der Hand, seine Truppen daran zu hindern, ihr blutig verdientes Recht wahrzunehmen. Trotzdem muß es doch befremdlich erscheinen, daß etwa Frankfurt an der Oder, eine der von den Kaiserlichen besetzten protestantischen Städte, zu deren Befreiung man angeblich gekommen war, in der schonungslosesten Weise geplündert wurde.

Die zahllosen Übergriffe und Greuel, die sich schwedische Soldaten im Laufe des Dreißigjährigen Krieges zuschulden kommen ließen – nicht mehr und nicht weniger als die der anderen Beteiligten – werden meist damit begründet, es habe sich damals zum größten Teil ja gar nicht mehr um nationalschwedische Truppen, sondern um verrohte deutsche Söldner gehandelt. Das ist zwar richtig, doch finden sich auch schon in früheren Jahren, als die Armee sich noch ganz überwiegend aus Schweden und Finnen zusammensetzte, genügend Beispiele für vergleichbares Verhalten, um den ursprünglich fraglos vorhandenen grundsätzlichen Unterschied zwischen Konskribierten und Söldnern in dieser Hinsicht stark einzuschränken. Gustav Adolf selbst rühmte sich im Kalmarkrieg, reihenweise Dörfer niedergebrannt zu haben, die heimkehrenden Soldaten plünderten allenthalben im eigenen Land. Während der Kämpfe gegen Polen erlaubten sich die Konskribierten oft genug noch vor ihrer Einschiffung in Schweden Ausschreitungen, über die heftig Klage geführt wurde. Weder in Livland noch in Preußen noch in Pommern konnte der Zivilbevölkerung die übliche Drangsalierung und Ausplünderung erspart werden, die meisten Dörfer in den Operationsgebieten lagen bald in Schutt und Asche.

Bevor mit der Schlacht von Breitenfeld der Durchbruch in noch weitgehend unversehrte Landstriche gelang, saß die schwedische Armee über ein Jahr in den von beiden Seiten ausgesogenen Gebieten von Pommern, Mecklenburg und Brandenburg fest. In den Berichten über das aus den Versorgungsengpässen und dem Geldmangel resultierende Chaos wird keinerlei Unterschied gemacht zwischen nationalschwedischen Truppen und „Mietlingen". So schrieb am 11. Mai 1631 Lars Grubbe an Oxenstierna: „In der Tat kann ich keinen angemessenen Eindruck vermitteln von der Trostlosigkeit unserer Lage. Die Infanterie hat seit 15 Monaten keine Zahlungen mehr erhalten, Offiziere wie Mannschaften sind höchst unzufrieden, so daß ich noch nie solches Geschimpfe in der Öffentlichkeit und in privatem Kreise hörte. Die Fußsoldaten desertieren zu Tausenden und über 600 haben sich allein aus diesem Lager davongemacht. Die Kavallerie tut, was ihr paßt: es ist unsicher, sich auch nur eine Meile vom Lager fortzubegeben. Sie plündern das Land bis auf die nackten Knochen und veranlassen Klagen und Flüche, die einen schauern machen." (Sveriges Krig, Bd. IV, S. 228)

Der König selbst schrieb 2 Monate später gleichfalls an Oxenstierna: „Wir haben Euch oft genug unseren Zustand mitgeteilt, daß wir mit größter Armut, Beschwerde und *desordre* uns und der Armee diese Zeit durchgeholfen haben, indem wir von allen unseren Helfern verlassen sind und einzig *ex rapto* [von Raub], zu Schaden und Verderben aller unserer Nachbarn, den Krieg führen mußten – was bis auf diese Stunde continuiert –, so daß wir nichts haben, die Leute zu contentieren, außer was sie selbst durch widerliches Plündern und Rauben usurpieren. Nun hatten wir auf Euch vor allen anderen unsere Hoffnung gesetzt [Geld zu erhalten]. Allein auch das schlägt fehl ..." (Theodor Lorentzen 1894, S. 22f.)

Deutlichst tritt in beiden Briefen der direkte Zusammenhang zwischen Geldmangel und Disziplinlosigkeit hervor. Ebenso klar wird der Wille des Königs, den Mißständen zu steuern, ohne es zu können. Ein Jahr später ergab sich während des langwierigen Stellungskrieges, den er im Sommer 1632 gegen Wallenstein bei Nürnberg führte, wieder eine katastrophale Versorgungslage mit den üblichen Auswirkungen auf das Verhalten der Truppe. Der König hielt seinen Offizieren eine wütende Strafpredigt, die diesmal jedoch speziell gegen die deutschen Söldner gerichtet war, aus denen seine Armee mittlerweile ja zum größten Teil bestand. Besonders griff er deren Anführer an, denen er zwar Tapferkeit zubilligte, ansonsten ihnen aber schamloses Kriegsgewinnlertum vorwarf: „Ihr Fürsten, Ihr

Graffen, Ihr Herren, Ihr Edelleuth, Ihr seid die Jenigen, die jhr Vntreu unnd Frevell an ewren selbst eygenen Vatterlandt beweiset, welches jr selbsten ruinieret, verderbet, verheeret. Ihr Obristen, Ihr Officirer, vom höchsten biß zum nidrigsten, Ihr seid die Jenige, die jhr stehlet vnd raubet, ohne Vnderscheidt keinen außgenommen: Ihr bestehlet ewern Glaubensgenossen, Ihr gebt mir Vrsach, daß ich einen Eckel an euch habe; vnnd Gott mein Schöpfer sey mein Zeug, daß mir das Hertz im Leibe gellet, wann ich ewer einen anschawe, daß jhr der guten Gesetz vnd meiner Gebotten solche Frevler vnd Verbrecher seyd vnnd Vrsach gebet, daß man öffentlich sagt: der König als vnser Freundt thut vns mehr Schaden, als vnsere Feinde. Ihr hättet, wo jhr rechte Christen wäret, zu bedencken, was ich an euch beweisen thue, vnd biß anhero gethan habe, wie ich meinen Königlichen Leib vnd Leben, für euch vnd ewere Freyheit, vnd ewers zeitlichen vnd ewigen Guts vnd Wolfahrt willen spendire ... Wollet jhr rebelliren, so wil ich mich zuvor neben meinen Schweden vnd Finnen mit euch herumhawen, daß die Stück von vns fliegen sollen. Ich bitte euch durch die Barmhertzigkeit Gottes, gehet in ewer eygen Hertz vnnd Gewissen, bedencket, wie jhr haußhaltet, vnnd wie jhr mich betrübet, sogar mir die Thränen in den Augen stehen möchten; Ihr handelt vbel mit mir wegen ewrer bösen Disciplin, nicht aber wegen ewres Fechtens, dann darinn habt jhr gehandelt, wie redliche vnd rechtschaffene Cavallier, vnnd darfür ich euch viel obligiret bin. Bitte deßnwegen nochmals durch die Barmhertzigkeit Gottes, gehet zu ewer Hertz vnnd Gewissen vnnd bedencket, wie jhr dermahl einst ewers Thuns halben Rechenschaft vor Gott geben wollet. Mir ist so wehe bey euch, daß mich verdreust, mit einer solchen verkehrten Nation vmbzugehen. Wolan nehmet meine Erjnnerung vnnd Vermahnung zu Hertzen ..." (Theatrum Europaeum, Bd. II. S. 574f.)

Angenehm berührt bei dieser Rede, daß Gustav Adolf sich hier einmal an die Plünderer großen und größten Stils und nicht an die kleinen, notgeplagten Marodeure wendet. Allerdings hätte er ruhig einen Gutteil seiner schwedischen Generäle einschließen dürfen, von denen so mancher bei Kriegsende mit Beute beladen als schwerreicher Mann Deutschland verließ. Wenigstens konnte man diesen nicht vorwerfen, ihr eigenes Land beraubt zu haben.

Die Kriegsartikel

Mit seinen „guten Gesetz und Gebotten" bezog der König sich gewiß auf die berühmten Kriegsartikel von 1621, die in modifizierter und ergänzter Form auch in deutscher Sprache erschienen waren. Die von Gustav Adolf persönlich verfaßten und von Oxenstierna überarbeiteten Artikel sollten den Truppen jeden Monat einmal verlesen werden. In Form und Inhalt sind sie nicht so originell, wie häufig behauptet wird. Die meisten Vorläufer und Vorbilder waren jedoch Kontrakte zwischen einem Kriegsherrn und seinen Söldnern gewesen, während Gustav Adolfs Artikel, die er ja zunächst für eine Wehrpflichtigenarmee bestimmt hatte, ausgesprochenen Befehlscharakter trugen. Dementsprechend betrafen die aufgeführten Pflichten alle einseitig die Soldaten, nicht jedoch den Kriegsherrn.

Die Militärgerichtsbarkeit wurde, wie im zivilen Justizwesen, klar gegliedert in einander übergeordnete Instanzen. Die Strafen waren drakonisch, für mehr als 40 Verbrechen konnte die Todesstrafe verhängt werden. Nach altrömischem Vorbild war auch das Dezimieren ganzer im Gefecht versagender Einheiten vorgesehen. Die Idee zum Spießrutenlaufen dürfte auf das römische *fustuarium* zurückgehen, doch stellte es im Gegensatz zu diesem keine Hinrichtungsart dar, sondern eine von den eigenen Soldaten vollzogene Züchtigung, durch die der Bestrafte nicht „unehrlich" und somit dienstunwürdig wurde. Das Duellieren verbot der König auf strengste, ebenso standen alle möglichen moralischen und religiösen Verfehlungen bis hin zum Fluchen unter Strafandrohung. Prostituierte sollten im Lager nicht geduldet werden. Dem Seelenheil der Truppe wurde überhaupt große Aufmerksamkeit geschenkt. Jede Kompanie hatte einen Geistlichen, der täglich mit der Einheit zweimal betete und einmal in der Woche predigte. Ähnliche Bemühungen um Religion und Moral der Soldaten gab es auch in einigen anderen Armeen, protestantischen wie katholischen.

Man wird den Versuchen des Königs, ein wohldiszipliniertes und gottesfürchtiges Heer zu schaffen, gewiß nicht jeden Erfolg absprechen dürfen, aber er war doch mehr gradueller als grundsätzlicher Natur und die turbulenten Zustände während der Feldzüge in Deutschland ließen auch diese bescheidenen Ansätze bis zur Unkenntlichkeit verkümmern. „Sei es aus Geldmangel, der es ihm nicht erlaubte, seine Armeen zu bezahlen, sei es als Folge des Einsatzes von Söldnern, der König war jedenfalls nicht in der Lage, so gut seine Absichten auch gewesen sein mögen, seine Kriegsartikel wirklich in einer Art und Weise durchzusetzen, die den Schutz der Zivilbevölkerung in Deutschland gewährleistet hätte." (Michael Roberts 1953/1958, Bd. II, S. 243)

Das Offizierskorps

Von größter Bedeutung für das tatsächliche Verhalten der Truppe auf dem Schlachtfeld wie im Lager war der Charakter des Offizierskorps. Dieses war eher noch heterogener strukturiert als die Mannschaften. 1625 erklärte Gustav Adolf dem schwedischen Adel, die dauernd unter Waffen stehende Armee biete dem Stand 500 feste Offiziersstellen. Von diesem Angebot machte die Aristokratie regen Gebrauch. Die meisten nationalschwedischen Offiziere waren adeliger Herkunft, so daß sich ein starker Wettbewerb ergab, der bürgerlichen Kandidaten und sich hochdienenden Soldaten keine großen Chancen ließ, obwohl das Offizierskorps durchaus nicht exklusiv adelig war. Die Hocharistokratie besetzte die meisten führenden Positionen, wie die Namensliste der Generalität mit ihren Horn, Banér, Tott, Bielke und de la Gardie zeigt. Von Anfang an spielten Ausländer ebenfalls eine bedeutende Rolle, auch sie in der Mehrzahl der Fälle von adeliger Abkunft. Mit den britischen Truppen gelangten zahlreiche schottische und englische Offiziere in den schwedischen Dienst, einige von ihnen stiegen hoch auf. Vom Kontinent kamen baltische Adelige und eine nicht unbedeutende Zahl aus den habsburgischen Landen vertriebener protestantischer Böhmen, Mähren und Österreicher. Wie bei den Mannschaften waren es aber seit der Invasion in Pommern die Deutschen, die zahlenmäßig dominierten. Während Balten, böhmische und österreichische Exulanten und auch ein Teil der Schotten oft in nationalschwedischen Einheiten dienten, führten die Deutschen naturgemäß in den meisten Fällen die aus ihren Landsleuten gebildeten Formationen an. Zwischen den Schweden und hochrangigen deutschen Adeligen kam es nicht selten zu Spannungen. Einige der letzteren übernahmen aufgrund ihrer politischen Bedeutung hohe Kommandostellen, während ansonsten die wichtigsten Posten von Angehörigen des schwedischen Adels besetzt blieben, gleichgültig welcher Herkunft die befehligten Truppen waren.

Für die Minderheit nichtadeliger Offiziere bot der Militärdienst die Möglichkeit sozialen Aufstiegs. Wer den Rang eines Majors erreichte, durfte mit seiner Erhebung in den Adelsstand rechnen, den Obristen war die Nobilitierung sicher. Dagegen eröffnete eine militärische Karriere nur selten den Zugang zu hohen Staatsämtern. Wer zu politischem Einfluß gelangen wollte, schlug besser nach einem geeigneten Universitätsstudium die Laufbahn eines Zivilbeamten ein. Einige Generäle wurden zwar zu Provinzgouverneuren ernannt, ansonsten blieb aber die Staatsleitung gänzlich in der Hand von Nichtsoldaten. Bischof Rudbeckius übertrieb daher, als er vor einer drohenden politischen Übermacht der Generäle warnte und das Schreckbild einer Militärdiktatur nach dem Muster der römischen Kaiserzeit an die Wand malte. Der Militarisierung des schwedischen Staates waren im öffentlichen Bereich klare Grenzen gesteckt. So scheiterten auch die Versuche, einen eigenen Offiziersstand im Reichstag zu etablieren und dem Militär auf diese Weise zu direkter politischer Vertretung und zu politischem Einfluß zu verhelfen. Den an diesem Projekt interessierten Offizieren wäre es dabei wohl weniger um ein Mitspracherecht in außen- und innenpolitischen Angelegenheiten gegangen als um die Verfechtung der militärischen Berufsinteressen.

Diese Interessen hatten ohnehin, auch ohne daß die Militärs sich offiziell zu Wort zu melden brauchten, einen bestimmenden Einfluß auf den Gang der schwedischen Politik. Das ergab sich geradezu unausweichlich aus den ehrgeizigen Zielen der königlichen Außenpolitik und den finanziellen Sachzwängen, die sich aus der eben beschriebenen Eigenart des zur Durchsetzung dieser Ziele benötigten militärischen Machtinstruments entwickelten. Die Erfordernisse der Armee bedingten den Ausbau der staatlichen Wirtschaftskraft und der staatlichen Administration. Auf diese Weise gingen von Krieg und Militär die stärksten Impulse zur Schaffung des neuzeitlichen Machtstaats aus. Michael Roberts hat 1956 in einem die Forschung ungemein anregenden Aufsatz für diese Entwicklung den Begriff der „Militärischen Revolution" geprägt. Sie vollzog sich seiner Ansicht nach in dem Jahrhundert zwischen 1560 und 1660, und das Schweden Gustav Adolfs war zusammen mit den nördlichen Niederlanden Vorreiter und Modellfall dieser „Revolution".

Die „Militärische Revolution"

Ausgangspunkt der von Roberts festgestellten Umwälzung war die neue Gefechtstaktik in ihrer flexiblen Verbindung von Feuer und Schock, die von den Oraniern und von Gustav Adolf geschaffen wurde. Die neue Taktik, auf die ich im nächsten Kapitel näher eingehen werde, stellte höhere Ansprüche an Ausbildung und Disziplin der Truppe. Das führte zu einer zunehmenden Professionalisierung des Militärs. Ferner erlaubte es die neue Taktik, der Feldschlacht wieder entscheidenden Charakter zu geben, wodurch auch die Strategie großzügiger und zielstrebiger wurde. Um die Möglichkeiten des neuen Kriegsinstruments voll auszunützen, mußte die numerische Stärke der Armee gesteigert werden. Das bedingte wiederum administrative Reformen, durch die der Staat versuchte, die Aufstellung, Organisation und Finanzierung dieser Heeresmassen in den

Griff zu bekommen. Gleichzeitig kam der Staat so in den Besitz eines faktischen Gewaltmonopols, das ihm die konkurrierenden feudalen Kräfte bisher streitig gemacht hatten. Die Professionalisierung der Armee führte also schließlich die Professionalisierung des Staates herbei. Um 1660 war diese Entwicklung im wesentlichen abgeschlossen.

Roberts' These ist gerade in den letzten Jahren heftig diskutiert und in mancher Hinsicht modifiziert worden. Geoffrey Parker (1979, 1988) möchte den Beginn der Militärischen Revolution deutlich früher ansetzen und weist darauf hin, daß Italien und Spanien mindestens in gleichem Maße wie Holland und Schweden an der Schaffung des neuzeitlichen europäischen Kriegswesens beteiligt gewesen seien. Ferner wendet er ein, Roberts sei zu ausschließlich von den taktischen Verhältnissen der Feldschlacht ausgegangen. Parker hält dagegen das in Italien entwickelte bastionäre Festungssystem für den eigentlichen Auslöser der Truppenvermehrung. Die neuen Festungen hätten der Verteidigung das Übergewicht gegeben und den Angreifer zu einer Vielzahl langwieriger und personalaufwendiger Belagerungen gezwungen, wenn er ein Gebiet unter Kontrolle bringen wollte.

Jeremy Black (1991) bestreitet, daß es im späten 16. und im 17. Jahrhundert wesentliche Unterschiede in der Fechtweise der mittel- und westeuropäischen Armeen gegeben habe, die Schlachten seien durch Kampfmoral, Führung und Zufall entschieden worden und nicht durch überlegene Elementartaktik. Auch kann er nicht finden, daß die Schlachten und Feldzüge zur Zeit des Dreißigjährigen Krieges zu durchschlagenderen Resultaten geführt hätten als in den vorangegangenen Epochen. Verglichen mit dem gigantischen Anschwellen der Armeen in der Zeit des Absolutismus nach 1660 sei die zahlenmäßige Zunahme in dem Jahrhundert davor eher unbedeutend gewesen. Stehende Massenarmee, standardisierte Bewaffnung und Ausrüstung, Schaffung einer Einheitsinfanterie, effektive Organisation der Verpflegung durch das Magazinsystem, all das verlangt nach Blacks Meinung, die eigentliche Militärische Revolution in das Zeitalter Ludwigs XIV. zu verlegen.

Ähnliche Argumente führt auch David Parrott (1985/1992) an, darüber hinaus leugnet er aber auch die Priorität des Militärischen bei der Entstehung des modernen Staates. Hatte Roberts geschrieben, die stehenden Armeen seien „eher Produkt militärischer Logik als politischer Planung" gewesen (1967, S. 201), sieht Parrott hier auch andere Faktoren am Wirken. So hätte die Notwendigkeit, aus politischen Gründen ganze Länder systematisch besetzen und militärisch niederhalten zu müssen, das Wachsen der Heereszahlen herbeigeführt. Vor solche Aufgaben sahen sich beispielsweise die Spanier in den Niederlanden und die Kaiserlichen bei der Unterdrückung des Protestantismus gestellt. „Zu dieser politischen Absicht kommt die unbestreitbare Tatsache, daß der inflationäre Prozeß sowohl kumulativ als auch irreversibel war. Vorausgesetzt, daß eine bedeutende zahlenmäßige Unterlegenheit ein *handicap* darstellte, das keine strategischen oder taktischen Neuerungen wettmachen konnten, dann wurde es für die bedeutenderen Staaten unausweichlich, die größtmöglichen Armeen aufzustellen ... die Stärke, mit der sich die habsburgische Kriegsmaschine bis zu den 1630er Jahren etabliert hatte, machte vergleichbare Anstrengungen, Armeen von noch nie dagewesener Stärke zu schaffen, unvermeidlich". (Parrott, 1985, S. 17)

Keineswegs sei nach Parrott die Vergrößerung der Heere unmittelbar von administrativen Reformen und zwangsläufiger Stärkung der Zentralgewalt begleitet gewesen. Ganz im Gegenteil hätten die meisten Herrscher zunächst versucht, die Aufgabe auf Privatunternehmer abzuwälzen. Erst in Reaktion auf das so entstehende Chaos sei man in der zweiten Hälfte des 17. Jahrhunderts dazu übergegangen, das Militär unter direkte staatliche Regie zu nehmen. Vor diesem Zeitpunkt sei es mangels administrativer Voraussetzungen nur auf dem Wege des Kontributionssystems möglich gewesen, große Armeen zu unterhalten. Dieses habe aber nur funktioniert, wenn man weite Gebiete kontrollierte und aussog, was einen weiteren wichtigen Grund für die wachsende Größe der Armeen dargestellt habe, der aber nichts mit ihrer militärischen Effizienz zu tun gehabt habe, sondern im Gegenteil dieser sogar abträglich gewesen sei.

Dementsprechend unterschiedlich wird die sich aus der Militärischen Revolution ergebende Strategie beurteilt. Das zeigt sich an der Einschätzung der Kriegführung Gustav Adolfs besonders deutlich. So gibt Roberts folgende enthusiastische Würdigung der geradezu napoleonischen Konzeption des Königs für den Feldzug von 1632: „Vor allem erscheint Gustav Adolfs strategisches Denken eine ganze Dimension größer als irgend etwas, das ihm vorausgegangen war. Er verbindet erfolgreich zwei Arten von Strategie: auf der einen Seite eine resolute Offensivstrategie, entworfen, um den Gegner in der Schlacht zu vernichten – das Ergebnis seines Vertrauens auf die Überlegenheit der neuen schwedischen Taktik; auf der anderen eine ganz neue schrittweise vorgehende Strategie, die dazu bestimmt ist, Deutschland zu erobern, indem man sukzessiv Gebiete als Basis besetzt und methodisch ausbaut. Die beiden Formen vereinigen sich in seinem Plan zur Niederwerfung der Österreichischen Habsburger durch die gleichzeitigen und wirkungsvoll koordinierten Operationen von fünf oder sieben Armeen, die unter Leitung des Königs auf einer enormen gebogenen Front vorrückten, die sich von der mittleren Oder bis zu den Alpenpässen erstreckt. Es war ein strategisches Konzept komplexer und riesiger als irgendeines, das je ein Feldherr vor ihm versucht hatte." (Roberts 1967, S. 203)

Einen völlig anderen Eindruck vermittelt Parrott: „Die beherrschende Notwendigkeit, Armeen zu bezahlen und zu versorgen, die man in einem inflationären Maß über das Leistungsvermögen ihrer Staaten hinaus vergrößert hatte, reduzierte die Strategie zu einer groben Angelegenheit, die sich damit beschäftigte, Territorium zu besetzen oder den Feind an der Besetzung zu hindern. Unzureichende Verwaltung oder die begrenzte Fähigkeit der wichtigsten Kriegstheater, Kontributionen zu zahlen, grenzten scharf die Handlungsfreiheit der Feldherren ein ... Gustav Adolfs ‚Großer Bogen' sieben getrennt durch Deutschland vordringender Armeen erscheint weniger als das Produkt strategischen Genies denn als Antwort auf die Binsenweisheit, daß 175.000 Mann (oder wie viele Männer Schweden damals auch immer *wirklich* unter Waffen hatte) konzentriert an einer einzigen Front ganz einfach verhungern würden." (Parrott 1985, S. 19f.)

Man wird gewiß vorsichtig sein müssen mit allzu generalisierenden Theorien, da die wirtschaftlichen, gesellschaftlichen, verfassungsrechtlichen und ideologischen Gegebenheiten in den einzelnen europäischen Ländern zu verschieden waren, um eine streng analoge Entwicklung denkbar zu machen. Maximilian I. von Bayern übte beispielsweise schon während des Dreißigjährigen Krieges eine strenge Kontrolle über seine Armee aus, während der Kaiser sich noch in den 1620er und 1630er Jahren einem militärischen Privatunternehmer größten Stils ausliefern mußte. In Schweden förderten Kriegführung und Heeresorganisation zweifellos die Zentralisation der Macht und den Ausbau der staatlichen Verwaltung, die Verhältnisse fügen sich also recht gut in das Schema der Militärischen Revolution. Der Umstand, daß Roberts Spezialist für schwedische Geschichte und Biograph Gustav Adolfs war, hat gewiß entscheidend dazu beigetragen, ihn diese These entwickeln und sie in verallgemeinernder Art und Weise auf andere Staaten übertragen zu lassen.

Die Finanzierung des Krieges

Aber auch in Schweden gingen mit der Heeresvermehrung nicht nur Stärkung der königlichen Stellung und administrative Erschließung des Landes einher, sondern es gab auch gegenläufige Tendenzen. So trugen zur Deckung der enormen Ausgaben die schon in früheren Kapiteln erläuterten Alienationen bei, also der Verkauf, die Verpfändung oder das Verschenken von Kronbesitz. Dadurch wurden die festen Einkünfte des Staates an Pacht und Steuern erheblich geschmälert, während der Besitz des Adels, der der Hauptnutznießer der Alienationen war, laufend zunahm. Diese Politik wurde in besetztem Feindesland in großem Stile weiterbetrieben. Indem man erobertes und *iure belli* in Besitz genommenes Land als Donationen an Offiziere weitergab, suchte man die Barauszahlung geschuldeter Beträge zu vermeiden. Auch die in Schweden selbst und in den baltischen Provinzen vorgenommenen Alienationen dienten vornehmlich zum bargeldlosen Schuldenabbau und Erkaufen von Leistungen. Die positiven Einkünfte aus dem Verkauf von Kronland (*frälseköp*) sollen für die ganze Regierungszeit Gustav Adolfs insgesamt 700.000 Reichstaler nicht überschritten haben, eine für die Kriegsfinanzierung so vieler Jahre nicht sehr ins Gewicht fallende Summe.

Der Ausverkauf von eigenem und fremdem Land war natürlich nur eine Methode unter mehreren, um die Kriegskosten zu bezahlen. Auf die große Bedeutung, die in diesem Zusammenhang dem Bergbau und dem Handel mit Eisen und vor allem Kupfer zukam, wurde schon im vorigen Kapitel hingewiesen. Ohne die Einkünfte, die die Krone hieraus zog, wären die Kosten für die militärischen Anstrengungen Gustav Adolfs während der ersten 15 Jahre seiner Regierung unmöglich zu bestreiten gewesen. Der ab 1626 sinkende Kupferpreis einerseits und die wachsenden Ausgaben andererseits machten es jedoch erforderlich, weitere Geldquellen zu erschließen.

1623–1624 hatte der schwedische Staat folgende Nettoeinnahmen: 566.412 Reichstaler Steuern und Pacht aus den Domänen der Krone, 20.854 aus Steuern von Städten, 84.874 aus Zöllen, 187.770 aus Sondersteuern, 69.425 aus Verkäufen von Krongut, 291.245 aus Erträgen des Kupferhandels, 41.958 aus Kontributionen und Pachten in den baltischen Provinzen, zusammen 1.265.538 Reichstaler. Davon bildeten die Domäneneinkünfte, Stadtsteuern und Zölle zusammen die sogenannten ordentlichen Einnahmen der Krone, mit denen sie eigentlich ihre Ausgaben allein hätte bestreiten sollen. Sondersteuern galten als „außerordentliche Einnahmen" und mußten vom Reichstag bewilligt oder mit den einzelnen Provinzen ausgehandelt werden. Abgesehen von seltenen Sonderfällen wie Krönung oder königliche Hochzeit, berechtigten nur Bedürfnisse der Kriegführung zur Erhebung von Sondersteuern, worin ein dem Herrscher gewiß nicht unwillkommener Nebeneffekt der fast ununterbrochenen militärischen Konflikte bestand. Es war nun eine von Gustav Adolf ganz bewußt und höchst erfolgreich durchgeführte Politik, aus wiederholt genehmigten Sonderabgaben sang- und klanglos permanent erhobene Steuern werden zu lassen, und ihnen rasch neue Sondersteuern an die Seite zu stellen. So wuchs der Anteil der ordentlichen, nicht bewilligungspflichtigen Einnahmen, wodurch die Bedeutung des ständischen Einflusses auf die Steuerpolitik sank.

Steuerpolitik

Natürlich führte das zu einem kräftigen Anstieg der steuerlichen Belastung im Laufe der Regierungszeit Gustav Adolfs, was um so unerläßlicher war, als ja infolge der Alienationspolitik die Einkünfte aus den Domänen von Jahr zu Jahr sanken. Leidtragende waren in jedem Falle die Bauern, die ihre Grundabgaben so oder so bezahlen mußten, gleich ob als Steuer oder Rente an die Krone, oder als Pacht an den Adel, zusätzlich aber mehr und mehr direkte und indirekte Steuern der verschiedensten Art zu entrichten hatten, die wegen der Steuerfreiheit des Adels gleichfalls in erster Linie die Bauern trafen. Allerdings gelang es Gustav Adolf mehrmals, die geheiligten Privilegien der Aristokratie zu durchbrechen und auch diese zur Finanzierung der Kriegführung heranzuziehen. Erstmals geschah dies 1620 mit der Durchsetzung der *boskapshälp*, einer direkten Steuer auf Viehbesitz oder bebautes Land, deren Höhe sich nach der Größe des Besitzes richtete. Zwar mußten die Adeligen selbst diese Abgabe nicht bezahlen, wohl aber ihre steuerfreien Bauern, womit in diesem Fall das *frälse*-System aufgehoben war. Wie alle neuen Steuern Gustav Adolfs wurde die *boskapshjälp* in Bargeld erhoben, was sie besonders unbeliebt machte. Sie mußte immer wieder neu bewilligt werden, eine Gelegenheit, die der König regelmäßig zu ihrer Erhöhung ausnutzte, bis sie am Ende der Regierungszeit das Dreifache der ursprünglichen Höhe erreicht hatte. 1632 brachte sie etwa 150.000 Reichstaler ein.

Im Gegensatz zur Vieh- und Getreidesteuer traf eine andere direkte Steuer alle Untertanen ohne Ausnahme in gleicher Höhe, nämlich die „Dreimarkhilfe", eine Kopfsteuer, die 1628 (unter Umgehung des Reichstags) in Absprache mit den Statthaltern erhoben wurde. Größere Bedeutung erlangten jedoch zwei in den Jahren 1622 und 1625 eingeführte indirekte Abgaben, die „Kleine Steuer" und die „Mühlensteuer", die beide auch den Adel in Mitleidenschaft zogen. Erstere wurde auf alle „verderblichen und zum Verbrauch bestimmten Güter" geschlagen, die auf den Märkten zum Verkauf gelangten. Sie betrug 1/32 des Warenwerts und brachte 1632 annähernd 100.000 Reichstaler ein. Man mußte sie sogar auf Naturalabgaben bezahlen, was einer zweifachen Besteuerung gleichkam.

Sie gehörte zu den verhaßtesten Steuern und gab Anlaß zu mehreren Unruhen.

Die je nach Getreideart differenzierte Mühlensteuer war zu entrichten, wenn man die Dienste einer königlichen Mühle in Anspruch nahm. Um zu gewährleisten, daß dem auch alle Untertanen nachkamen, verbot man die Benutzung aller anderen Mühlen, selbst den der häuslichen Handmühlen. Da sich dies jedoch nicht durchsetzen ließ, wurde die Mühlensteuer in eine weitere Kopfsteuer umgewandelt. 1631 führte man sie jedoch aus unbekannten Gründen wieder in der ursprünglichen Form ein, nur mit der Auflage, daß sie in Silber zu entrichten war, was einer Verdoppelung der vorherigen auf 5 *mark* festgesetzten Kopfsteuer gleichkam.

Die Einziehung der Abgaben, der alten wie der neuen, wurde ab 1618 überwiegend nicht von staatlichen Beamten, sondern von Steuerpächtern vorgenommen. Sie schossen der Krone einen Teil der Summe in barer Münze vor und trieben dann den vollen Betrag bei den Steuerpflichtigen ein. Die Differenz stellte ihren Profit dar. Natürlich gingen dem Staat hierbei enorme Summen verloren, der große Vorteil bestand aber darin, daß er rasch in den Besitz des so bitter benötigten Bargeldes kam. Der Steuerpächter mußte dagegen mit den immer noch zu einem erheblichen Teil in Form von Naturalien eingehenden Abgaben vorliebnehmen. Es handelte sich also um eine Art „Verpfändung der Naturalrente gegen Geldanleihen" (Miroslav Hroch 1976, S. 13). Gegen Ende der Regierungszeit Gustav Adolfs ging der Staat jedoch dazu über, die Steuereinziehung wieder in eigene Regie zu nehmen.

Einkünfte aus Handel und Monopolen

So schwer der Steuerdruck auf der schwedischen Bevölkerung lastete, die Einkünfte aus dieser Quelle und aus den Alienationen bedurften noch erheblicher Ergänzungen, um auch nur die noch relativ beschränkten Kosten der Kriege vor der Landung in Deutschland zu bestreiten. Monopole, Beteiligung am Handel und Zölle entwickelten sich im Laufe der 1620er Jahre zu teilweise sehr ertragreichen Betätigungsfeldern des Staates. Da war zunächst natürlich der Handel mit Kupfer und, in geringerem Maße, mit Eisen, auf den hier nicht mehr näher eingegangen zu werden braucht. Auf dem Höhepunkt des Kupferbooms 1624/1625 ließen sich im Jahr gut 400.000 Reichstaler mit diesem Metall erwirtschaften, doch dann sanken die Erträge deutlich ab, obwohl sie bis zum Ende der Regierungszeit gewisse Bedeutung behielten. Weniger glücklich war der Versuch der Regierung, 1628 ein Salzmonopol zu errichten, von dem man sich wegen der steigenden Preise hohe Einnahmen erhoffte. Es gelang jedoch nicht, die niederländischen Lieferanten aus ihrer dominierenden Rolle zu verdrängen, und schon 1629 mußte der Salzhandel unter Einführung einer weiteren indirekten Steuer wieder freigegeben werden.

Mehr Erfolg hatten die Spekulationen im Getreidegeschäft, auf die Schweden sich Ende der 1620er Jahre einließ, obwohl auch hier die Erträge letztlich weit hinter den hochgespannten Erwartungen zurückblieben. Das von den estländischen und livländischen Gütern bezogene Getreide trug seit dem späteren 16. Jahrhundert entscheidend dazu bei, die schwedischen Garnisonen und Feldtruppen während der im östlichen *Balticum* geführten Kriege zu verpflegen. Ferner brachte es dem Staat Einnahmen aus Zöllen und anderen Abgaben ein und lieferte dem schwedischen Hochadel, der sich hier reichen Bodenbesitz verschafft hatte, stattliche Einkünfte. Allerdings ließen die Folgen der dauernden Kriegführung die Produktion zeitweise stark zurückgehen.

Eine zielbewußte Handelspolitik des schwedischen Staates gab es aber erst ab dem Jahre 1629. Das auslösende Moment hierfür war ein 1628 auftretender Getreidemangel auf dem internationalen Markt, der ein starkes Anziehen der Preise zur Folge hatte. In Reaktion auf Mißernten und kriegsbedingten Eigenbedarf hatte man zwar schon mehrmals vorübergehende Ausfuhrsperren verhängt, aber erst 1629 wurde ein durchdachtes System daraus. Das nun ausgesprochene Exportverbot sollte den Privathandel ausschalten und den staatlichen Agenten ein Monopol verschaffen. Man wollte möglichst viel Getreide zu festgesetzten niedrigen Preisen aufkaufen und dann zu Höchstpreisen in Holland auf den Markt werfen. Die Chancen für ein wirksames Monopol waren günstig, da Schweden im Gefolge der Kriegführung mit Polen auch die preußische und kurländische Küstenlinie unter Kontrolle gebracht hatte und die pommerschen und mecklenburgischen Häfen teils von der dänischen, teils von der schwedischen Marine blockiert wurden.

Trotzdem erwies sich das Projekt in den Jahren 1629 und 1630 weitgehend als Fehlschlag, da es nicht gelang, ausreichend große Getreidemengen aufzukaufen. Für 1631 legte Oxenstierna einen detaillierten Plan vor, dessen Ausführung er selbst übernahm. Gerade als der Erfolg zum Greifen nahe schien, erfolgte jedoch auf dem Amsterdamer Markt ein dramatischer Preissturz, der alle Bemühungen illusorisch machte. Daraufhin wurde der Handel unter Auferlegung hoher Zölle wieder freigegeben.

Wenn auch das baltische Getreidemonopol auf diese Weise mit einer herben Enttäuschung endete, warf der Getreidehandel insgesamt in den Jahren zwischen 1628 und 1633 doch einen gewissen Gewinn ab. Dies war eine Folge der die Schweden begünstigenden Handelspolitik, die Rußland damals betrieb. Der Zar verkaufte ihnen Getreide so billig, daß sich in Amsterdam dafür bis zum Doppelten des Einkaufspreises erzielen ließ. Ein Teil des Getreides wurde unmittelbar zur Verpflegung der Truppen verwendet. Die Schweden belieferten ihrerseits die Moskowiter mit großen Mengen an Waffen, was zugleich noch den Vorteil hatte, daß dies der Aufrüstung gegen den gemeinsamen Feind Polen diente. Der sowjetische Historiker Boris F. Porsenew hat diesen versteckten Subsidien Rußlands gigantische Ausmaße zugeschrieben und sie für eine unentbehrliche Grundlage des schwedischen Waffenerfolgs erklärt. Wie Walter Mediger (1967) und Lars Ekholm (1974) nachgewiesen haben, waren die Erlöse aus dem Handel mit dem russischen Getreide zwar hilfreich für Schweden, aber insgesamt doch von eher untergeordneter Bedeutung. Der tatsächliche Gewinn scheint zu Lebzeiten Gustav Adolfs zwischen 24.000 und 52.000 Reichstaler pro Jahr geschwankt zu haben. Der Handel wurde übrigens über Archangelsk abgewickelt und nicht über die baltischen Häfen, wie es die Schweden gerne gehabt hätten, um ihre Zollgeschäfte zu fördern.

Die Zölle

Zur wichtigsten Geldquelle der schwedischen Kriegsfinanzierung entwickelten sich im Laufe der Feldzüge in Preußen nämlich die Zölle, mit denen man den internationalen Fernhandel zwischen Ost- und Westeuropa abschöpfte. Nach holländischem Vorbild bezeichneten die Schweden diese als Lizenten. Damit meinte man eigentlich eine finanzielle Gegenleistung, die dafür erhoben wurde, daß man den Handel mit dem Kriegsfeind tolerierte. Tatsächlich wurden die schwedischen Lizenten aber auch nach dem Abschluß des Waffenstillstandes mit Polen und der Verträge mit Danzig und Brandenburg unverdrossen weiter eingefordert, und zwar nicht nur vor der Küste des polnischen Feindes, sondern auch vor denen neutraler und schließlich verbündeter Staaten wie Brandenburg, Pommern und Mecklenburg.

Die Idee, sich an dem durch die Ostsee laufenden Ost-West-Handel parasitär zu bereichern, war von Anfang an mit der expansiven Politik Schwedens im *Balticum* verbunden gewesen. Das Vorbild des dänischen Königs, der sich mit den Sundzöllen hohe und regelmäßige Einnahmen verschafft hatte, die dem Mitspracherecht der Stände entzogen waren, stand den schwedischen Herrschern zu verlockend vor Augen. Die in den estländischen und livländischen Häfen erhobenen Zölle erreichten allerdings nie die Höhe, die Erik XIV. und Johann III. vorgeschwebt war, als sie mit der Eroberung dieser Gebiete begannen. Ein Großteil des Rußlandhandels wich über die kurländischen und polnischen Häfen nach Süden oder über Archangelsk und die Weißmeer-Route nach Norden aus. Schweden trug selbst mit seinen allzu habgierig in die Höhe geschraubten Zollsätzen zu dieser Entwicklung bei. Gustav Adolf erwog zeitweise, den Rußlandhandel durch Senken der Zölle wieder nach Narwa und anderen schwedischen Häfen im *Balticum* zu locken, doch erschien das schließlich zu langwierig und zu unsicher, und daher beließ man es schließlich dabei, so viel Geld wie möglich aus dem reduzierten Handelsvolumen herauszupressen, wobei man sich nicht scheute, Zölle zu verlangen, die bis zu 20% des Warenwerts und mehr ausmachten.

Von 1627 an brachte Schweden dann die ost- und westpreußischen Häfen unter seine Kontrolle, durch welche die für Westeuropa und vor allem für Holland so unentbehrliche polnische Getreideausfuhr passierte. 1621 liefen von 14.132 aus dem ganzen Ostseeraum exportierten Lasten Weizen allein 7.749 ½ durch Danzig und von 83.029 ½ Lasten Roggen waren es 61.346. In den späten 1620er Jahren gingen infolge der Kriegshandlungen und der erhöhten Zölle diese Zahlen zwar zeitweise stark zurück, aber trotzdem erwiesen sich die preußischen Häfen, insbesondere Danzig und Pillau, als das Herzstück des schwedischen Zollwesens. Im Vergleich zu den hier erzielten Einnahmen waren die in Estland, Livland, Kurland, später auch in Pommern und Mecklenburg erzielten Erträge geradezu bescheiden. Die preußischen Lizenten erbrachten 1627, im ersten Jahr, 120.500 Reichstaler, 1628 waren es schon 337.345, 1629 581.625, dann erfolgte 1630, im ungünstigsten Augenblick, mit 392.209 Reichstalern ein unerwarteter Rückgang, auf den unten zurückzukommen sein wird, doch 1631 waren es schon wieder 540.218 und 1632 662.154 Reichstaler. Die pommerschen Zölle brachten 1632 dagegen nur 50.000 Reichstaler ein, was vor allem daran lag, daß der Handel hier über Lübeck und andere nicht von den Schweden kontrollierte Häfen ausweichen konnte.So wurden Schiffahrt und Handel Rostocks und anderer mecklenburgischer und pommerscher Häfen durch den Würgegriff des schwedischen Zolls binnen kurzem ruiniert. Weit besser erging es Stralsund als Verbündetem der ersten Stunde, seine Schiffe durften abgabenfrei passieren.

Die Höhe der verlangten Zölle konnte erheblich schwanken. Solange die Kriegshandlungen mit Polen andauerten, wurden gewöhnlich 7½% erhoben, die durch Manipulationen im Geldumtausch und andere Maßnahmen in der Praxis auf mindestens 8½% gebracht wurden, welche sich vom geschätzten Verkaufspreis errechneten. Vor allem 1629 kam es vielfach zu erheblichen Erhöhungen, die für den Handel völlig unberechenbar waren. Der Waffenstillstand mit Polen und die Verträge mit Danzig und Brandenburg hatten jedoch zur Folge, daß 1630 die Lizenten wieder gesenkt wurden. Vor Danzig durften jetzt nur mehr 5½% erhoben werden, von denen 2% an die Stadt abzuführen waren. Die in Pommern und Mecklenburg vom gleichen Jahr an eingerichteten Zölle waren durch Verträge mit den dortigen Landesherren auf 4½% festgelegt, von denen 1% den Herzögen zustand. In der Praxis verfuhren die Schweden allerdings oft recht willkürlich, in Stettin etwa wurden bis zu 24% eingetrieben, vielfach verlangte man auch noch hohe Hafengebühren.

Die Organisation des ganzen schwedischen Lizentenwesens lag unter der Oberleitung Oxenstiernas in den Händen des holländischen Finanzmanns Pieter Spierinck und seiner Brüder, die dabei höchst effizient und auch einigermaßen korrekt vorgegangen zu sein scheinen, jedenfalls gegenüber der Krone. Sie durften für ihre Bemühungen 5% der Einnahmen einbehalten.

Als bei Erneuerung des Waffenstillstandes mit Polen die preußischen Lizenten zum 1. Januar 1636 schließlich aufgegeben werden mußten, bemerkte Oxenstierna zu seinem Bruder, Schweden stelle jetzt nur mehr die Hälfte des Königreichs dar, das es zuvor gewesen sei.

Finanzierung der Kriege in Preußen und Deutschland

So lukrativ die Ostseezölle für Schweden waren, die anderen am baltischen Handel beteiligten Länder wurden durch sie schwer geschädigt. Daß die Polen und – in geringerem Maße – die habsburgischen Erblande unter der Wirtschaftspolitik Gustav Adolfs und Oxenstiernas zu leiden hatten, entsprach ja durchaus den Absichten der schwedischen Staatslenker, aber die Rückwirkungen auf weite Teile Norddeutschlands, auf Holland und auf England waren zum Teil auch kontraproduktiver Natur. Blockaden und hohe Zölle sorgten für viel Ärger mit den westlichen Seehandelsnationen, namentlich den Holländern, und trübten das Einvernehmen der protestantischen Mächte. Das Volumen von Schiffahrt und Handel ging zeitweise deutlich zurück, was auch den schwedischen Interessen zuwiderlaufen mußte. Das hatte zusammen mit den verheerenden Auswirkungen der inflationären Kupferwährung, die Schweden den von ihm kontrollierten Gebieten aufzwang, wesentlichen Anteil daran, daß es zwischen 1628 und 1631 zu einer großen internationalen

Preis- und Handelskrise kam, die sich keineswegs auf die oben erwähnte Getreideknappheit beschränkte.

Trotz der rücksichtslosesten Ausschöpfung aller Mittel ließ sich schon der Krieg gegen Polen in seiner Schlußphase mit den Einkünften aus Schweden einschließlich des Kupferhandels und aus den Lizenten nicht im entferntesten mehr finanzieren. Für das Jahr 1628 kann man den Geldbedarf der in Preußen stehenden 23.700 Mann starken Armee auf etwa 1,7 Millionen Reichstaler berechnen. Die Rentenkammer in Stockholm überwies nicht ganz 600.000 Reichstaler, die Lizenten brachten knapp 340.000 ein, der Rest, also 45% der Kriegskosten, mußte entweder durch Kredite aufgebracht werden, deren Höhe sich in diesem Jahr auf über 280.000 Reichstaler belief, oder er mußte aus dem Kriegsgebiet selbst in Form von Kontributionen und Naturalleistungen herausgepreßt werden. Im folgenden Jahr steigerte sich der Bedarf der auf 26.500 Mann angewachsenen Armee auf etwa 1,9 Millionen Reichstaler. Der Beitrag Schwedens sank mit etwas über 230.000 Reichstalern auf weniger als 40% vom Vorjahr, die Lizenten stiegen dagegen auf über 580.000, die Kredite aber gleichfalls, nämlich auf fast 470.000 Reichstaler. Ein sehr wesentlicher Aspekt der heimischen Bodenschätze und der Lizenten bestand darin, daß sie dem Land seine Kreditwürdigkeit erhielten, die allerdings im folgenden Jahr, dem ersten des Krieges in Deutschland, an ihre Grenzen stoßen sollte. Zum Jahreswechsel 1630/1631 schuldete man den in Preußen verbliebenen Truppen fast 1,17 Millionen Reichstaler, von denen 980.000 nie ausbezahlt wurden. Kein Wunder, daß es im großen Stile zu Gehorsamsverweigerungen kam.

Die letzten Jahre des Krieges mit Polen zeigen eine Mischfinanzierung, die den Übergang bildete „vom Typ rein schwedischer Unterhaltung einer kostengünstigen Armee [d. h. Wehrpflichtigenarmee] zum Typ der Überwälzung der Kriegskosten auf das betroffene feindliche Gebiet nach dem Grundsatz, der Krieg möge den Krieg ernähren." (Kersten Krüger 1988, S. 284) In Deutschland mußten sich diese Tendenzen zwangsläufig noch ganz erheblich verstärken, weil viel größere Truppenmassen erforderlich waren. Die Lage wurde wesentlich kritischer, als Gustav Adolf und Oxenstierna es zunächst befürchtet hatten. Das erhoffte große Geschäft mit dem baltischen Getreidehandel, auf das man große Hoffnungen gesetzt hatte, stellte sich nicht ein, statt dessen sanken die Lizenteneinnahmen von mehr als 580.000 Reichstalern auf weniger als 400.000. Dazu trug wesentlich die Furcht des internationalen Handels bei, die bevorstehende Invasion in Deutschland könne den Schwedenkönig dazu veranlassen, Schiffe für seine Zwecke zu beschlagnahmen.

Eine weitere Mißlichkeit des ersten Kriegsjahres in Deutschland bestand darin, daß die Armee in Pommern und Mecklenburg Fuß gefaßt hatte, Gebieten, die schon von den Kaiserlichen ausgesogen worden waren. Hier ließ sich trotz Erhebung drückender Kontributionen gar nicht daran denken, daß der Krieg den Krieg ernährte. Die Operationsbasis in ausreichendem Maße zu erweitern, war aber vorerst nicht möglich, da hierfür noch die erforderliche Truppenstärke fehlte, und diese ließ sich ohne die dazu erforderlichen Geldmittel nicht herstellen. Vor allem mangelte es an Reiterei, die sowohl für die Erringung der taktischen und operativen Überlegenheit wie auch für die logistische Ausbeutung eines Territoriums von ausschlaggebender Bedeutung war. Die in Preußen stationierten deutschen Kavalleristen weigerten sich zu kommen, da man ihnen ihre Soldrückstände nicht auszahlen konnte. So blieb es vorerst bei dem Teufelskreis: „Ohne Reiterei keine Möglichkeit, Mittel aufzutreiben – ohne Mittel keine Reiterei." (Sven A. Nilsson 1971, S. 466)

Daher mußten die Kosten für den im Juni begonnenen Deutschlandkrieg im Jahre 1630 zum überwiegenden Teil mit schwedischen Geldern bestritten werden, 2,8 Millionen Reichstaler von über 4 Millionen. Das überstieg bei weitem die tatsächlich vorhandenen Mittel, auch wenn ¾ der gesamten schwedischen Staatsausgaben in diesem Jahr auf den Feldzug in Deutschland verwandt wurden. Als Gustav Adolf auf Usedom landete, hatte er an Barmitteln lediglich 50.000 Reichstaler dabei. Die Geldversorgung der Armee wurde in den nächsten Monaten hauptsächlich durch diverse schwedische Agenten in den großen Finanzzentren besorgt, die den Kredit der Krone und ihren eigenen hierbei aufs äußerste strapazierten. Der Geldverkehr geschah in Form von Wechseln, die eine Art kurzfristiger Kredite darstellten. Die Schlüsselfigur dieses komplizierten Systems war der in Amsterdam tätige Stockholmer Kaufmann und Faktor des Kriegsetats Erik Larsson von der Linde. Wie viele dieser Finanzmänner verband er seine Funktion als Beamter mit der Wahrnehmung von privaten Geschäftsinteressen. Er trat der Krone gegenüber selbst als Kreditgeber auf, vermittelte Kredite und war zeitweise auch im Kupferhandel tätig. In Hamburg erfüllte Johann Adler Salvius damals eine ähnliche Funktion.

In der überaus angespannten Lage während des Winters 1630/1631 war es von allergrößtem Wert, daß im Januar der französisch-schwedische Bündnisvertrag von Bärwalde zustandekam. Durch diesen flossen Gustav Adolfs Kriegskasse 400.000 Reichstaler für den Feldzug 1631 und nachträglich 120.000 für den des Vorjahres zu. Das waren im Vergleich zu den Gesamtausgaben zwar nicht gerade überwältigende Beträge, aber sie gaben dem König doch unmittelbar zur Verfügung stehende Barmittel in die Hand und hoben darüber hinaus, was noch wichtiger war, seine Kreditwürdigkeit ganz beträchtlich.

Trotz der französischen Subsidien, zu denen im Frühjahr noch holländische kamen, die allerdings weit niedriger waren, blieb die Lage bis zum September 1631 äußerst kritisch. Die erheblichen Kontributionen, die dem Kurfürsten von Brandenburg abgenötigt wurden, ließen sich nur zum Teil realisieren, einem Vordringen über Brandenburg hinaus schoben die sächsische Neutralität und die Streitkräfte Tillys vorerst einen Riegel vor. Im Sommer waren die Verhältnisse trostloser denn je, es kam allenthalben zu Disziplinlosigkeiten, und die Soldaten desertierten in Scharen. Zum Glück für Gustav Adolf erging es dem Gegner mindestens ebenso schlecht. Tilly wurde nicht zuletzt durch seine verzweifelte Verpflegungslage dazu veranlaßt, in das unberührte und reiche Kursachsen einzumarschieren und auf diese Weise das schwedisch-sächsische Bündnis und die Entscheidungsschlacht von Breitenfeld herbeizuführen.

Nach Breitenfeld war dann alles anders. Den siegreichen Schweden lag der Weg in die fruchtbaren Gebiete an Main und Rhein offen. Daß der König diesen Weg einschlug, statt entscheidungssuchend in die habsburgischen Erblande einzufallen, hing ganz wesentlich mit logistischen Überlegungen zusammen. Die Zahl der Verbündeten im Reich vermehrte sich und natürlich waren diese zu umfangreichen Hilfsleistungen in Geld und Naturalien verpflichtet. Noch weniger Zurückhaltung brauchte man sich in erobertem Feindesland aufzuerlegen. Hier trat Gustav Adolf *iure belli*, nach Kriegsrecht, wie ein Landesherr auf, erhob Steuern und die verschiedensten Sonderabgaben, teilte seinen ausgehungerten Truppen üppige Quartiere zu und vergab Donationen an Offiziere und Verbündete. Damit war eine neue Phase der Heeresfinanzierung erreicht. Der Kriegsschauplatz sorgte nun fast zur Gänze für den Unterhalt der Armee, die außerdeutschen Geldquellen traten in den Hintergrund. Bereits im Winter 1631/1632 standen über 100.000 Mann schwedischer Truppen in Deutschland unter Waffen, und im Laufe des nächsten Feldzuges schwoll ihre Zahl noch weiter an. Eine Kriegführung in dieser Dimension konnte nur durch das Kontributionssystem ermöglicht werden, zu dem die schwedische Armee jetzt ganz und gar überging. Sven Lundkvist (1966) schätzt die Gesamtkosten des Deutschlandkrieges für das Jahr 1632 einschließlich der eingetriebenen Naturalleistungen, die einen sehr erheblichen Teil ausmachten, auf wenigstens 20 Millionen Reichstaler. Schweden selbst mußte in diesem Jahr nur mehr etwas über 660.000 Reichstaler investieren, zwei Jahre später sollte der Krieg dem

Land tatsächlich überhaupt kein Geld mehr kosten. Das Ziel war somit endlich erreicht, das Gustav Adolf 1628 in einem Brief an Oxenstierna als Voraussetzung für eine erfolgreiche Kriegführung in Deutschland genannt hatte, – *„bellum se ipsum alit"* – „Der Krieg ernährt sich selbst". (AOSB, II.1, S. 395ff.) Es wäre allerdings korrekter gewesen zu formulieren *„sedes belli bellum alit"* – „der Kriegsschauplatz ernährt den Krieg", denn Schweden kämpfte jetzt einseitig auf Kosten Deutschlands, des verbündeten wie des feindlichen, selbst das Menschen„material" lieferte ja in diesem Stadium größtenteils der Kriegsschauplatz.

Das Kontributionssystem

Das Schlüsselwort „Kontribution" (*contributio*) heißt eigentlich „Beitrag". Man verstand hierunter in Deutschland ursprünglich eine Kriegssteuer, die nach Art der schwedischen Sondersteuern von den Ständen des betroffenen Landes gebilligt wurde. „Diese gesetzmäßige Steuer verschwand im Laufe des Dreißigjährigen Krieges fast vollständig und wurde durch eine Abgabe ersetzt, die man unter Gewaltandrohung erhob. Tatsächlich nahm die Nachfolgerin der herkömmlichen Kontribution Elemente eines sehr unterschiedlichen dritten Finanzierungsmittels in sich auf, das man in Deutschland ‚Brandschatzung' nannte." (Fritz Redlich 1959/1960, S. 247) Bei der Brandschatzung wurde, wie der Name sagt, der Schaden geschätzt, der entstanden wäre, wenn man eine bestimmte Stadt oder eine bestimmte Gegend geplündert und niedergebrannt hätte. Als Gegenleistung dafür, daß man dies unterließ, verlangte man nun eine Abgabe in Barmitteln und/oder Naturalien, die mehr oder weniger hinter dem geschätzten Wert zurückblieb. Das hieraus resultierende System hat unverkennbare Ähnlichkeit mit dem in moderner Zeit von der Mafia gepflegten Schutzgeldverfahren.

Im Gegensatz zur alten Form der Kontribution betraf die neue Vorgehensweise vornehmlich feindliches Gebiet, aber auch verbündetes, neutrales und im Notfall selbst das eigene Territorium wurden von den Truppen nicht verschont, wobei man dann allerdings von der offenen Brandschatzung Abstand nahm. Als erste scheinen im Dreißigjährigen Krieg Spínolas Spanier bei ihrem Einmarsch in der Rheinpfalz zu Kontributionen übergegangen zu sein, wobei sie bereits neben der Verpflegung der Truppe auch deren Besoldung auf diese Weise zu bestreiten suchten. Der ligistischen Armee unter Tilly dienten dagegen Kontributionen nur als Ergänzung zur regulären Armeefinanzierung. Im Normalfall verlangten sie Belieferung mit Lebensmitteln, aber kein Bargeld, doch gab es

Ausnahmen, die dann in der für alle Beteiligten katastrophalen logistischen Situation der Jahre 1630–1632 zur Regel wurden. Die Heere Mansfelds und des tollen „Halberstädters" hätten ohne den exzessiven Einsatz von Kontributionen überhaupt nicht existieren können, da sie meist ohne reguläre Basis operieren mußten. Ihr Vorgehen war aber noch wenig systematisch und artete oft in unkontrollierte Plünderung aus, wodurch die Gebiete, aus denen man leben wollte, rasch verdorben wurden und für den Unterhalt der Truppe ausschieden.

Wallenstein war es dann, der das Verfahren perfektionierte und in seine endgültige Form brachte. Den Heereseinheiten wurden bestimmte Gebiete als Quartiere zugewiesen, in denen sie möglichst langfristig ihre parasitäre Existenz fristen sollten. Es wurde eine Militärverwaltung eingerichtet, die für den disziplinierten Ablauf sorgen sollte, wodurch sich die Armee „zu einer gleichzeitig steuerbewilligenden und steuereintreibenden Behörde" erhob. (Per Sörensson 1932, S. 581) Im Idealfall trug sich das System selbst, so daß dem Kriegsherrn keine Kosten entstanden. Der Anteil der in Bargeld und der in Naturalien erbrachten Kontributionsleistungen konnte erheblich schwanken, je nach Leistungsfähigkeit des Gebiets. Barmittel waren vor allem für die Rekrutenwerbung unentbehrlich. Um sich nicht die eigene Existenzgrundlage zu entziehen, sollte zwar ein maximaler Ausbeutungsgrad erreicht werden, der aber knapp unter der Grenze blieb, deren Überschreiten den Ruin der Bevölkerung bedeutet hätte. Aus dem gleichen Grunde waren Plünderungen und andere Ausschreitungen zu vermeiden, was nicht bedeuten soll, daß sie in der Praxis nicht immer wieder vorgekommen wären.

Kurzfristig betrachtet, reduzierte das Kontributionswesen die Schrekken der Kriegführung für die betroffene Bevölkerung, langfristig hatte sie jedoch fraglos eine Intensivierung der Kriegslasten zur Folge. Die Einheiten konnten jetzt viel länger in einem Gebiet bleiben, was früher oder später gleichfalls dessen hoffnungslosen Niedergang zur Folge hatte, ob man das nun wollte oder nicht. Die fortwährende Aussaugung ließ die eintreibbaren Leistungen immer mehr zurückgehen, bis die Soldaten wieder an dem Punkt angelangt waren, wo sie zur Selbsthilfe zu schreiten begannen. Ferner machte das Kontributionssystem ein kräftiges Anwachsen der Armeen nicht nur möglich, sondern auch notwendig, wie das die rasche Vermehrung der Streitmacht Wallensteins in den Jahren ab 1625 nicht minder eindrucksvoll beweist wie die der Heere Gustav Adolfs im Laufe der Jahre 1631 und 1632. Gleichzeitig mit der Bekämpfung der Feinde mußte ja die militärische Infrastruktur des besetzten und ausgebeuteten Gebiets erhalten werden, was seine Verteidigung gegen äußere

Bedrohung wie auch seine Kontrolle nach innen einschloß. Je ausgedehnter das kontrollierte Gebiet, desto größer und schlagkräftiger konnte das Heer werden, je größer das Heer, desto ausgedehnter mußte das Gebiet sein, das ihm zur Verfügung stand, je ausgedehnter das Gebiet, desto mehr Truppen brauchte man, um es behaupten und ausbeuten zu können und so fort. Dabei wuchs zwangsläufig die Zahl der zu statischen Sicherungsaufgaben und Operationen auf Nebenschauplätzen verwendeten Soldaten ins Unermeßliche, während die Menge der für die ausschlaggebenden Kampfhandlungen zur Verfügung stehenden Einheiten stagnierte, wenn nicht sogar sank. War es Gustav Adolf im September 1631 noch gelungen, etwa 50% aller in Deutschland befindlichen schwedischen und verbündeten Truppen bei Breitenfeld zur Entscheidungsschlacht zu konzentrieren, konnte er im November 1632, als er den größeren Teil Deutschlands besetzt hielt und über die doppelte Anzahl von Soldaten verfügte, bei Lützen gerade noch 12% zusammenraffen, was auch in absoluten Zahlen einen Rückgang von 42.000 auf 19.000 Mann bedeutete.

Natürlich begannen die Schweden schon vor ihrer Landung in Deutschland mit der Erhebung von Kontributionen, doch konnten sie erst nach der Schlacht von Breitenfeld zum dominierenden Finanzierungsmittel werden, da die Territorien, die sie bis dahin unter Kontrolle hielten, keine genügende Leistungsfähigkeit besaßen. Wie schnell die intensive Inanspruchnahme eines Gebiets zu dessen Erschöpfung führte, zeigen einige Zahlen aus den Feldzügen in Preußen. 1626/1627, im ersten Jahr nach der Besetzung, zahlte Braunsberg 30.000 Reichstaler Kontribution, im darauffolgenden Jahr waren es gerade noch 3.333. Der Kleine und Große Werder und die Ökonomie Tiegenhof warfen an Kontributionen und Lebensmitteln 1626/1627 145.967 Reichstaler ab, 1627/1628 68.663 und 1628/1629 32.651. Die „befreiten" Gebiete an der Ostseeküste kamen vom Regen in die Traufe. Rostock hatte in den Jahren 1627 bis 1630 an Wallensteins Truppen im Monat durchschnittlich 5.000 Reichstaler Kontribution gezahlt, Tillys Männer forderten in der drangvollen Lage während der ersten Jahreshälfte 1631 13.000 Reichstaler im Monat, die Schweden begnügten sich dann mit 8.000, doch war ihres Bleibens so lang, daß sie schließlich insgesamt 1.830.000 Reichstaler abkassieren konnten. Zur Finanzierung dieser Abgaben benutzte die Stadtverwaltung vor allem eine entsprechend hohe Haussteuer.

Das siegreiche Fortschreiten in Deutschland ab dem Herbst 1631 führte zum Aufbau einer regelrechten schwedischen Verwaltung, deren Hauptziel die Ausbeutung der verbündeten und, in noch höherem Maße, der eroberten feindlichen Gebiete zum Zwecke der Heeresfinanzierung war.

Die Leitung lag in den Händen des Königs, dem ab Januar 1632 Oxenstierna zur Seite stand, der bis dahin ähnlichen Aufgaben in Preußen nachgekommen war. Eine zentrale Kassenführung gab es nicht, die regionalen Kriegskassen führten getrennt Buch. Solche Kriegskassen wurden zunächst in Stettin, Stralsund und Wolgast eingerichtet, dann in Leipzig, Mainz und Augsburg. Sie standen unter der Leitung von Generalkriegskommissaren, die die Zuteilung der einzelnen Einheiten auf bestimmte Gebiete vornahmen. Die Bemessung und Einteilung der von den verschiedenen Reichsständen zu leistenden Abgaben war Sache von Kriegsräten, die sich aus schwedischen Offizieren und Vertretern der betroffenen Stände zusammensetzten. Kamen die Städte oder Territorien in Verzug, konnte zur militärischen Exekution geschritten werden. Die schwedische Verwaltung machte sich auch das im Reich existierende Steuerwesen weitestmöglich zunutze, insbesondere die Institution der Reichskreise, die ja zur Aufbringung und Unterhaltung des Reichsmilitärs ins Leben gerufen worden war und von den Schweden nur für ihre Zwecke umfunktioniert zu werden brauchte.

Wesentlicher Teil eines jeden Bündnisses mit einem protestantischen Reichsstand war die Festlegung des in die schwedische Kriegskasse zu zahlenden Betrags, wozu noch die Verpflichtung zur Stellung von Quartieren und Verpflegung kam. Die im Rahmen solcher Bündnisse zu zahlenden Summen standen formal an der Grenze zwischen Kontribution und Subsidie. Man wird aber der tatsächlichen Situation nur gerecht, wenn man letzteren Begriff auf die von wirklich unabhängigen Alliierten wie Frankreich stammenden Hilfsgelder beschränkt. Die stark zurückgehende Bedeutung der Subsidien geht aus ihrem Anteil an den gesicherten Einnahmen der schwedischen Kriegskasse im Jahre 1632 hervor. Sie machten damals nur mehr 334.000 Reichstaler aus, da Frankreich aus politischer Verärgerung über das rücksichtslose Vorgehen Gustav Adolfs im Reich seine Zahlungen nur mehr unvollständig geleistet hat. Die schwedischen und pommerschen Lizenten fielen mit zusammen 663.000 Reichstalern schon stärker ins Gewicht, Schweden selbst mußte einen etwa gleichgroßen Betrag beisteuern. Die in barem Geld eingetriebenen Kontributionen addierten sich demgegenüber auf über 2 Millionen Reichstaler. Rechnet man die Verpflichtungen Brandenburgs, Pommerns und einiger anderer Verbündeter hinzu, dann dürften es um die 3 Millionen gewesen sein. Wesentlicher aber waren noch die in Sachlieferungen erbrachten Leistungen der Verbündeten und Besiegten in Deutschland. Sie sind zwar nur schwer zu kalkulieren, dürften aber mit Sicherheit einen Wert von wenigstens 15 Millionen Reichstalern dargestellt haben.

Der Umstand, daß der weitaus größte Teil der Einnahmen in Form von Naturalien einging, sicherte zwar den Unterhalt der ins Riesenhafte gewachsenen Streitkräfte, aber er hatte zur Folge, daß die Barmittel nach wie vor nicht ausreichten, um die finanziellen Forderungen der Truppe auch nur im entferntesten erfüllen zu können. Diese ließen sich nämlich für das Jahr 1632, volle Besoldung (12 Monatssolde) vorausgesetzt, mit wenigstens 20 Millionen Reichstalern veranschlagen, bei dem realistischeren Zahlungsmodus von 1 Monatssold und 11 Monatslöhnungen kämen immer noch etwa 11 Millionen zusammen. So türmten sich weiterhin gewaltige Soldrückstände auf, die Oxenstierna nach des Königs Tod noch schwer zu schaffen machen sollten.

Die Kriegsmarine

Neben den spektakulären Leistungen der schwedischen Armee übersieht man gewöhnlich die vergleichsweise unscheinbaren Dienste der Marine, ohne die es jedoch ganz undenkbar gewesen wäre, das *dominium maris Baltici* zu erringen und zu behaupten. Das schwedische Imperium war ein Ostseereich, seine Bestandteile lagen rings um dieses Beinahe-Binnenmeer ausgebreitet. Solange die Häfen nicht vereist waren, bot die See die kürzeste und schnellste Verbindung zwischen Stockholm und Riga, zwischen Narwa und Sundsvall, zwischen Nystad und Stralsund. Zugleich war der Schiffstransport die weitaus leistungsfähigste und kostengünstigste Art, große Massen von Truppen und Material zu bewegen. Die großen in die Ostsee mündenden Ströme, wie die Düna, der Njemen, die Weichsel, die Oder, sowie der Ladoga- und der Peibussee boten darüber hinaus die Gelegenheit, den Wassertransport und den Einsatz geeigneter Kriegsschiffe auf die Binnengewässer auszudehnen.

Jeder der großen schwedischen Feldzüge im Ostseeraum begann mit dem Vorstoß einer großen Flotte aus Kriegs- und Transportfahrzeugen quer über das Meer. Man brachte sich so in den Besitz der Initiative und konnte den Punkt bestimmen, an dem die Armee an Land ging. Beim Kampf um Häfen und Küstenfestungen arbeiteten Landstreitkräfte und Flotte eng zusammen. War die Armee einmal ins Landesinnere vorgedrungen, blieben die Schiffe immer noch unentbehrlich, denn sie sicherten die Verbindung zwischen den rückwärtigen Häfen und Stützpunkten mit der Heimat, sorgten für Nachschub an Menschen und Material und ermöglichten im Notfall den Rückzug. Des weiteren konnte die Flotte feindliche Häfen blockieren und dadurch den Gegner wirtschaftlich schädigen.

Die Durchsetzung der schwedischen Zollpolitik wäre gleichfalls ohne Kriegsmarine gar nicht vorstellbar gewesen.

So bestand die Tätigkeit der schwedischen Flotte zur Zeit Gustav Adolfs im Transport von Menschen und Material, im Sichern der Verbindungswege, in der Blockade und Überwachung von Häfen und Küsten – entsagungsvolle und monotone Aufgaben, auf die wenig Glanz fiel, denn es kam dabei kaum zu größeren Kampfhandlungen. Und dann hatte die schwedische Marine auch noch das Pech, daß das einzige nennenswerte Seegefecht der Regierungszeit Gustav Adolfs gegen die Polen verloren wurde, wenn auch in Ehren.

Den Wert einer überlegenen Flotte hatte man im Kalmarkrieg zur Genüge am eigenen Leibe erfahren, als die Dänen das offene Meer beherrschten, den schwedischen Handel durch Kaperfahrer zum Erliegen brachten und nach Belieben amphibische Operationen an den Küsten Schwedens durchführten. Obwohl sich Gustav Adolf sogleich an die Reorganisation der von seinem Vater geerbten Flotte machte, dürfte es ihm schwerlich je gelungen sein, die Überlegenheit des dänischen Erbfeindes in diesem Bereich ganz zu beseitigen. Zum Glück für ihn und seine Marine kam es aber zu keiner weiteren offenen Konfrontation mit diesem Gegner. In den Kriegen mit Rußland und Polen verfügte Schweden dagegen seinerseits über die Seeherrschaft und nutzte sie höchst effektiv aus. Sigismund III. versuchte zwar mit großer Hartnäckigkeit, eine schlagkräftige polnische Flotte aufzustellen, kam aber über Anfangserfolge nicht hinaus.

Die Kaiserlichen erlebten im Kampf mit Dänemark gleichfalls das große Handicap, das der Mangel einer Flotte bedeutete, wenn man im Ostseeraum Krieg führte. Sie vermochten dem geschlagenen Gegner nicht auf seine Inseln zu folgen, und die Belagerung von Stralsund scheiterte einzig und allein an der dänischen und schwedischen Seeherrschaft. So begann Wallenstein damit, in Wismar eine kaiserliche Flotte aufzubauen, die langfristig für die skandinavischen Königreiche höchst gefährlich hätte werden können. Ein schwedisches Geschwader unter Erik Ryning patrouillierte jedoch selbst den Winter über vor der mecklenburgischen Küste und ließ die embryonale kaiserliche Flotte samt den zu ihnen gestoßenen polnischen Einheiten nicht auslaufen, bis Wismar schließlich von der Landseite durch die schwedische Armee eingenommen wurde. Die mit größten Härten für die Mannschaften verbundene jahrelange Blockade von Wismar stellte wohl die bedeutendste Einzelleistung der schwedischen Marine unter der Herrschaft Gustav Adolfs dar.

Die Natur der Ostsee und ihrer Küsten brachte es mit sich, daß Schweden zwei verschiedene Flotten unterhalten mußte. Um zwischen den Schären in Landnähe operieren und womöglich auch in die Flüsse und Binnenseen vorstoßen zu können, brauchte man zahlreiche kleine bis mittlere Fahrzeuge mit geringem Tiefgang. Sie mußten sowohl Segel- wie Ruderantrieb besitzen. Dies war die sogenannte „Kleine Flotte", die eine verwirrende Vielzahl von Boots- und Schiffstypen umfaßte und in den Kämpfen gegen Rußland und Polen gute Dienste leistete. Die eigentliche Seeherrschaft mußte aber die Große Flotte sichern, die aus hochseetauglichen Segelschiffen mit starker Geschützbewaffnung bestand. Von den 110 Einheiten der Großen Flotte Karls IX. ließ der Kalmarkrieg kaum 60 übrig. Der Wiederaufbau war das Werk des Reichsadmirals Karl Karlsson Gyllenhielm und in noch höherem Maße das seines Assistenten Klas Fleming. Letzterer war gleichzeitig führend in der Finanzpolitik tätig und hatte es daher relativ leicht, die notwendigen Mittel für die Marine zu mobilisieren. Gustav Adolf verfügte selbst über gute nautische Kenntnisse und unterstützte den Ausbau seiner Flotte nach Kräften. Am Ende seiner Herrschaft waren wieder etwa 90 hochseetüchtige Einheiten unter Segel, die aber im Durchschnitt wesentlich größer und schwerer bewaffnet waren als die Schiffe seines Vaters. Zeitweise herrschte die Neigung, die Fahrzeuge verhältnismäßig lang und instabil zu konstruieren, ein Fehler, der zum spektakulären Untergang der „*Wasa*" 1628 beigetragen haben mag. Der Verlust der „*Wasa*" war im übrigen nicht das einzige Unglück, das die Flotte in den 1620er Jahren traf. Das schwerste von ihnen ereignete sich im September 1625, als 10 Kriegsschiffe auf die Klippen des Kaps Domesnäs am Südende des Golfs von Riga getrieben wurden und sanken.

Stets herrschte Mangel an geeigneten Matrosen. Im Prinzip wurde auch für die Rekrutierung der Marine das *utskrivning* angewandt, wobei man sich vornehmlich an die Städte hielt, die ja meist an der Küste lagen. Doch der wenig angesehene, unangenehme und infolge der an Bord grassierenden Krankheiten gefährliche Dienst zur See war noch unbeliebter als der in der Armee. Finnland und einige andere Provinzen entzogen sich der Aushebung, indem sie selbständig eine vereinbarte Zahl von Seeleuten stellten. Das System funktionierte nicht allzu gut, und die Regierung griff auch hier zeitweise wieder auf das *utskrivning* zurück. Die Marineoffiziere waren entweder Schweden, meist von Adel, oder angeworbene Ausländer, unter denen die Holländer dominierten. Es gelang Gustav Adolf Ende der 1620er Jahre auch, die Aristokratie ebenso wie die Städte speziell zur Finanzierung von Schiffen heranzuziehen.

Die Flotte, die der König und seine Helfer organisierten, war im internationalen Vergleich gewiß kein so glänzendes Instrument wie die schwedische Armee, aber sie erfüllte die zahlreichen ihr zufallenden Aufgaben mit gutem Erfolg. Ohne diese Voraussetzung wären die großen Feldzüge in Rußland, Livland, Preußen, Pommern, Mecklenburg und letztlich auch der Krieg im Inneren Deutschlands nicht möglich gewesen.

Waffentechnik und Taktik

Die erstaunlichen Erfolge der schwedischen Armee unter Gustav Adolf pflegt man vor allem mit der modernen Fechtweise zu begründen, die der König in Fortentwicklung der niederländischen Militärreformen bei seinen Truppen eingeführt hatte, bevor er in den Dreißigjährigen Krieg eingriff. Er habe die „Vermehrung der Musketiere bei gleichzeitiger Verbesserung der Feuerwaffen" durchgesetzt und damit die „endgültige Zerstörung der Übermacht der blanken Waffe" bewirkt. In diesem Zusammenhang schreibt man ihm auch eine Reihe von waffentechnischen Neuerungen zu, einige von ihnen zu Unrecht, wie wir sehen werden. Auch das Wesen seiner taktischen Reformen wird oft etwas verzeichnet.

Die Infanterie

So ist die übliche Behauptung, Gustav Adolf habe der Feuerwirkung der Infanterie durch Vermehrung der Schützen auf Kosten der Blankwaffenträger zum Durchbruch verholfen, einfach falsch. Ganz im Gegenteil hat der König in der fast nur aus leichten Schützen bestehenden Infanterie, die er von seinem Vater geerbt hatte, überhaupt erst wieder die Pikeniere, das Fußvolk mit blanker Waffe (Langspieß), als einen wesentlichen Bestandteil einführen müssen, und er war in der Folgezeit ständig bemüht, den Anteil der Pikeniere zu erhöhen, nicht zu reduzieren. Die Tendenz, das Zahlenverhältnis zwischen Schützen und Pikenieren zugunsten der ersteren zu verschieben, läßt sich in allen europäischen Armeen seit Beginn der Neuzeit beobachten. Die spanische Infanterie, die im 16. Jahrhundert als die schlagkräftigste galt, hatte um 1520 auf einen Schützen 10 Pikeniere, um 1570 kamen nur mehr drei Pikeniere auf einen Schützen und um 1600 war das Zahlenverhältnis ungefähr ausgeglichen. Zur Zeit, als Schweden in den Dreißigjährigen Krieg eintrat, hatte sich bei allen beteiligten Armeen die Relation bei einem etwa doppelten Übergewicht der Musketiere gegenüber den Pikenieren eingependelt. Gustav Adolfs Brigaden hatten demgegenüber einen Sollbestand von 648 Pikenieren und 864 Musketieren, was einem Verhältnis von ungefähr 3:4 gleichkommt. In der Praxis war der Musketieranteil zwar meistens höher als er der Vorschrift nach sein sollte, doch lag das daran, daß der Musketierdienst als attraktiver galt und Musketiere daher leichter zu bekommen waren als

Titelseite von Laurentius Tourpitz' „Kriegs Kunst nach Königlicher Schwedischer Manier", erschienen 1638 (Manuskript 1633 abgeschlossen). Das Blatt stellt eine modernisierte Fassung der Titelseite von Johann Jacob von Wallhausens „Kriegskunst zu Fuß" (1615) dar. Links ist ein Musketier, rechts ein Pikenier abgebildet. (Privatbesitz)

Pikeniere, die Entwicklung entsprach also keineswegs den Intentionen des Königs. Bevor wir nun näher auf die Taktik der schwedischen Armee eingehen, müssen wir uns kurz mit der Waffentechnik zur Zeit des Dreißigjährigen Krieges beschäftigen, die jener zugrundelag und ohne deren Kenntnis sie unverständlich bliebe.

Der Pikenier

Beginnen wir mit der simpelsten der taktisch relevanten Waffen, eben der Pike, dem 4–5,5 m langen Spieß, der dem Pikenier den Namen gab. Der Aufstieg der neuzeitlichen Infanterie zur dominierenden Waffengattung auf den Schlachtfeldern des späten 15. und des größten Teils des 16. Jahrhunderts war vor allem dieser archaischen Waffe zu verdanken gewesen, die Feuerwaffen hatten dabei zunächst nur eine untergeordnete Rolle gespielt, wie sich das ja auch in den Zahlenverhältnissen spiegelte. Der Langspieß der Schweizer und Landsknechte war 5–6 m lang gewesen, im späteren 16. Jahrhundert verkürzte man ihn meist auf 4–5 m, doch sind die wenigen aus der Zeit des Dreißigjährigen Krieges erhaltenen schwedischen Piken noch 5,2–5,4 m lang. Auf jeden Fall blieb die Pike eine viel zu sperrige und unhandliche Waffe, um im Einzelkampf oder im Gedränge eines wirklichen Handgemenges wirkungsvoll eingesetzt werden zu können. Kam es zu einem solchen, mußte der Pikenier zu seiner Zweitwaffe, dem „Seitengewehr", gewöhnlich einem kurzen Degen, greifen, auch Dolche wurden nicht selten als Zusatzwaffen geführt. Derartige Situationen sollten aber möglichst vermieden werden, denn die eigentliche Stärke der Pikeniere bestand im kombinierten Einsatz ihrer Waffen, im disziplinierten Auftreten als geschlossener taktischer Körper. Die Zeiten des brutalen, dampfwalzenartigen Massenansturms nach Schweizer Vorbild waren im 17. Jahrhundert zwar schon lange vorbei, da die dabei verwendeten ebenso tief wie breit aufgestellten „Gewalthaufen" von mehreren tausend Mann Stärke der gesteigerten Wirkung von Geschützen und Handfeuerwaffen ein allzu verwundbares Ziel geboten hätten, doch stellten die Pikeniere immer noch das eigentliche offensive Element der Infanterie dar. Die kompakte, mit gefällten Spießen vordringende Front der Pikeniere war es, die dem Angriff des Fußvolks den letzten Nachdruck verleihen konnte, um den durch das Feuer erschütterten Gegner aus dem Gleichgewicht zu bringen und eine rasche und gründliche Entscheidung herbeizuführen. Zu einem wirklichen Aufeinanderprall geschlossener Fußvolkhaufen und anschließendem Massennahkampf scheint es zur Zeit des Dreißigjährigen Krieges allerdings nur mehr recht selten gekommen zu sein. Wie beim Bajonettangriff späterer Zeiten war es mehr der Schock, die psychische („moralische") Wirkung, die den gewöhnlich schon angeschlagenen Gegner noch vor dem wirklichen Zusammenstoß ausreißen ließ, als der tatsächliche physische Einsatz der blanken Waffen.

Gustav Adolf war bestrebt, diesen offensiven Aspekt der Pikeniertaktik wieder stärker zur Geltung zu bringen, denn seit dem Wiedererstarken der nun kräftig von Feuerwaffen Gebrauch machenden Kavallerie ab dem späten 16. Jahrhundert hatte sich die Infanterie zusehends in die Defensive drängen lassen und die Reiterei war zur Hauptträgerin des Angriffs geworden. Wie wir sehen werden, konnte auch der Schwedenkönig diese Entwicklung nicht wirklich aufhalten. Die Hauptfunktion des Pikeniers im 17. Jahrhundert war und blieb die Abwehr von Kavallerieattacken, denen der Musketier ohne seine Unterstützung auf freiem Feld hoffnungslos ausgeliefert gewesen wäre. Die Feuerwirkung glatter Vorderlader allein reichte nur in den seltensten Fällen aus, um einen energischen Massenangriff der Reiterei aufzuhalten, und im Nahkampf hatte der Musketier keinerlei Chancen gegen einen Kavalleristen. Ohne den festen Rückhalt, den ihm die Pikenierformationen boten, hätte der Musketier angesichts einer auf ihn zustampfenden Kavallerieeinheit auf viel zu große Entfernung ein ziemlich wirkungsloses Feuer eröffnet, um dann schleunigst die Flucht zu ergreifen, so lange noch Aussicht bestand, der gnadenlosen Verfolgung durch seinen schnelleren Gegner zu entkommen. Indem man ihm die Möglichkeit gab, sich kurzfristig unter oder hinter den Piken in Sicherheit zu bringen, konnte man es dem Musketier zumuten, den Reiter auf voll effektive Schußdistanz herankommen zu lassen, wodurch sein Feuer erst für diesen wirklich gefährlich wurde.

In eine geschlossene Pikenierfront direkt hineinzureiten und diese im Schock zu zersprengen, gelang der Kavallerie fast nie. In gedrängter Abwehrstellung nahm ein Pikenier nicht viel mehr als einen halben Meter Frontbreite ein und ebensoviel an Tiefe, die Männer standen also mit vorgeschobener linker Schulter in unmittelbarer Tuchfühlung und noch die Spitzen der Piken des 5. Gliedes ragten, schräg gegen die Brust der Pferde gefällt, mit dem Schaftende in den Boden gerammt und mit dem rechten Fuß festgetreten, vor die Front des ersten Gliedes. Angesichts der geschlossenen Menschenmauer und des Waldes von Spitzen verweigerten die Pferde, mochten ihnen ihre Reiter noch so sehr die Sporen geben. Durch die langen Schäfte wurden die Kavalleristen dabei auf solche Distanz gehalten, daß sie von ihren eigenen Blankwaffen keinen wirksamen Gebrauch machen konnten. Statt dessen pflegten sie nun mit ihren Pistolen knapp außerhalb der Reichweite der Piken ein kontinuierliches

Feuer zu eröffnen, um ihren Gegner so lange zu dezimieren und zu zermürben, bis sich Gelegenheit zum Einbruch bot. Dieses Feuer mußte der Pikenier regungslos über sich ergehen lassen, denn auch bei der Abwehr der Reiterei wirkte seine Waffe mehr durch die Drohung als durch den wirklichen Einsatz. Um ihn diese passive Rolle besser ertragen zu lassen, versah man den Pikenier mit Helm und Panzer, letzterer bestehend aus Brust- und Rückenplatte, Kragen und geschobenen Beintaschen bis zur Mitte der Oberschenkel. Die lebenswichtigen Körperteile waren zwar hierdurch vor Pistolenschüssen und Blankwaffenwirkung einigermaßen geschützt, doch mußte der Pikenier außer seinem sperrigen, etwa 3 kg schweren Spieß noch 8–10 kg starre Panzerung ständig mit sich herumschleppen, was auch nicht gerade geeignet war, die Attraktivität seines Dienstes zu erhöhen. Hinzu kam, daß die Rolle des Pikeniers weitgehend auf die rangierte Feldschlacht beschränkt war, während der weniger mörderische, dafür jedoch abwechslungsreiche und vor allem Gelegenheit zum Plündern bietende Einsatz im Garnisons-, Vorposten- und Kleinkrieg der Reiterei und den Musketieren vorbehalten blieb. Kein Wunder, daß es immer schwieriger wurde, Soldaten für diese in offener Schlacht nach wie vor unentbehrliche Truppengattung zu finden. Auch der Anreiz höheren Soldes gegenüber dem Musketier konnte diesem von den meisten Feldherren und Militärtheoretikern beklagten Mißstand nicht abhelfen.

Der Musketier

Bildeten die Bollwerke der stacheligen Pikenierhaufen das feste Rückgrat der Infanterie, waren die Musketiere die Träger der eigentlichen Waffenwirkung. Außerdem stellten sie die wesentlich vielseitiger verwendbare, auch außerhalb des Schlachtfeldes für die verschiedensten Dienste einsetzbare Gattung des Fußvolkes dar. Zwar besaß auch der Musketier für den Nahkampf ein Seitengewehr – Degen oder kurzer Säbel –, außerdem konnte er mit dem Kolben seiner Muskete zuschlagen, doch im wesentlichen war er Schütze, also Fernkämpfer. Panzerung hatte er nie, einen leichten Helm nur mehr selten. Gustav Adolf war allerdings bestrebt, seine Musketiere mit einem breitkrempigen Helm auszustatten, der bis zu seinem Tod von der Mehrzahl der alten schwedischen Regimenter auch wirklich noch getragen worden sein dürfte.

Von der Schwerfälligkeit und mangelhaften Leistung der Hauptwaffe, der Muskete, macht man sich gewöhnlich übertriebene Vorstellungen. Mit einem Gewicht um 5 kg war das Gewehr nur unwesentlich schwerer als die Steinschloßflinten des 18. Jahrhunderts oder auch die Schnellfeuergewehre der heutigen Infanterie. Eine Stützgabel war daher nicht mehr unbedingt notwendig, doch blieb sie noch bis zur Mitte des 17. Jahrhunderts überwiegend in Gebrauch, da der Schütze über die Hälfte der Zeit, die der Ladevorgang benötigte, mit dem Luntenschloß beschäftigt war und dabei die Waffe bequem auf die Gabel legen konnte, zumal er ja in der linken Hand während dieser Prozedur die brennende Lunte halten mußte. Daß Gustav Adolf bei seiner Infanterie ein neues, leichteres Musketenmodell eingeführt und die Stützgabel abgeschafft habe, wie immer wieder behauptet wurde, ist unzutreffend. Die erhaltenen schwedischen Musketen unterscheiden sich in nichts wesentlich von den in anderen Armeen gebräuchlichen Typen, die Stützgabel verschwand erst in der Regierungszeit Karls X., noch 1635 wurden vom Stockholmer Zeughaus 12.162 Stützgabeln ausgegeben, 1645 waren es nur mehr 826. Unrichtig ist es auch, die Einführung der Papierpatrone Gustav Adolf zuzuschreiben. Papierpatronen waren schon um die Mitte des 16. Jahrhunderts bekannt, allgemein durchgesetzt hat sich ihre Verwendung jedoch erst nach 1680. Bis dahin war es bei der Masse der Infanterie in allen europäischen Armeen – auch der schwedischen – üblich, das Pulver in kleinen hölzernen Pulverflaschen, die an Schnüren am Bandelier hingen und jeweils die Ladung für einen Schuß enthielten, und in einem gleichfalls am Bandelier angebrachten Kugelbeutel getrennt mitzuführen. Derartige Bandeliere sind ebenfalls noch bis in die Zeit Karls X. in großer Zahl in schwedischen Zeughäusern nachweisbar.

Was den Zündmechanismus anbetrifft, brachte die Regierungszeit Gustav Adolfs sogar einen „Rückschritt". 1613 waren 2094 der im Stockholmer Zeughaus aufbewahrten Musketen mit Luntenschlössern versehen, 1419 Stück aber bereits mit dem weit moderneren Schnappschloß, einem Vorläufer des Steinschloßes, im Jahre 1635 dagegen wurden nur mehr 64 neue Schnappschloßmusketen gezählt, während der Bestand an neuen Luntenschloßmusketen auf 10.026 angestiegen war. Der Grund bestand darin, daß das primitive Luntenschloß bei all seinen Mängeln die einfachere und weniger störanfällige, vor allem aber die weitaus billigere und somit für die Massenproduktion von Militärwaffen geeignetere Lösung darstellte. In der französischen Armee wurde erst Ende der 1690er Jahre die Luntenschloßmuskete durch die Steinschloßflinte als Standardwaffe der Infanterie abgelöst, in den englischen, holländischen und meisten deutschen Armeen war das etwa ein Jahrzehnt früher erfolgt.

Das schwedische Infanteriegewehr des Dreißigjährigen Krieges war also keine neu entwickelte Wunderwaffe, sondern die bei allen beteiligten

Armeen mit geringfügigen Abweichungen verwendete Luntenschloßmuskete mit Stützgabel. Eine etwaige Überlegenheit der Infanterie Gustav Adolfs im Feuergefecht hing mit der Ausbildung und mit der Taktik zusammen, nicht jedoch mit der Waffe. Die typische schwedische Muskete hatte ein um 120 cm langes glattläufiges Rohr mit einem Laufkaliber von 19,8–20,1 mm. Dem entsprach ein Kugelkaliber von etwa 18,6 mm, da eine vollkalibrige Kugel wegen der starken Laufverschmutzung, die das Schwarzpulver verursachte, schon nach wenigen Schüssen nicht mehr hätte geladen werden können. Natürlich hatte der Spielraum des Geschosses eine erhebliche Streuung zur Folge, die es wenig sinnvoll machte, auf Ziele von Mannsgröße auf mehr als 100 m Distanz Feuer zu geben. Allerdings schoß man gewöhnlich auf Massenziele, und hier konnte Feuer bis etwa 250 m einen zumindest mäßigen Effekt haben. Die gegossenen Bleikugeln besaßen ein Gewicht von etwa 35 g (moderne Infanteriegewehrgeschosse um 10 g) und wurden mit einer sehr schweren Pulverladung von 25–30 g abgeschossen. Hatte der Schütze die Kugel ordentlich verdämmt, entwickelte ein solches Geschoß eine Anfangsgeschwindigkeit um 500 m/s und eine Anfangsenergie von über 4000 Joule (fast 1000 Joule mehr als ein modernes Infanteriegewehr). Die Aufhaltekraft einer Musketenkugel war auf kurze Entfernungen (unter 100 m) enorm, die Getroffenen müssen sich förmlich überschlagen haben. Dementsprechend verheerend war die Wundwirkung, bei Nahschüssen auf 10 m Distanz wurden, wie Versuche mit Seifenblöcken gezeigt haben, temporäre Wundhöhlen von über 500 cm^3 verursacht (bei modernen Infanteriegeschossen meist unter 150 cm^3). Die schwerkalibrige Kugel hat allerdings sehr ungünstige ballistische Eigenschaften, da die Energiedichte, also die auf eine bestimmte Fläche ausgeübte Kraft, eine relativ geringe ist. Deshalb war das Durchschlagsvermögen beim Auftreffen auf harte Materialien eher mäßig, zumal sich die Weichbleigeschosse dabei stark zu verformen pflegten. Auf 30 m durchschlug eine solche Kugel 4 mm Stahlblech, auf 100 m nur mehr 2 mm, während ein modernes Gewehrgeschoß auf 100 m 9–12 mm durchdringt. Der Luftwiderstand, der die großkalibrige Musketenkugel abbremste, war sehr erheblich, weshalb das Geschoß rasch an Geschwindigkeit und Durchschlagskraft verlor. Auf Distanzen von über 150 m konnte selbst schwächste Panzerung kaum mehr durchschlagen werden, auf über 400 m Entfernung gab es auch bei ungepanzerten Zielen meist nur mehr Prellschüsse.

Handhabung der Muskete

Die Umständlichkeit und Langwierigkeit des Ladevorgangs wird gewöhnlich ganz übertrieben dargestellt. Die 79 „tempi", also Ladehandgriffe, die etwa Wallhausen angibt, waren für die Ausbildung bestimmt, im Gefecht wurden, wenn überhaupt, lediglich drei Kommandos gegeben, nämlich „Laden", „Fertigmachen" und „Feuer". Wie ich nach reichlicher praktischer Erfahrung mit Luntenschloßmusketen versichern kann, braucht man für das Laden und Abfeuern einer solchen Waffe etwa 50 Sekunden, nicht mehrere Minuten, wie häufig behauptet wird. Die wesentlichen Ladegriffe sind folgende: 1. Herausnehmen der an beiden Enden glimmenden Lunte aus dem Hahn (die Lunte ist ein mit Bleizucker getränkter loser Hanfstrick), eine Maßnahme, die aus Sicherheitsgründen erforderlich ist, da der gleichzeitige Umgang mit offener Glut und offenem Pulver gewisse Unfallrisiken in sich birgt; 2. Freiblasen der Pfanne (horizontale Stahlfläche mit muldenförmiger Vertiefung unter dem Zündloch), gleichfalls aus Gründen der Sicherheit, da Nachglimmer die Zündkrautflasche in Brand setzen könnten; 3. Aufschütten des Zündkrautes (fein gemahlenes, mit Schwefel angereichertes Schwarzpulver) auf die Pfanne; 4. Schließen des Pfannendeckels; 5. Abstellen des bis dahin auf der Stützgabel befindlichen Gewehres mit dem Kolben auf dem Boden; 6. Öffnen eines der meist 12 am Bandelier hängenden Pulvermaße und Einschütten der Treibladung in die Mündung; 7. Herausnehmen einer Kugel und eines gefetteten Tuch- oder Leinenpfropfens aus dem Kugelbeutel; 8. Einführen der Kugel in den Lauf, den dieselbe hinabrollt; 9. Eindrücken des Pfropfens in die Mündung; 10. Herausziehen des hölzernen Ladestocks aus der Nut unter dem Lauf; 11. Umdrehen des Ladestocks und Herabstoßen des Pfropfens auf die Kugel, wodurch diese fest verdämmt wird; 12. Zurückführen des herausgezogenen und erneut gewendeten Ladestocks unter den Lauf; 13. Hochnehmen des Gewehrs und erneute Ablage auf der Stützgabel; 14. Einfügen und Festschrauben eines Luntenendes in den Hahn; 15. Anblasen der Lunte; 16. in Anschlag Gehen und Öffnen des Pfannendeckels; 17. Zielen und Betätigen des Abzuges.

Geschieht letzteres, senkt sich der Hahn auf die Pfanne, wobei das glimmende Ende der Lunte auf das Zündpulver gedrückt wird. Dies bewirkt, keine 15 cm vor dem Auge des Schützen, eine kräftige Stichflamme, die durch das Zündloch die Treibladung im Lauf in Brand setzt, worauf der Schuß unter Erzeugung eines dumpfen Knalls, einer großen weißen Rauchwolke und eines heftigen Rückstoßes bricht. Es bedarf wohl keines Kommentars, daß dieser Ladevorgang (nicht jedoch das Schießen) nur im Stehen einigermaßen schnell und zuverlässig durchzuführen war, weshalb es unsinnig ist, den damaligen Soldaten selbstmörderische Absichten zu unterstellen, weil sie nicht im Liegen gekämpft hätten. Bei starkem Regen wurde das Pulver auf der Pfanne naß, was das Infanteriefeuer weitgehend zum Erliegen brachte (aber nur bei sehr starkem Regen!), ansonsten waren die Luntenschloßmusketen ziemlich zuverlässig. Im Kleinkrieg wurden Hinterhalte und Überfälle bei Tag durch den Rauch der Lunten, bei Nacht durch ihre leuchtende Glut erschwert. Ein weiterer Nachteil des Luntenschlosses bestand darin, daß die Masse der Schützen ihre Lunten nicht über längere Zeit hinweg brennen lassen konnte, da sonst der Luntenvorrat schnell verbraucht worden wäre. Auf den Märschen hatten gewöhnlich nur 10–15% der Soldaten brennende Lunten. Überraschungsangriffe konnten so den größeren Teil einer Truppe mit nicht sofort schußbereiten Gewehren antreffen. Ein häufig geäußerter Irrtum ist es, daß die Luntenschloßmusketen nicht im Anschlag von der Schulter, sondern, ohne zu zielen, von der Brust abgefeuert worden seien. Dies widerspricht nicht nur jeglicher sachlichen Wahrscheinlichkeit, sondern wird auch durch die zuverlässigsten zeitgenössischen Abbildungen (etwa Jacob de Gheyns bekannte Illustrationen zum nassauisch-niederländischen Reglement), sowie durch den Umstand, daß viele der Waffen Visiere besaßen, eindeutig widerlegt.

Eine durch die besonderen Verhältnisse des Kampfes gegen die überlegene polnische Kavallerie bedingte Eigentümlichkeit der schwedischen Musketierausrüstung waren in den 1620er Jahren die Schweinsfedern oder Halbpiken, mannshohe Spieße, die der Schütze vor sich in den Boden stecken oder zum Bau von Spanischen Reitern verwenden konnte. Ähnliche Maßnahmen ergriffen die kaiserlichen Fußsoldaten und ihre Verbündeten Ende des Jahrhunderts gegen die Türken. Im Einsatz gegen westliche Gegner hören wir jedoch nur selten davon.

Die Kavallerie

Die berittenen Kontingente machten am Anfang des Dreißigjährigen Krieges im Schnitt 25% der Feldtruppen aus, gegen Ende oft mehr als 50%, ein deutlicher Maßstab dafür, wie sehr sich die Reiterei als die entscheidunggebende Waffengattung im Laufe des Krieges durchsetzte. Um 1630 bestand eine Feldarmee gewöhnlich zu etwa einem Drittel aus Kavallerie. Es gab mehrere verschiedene Gattungen innerhalb der berittenen Truppen. Nicht der eigentlichen Kavallerie zugerechnet wurden die Dragoner, eine Art aufs Pferd gesetzter Musketiere, die ihr Reittier nur als Transportmittel benutzten, im Gefecht selbst jedoch absaßen und als Infanterie kämpften. Sie neigten allerdings bereits dazu, sich mehr und mehr mit spezifisch kavalleristischen Ausrüstungsstücken (Stiefel, Pistolen) zu versehen, so daß aus ihnen allmählich eine sowohl zu Fuß als auch zu Pferde einsetzbare flexible Kommandotruppe wurde. Gustav Adolf führte diese vielseitige Reitergattung in der schwedischen Armee ein. Die unter dem Sammelbegriff „Kroaten" zusammengefaßte irreguläre leichte Kavallerie ost- und südosteuropäischer Provenienz – außer Kroaten fanden sich bei ihr Serben, Wallachen, Ungarn, Polen und Kosaken, selbst Tataren und Türken – wurde gleichfalls nicht der eigentlichen Reiterei zugezählt. Ihre Domäne waren Kleinkrieg, Aufklärung, Verfolgung, für den offenen Kampf mit regulären Truppenkörpern waren die Kroaten gewöhnlich zu undiszipliniert. Ihre Bewaffnung bestand aus leichten Gewehren (Arkebusen), Pistolen und Säbeln, Polen und Kosaken führten oftmals lange, aber leichte Lanzen, bisweilen auch noch Pfeil und Bogen, Panzerung kam nur wenig vor. Die kaiserlichen und die polnischen Armeen verfügten über starke Kontingente dieser leichten Reiterei, die westeuropäischen Heere hatten dagegen gewöhnlich keine solchen Truppen und mußten den Kleinkrieg den Dragonern und Arkebusieren überlassen, die hierin weit weniger geübt waren als die im Türkenkrieg gestählten osteuropäischen Hilfsvölker. Mit ihren zahlreichen finnischen Reitern besaßen die Schweden jedoch eine vielseitig einsetzbare verhältnismäßig leichte Kavallerie, die sich auch zur Wahrnehmung derartiger Aufgaben gut eignete.

Die reguläre Schlachtenkavallerie setzte sich – theoretisch – aus drei verschiedenen Gattungen zusammen. Die vornehmste von ihnen, die Lanzierer, waren jedoch schon zu Beginn des Dreißigjährigen Krieges so gut wie völlig verschwunden. Die einzigen, die noch gepanzerte Lanzenreiter in Masse einsetzten, waren die Polen mit ihren schwungvoll attackierenden adeligen Flügelhusaren, nicht nur der prächtigsten, sondern auch der weitaus besten Kavallerie, die es damals irgendwo gab. Sie waren mit einer langen Lanze, Pistolen und Säbel bewaffnet. Die zweite Gattung waren die leicht gepanzerten Arkebusiere (Bandelierreiter), berittene Schützen, die vom Sattel aus mit einem kurzen, leichten Radschloßgewehr (Arkebuse) schossen, welches mit einem Karabinerhaken am Bandelier befestigt war. Für den Nahkampf führten sie in den Sattelholstern zwei Radschloßpistolen und an der Seite einen Haudegen. Die Schweden setzten Arkebusiere nur in den ersten Regierungsjahren Gustav Adolfs ein. Allerdings konnten sich unter den in Deutschland angeworbenen Reitern auch weiterhin Arkebusiere befinden.

Der Kürassier und seine Panzerung

Die zahlreichste und wichtigste Gattung der Schlachtenkavallerie waren die Kürassiere. In der zeitgenössischen Literatur werden sie meist als Kürisser, der damaligen Verdeutschung des französischen Cuirassier, oder in der italienischen Variante als Corazzen bezeichnet. Der Kürassier war eigentlich nichts anderes als ein Lanzierer ohne Lanze. Er trug einen 30–35 kg schweren Dreiviertelharnisch mit geschlossenem Helm (Mantelhelm) und war bis unmittelbar unterhalb der Knie vollkommen geschützt. Das 5 mm starke Bruststück hielt selbst Musketenschüssen stand, die anderen, etwa 2 mm starken Panzerteile den Hieben und Stichen von Blankwaffen und im allgemeinen auch Pistolenschüssen. Im Laufe des Dreißigjährigen Krieges war eine Tendenz zu beobachten, die Panzerung zu vermindern. Die Ursache hierfür war nicht, wie häufig behauptet wird, daß der Panzer nicht mehr gegen die Wirkung der Feuerwaffen geschützt hätte, sondern daß das Harnischtragen als zu beschwerlich empfunden wurde. Im Gegensatz zum mittelalterlichen Ritter hatte der Kürassier des 17. Jahrhunderts ja keinen Knappen, kein Reise- und kein Packpferd mehr. Das heißt, er mußte die Panzerung auf allen Märschen am Körper mit sich herumschleppen, und auch das Kampfpferd war ständig mit dem Gewicht der gesamten Ausrüstung belastet. Große Schlachten, in denen man die volle Panzerung gebraucht hätte, waren selten, und so zog man es vor, in diesen lieber ein größeres Risiko einzugehen als sich unentwegt der extremen Unbequemlichkeit des Panzertragens zu unterziehen. Hinzu kamen die Kostspieligkeit des Harnischs und die Schwierigkeit seiner Beschaffung. Die junge schwedische Rüstungsindustrie zeigte sich immer wieder überfordert, größere Mengen von Kürassen zu liefern, und was produziert wurde, gab in qualitativer Hinsicht oft Anlaß zu Beanstandungen.

Um 1630 trug ein Teil der Kürassiere noch den kompletten Dreiviertelharnisch, viele waren aber auch schon zu reduzierten Versionen übergegangen. Diese bestanden aus einem bis zu den Knien reichenden dicken Lederkoller, Brust- und Rückenplatte (Küraß im engeren Sinne), manchmal Beintaschen ohne Knieschöße, oft auch Panzerung zumindest des linken Unterarms und der linken Hand, die den Zügel führte und besonders gefährdet war. Als Helm wurde die aus Osteuropa übernommene, letztlich auf türkische Vorbilder zurückgehende Zischägge getragen, die bis auf zwei Wangenklappen und ein verstellbares Naseneisen das Gesicht freiließ, während der Nacken durch einen geschobenen Nackenschirm geschützt wurde. Diese erleichterte Form war die Rüstung, in der die gepanzerten Elemente der schwedischen Kavallerie gekämpft zu haben scheinen. Dies mag teilweise auch damit zusammengehangen haben, daß die nationalschwedische und vor allem die finnische Kavallerie einen etwas kleineren, wenn auch sehr zähen Pferdeschlag mit einer Widerristhöhe um 140 cm ritt als die kontinentale schwere Reiterei, obwohl die Größe eines Pferdes nicht unbedingt etwas über seine Belastbarkeit aussagt und zudem der größte Teil der schwedischen Kavallerie sich recht bald mit deutschen Pferden remontiert haben wird. Auf die Panzerung seiner Kavallerie, wie auch die seiner Pikeniere, legte Gustav Adolf großen Wert, denn die bösen Mißerfolge, die die schwedische Reiterei in der Zeit seines Vaters gegen die Polen erlitten hatte, führte er nicht zuletzt darauf zurück, daß damals aus Bequemlichkeit und Mangel an Disziplin keine Panzerung getragen worden war. Die Engpässe in der Harnischproduktion zwangen allerdings auch Gustav Adolf zu Kompromissen. So waren in vielen Fällen nur die Reiter im 1. Glied einer Formation gepanzert, der Rest trug günstigstensfalls Helme und Lederkoller, oft genug nicht einmal diese. Man war sich dann nicht ganz einig, ob man derartige Kavalleristen als Kürassiere ohne Kürasse oder als Arkebusiere ohne Arkebusen ansprechen sollte, oft nannte man sie einfach „Reiter" oder „leichte Reiter". Die Finnen, die fast die Hälfte der nationalschwedischen Kavallerie stellten, bestanden ganz überwiegend aus solchen „leichten Reitern".

Die Pistole

Die Bewaffnung des Kürassiers bestand aus zwei in Sattelholstern aufbewahrten langläufigen Radschloßpistolen und einem schweren Degen („Haudegen"). Die schwedischen Pistolen hatten gewöhnlich ein Laufkaliber von 15,5–16,2 mm. Das geringere Kaliber hatte natürlich eine geringere Schußenergie im Vergleich zu der der Muskete zur Folge, doch war das unvermeidlich, da sonst der Rückstoß viel zu schwer geworden wäre. Auf kürzeste Entfernungen konnte Stahlblech von 2 mm Stärke gerade noch durchschlagen werden. Die Pistolen waren Nahkampfwaffen, man schoß selten weiter als 20 m mit ihnen, jedenfalls mit Aussicht auf Erfolg, im Idealfall wurde auf so kurze Entfernung gefeuert, daß die Mündung der Waffe fast schon den Gegner berührte. War dieser gepanzert, versuchte man ungeschützte Körperteile oder Schwachstellen des Panzers zu treffen, bei Reitern oft auch die Pferde. Bei der kurzen Schußdistanz hatte der Kürassier, namentlich wenn er in schnellerer Gangart ritt, häufig nicht mehr Gelegenheit, die abgefeuerte Pistole im Sattelholster zu verstauen, bevor er zur zweiten griff oder den Degen zog. In diesem Falle wurde die gebrauchte Pistole dem Gegner an den Kopf geworfen oder als Schlagwaffe benutzt. Das hatte natürlich den Verlust oder die Beschädigung der Pistole zur Folge. Geladen wurde die Pistole mit Hilfe von Pulverflasche und Kugelbeutel, die am rechten Sattelholster befestigt waren.

Das Radschloß, das in seiner Funktion einem Feuerzeug ähnelt, ist ein wesentlich komplizierterer und aufwendigerer Mechanismus als das für den Reiter unbrauchbare Luntenschloß. Der gezackte Rand eines stählernen Rades läuft durch die Pfanne, auf die, wie bei allen Schloßmodellen, Zündpulver aufgeschüttet wird, bevor man den Pfannendeckel schließt. Mit einem Vierkantschlüssel, den man auf die Radwelle aufsteckt, spannt man das Rad. Vor dem Schuß öffnet man den Pfannendeckel und legt den Hahn, zwischen dessen Lippen ein Stück Schwefelkies (Pyrit) geschraubt ist, so um, daß letzterer auf den Radrand in der Pfanne gedrückt wird. Betätigt man nun den Abzug, dreht sich das unter Spannung stehende Rad und reißt Funken aus dem Pyrit, die das Zündpulver in Brand setzen. Damit das Zündpulver nicht von der Pfanne fällt, wird die Pistole im Anschlag nach links verkantet, so daß die Pfanne nach oben weist.

Die Kavallerie des Dreißigjährigen Krieges machte sehr regen Gebrauch von ihren Handfeuerwaffen, eine Folge vor allem des Kampfes gegen die in direkter Attacke unangreifbaren Pikenierhaufen. Es wurde zum Teil aber auch eine zweckwidrige Gewohnheit daraus, die der Schlachtenkavallerie ihr eigentliches Wesen, den schnellen und wuchtigen Schock, raubte. Gustav Adolf, der aus eigener Erfahrung den alles niederwerfenden Ansturm der im Galopp attackierenden polnischen Panzerreiter kannte, versuchte das Schießen auf eine vom 1. Glied abgegebene Salve zu beschränken und seine Kürassiere dann unverzüglich mit der blanken Waffe angreifen zu lassen. Bei dieser handelte es sich um einen Haudegen, eine Waffe mit gerader, langer und breiter Klinge, die für Hieb und Stich gleichermaßen geeignet war.

Die Artillerie

Die einzige Waffengattung, auf deren Bewaffnung Gustav Adolf wirklich erneuernd einwirkte, war die Artillerie. Der König arbeitete hier auf Reduzierung und Standardisierung der Kaliber und vor allem auf größere Beweglichkeit hin. Abgesehen von den für den Belagerungskrieg bestimmten Mörsern, die schwere Explosivgeschosse (Bomben) warfen, schaffte er allmählich von den 16 Geschütztypen, die er von seinem Vater übernommen hatte, alle bis auf die 24-pfündigen, 12-pfündigen und 3-

pfündigen Kanonen ab. Eine vergleichbare Reduzierung der Kaliber hatten die Spanier schon Anfang des Jahrhunderts durchgeführt. Die in Schweden zahlreich produzierten eisernen Geschützrohre wurden nur noch bei der Schiffs- und Festungsartillerie verwendet, ansonsten exportiert. Die eisernen Rohre kosteten zwar sehr viel weniger als die bronzenen, doch waren sie verhältnismäßig schwerer und unsicherer als diese. Bei allen Geschützen wurden die Rohre so weit wie möglich verkürzt und erleichtert, um die Artillerie beweglicher zu machen.

Lederkanonen und Regimentsstücke

Radikalster Ausdruck für dieses Streben nach Leichtigkeit waren die berühmten „Lederkanonen". Es handelte sich hierbei um keine schwedische Erfindung – ähnliche Geschütze sind vorher schon in der Schweiz nachweisbar –, doch Gustav Adolf versuchte aus ihnen systematisch eine leichte Infanteriebegleitartillerie zu schaffen. Die schwedischen Lederkanonen waren 3-Pfünder und hatten ein dünnwandiges Kupferrohr, das mit Hanfstricken umwickelt und dann mit Leder überzogen wurde. Die Geschütze waren kein Erfolg, da die umwickelten Rohre sich rasch aufheizten und dann zum Springen neigten. Nach nur dreijährigem Einsatz wurden sie 1629 abgeschafft und durch einen massiveren bronzenen 3-Pfünder ersetzt, der aber mit einem Rohrgewicht von 120–140 kg immer noch sehr leicht und beweglich war (ein herkömmliches 3-Pfünderrohr wog das Doppelte bis Dreifache, das eines 12-Pfünders je nach Rohrlänge 550–900 kg). Dieser 3-Pfünder war dann das „Regimentsstück", das den Kaiserlichen in den Jahren 1631 und 1632 so sehr zu schaffen machte, da sie ihm nichts Vergleichbares entgegenzusetzen hatten. Jede schwedische Infanteriebrigade besaß sechs dieser leichten Geschütze, die von zwei Pferden, notfalls auch nur einem gezogen werden konnten und im Gefecht an den Flanken der Infanterieformationen mitgeschoben wurden. Da man für sie im Gegensatz zu den schwereren Geschützen, die mit der Pulverschaufel aus dem Pulverfaß geladen wurden, bereits Kartuschenmunition hatte, war die Feuergeschwindigkeit relativ hoch, bis zu etwa drei Schüssen in der Minute.

Im Nürnberger Lager (Sommer 1632) verfügte die schwedische Armee über 102 3-Pfünder, 34 12-Pfünder und 33 24-Pfünder, in der Schlacht von Lützen waren es 10 24-Pfünder, 10 12-Pfünder und etwa 40 3-Pfünder, was 3,3 Geschützen auf 1000 Mann entsprach.

Die schweren „Batteriestücke" (12- und 24-Pfünder) agierten unabhängig von der Infanterie und wurden entweder mehr oder weniger gleichmäßig über die Front verteilt oder an vorteilhaften Punkten zu Batterien zusammengefaßt. Ihre Rolle war eine ziemlich statische, da die Geschütze wegen ihres hohen Gewichts nur schwer und langsam bewegt werden konnten, doch gelangen den Schweden in einigen ihrer Schlachten Stellungswechsel. Die Feuergeschwindigkeit der Batteriestücke war wesentlich niedriger als die der Regimentsstücke, kaum schneller als ein Schuß in drei Minuten.

„Der Königl.Maiestät zu Schweden und Churfürstl. Durchl. zu Sachsen etc. wohlbestelte Apothecke wider den fressenden Wurm." Das Flugblatt gilt dem Bündnis Johann Georgs von Sachsen mit Gustav Adolf im September 1631 und greift die beliebte Methapher vom siegreichen Feldherrn als Arzt auf. Gegen die „fressende Rott" der unter jesuitischer Leitung alles unterwühlenden katholischen Heerscharen hilft nur die vom Schwedenkönig als „von Gott dazu bestellet[em]" Arzt verordnete Kur mit „Buchsen groß und klein", „Pillen" (= Kugeln) und „scharpffen Instrument". Die beiden Fürsten (Gustav Adolf rechts) besitzen in Form eines wohlgefüllten Zeughauses die geeignete „Apothecken" gegen das tückische „ungezieffer", / so daß „die Cur geriet so fein, / Daß hie bald lag ein Kopff, dort bald ein / Arm und Bein." (Nürnberg, Germanisches Nationalmuseum)

Vollkugeln, Granaten, Kartätschen

Im Gegensatz zu Mörsern und Haubitzen schossen die Kanonen ausschließlich direktes Feuer, üblicherweise auf Kernschußweite (Flachschüsse, die, je nach Geschütztyp, nach 3–800 m erstmals aufsetzten). Auf ebenem festen Boden sprangen die Kugeln dabei häufig in flachen Bögen weiter und setzten dazwischen wieder auf, ähnlich einem flachen Stein, den man über eine Wasserfläche wirft. Dadurch wurde die Tiefe des bestrichenen Raums erheblich vergrößert. Mit entsprechender Erhöhung konnten die schweren Geschütze Reichweiten von 3,5 km und mehr erzielen, doch war die Treffwahrscheinlichkeit dann äußerst gering.

Es gab bei der Feldartillerie mehrere Arten von Geschossen. Am weitaus häufigsten verfeuerte man gußeiserne Vollkugeln, die wegen der Bequemlichkeit des Ladens leicht unterkalibrig waren. Das zum Kaliber direkt proportionale Kugelgewicht diente zur Einteilung der Kanonen. Die Vollkugel war ein nur durch seine Rasanz wirkendes Wuchtgeschoß, das keine Breiten- aber hohe Tiefenwirkung besaß, außer wenn beim Durchschlag von Mauern, Brustwehren, Bäumen oder ähnlichem losgerissene Holz- oder Steinstücke eine indirekte Splitterwirkung verursachten. Die Vollkugeln hatten wegen ihres bald heulenden, bald summenden Geräusches, ihres schmetternden Einschlages und der schrecklichen Verstümmelungen, die sie anrichteten, eine weit größere demoralisierende Wirkung, als die meist nicht allzu schweren Verluste, die sie zufügten, vermuten lassen.

Wesentlich seltener als Vollkugeln wurden aus den Feldgeschützen Granaten, also Explosivgeschosse, verfeuert. Es waren hohle, mit einer ziemlich schwachen Pulverladung gefüllte Kugeln, die mit einem primitiven, zündschnurartig funktionierenden Zeitzünder in Gestalt eines mit Zündpulver gefüllten Holzröhrchens versehen waren. Ein genaues *timing* der schnell dahinhüpfenden Geschosse war unmöglich, zudem versagten die durch den Feuerstrahl der Treibladung beim Abschuß in Brand gesetzten Zünder recht häufig. Blindgänger konnten allerdings immer noch wie normale Vollkugeln wirken. Man verwendete Granaten vornehmlich zum Beschuß von Gebäuden und Artilleriestellungen in der Hoffnung, Brände bzw. Explosionen im Munitionsvorrat zu verursachen, sowie gegen Kavalleriemassen, da die Pferde durch die krepierenden Granaten nervös werden konnten.

Kettenkugeln und ähnliche rotierende Geschosse, die in dicht gedrängten Formationen noch üblere Verheerungen anrichten konnten als Vollkugeln, wurden gelegentlich eingesetzt, doch war ihre Reichweite aufgrund der kaum kontrollierbaren Flugbahn sehr begrenzt. Auf kurze Entfernungen, bis zu etwa 300 m, schoß man auf lebende Ziele vorwiegend mit Kartätschen, einer aus vielen kleinen Blei- oder Eisenkugeln bestehenden Hagelmunition, etwa einer überdimensionalen Schrotladung vergleichbar. Gegen gedrängte Massenformationen konnten sie einen fürchterlichen Effekt erzielen.

Uniformen

Häufig wird Gustav Adolf die Einführung der modernen Uniform zugeschrieben. Das ist in doppelter Hinsicht irreführend. Eine durchgehende Uniformierung hat es vor der 2. Hälfte des 17. Jahrhunderts weder in der schwedischen noch in irgendeiner anderen Armee gegeben. Erst in den stehenden Heeren des Absolutismus wurde sie möglich und erforderlich. Ansätze zur Uniformierung waren dagegen während des Dreißigjährigen Krieges in verschiedenen Armeen zu beobachten, die schwedische wirkte hier keineswegs bahnbrechend. Die Anschaffung gleichfarbiger und gleichgeschnittener Kleidung war meist die Folge von kostengünstigen Großeinkäufen der Regimentsinhaber, doch konnten auch modische Gesichtspunkte und solche der Repräsentation eine Rolle spielen, vornehmlich bei Gardetruppen. Daraus entwickelten sich manchmal Traditionen in einzelnen Einheiten, mit denen diese identifiziert wurden. Bezeichnungen wie Gelbes oder Grünes Regiment waren vor allem im protestantischen Deutschland seit Anfang des Krieges verbreitet, in erster Linie bezogen sie sich auf die Fahnen, manchmal aber auch auf die Rockfarbe. So scheinen zumindest die älteren „farbigen" Regimenter der Schweden Röcke in den entsprechenden Farben getragen zu haben. Einheitsspezifische Farben kamen auch bei den Kaiserlichen und bei verschiedenen anderen Armeen vor, ohne daß sich das in der Titulatur der Regimenter zu spiegeln brauchte.

Erkennungszeichen, die dazu dienen sollten, Freund und Feind voneinander zu unterscheiden, wurden von Fall zu Fall festgelegt. Bei Breitenfeld befestigten die Schweden grüne Zweige an ihren Kopfbedeckungen, der Kampfruf lautete: „Gott mit uns!". Auch Schärpen konnten bei Offizieren und Reitern solchen Zwecken dienen. Rote Feldbinden galten allgemein als ein Kennzeichen habsburgischer Streitkräfte, bei den Schweden scheint sich dagegen unter Gustav Adolf keine einheitliche Praxis entwickelt zu haben. Porträts zeigen neben dem ihnen von späteren Autoren häufig zugeschriebenen Blau auch verschiedene andere Farben, in den

30er Jahren meist jedoch überhaupt keine Feldbinden, worin auch eine gewisse Unterscheidung bestanden haben könnte.

Entwicklung der Infanterietaktik

Die wesentlichsten Neuerungen, die Gustav Adolf durchführte, betrafen die Einsatzgrundsätze der drei Waffengattungen und ihre Kombination zu einer Taktik der verbundenen Waffen. Ein Grundproblem für Militärtheoretiker und -praktiker des 16. und 17. Jahrhunderts war das reibungslos einander ergänzende Zusammenwirken der beiden so verschiedenartigen Elemente der Infanterie, der Pikeniere und der Musketiere. Zu einer perfekten Lösung ist es hierbei nie gekommen, erst mit der Schaffung einer homogenen Infanterie nach Einführung der Bajonettflinte und Ablegen der Pike im ausgehenden 17. Jahrhundert gelang es, eine vereinfachte, für Abwehr und Angriff gleichermaßen taugliche Infanterietaktik zu entwickeln. Zwar gab es in Gustav Adolfs Armee bereits reine Musketierregimenter, doch waren sie für spezielle Einsätze bestimmt, und insgesamt hatte der König, wie wir gesehen haben, keineswegs die Absicht, die Pikeniere zahlenmäßig zu reduzieren oder gar abzuschaffen.

Der Ausgangspunkt der neuzeitlichen Infanterietaktik war der Gewalthaufen der Schweizer und der deutschen Landsknechte. Dies war eine mehrere Tausend Mann zählende homogene Kolonne von ungefähr quadratischem Grundriß, bestehend aus Schichten von Langspieß- und Hellebardenträgern. Im Angriff drückte der Haufen mit der ganzen physischen und psychischen Schubkraft seiner tief gestaffelten Glieder nach vorne, wobei die eigentliche Kampftätigkeit auf einen Bruchteil der Männer beschränkt blieb. Wurde ein solcher Gewalthaufen in den Flanken oder im Rücken angegriffen, etwa von Kavallerie, brauchten die Männer nur in der betreffenden Richtung Front zu machen, notfalls konnte die Kolonne sich, ohne daß eine Umgruppierung notwendig gewesen wäre, als *carré* zur Rundumverteidigung einigeln. Der Gewalthaufen vereinigte so in sich ein hohes Maß an Angriffs- und an Verteidigungskraft und konnte, wandelnde Festung, die er war, unabhängig auftreten. Die wenigen Schützen, über die diese Truppen zunächst verfügten, gingen als Plänklerschwarm der angreifenden Kolonne voraus, um durch ihr Feuer den Einbruch vorzubereiten und um feindliche Schützen vom eigenen Gewalthaufen fernzuhalten. Im Nahkampf oder in der Verteidigung mußten die Feuerwaffenträger die Front freimachen und sich an die Seiten der Kolonne oder hinter dieselbe zurückziehen. Wurden sie unmittelbar angegriffen, konnten sie sich unter die gefällten Spieße drücken, was in Anbetracht der anfangs geringen Zahl von Schützen keine allzu großen Probleme bot.

Der spanische Tercio

Im Laufe des 16. Jahrhunderts fand jedoch, wie wir gesehen haben, eine ständige Vermehrung der Schützen statt, eine Entwicklung, bei der die spanische Infanterie voranging, deren Feuerwaffenträgern es schon in den 1520er Jahren mehrfach gelang, sowohl das gefürchtete Schweizer Fußvolk wie auch die französische Ritterschaft übel zusammenzuschießen. Da der Gewalthaufen überaus empfindlich gegen das Feuer von Geschützen und von Handfeuerwaffen war, ab der Jahrhundertmitte auch immer häufiger von der allmählich wieder erstarkenden, nun gleichfalls heftig schießenden Reiterei in die Defensive gedrängt wurde, blieb als Gegenmittel nur, den Pikeniervierecken eine ausreichende Zahl von Schützen zuzuteilen, um sich durch eigene Feuerwirkung zur Wehr setzen zu können. Das geschah nun nicht mehr nur in Form loser Plänklerschwärme, sondern man umgab den aus den massierten Pikenieren gebildeten Kern der Formation ringsum mit einem Gürtel von in mehreren Gliedern stehenden Schützen. Da zumindest die Pikenspitzen der ersten ein oder zwei Glieder noch vor die Front der Schützen ragen mußten, um diesen notfalls Deckung zu gewähren, durften die Feuerwaffenträger nicht mehr als 4–5 Mann tief stehen. Damit waren aber schon bald nicht mehr alle Schützen unterzubringen. Die Spanier gingen nun dazu über, an den Ecken des großen Vierecks, die immer besonders gefährdet waren, bastionsartige kleine Vierecke von Schützen anzuhängen. So entstand der berühmte spanische Tercio, der gegen Mitte des 16. Jahrhunderts gut 3000 Mann zu zählen pflegte. Die Hälfte von ihnen waren Pikeniere, die das etwa 40 Mann tiefe und 40 Mann breite *carré* in der Mitte bildeten, umgeben von einem Schützengürtel von 8–900 Mann. In den vier kleinen Bastionen standen je 50–100 Mann und dem Ganzen gingen dann noch einige hundert plänkelnde Schützen voraus. Dies war nach wie vor eine wandelnde Festung, jederzeit bereit zur Rundumverteidigung. Ohne völlige Umgruppierung konnte nach einer Seite immer nur ein Bruchteil der vorhandenen Feuerkraft eingesetzt werden. Die Pikeniere waren ringsum von Schützen maskiert und daher die meiste Zeit über zur Rolle eines passiv in Bereitschaft stehenden Rückhalts verurteilt. Sollten sie wirklich angreifen, mußten die Feuerwaffenträger eine Front freimachen, was natürlich immer mit einem gewissen Durcheinander verbunden war.

Der ungefüge spanische Tercio bildet nun in vielen Geschichtswerken die Folie, vor der die taktischen Reformen Gustav Adolfs in umso hellerem Licht erscheinen. Dabei pflegt man jedoch der spanischen „Schule" unrecht zu tun, denn die Spätform des Tercio mit der es die Schweden im Dreißigjährigen Kriege zu tun bekamen, hatte mit der gerade beschriebenen Formation nur mehr wenig zu tun. Ab den 1560er Jahren waren die Spanier dazu übergegangen, die Stärke des Tercio auf 1200–1500 Mann zu reduzieren, die Aufstellung wurde breiter und weniger tief gemacht, an die Stelle der vier Bastionen traten häufig zwei breite Schützenflügel beiderseits des massiven Pikenierzentrums. Zu dem Irrtum, Tilly und Wallenstein hätten ihre Infanterie noch in den alten plumpen Formationen kämpfen lassen, trugen populäre bildliche Darstellungen bei, da sich der Tercio in seiner ursprünglichen Gestalt wegen seines martialischen Aussehens weiterhin hartnäckiger Beliebtheit bei flüchtig arbeitenden Malern und Kupferstechern erfreute. So hat nicht zuletzt Merians Abbildung der Schlacht bei Lützen selbst einen so gründlichen Kenner der Materie wie Wilhelm Rüstow zu der fälschlichen Annahme verführt, Wallenstein habe seine Infanterie in vier monströsen Tercios zusammengeballt, obwohl aus den Berichten von Augenzeugen eindeutig hervorgeht, daß das kaiserliche Fußvolk nicht tiefer als 10 Mann gestanden hat. Die zahlreichen, überaus detaillierten und zuverlässigen Bilder, die der niederländische Schlachtenmaler Pieter Snayers im Auftrage kaiserlicher Heerführer, vor allem Piccolominis, gemalt hat, lassen dagegen deutlich erkennen, daß die Tercios der kaiserlich-ligistischen Infanterie schon im ersten Jahrzehnt des Dreißigjährigen Krieges die quadratische Form verloren und langgestreckte Rechtecke bildeten, die mit ihrem Pikenierzentrum und den beiden Schützenflügeln mehr den niederländischen Bataillonen („*Troups*") als den alten spanischen Tercios glichen. Der Unterschied zu der als fortschrittlich gerühmten niederländischen Formation besteht fast nur in der Dimension, der Tercio war doppelt bis dreimal so stark und wurde in der Regel auch noch erheblich tiefer aufgestellt als der *Troup*. Die zehngliedrigen Formationen Wallensteins bei Lützen stellten bereits eine Reaktion auf die schwedische Fechtweise dar.

Die niederländische Taktik

Die niederländische Taktik gilt als der unmittelbare Vorläufer der schwedischen. Sie entstand in den 1590er Jahren und war eine Schöpfung der großen oranisch-nassauischen Heeresreformer, besonders Moritz' von Oranien, wobei in manchem die hugenottische Taktik, wie sie sich in den französischen Religionskriegen herausentwickelt hatte und von Heinrich

IV. perfektioniert worden war, als Modell diente. Bedeutender noch wurde der bewußte Rückgriff auf antike Vorbilder, der seit Machiavelli für die militärischen Denker der Renaissance typisch war. In den Niederlanden hatte vor allem der Leidener Humanist Justus Lipsius mit seinen Arbeiten über das römische Heerwesen die theoretische Vorarbeit geleistet. Von den Hugenotten übernahm Moritz von Oranien die flache Aufstellung mit nur 10 Mann Tiefe, von den Römern die Gliederung in relativ kleine taktische Körper von etwas über 500 Mann Stärke und deren schachbrettartige Anordnung in drei Treffen, vor allem aber das Ideal straffer Disziplin und gründlicher Ausbildung. Letzteres wurde entscheidend durch die Untergliederung in viele kleine Einheiten gefördert, da diese zwangsläufig eine größere Zahl von Offizieren und Unteroffizieren benötigten. Die reichliche Ausstattung mit Führungspersonal kam auch dem organischen Zusammenwirken der durch Intervalle getrennten Formationen im Gefecht zugute.

Die taktische Grundeinheit, das der römischen Cohorte nachempfundene Bataillon (*Troup*), war 550 Mann stark. In der Mitte standen 25 Rotten von Pikenieren, beiderseits dieser je 12 Rotten von Schützen – alle Rotten 10 Mann tief – und vor der Front 60 Schützen als Plänkler. Die Feuerabgabe geschah gliederweise, der Schützenwechsel vollzog sich entweder, indem das Glied, das gefeuert hatte, durch eine freigelassene Gasse zurückging und die Front für das nächste Glied freimachte, oder indem man sich bei lockerer Aufstellung rottenweise zwischen den Hintermännern hindurch zurückzog. Beide Verfahren wurden als Contramarsch bezeichnet und waren nichts eigentlich Neues – in den spanischen Schützenabteilungen herrschte eine ganz ähnliche Praxis –, doch erreichten die Niederländer durch individuellen Waffendrill und Exerzieren im Verband eine seit der Antike nicht mehr gekannte Vollendung in der Durchführung dieser Manöver. Die flachere Aufstellung brachte zudem sehr viel mehr Waffen gleichzeitig zur Wirkung und machte auf diese Weise ökonomischeren Gebrauch vom vorhandenen „Menschenmaterial".

6 Bataillone, aus jedem Treffen zwei, bildeten eine niederländische Brigade, wobei die zusammengehörigen Einheiten seitlich versetzt hintereinander standen. In der Praxis rückten die Bataillone des zweiten Treffens meist bald in die Intervalle des ersten ein und bildeten mit diesem zusammen ein Treffen, während die Bataillone des dritten Treffens eine Art Reserve darstellten. Dadurch wurden die Brigaden zerrissen, so daß ihnen nur geringe taktische Bedeutung zukam. Die niederländische Armee besaß also keinen größenmäßig dem Tercio gewachsenen, zu selbständigem Auftreten geeigneten Verband. Ein weiterer Nachteil dieser

Taktik war, daß die flachen Formationen zwar gesteigerte Waffenwirkung nach vorn entwickelten, in der Flanke jedoch sehr empfindlich waren. Hier mußten sie gut von Kavallerie abgeschirmt werden oder im Bedarfsfalle durch ein hohe Ansprüche an Ausbildung und Disziplin stellendes Herumschwenken ganzer Einheiten eine neue Front aufbauen. So zukunftsweisend viele Aspekte der oranischen Taktik waren, die Formen an sich machten sie der spanischen Fechtweise noch nicht unbedingt überlegen, vielmehr war dies eine Frage der Übung, der Führung und der Kampfmoral. Die Streitkräfte der deutschen Protestanten, die gewöhnlich das niederländische Vorbild nachzuahmen versuchten, denen es aber meist an den genannten Eigenschaften gebrach, wurden im ersten Jahrzehnt des Dreißigjährigen Krieges von den in spanischer Manier fechtenden Veteranen der Katholischen Liga wieder und wieder geschlagen.

Heeresreform Eriks XIV.

Wenden wir uns nun der Entwicklung in Schweden zu, so werden wir mit Überraschung feststellen, daß dort, vom restlichen Europa kaum zur Kenntnis genommen, das Konzept der oranischen Heeresreform schon 30 Jahre früher vorweggenommen worden war. Dies war das Verdienst des halb genialen, halb wahnsinnigen Kronprinzen Erik, des späteren Königs Erik XIV. Auch Erik ließ sich vom Vorbild der römischen Legion inspirieren und wollte aus der altmodischen und trägen Miliz seines Vaters ein wendiges und aggressives Kriegsinstrument machen. Piken und Panzerung wurden eingeführt und taktische Körper gebildet, die stark dem späteren niederländischen Bataillon ähnelten. Sie waren 525 Mann stark, hatten in der Mitte einen Pikenierkern von 15 × 15 Mann, an den sich beiderseits je ein 3 Rotten breiter, 15 Mann tiefer Schützenflügel anschloß, während die restlichen 40 Pikeniere und 170 Schützen als Reserve beziehungsweise als Plänkler benutzt wurden. 4–5 dieser Bataillone bildeten eine „Legion". In Schlachtordnung standen die Bataillone, in zwei Treffen gegliedert, Seite an Seite, womit bereits ein erster Schritt in Richtung auf die Lineartaktik getan war. Das von Erik XIV. reformierte Heer besiegte 1565 mit dieser Taktik tatsächlich die Dänen in der Schlacht bei Axtorma, dennoch konnten Eriks Maßnahmen keine Wurzeln in der schwedischen Armee schlagen. Unter seinen Nachfolgern kehrte man erleichtert zur alten Laxheit zurück, schaffte Piken und Panzer, lästig wie sie gerade in den damals in Skandinavien dominierenden Waldkämpfen waren, wieder ab und vergaß den „römischen" Drill. Die Erfolge, die die Schweden trotzdem in ihrer gewohnten Fechtweise gegen die Russen errangen, verschleierten den wahren Stand der Dinge, da die rückständigen moskowitischen Streitkräfte keinen realistischen Maßstab darstellten. Das böse Erwachen kam Anfang des 17. Jahrhunderts in den Kämpfen gegen die Polen. Zwar hatte der in militärischen Dingen wenig versierte Karl IX. 1601 mit Johann von Nassau-Siegen einen Mann aus dem Kreis der niederländischen Reformer ins Land geholt, der sich einige Monate lang bemühte, den Schweden das beizubringen, was einer ihrer eigenen Könige Jahrzehnte zuvor schon ersonnen und praktiziert hatte, doch war gegen die hartnäckigen Vorurteile der Offiziere und Mannschaften nicht anzukommen. Als 1605 eine 14.000 Mann starke schwedische Armee, die fast nur aus leichten Schützen und ungepanzerten Reitern bestand, von 3.500 Polen bei Kirchholm in Livland gestellt wurde, war ein Massaker die Folge. Die Flügelhusaren zersprengten mühelos nacheinander Kavallerie und Infanterie, zwei Drittel der schwedischen Truppen blieben tot auf dem Schlachtfeld, Karl IX. konnte mit knapper Not entkommen. In den folgenden Jahren tätigte der König verzweifelt umfangreiche Waffenkäufe und versuchte eine Pikeniertruppe aufzustellen, es war alles vergeblich. Bei Kluschino erlebte die Armee 1610 ein zweites demütigendes Desaster gegen die brillante polnische Kavallerie, und auch gegen die Dänen gab es herbe Mißerfolge. Auf dieser wenig ermutigenden Grundlage begann der junge Gustav Adolf seine Reformarbeit.

Gustav Adolf als taktischer Reformer

1608 hatte Jakob de la Gardie, der General in der Armee Moritz' von Oranien gewesen war, dem Kronprinzen einige Monate lang eine militärische Ausbildung angedeihen lassen, im übrigen war dieser Autodidakt. Er las fleißig antike militärische Autoren wie Aelian, Frontinus, Vegetius sowie die Werke von Justus Lipsius. Auch hatte man bei seiner Erziehung Mathematik, Mechanik und Optik nicht vernachlässigt. Dieses intelektuelle Interesse verband Gustav Adolf mit detailbesessener Experimentierfreudigkeit und einem ausgeprägten Sinn für das Praktische. „Dieser Durchleuchtige Held war ein solcher scharf-sinniger Ingenieur", schreibt Wendelin Schildknecht 1652 (S. 202) über den König, „Der lang bediente wohlerfahrene Ingenieurs examiniren und noch informiren kunte ... Einen alten Minirer und auch Büchsenmeister kunte Er noch weit eines gewissern Fundaments unterrichten: Richtete auch bey Rayn [Rain] am Lech in einem halben Tage im harten Treffen mit eigener Hand an die 60 halbe Carthaunen."

Zu seinem Glück bekam Gustav Adolf etliche Jahre Zeit, im Kampf gegen die nicht allzu grimmig entschlossenen Dänen und die militärisch rückständigen Russen Erfahrungen zu sammeln, bevor er sich mit den gefährlicheren Polen einließ. Auch diese, die an vielen Fronten zugleich Krieg zu führen hatten, gingen nicht mit äußerster Energie gegen ihn vor, so daß der König seine neue Armee heranreifen lassen konnte. Die Streitmacht, mit der er dann in den Dreißigjährigen Krieg eingriff, stellte, was die eigentlichen schwedischen und finnischen Einheiten sowie die älteren deutschen Regimenter anbetraf, das Ergebnis dar von anderthalb Jahrzehnten intensiver Reformarbeit, die der fortlaufenden Korrektur durch fast ununterbrochene Kriegspraxis gegen verschiedenartige Feinde unterworfen gewesen war. Die schottischen Regimenter wurden gleichfalls in der schwedischen Fechtweise ausgebildet, bei den zahlreichen deutschen Einheiten, die während der Feldzüge im Reich in wachsender Zahl in die königliche Armee integriert wurden, versuchte man das auch, so weit die Zeit es noch zuließ.

Regiment, Eskadron, Brigade

Die taktische Reform vollzog sich auf der Grundlage der Reorganisation der ganzen Armee. Die von Gustav Adolf begründeten 8 Provinzialregimenter der Infanterie zu anfangs 12, ab 1621 zu 24 Kompanien mit insgesamt 3000 Mann waren rein administrativer Natur. Sie entsprachen den 6 schwedischen und 2 finnischen Rekrutierungsbezirken. In den 20er Jahren entstanden Feldregimenter zu je 8 Kompanien, ein Provinzialregiment entsprach somit 3 Feldregimentern. Gegen Ende des Jahrzehnts verloren die Provinzialregimenter ihre Bedeutung, das Feldregiment war nun taktische und administrative Einheit zugleich, behielt aber seine landsmannschaftliche Geschlossenheit, die den Zusammenhalt förderte.

Zunächst ganz unabhängig von der Entwicklung des Regiments hatte sich seit 1617 die Eskadron als taktische Grundeinheit herausgebildet. Sie bestand aus 216 Pikenieren und 288 Musketieren, ähnelte also größenmäßig dem niederländischen Bataillon (und der römischen Cohorte natürlich). Zu den Mannschaften kamen dann noch 52 Offiziere, Unteroffiziere und Spielleute, womit sich eine Gesamtstärke von 556 Mann ergab. In administrativer Hinsicht setzte sich die Eskadron aus 2 Kompanien, nach der Halbierung der Kompaniestärken 1621 aus 4 Kompanien zusammen. Das Feldregiment hatte somit 2 Eskadronen.

Der Mangel an größeren, zu selbständigem Vorgehen auf dem Schlachtfeld geeigneten Verbänden, wie er für die niederländische Taktik kenn-

Schwedische Infanteriefahne des 1630 gegründeten Weißen Regiments. In goldener Malerei auf weißem Grund zeigt das Blatt das bekrönte Familienwappen der Wasa, daneben die Initialen Gustav Adolfs, darunter das Motto „Gott in guter Sache Schützer und Rächer." Jede Kompanie hatte ihre eigene Fahne, doch stets von der Grundfarbe des betreffenden Regiments, in der auch die Röcke der Soldaten gehalten waren, zumindest bei den alten Regimentern. (nach Brzezinski 1992, E 3)

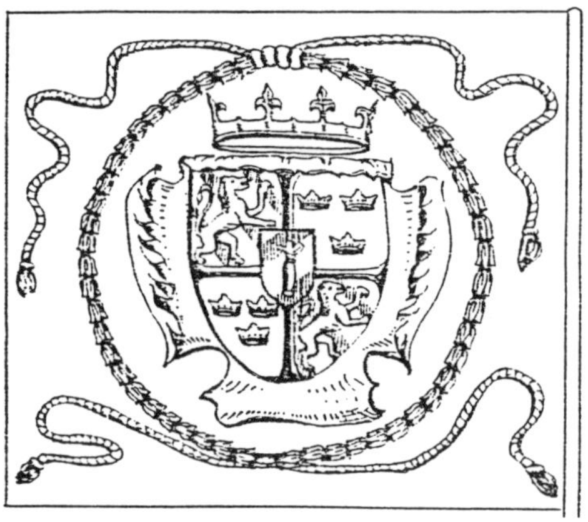

Fahne der Leibkompanie Gustav Adolfs. Diese Kompanie wurde im Felde gewöhnlich dem vornehmsten der Infanterieregimenter, dem 1624 gegründeten Gelben Regiment angegliedert. Das etwa 2 × 2,25 m große Fahnenblatt bestand aus schwarzer Seide, der aufgemalte Lorbeerkranz mit seinen Kordeln sowie die Krone waren golden, der Wappenschild zeigte die übliche Farbgebung des schwedischen Reichswappens. Das genaue Aussehen der Fahne kennen wir aus den Abbildungen in der Chronik des Benediktinerpaters Reginbald Möhner, der alle Feldzeichen der von 1632–1635 in Augsburg stationierten schwedischen Einheiten farbig festgehalten hat. Auch die anderen auf dieser Seite und auf Seite 419 abgebildeten Fahnen beruhen auf dieser Quelle. (Zeichnung Gudrun Pfrogner)

zeichnend war, wurde 1628 durch die Einführung der sogenannten schwedischen Brigade behoben. Diese bestand zunächst aus 3, später aus 4 Eskadronen, doch ging man ab 1631 meist wieder auf 3 zurück. Nach verschiedenen, zum Teil überaus gekünstelten Experimenten, die im Laufe der 20er Jahre bei der Zusammenstellung größerer Formationen unternommen worden waren, durfte die schwedische Brigade als die effektivste und vielseitigste Verbindung von Feuer-, Stoß- und Abwehrkraft gelten, die bisher gefunden worden war. Die Tiefe hatte man gegenüber dem niederländischen Bataillon noch weiter reduziert. Die Eskadronen standen in 6 Gliedern, die Pikeniere, an denen immer Mangel herrschte, manchmal sogar nur in 5. Die Anordnung der Pikeniere und Musketiere zueinander entsprach bei selbständigem Auftreten der Eskadron dem niederländischen Vorbild, das heißt, die Spießträger standen mit 36 Rotten in der Mitte, beiderseits von ihnen waren Musketierflügel von je 96 Mann in 16 Rotten angeschlossen, die restlichen 96 Musketiere wurden als Kommandierte bezeichnet und befanden sich außerhalb der eigentlichen Formation. Die geschlossene Eskadron umfaßte also zwar alle 216 Pikeniere, aber nur 192 der 288 Musketiere. Die Kommandierten wurden je nach Situation als Plänkler, zur Besetzung von Dörfern oder Schanzen, zur Bedienung der Regimentsgeschütze, vor allem aber zur Unterstützung der Kavallerie detachiert, können also bei der Beschreibung der Brigadenaufstellung außer Betracht bleiben. Diese besaß demnach sogar ein leichtes Übergewicht von Pikenieren gegenüber den Musketieren.

Gehen wir im folgenden von der Brigade zu 3 Eskadronen aus, wie sie bei Breitenfeld und Lützen zum Einsatz kam. Zwei der Eskadronen stellte man mit einem Intervall von der halben Frontbreite einer Eskadron nebeneinander, wobei jetzt jedoch die Pikeniere den jeweiligen inneren Flügel ihrer Eskadron bildeten, die Musketiere den äußeren. Betrachtet man die Linie als Ganzes, dann ergibt sich wieder die gewohnte Einteilung, die Pikeniere alle in der Mitte, die Musketiere auf den Flügeln. Die dritte Eskadron wurde in Kolonne als eine Art Keil vor das Intervall in der Mitte dieser Linie geschoben, weshalb man oft von einer T-förmigen Aufstellung spricht. Dieser Keil, der eine – recht kurzlebige – schwedische Eigentümlichkeit war, hatte nur die halbe Frontbreite einer Eskadron in Normalformation. Ganz vorne standen die Pikeniere, die Musketiere hinter ihnen. Verfügte eine Brigade über 4 Eskadronen, stellte man die 4. als Reserve zurückgezogen hinter den Keil, während zwischen den beiden in Linie stehenden Eskadronen ein größeres Intervall gelassen wurde.

Natürlich war die schwedische Brigade in dieser Anordnung eine Aufmarsch- und Ausgangsformation, die der Entwicklung der Lage flexibel anzupassen war. Sollte ein Feuergefecht geführt werden, scherten die hinter dem Pikenierblock zurückgehaltenen Musketierflügel des Keils aus und stellten sich beiderseits der Pikeniere in Linie. Sie maskierten auf diese Weise nur die nun hinter ihnen stehenden Pikeniere der 2. Staffel, deren Musketierflügel unter Umständen nach vorn kommen und eine einzige lange Feuerlinie herstellen konnten. Galt es dagegen einen massiven Reiterangriff abzuwehren, gingen die Musketierflügel der beiden hinteren Eskadronen nach Feuerabgabe hinter ihren Pikenieren in Dekkung, während die Musketiere des Keils zwar hinter ihrem schützenden Pikenierblock blieben, aber nach links und rechts Front machten und dem

Gegner, wenn er an den Pikenieren vorbeistieß, ein mörderisches Flankenfeuer aus nächster Entfernung gaben. Die Feuerwirkung wurde noch erheblich verstärkt durch die oben schon erwähnten 6–12 leichten Geschütze, über die jede Brigade verfügte.

Die Musketiere schossen in der Regel gliederweise und lösten sich im Contramarsch ab, doch führte Gustav Adolf auf dem deutschen Kriegsschauplatz auch ein neuartiges Salvenfeuer ein, das vor allem die moralische Wirkung steigern sollte. Für die Abgabe einer solchen Salve verdoppelten die Musketiere ihre Glieder, so daß die Formation nur mehr aus drei eng gedrängt stehenden Gliedern bestand. Indem das 1. Glied niederkniete und das 2. sich vorwärtsbeugte, konnten alle Musketen zugleich abgefeuert werden, „um so viel Blei auf einmal dem Feind in die Brust zu schießen, wie man es sonst auf mehrere Male verteilt macht, wodurch man ihm Schlimmeres antut, ihn dreimal mehr noch entmutigt, durcheinanderbringt und verblüfft, denn ein langer, ununterbrochener Donnerschlag ist fürchterlicher und abschreckender für den Sterblichen als zehn vereinzelte". (Der schottische Augenzeuge Sir James Turner in „Pallas Armata", 1683, S. 237)

Die schwedische Eskadron war die erste geschlossene Formation von mehreren Hundert Mann Stärke, die dank ihrer Flachheit ihre sämtlichen Waffen – Musketen wie Piken – gleichzeitig zur Wirkung bringen konnte und auf diese Weise nichts von ihrer potentiellen Kampfkraft ungenutzt ließ. Damit war ein weiterer Schritt in Richtung auf die „ordre mince", die Lineartaktik des 18. Jahrhunderts, getan, ohne daß noch deren Starrheit eingetreten wäre. Letzteres war ein Verdienst der Zusammenfassung der Eskadronen in Brigaden, die sich im Kampf ihre individuelle Beweglichkeit erhielten. Anders als die spanische Brigade von 3 keilförmig im Dreieck oder 4 rautenförmig angeordneten Tercios oder die oben beschriebene niederländische Brigade von 6 in drei Treffen stehenden Bataillonen, war die schwedische Brigade keine reine Bereitstellungs- und Annäherungsformation, deren Bestandteile ihren Zusammenhalt verloren, sobald sie sich zur eigentlichen Gefechtsfront zusammenschoben. Die eventuellen Umgruppierungen der Eskadronen und ihrer Flügel geschahen im Rahmen der Brigade und gefährdeten nicht deren Geschlossenheit, da zwischen den Brigaden reichlich frontbreite Intervalle aufrechterhalten bleiben sollten. Die schwedische Brigade vereinte so in sich die für das selbständige Auftreten erforderliche Stärke des Tercio, dem sie mit 1224–1632 Mannschaften zahlenmäßig zumindest gewachsen war, mit der durch die Unterteilung in drei oder vier Eskadronen gewährleisteten Flexibilität, die der Tercio nicht besaß. Durch das Vorschieben des „Keils" verfügte die schwedische Brigade in sich über eine Art Treffengliederung, die es den Eskadronen ermöglichte, wendig auf sich ändernde Situationen zu reagieren. Merkwürdigerweise ist der „Keil“ schon wenige Jahre nach Gustav Adolfs Tod wieder aufgegeben worden, so daß die T-förmige Brigadenstellung ein kurzes Intermezzo in der taktischen Entwicklung des 17. Jahrhunderts blieb. Das mag damit zusammenhängen, daß die alten nationalschwedischen und schottischen Einheiten fast völlig aus den Feldarmeen verschwunden waren und den massenhaft angeworbenen Deutschen Platz gemacht hatten. Auch mag der Stand der Ausbildung, zumindest deren Einheitlichkeit gesunken sein. Die zukunftweisende Flachheit der Aufstellung wurde jedoch beibehalten.

Beim Aufmarsch in Schlachtordnung bildete die Masse der Infanterie im Normalfall zwei Treffen aus jeweils mehreren mit großen Intervallen nebeneinanderstehenden Brigaden. Das 2. Treffen blieb zunächst unkompromittiert und stand weiter frei zur Disposition. Es wurde infolge der räumlichen Distanz von einem Mißerfolg des 1. Treffens nicht gleich mitgerissen, es konnte Lücken stopfen, Erfolge ausbeuten, einer Überflügelung entgegentreten, selbst über die Flügel ausgreifend dem Gegner in die Flanken fallen oder einfach in Reserve stehen bleiben. Die Intervalle ermöglichten es hinter der Front aufgestellten Kavallerieabteilungen ungehindert zu manövrieren und die Infanterie zu unterstützen.

Untermischung von kommandierten Musketieren und Reiterei

Umgekehrt dienten die kommandierten Musketiere, die ja außerhalb ihrer Brigaden standen und oft von ihnen völlig losgetrennt wurden, vornehmlich dem Zusammenwirken mit der Hauptmasse der Kavallerie, die gewöhnlich die beiden Flügel der Schlachtordnung bildete. Sie standen in Gruppen von wohl meist 96 Mann – die Zahl der Kommandierten einer Eskadron – zwischen den einzelnen, gleichfalls Eskadronen genannten taktischen Blöcken der Kavallerie, deren jeder eine Sollstärke von 375–500 Reitern hatte. Zwar stellte das Untermischen von Infanterie und Kavallerie ein uraltes Verfahren dar und Heinrich IV. von Frankreich hatte es vor kurzem erfolgreich praktiziert, doch kam seine Anwendung durch die Schweden ihren Gegnern völlig überraschend. Die Kaiserlichen zogen schon bald ihre Lehre daraus und ahmten die Taktik nach. So schreibt einer ihrer Generäle, Raimondo Montecuccoli, der bei Breitenfeld Augenzeuge der verheerenden Wirkung der Kombination von Musketieren und Kürassieren geworden war: „Musketiere und Kavallerie sollten miteinander verbunden werden. Die ersteren machen die letztere kühner.

Ist der Feind stärker an Reitern, stellt das Musketenfeuer ein Gleichgewicht her; ist er schwächer in dieser Waffengattung, werden die Fußsoldaten im Stande sein, ihn in die Flucht zu schlagen. Es ist unglaublich, wie viel Schaden angerichtet werden kann, welch gewaltige Lücken gerissen werden, wenn die Musketiere ordentlich Feuer geben und wenn Lanzierer und Kürassiere plötzlich hinter diesem Kugelhagel zur Attacke übergehen." („*Sulle Battaglie*", eine Handschrift, niedergeschrieben Ende der 1630er Jahre, zitiert in Barker 1975, S. 106) Das deckt sich sehr schön mit der Beschreibung der Schlacht von Breitenfeld durch einen Augenzeugen von der Gegenseite, den schottischen Infanterieoffizier Robert Monro: „[Unsere Reiter] feuerten ihre Pistolen erst ab, wenn der Feind seine als erster abgeschossen hatte. Dann empfingen auf noch kürzere Distanz unsere Musketierabteilungen die feindliche Kavallerie mit einer Salve. Darauf feuerten unsere Reiter erneut ihre Pistolen ab und griffen mit dem Degen an. Als sie von der Attacke zurückkehrten, waren unsere Musketiere schon wieder bereit, eine zweite Salve auf die feindliche Kavallerie abzugeben. Auf diese Weise erwehrten sich unsere Reiter tapfer des Feindes, der dabei vom Feuer der Musketierabteilungen hart mitgenommen wurde. Man kann sich kaum vorstellen, wie rasch dem Gegner nach zwei derart abgewiesenen Attacken der Mut sank." (Monro, II. 65)

Ein Nachteil dieses Verfahrens bestand natürlich darin, daß die Kavallerie an die Musketierabteilungen gebunden war und sich deren Tempo anpassen mußte, weshalb sie erst im letzten Augenblick in schnellerer Gangart angreifen konnte. Es handelte sich daher um eine mehr der Defensive als der Offensive zukommende Taktik, und bei Breitenfeld kämpften die Schweden zunächst ja auch in der Verteidigung. Waren Mut und Zusammenhalt der feindlichen Reiterei erst einmal unter der kombinierten Wirkung des Salvenfeuers und der begrenzten Gegenattacken der schwedischen Kürassiere zusammengebrochen, konnten letztere sie in schwungvollem Massenansturm ganz vom Felde fegen und dabei ruhig den Kontakt zu den Musketierabteilungen aufgeben, die für sie jetzt ja nur noch hinderlich gewesen wären.

Es ist ganz natürlich, daß diese vorsichtig aus der Defensive in die Gegenoffensive hinübergleitende Taktik im Kampf gegen die furchtbare polnische Adelskavallerie entwickelt worden war. Die kommandierten Musketiere sollten ihrer unterlegenen Reiterei einen festen Anhalt geben, neben oder hinter dem sie sich sammeln konnte, um dann im gegebenen Augenblick zwischen den Musketierblöcken zur Gegenattacke auf den durch das Feuer erschütterten Gegner vorzubrechen. Sollte die eigene Reiterei einmal zu weit zurückgeworfen werden, waren die isolierten

Musketierabteilungen, die ja über keine deckenden Pikeniere verfügten, der akuten Gefahr ausgesetzt, niedergeritten zu werden. Deshalb gab man ihnen im Kampf gegen die Polen die oben erwähnten kurzen Spieße (Schweinsfedern) und Spanischen Reiter mit. Gegen die nicht so schnell und druckvoll attackierende deutsche Reiterei glaubte man dagegen auf diese Hilfsmittel verzichten zu können, zumal die schwedische Kavallerie mittlerweile im steten Kräftemessen mit ihren polnischen Lehrmeistern erheblich an Kampfkraft und Verläßlichkeit gewonnen hatte.

Die Kaiserlichen und ihre Verbündeten wandten in der 2. Hälfte des Jahrhunderts im Krieg gegen die Türken und deren zahlreiche und blitzschnelle Reiterei eine ganz ähnliche Defensiv-Offensiv-Taktik mit Untermischung von Infanterie und Kavallerie unter häufigem Einsatz von Spanischen Reitern an. Vereinzelt wurden sich gegenseitig auf engem Raum sekundierende Infanterie- und Kavallerieabteilungen noch bis ins 18. Jahrhundert hinein auch in Kämpfen zwischen europäischen Armeen mit Erfolg angewandt, etwa bei Höchstädt 1704, langfristig war die Taktik des Untermischens aber keine zukunftweisende Lösung, da sie sich mit der schwungvoll über längere Distanzen durchgeführten Massenattacke nicht vertrug, wie sie ab der friderizianischen Ära fast mit Ausschließlichkeit angestrebt wurde. Die unterstützende Feuerwirkung stellte nun die neue reitende Artillerie. Für den Moment war das schwedische Verfahren jedoch ein überaus wirksamer Notbehelf gewesen, der vielfach Nachahmung fand und auch einen ersten wichtigen Schritt zur Wiederbelebung des Schockprinzips bedeutete.

Feuergefecht der Reiter

Ein weiteres Motiv, das Gustav Adolf zur Entwicklung dieser speziellen Fechtweise veranlaßt hatte, bestand nämlich darin, daß er den Angriffsschwung seiner Kavallerie zu heben hoffte, indem er in Aufgabenteilung den kommandierten Infanteristen die Führung des Feuergefechts, den Reitern die Schockattacke zuwies. Mit rühmlicher Ausnahme der Polen neigte die Masse der europäischen Kavallerie seit der 2. Hälfte des 16. Jahrhunderts dazu, sich allzusehr auf das Schießen mit Arkebusen und Pistolen zu verlassen, wenn es auch nicht zutrifft, daß der Angriff mit blanker Waffe völlig in Vergessenheit geraten sei. Diese Tendenz hatte zur Folge, daß nur mehr die wenigsten Attacken über den Trab hinauskamen und daß man, anstatt in energischem Anprall eine rasche und gründliche Entscheidung zu suchen, ein langwieriges und oft genug ergebnisloses Geschieße unterhielt. Die Vorliebe für die Feuerwaffe fand ihren vollendetsten Ausdruck in der Caracole, bei der die Kavallerie in tiefen Formationen anritt, wobei das 1. Glied feuerte und dann die Pferde nach links oder nach rechts wandte, um an der Flanke der eigenen Formation entlang nach hinten zu reiten, sich an das letzte Glied anzuschließen, die Waffen nachzuladen und zu warten, bis man wieder an die Reihe kam, während ein Glied nach dem anderen diese Prozedur wiederholte. Die Caracole entsprach dem Contramarsch der Infanterie und sollte gleich diesem ein ununterbrochen rollendes, den Gegner allmählich zermürbendes Feuer erzielen. Im Kampf gegen geschlossene Pikenierhaufen, deren Undurchdringlichkeit für die Erfindung der Caracole ja den Anlaß geboten hatte, blieb kaum ein anderes Mittel, doch machte die Kavallerie immer wieder auch dann von der Caracole Gebrauch, wenn eine direkte Attacke möglich und angebracht gewesen wäre, wodurch viele Gelegenheiten, rasche Entscheidungen herbeizuführen, verschenkt wurden. Vor allem im Gefecht mit feindlicher Reiterei konnte die Caracole den Auftakt zur Niederlage bilden, wenn der Gegner sich als resoluter erwies und einfach in die kreisenden und schießenden Geschwader hineinritt. Die Wendung bei der Caracole war ja bereits eine halbe Flucht und konnte durch einen plötzlichen Vorstoß des Feindes in eine volle verwandelt werden, von der der Rest der Formation mitgerissen wurde.

Schocktaktik der Kavallerie

Keiner der großen Feldherren des Dreißigjährigen Krieges hielt viel von unangebrachtem Caracolieren und Pistolengeschieße, doch Gustav Adolf war der erste, der dem Mißstand energisch und systematisch entgegentrat. Die schwedische Kavallerie sollte, wo immer es ging, direkt attackieren. Dabei wurde das einleitende Feuern auf eine einzige Pistolensalve beschränkt, die vom 1. Glied aus dem Trab heraus abgegeben wurde, danach hatten die Reiter unverzüglich zum Degen zu greifen und in schnellstmöglicher Gangart – meist im Galopp – den Gegner direkt anzufallen. Die zweite Pistole des 1. Gliedes und sämtliche Pistolen der hinteren Glieder waren daher noch geladen, wenn es zum Handgemenge kam, in dem sie dann auf kürzeste Entfernung mit maximaler Wirkung eingesetzt werden konnten. Da die Distanz, auf die man nach der Salve angaloppierte, nicht viel mehr als 20 m betragen haben kann, war die Schnelligkeit im Moment des Aufpralls zwar keine sehr beachtliche, trotzdem bedeutete das geradlinige zügige Durchreiten in steigender Geschwindigkeit einen enormen Fortschritt gegenüber der gemächlichen und unentschlossenen Caracole, bei der die Bewegung auf den Feind zu gerade im entscheidenden

Augenblick unterbrochen und in eine rückläufige verwandelt wurde. Das Feuer der Musketierabteilungen war mehr als ein vollgültiger Ersatz für das ausgiebige Geschieße der Kavallerie, da der Infanterist besser trifft als der Reiter vom trabenden Pferd aus und da der Musketenschuß wegen des schwereren Kalibers der Waffe zudem um einiges wirksamer ist als der Pistolenschuß. In seinen letzten Gefechten ging Gustav Adolf sogar dazu über, den auf die Kavallerieflügel kommandierten Musketieren einige der leichten 3-pfündigen Kanonen zuzuteilen und damit ihre Feuerkraft noch wesentlich zu erhöhen.

Die taktische Grundeinheit der schwedischen Kavallerie wurde, wie schon erwähnt, gleichfalls Eskadron genannt. Sie bestand aus 3, später 4 Kompanien zu je 125 Pferden. Ab Ende der 1620er Jahre faßte man je 2 Eskadronen zu einem Regiment zusammen. Die tiefen Formationen, die das Caracolieren notwendig gemacht hatte, wurden von Gustav Adolf abgeschafft und, wie bei der Infanterie, durch eine sechsgliedrige Aufstellung ersetzt. Eine vollzählige Eskadron von 4 Kompanien stand also – einschließlich der Dienstgrade – etwa 85 Pferde breit und 6 Pferde tief. Bei Lützen, wo er knapp war an Reiterei, reduzierte der König die Tiefe schließlich sogar auf 3 Glieder. Die Eskadronen der Kavallerie bildeten stets 2 oder mehr in großem Abstand hintereinander stehende Treffen.

Die schlagkräftige Reiterei, mit der Gustav Adolf in den Dreißigjährigen Krieg eingriff, stellte seine ureigenste Schöpfung dar. Der Besitz einer starken und effektiven Kavallerie war von der größten Wichtigkeit, denn bei ihr handelte es sich in aller Regel um die schlachtentscheidende Waffengattung. Die eigentliche Domäne der Infanterie blieb auch im schwedischen Heer die Verteidigung. Um dem Kampf eine klare positive Wendung zu geben, war es erforderlich, daß die eigenen Kavallerieflügel die des Gegners besiegten und vom Feld jagten, um dann gegen das feindliche Fußvolk einzuschwenken. In der Front von der Infanterie festgehalten, in Flanke und Rücken von den siegreichen Reitergeschwadern bedroht und attackiert, brachen die Formationen der unterliegenden Partei früher oder später zusammen und wurden dann von den verfolgenden Reitermassen gnadenlos dezimiert. Wir haben es also mit einer Taktik der verbundenen Waffen zu tun, in der die eigentlichen Entscheidungsschläge fast immer der Kavallerie vorbehalten blieben.

Einsatz der Artillerie

Die Artillerie war in der Feldschlacht eine unterstützende Waffengattung, nur beim Kampf um Feldbefestigungen konnte sie eine der Infanterie und

Kavallerie ebenbürtige Rolle spielen. Gustav Adolf brachte diese Waffe, indem er sie zahlenmäßig vermehrte, beweglicher machte und ihre enge Zusammenarbeit mit Infanterie und Kavallerie systematisierte, zu einer noch nie dagewesenen Geltung. Dies war nicht zuletzt das Verdienst von Lennart Torstensson, dem größten Kanonier des Zeitalters, der später auch zu einem der besten schwedischen Feldherren werden sollte. Torstensson unterstanden die Ende der 20er Jahre zu einem Artillerieregiment zusammengeschlossenen 6 Artilleriekompanien. Schon diese militärische Organisation der Artillerie, die in anderen Armeen noch einen halbzivilen, zünftischen Charakter hatte, war etwas ganz Neuartiges. Zur Bedienung der Geschütze im Gefecht mußten der Artillerie allerdings immer noch kommandierte Musketiere als Arbeitspersonal zugeteilt werden, da die eigentlichen Artilleristen nur für das fachmännische Laden, Richten und Abfeuern der Geschütze ausreichten. Im Gegensatz zu den beiden anderen Waffengattungen konnte sich die Artillerie bis Kriegsende ihren nationalschwedischen Charakter bewahren.

Feldbefestigungen

Oft verkannt wird die Bedeutung, die Feldbefestigungen in den Kriegen früherer Jahrhunderte besaßen. Ganz abgesehen von den Belagerungen, die auf manchen Kriegsschauplätzen, etwa in den Niederlanden, das militärische Geschehen vollkommen beherrschten, war der Stellungskrieg im 16. und 17. Jahrhundert durchaus nichts Ungewöhnliches und darf keineswegs als eine Erfindung des Technischen Zeitalters gelten. Schon die Römer hatten überaus regen Gebrauch von Spaten und Pickel gemacht, eine Tatsache, die humanistisch gebildeten Militärreformern wie Moritz von Oranien und Gustav Adolf geläufig war. Da viele Söldner es für entwürdigend hielten, eigenhändig Erde zu bewegen, gehörte ein gehöriges Maß an Disziplinierung dazu, die Truppe an regelmäßige Schanzarbeit zu gewöhnen. Als die Schweden im Krieg gegen Polen ihre anfängliche taktische Unterlegenheit durch eifrige Anlage von Feldbefestigungen auszugleichen suchten, zogen sie sich den Hohn ihrer Gegner zu, die ihnen den „Mut von Totengräbern" bescheinigten. In Olof Hansson Örnehufvud besaß Gustav Adolf einen hervorragenden Ingenieur, der Systeme von einander sekundierenden Erdwerken so entwarf, daß sie für den Gegner undurchdringlich waren, den eigenen Truppen aber nicht die Möglichkeit nahmen, durch die Intervalle zwischen den Schanzen zu Gegenangriffen vorzustoßen. Die großen befestigten Lager von Werben und Nürnberg waren sein Werk. Immer wieder zeigte es sich, daß das

17 Reiterbildnis Gustav Adolfs. Das Porträt wurde 1634, zwei Jahre nach dem Tode des Königs, von dem Niederländer Paulus van Hillegaert gemalt. Im Hintergrund ist ein Reitergefecht dargestellt. (Privatbesitz)

18 Porträt des niederländisch-schwedischen Unternehmers und Handelsherrn Louis de Geer (1587–1652), gemalt von David Beck. (Leufsta Bruck, Schweden)

19 Die Kanonengießerei der niederländischen Unternehmerfamilie Trip in Julitabroeck, Södermanland (westlich von Stockholm). Gemälde von Allant van Everdingen, um 1650. (Amsterdam, Rijksmuseum-Stichting)

Kön. Mayst. in Schweden Gustavi
ADOLPHI Ankünfft in Pommern.
Anno 1630.

21 Porträt des bayerischen Generalleutnants Johann Tserclaes Grafen von Tilly (1559–1632). Das vermutlich von einem Münchner Hofmaler (Johann Ulrich Loth?) um 1625/29 geschaffene Bildnis zeigt den Feldherrn der Liga im schwarzen Dreiviertelharnisch der Kürassiere. Dies war eine Konvention der Porträtmalerei des 17. Jahrhunderts, tatsächlich dürfte Tilly kaum mehr eine so schwere Panzerung getragen haben. (München, Bayerisches Nationalmuseum)

◁ 20 Die Landung Gustav Adolfs bei Peenemünde am 25. Juni 1630. Das Gemälde gehört zu einem Zyklus von fünf großformatigen Bildern mit Szenen aus den deutschen Feldzügen des Königs, die Johann Hammer um 1670 für Magnus Gabriel de la Gardies Schloß Löckö gemalt hat. Gustav Adolf kniet betend am Strand, umgeben von seinen wichtigsten Offizieren. Links neben dem König steht der junge Nils Brahe, der gleich ihm bei Lützen den Tod finden sollte. Deutlich hervorgehoben sind rechts Gustav Adolfs militärische Nachfolger Johann Banér (2. von rechts) und Lennart Torstensson (links neben ihm). Im Hintergrund liegt die schwedische Flotte vor Anker, rechts vorne das Admiralsschiff „Mars". (Schloß Karlberg, Schweden, Kungl. Kriegsskolan)

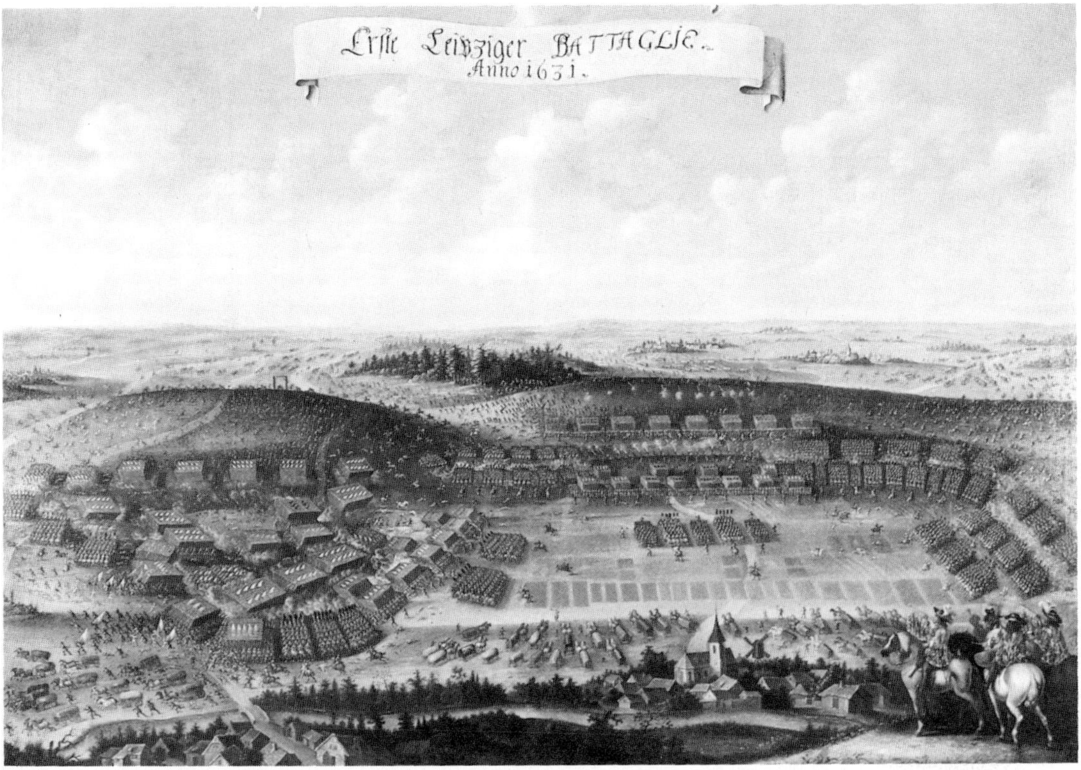

23 Die Schlacht bei Breitenfeld am 17. September 1631. Das Gemälde gehört zu der Serie großformatiger Schlachtenbilder, die um 1670 Johann Hammer im Auftrag Magnus Gabriel de la Gardies zumeist nach der Vorlage der von Matthäus Merian d. Ä. für das *Theatrum Europaeum* angefertigten Stiche geschaffen hat. Die Bezeichnung „Erste Leipziger Battaglie" hat ihren Grund darin, daß 1642 unweit des Schlachtfeldes von 1631 eine zweite Schlacht bei Breitenfeld (oder Leipzig, das war damals die übliche Bezeichnung) geschlagen wurde, in der die Schweden, diesmal unter Torstensson, erneut siegten. (Schloß Karlberg, Schweden) Siehe dazu auch S. 469.

◁ 22a Musketier in rekonstruierter Ausrüstung der Zeit um 1630. Statt des eigentlich vorgeschriebenen Helms trägt er den bei allen Truppen sehr beliebten Hut, schwedische und britische Soldaten benutzten oft auch Wollmützen. Auf dem linken Bild bläst der Musketier die in den Hahn geklemmte Lunte an, auf dem rechten hat er den Abzug betätigt, wodurch das Pulver auf der Pfanne gezündet worden ist. Rekonstruktion Georg Schindlbeck, Charlotte Junkelmann und Jürgen Woltz.

◁ 22b Schwedische Brigade (oben), kaiserliche Infanterie in niederländischer Ordnung (unten). Ausschnitt aus der Darstellung der Schlacht bei Lützen am 16. November 1632 von Pieter Snayers (vgl. Abb. 27). (Wien, Kunsthistorisches Museum)

24 Porträt des schwedischen Feldmarschalls Gustav Horn (1592–1657). Das Gemälde stammt von David Beck. (Schloß Gripsholm, Schweden)

Anrennen gegen einen gut verschanzten Feind selbst für eine quantitativ oder qualitativ stark überlegene Armee ein fast aussichtsloses Unterfangen war. 1632 mußte Gustav Adolf beim Sturm auf die Alte Veste die gleichen mißlichen Erfahrungen machen, die er seinen Gegnern bei mancher früheren Gelegenheit vermittelt hatte.

Wesen der taktischen Reformen Gustav Adolfs

Fassen wir die Leistungen des Königs als taktischer Reformer zusammen, so dürfen wir feststellen, daß es wohl selten einen Kriegsherrn gegeben hat, bei dem Theorie und Praxis, Spekulation und Erfahrung, Experiment und Anwendung, organisatorische Tätigkeit und aktives Feldherrntum so untrennbar miteinander verbunden waren und mit gleicher Tatkraft und Begabung unternommen wurden. Vieles, was dafür ausgegeben wird, war zwar nicht originelle Erfindung Gustav Adolfs, sondern von anderen übernommen, aber indem er das Geeignetste auswählte und mit den erforderlichen Modifikationen weiterentwickelte und schließlich ein Flexibilität und Homogenität miteinander vereinigendes Ganzes daraus machte, wurde er zum Schöpfer der modernsten und schlagkräftigsten Armee, die es damals gab und von der zahlreiche Impulse für die weitere Entwicklung des Heerwesens ausgingen. Die wichtigsten Elemente dieser neuen Taktik waren die lineare Aufstellung der in zwei Treffen gegliederten Infanterie, durch die ein extremes Ausschöpfen von Feuerkraft und Mobilität möglich wurde, die Einführung einer leichteren und beweglicheren, zudem militärisch organisierten Artillerie, vor allem die von Begleitgeschützen für die Infanterieformationen, und die konsequente Erziehung der Kavallerie zum Schockangriff. Der Tag von Breitenfeld bedeutete daher nicht einfach den in spontaner Eingebung errungenen Triumph eines genialen Feldherrn, sondern den Durchbruch eines in jahrelanger Vorbereitung herausgebildeten neuen Systems.

Am Rande des Großen Krieges

In den ersten Kapiteln hatten wir das Mächtespiel im Ostseeraum bis zum Herbst des Jahres 1620 verfolgt. Wenden wir uns nun zunächst der weiteren Entwicklung der internationalen Lage zu. Während für Schweden der Waffenstillstand mit Polen auslief, endeten im Deutschen Reich die ersten Feldzüge des Dreißigjährigen Krieges mit einem Fiasko für die antikaiserliche pfälzisch-böhmisch-protestantische Partei. Der Kaiser und die mit ihm verbündete Katholische Liga unter der Führung des tatkräftigen Herzogs Maximilian von Bayern schlugen den Aufstand in Böhmen nieder und machten sich an die Besetzung der Gebiete des pfälzischen Kurfürsten, der sich zum König der Böhmen hatte aufschwingen wollen und so kläglich gescheitert war. Spanien hatte bereits Teile der Rheinpfalz besetzt, die für die Verbindung zwischen Italien und den Niederlanden von hoher strategischer Bedeutung waren. Frankreich sah dem Sieg der katholischen Partei über die Rebellen mit wohlwollender Neutralität zu, und die Mehrzahl der deutschen Protestanten verhielt sich passiv, sei es aus Angst vor der Liga, sei es weil man keine Sympathie für die calvinistischen Pfälzer und Böhmen und ihr revolutionäres Vorgehen empfand. Der mächtigste protestantische Fürst des Reiches, Kurfürst Johann Georg von Sachsen, lutherisch und reichstreu, wie er war, half bei der Unterdrückung des böhmischen Aufstandes sogar kräftig mit und ließ sich mit dem Pfandbesitz der Lausitzen belohnen.

Die protestantischen Mächte in Nord- und Westeuropa beobachteten diese Ereignisse mit großer Unruhe. In den Niederlanden ging der zwölfjährige Waffenstillstand zwischen Spanien und den Generalstaaten 1621 zu Ende. Die Holländer fürchteten daher jede Stärkung der strategischen Position ihrer Gegner, ganz besonders aber die drohende Zusammenarbeit zwischen dem spanischen und dem österreichischen Zweig des Hauses Habsburg. Der englische König Jakob I. war der Schwiegervater des pfälzischen Kurfürsten, der von den Truppen der Katholischen Liga gerade aus seinen Ländern vertrieben wurde. Christian IV. von Dänemark, der ja als Herzog von Holstein auch deutscher Reichsfürst war, verfolgte in Norddeutschland eine ehrgeizige Hausmachtpolitik. Er wollte seinen Söhnen die säkularisierten Bistümer Bremen, Verden, Halberstadt, Osnabrück und Paderborn verschaffen und mußte befürchten, daß eine erstarkende katholische Partei ihn an der Verwirklichung seiner Absichten hindern würde. Schweden hatte langfristig damit zu rechnen, daß der Kaiser den mit ihm verschwägerten Polenkönig unterstützen könnte, zumal dieser ihm bei der Niederschlagung des böhmischen Aufstandes geholfen hatte. Schon seit Jahren existierte unter der Leitung des ehemaligen österreichischen Feldmarschalls Michael Adolf von Altenheim ein „Kreuzfahrerorden", der es sich zum besonderen Ziel gesetzt hatte, Skandinaven für die katholische Kirche zurückzuerobern. Altenheims Organisation verfügte über internationale Beziehungen, insbesondere nach Frankreich, wo in jenen Jahren der militante Katholizismus Hochkonjunktur hatte.

In der Theorie war die Erkenntnis, daß man etwas gegen den Vormarsch der Kräfte Habsburgs und der Gegenreformation unternehmen müsse, eine allgemeine, in der Praxis standen aber dem Abschluß funktionsfähiger Bündnisse die Eigeninteressen und das gegenseitige Mißtrauen der in Frage kommenden Staaten im Wege. Hinzu traten innere Schwierigkeiten und fehlende Geldmittel, die etwa den englischen König immer wieder daran hinderten, eine aktivere Rolle zu spielen. So wenig das englische Parlament gewillt war, für Verstrickungen in kontinentale Kriegshändel große Summen zu bewilligen, so wenig konnte der Dänenkönig hoffen, die faktisch mit einem Vetorecht ausgestattete Adelsvertretung seines Landes würde ihre Zustimmung für eine militärische Intervention in Deutschland erteilen. Allerdings war Christian IV. in seiner Eigenschaft als deutscher Reichsfürst der Kontrolle durch seine Ratsherren entzogen, und die erheblichen Einkünfte aus dem Sundzoll gaben ihm auch eine gewisse finanzielle Unabhängigkeit. Er konnte sich aber schwerlich darauf verlassen, daß die gerade vollzogene offizielle Aussöhnung mit Schweden allen Revanchegelüsten dieses Nachbarn ein Ende bereitet hatte. Zwischen Holland und Schweden existierte seit 1614 ein Bündnis, doch war es durch die den Ostseehandel schädigende Kriegspolitik Gustav Adolfs in den letzten Jahren sehr belastet worden. Vor allem aber machte es die bevorstehende Fortsetzung des Krieges mit Spanien erforderlich, daß die Generalstaaten alle Kräfte auf diese Aufgabe konzentrierten und sich davor hüteten, in andere Konflikte hineingezogen zu werden.

Natürlich waren auch an Gustav Adolf von Ausbruch des Dreißigjährigen Krieges an immer wieder dringende Hilfsersuchen gerichtet worden, und in dem Pfalzgrafen Johann Kasimir, dem Schwager des Königs, besassen die deutschen Protestanten einen entschiedenen Befürworter ihrer Interessen am schwedischen Hof. Beseelt von tiefem Mißtrauen in die Kompetenz und Entschlossenheit der protestantischen Anführer im Deutschen Reich, hatte Gustav Adolf keine Neigung, sich ohne entsprechende Sicherheiten auf ein Abenteuer einzulassen, zumal er unbedingt damit rechnen mußte, daß die Polen, womöglich auch die Dänen, jede Bindung seiner Kräfte fern der Ostseeküste zu einer Offensive gegen Schweden ausnutzen würden. So beschränkte er sich darauf, dem pfälzischen Kurfürsten ein paar Kanonen und gute Ratschläge zu schicken und sich im übrigen auf einen neuen Waffengang mit Polen vorzubereiten. Protestantischen Zeloten gegenüber lautete seine Rechtfertigung, er würde, so wie die Dinge lagen, seinen Glaubensbrüdern den besten Dienst erweisen, indem er Sigismund III. mit Krieg überziehe und diesen so daran hindere, den Kaiser und die Liga in Deutschland zu unterstützen. 1619/1620 stellte diese These natürlich ein etwas fragwürdiges Alibi dar, da ja bis Herbst 1620 Waffenstillstand mit Polen herrschte, und auch dann gab es noch keinen Grund für eine derartige Diversion, denn die Polen waren in einen existenzbedrohenden Türkenkrieg verstrickt, der sie gewiß nicht an ein Eingreifen in die deutschen Wirren denken ließ.

Gustav Adolf mußte Prioritäten setzen, und er setzte sie dort, wo seine Interessen lagen, im Ostseeraum. Das soll nicht heißen, daß ihm die Bedrängnis der deutschen Protestanten gleichgültig gewesen wäre, aber Gefühle dieser Art waren für seine Entscheidungen so wenig ausschlaggebend wie für die seiner potentiellen Verbündeten. Unter diesen begann Christian IV. wieder, dem Schwedenkönig ernsthafte Probleme zu bereiten. Seine ehrgeizige Expansionspolitik beunruhigte die norddeutschen Nachbarn Dänemarks, vor allem die Hansestädte, und sie konnte auch Schweden nicht gleichgültig sein. Gustav Adolf hatte schon 1619 versucht, die Situation zu nutzen, um unter seiner Führung ein gegen den Dänen gerichtetes Bündnis in Norddeutschland zustandezubringen, das ihm zugleich Rückendeckung und womöglich Unterstützung gegen Polen verschaffen sollte. Aber gerade daran waren die Hansestädte gar nicht interessiert, da der Krieg mit Polen ihren Handel störte. Nun versuchte Christian seinerseits die Bündnisbestrebungen in der protestantischen Welt vor seine Interessen zu spannen. Er berief im Februar 1621 die Mitglieder des Niedersächsischen Kreises nach Segeberg und lud auch Vertreter der Seemächte und anderer protestantischer Staaten ein. Ein großzügig klingendes, aber letztlich unverbindliches Hilfsangebot an den vertriebenen pfälzischen Kurfürsten, das er auf dieser Tagung aussprach, veranlaßte England und Holland, Bündnisse mit Dänemark abzuschließen. Ferner gelang es Christian, seinem Sohn Friedrich die Bistümer Bremen und Verden zu sichern. Die Konferenz von Segeberg war ein glänzender diplomatischer Erfolg des Dänenkönigs. Er hatte die Initiative in der Allianzpolitik an sich gerissen, seine Stellung in Norddeutschland ausgeweitet und Schweden bündnispolitisch isoliert. Wirksame Hilfe für die pfälzisch-protestantische Partei erwuchs aus den Beschlüssen von Segeberg jedoch keine. 1622 errang Tilly, der Kommandeur der Katholischen Liga, die Siege von Wimpfen und Höchst und eroberte Heidelberg, im Februar 1623 wurde dem in die Reichsacht getanen Friedrich V. von der Pfalz die Kurwürde abgenommen und an Maximilian von Bayern als Belohnung für seine dem Kaiser geleisteten Dienste gegeben. Wenig später verfolgte Tilly die protestantischen Truppen bis nach Norddeutschland und schlug sie vernichtend bei Stadtlohn.

Krieg mit Polen

Mittlerweile war Gustav Adolfs „Diversion" gegen Polen in vollem Gange. Als der Waffenstillstand von Tolsburg im November1620 zu Ende ging, hätte die Situation für die Schweden nicht günstiger sein können. Sigismund III. hatte Bethlen Gábor, den Fürsten von Siebenbürgen, einen notorischen Feind der Habsburger, angegriffen und sich damit den Zorn des Sultans zugezogen, da Bethlen Gábor ein Schützling der Türken war. Als dann die Moldauer auch noch abgefangene Briefe Bethlens an die Polen weitergaben, entschloß man sich in Istanbul zum Angriff. Sigismund schickte im Sommer 1620 den Moldauern ein Heer unter Zolkiewski, dem Sieger von Kluschino, zur Hilfe. Es wurde nach einem ersten Erfolg von den Türken Ende des Jahres bei Cecora vernichtet. Angesichts des nun drohenden Ansturms mobilisierte man in Polen alle Kräfte und schickte sie an die Südfront. Das *Balticum* war so fast völlig von polnischen Truppen entblößt, als der Waffenstillstand auslief.

Sigismund erwartete, der Schwedenkönig werde in christlicher Solidarität darauf verzichten, sich diese Situation zunutze zu machen, doch täuschte er sich hierin gründlich. In begreiflichem Zorn schreibt der polnische Historiker Konopczynski: „In einem Augenblick, als die Republik [Polen] die Wucht einer türkischen Invasion zu ertragen hatte, deren Ziel die Unterjochung Mitteleuropas war, und als der deutsche Protestantismus bebte unter den Schlägen Habsburgs, zog Gustav Adolf sein Schwert aus der Scheide – nicht etwa, um die ‚Evangelische Sache' zu retten, sondern um Polen einen Stoß in den Rücken zu versetzen." (zitiert nach Roberts 1953/1958, Bd. I, S. 202, Anm. 4) Ähnlicher Ansicht waren auch die meisten Zeitgenossen Gustav Adolfs, und zwar nicht nur im katholischen Lager. So schrieb ihm Jakob I. von England voll Empörung, er hätte sich mit Sigismund verbünden müssen, statt ihm in den Rücken zu fallen. Machtpolitisch betrachtet hat Gustav Adolf natürlich konsequent und richtig gehandelt, als er im Sommer 1621 mit seiner Armee nach Livland ging, aber den Prinzipien eines „christlichen" Staatsmanns widersprach sein Vorgehen ganz und gar, was wiederum mit jeder nur wünschenswerten Eindeutigkeit zeigte, wo für ihn im Zweifelsfalle die Prioritäten lagen.

Die Einnahme von Riga

Im Juli 1621 schifften sich 14.000 Soldaten in Älvsnabben ein, nachdem man ihnen ausgerechnet bei dieser Gelegenheit die neuen Kriegsartikel erstmals vorgelesen hatte, welche gewährleisten sollten, daß das schwedische Heer gottesfürchtig in den Kampf zog. Als hätte man den Zorn des Himmels erregt, zerstreute bei der Überfahrt nach Livland ein Sturm die Flotte. Am 4. August gelang dann doch die Landung nahe der Dünamündung, und man bezog ein Lager bei Mühlgraben. Ziel der Operation war Riga, eine der größten und reichsten Handelsstädte im *Balticum*. Die Verteidigung der 30.000 Einwohner zählenden Stadt lag in den Händen von nur 300 Soldaten, denen 3.700 Mann Bürgermiliz zur Seite standen. Am 12. August erfolgte die Aufforderung zur Kapitulation, welche die entschieden polentreue Stadt zurückwies. Ein glücklicher Zufall für die Schweden war es, daß ein holländischer Ingenieur aus Riga desertierte und wertvolle Infomationen über die Details der Verteidigungsanlagen mitbrachte. Trotzdem erwies sich die Belagerung als schwierig und verlustreich. Drei Sturmangriffe wurden abgeschlagen, wobei die Schweden über 2.000 Tote und Verwundete einbüßten. Gustav Adolf und sein Bruder Karl Philipp hielten sich in den vordersten Gräben auf und schanzten eigenhändig mit. Die schwedische Artillerie unterhielt ein heftiges Feuer und schleuderte Tag für Tag 1000 Schuß gegen die Stadt. Die tapfere Verteidigung war letztlich aussichtslos, da die nur 1.500 Mann zählende Armee, die dem polnischen Befehlshaber Christoph Radziwill im ganzen restlichen Livland zur Verfügung stand, keinen ernsthaften Entsatzversuch unternehmen konnte. So erfolgte am 15. September 1621 die Übergabe der Stadt.

Die Eroberung von Riga war Gustav Adolfs bisher größter militärischer Erfolg. Die Einwohnerzahl des baltischen Handelszentrums dürfte damals noch die von Stockholm um einiges übertroffen haben. Ein Großteil der Getreideausfuhr Livlands und Litauens wurde über den Hafen von Riga abgewickelt. Die Schweden waren nun in einer Position, in der sie den für Polen und Rußland so wichtigen Exporthandel kontrollieren, notfalls blockieren, auf jeden Fall finanziell abschöpfen konnten. Damit begann eine wirtschaftsstrategisch motivierte Phase der schwedischen Eroberungspolitik, bei der es um die systematische Einnahme der Mündungsgebiete der in die Ostsee fließenden Ströme ging. Gustav Adolf konnte sich so hohe Zolleinnahmen verschaffen, seinen polnischen Gegner wirtschaftlich schädigen und zugleich etwas für seine strategische Sicherheit tun, denn die Wegnahme einer jeden Ostseestadt bedeutete für Sigismund III. den Verlust eines potentiellen Ausgangshafens für die nach wie vor projektierte Landung in Schweden.

Nicht nur Sigismund, auch der Dänenkönig und selbst die Holländer waren entsetzt über den Fall Rigas, denn er bedeutete einen entscheidenden Schritt in Richtung auf die Etablierung eines *dominium maris Baltici* durch die Schweden. Zudem machten die Kapitulationsbedingungen deutlich, daß Gustav Adolf Riga nicht für eine vorübergehende Eroberung hielt, sondern an eine permanente Eingliederung der Stadt in das schwedische Imperium dachte. Zwar behielt Riga seine alten Privilegien und es sollte ihm für den höchst unwahrscheinlichen Fall, daß binnen drei Jahren Frieden geschlossen wurde zwischen Schweden und Polen, freigestellt bleiben, zu seinem alten Oberherrn zurückzukehren, aber Schweden durfte eine Garnison in beliebiger Größe unterhalten, die Stadt mußte Gustav Adolf die Erbhuldigung leisten, hatte Abgeordnete auf den *riksdag* zu schicken und unterstand der obersten schwedischen Gerichtsbarkeit.

Militärische Rückschläge und Waffenstillstand

Auf die Eoberung von Riga folgte die von Dünamünde. Dann wurden Angriffe auf Mitau, Dorpat und Kokenhusen vorbereitet. Im Oktober gelang tatsächlich die Einnahme von Mitau, der Hauptstadt des Herzogtums Kurland, da Radziwill, der mittlerweile über 4.000 Mann verfügte, mit seinem Entsatzversuch zu spät kam. Aber der Vorstoß einer schwedischen Abteilung auf Kokenhusen endete mit einem Desaster. Bei Kroppenhof kam es zu einem Gefecht auf offenem Feld, in dem die Schweden vernichtet wurden. Der Vormarsch der Hauptarmee auf Dorpat mußte infolge des energischen polnischen Widerstandes und der immer katastrophaler werdenden Versorgungslage alsbald eingestellt werden. Gustav Adolf kehrte über Narwa nach Schweden zurück, während die in Livland bleibende Armee schwere Verluste durch Krankheiten erlitt, deren prominentestes Opfer der Bruder des Königs Karl Philipp wurde.

Der Fehlschlag des Herbstfeldzuges war auf ein defektes Nachschubsystem, die Unterlegenheit der schwedischen Kavallerie und die von Radziwill geschickt gelenkte polnische Verteidigung zurückzuführen. Im Winter ging dieser zum Gegenangriff über und konnte Ende Dezember Mitau mit Ausnahme des Schlosses zurückerobern. Die Besatzung des letzteren hielt heroisch bis zum Juni durch, mußte dann aber kapitulieren. Der nächste Feldzug drohte für die Schweden weit unangenehmer zu werden, denn der polnisch-türkische Krieg war im Herbst 1621 beendet worden, nachdem eine gewaltige Schlacht bei Chocim keine klare Entscheidung, aber doch leichte Vorteile für die Polen gebracht hatte. Die Hoffnung Sigismunds, die nun frei werdenden Truppen gegen die Schweden führen zu können, erwies sich aber schon bald als Illusion. Es war kein Geld da, um die Soldaten zu bezahlen, worauf diese zu meutern begannen und gar nicht daran dachten, in einen neuen Krieg zu ziehen. Auch die Adelsopposition wurde nach Überwindung der schlimmsten Notlage wieder aktiv. So wuchs auf beiden Seiten die Bereitschaft, einen neuen Waffenstillstand zu schließen. Im Juli 1622 kam ein solcher in Mitau zustande. Er war zunächst auf ein Jahr befristet, wurde aber noch im November 1622 in Ogra bis zum Juni 1624 verlängert.

Die zweijährige Unterbrechung des Krieges mit Polen kam Gustav Adolf höchst erwünscht. Er gewann Zeit, um seine Armee, die im letzten Feldzug doch noch erhebliche Mängel gezeigt hatte, weiter zu reorganisieren, und er konnte sich verstärkt um die immer kritischer werdende Lage im Westen kümmern. Der König war durchaus daran interessiert, den Kampf mit Sigismund endgültig oder zumindest für eine längere Zeitspanne zu beenden. So war in Mitau und Ogra auch über einen Friedensschluß oder den Abschluß eines langfristigen Waffenstillstandes verhandelt worden. Gustav Adolf wäre bereit gewesen, für eine Regelung, die Schweden auf wenigstens 60 Jahre Sicherheit an dieser Front garantiert hätte, seine livländischen Eroberungen zurückzugeben und Sigismund zu gestatten, den Titel eines Königs von Schweden auf Lebenszeit zu führen, vorausgesetzt, er verband damit keine realen Machtansprüche und verzichtete auf alle Versuche, Gustav Adolfs Autorität durch Propaganda und Subversion zu unterhöhlen.

Dieses Angebot ist ein ausreichender Beweis dafür, daß selbst eine so lukrative Beute wie Riga für den König kein Selbstzweck war, sondern daß Gesichtspunkte der strategischen und dynastischen Sicherheit die absolute Priorität genossen. Die Eroberungen waren Faustpfänder, die der Feind gegen politische Zugeständnisse eintauschen konnte. Kam ein solcher Handel nicht zustande, dann konnte man immer noch große militärische und wirtschaftliche Vorteile aus ihnen ziehen, wobei diese eigentlich jenen zuzurechnen waren, da die ökonomischen Gewinne in erster Linie zur Finanzierung von Armee und Flotte dienten.

Sigismund III. war nicht bereit, auf die Bedingungen Gustav Adolfs einzugehen. Die Rückgabe der livländischen Eroberungen war für ihn Voraussetzung und nicht Ziel von Friedensverhandlungen. Auch dachte er nicht daran, für seine Nachkommen auf die schwedische Krone zu verzichten, ebensowenig wollte er versprechen, keine Versuche zu unternehmen, dieselbe zurückzuerobern. Das einzige, was Sigismund unter Umständen zugestanden hätte, wäre die Anerkennung Gustav Adolfs als faktischer Herrscher auf Lebenszeit gewesen. Konsequenterweise weigerte er sich auch, den Waffenstillstand von Ogra persönlich zu unterzeichnen, um die Hände frei zu haben für seine Invasionsprojekte. Diese schienen im Frühjahr 1623 in der Tat bedrohliche Formen anzunehmen. In Danzig wurden Schiffe zusammengezogen, die Spanier zahlten Subsidien, auf den britischen Inseln sollte ein größeres Söldnerkontingent angeworben werden. Letzteres würde die spanische Flotte bei Älvsborg an Land setzen, während gleichzeitig Altheim mit seinem internationalen Kreuzfahrerheer und Abteilungen der polnischen Armee gegen Stockholm vorging. Die Spanier sollten für ihre Hilfe Älvsborg erhalten, von wo aus sie den Ostseehandel ihrer holländischen Erzfeinde hätten tödlich treffen können. Die Planung hatte also durchaus europäische Dimensionen.

Wenn Gustav Adolf auch nicht im Detail wußte, was sein polnischer Gegenspieler im Schilde führte, so waren die in Danzig stattfindenden Vorbereitungen für ihn doch alarmierend genug. Im Juni 1623 ging der König mit 4.000 Mann in Älvsnabben an Bord und erschien wenig später mit 21 Schiffen vor Danzig. Wie der Zufall es wollte, stattete zur selben Zeit Sigismund mit seiner Familie dieser Stadt einen Besuch ab, um sie in ihrer bekannt polentreuen Gesinnung zu bestärken. Die Hansestadt Danzig erkannte die Oberhoheit der polnischen Krone an, ohne Teil der polnischen Republik zu sein. Es folgten etwas skurrile Verhandlungen zwischen Sigismund, Gustav Adolf und Danzig. Die Könige luden sich höflicherweise gegenseitig zu Besuchen in die Stadt bzw. auf die Schiffe ein, ohne daß jemand auf den Gedanken gekommen wäre, einer solchen Aufforderung Folge zu leisten. Das Ziel Gustav Adolfs war es, Danzig dazu zu bewegen, die polnische Invasionsflotte nicht in seinem Hafen zu beherbergen. Mit Einverständnis Sigismunds, der mittlerweile wußte, daß aus Mangel an Schiffen und Streitkräften das Landeunternehmen in diesem Jahr nicht mehr stattfinden konnte, versprach die Stadt schließlich, der Forderung Gustav Adolfs für die Dauer des Waffenstillstandes nachzukommen. Der Schwedenkönig gab sich mit diesem Teilerfolg zufrieden und segelte wieder ab.

Pläne für ein protestantisches Bündnis

Im Herbst 1623 arbeitete Gustav Adolf wieder an Plänen, die der schwedischen Strategie zumindest einen indirekten Einfluß auf die bedrohliche Entwicklung der Dinge in Deutschland sichern sollten, ohne daß man sich eine Blöße gegenüber Polen oder Dänemark gab. Das Hauptprojekt war ein Bündnis der protestantischen Reichsstände in Norddeutschland unter Ausklammerung Christians IV., wobei Schweden die Führung übernehmen sollte. Zweck dieses Bündnisses war ein Großangriff auf Polen, der letztlich auch die habsburgischen Erblande bedrohen und den Kaiser zum Abzug seiner Streitmacht nach Osten nötigen würde, eine Diversion größten Stils also. Gustav Adolfs potentielle Bündnispartner in Norddeutschland und in den Niederlanden sahen in dem Vorschlag allerdings eher einen Versuch, sie in seinen Krieg gegen Polen hineinzuziehen und die ganze Unternehmung somit seinen politischen Absichten dienstbar zumachen. Die bedrohliche Verschlechterung der dänisch-schwedischen Beziehungen ließ ohnehin derartige Pläne schon bald in den Hintergrund treten.

Neue Konfrontation mit Dänemark

Zahlreiche Querelen, die sich vornehmlich aus der Interpretation der Friedensbestimmungen von Knäred ergaben, beschworen eine neuerliche Machtprobe zwischen Gustav Adolf und Christian IV. herauf. Beide Seiten hatten sich 1613 Zollfreiheit im gegenseitigen Handel zugesichert. Nun erhob der schwedische König bei seinen eigenen Untertanen eine Exportsteuer, welche diese natürlich auf die Preise schlugen. Christian IV. sah hierin eine vertragswidrige Umgehung der Abmachung von Knäred und forderte im Sommer 1622 ultimativ die Abschaffung der schwedischen Steuer. Als das nichts fruchtete, hob er Anfang 1623 seinerseits eine andere Bestimmung von Knäred auf, nämlich die Befreiung schwedischer Waren vom Sundzoll. Hier hatten sich ohnehin Mißbräuche eingeschlichen, die Dänemark nicht länger bereit war zu tolerieren. Viele Waren wurden ganz offensichtlich zu Unrecht als „schwedisch" deklariert, um sich den Zoll zu sparen. Ferner war Christian IV. der Ansicht, die nach Vertragsabschluß von Schweden annektierten Exporthäfen Pernau und Riga hätten kein Anrecht auf dieses Privileg. Die Schweden ihrerseits befürchteten, die Dänen könnten Flottenbewegungen, Waffen- und Munitionstransporte durch den Sund behindern, und man traute ihnen sogar zu, sie planten Sigismunds III. Invasionsprojekt mit ihrer Marine zu unterstützen. Umgekehrt interpretierte Christian die in Reaktion auf eben diese Invasionsgefahr unternommene schwedische Mobilmachung im Sommer 1623 als gegen sich gerichtet.

Das Ergebnis all dieser Streitereien und all dieser wirklichen und eingebildeten gegenseitigen Bedrohungen war, daß im Herbst 1623 der Ausbruch eines neuen schwedisch-dänischen Krieges unmittelbar bevorzustehen schien. Im November ließ sich Gustav Adolf vom Reichsrat bevollmächtigen, es auf einen Krieg mit Dänemark ankommen zu lassen. Er begab sich dann an die Grenze zu Bohuslän, wo sich die dänischen Posten besonders aggressiv verhielten, und geriet prompt unter Feuer. Im März 1624 signalisierte Christian aber Verhandlungsbereitschaft, im Juni wurde in Sjöaryd eine Konferenz eröffnet. Gustav Adolf nahm an dieser zunächst persönlich teil, verließ sie aber dann fluchtartig, da er einen Anschlag auf sein Leben oder seine Freiheit befürchten zu müssen glaubte. Während Oxenstierna die Verhandlungen weiterführte, ließ der König Heer und Flotte in unmittelbare Kriegsbereitschaft versetzen. Nun erwies es sich, daß Christian es nicht wagen konnte, den angedrohten Krieg Wirklichkeit werden zu lassen, daß sein drohendes Gebaren also letztlich ein Bluff gewesen war. Die Räte des Dänenkönigs waren strikt gegen den Krieg, es fehlte an Geld, um genügend Soldaten und Matrosen anzuwerben, und schließlich war sich Christian einigermaßen darüber im klaren, daß er es nicht mehr mit den Schweden des Kalmarkrieges zu tun hatte.

Vertrag von Sjöaryd 1624

Dem doppelten Druck des von Gustav Adolf betriebenen militärischen Aufmarsches und der von Oxenstierna mit gnadenloser Härte geführten Verhandlungen waren die Dänen nicht lange gewachsen. Deren Vorschlag, ein internationales Schiedsgericht einzuberufen, wurde kategorisch abgelehnt und mit mehreren Ultimaten beantwortet, an deren Ernsthaftigkeit kaum zu zweifeln war. Am 29. Juni 1624 wurde der Vertrag von Sjöaryd abgeschlossen, in dem Schweden in sämtlichen umstrittenen Fragen seinen Standpunkt durchsetzte. Die unblutige Konfrontation endete so mit einem diplomatischen Triumph Gustav Adolfs. Von jetzt an konnte Dänemark nicht mehr als die stärkste Macht in Skandinavien und im Ostseeraum gelten, als die es sich noch 1613 und 1621 gezeigt hatte. Die Politik Christians und ihre Folgen sollten in den nächsten Jahren auch die letzten Zweifel an diesem in Sjöaryd deutlich gewordenen Umschwung beseitigen.

Allianz gegen Habsburg

Mittlerweile wurde weiter an Bündnisprojekten gearbeitet, um den Vormarsch des Hauses Habsburg aufzuhalten. Jakob I. von England schlug eine konfessionsübergreifende Allianz gegen Spanien und Österreich vor, der neben England, Holland, den skandinavischen Königreichen und den deutschen Protestanten auch Frankreich, Piemont und Venedig angehören sollten. Gustav Adolf stand diesem Plan skeptisch gegenüber, besser gefiel ihm eine vom Prinzen von Wales vorgeschlagene Alternative, die sich mit seiner Diversionsstrategie hätte in Einklang bringen lassen. Die Schweden sollten in Preußen landen und Schlesien angreifen, wofür sie 20.000 Pfund Subsidien im Monat erhalten würden. Gustav Adolf verlangte darüber hinaus, England und Holland müßten eine starke Flotte zu seiner Unterstützung in die Ostsee schicken, um ihm den Rücken gegen Dänemark und Polen freizuhalten, ferner müßten ihm die Neutralität von Danzig und ein sicherer Landungshafen in Preußen garantiert werden. Von dieser Idee war nun wieder der Kurfürst von Brandenburg gar nicht angetan, da er nicht so unmittelbar in einen Feldzug verwickelt zu werden wünschte, der ihn zwingen würde, sich zwischen der protestantischen Allianz und seinem polnischen Lehensherren zu entscheiden. Der Kurfürst schlug statt dessen vor, die Schweden sollten ihren Vorstoß auf Nordwestdeutschland richten, wo ja auch die unmittelbarere Gefahr drohte. Gustav Adolf war dem gar nicht so abgeneigt, da er auf diese Weise am wirksamsten einer unerwünschten Einmischung von dänischer Seite entgegentreten konnte. Für eine Operation in Nordwestdeutschland machte er jedoch neben der Unterstützung durch die englisch-holländische Flotte zur Voraussetzung, die Allierten müßten ihm ein im voraus bezahltes Heer von 32.000 Mann sowie zusätzlich zu einem Landungs- und Nachschubhafen an der Ostsee auch einen solchen an der Nordsee zur Verfügung stellen. Vor allem aber forderte er, daß die Operationen unter seinem alleinigen und absoluten Direktorium stattzufinden hätten.

Auf derartige Bedingungen konnten die Engländer und Holländer unmöglich eingehen. Sie brauchten ihre Flotten gegen die Spanier, die für sie der Hauptfeind waren, auch Geldmittel in der für die Erfüllung von Gustav Adolfs Konditionen erforderlichen Höhe konnten aus diesem Grunde nicht bereitgestellt werden. Um die Neutralität Danzigs und die sichere Verfügbarkeit von ein oder mehr Landungshäfen zu garantieren, reichte ihr politischer Einfluß im Ostseeraum nicht aus, und das Direktorium des Schwedenkönigs mußte Christian IV. vor den Kopf stoßen, der immerhin der Schwager Jakobs I. war.

In dieser Situation sah Christian nun die große Gelegenheit, das in Sjöaryd verlorene Prestige zurückzugewinnen und sich an die Spitze der antihabsburgischen Allianz zu setzen. Er nutzte seine Eigenschaft als deutscher Reichsfürst und als – mit denkbar knapper Mehrheit gewählter – Direktor des Niedersächsischen Kreises, um gegen den Willen seiner dänischen Räte den Engländern im Winter 1624/1625 ein weit günstigeres Angebot zu unterbreiten als sein schwedischer Konkurrent es getan hatte. Auf Landungshäfen war er nicht angewiesen, einer Unterstützung durch die holländische und dänische Flotte glaubte er entbehren zu können, blieben nur die finanziellen Bedingungen, die aber auch weniger als die Hälfte der von Gustav Adolf geforderten Summe betrugen, zudem bestand Christian nicht auf Vorauszahlung. Auf einem in Den Haag einzuberufenden Kongreß der protestantischen Mächte sollte die militärische Kooperation Englands, Hollands, der norddeutschen Fürsten und Städte und Siebenbürgens organisiert werden. Im Februar 1625 wurden sich auf dieser Basis Jakob I. und Christian IV. handelseinig. Der dänische König setzte sich an die Spitze des protestantischen Widerstandes und hatte damit Schweden aus der entstehenden Allianz verdrängt.

Die nächsten Monate sollten aber in höchst ernüchternder Weise zeigen, daß die große Allianz eine Totgeburt war. Jakob I. und Moritz von Oranien starben, die Holländer erlitten militärische Rückschläge gegen Spanien, den Engländern erging es nicht besser. Als der Den Haager Kongreß im November 1625 endlich zusammentrat, war an ein militärisches Engagement dieser Mächte in Deutschland gar nicht mehr zu denken, selbst die Geldzahlungen trafen nur in unzureichender Höhe und verspätet in Dänemark ein. Die Hansestädte mißtrauten den territorialen Ambitionen Christians in Norddeutschland und verweigerten die Zusammenarbeit, Johann Georg von Sachsen verurteilte das dänische Vorgehen aufs schärfste, und auch Georg Wilhelm von Brandenburg bekam es wieder mit der Angst zu tun und distanzierte sich von dem Projekt, das er mit initiiert hatte. Schweden und Siebenbürgen hielten sich vorsichtig abseits, und auf Frankreich war auch nicht zu rechnen, da es Spannungen mit England gab und schwere innere Auseinandersetzungen mit den Hugenotten am Ausbrechen waren. So blieben Christian als aktive Verbündete nur die alten, schon vielfach besiegten Desperados der protestantisch-pfälzischen Sache wie Ernst von Mansfeld und Christian von Braunschweig, der „Tolle Halberstädter". Gustav Adolf konnte sich glücklich preisen, daß er es seinem ehrgeizigen dänischen Gegenspieler überlassen hatte, sich in ein solches Abenteuer zu stürzen.

Feldzug 1625 in Livland

Während Christian IV. die militärische Intervention in Deutschland vorbereitete, wandte Gustav Adolf im Frühjahr 1625 seine Aufmerksamkeit wieder dem livländischen Kriegsschauplatz zu. Indem er immer noch damit rechnete, Christian könnte in seiner Abwesenheit für Verwicklungen sorgen, ließ er erhebliche Teile seiner Armee in Schweden zurück und führte in Livland einen Feldzug mit begrenzten Zielen. Da der polnische Widerstand im Sommer nur geringfügig war, konnte Gustav Adolf trotzdem eine Reihe wichtiger Eroberungen machen. Nachdem er Ende Juni in Dünamünde gelandet war, nahm er im Juli Kokenhusen und Selburg, womit sich der ganze Unterlauf der Düna in schwedischer Hand befand. Ein Handstreich gegen Birze schlug mangels schwerer Artillerie fehl, doch waren Jakob de la Gardie und Gustav Horn mittlerweile erfolgreich in der Wegnahme zahlreicher kleiner Plätze in Livland. Am 16. August gelang ihnen sogar die Eroberung Dorpats, des Zentrums des baltischen Katholizismus. Ende des Monats erschien Gustav Adolf ein zweites Mal vor Birze, und dieses Mal konnte er die Stadt zur Kapitulation zwingen. Anschließend wandte er sich nach Kurland und eroberte Bauske und Mitau.

Die Schlacht bei Wallhof

Der Sommerfeldzug 1625 endete so mit einer eindrucksvollen Konsolidierung der schwedischen Position in Livland. Während Waffenstillstandsverhandlungen in Gang kamen, wurden Anfang Oktober die Polen unter dem tüchtigen Gasiewski aktiv. Sie brachten mit fliegenden Kolonnen das offene Land unter ihre Kontrolle und schnitten viele schwedische Garnisonen von der Zufuhr ab. Hunger und Epidemien forderten Opfer in einem Ausmaß, wie es Gustav Adolf nach eigenem Geständnis bis dahin noch nicht erlebt hatte. In einem Gefecht bei Listenhoff wurde zudem eine Abteilung unter Gustav Horn von Gasiewski bös aufs Haupt geschlagen. Um die Jahreswende 1625/1626 bedrohten die Polen Birze. Sie standen in zwei Gruppen südlich der Düna. Gustav Adolf beschloß, eine von den beiden überraschend mit Übermacht anzugreifen. Er ging bei Kokenhusen über die Düna und stieß in einem Gewaltmarsch, bei dem 55 km in 36 Stunden zurückgelegt wurden, gegen die unter Sapieha bei Wallhof stehende Gruppe vor.

Am 7. Januar 1626 kam es dort zur Schlacht zwischen etwa 5.000 Schweden und 4.000 Polen. Sapieha, der quer über dem Rücken eines von Wäldern und Sümpfen eingeschlossenen Höhenzuges Stellung bezogen hatte, ließ sich vom schwedischen Angriff überraschen. Seine überlegene Reiterei hatte keine Möglichkeit zur Entwicklung, und indem Sapieha vor der geschlossenen Front des Gegners ohne ernsthaften Kampf von einer Stellung auf die nächste zurückging, desorganisierte und entmutigte er seine Armee. Die Schweden entwickelten mit Infanterie und Artillerie weit überlegene Feuerkraft, eine Frucht der taktischen Reformen der letzten Jahre. Besonders unangenehm machte sich das Flankenfeuer von Musketierabteilungen bemerkbar, die Gustav Adolf, gedeckt durch das schwierige Gelände, auf den äußersten Flügeln vorgehen ließ. Schließlich gab Sapieha den Befehl zum Rückzug, der in beträchtlicher Unordnung durchgeführt wurde. Die schwedische Kavallerie brach nun in Masse vor, trieb die polnischen Reiter in die Flucht und warf sich auf das im Stich gelassene Fußvolk des Gegners, unter dem sie ein Gemetzel anrichtete. Die Polen verloren vermutlich 600 Tote und 150 Gefangene, ferner 3 Geschütze und 1000 Schlitten mit Proviant, die schwedischen Verluste scheinen unerheblich gewesen zu sein.

Die Folgen der Schlacht von Wallhof waren vor allem moralischer Natur. Zum ersten Mal hatte die schwedische Armee in offenem Gefecht über die Polen triumphiert, die organisatorischen und taktischen Reformen waren einer glänzend bestandenen Bewährungsprobe unterzogen worden, Umsicht und entschlossen zupackende Energie hatten Gustav Adolfs Führung in seiner ersten Schlacht gekennzeichnet. Nach Wallhof hielt der König die Lage in Livland für so gefestigt, daß er diesen Kriegsschauplatz von nun an sich selbst überlassen und den Schwerpunkt der Operationen weiter nach Westen verlegen konnte. Am 19. Januar schiffte er sich in Reval ein und verließ Livland für immer. Noch im selben Monat fiel die folgenschwere Entscheidung, den Sommerfeldzug in Preußen zu führen.

Feldzug 1626 in Preußen

Diesem Beschluß waren intensive Beratungen mit Oxenstierna vorausgegangen. Einer Landung in Preußen hatte der Reichsrat schon 1620 seine Zustimmung erteilt, doch hatten die langwierigen Kämpfe in Livland, die latente Bedrohung durch Dänemark und die unklaren Allianzprojekte bisher eine Ausführung dieser Pläne vereitelt. Jetzt erschien die durch den Feldzug des Jahres 1625 ausgebaute schwedische Position in Livland fest und unangreifbar, eine weitere Expansion hätte kaum mehr lohnende Resultate versprochen, Dänemark hatte sich in Deutschland auf ein Abenteuer mit unabsehbarem Ende eingelassen und schied damit als

Gefahrenherd aus. Ganz im Gegenteil war sogar zu hoffen, daß die Dänen auf einige Zeit die siegreichen Kräfte Habsburgs und der Katholischen Liga von Schwedens Interessensphäre fernhielten. Durch die Allianz Englands und Hollands mit Christian waren auch die so lange diskutierten Bündnispläne hinfällig geworden und Gustav Adolf brauchte auf die Interessen dieser Mächte im Augenblick keine Rücksicht mehr zu nehmen. So hatte er nun die Hände frei für die Invasion in Preußen.

Die Vorteile waren offensichtlich. Seit langem hatte das reiche Getreideland an der Danziger Bucht keinen Krieg mehr gesehen, so daß die Armee hier mit weit geringerem logistischen Aufwand versorgt werden konnte als in den verheerten Landstrichen des östlichen *Balticum*. Wenn es Gustav Adolf gelang, Danzig und die anderen Städte an der Danziger Bucht unter seine Kontrolle zu bringen, verlor Polen seine wichtigsten Exporthäfen. Der hieraus resultierende gewaltige wirtschaftliche Schaden sollte nach Meinung des Königs und Oxenstiernas ausreichen, den polnischen Adel so weit zu bringen, daß er Sigismund unter Druck setzte, den ruinösen und ohnehin unpopulären Krieg mit Schweden aufzugeben. Aber selbst wenn sich diese Hoffnung nicht erfüllen sollte, konnte man doch in den Häfen so hohe Zölle abschöpfen, daß sich damit die schwedischen Finanzen sanieren ließen und man weitere, noch ehrgeizigere Kriegsziele ins Auge fassen konnte. Schließlich kam man mit der Landung in Preußen dem immer bedrohlicher werdenden Krisenherd in Mitteleuropa näher und konnte im Bedarfsfalle leichter und schneller eingreifen.

Neue Siege der Kaiserlichen und der Liga

Die Entwicklung auf dem deutschen Kriegsschauplatz erfüllte in den nächsten Monaten die schlimmsten Befürchtungen. Die dänische Intervention hatte den Kaiser dazu veranlaßt, dem Heer der Katholischen Liga, das bisher die Hauptlast der Kämpfe getragen hatte, eine starke eigene Armee zur Seite zu stellen. Da es ihm an den hierfür erforderlichen Geldmitteln gebrach, beauftragte er den größten privaten Kriegsunternehmer des Zeitalters, den böhmischen Adeligen Albrecht von Wallenstein, mit der Bildung dieser Streitmacht. Den kombinierten Armeen Tillys und Wallensteins waren Christian IV. und seine deutschen Verbündeten nicht gewachsen, woran auch der vorübergehende Kriegseintritt Bethlen Gábors auf protestantischer Seite wenig ändern sollte. Mansfeld wurde Ende April 1626 an der Dessauer Brücke von Wallenstein schwer geschlagen, er starb Ende des Jahres, nachdem ihn die Kaiserlichen bis nach Ungarn gejagt hatten. Während Wallenstein sich im Osten mit Mansfeld und

Bethlen Gábor herumschlug, ereilte Christian IV. am 27. August sein Schicksal bei Lutter am Barenberg. Die Veteranen der bayerisch-ligistischen Armee unter Tillys bewährtem Kommando fügten hier den Dänen eine katastrophale Niederlage zu, die sich als entscheidend für die ganze Phase des „Niedersächsich-Dänischen Krieges" erweisen sollte.

Schwierigkeiten mit Brandenburg

Zu diesem Zeitpunkt hatten die Schweden bereits in der Danziger Bucht festen Fuß gefaßt. Als größte Schwierigkeit bei der Planung dieser Operation erwies sich die Behandlung des Kurfürsten von Brandenburg und Herzogs von Preußen Georg Wilhelm, der ja Gustav Adolfs Schwager war. Dieser wollte weder einen offenen Bruch mit dem Kaiser noch eine Auseinandersetzung mit seinem polnischen Lehensherrn, zudem mißtraute er den langfristigen Zielen des Schwedenkönigs. Der einflußreichste Ratgeber des Kurfürsten, der kaiserlich gesonnene Adam von Schwarzenberg, hatte daher leichtes Spiel, Georg Wilhelm zu veranlassen, im Frühjahr 1626 einen Gesandten nach Stockholm zu schicken, der Gustav Adolf das preußische Feldzugsprojekt ausreden sollte. Es war aber schon zu spät. Der König beantwortete die Vorstellungen Samuel von Winterfelds, wie der Gesandte hieß, mit barschen Vorwürfen und ließ verlauten, seiner Meinung nach sei die Sache so weit gediehen, „dass es biegen oder brechen musste". Genauere Informationen gab er Winterfeld jedoch nicht, vielmehr ließ er ihn isoliert festhalten, bis die Invasionsflotte unterwegs war.

Überhaupt wurde über die kommende Operation strengste Geheimhaltung gewahrt, um ihr das Überraschungsmoment zu sichern. Die Maßnahme hatte Erfolg, so daß weder Freund noch Feind die leiseste Ahnung von der geplanten Landung in Preußen hatten, als am 23. Juni 14.000 schwedische Soldaten auf 125 Schiffen bei Stockholm in See stachen.

Landung in Preußen und erste Überraschungserfolge

Die Überrumpelung gelang vollkommen. Weder brandenburgische noch polnische Einheiten in kampffähiger Größenordnung befanden sich in den preußischen Küstenstädten, als die schwedische Flotte am nordöstlichen Ende des Frischen Haffs auftauchte. Das herzoglich preußische Pillau, das die Einfahrt in das Haff beherrschte, kapitulierte widerstandslos. Die Regierung in Königsberg trat in Verhandlungen ein, durch die sie Zeit gewinnen wollte, um klare Instruktionen aus Berlin zu erhalten. Dann stießen die Schweden in die westlicheren, dem König von Polen direkt unterstehenden Teile Preußens vor. In rascher Folge fielen die Küstenstädte, als Gustav Adolfs Armada in südwestlicher Richtung an ihnen entlangfuhr. Braunsberg mit seiner Jesuitenschule, Frauenburg und Tolkemit befanden sich innerhalb weniger Tage in schwedischer Hand, am 5. Juli zog Gustav Adolf in Elbing ein, nächst Danzig der größten Stadt an der ganzen Bucht. Der König legte eine starke Besatzung nach Elbing und ernannte Oxenstierna zum Gouverneur, denn er wollte die Stadt zur Operationsbasis machen. Wie in Riga mußten die Bürger den Treueid auf die schwedische Krone leisten.

Ohne auf nennenswerten Widerstand zu stoßen, ging der Eroberungszug weiter. Der alte Sitz der Hochmeister des Deutschen Ordens, Marien-

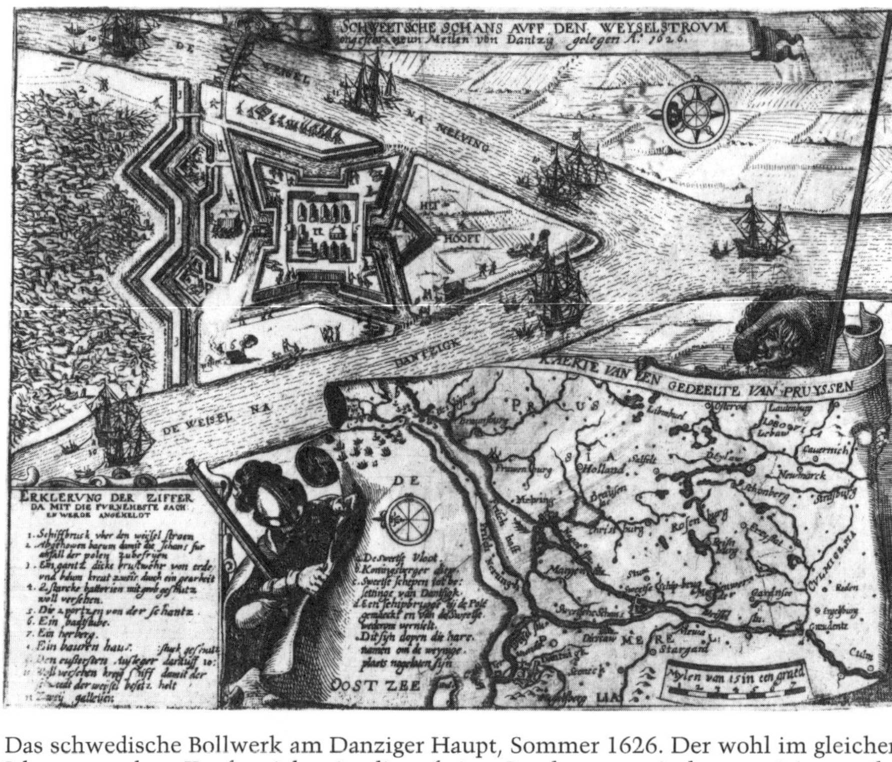

Das schwedische Bollwerk am Danziger Haupt, Sommer 1626. Der wohl im gleichen Jahr entstandene Kupferstich zeigt die auf einer Landzunge zwischen zwei Armen der Weichsel von den Schweden errichtete Verschanzung, mit der sie südöstlich von Danzig den Fluß blockierten. Die genaue Position der Schanze ist auf der von einem Musketier und einem Pikenier entrollten Landkarte eingezeichnet. Eine Reihe von schwedischen Kriegsschiffen, darunter zwei Galeeren, sperren die Flußarme. (Nürnberg, Germanisches Nationalmuseum)

burg, fiel am 8. Juli, womit die Nogat gesperrt war. Am 17. wurde Dirschau genommen, eine Brücke über die Weichsel geschlagen und dieser Fluß gleichfalls blockiert. Zwei Tage später besetzten schwedische Truppen Putzig nördlich von Danzig, das nun der einzige Hafen war, der sich noch nicht in der Hand Gustav Adolfs befand. Durch die Sperrung der Weichsel war Danzig aber gleichfalls von seinem Hinterland abgeschnitten. Östlich der Stadt wurde am Danziger Haupt eine starke Verschanzung errichtet, um die Blockade zu verstärken. Somit waren Ende Juli 1626 sämtliche Flußmündungen in die Danziger Bucht von der Pregel bis zur Weichsel von schwedischen Truppen und Marineeinheiten gesperrt, kein Schiff konnte ohne Gustav Adolfs Zustimmung die Ostsee erreichen.

Konflikt mit Danzig

Von größter Bedeutung für den Fortgang der Operationen mußte das Schicksal Danzigs sein. Die Stadt war zunächst kompromißbereit und bot an, keine bewaffneten polnischen Schiffe und keine polnische Artillerie in ihren Mauern zu dulden und beiden Seiten zu günstigen Preisen Vorräte zu liefern, wenn man die Feindseligkeiten einstellte und die Blockadeflotte abzöge. Aber Gustav Adolf glaubte durch Drohgebärden mehr erreichen zu können, was sich als der schwerste Fehlgriff erweisen sollte, den er im Laufe dieses Feldzuges machte. Gerade zur rechten Zeit traf ein Bote Sigismunds in Danzig ein und kündigte den Anmarsch eines polnischen Heeres an. Die durch die schwedischen Übergriffe der letzten Tage und die von Gustav Adolf ausgesprochenen Zumutungen aufgebrachte Bürgerschaft beantwortete Ultimatum mit Ultimatum, worauf der König am 4.August ihr den Krieg erklärte. Oxenstierna pflegte in späteren Jahren zu sagen, nichts habe den Schweden in den preußischen Feldzügen so geschadet, wie die Feindschaft Danzigs.

Georg Wilhelm reagierte auf den Angriff seines Schwagers mit der zu erwartenden Empörung, aber auch die anderen protestantischen Mächte innerhalb und außerhalb des Reiches hatten wenig Verständnis für Gustav Adolfs Handlungsweise. In einem Augenblick schwerster Krise für das Schicksal des deutschen Protestantismus hatte der Schwede wieder auf einem abgelegenen Kriegsschauplatz zugeschlagen, statt seinen bedrängten Glaubensbrüdern Hilfe zu leisten. England und Holland hegten außerdem nicht unberechtigte Befürchtungen ihren baltischen Handel betreffend, als sie von der Blockierung der preußischen Flußmündungen hörten.

Am überraschendsten für Gustav Adolf war wohl das Verhalten des polnischen Adels. Weit davon entfernt, seinem Monarchen nun die Treue zu kündigen, stellte er sich mehrheitlich hinter Sigismund und zeigte sich entschlossen, den Zugang zur Ostsee mit Gewalt wieder freizumachen. Anfang August konnte der Polenkönig nach Graudenz aufbrechen und dort ein Heer von 8.000 Mann Infanterie und 4.000 Reitern sammeln, für polnische Verhältnisse eine ganz außergewöhnliche Streitmacht. Mit dieser rückte Sigismund vor den schwedischen Vorposten Mewe an der Weichsel. Die kleine Garnison hielt sich tapfer, und Gustav Adolf zögerte nicht, ihr mit nur 6.300 Mann Infanterie und 1.200 Mann Kavallerie zu Hilfe zu kommen. Die restliche Armee, der Oxenstierna mittlerweile aus Finnland weitere 3.000 Mann zugeführt hatte, mußte in den vielen eroberten Städten Garnisonsdienst leisten. Die Schweden bezogen eine starke Stellung am Zusammenfluß von Weichsel und Nogat, von der aus Gustav Adolf am 12. September mit 2.000 Mann eine bewaffnete Aufklärung in Richtung Mewe unternahm. Es war eine höchst leichtsinnige Aktion, bei der der König sich glücklich schätzen durfte, daß keiner der guten polnischen Kommandeure auf dem Feld war und der unerfahrene Sigismund persönlich den Befehl führte, sonst wäre er von der großen Übermacht in die Weichsel getrieben worden. Dank der Passivität des Gegners und der präzisen Beweglichkeit der eigenen Truppe konnte er sich der gefährlichen Situation entziehen.

Wenig später erhielt Gustav Adolf eine Verstärkung von 10.000 Mann Infanterie. Er rückte nun am 19. September erneut gegen Mewe vor und versuchte, die Polen von den beherrschenden Anhöhen zu vertreiben. Auf beiden Seiten wurden nur schwache Teilkräfte eingesetzt, doch gelang es einer geschickt geführten schwedischen Kolonne, sich die Höhe hinaufzuarbeiten und sich dort zu behaupten, worauf der wiederum wenig Entschlossenheit zeigende Sigismund abzog. Gustav Adolf unternahm keine Anstalten, diesen mehr moralischen als realen Sieg zu verfolgen, und zog sich statt dessen auf Falkenau zurück. Von dort legte er die Truppen in die Winterquartiere und reiste dann nach Schweden ab. Oxenstierna blieb, wie auch in den nächsten Jahren, in Elbing und versuchte eine funktionierende Verwaltung aufzubauen.

Der Winter 1626/1627 gestaltete sich für die schwedische Armee höchst unangenehm. Im Oktober mußten die Danzig blockierenden Flotillen ihre Positionen aufgeben und in die heimatlichen Häfen zurückkehren. Nun hatten die Danziger und polnischen Kaperfahrer freie Fahrt, während die schwedischen Schiffe in vereisten Häfen festlagen. Die Truppen in Preußen sahen sich auf diese Weise von jeder Verbindung mit Schweden abgeschnitten. Gleichzeitig wurden auch die polnischen Landstreitkräfte überaus aktiv. In Hetman Alexander Koniecpolski besaßen sie ab Oktober 1626 wieder einen tüchtigen und tatkräftigen Kommandeur. Seine Kavallerie beherrschte das flache Land und isolierte die einzelnen Garnisonen. Verpflegungsschwierigkeiten und Krankheiten in den überfüllten Winterquartieren forderten wie im Vorjahr hohe Opfer. Etwa 20% der Infanteristen und 13% der Kavalleristen starben in diesem Winter. Schlimm war auch das Schicksal der Zivilbevölkerung. Sie mußte die Schweden mit Verpflegung versorgen und hohe Kontributionen zahlen. Schon nach einem Jahr war die Leistungsfähigkeit der besetzten Gebiete erschöpft. Um ihrem Gegner die Existenzgrundlage zu entziehen, verwüsteten die Polen zudem bei ihren Überfällen alles, was sie erreichen konnten. Viele Bewohner flohen, und schon bald standen Dutzende von Dörfern leer. Die Mehrheit der Bevölkerung sympathisierte offenkundig mit den Polen, was den schwedischen Kommandeuren ihre Aufgabe auch nicht gerade leicht machte. Zahlreiche kleine Orte fielen an Koniecpolski, im März 1627 mußte sich sogar Putzig nach langer Belagerung ergeben. Das schlimmste Desaster bestand jedoch darin, daß es dem polnischen Feldherrn Anfang 1627 gelang, 4.000 in Deutschland für die schwedische Armee geworbene Söldner bei Hammerstein abzufangen und zur Kapitulation zu zwingen.

Im Frühjahr kam es zu Bündnisverhandlungen mit dem schwer bedrängten Dänenkönig. Sie scheiterten aber daran, daß Gustav Adolf sich darauf versteifte, die Allianz müsse sich grundsätzlich gegen alle katholischen Mächte richten. Christian, der sehr wohl erkannte, daß damit Polen gemeint war, hatte begreiflicherweise nicht die geringste Neigung, sich in weitere Konflikte hineinziehen zu lassen, und so scheiterten die Gespräche erneut. Nicht besser erging es holländischen Versuchen, zwischen Schweden und Polen zu vermitteln. Der Krieg war für den Handel der westeuropäischen Nationen äußerst lästig. Etwa die Hälfte aller den Sund passierenden Schiffe pflegten Danzig anzusteuern, was ermessen läßt, wie stark der Ostseehandel durch die schwedische Blockade kompliziert und geschädigt wurde. Louis de Geer riet Gustav Adolf daher, den Handelskrieg gegen die Hansestadt aus Rücksicht auf die Holländer zu lockern, doch erhielt er die emotionsgeladene Antwort: „Ich habe ihnen das Wasser genommen, ich würde ihnen auch die Luft nehmen, wenn ich könnte."

Im November 1626 hatte Sigismund Danzig einen Besuch abgestattet und war begeistert empfangen worden. Er hatte begonnen, in Putzig eine polnische Ostseeflotte aufzubauen und wollte damit nun in den Danziger Werften fortfahren. Die Stadt stimmte zu, und schon ein Jahr später zeigte die entstehende Flotte ihre Gefährlichkeit, als sie am 18. November 1627 einem schwedischen Geschwader vor Oliva eine empfindliche Niederlage beibrachte, die umso demütigender war für die Marine Gustav Adolfs, als es sich um das einzige größere Seegefecht handelte, das sie unter seiner Regierung zu bestehen hatte.

Das Verhältnis zum brandenburgisch-preußischen Vetter sorgte weiter für Probleme. Königsberg hatte sich 1626 schließlich für neutral erklärt und Georg Wilhelm war seiner Regierung in dieser Haltung gefolgt. Im Mai 1627 schloß er jedoch mit den Kaiserlichen ein Abkommen, durch das er seine Länder weitgehend den wallensteinischen Truppen öffnete, was ihn nicht hinderte, sich wenig später mit Gustav Adolf auf eine Art Nichtangriffspakt zu einigen. Dennoch sah er sich veranlaßt, seinen Vasallenpflichten gegenüber Polen nachzukommen. Im Juli schickte er diesen eine Abteilung von 1.200 Mann Stärke zu Hilfe, die aber von Gustav Adolf bei Mohrungen aufgehalten und größtenteils seiner eigenen Armee einverleibt wurde. Höhnisch erteilte der König seinem Schwager den Rat, in Zukunft besser auf sein Militär aufzupassen. Im August kam es zu einer weiteren brandenburgisch-schwedischen Abmachung, in der die Neutralität Königsbergs nochmals garantiert wurde, während Pillau mit seinen ertragreichen Zöllen in der Hand Gustav Adolfs blieb.

Der Feldzug 1627

Im Frühjahr 1627 unternahm Schweden große Anstrengungen, um die dezimierte Armee in Preußen aufzufüllen. 13.000 Rekruten wurden im Lande ausgehoben, Tausende von Söldnern auf den Britischen Inseln angeworben. Am 4. Mai stach Gustav Adolf in Älvsnabben in See. Auf dem Kriegsschauplatz standen ihm jetzt 21.000 Mann zur Verfügung, wovon nach Abzug der Garnisonstruppen etwa 13.000 auf die Feldarmee entfielen.

Koniecpolski stand mit knapp 9.000 Mann in Pommerellen und bereitete sich vor, das schwedische Bollwerk am Danziger Haupt anzugreifen. Gustav Adolf eilte mit dem Gros seines Operationsheeres direkt auf den gefährdeten Punkt zu und versuchte in der Nacht vom 22. auf 23. Mai bei Käsemark die Weichsel angesichts des Gegners auf Booten zu überschreiten. Es kam in der Dunkelheit zu beträchtlicher Konfusion, die Polen eröffneten ein sehr wirksames Feuer und setzten den König durch einen

Musketenschuß in den Unterleib außer Gefecht. Die Kugel scheint schon erheblich außerhalb ihrer vollwirksamen Reichweite gewesen und nicht tief eingedrungen zu sein, doch brachte die Verwundung Gustav Adolfs das ganze Unternehmen endgültig zum Scheitern.

Nach dieser Schlappe warf der König einige Verstärkungen in die Stellung am Danziger Haupt und zog dann in Eilmärschen nach Braunsberg. Dort kam er gerade noch rechtzeitig an, um eine bereits in die Stadt eingedrungene polnische Abteilung zum Rückzug zu nötigen. Kaum war diese Gefahr beseitigt, erreichte den König ein Hilferuf aus Mewe, das Koniecpolski mittlerweile zu belagern begonnen hatte. Er ignorierte diese Nachricht und marschierte wieder zum Danziger Haupt. Diesmal gelang es ihm, in Abwesenheit des feindlichen Hauptheeres die Weichsel zu überschreiten und die Danziger und Polen am 4. Juli mit empfindlichen Verlusten aus der Schanze bei Käsemark zu vertreiben. Die Freude über diesen Erfolg wurde jedoch durch die Nachricht getrübt, daß am Vortag Mewe gefallen war.

Gefechte bei Dirschau, schwere Verwundung Gustav Adolfs

Nun wandte sich Gustav Adolf wieder direkt gegen Koniecpolski, dem er am 7. und 8. August bei Dirschau zwei Gefechte lieferte. Das erste war ein reines Reiterscharmützel, das jedoch dadurch bemerkenswert war, daß die schwedische Kavallerie im Kampf mit ihrem Angstgegner die Oberhand behielt. Am zweiten Gefechtstag ging die ganze Armee Gustav Adolfs mit 6.000 Mann Infanterie und 4.000 Reitern gegen Koniecpolskis 3.000 Fußsoldaten und 4.500 Reiter vor. Die Polen wurden von der Übermacht aus ihrer Stellung gedrängt, erneut zeigte sich die größere Geschicklichkeit der reformierten schwedischen Armee im Zusammenwirken der Waffengattungen. Der Erfolg blieb jedoch unvollständig, da der Angriff ins Stocken kam, als Gustav Adolf wieder von einem Musketenschuß getroffen wurde. Offensichtlich fehlte es in der Armee noch an selbstbewußten Unterführern, die das Gefecht nach dem Ausfall des Feldherrn selbst hätten leiten können. Die Verwundung des Königs war diesmal ziemlich schwer. Die Kugel war in den Hals oberhalb des Schlüsselbeins eingedrungen und zwischen dem oberen Ende des Schulterblattes und dem Rückgrat steckengeblieben, wo sie nicht entfernt werden konnte. Das hatte zur Folge, daß einige Finger steif blieben und die Schulter so druckempfindlich wurde, daß Gustav Adolf nie wieder Panzerung tragen konnte. Die blutdurchtränkte Kleidung, die er bei seinen beiden Verwundungen in diesem Jahr getragen hatte, ließ Gustav Adolf in Stockholm

„zur ewigen Erinnerung" an seine glückliche Rettung aufbewahren. Damit wurde er zum Begründer der einzigartigen Sammlung königlicher Reliquien in den *Livrustkammaren*.

Nach den Gefechten von Dirschau kamen die Operationen weitgehend zum Erliegen. Den Polen waren kaiserliche Hilfstruppen zugezogen, da Wallenstein daran interessiert war, die Schweden möglichst fernab vom deutschen Kriegsschauplatz zu beschäftigen. Doch gab es sofort erhebliche Probleme mit den Neuankömmlingen wegen der Besoldung, außerdem hatte der polnische Adel schwere Bedenken gegen aktive Unterstützung von habsburgischer Seite. So kamen diese Truppen faktisch nicht zum Einsatz. Das letzte bemerkenswerte Ereignis des Feldzuges war die Einnahme von Wormditt in Ermland durch die Schweden, die hierbei erstmals ihre Lederkanonen einsetzten. Insgesamt endete der Feldzug eher enttäuschend. Der polnische Widerstand war kräftiger denn je, und auch politisch konnte man keinerlei Anzeichen von Nachgiebigkeit entdecken. Offensichtlich zeitigte der Wirtschaftskrieg keine so entscheidenden Resultate, wie vor allem Oxenstierna sie erwartet hatte. Ein erheblicher Teil des polnischen Handels konnte auf nicht von den Schweden besetzte Häfen ausweichen, auf Stettin, Kolberg, Königsberg, die kurländischen Häfen. Das war zwar vielfach mit Umwegen und anderen organisatorischen Schwierigkeiten verbunden, aber es verhinderte eine katastrophale Formen annehmende Absatzkrise der polnischen Wirtschaft.

Verhandlungen mit Polen

Die größte Stimulanz für den Kampfgeist der Polen bildeten jedoch die großen militärischen Fortschritte des Kaisers und der Liga im Reich. Dementsprechend drückend wirkten sich die Niederlagen der protestantischen Partei auf die Verhandlungsposition der Schweden aus. Im ersten Hochgefühl der erfolgreichen Invasion im Sommer 1626 hatten Gustav Adolf und Oxenstierna zunächst Maximalforderungen für die Einstellung der Feindseligkeiten erhoben. Im Laufe der nächsten Monate stellten sie jedoch immer bescheidenere Bedingungen. 1627 hätte Sigismund im Falle eines dreißigjährigen Waffenstillstandes alle schwedischen Eroberungen in Livland und Preußen zurückbekommen können, wenn er seinem Gegner den Besitz von Estland garantiert, den Verzicht des nächsten gewählten polnischen Königs auf den schwedischen Thron zugesagt, das protestantische Bekenntnis in den besetzten Gebieten toleriert und eine Kriegsentschädigung gezahlt hätte. Aber in dem Maße, in dem sich die

Forderungen der Schweden senkten, erhöhten sich die der Polen. Sie verlangten die bedingungslose Rückgabe aller vom Feind besetzten Gebiete und die Thronfolge der polnischen Wasa nach Gustav Adolfs Tod. So zerschlugen sich die Verhandlungen.

Konsequenzen des dänischen Zusammenbruchs

Im Winter 1627/1628 traten für den Schwedenkönig die Probleme in den Vordergrund, welche sich aus dem dänischen Zusammenbruch ergaben. Wallenstein überrannte Mecklenburg und wurde vom Kaiser mit der Herzogswürde über dieses Territorium belehnt, nachdem die bisherigen Landesherren in die Reichsacht getan worden waren. Pommern, das laut Wallenstein 28 Häfen besaß, die er alle haben müsse, wurde ebenfalls von seinen Truppen besetzt, wenngleich Herzog Bogislaw XIV., der den offenen Bruch mit dem Kaiser vermieden hatte, in Amt und Würden blieb. Bis in den Norden von Jütland stießen die Armeen Wallensteins und Tillys vor, und es schien nur eine Frage der Zeit zu sein, wann sie auf den dänischen Inseln landeten und Kopenhagen einnahmen. In Wismar wurde bereits an Kriegsschiffen für die künftige habsburgische Ostseeflotte gebaut, im April erhielt Wallenstein vom Kaiser den Rang eines Generals des Ozeanischen und des Baltischen Meeres verliehen. Die ganze deutsche und festlanddänische Nord- und Ostseeküste befand sich in kaiserlicher Hand mit der Ausnahme von Rostock, Wolgast und Stettin, die sich freigekauft hatten, Stralsund, das aus dem Vertrag zwischen Wallenstein und Bogislaw ausgenommen worden war, der Hansestädte Hamburg, Lübeck und Bremen und einiger letzter dänischer Stützpunkte wie Glückstadt. Mit der Hanse wurde über ein Bündnis verhandelt, denn Wallenstein plante, mit ihrer Hilfe eine große kaiserliche Kriegs- und Handelsflotte aufzubauen. Spanien und Polen sollten gleichfalls Schiffe beisteuern, und damit wären die Zeiten vorbei gewesen, in denen der Kampf um das *dominium maris Baltici* zwischen Dänemark und Schweden ausgetragen worden war. Die Spanier hatten solche Ideen schon seit Jahren verfolgt, wobei sie vor allem der Gedanke antrieb, den für den Wohlstand der Generalstaaten grundlegenden holländischen Ostseehandel lahmlegen zu können.

Sollte den Kaiserlichen die Verwirklichung dieser Pläne gelingen, dann war alles, wofür Gustav Adolf seit Beginn seiner Herrschaft gekämpft hatte, akut gefährdet. Es durfte keine kaiserliche Ostseeflotte geben, ebensowenig wie eine spanische oder polnische, und die Truppen Wallensteins und Tillys mußten von den Küsten vertrieben werden, koste es, was es wolle. Aus diesem Grunde konnte Gustav Adolf es auch nicht hinnehmen, daß die Niederlage Christians IV. bis zur völligen Zerschlagung seines Reiches gesteigert wurde. Notfalls mußte er dem alten Rivalen eine helfende Hand reichen, um die Wache am Sund nicht in die Hände der Kaiserlichen und Spanier geraten zu lassen. So kam Anfang 1628 ein Bündnis zwischen Schweden und Dänemark zustande, in dem Gustav Adolf sich verpflichtete, Christian acht Schiffe zu Hilfe zu schicken, während dieser den Sund für alle Fahrzeuge sperren wollte, die Kurs auf Danzig zu nehmen gedachten. Eine direkte militärische Kooperation scheiterte daran, daß der Schwede seinen Verbündeten allzu deutlich zu majorisieren gedachte.

Beratungen im schwedischen Reichstag und Reichsrat über den Krieg in Deutschland

Gustav Adolf hielt nun die Zeit für gekommen, sich von Reichsrat und Reichstag dazu ermächtigen zu lassen, in den deutschen Krieg einzugreifen, wenn es ihm notwendig schien. Bei der Eröffnung des Reichstages am 13. Dezember 1627 hielt er eine Rede, in der er ein düsteres Bild von der Lage zeichnete: „Wie eine Welle auf die andere folgt, so rückt die papistische Liga immer näher an uns heran. Mit Gewalt haben sie einen Teil von Dänemark unterworfen und sie werden gegen unsere Grenzen drängen, wenn wir ihnen nicht rechtzeitig machtvoll entgegentreten." (Styffe, S. 305, 627) Aus Gründen der Geheimhaltung stellte er den Antrag, die weiteren Beratungen einer unter Ausschluß der Öffentlichkeit tagenden Sonderkommission des Reichstags anzuvertrauen. Dies wurde bewilligt, und im Januar 1628 fand eine Reihe von Sitzungen statt, auf denen Gustav Adolf mit den Vertretern der Stände das weitere Vorgehen gegenüber dem Kaiser und seinen Verbündeten besprach. Der König stellte vor allem drei Fragen. Die erste war, ob man die mit Sicherheit bevorstehende kaiserliche Offensive im eigenen Land abwarten oder ihr zuvorkommen sollte, indem man den Gegner auf einem anderen Kriegsschauplatz seinerseits angriff und seine Kräfte dort band. Das zweite Problem war, ob man den Dänen helfen sollte, und schließlich wollte Gustav Adolf wissen, ob der Reichstag noch einmal konsultiert werden müsse, wenn er den entscheidenden Schritt zum Krieg nun tatsächlich tue.

Die Kommission war der Ansicht, der Kriegszustand mit dem Kaiser sei faktisch bereits gegeben durch dessen Unterstützung für Sigismund III. und durch „die offenbare Verschwörung, die er betreibt, um uns den ganzen Handel, die ganze Schiffahrt und – was das schlimmste ist – die

Herrschaft über die Ostsee zu rauben, die seit undenklichen Zeiten an die Krone Schwedens gebunden ist." (Michael Roberts 1953/1958, Bd. II, S. 353) Unter dieser Voraussetzung war es nicht weiter verwunderlich, daß Gustav Adolf freie Hand gegeben wurde, den Krieg offensiv zu führen, Dänemark zu unterstützen und ohne weitere Rücksprache mit der Ständevertretung über Krieg und Frieden zu entscheiden. Von diesem Augenblick an konnte es als beschlossene Sache gelten, daß Schweden früher oder später gegen den Kaiser in den Krieg eintreten würde.

Die Argumentation der Ausschußmitglieder zeigte, wie sehr man sich in Schweden bereits im Besitz des *dominium maris Baltici* wähnte. Zu dieser Herrschaft gehörte das Recht *classis immittendae*, das heißt, das exklusive Recht in der Ostsee eine Kriegsflotte zu unterhalten. Dies war ein Punkt, in dem sich Schweden und Dänemark bisher immer einig gewesen waren und es auch jetzt angesichts der habsburgisch-polnischen Herausforderung waren. Bis zu diesem Augenblick hatten allerdings die Dänen mit ihrer größeren und besseren Flotte den Vorrang beansprucht und die Schweden aus großherziger skandinavischer Solidarität mehr oder weniger nur geduldet. Dieser Zustand schien sich jetzt auch seinem Ende zuzuneigen.

Die Rettung Stralsunds

Die Bedrohung durch Wallensteins Flotte war tatsächlich noch nicht so akut, wie man sich das in Stockholm und Kopenhagen vorstellte. Die Hansestädte zeigten sich den Angeboten des kaiserlichen Generalissimus wenig zugänglich, so daß dieser sich vorerst damit begnügen mußte, seine hochfliegenden Pläne mit seiner eigenen in Wismar entstehenden Flotte zu verfolgen. Im Winter 1627/1628 kam er zu dem Schluß, Stralsund würde eine wesentlich bessere Basis für seine Schiffe abgeben als Wismar. Im Februar besetzte sein General Hans Georg von Arnim die Insel Dänholm, die die Zufahrt zum Hafen von Stralsund beherrschte. Die Stadt, die nominell der Oberhoheit des Herzogs von Pommern unterstand, aufgrund ihrer günstigen inselartigen Lage aber schon lange eine halbunabhängige Stellung besaß, wandte sich mit Hilfsgesuchen an Dänemark und Schweden. Gustav Adolf, der Stralsund schon 1625 Unterstützung zugesagt hatte, schickte einen Agenten, im übrigen hielt man die Situation noch nicht für allzu kritisch. Aber im April 1628 vertrieben die Bürger die Truppen Arnims von Dänholm, worauf starke wallensteinische Kräfte an den Stralsund gegenüberliegenden Ufern erschienen und mit einer ernsthaften Belagerung begannen. Gustav Adolf schiffte sich gerade für einen

Die Belagerung von Stralsund 1628. Der Kupferstich läßt gut die inselartige Lage der Stadt zwischen dem Strela-Sund im Osten(links) und einer Reihe von Teichen im Norden, Westen und Süden erkennen. Von den fünf Stralsund mit dem pommerschen Festland verbindenden Straßendämmen sind zwei unterbrochen. Ganz oben die Insel Dänholm, mit deren Einnahme durch die wallensteinischen Truppen und Wiedereroberung durch die Stralsunder die Belagerung begonnen hatte. (Nürnberg, Germanisches Nationalmuseum)

neuen Feldzug in Preußen ein, da erhielt er die Nachricht, Stralsund könne sich mit eigenen Kräften nicht mehr lange halten. Während infolge der wieder aufgenommenen Kämpfe mit den Polen die schwedische Hilfe auf sich warten ließ, reagierte Christian IV. sofort. Eine dänische Flotte erschien vor Stralsund und setzte schottische Truppen an Land, die entscheidend dazu beitrugen, daß die immer druckvoller werdenden Angriffe Wallensteins abgewehrt werden konnten.

Ende Juni trafen endlich auch die Schweden mit den Schiffen ein, welche sie eigentlich Christian versprochen hatten. Mit den an Bord befindlichen Soldaten kam ein Diplomat, der die Landung der – nicht sehr zahlreichen – schwedischen Truppen erst erlaubte, nachdem er den Stralsundern ein zwanzigjähriges Verteidigungsbündnis abgenötigt hatte. In der ersten Julihälfte ließ Wallenstein mehrmals stürmen, und die Stadt schien unmittelbar vor dem Fall zu stehen. Wieder waren es dänische Verstärkungen, die den Feind im letzten Augenblick abwehrten. Als der größere Teil der schwedischen Hilfstruppen unter Alexander Leslie Ende Juli eintraf, war die Gefahr schon vorüber, denn Wallenstein hatte die Belagerung inzwischen aufgegeben, da er einsah, daß er eine vom Meer aus laufend versorgte und mit Verstärkungen versehene Inselstadt ohne eigene Flotte nicht erobern konnte.

Die Rettung Stralsunds war ohne Zweifel das Verdienst der Dänen gewesen, den Gewinn trugen jedoch die Schweden davon. Da es zwischen den zusammengewürfelten Kontingenten alsbald zu Reibungen kam, mußten die Bürger sich entscheiden, unter wessen Schutz sie sich nun endgültig zu stellen beabsichtigten. Sie gaben den Schweden den Vorzug, weil sie das höhere militärische Prestige besaßen als die geschlagenen Dänen und weil sie sich offiziell nicht mit dem Kaiser in Kriegszustand befanden und daher nicht als Reichsfeinde galten. Außerdem existierte bereits der erwähnte Bündnisvertrag, dem Gustav Adolf allerdings die Unterschrift verweigerte, da die Abmachungen zu ausschließlich auf den Verteidigungsfall beschränkt waren, während er Stralsund unter Umständen zur Basis für einen Einfall in Norddeutschland machen wollte. Die weiteren Verhandlungen ließen bald deutlich werden, daß es den Schweden darum ging, die Stadt ihrem Ostseeimperium einzuverleiben. Der Vertrag, auf den man sich im September 1628 einigte, gab ihnen die volle militärische Verfügungsgewalt über die Stadt, der es verboten wurde, ohne Einverständnis ihres Verbündeten Frieden zu schließen. Die Zahl der in Stralsund stationierten schwedischen Soldaten stieg bis zum Sommer 1630 auf fast 6.000, von irgendwelcher Selbständigkeit konnte keine Rede mehr sein.

Der Feldzug 1628 gegen Polen

Die Entscheidung, den Feldzug 1628 wieder in Preußen zu führen, war zunächst unsicher gewesen, da sich die Lage in Livland in den beiden Vorjahren in beängstigendem Maße zum Schlechteren verändert hatte. Unter der wenig energischen Führung Jakob de la Gardies ließen sich die Schweden in die Defensive drängen und verloren ständig an Boden,im Winter 1627/1628 schien sogar Riga gefährdet.Im Frühjahr ersetzte der König de la Gardie durch Gustav Horn, dem es rasch gelang, die schwedische Position wieder zu stabilisieren. Kaum war die Gefahr in Livland beseitigt, wurde die Stralsunder Krise akut. Zu diesem Zeitpunkt war der

Feldzug in Preußen aber schon beschlossene Sache und Gustav Adolf ließ sich auch nicht mehr davon abbringen. Wie er in einem Brief an Oxenstierna am 1. April schrieb, waren „die Dinge so weit gekommen, daß alle Kriege in Europa sich gemischt haben und zu einem einzigen geworden sind." (AOSB, II. 1, S. 395 ff.) Der Kampf mit Polen sollte in einer letzten großen Kraftanstrengung beendet werden, so daß man die Hände freibekam für andere und mittlerweile wichtigere Kriegsschauplätze.

Ein Waffenstillstand mit Polen erschien umso dringender geboten, als Schweden am Rande seines Leistungsvermögens angekommen war und unmöglich einen Mehrfrontenkrieg verkraften konnte. Die Aushebung von 11.000 neuen Rekruten und die Einführung von Sondersteuern im Winter 1627/1628 lösten in mehreren Provinzen heftige Unruhen aus, die bis in den Sommer andauerten.

Schwere Mißerfolge in Preußen

Der Verlauf des Feldzuges in Preußen erfüllte die in ihn gesetzten Erwartungen ganz und gar nicht. Obwohl Gustav Adolf Anfang Mai auf dem Kriegsschauplatz erschienen war, konnten die eigentlichen Operationen erst im August beginnen. Daran war schuld, daß die Verstärkungen erst spät eintrafen und daß es fortwährend in Strömen regnete. Anfang Juli gelang allerdings ein Feuerüberfall auf eine nahe Weichselmünde vor Anker liegende polnische Flotille, der dem Gegner zwei Schiffe kostete und bei dem sich die Lederkanonen gut bewährten. Als man dann endlich mit 15.000 Mann gegen Koniecpolskis 10.000 bei Mewe stehende Polen vorging, erwies dieser sich einmal mehr als höchst gefährlicher Gegner. Dem Feldherrn Sigismunds war es klar, daß sich die frühere Situation insofern in ihr Gegenteil verkehrt hatte, als die Schweden nun dank der Reformen Gustav Adolfs taktisch überlegen waren und daher die offene Feldschlacht suchten. Dieser Nachteil wurde für die Polen noch dadurch verschlimmert, daß sie zahlenmäßig erheblich schwächer waren und sich daher keine hohen Verluste leisten konnten. Koniecpolski zog daraus die Konsequenz und wich den Schweden entweder aus oder trat ihnen hinter starken Feldbefestigungen entgegen, eine Taktik,die die Polen früher ihren Gegnern verächtlich als Feigheit vorgeworfen hatten. Gustav Adolf verweigerte den Angriff auf solche Stellungen und stieß statt dessen ins Landesinnere vor. Dadurch wurden seine logistischen Probleme jedoch immer größer, da die polnischen Reiterscharen das offene Land beherrschten, den Nachschub unterbrachen und die Marschkolonnen fortwährend belästigten. Dabei betrieben die Polen systematisch eine Strategie der verbrannten Erde, die es dem Gegner unmöglich machte, sich aus dem Lande zu ernähren.

Zunächst gelangen Gustav Adolf eindrucksvolle Eroberungen. Er nahm Marienwerder, stieß auf Graudenz vor, von dort auf Drewenz, schließlich auf Strasburg. Dann aber wurde seine Versorgungslage so katastrophal, daß er schleunigst kehrtmachen und nach Norden zurückmarschieren mußte. Der Rückzug wurde unter der kräftigen Verfolgung Koniecpolskis zu einer Katastrophe. Gefechtsverluste, Krankheiten, Erschöpfung und Desertion kosteten die schwedische Armee 5.000 Mann, bevor sie, der Auflösung nahe, wieder in ihren Ausgangsstellungen ankam. Mitte Oktober wurden die Truppen in ihre Winterquartiere gelegt, und Gustav Adolf, der in diesem Feldzug seinen Meister gefunden hatte und nur knapp der völligen Vernichtung seiner Armee entgangen war, kehrte nach Schweden zurück. Zum Glück für die Schweden konnte in Abwesenheit des Königs Hermann Wrangel am 2. Februar 1629 bei Gorzno einen glänzenden Sieg über eine polnische Abteilung erringen und dadurch das erschütterte Prestige der schwedischen Waffen einigermaßen wieder herstellen. Im Frühjahr kam ein auf drei Monate befristeter Waffenstillstand zustande.

Die Lübecker Friedensverhandlungen

Inzwischen begann Wallensteins Flotte in Wismar Gestalt anzunehmen. Ende 1628 lagen dort 12 kaiserliche Kriegsschiffe vor Anker, zu denen Anfang des nächsten Jahres noch 7 polnische stießen. Gustav Adolf ließ eine schwedische Flotte unter Erik Ryning vor Wismar kreuzen und den Hafen blockieren, so daß die gegnerischen Schiffe nicht imstande waren, das offene Meer zu gewinnen. Um Wallenstein von der Verwirklichung neuer Pläne abzuhalten, war es aber vorrangig, daß die Dänen ihren Krieg gegen Kaiser und Liga fortsetzten. Mit größter Sorge sah es Gustav Adolf daher, daß die Kontrahenten Anfang 1629 in Lübeck mit Friedensverhandlungen begannen. Wenn sich diese schon nicht verhindern ließen, dann sollten sie, nach Ansicht des Königs, aber wenigstens unter schwedischer Beteiligung stattfinden. Als Dänemarks Verbündeter und Schutzherr Stralsunds glaubte Gustav Adolf hierauf Anspruch zu haben und wollte mehrere Gesandte nach Lübeck schicken, die den Kaiserlichen eine Reihe von Forderungen unterbreiten sollten, die angesichts der Kriegslage so unverschämt waren, daß unmöglich mit ihrer Annahme gerechnet werden konnte. Die kaiserlichen und ligistischen Truppen hätten ihnen zufolge die besetzten dänischen Gebiete räumen, den Niedersächsischen Kreis verlassen, sämtliche neuen Befestigungen an Nord- und Ostsee schleifen, alle Häfen freigeben müssen und keine Kriegsschiffe dort belassen dürfen, während Christian IV. seine Streitkräfte auflösen sollte. Ferner waren die vertriebenen Fürsten wieder in ihre Würden einzusetzen und allenfalls mit Geldbußen zu belegen, für deren Bezahlung Schweden garantieren wollte. Gustav Adolf wäre unter diesen Bedingungen bereit gewesen, seine Truppen aus Stralsund abzuziehen. Vom pfälzischen Kurfürsten und den deutschen Protestanten war nirgends die Rede.

Unglücklicherweise bekamen die schwedischen Gesandten niemals Gelegenheit, diesen Katalog vorzulegen, da Christian ihnen freies Geleit verweigerte. Des Königs Sekretär Johann Adler Salvius, dem es gelang, Lübeck zu erreichen, wurde von den Kaiserlichen abgewiesen, ebensowenig war man bereit, Abgesandte von Stralsund zuzulassen. Christian, Wallenstein und Tilly wollten sich in den Verhandlungen nicht stören lassen durch die Einmischung einer Macht, die offiziell am Krieg gar nicht teilgenommen hatte. Gustav Adolf empfand die Abweisung seiner Gesandten als schwere Brüskierung und wurde durch diese Erfahrung in seinem Entschluß zur militärischen Intervention noch bekräftigt. Im Frühjahr richtete er Appelle an die deutschen Kurfürsten, in denen er seine Beschwerden gegen den Kaiser aufzählte. Sie waren für die breite Öffentlichkeit bestimmt und sollten den schwedischen Kriegseintritt propagandistisch vorbereiten.

Im Januar 1629 erhielt Gustav Adolf von Christian überraschenderweise die Aufforderung zu einem persönlichen Gespräch. Die Friedensverhandlungen in Lübeck machten keine Fortschritte, und der Dänenkönig gedachte, die schwedische Karte auszuspielen. Am 20. Februar kam die Zusammenkunft in Ulvsbäck in Småland zustande. Christian versuchte den Eindruck zu vermitteln, die Lübecker Konferenz werde wahrscheinlich ergebnislos bleiben, worauf Gustav Adolf die Sprache auf Wallensteins Flotte brachte. Der Vorschlag des Dänen, diese zu verbrennen, genügte ihm nicht, er bestand auf Einnahme der Häfen. Dann bot er an, bei der Aufstellung einer gemeinsamen Streitmacht drei Viertel der Männer zu stellen und drei Viertel der Kosten zu tragen, doch Christian bekundete Skepsis. Gustav Adolf ließ seinen Gesprächspartner die Kugel in seiner Schulter fühlen, die ihn bei Dirschau verwundet hatte, um seine Opferbereitschaft für die protestantische Sache zu demonstrieren. Der Erfolg war nicht der gewünschte, und der Schwede beging nun die Taktlosigkeit, sich mit einem drängenden Appell direkt an die anwesenden dänischen Räte zu wenden, was Christian veranlaßte, ihn ganz unverblümt zu fragen, welche Geschäfte er denn eigentlich in Deutschland habe und ob es irgendeinen echten Grund für ihn gäbe, sich über den Kaiser zu beschweren. Gustav Adolf verlor für einen Augenblick die Fassung, sein Gesicht wechselte die Farbe und er stieß erregt aus: „Ist das eine Frage, die es überhaupt wert ist, gestellt zu werden?“ (Michael Roberts 1953/1958, Bd. II, S. 385) Dann trug er dem Dänen die übliche Litanei seiner Vorwürfe an den Kaiser vor.

Trotz dieses temperamentvollen Auftritts war Christian der Ansicht, er und Gustav Adolf seien als Freunde geschieden, während letzterer sich fragte, ob der Däne betrunken gewesen sei, als er ein so überflüssiges Treffen anregte. Ganz im Gegenteil war die Zusammenkunft von Ulvsbäck jedoch ein wohlkalkulierter Schritt Christians gewesen, um seine kaiserlichen Verhandlungspartner in Lübeck zu beeinflussen. Das persönliche Gespräch der beiden skandinavischen Monarchen schien vor der Welt Solidarität zu bekunden und vermittelte den Eindruck, Schweden stünde im Begriffe, dem bedrängten Nachbarn zu Hilfe zu kommen. Gewiß war es nicht zuletzt die schwedische Drohung, die Wallenstein und Tilly veranlaßte, den Dänen in Lübeck nun erstaunlich großzügige Angebote zu machen. Es kamen freilich noch andere Überlegungen hinzu, die in dieser Richtung wirkten. Die Kaiserlichen waren dabei, sich im Mantuanischen Erbfolgestreit in Oberitalien zu engagieren, was zum Konflikt mit Frankreich führen mußte. Letzteres begann unter Richelieus Leitung zur gleichen Zeit wieder eine aktivere Rolle zu spielen, nachdem die Hugenotten im Inneren niedergeworfen und die Spannungen mit England beigelegt waren. Bayern und die Katholische Liga, denen die wachsende Machtfülle Wallensteins immer unheimlicher wurde, hatten ohnehin kein Interesse an einer Fortsetzung der Kämpfe an Nordsee und Ostsee.

So kam es am 27. Mai/7. Juni 1629 zum Friedensschluß von Lübeck. Christian entsagte allen territorialen Ansprüchen in Norddeutschland und gab jede Einmischung in die Angelegenheiten des Reiches auf. Dafür erhielt er alle seine von den Kaiserlichen und Ligisten besetzten Gebiete einschließlich Holsteins zurück und brauchte keine Kriegsentschädigung zu bezahlen. Schweden konnte diesem Frieden binnen drei Monaten beitreten. Da das für ihn nicht in Frage kam, sah Gustav Adolf sich nun in völliger Isolation.

Der letzte Feldzug gegen Polen

Im Winter 1628/1629 hatte der König noch einmal die ganze Problematik einer Intervention in Deutschland vor dem Reichsrat in Stockholm ausgebreitet. Nach Erörterung aller Gesichtspunkte Für und Wider gelangte der Rat zu dem Schluß, ein Krieg gegen den Kaiser sei unvermeidlich, und überließ Gustav Adolf die Entscheidung, wann und wo er den Kampf zu beginnen gedachte. Dieser plante den Schwerpunkt der Operationen von Preußen nach Pommern zu verlegen und eine auf Stralsund gestützte Offensive gegen die Kaiserlichen zu unternehmen. Doch hier machte ihm Wallenstein einen Strich durch die Rechnung, indem er ein starkes Kontingent unter Arnim den Polen in Preußen zur Hilfe schickte. Mit diesem Schachzug zwang er Gustav Adolf zu einer weiteren Campagne auf diesem Kriegsschauplatz, und der offene Eintritt der Schweden in den Dreißigjährigen Krieg verschob sich um ein Jahr.

Schon 1627 waren ja kaiserliche Abteilungen in Preußen erschienen, was für Gustav Adolf von da an eine Rechtfertigung darstellte, seinerseits gegen die Truppen des Kaisers vorzugehen, wie in Stralsund und vor Wismar geschehen. Daß die Hilfestellung Wallensteins bisher noch keine größeren Formen angenommen hatte, lag an der ablehnenden Haltung des polnischen Adels, der den Kaiserlichen wie auch der habsburgfreundlichen Politik seines eigenen Königs mißtraute. 1629 erklärte sich der *Sejm*, der polnische Reichstag, unter heftigem Sträuben endlich bereit, 10.000 Mann kaiserlicher Hilfstruppen nach Preußen kommen zu lassen. Das Verhältnis zwischen den Verbündeten blieb jedoch den ganzen Feldzug über sehr gespannt und minderte den Wert dieser Verstärkung für die Streitkräfte Sigismunds ganz beträchtlich.

Als im Frühsommer 1629 der Waffenstillstand zu Ende ging, sah sich Gustav Adolf erstmals in seinen Kämpfen mit den Polen einer Übermacht gegenüber. Koniecpolski und Arnim verfügten zusammen über 26.000 Mann, die Schweden über 24.000, von denen aber fast 10.000 als Garnisonstruppen gebunden waren. Als Anfang Juni die Operationen begannen, waren die Polen und Kaiserlichen noch getrennt und Gustav Adolf rückte rasch über Marienwerder gegen Arnim vor, um ihn einzeln zu stellen. Dieser wich jedoch aus und konnte seine Vereinigung mit Koniecpolski bewerkstelligen, worauf der König von Marienwerder auf Marienburg zurückging. Während dieses Rückzugs kam es am 17. Juni bei Honigfelde (Stuhm) zu einem scharfen Gefecht, an dem auf beiden Seiten hauptsächlich Kavallerie teilnahm. Gustav Adolf erlitt eine empfindliche Niederlage, bei der er zehn seiner Lederkanonen verlor und selbst nur knapp mit dem Leben davonkam. Er bezog dann um Marienburg ein verschanztes Lager, gegen das die Polen vergeblich anstürmten. Nachdem sich die militärische Lage damit festgefahren hatte, konnten wieder Waffenstillstandsverhandlungen aufgenommen werden. Am 1. Juli traf der französische Diplomat Hercule de Charnacé ein, den Richelieu geschickt hatte, um den schwedisch-polnischen Krieg zu beenden, der in unergiebiger

Weise die Kräfte Gustav Adolfs band, statt sie im Sinne der antihabsburgischen Mächte Druck auf den Kaiser ausüben zu lassen. Sollten die Schweden die Hände freibekommen, um in Deutschland einzugreifen, würden sie vorerst die Hauptmacht der Kaiserlichen im Norden beschäftigen, so daß die Franzosen in Italien leichteres Spiel hatten.

Waffenstillstand von Altmark 1629

Ende Juli begannen unter Charnacés Vermittlung die Verhandlungen. Gustav Adolf war nicht an einem eigentlichen Friedensschluß interessiert, bei dem er womöglich die Hafenstädte in Livland, Kurland und Preußen mit ihren ertragreichen und für die Kriegsfinanzierung mittlerweile unentbehrlich gewordenen Zolleinnahmen hätte aufgeben müssen, sondern an einem langfristigen Waffenstillstand, der ihm den Rücken sicherte und es ihm ermöglichte, den Kaiser anzugreifen, ohne daß er vorerst auf seine wichtigsten Eroberungen hätte verzichten müssen. Die Polen ihrerseits strebten gleichfalls einen Waffenstillstand an, da sie die dauernde Schädigung ihres Exporthandels durch die schwedischen Blokkaden beenden und der Gefahr eines neuerlichen Zweifrontenkrieges aus dem Wege gehen wollten, denn die Waffenruhe mit Rußland lief 1632 aus. Andererseits war Sigismund nach wie vor nicht bereit, die Rechte der polnischen Wasa auf den schwedischen Thron für alle Zeiten preiszugeben, eine endgültige Abtretung der vom Feind besetzten Gebiete kam ebensowenig in Frage.

Wie üblich, erhoben beide Seiten zunächst Maximalforderungen, die die Verhandlungen ins Stocken brachten. Da schaltete sich Georg Wilhelm von Brandenburg ein, der natürlich das allergrößte Interesse daran hatte, daß dieser leidige Krieg endlich abgebrochen wurde. Er schlug vor, die Schweden sollten ihre im preußischen Landesinneren gemachten Eroberungen räumen und treuhänderisch an ihn übergeben, wofür er die Häfen Pillau, Fischhausen, Lochstädt und Memel samt ihren Zöllen Gustav Adolf als Faustpfand überlassen würde. Auf dieser Basis kam es am 16./26. September 1629 zum Abschluß des auf 6 Jahre befristeten Waffenstillstandes von Altmark.

Die in Livland besetzten Gebiete blieben in schwedischer Hand, nur Mitau wurde an den Herzog von Kurland zurückgegeben. Am 18. Februar 1630 wurde der Waffenstillstand von Altmark durch den Vertrag von Tiegenhof ergänzt, in dem Schweden und Danzig die auf der Weichsel erhobenen Zölle auf 5,5% festsetzten und eine Teilung vereinbarten, bei welcher Schweden mit 3,5% den höheren Anteil hatte.

Gustav Adolfs langwieriger Krieg mit Polen endete so mit deutlichen Vorteilen für Schweden, das nun mit Ausnahme von Königsberg und Mitau alle wichtigen Ostseehäfen von Danzig bis zum Finnischen Meerbusen beherrschte und den durchfließenden Handel mit Zöllen belegte. Der finanzpolitische Aspekt war zweifellos der weitaus bedeutendste bei dieser Machtausdehnung. Ohne die festen Einnahmen, die die Ostseezölle abwarfen, wäre die Intervention, für die Gustav Adolf nun die Hände frei hatte, unmöglich zu realisieren gewesen.

Die große Entscheidung

Nachdem Gustav Adolf schon in den beiden vergangenen Wintern die Problematik eines Krieges gegen den Kaiser mit Reichstag und Reichsrat ausführlich besprochen hatte und von beiden Institutionen ermächtigt worden war, die Kriegshandlungen nach seinem Dafürhalten zu eröffnen, legte er dem Rat im Herbst 1629 den Sachverhalt nochmals zur Prüfung vor. Das hatte nun nichts mehr mit bloßer Verfassungstreue und libertärer Gesinnung zu tun, sondern es verriet die große Unruhe, die den König angesichts der ungeheuren Tragweite der anstehenden Entscheidung bewegte. Schweden hatte außer Stralsund noch keinen einzigen Verbündeten, die Armee besaß bei weitem nicht die numerische Stärke, die für einen Feldzug gegen die sieggewohnten Streitkräfte des Kaisers und der Liga für notwendig erachtet werden mußte, die Finanzierung des Unternehmens war völlig unklar, und bei alledem stand das Schicksal Christians IV. warnend vor Augen. Eine Niederlage konnte nicht nur schwere militärische, finanzielle und territoriale Einbußen und einen entsprechenden Prestigeverlust mit sich bringen, sie würde auch die alten Rivalen Dänemark und Polen unfehlbar auf den Plan rufen. In Anbetracht so unabsehbarer Risiken wollte der König die Verantwortung auf möglichst viele Schultern verteilen, wie er es den Mitgliedern seines Rates ganz offen eingestand.

Das Problem des „gerechten Krieges"

Aber nicht allein die realpolitischen Probleme und die Gefahr des Scheiterns bereiteten Gustav Adolf Kopfzerbrechen, auch die rechtlich-moralischen Aspekte des kommenden Konflikts lasteten ihm schwer auf dem Gemüt. *Virtus politica*, die politische Tugend, verlangte ebenso wie des Königs christliches Gewissen, daß die Kriege, die er sich zu führen gezwungen sah, *bella iusta*, gerechte Kriege waren. Um als solche anerkannt zu werden, mußten eine *causa iusta*, ein gerechter Grund, und eine *intentio recta*, eine gutzuheißende Zielsetzung, vorliegen. *Defensio, recuperatio* und *poena*, die Verteidigung gegen einen Angriff auf sich oder andere, die Wiedererlangung unrechtmäßig vom Feinde in Besitz genommener ideeller oder materieller Güter und die Bestrafung eines die Rechtsordnung brechenden Gegners, konnten legitime Kriegsgründe und Kriegsziele liefern, nicht jedoch der bloße Kampf um Macht, Reichtum oder Ehre. Grundlegend war der in der damaligen Staatstheorie heftig diskutierte Gegensatz von *ratio conscientiae*, dem Antrieb des Gewissens, und *ratio status*, der Forderung der öffentlichen Interessen, der Staatsraison. Waren beide miteinander in Einklang zu bringen, oder erzwangen und rechtfertigten die Bosheit dieser Welt und ganz besonders die des Gegners einen pragmatischen Mittelweg? In den Ratsdebatten zeigte es sich fortwährend, daß die *rationes conscientiae* und die *rationes status* in der Praxis kaum zu trennen waren.

Schon im November 1622 hatte Gustav Adolf an Axel Oxenstierna geschrieben, er würde einen Frieden mit Polen einer bloßen Verlängerung des Waffenstillstandes vorziehen, denn *„rationes conscientiae non status"* seien ausschlaggebend, die Gründe des Gewissens und nicht die der Staatsraison. Leider mache es der Gegner aber immer umgekehrt, und so könne man die Prioritäten nicht dort setzen, wo sie der Theorie nach gesetzt werden müßten. (AOSB, II. 1, S. 210f.) Damals hatte der junge König vor allem unter dem Einfluß Johann Skyttes und anderer seiner Lehrer argumentiert, die ihn in die moralische Problematik staatlichen Handelns eingeführt hatten. Zur Zeit der Debatten über den Eintritt in den deutschen Krieg holte sich Gustav Adolf jedoch die völkerrechtlichen Kriterien für sein geplantes Handeln in erster Linie aus dem Werk des großen niederländischen Gelehrten Hugo de Groot, besser bekannt unter der latinisierten Fassung seines Namens als Hugo Grotius. Dessen 1625 erschienene Abhandlung *„De jure belli et pacis"* („Über das Recht des Krieges und des Friedens") war das aktuelle Standardwerk für den gewissenhaften Politiker und Feldherrn. Gustav Adolf soll täglich eine halbe Stunde in diesem Buch gelesen haben. Zum Glück für ihn war Hugo Grotius ziemlich großzügig in den Rechten, die er dem Kriegführenden und vor allem dem Sieger einräumte. Aber man darf nicht übersehen, daß die Normen des Völker- und Kriegsrechts damals noch wenig fixiert waren und daß die Bemühungen Grotius' und Gustav Adolfs hier einen Schritt über das bloße Gewohnheitsrecht und die mehr oder weniger willkürliche Auslegung der Heiligen Schrift hinaus bedeuteten.

Natürlich ging es dabei nicht einfach um die Beruhigung der den König plagenden Skrupel, sondern in noch höherem Maße um dessen „Reputation", um sein Ansehen bei Zeitgenossen und Nachwelt, einen Begriff, der für die herrscherliche Selbstauffassung von zentraler Bedeutung war und damit auch starke politische Ausstrahlung besaß. Reputation war mehr als nur Ruhm und Ehre, obwohl sie in der Praxis von ihnen nur schwer zu scheiden war, sie stellte die Verbindung von Macht, Würde und Recht dar, man könnte sie als das spezifische Gewicht eines Amtes, einer Herrschaft bezeichnen.

Es würde nun naheliegen, daß die Betonung religiöser Aspekte besonders geeignet gewesen wäre, das Gewissen eines kriegführenden Herrschers zu beruhigen und seine Reputation in einer christlich geprägten Welt zu heben. Letzteres hat die schwedisch-protestantische Propaganda auch mit überwältigendem Erfolg zu bewirken versucht, und wir dürfen ferner annehmen, daß das religiöse Motiv für das seelische Gleichgewicht des Königs von großer Bedeutung war. Die Verteidigung der bedrängten Glaubensbrüder stellte auch subjektiv wie objektiv eine vortreffliche *causa iusta* zur Rechtfertigung eines gerechten Krieges dar. Hugo Grotius sah die Intervention zugunsten von tyrannisierten Bundesgenossen, Freunden, ja selbst der Menschheit schlechthin durchaus als einen legitimen Kriegsgrund an. Trotzdem gab sich der König keinen Augenblick der Illusion hin, sein Krieg in Deutschland werde ein simpler Kreuzzug für Protestantismus und Glaubensfreiheit sein. So sehr ihm diese Dinge am Herzen liegen mochten, sein Handeln wurde von ganz anderen Beweggründen und Sachzwängen bestimmt. Es war sein Glück, daß in fast allem, was er tat, dynastisches, nationales und konfessionelles Interesse zusammenfielen. Der Krieg gegen den Kaiser war wie der gegen Sigismund III. ein Kampf gegen machtpolitische Konkurrenten und zugleich ein Ringen mit den Protagonisten der Gegenreformation, das eine schloß das andere nicht aus. Wenn es zum Konflikt kam zwischen religiösem und machtpolitischem Motiv, dann handelte Gustav Adolf aber konsequent als Dynast und Landesherr. Das zeigt sich deutlich an der Tatsache, daß er sich über ein Jahrzehnt lang aus dem deutschen Krieg heraushielt, obwohl seine protestantischen Glaubensbrüder fortwährend geschlagen wurden und dringendst der Unterstützung bedurften, daß er aber in den fast schon endgültig verlorenen Kampf eingriff, sobald der Gegner an der Ostsee auftauchte und Schwedens ureigenste Interessenzone zu gefährden begann.

So kann es nicht verwundern, daß in den Protokollen der Debatten, die Gustav Adolf mit seinen Ratsherren über den Kriegseintritt in Deutschland abhielt, von der Religion nur ganz am Rande die Rede ist. Oxenstierna hat sich später mehrfach dahingehend geäußert, das konfessionelle Element sei erst nachträglich in die Argumentation geraten, da es ein gutes Propagandamittel gegen den Kaiser gewesen sei, es habe sich um „bloße Vorwände" (*„allenast pretexter"*) gehandelt (so am 15. Oktober 1645, SRDA, XI, S. 223). Am 17. Mai 1637 erklärte der Kanzler dem Reichsrat, „daß diese Angelegenheit [die Religion] nicht unser *principalis* *scopus* [Hauptziel] gewesen ist. Vielmehr hatte Seine verstorbene Majestät andere große Gründe für den Krieg. Bekanntlich sollte man die Religion nicht *armis* [mit den Waffen] propagieren, denn ihre *arma* sind eher *spiritualia* [geistige], wie *preces* [Gebete] und *lacrymae* [Tränen]; aber der wahre *principalis scopus* besteht darin, daß *regnum Sueciae* [das Königreich Schweden] und *consortes religionis nostrae* [unsere Glaubensbrüder] in Sicherheit bleiben und in ihrem *esse* [Dasein] bestehen mögen, *tam in statu ecclesiastico quam politico* [im kirchlichen wie im politischen Stand]. Es ist daher in diesem Falle nicht so sehr eine Sache der Religion, sondern eine des *status publicus* [des öffentlichen Wesens], worunter auch die Religion resortiere."(SRP, VII, S. 53)

Gegensatz Gustav Adolfs und Oxenstiernas

Die klaren Aussagen Oxenstiernas, die zumeist aus den Jahren nach Gustav Adolfs Tod stammen, sind von größter Bedeutung für unsere Kenntnis der Absichten und Motive des Königs, da dessen eigene Stellungnahmen gerade in den schulmäßig durchgeführten Diskussionen mit seinen Räten oft genug nur aus einer speziellen Gesprächssituation heraus verständlich sind, während andere Äußerungen, die gegenüber Fürsten oder Diplomaten fremder Mächte mündlich oder schriftlich getan wurden, häufig auf eine bestimmte psychologische Wirkung berechnet waren und daher gleichfalls mit einer gewissen Vorsicht interpretiert werden müssen. Umgekehrt sind auch Oxenstiernas späteren Äußerungen gegenüber Vorbehalte angebracht. Es ging ihm bei diesen ja stets um die Rechtfertigung seines eigenen politischen Handelns, für das er die Autorität des verstorbenen Königs in Anspruch nehmen wollte. Bewußt oder unbewußt mag er hier manchmal die ihm erinnerlichen Aussagen Gustav Adolfs seinen eigenen Ansichten etwas angeglichen haben, obwohl er es nicht unterließ, immer wieder auf Gegensätze hinzuweisen, die es zwischen ihren Auffassungen gegeben hatte.

Oxenstiernas eigene Haltung während der Entscheidungsphase vor dem Kriegseintritt in Deutschland hatte sich stark von der Gustav Adolfs unterschieden und erheblich zu dessen Verunsicherung beigetragen. Der Kanzler bekämpfte die Idee, den strategischen Schwerpunkt nach Westen, nach Deutschland zu verlegen, von Anfang an. Für ihn lagen die wahren Interessen Schwedens im *Balticum*, die natürlichen Feinde des Landes waren die Russen, Dänen und im Moment vor allem die Polen, nicht aber Kaiser und Liga. Seiner Meinung nach wäre die Eroberungspolitik in Preußen und Livland auch nach 1629 fortzusetzen gewesen, wobei er besonders der Einnahme Danzigs größten Wert beigemessen hätte. Als der König 1628 einen Feldzug in Deutschland ins Auge zu fassen begann, bevor noch der polnische Krieg beendet war, befürchtete Oxenstierna die Überspannung der Kräfte durch einen Zweifrontenkrieg. Trotzdem schrieb er Ende November 1628 auf Verlangen Gustav Adolfs ein für den Reichsrat bestimmtes Gutachten, in dem er die Notwendigkeit eines Eingreifens in Norddeutschland begründete. Er fügte dem jedoch ein Begleitschreiben an den König an, in welchem er „um seines Gewissens und seiner Pflicht gegenüber König und Vaterland willen" von einem solchen Unternehmen abriet und allenfalls eine verdeckte Unterstützung Stralsunds für vertretbar hielt, während der Offensivkrieg in Preußen geführt werden sollte. Nach dem Abschluß des Waffenstillstandes von Altmark stand er dann einer Intervention im deutschen Krieg aufgeschlossener gegenüber, wenngleich er weiterhin davor warnte, sich von der eigentlichen Interessensphäre Schwedens allzu weit fortziehen zu lassen. So äußerte er am 15. Juli 1636 vor dem Reichsrat, Gustav Adolf wäre *„arbiter totius septentrionis* [Schiedsrichter des ganzen Nordens]" geworden, hätte er darauf verzichtet, nach Deutschland zu gehen, aber es sei wohl *„fatum* [Schicksal] gewesen und *dispositione divina* [durch göttliche Fügung]" geschehen, daß er zum *„oppressorem Caesaris* [Unterdrükker des Kaisers]" werden mußte. (SRP, VI, S. 394) Ein angeblicher Ausspruch Oxenstiernas, dem König sei es bei all seinen Aktionen tatsächlich nur darum gegangen, den Ostseeraum zu beherrschen und „Kaiser von Skandinavien" zu werden, der Dietrich Schäfer aus Enttäuschung über diese so wenig idealistische Zielsetzung seines Helden dazu veranlaßt hat, eine projektierte Gustav-Adolf-Biographie aufzugeben, ist nicht nur unmöglich mit den anderen Äußerungen des Kanzlers in Einklang zu bringen, sie ist auch von Nils Ahnlund (1934) als Fälschung des frühen 19. Jahrhunderts entlarvt worden.

Einfluß des Adels

Die Haltung Oxenstiernas, der stets als Vertreter der aristokratischen Interessen gelten konnte, sollte als Warnung davor dienen, in Gustav Adolf einfach ein Werkzeug der Adelspartei zu sehen, die sich im Komplott mit der Krone ihren Eroberungsgelüsten hingegeben habe. Der unmittelbare Einfluß, den die Aristokratie auf die Entscheidungen des Königs über Krieg und Frieden genommen hat, war gering, und wenn sich der König um ihre Unterstützung bemühte, dann appellierte er gewöhnlich nicht an ihre Lust an Krieg und Beute, sondern an ihre Opferbereitschaft und ihren Patriotismus. Gewiß machten einige Angehörige des Adels große Gewinne in der Folge der königlichen Expansionspolitik – Oxenstierna besaß nicht weniger als ein Achtel der landwirtschaftlichen Nutzfläche Livlands –, aber der Krieg in Deutschland schien eher schwerste Gefahren für die ganze schwedische Machtstellung heraufzubeschwören, als daß er Aussichten auf Befriedigung aristokratischen Landhungers eröffnet hätte. Solche Überlegungen mögen auch dahinter gestanden haben, als Oxenstierna am 28. Oktober 1634 an Johann Banér schrieb: „Der Polenkrieg ist unser Krieg – Sieg oder Niederlage, es ist auch unser Sieg oder unsere Niederlage. Bei diesem deutschen Krieg weiß ich dagegen nicht recht, was ich davon halten soll, außer daß wir unser Blut hier *pro reputatione* [für die Reputation] vergießen und nichts als Undankbarkeit zu erwarten haben." (AOSB, I. 12, S. 633)

Ein anderes Erklärungsmodell geht davon aus, Gustav Adolf habe auch die deutschen Ostseehäfen in seine Gewalt bringen wollen, um seine Kontrolle über den baltischen Handel zu vervollständigen. Daß die aus der systematischen Besetzung aller Flußmündungen resultierenden Zolleinnahmen einen unverzichtbaren Bestandteil der schwedischen Kriegsfinanzierung darstellten, ist schon wiederholt erläutert worden. Aber indem diese Gelder so gut wie ausschließlich für militärische Bedürfnisse ausgegeben wurden, kann man in ihnen schwerlich einen Selbstzweck sehen. Hätte man auf ein neues kriegerisches Engagement verzichtet, wäre Schweden auch ohne Eroberung zusätzlicher Hafenstädte finanziell sehr viel besser gefahren, zumal die Einnahmen aus den deutschen Zöllen weit hinter den preußischen zurückblieben. Die Gründe für das Eingreifen in Deutschland müssen also primär politischer und strategischer Natur gewesen sein. So stellt auch der marxistische Historiker Miroslav Hroch fest, „in den Reaktionen der schwedischen herrschenden Klasse" habe „das machtpolitische Interesse gegenüber dem ökonomischen" überwogen. (1976, S. 86) Nach Ansicht von Jan Lindegren (1985) führte Gustav Adolf den deutschen Krieg geradezu im Widerspruch zu den ökonomischen Interessen seines Adels: „Die Ressourcen, die aus der schwedischen Feudalwirtschaft abflossen, übertrafen bei weitem diejenigen, welche hereinkamen. Ohne Zweifel war das während der Endphase der Regierung Gustav Adolfs der Fall. Zu diesem Zeitpunkt hing die Kriegspolitik fast vollständig von der persönlichen Autorität des Königs und, bis zu einem gewissen Grade, von der Oxenstiernas ab." (S. 331)

Den unmittelbaren Anlaß für den Kriegseintritt Schwedens dürfen wir zweifellos im Erscheinen der siegreichen kaiserlichen Streitkräfte an der Ostsee erblicken. Gustav Adolf mußte nun befürchten, daß eine vornehmlich gegen ihn gerichtete kaiserlich-spanisch-polnische Allianz, zu der früher oder später auch Dänemark treten mochte, die gerade etablierte Hegemonie Schwedens im Ostseeraum angriff. Einer solchen Übermacht wäre das Königreich langfristig kaum gewachsen gewesen. Der Verlust des *dominium maris Baltici* hätte natürlich auch schwerwiegende ökonomische Folgen nach sich gezogen, deren bedenklichster Aspekt aber eben darin bestanden hätte, daß der militärischen Stellung Schwedens die finanzielle Basis entzogen worden wäre. Man kann es drehen und wenden, wie man will, letztlich wird man immer wieder auf den machtpolitisch motivierten Willen zu militärischer Stärke als die grundlegende Überlegung stoßen.

Inwieweit dieser Wille nun defensiv oder offensiv orientiert war, ist eine andere Frage. Lag dem König das Kriegführen im Blut? Akzeptierte er instinktiv jeden sich anbietenden Kampf, auch wenn es andere Lösungsmöglichkeiten gegeben hätte? Hugo Grotius und alle anderen Theoretiker betonten, man dürfe sich auch auf einen gerechten Krieg erst dann einlassen, wenn alle Wege zur unblutigen Beilegung des Konflikts beschritten worden seien und sich als ungangbar erwiesen hätten. Gustav Adolf selbst beteuerte immer wieder, wie leid er des ewigen Kriegführens sei, und daß er nur gezwungenermaßen seine Armeen wieder und wieder ins Feld führe. Das war bestimmt nicht geheuchelt, und doch kann es kaum einem Zweifel unterliegen, daß der König den Krieg nicht nur, wie der illusionslose Oxenstierna, für ein unvermeidliches Übel, ja für den Normalzustand im Verkehr der Völker miteinander gehalten hat, sondern daß er ihn im Grunde seiner Seele geliebt hat, daß er „mehr, als er wissen wollte", Krieger war, wie Golo Mann sehr treffend schreibt, denn „es ist eine alte Sache, daß wir immer wieder zwingende Gründe finden, das zu treiben und zu treiben nicht aufzuhören, was wir am besten können." (Golo Mann 1964/1976, S. 185)

Gustav Adolf war ein geborener Krieger und als solcher ein geborener Angreifer. Das soll nun nicht heißen, defensive Überlegungen seien ihm fremd gewesen, aber er machte sie nur zu bereitwillig zum Ausgangspunkt höchst aggressiver Reaktionen, wobei eine Neigung zum Präventivschlag unverkennbar ist. Daß die schwedische Politik von einem ausgeprägten Sicherheitsbedürfnis geprägt wurde, ist nicht zu bestreiten und kann in Anbetracht der Geschichte des Landes nicht verwundern. Seit Jahrhunderten bedrohte Dänemark seine Unabhängigkeit, drängten die Russen an die Ostgrenzen, und seit der Vertreibung Sigismunds III. war noch die akute Gefahr einer polnischen Invasion hinzugekommen. Mit Rußland herrschte 1629 zwar ein verhältnismäßig freundliches Einvernehmen und auch von den Dänen und Polen ging im Augenblick keine unmittelbare Bedrohung aus, aber dies hatte man nur jahrzehntelanger Kriegführung und dem Aufbau einer respektgebietenden Streitmacht zu verdanken. Indem nun die siegreichen Armeen Habsburgs die schwedische Interessensphäre betraten, schien die mühsam erreichte Position schwerer gefährdet als je. Denn der militärische Triumph Wallensteins mußte die Position des Kaisers stärken und dem Deutschen Reich eine größere Schlagkraft verleihen als es irgendwann einmal besessen hatte. Diese Aussicht wirkte seit Beginn des Dreißigjährigen Krieges alarmierend auf alle Nachbarn des Reiches, und so auch auf Schweden. Um diese Entwicklung aufzuhalten oder womöglich rückgängig zu machen, mußte man sich zum Anwalt der Reichsverfassung in ihrer partikularistischen Interpretation aufschwingen und die antikaiserlichen zentrifugalen Kräfte unterstützen. Daß die sich aus diesen Sachzwängen ergebende Frontziehung sich im Moment auch noch mit den konfessionspolitischen Sympathien Gustav Adolfs deckte, indem Habsburg und seine Verbündeten Vorkämpfer der katholischen Gegenreformation und die von ihnen niedergeworfenen Reichsstände lutherische und calvinistische Protestanten waren, machte die Sache für den König umso schlüssiger, war aber keine unbedingte Voraussetzung.Der katholische Kardinal Richelieu, der innerhalb Frankreichs gerade den protestantischen Widerstand gebrochen hatte, war nicht weniger davon überzeugt, die antikaiserliche Partei stärken zu müssen, als Gustav Adolf, und selbst Papst Urban VIII. sah in seiner Eigenschaft als italienischer Fürst dem Ausbau der habsburgischen Machtstellung mit großer Sorge zu.

Oxenstierna erblickte Gustav Adolfs Hauptmotiv für die Teilnahme am deutschen Krieg in der Notwendigkeit, der drohenden Hegemonie des Kaisers entgegenzutreten. So äußerte er sich etwa vor dem Reichsrat am 14. Oktober 1640: „Die *causae*, die uns nun bedrücken, sind nach wie vor dieselben, die schon den König dazu bewogen haben, diesen Krieg zu führen. Denn als dieser sah, daß der Kaiser so mächtig wurde, daß er nicht nur alle seine Stände in Deutschland unterjochte, sondern auch allen angrenzenden Republiken und Potentaten formidabel wurde, da hat Seine Königliche Majestät in Betracht seiner eigenen Sicherheit wie der anderer den Beschluß zum Krieg gefaßt mit der Absicht, ihn so lange zu führen, bis in Deutschland ein Kurfürst wieder Kurfürst und ein Fürst wieder Fürst heißen könne, und ein jeder im Besitze seiner guten alten und wohlerhaltenen Privilegien sei, und somit auch unser Land gesichert sei vor fremdem Einfall und unabwendbarem Dominat." (SRP, VIII, S. 315)

Die deutsche „Libertät"

Dabei ging Gustav Adolf, wie die meisten Streiter wider die habsburgische Hegenomie, von der Fiktion aus, der Kampf sei nicht eigentlich gegen den Kaiser, sondern gegen die finsteren Kräfte gerichtet, die diesen für ihre Zwecke mißbrauchten. Der Respekt vor der Institution des Kaisertums als solcher war noch so verbreitet und so tief verwurzelt, daß man selbst in den gehässigsten Propagandaschriften auf diese Gefühle Rücksicht zu nehmen pflegte. Man griff die jesuitischen Berater des Kaisers an, die Spanier, die Liga, Maximilian von Bayern und vor allem Wallenstein, aber nicht Ferdinand II. selbst. So betonte auch Gustav Adolf immer wieder, er gehe nicht gegen Kaiser und Reich vor, sondern, wie es im Bündnisvertrag mit Magdeburg vom 11. August 1630 heißen sollte, „wider die *turbatores pacis publicae tam ecclesiasticae quam politicae* [Störer des öffentlichen Friedens, des kirchlichen wie des politischen]."

War der König nun ein Streiter für die„ Libertät" der deutschen Fürsten und Städte, wollte er nach schwedischem Muster der *„monarchia mixta"* zum Sieg über den kaiserlichen Absolutismus verhelfen? Skytte vertrat in den Ratsdebatten die Meinung, ein Vorgehen gegen die Machtstellung des Kaisers könne sich womöglich zu einem Umsturzversuch und einem Angriff auf die Ordnung des Reiches ausweiten, was vor Gott und dem Gewissen nicht zu verantworten sei. Dem hielt Gustav Adolf entgegen, Gesetze, nicht Personen machten das Wesen eines Reiches aus. Man könne dem Mißbrauch der kaiserlichen Macht entgegentreten, ja den Kaiser sogar stürzen und durch einen anderen ersetzen, ohne damit notwendig die Verfassung des Reiches zu zerstören. Er dachte hier gewiß nicht zuletzt an die Rebellion seines Vaters gegen das rechtmäßige Staatsoberhaupt, die ja auch mit Verstößen gegen die Gesetze des Königreichs Schweden begründet worden war.

Ganz und gar nicht war Gustav Adolf bereit, dem Heiligen Römischen Reich Deutscher Nation aufgrund seines ehrwürdigen Alters und universalen Charakters, sowie seiner (angeblichen) Funktion als Garant von Einheit und Weltfrieden ehrfürchtig eine Sonderstellung einzuräumen. In seinem 1627 verfaßten Geschichtswerk war der König im Sinne des „Großgotizismus" davon ausgegangen, Schweden sei an Alter, Größe und

Wert seiner Institutionen allen anderen Königreichen überlegen und dem deutsch-römischen Kaiserreich, dem es ja nie unterworfen oder angegliedert gewesen war, zumindest ebenbürtig. Dieses Selbstbewußtsein mag Gustav Adolf zu korrigierenden Eingriffen ins Reichsgefüge ermutigt haben, wobei stets von der Wiederherstellung einer ursprünglichen Ordnung ausgegangen wurde. So wie sich die konfessionelle Solidarität glücklich mit den nationalen Interessen Schwedens deckte, fielen auch hier machtpolitisches Kalkül und eine gewisse ideologische Neigung zusammen. Wenn man sich dann aber ansieht, wie Gustav Adolf während seiner deutschen Feldzüge mit den deutschen Reichsständen umgesprungen ist, verbündeten und feindlichen, wie er, des Hugo Grotius' Kriegsrecht unter dem Arm, nach Herzenslust Verträge aufzwang, Gebiete annektierte und verschenkte, der Reichsverfassung hohnsprechende Treueide auf die schwedische Krone verlangte und den von kaiserlicher Unterdrückung Befreiten erklärte, „*jure belli*" seien sie sein Eigentum, dann kommen doch gewisse Bedenken auf, ob der uneigennützige Schutz der deutschen Libertät des Königs höchstes Ziel gewesen sein kann.

Gewiß wird man hier manches mit den aus der Kriegführung erwachsenden Sachzwängen rechtfertigen können, mit der Notwendigkeit, ein funktionsfähiges Bündnis gegen den Kaiser auf die Beine zu stellen, ohne Rücksicht auf die Uneinigkeit und den Kleinmut seiner deutschen Schützlinge nehmen zu dürfen. Aber schon in den Beratungen mit seinen Reichsräten waren Bemerkungen gefallen, die den Schluß nahelegen, Gustav Adolf sei von Anfang an geneigt gewesen, von seinen Rechten als Sieger sehr großzügigen Gebrauch zu machen. Als etwa Skytte in der Debatte vom 6. November 1629 meinte, die deutschen Fürsten könnten sich widerspenstig verhalten, antwortete ihm der König in brutaler Offenheit: „*Si Rex victor, illi praeda erint* [Wenn der König Sieger ist, dann werden jene Beute sein]." (SRP, I, S. 222). Mit Recht hat man eingewandt, diese Diskussionen seien zum Teil akademischer Natur gewesen, aber die Äußerung steht nicht allein und sie deckt sich durchaus bis zu einem gewissen Grade mit Gustav Adolfs später in Deutschland praktiziertem Vorgehen. Man wird daher die Rettung der Verfassung des Heiligen Römischen Reiches und den Schutz der deutschen Libertät so wenig als ausschlaggebende Beweggründe in Betracht ziehen dürfen wie das konfessionelle Motiv.

Das könnte nun vermuten lassen, der König habe von Anfang an weitgreifende Eroberungsabsichten gehegt und womöglich nach der Kaiserkrone gestrebt. So mancher Verteidigungskrieg ist ja auf den strategischen Umwegen von Präventivschlag und Gegenangriff zur Daueroffensive geworden und hat zur Schaffung ganzer Imperien geführt. Daß die Sicherheit Schwedens schließlich an der Donau und am Bodensee verteidigt wurde, läßt vermuten, es sei mit dem strategischen Denken Gustav Adolfs ganz ähnlich gegangen. Wir müssen aber auseinanderhalten, was des Königs ursprüngliche Absichten waren, und wie sich diese dann im Laufe der Jahre 1631 und 1632 unter dem Eindruck der überwältigenden und in diesem Ausmaß gewiß nicht erwarteten militärischen Erfolge entwickelt haben. Auf die Pläne, die der König verfolgt haben mag, als er sich auf dem Höhepunkt seiner Macht befand, werden wir später zu sprechen kommen. Jetzt geht es um die Gründe, die ihn dazu gebracht haben, den Krieg gegen den Kaiser zu eröffnen. Oxenstierna betonte in einer Äußerung zu brandenburgischen Ministern am 30. Januar 1633 das Reagierende, Flexible in der Handlungsweise Gustav Adolfs: „Sei ins gemein gewesen, des feindes *conatus* [Bestrebungen] zu brechen, dessen vorhaben, und was er durch die Ostseh thuen wollen, bekant. Haben also ihre maj. die meinung gehabet, ihr reich und die Ostsehe zu versichern und die bedrengte lande zu liberieren, hernach weiter zu gehen, oder zu stutzen, nachdem es sich schickte; hetten anfang so weit zu kommen nicht vermeinet. Hat wohl gesehen und verstanden, wie das weiter zu führen were, aber dem feind und den occasionen nachgehen müssen ... *Momenta temporum* [die augenblicklichen Situationen] weren allezeit das fundament gewesen." (Irmer, Bd. 39, S. 26)

Wir dürfen daher annehmen, daß es Gustav Adolf in konsequenter Verfolgung seiner bisherigen Politik zunächst darum gegangen ist, die Kaiserlichen von der Ostseeküste zu vertreiben, ihre entstehende Flotte zu eliminieren, ihnen Pommern und Mecklenburg abzunehmen, Stralsund zu sichern und ein Bündnis der norddeutschen protestantischen Reichsstände unter seiner Führung zustandezubringen. Was dann geschehen sollte, das mußte sich aus der Entwicklung der Dinge ergeben. Das Unternehmen hatte den Charakter eines Präventivschlages, denn 1629/1630 ging noch keine akute Bedrohung der schwedischen Position von den Kaiserlichen aus. Ihre Flotte war noch so klein, daß sie samt ihrer polnischen Verstärkung von den Schweden in Wismar eingeschlossen werden konnte, starke kaiserliche Kräfte waren von der Ostseeküste abgezogen und nach Italien in Marsch gesetzt worden, Wallensteins verbliebene Armee hatte große Versorgungs- und Finanzierungsschwierigkeiten und ihr Feldherr wurde zum Ziel heftiger Angriffe ziemlich aller Reichsfürsten, auch der katholischen. Die kaiserliche Stellung war also keineswegs so stark und furchterregend, wie sie nach dem Sieg über Dänemark zu sein schien. Noch nicht, hätte hier Gustav Adolf gewiß hinzugesetzt, und in diesem „noch nicht" lag das entscheidende Motiv für sein Handeln. In wenigen Jahren konnte es schon zu spät sein.

Manifest von 1630

Was die formalen Gründe anbetraf, die das schwedische Vorgehen rechtfertigen sollten, so hat Gustav Adolf sie kurz nach seiner Landung in einem ausführlichen Manifest dargelegt. Es war von Johann Adler Salvius, dem führenden Kopf der königlichen Feldkanzlei, verfaßt worden und erschien im Juli 1630 zu Stralsund in lateinischer Sprache. Schon bald gab es 5 lateinische Ausgaben, 14 deutsche, 2 niederländische, eine englische und eine französische. Damit übertraf die Zirkulation dieses Manifests die aller anderen Pamphlete, die im Laufe des Dreißigjährigen Krieges aufgelegt worden sind. Es trug in seiner deutschen Ausgabe den Titel: „Vrsachen / Dahero Der Durchleuchtigste Fürst und Herr / Herr Gustavus Adolphus Der Schweden / Gothen – vnnd Wenden König / Großfürst in Finland / Hertzog zu Ehsten vnd Carelen / Herr zu Ingermanland / etc. / Endlich gleichfals gezwungen worden / mit dem Kriegsvolck in Deutschland überzusetzen vnnd zu verrucken. Aus dem Lateinischen verdeutschet."

Die 18 Seiten umfassende Schrift begann mit einer grundsätzlichen Feststellung: „Es ist ein altes Sprichwort, daß niemand länger Frieden haben könne, als seinem Nachbar beliebe oder gefalle: Solches Sprichwort, wie wahrhafftig es sey, hat mit ihrem Schaden in vergangenen Jaren erfahren vnd erfähret es noch täglich, die Königliche Majestät in Schweden." Dann folgten die konkreten Vorwürfe. Die Kaiserlichen hätten die schwedisch-polnischen Friedenskontakte planmäßig zu hintertreiben versucht, sie hätten Briefe, die sich Gustav Adolf und Bethlen Gábor geschickt hatten, abgefangen und geöffnet, sie hätten den Polen Hilfstruppen geschickt, hätten schwedische Schiffe und Waren in den wendischen Häfen beschlagnahmt (wobei es sich um die Lieferung von Kriegsmaterial für die Verteidiger von Stralsund gehandelt hatte, was das Manifest wohlweislich verschwieg). Nun kam die Sprache auf die Pläne Wallensteins, „Schiffe und Rüstung zu Wasser" zu bringen, „auff daß sie den in ihren Gemüht gefasten Gifft in das Balthische Meer selbsten außspeyen köndten: Inmassen es denn in folgendem Jahr die Außbrieffung deß vngehewren Lituls von dem Generalat über das Balthische Meer, wie auch Einnemung so wol auff dem Lande durch Mechelburg vnd Pommern vornehmen Plätzen vnd Vestungen, als an dem Wasser, der Seehäfen vnd Porten, wie auch anderer Sachen, welche darauff erfolget, viel offenbarer angezeiget." Als nächstes habe sich Wallenstein den Seehafen Stralsund „zu auffenthalt ihrer MeerRäuberey außerlesen". Dadurch seien nun alle Anrainer der Ostsee bedroht, der König von Schweden aber ganz vornehmlich, „weil die rechtmässige Beschützung dieses Meeres von vndenklichen Jahren her, der Königen in Schweden eygentumb verblieben." Den Höhepunkt hätten die Zumutungen schließlich mit der für die königliche Reputation abträglichen Zurückweisung der schwedischen Gesandten auf dem Lübecker Friedenskongreß erreicht: „Ist doch dem Könige solche Höflichkeit vnd Freundschafft widerfahren, daß seine stattliche Legation nicht nur nicht zugelassen oder aber mit einer brieffichen Antwort gewürdiget, sondern auch über dieses mit einer grossen Verschmehlichkeit abgetrieben ... worden." Es folgte eine Rechtfertigung des bisherigen schwedischen Verhaltens und abschließend hieß es: „Derentwegen, gleich wie [der König] diese seine Waffen zu keines deß Röm.Reichs (mit welchem er in vnguten nichts zuthun) vnglimpff außgerüstet zu seyn, hiermit protestiret; sondern allein zu seiner vnd der seinigen, auch der allgemeinen Freyheit Schutz; biß so lang die Freund vnd benachbarten in den Standt gesetzet werden, in welchem vor diesem Krieg die gantze Nachbarschafft ruhiglich geblühet, vnnd auß welchem fürnemblich die Stadt Stralsund, das Balthische Meer, vnd das Königreich Schweden sich ins künfftige gewisserer Versicherung wird getrösten können."

Das Manifest hat mit den vorausgegangenen Debatten im Reichsrat alle wesentlichen Beschwerdepunkte wie auch den fast völligen Mangel konfessionspolitischer Argumentation gemeinsam. Diese Diskussionen, die im Herbst 1629 wegen der in Stockholm wütenden Pest in Uppsala abgehalten worden waren, hatten das vom König gewünschte Ergebnis gebracht. Gustav Adolf selbst hatte einleitend alle gegen den Kriegseintritt sprechenden Gründe vorgetragen, bevor er Johann Skytte die weitere Vertretung der Gegenposition übergab. Am 3. November stimmte der Reichsrat ab und stellte sich einhellig hinter den Entschluß des Königs, den Krieg gegen den Kaiser zu eröffnen. Gustav Adolf beendete die Konferenz mit einer ebenso offenen wie bewegenden Ansprache:

„Daß ich diese Dinge vor euch ausgebreitet habe, hat als Ursache nicht, daß ich persönlich daran gezweifelt hätte, ob der Angriff die bessere

Entscheidung sei, sondern daß ich euch die Möglichkeit geben wollte, euch jetzt frei dagegen auszusprechen, damit ihr später umso weniger das Recht habt, in Zweifel zu ziehen, ob ich richtig gehandelt habe oder nicht ... Und wie ich hoffe, daß diese Maßnahme zum Wohle *patriae* [des Vaterlandes] ausfallen möge, so hoffe ich auch, daß, sollte es nicht so ausgehen, niemand mir einen Fehler vorwerfen wird. Denn ich habe keine andere Absicht hierbei als *patriae utilitatem* [den Nutzen des Vaterlandes]. Was mir das an Widerwärtigkeiten einbringen dürfte, sehe ich recht wohl voraus: Die Mißlichkeit, daß wir es aus Mangel an Mitteln nicht jedem recht machen können, *unde* [daher] Unzufriedenheit, Unwillen, Unruhe. Dann der Mangel an Mitteln selbst. *Dubius eventus belli, unde nullam vanam gloriam spero; exemplum habeo a Rege Daniae* [Zweifelhaft ist des Krieges Ausgang, daher treibt mich nicht die Hoffnung auf eitlen Ruhm; ich habe das Beispiel des Dänenkönigs], in welche *incommoda domestica et externa ceciderit* [Übel er zuhause und in der Außenpolitik gestürzt ist]. Die Stimme der Verleumdung ist stets bereit, dem einen Mann diesen Fehler, dem anderen jenen anzulasten, und so ist keine *gloria* zu erwarten. *Satur sum gloriae, ut ampliorem non petam* [Ich habe genug Ruhm und brauche keinen weiteren]. *Ergo* erwarte ich, daß ihr nicht von mir sagt, ich strebte nach *vanam gloriam* [eitlem Ruhm], und was auch immer geschehen mag, ich erwarte von euch, daß ihr für Jung und Alt das beste daraus macht, damit alle Untertanen von ganzem Herzen sich der guten Sache hingeben. Und ich ermahne euch, alles so voranzutreiben, daß entweder ihr oder eure Kinder es gut zu Ende gebracht sehen werdet, was Gott uns gewähren möge. Für mich selbst brauche ich nun nach keiner Ruhe mehr Ausschau zu halten, bis ich sie finde in der ewigen Ruhe." (SRP, I, S. 228 f.)

So klar und endgültig das klang, die Unsicherheit des Königs war immer noch nicht überwunden. Kurz nach Abschluß der Ratskonferenz in Uppsala bot Christian IV. seine Dienste als Vermittler an. Das weckte das schlummernde Mißtrauen gegen Dänemark und seine „Neutralität". Für einen Augenblick spielte Gustav Adolf mit dem Gedanken eines Präventivkrieges gegen den alten Konkurrenten. Dann ging er jedoch auf das Angebot ein und einigte sich mit Christian und den Kaiserlichen auf eine Konferenz, die im Frühjahr 1630 in Danzig stattfinden sollte. Sowohl den Schweden als auch den Kaiserlichen ging es dabei in erster Linie darum, Zeit zu gewinnen und den künftigen Gegner abzulenken. Trotzdem konnte man den Verhandlungen nicht von vornherein jede Aussicht auf Erfolg absprechen.

Die Kaiserlichen steckten mitten in den oberitalienischen Händeln, in die sie sich leichtsinnigerweise von den Spaniern hatten hineinziehen lassen, selbst die loyalsten unter den protestantischen Fürsten hatte man sich durch das Restitutionsedikt vom 6. März 1629 entfremdet, und sämtliche Reichsstände, katholische wie evangelische, waren tief verstimmt über die Position, die Wallenstein errungen hatte, und über die finanzielle Belastung, die der Unterhalt seiner Armee mit sich brachte. Unter diesen Umständen konnte dem Kaiser wenig daran liegen, sich einen neuen Gegner auf den Hals zu ziehen, auch wenn der Schwedenkönig kaum für eine größere Gefahr gehalten wurde, als Christian IV. sie seinerzeit dargestellt hatte. Gustav Adolf andererseits steckte in schweren finanziellen Nöten, und es schien noch ganz unklar, ob es gelingen würde, bis zum Sommer 1630 eine ausreichend starke Armee ins Feld zu stellen. Hätten sich hier im Laufe des Frühjahrs keine spürbaren Fortschritte ergeben, wäre der König wohl recht bereitwillig auf die Möglichkeit eingegangen, den Konflikt zumindest vorübergehend auf dem Verhandlungswege beizulegen. Da dies, wie wir gleich sehen werden, nicht der Fall war, zögerte Oxenstierna den Beginn der Danziger Konferenz bis zum Mai hinaus und verhinderte auch dann noch, daß es zu ernsthaften Gesprächen kam.In diesem Stadium befanden sich die Verhandlungen noch immer, als am 26. Juni/6. Juli der König mit seiner Armee landete.

Was den König im Winter 1629/30 darüber hinaus irritierte, war die bündnispolitische Isolation, in der er sein Eingreifen in Deutschland vorbereiten mußte. Die potentiellen Alliierten in Deutschland waren entweder geschlagen, vertrieben oder so eingeschüchtert, daß sie es nicht wagten, sich durch ein Bündnis mit den Schweden zu exponieren und der kaiserlichen Vergeltung auszusetzen. Wieder andere, allen voran Johann Georg von Sachsen, waren grundsätzlich reichs- und kaisertreu und verabscheuten jede ausländische Intervention. Daran änderte auch das von allen Protestanten als schwere Bedrohung empfundene kaiserliche Restitutionsedikt vom 6. März 1629 noch nicht allzu viel, obwohl es den Boden vorbereitete für den Bruch zwischen den bisher loyalen protestantischen Fürsten und dem Kaiser. Das Edikt besagte, daß alle seit dem Augsburger Religionsfrieden von 1555 säkularisierten geistlichen Herrschaften wieder in den Besitz der katholischen Kirche zurückzuführen seien, da ihre Verweltlichung und Protestantisierung entgegen den Bestimmungen des (reichsrechtlich umstrittenen) geistlichen Vorbehalts erfolgt und somit rechtsungültig seien.Das bedeutete eine gewaltige Besitzverschiebung im Reich, von der besonders die großen protestantischen Potentaten, die sich, wie der sächsische Kurfürst, nach dem Religionsfrieden noch viel Kirchengut angeeignet hatten, empfindlich in Mitleidenschaft gezogen wurden. 2 Erzstifter, 12 Bistümer und etwa 500 Abteien sollten der alten Kirche zurückgegeben werden.Die Bewohner der betroffenen Gebiete mußten mit gewaltsamer Rekatholisierung oder Vertreibung rechnen, wie Ferdinand II. das schon bei früheren Gelegenheiten in seinen Erblanden und in Böhmen, Maximilian von Bayern in der Oberpfalz vorexerziert hatten.

Das alles schuf in der protestantischen Bevölkerung ein Gefühl akuter Bedrohung durch die Übergriffe der Gegenreformation, das sie, wie Wallenstein es formulierte, auf Gustav Adolf warten ließ, „wie die Juden auf den Messias". In diesem Klima fielen apokalyptische Visionen auf fruchtbaren Boden, und keine von ihnen erfreute sich größerer Beliebtheit als die vom Mitternächtlichen Löwen. Die seit dem Winter 1627/1628 in Norddeutschland rege schwedische Propaganda nutzte diese Erwartungen natürlich nach Kräften aus und kündigte den bedrängten Massen das Kommen ihres Befreiers an. Daß in diesen Flugschriften wenig die Rede war von der Sicherheit Schwedens und vom *dominium maris Baltici*, doch viel von Glaubensfreiheit und der Rettung des reinen Evangeliums, versteht sich von selbst.

Auf der Suche nach Verbündeten

So unbestreitbar die Erfolge waren, die die schwedische Propaganda bei der protestantischen Bevölkerung hatte, so wenig vermochte sie deren Herrscher zu beeindrucken. Gewiß gab es einige Fürsten mittlerer Größenordnung, die darauf brannten, gegen Kaiser und Liga loszuschlagen, wie Wilhelm V. von Hessen-Kassel, Georg von Braunschweig-Lüneburg oder die Brüder Wilhelm und Bernhard von Sachsen-Weimar, aber sie waren zu schwach und zu weit entfernt vom Invasionspunkt, um sich bereits offen erklären zu können. Der sächsische Kurfürst, dem unzweifelhaft die Führungsrolle innerhalb des deutschen Protestantismus zufiel, begann zwar unter dem Eindruck des Restitutionsedikts über einen Sonderbund evangelischer Fürsten und Reichsstädte nachzudenken, wollte aber alle Konflikte friedlich und ohne Einschaltung ausländischer Mächte lösen. Nicht viel anders war Georg Wilhelm von Brandenburg eingestellt, dem die Ambitionen seines schwedischen Schwagers aufgrund der in Preußen gesammelten Erfahrungen ohnehin höchst suspekt waren. Und Bogislaw XIV. von Pommern schickte gar im letzten Augenblick noch eine Gesandtschaft zu Gustav Adolf, um diesen zu beschwören, er möge das Land mit seiner Invasion verschonen. Die Hansestädte Hamburg, Bremen und Lübeck dachten ohnehin nicht daran, ihre für sie höchst lukrative Neutralität aufzugeben, und die süddeutschen Reichsstädte, wie auch der vom Restitutionsedikt schwer geschädigte Herzog von Württemberg waren viel zu weit entfernt, um vorerst als Verbündete in Frage zu kommen. Die rege diplomatische Aktivität, die Gustav Adolfs Abgesandte Ludwig Rasche und Philipp Sadler im Winter 1629/1630 im protestantischen Deutschland entwickelten, blieb so ganz ohne greifbare Resultate. Nur machtlose Vertriebene wie die Herzöge von Mecklenburg oder der Hohenzoller Christian Wilhelm, der ehemalige Administrator des säkularisierten Erzstifts Magdeburg, das nun der Restitution verfallen sollte, kamen bereitwillig ins schwedische Lager.

Nicht besser stand es mit den außerdeutschen Mächten. Das 1614 geschlossene Bündnis mit den Generalstaaten war im April 1629 ausgelaufen, eine Erneuerung kam trotz schwedischer Bemühungen nicht zustande, da die Holländer über die Zollpolitik Gustav Adolfs erbittert waren. Von seiner Intervention in Deutschland hielten sie vorerst nicht viel, so daß Unterstützung von dieser Seite nicht zu erwarten war. England, das in der internationalen Politik zu diesem Zeitpunkt fast überhaupt keine Rolle mehr spielte, erlaubte den Schweden umfangreiche Truppenwerbungen auf seinem Territorium, doch damit erschöpfte sich seine Hilfe. Bei Dänemark mußte man froh sein, wenn es seine Neutralität wahrte, die konfusen außenpolitischen Initiativen Christians IV. schalteten das Land aber wenigstens als potentiellen Feind vorerst aus.

Die einzige Macht, von der man ernsthaft Unterstützung erhoffen konnte, war daher Frankreich, das sich seit kurzem in inoffiziellem Kriegszustand mit dem Kaiser befand. Nicht nur in Oberitalien waren Bourbon und Habsburg aneinandergeraten, auch am Rhein marschierten beiderseits Truppen auf, da Richelieu Frankreich den Zugang zu diesem Strom sichern wollte, während die Kaiserlichen mit dem Herzog von Lothringen gegen den französischen König zusammenarbeiteten. Sowohl der Kriegsschauplatz in Italien als auch die Konfrontation am Rhein beanspruchten die Anwesenheit erheblicher Teile der kaiserlichen Armee, ein Umstand, ohne den Gustav Adolf seine Landung niemals hätte wagen können. Nun hoffte Richelieu seinerseits, der Kriegseintritt Schwedens würde möglichst viel von den feindlichen Truppen im Norden binden und dadurch die Franzosen im Süden entlasten. Diese Interessengemeinschaft konnte gut die Basis für ein regelrechtes Bündnis abgeben. Nachdem er den schon mit diesem Hintergedanken vermittelten Waffenstillstand von Altmark zustandegebracht hatte, begann Richelieus Gesandter Hercule de Charnacé sogleich, mit Schweden wegen einer Allianz zu verhandeln.

Gustav Adolf war ängstlich darauf bedacht, sich nicht als Erfüllungsgehilfe der französischen Politik mißbrauchen zu lassen. Er forderte das absolute *directorium* des Krieges in Deutschland, in der Nord- und in der Ostsee, Unterstellung einer französischen Nordseeflotte und die Zusage, daß sein Verbündeter keinen Separatfrieden schloß. Das vertrug sich nun gar nicht mit Richelieus Zielsetzung. Dieser arbeitete schon seit langem an der Formierung einer „dritten Kraft" im Reich, die aus den gemäßigten protestantischen Fürsten unter Führung Johann Georgs von Sachsen und der Katholischen Liga Maximilians von Bayern bestehen sollte. Um das zu ermöglichen, mußte erst Maximilian aus seinem Bündnis mit dem Kaiser gelöst werden, ein diplomatisches Kunststück, für dessen Gelingen es im Frühjahr 1630 erste Anzeichen gab. Diese Entwicklung wollte Richelieu nicht gefährden, indem er dem unberechenbaren Schwedenkönig freie Hand in Deutschland gewährte. Ihm schwebte genau das vor, worauf Gustav Adolf nicht bereit war, sich einzulassen, nämlich Schweden als ein jederzeit kontrollierbares Druckmittel zur Durchsetzung seiner Politik in Deutschland ins Spiel zu bringen. So zerschlugen sich die Verhandlungen im März 1630 und Gustav Adolf mußte der Tatsache ins Auge sehen, daß ihm bei dem bevorstehenden Feldzug in Deutschland kein einziger Verbündeter außer der ohnehin von schwedischen Truppen besetzten Stadt Stralsund zur Seite stehen würde.

Die Situation in Deutschland und in Europa im Jahre 1630 erschwerte aber nicht nur die schwedische Invasion, sie begünstigte sie auf der anderen Seite auch in ganz außerordentlicher Weise. Ob mit oder ohne offizielles Bündnis, Frankreich band vorerst erhebliche Kräfte der Kaiserlichen an anderen Fronten. Selbst die loyalsten unter den protestantischen Machthabern waren durch Ferdinands II. Restitutionsedikt so erbittert, daß sie zumindest nicht bereit waren, den Kaiser aktiv gegen den schwedischen Eindringling zu unterstützen, was von Sachsen unter anderen Verhältnissen durchaus zu erwarten gewesen wäre. Die Angst sämtlicher Reichsfürsten vor dem in Wallenstein personifizierten drohenden kaiserlichen Dominat hatte einen Grad erreicht, daß selbst die Katholische Liga dabei war, Ferdinand II. die Gefolgschaft aufzukündigen. Im Frühsommer wurde in Regensburg ein Kurfürstentag eröffnet, auf dem schon bald deutlich wurde, daß die katholischen wie die evangelischen Reichsstände mit aller Macht darauf drängten, daß der Kaiser seine Armee reduzierte und Wallenstein entließ, womit er sich seiner schärfsten Waffe berauben würde. Sie ließen sich hierin von der fernen schwedischen Kriegswolke nicht beirren. Daß es den Kurfürsten tatsächlich gelingen würde, dem Kaiser ihren Willen aufzuzwingen, konnte man nicht vorhersagen, als Gustav Adolf sich Ende Juni entschloß, den letzten, entscheidenden Schritt zu tun und in Deutschland zu landen, aber die schweren Spannungen innerhalb des kaiserlich-ligistischen Lagers waren ihm natürlich nicht verborgen geblieben.

Militärische Sachzwänge

Währenddessen liefen die militärischen Vorbereitungen Schwedens auf Hochtouren, wodurch allmählich Sachzwänge entstanden, die den Kriegseintritt fast unvermeidlich machten. Im Herbst 1629 glaubte man für das nächste Jahr 75.000 Mann zu benötigen, von denen 30.000 für den Hauptkriegsschauplatz in Deutschland vorgesehen waren. Da die Armee zu diesem Zeitpunkt nur 45.000 Mann stark war, mußten also binnen eines halben Jahres 30.000 neue Soldaten gefunden werden. Der Bedarf erhöhte sich noch weiter, als Gustav Adolf im Frühjahr 1630 zu dem Schluß kam, er müsse in Deutschland 46.000 statt der ursprünglich kalkulierten 30.000 Mann haben, wohl eine Folge der fehlgeschlagenen Bündnisverhandlungen. Tatsächlich gelang es, die Gesamtstärke der schwedischen Armee zum Zeitpunkt der Invasion im Juli 1630 auf 72.500 zu bringen, was immer noch eine Vermehrung um 27.500 Mann bedeutete. Von den neuen Soldaten hatte Schweden selbst kaum ein Drittel beisteuern können, der Rest mußte für viel Geld im Ausland angeworben werden.

Insgesamt bestand die schwedische Armee nun fast zur Hälfte aus Söldnern, vor allem bei der Kavallerie war der Prozentsatz sehr hoch. Schon in den letzten Feldzügen gegen Polen hatte man große Scharen deutscher Reiter angeworben. Diesen war man im Winter 1629/1630 immer noch einen Großteil ihres Soldes schuldig. Daraus erwuchs nun ein Problem, das im Laufe der nächsten Monate Gustav Adolf und Oxenstierna mehr als einmal an den Rand der Verzweiflung bringen sollte. Nachdem der Krieg gegen Polen beendet war, erwarteten die Söldner verständlicherweise, ausbezahlt zu werden. Oxenstierna, der nach wie vor in Elbing saß und die Verwaltung in Preußen leitete, hatte aber nicht einmal die Mittel, um für den laufenden Unterhalt der deutschen Reiter zu sorgen, geschweige denn, um ihnen ihre Soldrückstände auszuzahlen. Dies war, wie wir schon gesehen haben, damals am Ende eines Krieges eine nicht ungewöhnliche Situation, und die Söldner waren durchaus bereit, auf einen Teil der ihnen zustehenden Gelder zu verzichten, aber eben nur auf einen Teil. So lange die Verhandlungen andauerten und kein Kompromiß gefunden wurde, zogen die Reiter plündernd und brandschatzend durch die Lande, wobei sie auch die herzoglich preußischen Gebiete nicht verschonten, was die Beziehungen zwischen Schweden und Brandenburg einmal mehr belastete. Besonders mißlich war der Umstand, daß die nutzlos in Preußen das Land verderbende und laufend weitere Kosten verursachende Kavallerie dringend auf dem neuen Hauptkriegsschauplatz gebraucht worden wäre, sich aber weigerte, dorthin zu gehen, so lange die Sache mit ihren Soldrückständen nicht geklärt war. Auf jeden Fall aber erleichterte die Aussicht auf Weiterbeschäftigung die Verhandlungen zwischen Oxenstierna und den Söldnerführern ganz erheblich. So machte allein schon die Existenz der unbezahlten deutschen Reiterei die Fortsetzung des Kriegszustandes fast zur Notwendigkeit. Es dauerte bis zum Dezember 1630, bis man mit den letzten der meuternden Einheiten eine Regelung gefunden und sie zur Hauptarmee in Deutschland abtransportiert hatte.

Oxenstierna hatte in Preußen damals aber nicht nur dieses Problem am Halse, sondern sein König erwartete von ihm darüber hinaus, daß er so viel aus den Zöllen und aus dem Getreidehandel herauswirtschaftete, daß man damit einen Großteil der Kosten des deutschen Feldzuges bestreiten konnte. Wir brauchen hier auf die oben schon dargestellten Einzelheiten der schwedischen Kriegsfinanzierung nicht näher einzugehen. Sie steckte jedenfalls in einer tiefen Krise, und Gustav Adolf ließ Oxenstierna wissen, ohne die Zusage, 1630 erhebliche Zuschüsse aus den Einnahmen in Preußen zu erhalten, könne er sich nicht auf das Risiko eines Krieges in Deutschland einlassen. Der Kanzler gab ihm dieses Versprechen in der Hoffnung, die Einkünfte würden zumindest nicht niedriger ausfallen als im Vorjahr. Das sollte sich als fataler Irrtum herausstellen, doch trug die Zusage dazu bei, den König in seinem Entschluß zum Kriege zu bestärken.

Aber selbst wenn die Einnahmen in Preußen die erhoffte Höhe erreicht hätten, wäre mit ihnen nur die erste Phase der Invasion zu finanzieren gewesen. Gustav Adolf war sich schon lange darüber im klaren, daß er den Krieg in Deutschland letztendlich nur nach der Manier Wallensteins, also auf Kosten des Kriegsschauplatzes würde führen können. So hatte er am 1. April 1628 in einem Brief an Oxenstierna dargelegt, eine Armee von der Größe, wie sie für den Kampf gegen den Kaiser benötigt würde, erfordere so gewaltige Barmittel, daß Schweden sie unmöglich aufbringen könne. Kein Königreich und keine Republik sei so mächtig und reich, um dazu allein in der Lage zu sein. Der einzige Ausweg bestünde darin, es so zu machen wie die Kaiserlichen in Deutschland und die Mittel zur Vernichtung des Feindes in fremdem Lande zu sammeln. „Wenn wir nicht sagen können: *bellum se ipsum alit* [der Krieg ernährt sich selbst], dann sehe ich keinen Ausweg aus dem, worauf wir uns eingelassen haben." (AOSB, II. 1, S. 395 ff.)

Um stark genug zu sein für die als unvermeidlich erachtete Konfrontation mit den Kaiserlichen, mußte die Armee gewaltig vermehrt werden, diese Heeresvermehrung machte aber ihrerseits die Konfrontation umso unvermeidlicher, weil die Truppenmassen sonst nicht mehr verpflegt und bezahlt werden konnten. In eben diesem Teufelskreis befand sich Schweden im Frühsommer 1630. Eine in Aussicht auf den kommenden Krieg aufgeblähte Armee stand bereit, die fast zur Hälfte aus Söldnern bestand, welche entweder als Altgediente noch hohe Soldrückstände zu fordern hatten oder als Neugeworbene vorerst auf Kreditbasis dienten. Wurde der Krieg jetzt nicht Wirklichkeit, dann geriet die Krone diesen gefährlichen und machtvollen Gläubigern gegenüber in eine ausweglose Lage. Es war eine Situation, die symptomatisch werden sollte für die kommenden Jahrzehnte schwedischer Geschichte. Großmachtpolitik ließ sich nur gestützt auf eine für die Verhältnisse des Landes viel zu starke Armee betreiben, diese Armee konnte aber nur auf der Basis dauernder erfolgreicher Kriegführung erhalten werden. So wurde der Krieg mit dem großen Entschluß von 1629/1630 zu einer Einbahnstraße für Schweden, zu der es keine gangbare Alternative mehr gab.

Abschiedsrede Gustav Adolfs

Am 19. Mai 1630 trat der König in Stockholm vor Reichsrat und Reichstag (wobei die Abgeordneten der Bauern fehlten) und nahm von der versammelten Vertretung seines Reiches Abschied. An jeden einzelnen Stand wandte er sich, ermahnte ihn zur Erfüllung seiner spezifischen Pflichten und befahl ihn Gott an. Es sollte seine berühmteste Rede werden, in ihrer von Todesahnung durchzogenen schlichten Würde ist sie eine der klassischen Ansprachen der Geschichte und das wohl schönste Stück Prosa, das damals in Schweden entstanden ist. Zunächst dankte Gustav Adolf für die Unterstützung seiner Politik durch Rat und Stände, wobei er die Härten zugab, die Krieg und Wehrdienst für das schwedische Volk mit sich brächten, zugleich aber zu bedenken bat, daß es auf diese Weise nun schon seit vielen Jahren gelungen sei, den Krieg von Schwedens Grenzen fernzuhalten. Dann fuhr er fort:

„Und da es die Regel ist, daß der Krug so oft zum Brunnen geht, bis er schließlich bricht, so wird das auch mit mir nicht anders geschehen, als daß ich, der ich in so vielen Gefahren und bei so vielen Gelegenheiten mein Blut für das Wohlergehen des schwedischen Reiches vergossen habe, obgleich ich bisher durch den gütigen Schutz Gottes mit dem Leben davongekommen bin, dieses letztendlich doch verlieren muß: deshalb möchte ich bei dieser letzten Gelegenheit vor meinem Aufbruch euch alle, die Untertanen und Stände dieses Reiches, die Anwesenden und die Abwesenden, der Fürsorge des Allerhöchsten Gottes anbefehlen, eure Seele, euren Leib, euren Stand, und hoffen, daß wir uns nach diesem elenden und plagenreichen Dasein, so Gott in seiner Güte es will, dereinst wieder treffen werden in jenem himmlischen und ewigen Leben und den Freuden, die Gott für uns bereithält.

Ganz besonders empfehle ich dem Allmächtigen Gott euch an, die Mitglieder des Rates dieses Reiches, und wünsche euch von ganzem Herzen, daß es euch nie an gutem Rat gebrechen werde und daß ihr euer Amt so ausüben mögt, daß Gottes Ehre und sein Heiliges Wort und seine Heilige Lehre rein erhalten bleiben unter uns und daß sie in unserem Vaterland für die Nachwelt weiterbestehen; daß Frieden und Eintracht unter euch wachsen und gedeihen und daß jeglicher böse Wille, jede Uneinigkeit und aller Streit vermieden und abgeschafft werden mögen, daß euch euer Urteil nie im Stich lasse, zur Sicherheit und zum Wohlergehen des Vaterlandes; und schließlich daß es euch nie an Nachfolgern fehlen möge, sondern daß eine neue Generation heranwachse, die mit Kraft, Einsatzbereitschaft und Aufrichtigkeit der Regierung und dem Land dienen will. Und dies wünsche ich euch allen von ganzem Herzen durch meinen Segenswunsch.

In gleichem Maße empfehle ich euch vom Adel dem Schutz des Allmächtigen Gottes an, wobei es mein Verlangen ist, daß ihr in Männlichkeit und ritterlichen Tugenden so fortfahren mögt, daß ihr und eure Nachkommen den weitverbreiteten Ruhm und unsterblichen Namen eurer gotischen Vorfahren, der jetzt schon lange vergessen, ja verachtet ist bei anderen Völkern, wieder bekannt macht über die ganze Welt, so daß er von neuem in frischem Glanz erstrahle; und so wird es sein, wenn diejenigen, welche unter meiner Herrschaft sich so edel betragen und so tapfer weder ihr Blut noch ihr Leben geschont haben, weiter diese Entschlossenheit beweisen, mit der ihr euch als die wahren Erben und Abkommen der alten Goten erwiesen habt, die zu ihrer Zeit fast die ganze Welt erobert, viele Königreiche unterworfen und über Hunderte von Jahren hinweg geherrscht haben. So wünsche ich denn, daß ihr euch wieder hinausführen laßt zum Krieg, worauf ihr, wenn ihr unsterblichen Ruhm, die Achtung von Königen und Fürsten und weite Ländereien als

Belohnung gewonnen habt, mit noch größerem Ansehen die Pflichten eures edlen Standes erfüllen könnt. Das alles wünschen wir für euch durch unseren Segenswunsch.

Von euch, dem geistlichen Stande, nehme ich auch meinen Abschied, indem ich euch rate, daß ihr eure Gemeinden, deren Herzen sich in eurer Macht befinden, die ihr drehen und wenden könnt nach eurem Willen, daß ihr sie anhaltet, aufrichtig und treu zu denen zu stehen, die sie regieren, und ihre Pflicht freudig und gehorsam zu tun, und daß ihr sie in Einheit und Eintracht bestärkt, auf daß sie nicht von üblen Männern vom rechten Wege abgebracht werden können. Und ihr sollt sie nicht nur hierzu ermahnen und überreden, sondern ihnen selbst den Weg durch euer angemessenes und bescheidenes Betragen weisen, so daß sie nicht nur durch eure gelehrten Predigten, sondern auch durch das Beispiel eures Verhaltens dazu angehalten werden, sich ruhig und anständig zu benehmen. Vor allem seid auf der Hut, daß ihr nicht durch die Sünde des Hochmuts Widerwillen gegen euch weckt. Versucht euch genau an das zu halten, was rechtens ist, hütet euch vor Parteiungen und ermahnt eure Herde, deren Herz in eurer Hand ist und zum Guten wie zum Bösen überredet werden kann, sich geziemend und ruhig zu betragen, der Krone und den Grundherren zu geben, was diesen zukommt. Und das wünsche ich euch von ganzem Herzen.

Für euch vom Bürgerstand ist es mein Wunsch, daß eure kleinen Hütten große Häuser werden mögen, eure kleinen Boote große Schiffe und Handelsfahrzeuge und daß sich eure Mittel nicht erschöpfen. Und dies ist mein Segenswunsch für euch.

Für das einfache Volk und die Bauern wünsche ich, daß ihre Wiesen grünen und ihre Felder hundertfache Frucht tragen mögen, so daß ihre Scheunen sich füllen, und daß sie wachsen und sich vermehren mögen in Wohlstand, auf daß sie mit Freude und ohne Seufzen im Stande seien, die Pflichten und Obliegenheiten zu erfüllen, welche ihr Teil sind.

Und so empfehle ich euch samt und sonders, an Seele und Körper dem Allmächtigen Gott an." (Styffe, 628–633)

Gustav Adolf sollte sein Heimatland nie wieder betreten.

„Wenn man die Zigel duplirt
So kompt Moses und liberirt".

Der von Johannes Köler in Nürnberg stammende Kupferstich dürfte Anfang 1632 entstanden sein, da sich die Vignette unten in der Mitte auf die Einnahme von Würzburg, Bamberg und Mainz bezieht. Hauptgegenstand des Blattes ist aber die anderthalb Jahre zuvor erfolgte Landung Gustav Adolfs bei Peenemünde. Ganz rechts im Hintergrund liegt am Horizont Schweden. Die königliche Flotte nähert sich von dort den deutschen Gestaden. Gustav Adolf ist an Land gegangen, eine Hand reicht ihm aus einer Wolke „das heilige Schwert". Das von himmlischen Strahlen erleuchtete Haupt des Helden umgibt wie ein Heiligenschein der Satz „Kostet und seht, wie gut der Herr ist". Links von der dominierenden Figur Gustav Adolfs lauscht seine gottesfürchtige Armee den Worten eines Predigers, im Hintergrund an der Küste sind die Städte Stralsund und Wolgast abgebildet, ganz am Horizont die Inseln Rügen und Usedom. Unter dieser Szene sind drei Vignetten angebracht, von denen die beiden äußeren dem Wüten der Gegenreformation gewidmet sind. Rechts wird Einblick in eine Folterkammer der Inquisition geboten, links sehen wir in Illustration einer Stelle aus der Apokalypse „die Seelen derer, die hingemordet waren, um des Wortes Gottes willen", und die nun am Altar des Himmels nach Gerechtigkeit und Rache rufen. (Nürnberg, Germanisches Nationalmuseum)

Der Löwe aus Mitternacht

Am Abend des 26. Juni/6. Juli 1630 spielte sich bei Peenemünde an der Küste der Ostseeinsel Usedom jenes Ereignis ab, „durch das sich der deutsche Krieg zum europäischen ausweitete" (Fritz Dickmann 1959/1985, S. 46). Inmitten eines tobenden Gewitters setzten die ersten schwedischen Landungsschiffe ans Ufer, Gustav Adolf, der sich beim Sprung vom Boot leicht verletzt hatte, fiel betend auf die Knie. So hatte unter Donner und Blitz der von so vielen mit banger Hoffnung erwartete „Löwe aus Mitternacht" endlich den Boden des Heiligen Römischen Reiches Deutscher Nation betreten.

Die Expeditionsarmee

Die Streitmacht, die ihn begleitete, mußte angesichts der Größe der Aufgabe als bescheiden erachtet werden. 10.400 Mann Infanterie, 2.750 Reiter und 81 leichte Geschütze wurden von der 100 Transportschiffe, 25 Kriegsschiffe und vier bewaffnete Kauffahrer umfassenden Flotte an Land gesetzt. Die Einschiffung des kleinen Heeres hatte vier Wochen zuvor in Älvsnabben begonnen, doch war die Flotte dann drei Wochen lang durch widrige Winde am Auslaufen gehindert worden. Nicht alle Soldaten der Invasionsarmee waren von dem sie erwartenden Abenteuer begeistert. Über 4.000 der neu ausgehobenen Rekruten hatten es vorgezogen, die letzte Gelegenheit wahrzunehmen, in der Heimat zu bleiben, und waren desertiert, was die auffallende Schwäche der in Usedom landenden Truppen zum Teil erklärt. Man erwartete aber noch Kontingente, die in finnischen, baltischen und preußischen Häfen an Bord gegangen waren, ferner sollte ein Teil der in Stralsund stehenden Einheiten zum Expeditionsheer stoßen. Am 20. Juli hatte Gustav Adolf, abgesehen von der in Stralsund verbleibenden Garnison von 2.500 Mann, in Pommern über 16.000 Mann Infanterie und 3.200 Reiter zur Verfügung. Das blieb deutlich hinter den Erwartungen zurück, vor allem fehlte es an Kavallerie, weshalb die Armee vorerst als nur bedingt in offenem Feld einsetzbar gelten mußte. Höchst mißlich machte es sich bemerkbar, daß, wie oben beschrieben, Oxenstierna vorerst nicht in der Lage war, die in Preußen stehenden und wegen ihrer Soldrückstände meuternden deutschen Reiter nach Pommern zu schicken.

Kräfteverteilung des Gegners

Nicht, daß die Expeditionsarmee wegen ihrer numerischen Schwäche großen Gefahren ausgesetzt gewesen wäre – die ebenfalls wenig zahlreichen und in sehr schlechtem Zustand befindlichen kaiserlichen Besatzungstruppen hatten der Landung keinerlei Widerstand entgegengesetzt und verhielten sich auch in der Folgezeit passiv. Was Gustav Adolf vielmehr auf dem Gemüt lag, war der Umstand, daß er sich die Gunst der Lage nur unzureichend zunutze machen konnte. Die Sollstärken sämtlicher Armeen, die dem Kaiser unterstanden, addierten sich zu diesem Zeitpunkt zwar zu einer Gesamtzahl von kaum weniger als 155.000 Mann, wozu noch die 35.000 Mann der Katholischen Liga zu rechnen waren, doch dürften die tatsächlichen Stärken um etwa ein Drittel unter diesen Zahlen gelegen haben. Das würde aber immer noch etwa 100.000 Kaiserliche und annähernd 25.000 Ligisten ergeben, eine erdrückende Übermacht also. Die in Italien und Graubünden eingesetzten kaiserlichen Verbände zählten indes um die 40.000 Mann, weitere 30.000 standen in Südwest- und Westdeutschland, teilweise, um das Restitutionsedikt durchzuführen, überwiegend aber, um die Franzosen im Rheinland in Schach zu halten. Die Ligisten hatten in Nordwestdeutschland links der Elbe Quartier bezogen, um eventuellen dänischen Machenschaften oder der tatsächlich von Feind geplanten Landung in England, Schottland und Irland angeworbener Truppen an der Nordseeküste entgegentreten zu können. So blieben für die Verteidigung Nordostdeutschlands gegen die Schweden vorerst nur 30.000 Mann übrig, die unter dem Kommando Torquato Contis standen. Diese waren etwa zur Hälfte auf zahlreiche Garnisonen von Mecklenburg bis zur polnischen Grenze verstreut, nur an der Oder im Raum von Gartz und Greifenhagen und in Küstennähe bei Anklam und Stolpe gab es Konzentrationen von mehreren Tausend Mann Stärke. Die letzteren wären die einzigen gewesen, die Gustav Adolf hätten stören können, in Pommern Fuß zu fassen. Diesen war aber selbst das kleine schwedische Expeditionsheer bereits an Zahl weit überlegen, zudem wurde es von einer starken Flotte unterstützt und hatte den Vorteil der Überraschung auf seiner Seite.

Stettin

Gustav Adolf war über Stärke und Verteilung der feindlichen Verbände recht gut informiert. Seine Absicht bestand darin, sich möglichst rasch in den Besitz der Küstenlinie zwischen Lübeck und Kolberg zu bringen und

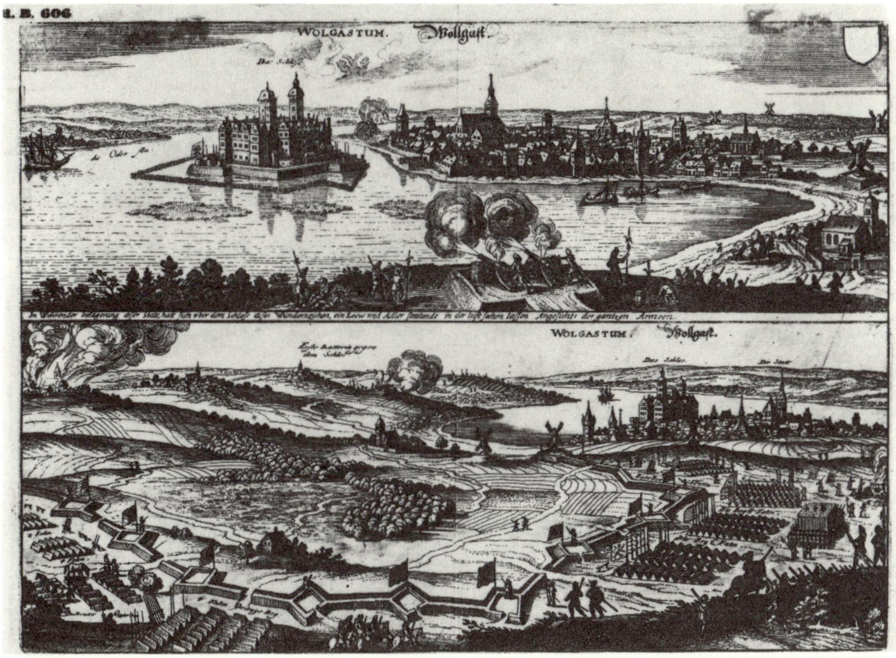

Die Belagerung von Wolgast in Vorpommern im Juli und August 1632. Die beiden Kupferstiche aus dem *Theatrum Europaeum* von Matthäus Merian zeigen Stadt und Schloß von Norden (oben) und von Osten. Auf dem oberen Stich ist oben in der Mitte, unterhalb des lateinischen Ortsnamens, ein „Wunderzeichen" in den Wolken zu erkennen, das während der Belagerung gesehen wurde, nämlich der (schwedische) Löwe im Kampf mit dem (habsburgischen) Doppeladler, natürlich eine Anspielung auf die Legende vom Mitternächtlichen Löwen. (Nürnberg, Germanisches Nationalmuseum)

dann nach Erhalt erheblicher Verstärkungen nach Süden vorzustoßen. In Nordwestdeutschland sollte die eben erwähnte auf den britischen Inseln für Schweden geworbene Streitmacht unter dem Marquis of Hamilton an Land gehen und die Hauptmacht unterstützen. Vorerst mußte der König jedoch mit den bescheidenen Kräften, die ihm zur Verfügung standen, einen sicheren Brückenkopf in Pommern schaffen. Vom März bis zum Juni hatten die Schweden von Stralsund aus bereits die ganze Insel Rügen in ihre Gewalt gebracht. Innerhalb von zehn Tagen ab der Landung waren auch Usedom und Wollin von den schwachen kaiserlichen Truppen gesäubert, die dort lagen und sich ausnahmslos bei der Annäherung des Feindes fluchtartig auf das Festland zurückzogen. Am 20. Juli stieß Gustav Adolf mit 10.000 Mann, die er auf flache Schiffe gesetzt hatte, auf

Stettin vor. Die Stadt, die von den Kaiserlichen nicht besetzt war, machte zunächst Anstalten, sich zu verteidigen, doch der König drang auf ein persönliches Gespräch mit Bogislaw XIV., den er rasch so eingeschüchtert hatte, daß er nicht nur Stettin übergab, sondern auch ein Bündnis mit dem Schweden abschloß. Allerdings sah sich der Herzog bemüßigt, dem Kaiser zu melden, er sei durch nackte Gewalt zu diesen Abmachungen genötigt worden. Dies änderte jedoch nichts daran, daß die Nachricht von seinem Verhalten in Wien höchst ungnädig aufgenommen wurde.

Die brandenburgische Neutralität

An den beiden folgenden Tagen, dem 21. und 22. Juli, trafen in Stettin brandenburgische Gesandte ein, die dem König die Bestürzung ihres Herrn über die schwedische Intervention ausdrückten und sich anboten, sogleich einen Waffenstillstand zu vermitteln. Die Unterredung, die Gustav Adolf mit dem zweiten von ihnen, einem Herrn von Wilmersdorf, hatte, ist uns von diesem im Wortlaut überliefert worden. Sie zeugt von der Art des Königs, ohne Umschweife auf den Kern der Sache vorzudringen und in einer einfachen, höchst plastischen Sprache seine Meinung schonungslos auszusprechen:

„... weiß denn S. Ld. [seine Liebden, d. h. hier der Kurfürst von Brandenburg] noch nicht, daß des Kaisers und der Seinigen Absicht diese sei, nicht eher aufzuhören, als bis die evangelische Religion im Reiche ganz ausgerottet ist, und daß S. Ld. sich nichts anderes zu versehen habe, als daß Sie werde gezwungen werden, entweder ihre Religion zu verleugnen oder ihre Lande zu verlassen? Meinet Sie, daß Sie mit Bitten und Flehen und dergleichen Mittel ein anderes erlangen werde? Um Gottes willen, Sie bedenke sich doch ein wenig und fasse einmal *mascula consilia* [männliche Beschlüsse], Sie sehe wie wunderbarlich Gott diesen frommen Herrn hier, den Herzog in Pommern (welcher auch so unschuldiger Weise, indem er gar nichts verwirket, sondern nur in Ruhe sein Bierchen getrunken, so jämmerlich um das Seine gebracht worden) *fato quodam necessario* [durch eine Art notgedrungener Fügung] errettet hat, daß er sich mit mir verglichen. Was derselbst *fato* [durch Fügung] gethan, das möge S. Ld. *deliberato consilio* [mit überlegter Absicht] thun. Ich für meine Person kann nicht wiederum zurück; *jacta est alea, transivimus Rubiconem* [der Würfel ist gefallen, wir haben den Rubicon überschritten]. Ich suche in diesem Werke nicht das meine, ganz kein *lucrum* [Nutzen] als *securitatem mei regni* [die Sicherheit meines Königreiches]. Sonst habe ich nichts davon als Unkosten, Mühe, Arbeit und Gefahr Leibes und Lebens ... Jetzt ist eben die beste Gelegenheit, da Ihr Land von der kaiserlichen Soldateska ledig, daß Sie Ihre Festungen wohl besetze und defendire. Will Sie das nicht thun, so gebe Sie mir eine, etwa Küstrin nur, so will ich sie defendiren und bleibet dann in Euer *desidia* [Untätigkeit] lange genug, die Ihr Herren so sehr liebet. Was wollt Ihr sonst machen? Denn das sage ich Euch klar voraus; ich will von keiner Neutralität nichts wissen noch hören. S. Ld. muß Freund oder Feind sein. Wenn ich an die Grenze komme, so muß Sie Sich kalt oder warm erklären. Hier streiten Gott und der Teufel. Will S. Ld. es mit Gott halten, wohl, so trete Sie zu mir. Will Sie es aber mit dem Teufel halten, so muß Sie fürwahr mit mir fechten. *Tertium non dabitur* [ein Drittes wird es nicht geben], des seid gewiß."

Als Wilmersdorf einwandte, man müsse „*futura* [die zukünftigen Dinge] vor Augen haben und bedenken, wie Alles über den Haufen gehen würde, da es übel glücken sollte", erwiderte der König:

„Das wird doch geschehen, wenn Ihr stille sitzet, und wäre schon geschehen, wenn ich nicht hereingekommen wäre. S. Ld. sollten so thun, wie ich thue, und den Ausgang Gott befehlen. Ich habe in 14 Tagen in keinem Bette gelegen. Möchte der Ruhe wohl auch überhoben sein und bei meiner Gemahlin zu Hause sitzen, wenn ich nicht mehr bedenken wollte."

Darauf Wilmersdorf: „Euer Königl.Maj. kann Ihrer Kurfürstl. Durchl. nicht verdenken, wenn sie lieber *pacis studia sectiret* [den Werken des Friedens nachgeht] und dazu auch andern räth. Zumal weil gegenwärtige große *occasiones* [Gelegenheiten] dazu veranlassen: einmal des Gegentheils [des Kaisers] Inclination zum Frieden, sodann der Collegialtag zu Regensburg [Regensburger Kurfürstentag]. Wenn Ihre Kurfürstl. Durchl. von Eurer Königl. Maj. Meinung, wie man dazu gelangen könnte, etwas dahin bringen möchte, könnte viel Gutes verrichtet werden."

König: „Ich habe auf dem Collegialtage nichts zu thun, kann dahin nichts bringen lassen."

Wilmersdorf: „Ihre Kurfürstl. Durchl. wird es thun, wenn Sie nur einige Eröffnung Eurer Königl. Maj. Gemüthsmeinung haben möchte ... Euer Königl. Maj. würde dadurch den Glimpf bei aller Welt gewinnen und zugleich verhüten, was jetzo vor ist, auf dem Collegialtage Euer Königl. Maj. *pro hoste imperii* [zum Reichsfeind] zu declariren, und diesen Krieg *pro causa communi* [zur gemeinsamen Sache] zu agnosciren."

König: „Ja, Sie werden mich in die Acht thun; was mir der Torquato Conti [der kaiserliche Befehlshaber in Pommern] nicht thun wird, das wird des Collegialtags Decret wohl bleiben lassen! Sie haben keine Ursache. Ich bin gekommen nicht wie ein Feind, sondern ein Freund des

Reichs, die Räuber und Verderber des Reichs zu vertilgen und zu verfolgen; nicht etwas im Reich zu verändern, sondern zu conserviren. Wollen Sie so närrisch sein und solches nicht erkennen, sondern mich *pro hoste* erklären, so mag es wohl so bald über sie als über mich ausgehen. Gott kann das Reich auch wohl stürzen. Dies Werk, das ich angefangen, kann wohl in die 50 Jahre continuirt werden, und aus unserer Asche wird Gott Leute dazu erwecken."

Wilmersdorf: „Es gehe wie es wolle, so werden Land und Leute verdorben. Dem zuvorzukommen wäre das Mittel jetzt da, daß Euer Königl. Maj. *de pacis conditionibus* [über die Friedensbedingungen] sich in etwas Ihrer Kurfürstl. Durchl. vertrauen wollte."

König: „Wenn die Entsetzten [die vertriebenen Fürsten] in diesen Landen restituirt, den Ständen ihre Freiheit gelassen und ich so versichert werde, daß ich in meinem Reich nichts zu befahren habe, so kann ich wohl zufrieden sein. Aber was soll ich für Gewißheit und Caution haben? Was meint Ihr; Papier und Dinte?"

Wilmersdorf: „Solche *Vincula cautionis* [Fesseln der Versicherung], *qualia ligant homines* [der Art, wie sie die Menschen binden]. Was auf dem Collegialtage beschlossen und *rite* [in aller Form] caviret wird, das muß wohl gehalten werden."

König: „Nein, das ist nichts. Etwas Reales in Händen, das kann mich versichern. Anders nicht. *Manus meae oculatae sunt, credunt quod vident* [meine Hände haben Augen, sie glauben, was sie sehen]."

Wilmersdorf: „Ein jeder Stand wird das Seinige in Händen haben und festhalten, Ihre Kurfürstl. Durchl. wird ihre Orte nicht ledig lassen, sondern wohl besetzen; ingleichen werden andere auch thun. Die Landschaft des ganzen Kreises wird sich in starke Verfassung setzen."

König: „Ja, so lange bis der Kaiser ihnen wieder befiehlt, herauszuziehen. Dann geben sie es ihm wieder ein wie vorhin. Laßt sie die Fürsten restituiren und mich zu ihrem *tutor* [Beschützer, aber auch Vormund!] machen, daß ich ihre Festungen bewache, sonst halten sie nichts und ist nicht zu trauen."

Wilmersdorf: „Weil Euer Königl. Maj. sich wegen des Waffenstillstandes erklärt, daß sie solchen wohl eingehen wollten, wenn das Gegentheil [Gegner] ihre Plätze in Pommern quittirt, so meine ich, das Gegentheil wird dann auch begehren, daß Euer Königl. Maj. *vice versa* die übrigen quittire."

König: „Nein, das werde ich nicht thun, weder eines Stillstandes noch eines Friedens halber. Ich muß sicher sein." ...

Wilmersdorf: „Weil Euer Königl. Maj. zufrieden, daß Ihre Kurf. Durchl.

sich interponiren möge, so müßte Ihrer Kurf. Durchl. zum Wenigsten die Neutralität zugelassen werden."

König: „Ja, so lange bis ich an Ihr Land käme. Solch Ding ist doch nichts als lauter *quisquiliae* [Abfälle], die der Wind aufhebt und wegweht. Was ist doch das für ein Ding: Neutralität? Ich verstehe es nicht."

Wilmersdorf: „Euer Königl. Maj. hat es in Preußen wohl verstanden, da Sie es selbst Ihrer Kurf. Durchl. und der Stadt Danzig an die Hand gegeben."

König: „Dem Kurfürsten wohl nicht, aber der Stadt Danzig wohl. Denn da war es zu meinem Vortheil."

(Gustav Droysen 1869/1870, Bd. II., S. 224–228)

Man wird nun gewiß nicht jedes Wort auf die Goldwaage legen dürfen, das in einer so temperamentvollen Diskussion gesprochen wurde, aber man kann den wegen ihres Kleinmuts gescholtenen deutschen Fürsten nicht verdenken, daß ihnen vor einem so sendungsbewußten Beschützer angst und bange wurde. Die Sicherheiten, die er beanspruchte, waren solcher Art, daß sie schwerlich ohne harten Kampf zu erhalten waren, und der König ließ auch mehr als deutlich durchblicken, daß er sie nicht ohne weiteres – wenn überhaupt – wieder aufzugeben gedachte. Daß Gustav Adolf Realist war und mit der Möglichkeit eines 50jährigen Ringens rechnete, das er und die aus seiner Asche erstehenden Nachfolger natürlich in Deutschland und nicht in Schweden auszutragen gedachten, war auch nicht gerade geeignet, den Enthusiasmus der potentiellen Verbündeten zu heben. Den pommerschen Ständen werden gleichfalls etwas trübe Gedanken gekommen sein, als der König ihnen am 1. September in Stettin verkündete, es sei nicht so furchtbar schlimm, wenn seine Truppen das ein oder andere ihrer Dörfer in Flammen aufgehen ließen. Die könne man ja wieder aufbauen, und jetzt sei eben Krieg. Und dann kam, wie in den nächsten zwei Jahren noch so oft, die Berufung auf sein geliebtes Kriegsrecht: „Und auf jeden Fall sind *arma nostra* [unsere Waffen] *in urbe vestra* [in eurer Stadt]: *jure belli* [nach Kriegsrecht] seid ihr mein Eigentum."

Oxenstierna erklärte später, am 9. April 1638, dem Reichsrat, warum sich Gustav Adolf einem „befreiten" und verbündetem Land gegenüber auf das Erobererrecht berufen habe: „Wir hatten ein *jus belli* insofern, als Seine verstorbene Majestät das Land von den kaiserlichen Armeen zurückerobert hat. Dieses *jus* [Recht] gestaltete Seine Majestät in ein *jus foederis* [Bundesgenossenrecht] um, einfach weil er die pommerschen Stände bei guter Laune halten wollte." (SRP, VII, S. 187)

Der Bündnisvertrag, den Gustav Adolf in seiner Großmut dem Herzog von Pommern gewährte, trug das Datum des 10./20. Juli, an dem die grundsätzlichen Abmachungen getroffen worden waren, tatsächlich wurde er in seiner ausgearbeiteten Form erst am 4. September geschlossen. Ausdrücklich hieß es darin, die Allianz sei nicht gegen den Kaiser gerichtet, sondern gegen die reichsverderbenden Unruhestifter, eine Fiktion natürlich, aber sie mochte zur Beruhigung Bogislaws und der Stände dienen. Diejenigen pommerschen Gebiete, welche die Schweden dem Feind abnehmen würden, waren dem Herzog bei Kriegsende ohne Entschädigung zurückzugeben, mit der Ausnahme Stralsunds allerdings. Gustav Adolf hatte das *Directorium* über die gemeinsamen Streitkräfte, ein Separatfrieden durfte nicht geschlossen werden. Pommern mußte eine einmalige Kontribution von 200.000 Reichstalern zahlen, die Häfen wurden in das schwedische Zollsystem eingegliedert, wobei dem Herzog Anteile zugesagt wurden. Das schwedische Kupfergeld wurde in Pommern zugelassen, aber nur zum realen Umtauschwert, nicht zum fiktiven Nominalwert, wie es Gustav Adolfs Unterhändler zuerst hatten durchsetzen wollen. Es gelang den Pommern auch zu verhindern, daß Schweden das Land regelrecht unter sein Protektorat nahm. Allerdings wurde das Defensivbündnis „für ewig" abgeschlossen, was gewisse Befürchtungen hinsichtlich der dauerhaften Eingliederung in das schwedische Ostseereich aufkommen ließ.

Noch bedenklicher in dieser Hinsicht erschien den pommerschen Unterhändlern die Klausel 14, die sie sich mit Erfolg zu akzeptieren weigerten und die nur als persönlicher Vorbehalt des Königs in den Vertrag aufgenommen wurde. Diese Klausel bestimmte, daß in dem Fall, daß Bogislaw XIV. sterben sollte, ohne einen Sohn zu hinterlassen – und dieser Fall war schon so gut wie sicher, denn der Herzog war alt und krank und hatte keine Nachkommen –, die Ansprüche des Kurfürsten von Brandenburg auf Pommern nur dann anzuerkennen seien, wenn Brandenburg zu diesem Zeitpunkt dem schwedisch-pommerschen Bündnis beigetreten sei und sich aktiv an der Befreiung des Territoriums beteiligt habe. Widrigenfalls würde das Land in die Treuhandschaft („Sequestralbesitz") Schwedens übergehen, bis Brandenburg Mitglied der Allianz geworden war und Schweden eine Entschädigung für seine Kriegskosten bezahlt hatte. Die gleiche Regelung sollte gelten, wenn die brandenburgischen Erbansprüche von Dritten angefochten werden sollten. Damit war zu rechnen, und zwar von Seiten Maximilians von Bayern, eines Herrschers, der wohl der letzte gewesen wäre, den Gustav Adolf im Besitze Pommerns sehen wollte. Die Klausel war im Moment wohl vor allem als Druckmittel gegen Georg Wilhelm von Brandenburg gedacht, den der König auf diese Weise in seine Allianz zwingen wollte, aber nach Entwicklung der Dinge konnte sie auch zu einem Vehikel zur direkten und dauerhaften Aneignung Pommerns durch Schweden werden.

Der Vertrag enthält bereits alle drei Grundbegriffe, die die schwedische Kriegszielpolitik von da an bestimmen sollten:

1. *Restitutio* – Zurückerstattung von Herrschaften, die der Kaiser in den letzten Jahren eingezogen und anderweitig vergeben hatte, an ihre ursprünglichen Besitzer;
2. *Assecuratio* – Versicherung gegen potentielle Angriffe auf Schweden und sein Ostseereich durch dauernde Aneignung von eroberten Gebieten, denen sicherheitspolitischer Wert beigemessen wurde (die Aneignung konnte auch durch Tausch von Eroberungen gegen strategisch interessante Positionen erfolgen);
3. *Satisfactio* – Entschädigung durch Geld oder Gebiete als Ausgleich für Schwedens Kriegsanstrengungen (sie konnte sowohl von den Verbündeten als Beitrag und Belohnung, wie auch vom Feind als „Strafe" und Preis für einen Friedensschluß gefordert werden).

Die „Eventualkonföderation" mit Hessen-Kassel

Besaß der Vertrag mit Pommern schon in mancher Hinsicht Modellcharakter für Schwedens Beziehungen zu seinen deutschen Verbündeten, so gilt das erst recht für die „Eventualkonföderation", die Gustav Adolf am 21. November 1630 mit dem Landgrafen Wilhelm V. von Hessen-Kassel abschloß. Der merkwürdige Namen rührt daher, daß der Bündnisvertrag von Hessen zunächst nicht ratifiziert wurde, erst am 22. August des folgenden Jahres holte der Landgraf dies unter dem Druck der Ereignisse vor der Schlacht von Breitenfeld nach. Hessen-Kassel lag von der Küste und den im Herbst 1630 erreichten schwedischen Positionen weit entfernt, was nicht nur die zögerliche Haltung Wilhelms erklärt, sondern auch den Charakter der Abmachung. Die Allianz mit Hessen-Kassel war von rein militärischer Bedeutung, für das schwedische Ostseereich würde das Land nach Friedensschluß kaum mehr wichtig sein. So wurde der Vertrag von vornherein auf die Dauer des Krieges begrenzt, in allen anderen Punkten jedoch mußte Hessen-Kassel sich in weit radikalerer Weise dem absoluten Direktorium seines Verbündeten unterwerfen. Es war eine unverhohlen gegen den Kaiser gerichtete Offensivallianz, durch die das Land unter schwedisches Protektorat gestellt und auf die nicht näher bestimmten schwedischen Kriegsziele vergattert wurde.

Das Bündnis mit Magdeburg

Noch vor Hessen-Kassel hatte am 10. August 1630 ein weiterer mitteldeutscher Reichsstand ein Bündnis mit Schweden geschlossen, nämlich das Erzstift Magdeburg. Diese Allianz hatte einen äußerst problematischen Charakter. Ermutigt durch den ehemaligen Administrator Christian Wilhelm von Brandenburg und andere schwedische Abgesandte hatte die Bevölkerung den vorsichtig agierenden Rat gestürzt und die Stadt dadurch in den Geruch der Rebellion gebracht, der sie ihren konservativen Nachbarn, den Kurfürsten von Sachsen und Brandenburg, höchst verdächtig machte. Zudem hing das Damoklesschwert des Restitutionsedikts über der Stadt, die seit 1629 einer sporadischen, allerdings wenig effektiven Blockade durch die Kaiserlichen ausgesetzt war. Gustav Adolf sah in dem Bündnis mit Magdeburg ein Fanal, „um so eine Rakete allgemeiner Erhebung in Deutschland loszubrennen", wie er am 27. August an Oxenstierna schrieb (AOSB, Bd. II. 1, S. 635 f.). Die allgemeine Erhebung erfolgte mitnichten, und der König hatte nun ein uneingeschränktes Hilfsversprechen am Halse, das er den Magdeburgern leichtsinnigerweise gegeben hatte und das ihn in größte Schwierigkeiten bringen mußte, sollten sich die Kaiserlichen zu einer ernsthaften Belagerung entschließen. Sofort die Verbindung mit der Stadt herzustellen, war unmöglich, da die Schweden bei ihrem Vormarsch von den Truppen Contis im Osten und den allmählich heranrückenden Ligisten Pappenheims im Westen flankiert worden wären. So begnügte Gustav Adolf sich damit, den Magdeburgern einen seiner engsten Mitarbeiter, den überaus energischen Dietrich von Falkenberg, zu schicken, der sich sofort daran machte, das in der Stadt herrschende Chaos zu bändigen und planmäßige Verteidigungsvorbereitungen einzuleiten.

Der Regensburger Kurfürstentag

Insgesamt bot das Verhalten der Kaiserlichen aber keinen Anlaß zur Besorgnis. Diese waren im Sommer 1630 so sehr mit anderen Problemen beschäftigt, daß die Landung Gustav Adolfs sie nicht sonderlich in Aufregung versetzte.Der einzige, der die schwedische Gefahr schon seit Jahren hatte kommen sehen und ihr rechtzeitig zu begegnen versucht hatte, war mittlerweile zur Handlungsunfähigkeit verurteilt: des Kaisers Generalissimus Albrecht von Wallenstein. Seine Absetzung als Oberkommandierender war das zentrale Anliegen der Kurfürsten auf dem Regensburger Kollegialtag. Wallenstein unternahm nichts dagegen, sondern wartete in völliger Passivität in seinem Hauptquartier zu Memmingen das Ergebnis der Beratungen ab. Am 13. August erreichten Maximilian von Bayern und die anderen Kurfürsten ihr Ziel. Der Kaiser entließ den mißliebigen Feldherrn und beraubte sich damit des Mannes, der zur wichtigsten Stütze seiner Macht nach außen wie nach innen geworden war, gerade in dem Augenblick, als er seiner am dringendsten bedurft hätte. Aber damit war das volle Ausmaß der Niederlage Ferdinands II. auf dem Regensburger Tag noch keineswegs erreicht.

Den Angehörigen der Liga wie auch den protestantischen Fürsten ging es nicht nur um die Ausschaltung des ihre „Libertät" bedrohenden Wallenstein, sondern auch um die drastische Reduktion seines Heeres, das seit seiner Aufstellung durch Einquartierungen und Erhebung von Kontributionen fortwährend Anlaß zu heftigen Klagen geboten hatte. Maximilian und die Liga sahen zudem in der so gewaltig angeschwollenen kaiserlichen Armee eine übermächtige Konkurrenz zu ihren eigenen Streitkräften, von denen der Kaiser während der ersten Kriegsjahre abhängig gewesen war. Daß der Augenblick, als gerade der bisher schlagkräftigste Gegner des Kaisers und der Liga in den Krieg eingegriffen hatte, höchst ungeeignet gewählt war, eine Verminderung statt einer Vermehrung des eigenen militärischen Potentials zu beschließen, bedarf keiner Erläuterung. Aber die Gefährlichkeit des „neuen Feindleins", wie Ferdinand II. Gustav Adolf genannt haben soll, wurde allgemein unterschätzt. Zudem glaubte man, in Bälde die in Oberitalien stehenden Truppen wieder nach Norden bringen und gegen die Schweden einsetzen zu können. Als sich das hinauszögerte und Gustav Adolf im Herbst und Winter nicht zu ignorierende Fortschritte erzielte, wurde die Heeresreduzierung, die bis dahin noch keine erheblichen Ausmaße angenommen hatte, tatsächlich eingestellt. Doch haben die Regensburger Beschlüsse immerhin verhindert, daß rechtzeitig Schritte eingeleitet wurden, die in Norddeutschland stehenden Kräfte in der erforderlichen Weise zu verstärken und in kriegsfähigen Zustand zu bringen. Seit Wallenstein von seiner Entlassung wußte, hörte er verständlicherweise auf, sich um die logistischen Probleme seiner ehemaligen Armee zu kümmern, und vor allem unterbrach er die Zufuhr von Material und Proviant, die diese bisher aus seinen gewaltigen Besitzungen erhalten hatte. Die Folgen seiner „Heeressabotage" kamen denen einer planmäßigen Reduktion gleich. Die Truppen hatten erhebliche Ausfälle durch Desertion und Krankheiten, Disziplin und Kampfmoral litten schwer.

Das gewichtigste Druckmittel, mit dem die Fürsten in Regensburg ihre Forderungen durchsetzten, bestand darin, daß sie mit der Gründung einer dritten, vom Kaiser wie von seinen offenen Gegnern unabhängigen Partei drohten. Daß die Katholische Liga und die konservativen protestantischen Fürsten zusammengehen und mit französischer Unterstützung eine solche „dritte Kraft" bilden sollten, war eine Lieblingsidee Richelieus. Was das Zustandekommen eines derartigen Bündnisses vorerst noch verhinderte, war die Existenz des Restitutionsedikts, an dem die Angehörigen der Liga in Übereinstimmung mit dem Kaiser festzuhalten wünschten, während die protestantischen Fürsten seine Abschaffung zur *conditio sine qua non* machten. In negativer Hinsicht funktionierte die Zusammenarbeit aber schon recht gut. Gemeinsam brachte man Wallenstein zu Fall, gemeinsam setzte man die Truppenreduktionen durch und gemeinsam drängte man auf die Beendigung des inoffiziellen Kriegszustandes mit Frankreich, den auch Wallenstein für einen höchst überflüssigen Fehlgriff des Kaisers und der spanischen Partei in Wien hielt.

Es fiel Ferdinand sehr schwer, den Feldzug in Oberitalien aufzugeben, denn die Kämpfe verliefen günstig für die habsburgischen Waffen. Père Joseph, der Gesandte Richelieus in Regensburg, wußte aber zusätzlich zum Druck, der von den Reichsfürsten auf den Kaiser ausgeübt wurde, noch ein positives Lockmittel in die Verhandlungen einzubringen. Für den Fall, daß sich der Kaiser aus dem Mantuanischen Erbfolgekrieg zurückzog und dort den Franzosen das Feld überließ, stellte er ihm einen Generalfrieden in Aussicht, der Frankreich verpflichtete, auf alle direkten und indirekten Aktivitäten gegen den Kaiser zu verzichten. Gerade auch angesichts der Bedrohung durch Gustav Adolf war dies eine Gelegenheit, für die es sich lohnte, in Italien Opfer zu bringen. So kam es am 13. Oktober zum Friedensvertrag von Regensburg. Die Franzosen verwandelten durch diesen ihre militärische Niederlage in Oberitalien in einen Erfolg, der Kaiser konnte sich daran machen, seine Truppen nach Deutschland zurückzuführen. Aber aus dem Generalfrieden wurde nichts, Richelieu erklärte, sein Gesandter in Regensburg habe keine Vollmacht für einen solchen besessen, und verweigerte die Ratifikation. Damit sah sich der Kaiser um die entscheidende Gegenleistung seines Vertragspartners betrogen, ohne noch etwas dagegen unternehmen zu können.

Für all sein Nachgeben glaubte Ferdinand II. dann wenigstens erwarten zu dürfen, daß die Kurfürsten seinen Sohn Ferdinand zum Römischen König und damit zum designierten Nachfolger wählten. Aber selbst das wurde ihm verweigert, und so endete der Regensburger Kurfürstentag mit einer vollständigen Niederlage des Kaisers. Nichts könnte deutlicher zeigen, daß die von Gustav Adolf behauptete kaiserliche Tyrannei, die Unterwerfung der reichsständischen Libertät unter die Willkür des Habsburgers, mit den Tatsachen wenig zu tun hatte. Noch immer reichte der vereinigte Widerstand der Fürsten aus, um den Kaiser an der Verwirklichung seiner – angeblichen – Ambitionen zu hindern, zumal wenn die Opposition einen so zielbewußt und geschickt agierenden Anführer wie Maximilian von Bayern besaß. Ebensowenig hatte sich die Vorstellung bewahrheitet, von Wallensteins Ehrgeiz gingen unabsehbare Gefahren für das Reich aus. Der Generalissimus nahm seine Verabschiedung ruhig und widerstandslos hin.

In Regensburg stand noch eine weitere Entscheidung an, die von größter Bedeutung für die kommenden Feldzüge werden mußte. Die Entlassung Wallensteins warf die Frage auf, wer sein Nachfolger werden sollte. Diesem durfte nach dem Willen der Fürsten auf keinen Fall wieder die gleiche Machtfülle zugestanden werden wie dem Friedländer. Nach endlosen Debatten einigte man sich schließlich auf den bewährten Feldherrn der Liga, Maximilians Generalleutnat Johann Tserclaes Graf von Tilly. Der 71jährige Wallone trat mit den größten Bedenken ein Doppelkommando an, von dem vorauszusehen war, das es ihn in kaum lösbare Konflikte stürzen mußte. Wenn auch Maximilian und der Kaiser fast von Kriegsbeginn an miteinander verbündet waren und es auch bis zum Kriegsende bleiben sollten, so gab es doch zwischen ihren Interessen ganz erhebliche Divergenzen, wie sich gerade in Regensburg wieder aufs deutlichste gezeigt hatte. Tilly ist dem bayerischen Kurfürsten stets ein pflichtbewußter und treuer General gewesen, seine persönliche Loyalität gehörte jedoch ohne Zweifel zuallererst der katholischen Kirche und in zweiter Linie dem Gesamthaus Habsburg. Aber auch abgesehen von dieser speziellen Problematik, hätte die Lage, die Tilly im November 1630 in Nordostdeutschland vorgefunden hat, kaum schwieriger sein können. Die Truppe befand sich in einem desolaten Zustand, der Gegner hatte die Zeit genutzt und sich eine solide Basis geschaffen, von der aus er das weite Gebiet, das der kaiserlich-ligistische Feldherr zu decken hatte, mit Offensiven in verschiedenen Richtungen bedrohte.

Lage in Pommern und Mecklenburg

Sehen wir uns kurz an, was Gustav Adolf unternommen hatte, während seine Gegner in Regensburg ihre Zeit mit Streitereien und kontraproduktiven Beschlüssen verschwendeten. Bis Ende August hatte der König mit Ausnahme von Kolberg die ganze pommersche Küste östlich der Oder in seine Gewalt gebracht, wobei seine Expeditionsarmee durch amphibische Vorstöße schwedischer Truppen aus Preußen unterstützt worden war. Im Westen konnte am 25. August zwar nach dreiwöchiger Belagerung Wolgast genommen werden, doch gelang es nicht, eine Landverbindung zu Stralsund herzustellen, da die Kaiserlichen das stark besetzte Greifswald behaupteten. Die erhofften Verstärkungen trafen nach wie vor nur äußerst schleppend ein. Ende September hatte Gustav Adolf in Pommern erst 26.000 Mann zur Verfügung, von denen 11.000 zur Besetzung eroberter Städte und anderer Stützpunkte benötigt wurden und für die eigentliche Operationsführung nicht eingesetzt werden konnten. Nicht besser stand es mit dem materiellen Nachschub. Der König fühlte sich von der Heimat im Stich gelassen und schrieb wütende Briefe an seine Verwaltung. Überall fehlte es an Geld. Aus Pommern war, nachdem man sofort 200.000 Reichstaler Kontribution abkassiert hatte, weder an Finanz- noch an Lebensmitteln viel herauszuholen, da das Land schon jahrelang von Wallensteins Truppen ausgesogen worden war. Wie üblich, begann unter der miserablen Verpflegungslage sehr rasch die Disziplin zu leiden. Lars Grubbe schrieb am 18. September an Oxenstierna, die Unordnung sei größer und die militärische Disziplin geringer als sie es in den für ihre Zuchtlosigkeit berüchtigten Heerhaufen Mansfelds gewesen waren, die Stimmung im Lande sei darob ganz und gar gegen die Schweden umgeschlagen und die Truppen wüteten schlimmer, als wären sie in Feindesland. (Michael Roberts 1953/1958, Bd. II, S. 446)

Nicht zuletzt die katastrophale logistische Lage war es, die Gustav Adolf veranlaßte, sich als nächstes Angriffsziel Mecklenburg auszuwählen. Das Land, das in den letzten Jahren unter der tüchtigen Administration Wallensteins gestanden war, befand sich noch in weit besserem Zustand als Pommern. Hinzu traten politische Gründe, denn die Rückführung der vom Kaiser abgesetzten Herzöge würde einen außerordentlichen Prestigeerfolg bedeuten. Ferner kam man durch eine Wendung gegen Westen der Gefahrenzone näher, die von Dänemark ausging, dessen Umtriebe gerade wieder erhebliche Besorgnisse auslösten. Man hoffte auch an eine aktive Teilnahme der Bevölkerung am Befreiungskampf von den Kaiserlichen. Gustav Adolf erließ einen flammenden Aufruf zur Insurrektion, der aber so gut wie gar keine Wirkung zeitigte.

Ursprünglich war eine amphibische Expedition von Stralsund aus vorgesehen, doch machte der andauernde Westwind diese Absicht zunichte. So marschierte man Anfang Oktober mit den nur 4.000 Mann zu Fuß und

1.450 Reitern, die man in Stralsund zusammengezogen hatte, parallel zur Küste nach Westen. Die Absicht, Rostock anzugreifen, wurde wegen der zu geringen Stärke der Armee aufgegeben. Man begnügte sich vorerst damit, die Recknitz in einem geschickten kleinen Manöver zu überschreiten und am 5. Oktober Ribnitz einzunehmen. Am gleichen Tag schlug Franz Karl von Lauenburg, Gustav Adolfs einziger Verbündeter, den er in Mecklenburg gefunden hatte, weit im Westen los. Er griff Ratzeburg an, aus dem er ein Widerstandsnest machen wollte, wurde dabei aber von Pappenheims Ligisten, die über die Elbe vorgestoßen waren, überrascht und unter Verlust seiner kleinen Armee geschlagen. Zum Glück kehrte Pappenheim nach seinem Sieg wieder um, statt sich mit Savellis 5.000 Kaiserlichen in Rostock zu vereinigen, anderenfalls hätte ein Desaster die Folge sein können. Auch so mußte der König den Mißerfolg seiner Operation eingestehen und unter Zurücklassung einer Garnison in Ribnitz den Rückmarsch nach Stralsund antreten.

Der wenig erbauliche Verlauf des mecklenburgischen Unternehmens und das enttäuschend langsame Anwachsen seiner Armee hinderten den König jedoch nicht daran, noch in Ribnitz einen, gelinde gesagt, optimistischen Plan für den nächstjährigen Feldzug zu entwerfen, den er am 10. Oktober an Oxenstierna schickte. Er hoffte bis zum Frühjahr nicht weniger als 80.000 zusätzliche Soldaten in Deutschland zur Verfügung zu haben, die er in fünf Armeen auf einer Front, die von der Weser bis zur polnischen Grenze reichte, gegen die Kaiserlichen und Ligisten in Bewegung setzen wollte.

In den nächsten Wochen mußte sich Gustav Adolf aber mit weit weniger grandiosen Vorhaben begnügen. Die Kavallerie aus Preußen fand sich nur langsam und in kleinen Trupps ein, die man durch neutrales polnisches Gebiet schleusen mußte. Erst zum Jahreswechsel war mit der Ankunft von 2.200 deutschen Reitern die langwierige und nervenaufreibende Verlegung von Preußen nach Pommern abgeschlossen. Bis zu diesem Zeitpunkt konnte der König nur kleine Aktionen durchführen und hatte sich ansonsten mit den leidigen organisatorischen und logistischen Problemen herumzuschlagen. Im November mußte zudem Gustav Horn eine empfindliche Schlappe einstecken, als er versuchte, eine Abteilung abzufangen, die Conti seiner Garnison in Kolberg zur Hilfe geschickt hatte.

Vorstoß auf Gartz

Als er Anfang Januar endlich über eine ausreichende Zahl von Reitern verfügte, entschloß sich Gustav Adolf, an der Oder einen Vorstoß gegen die dort stehende feindliche Hauptmacht, die mittlerweile von Hannibal von Schauenburg befehligt wurde, zu unternehmen. Die etwa 12.000 Kaiserlichen waren beiderseits des Flusses auf Winterquartiere im Raum von Gartz und Greifenhagen verstreut, so daß man auf einen Überraschungserfolg hoffen konnte. Am 3. Januar 1631, nach schwedisch-protestantischer Rechnung Heiliger Abend 1630, griff der König mit 7.000 Mann Infanterie und 6.000 Reitern Greifenhagen an. Der Überfall gelang, und die überrumpelten Kaiserlichen hatten keine Gelegenheit zu ernsthaftem Widerstand, die meisten entkamen allerdings über die Oder. Am folgenden Tag ging man auf Gartz vor, worauf die Kaiserlichen die Stadt anzündeten und auf Angermünde zurückwichen, wo sie Verstärkung erhielten. Als schwedische Abteilungen nach Bärwalde und Landsberg an der Warthe vordrangen, setzten die demoralisierten Kaiserlichen ihren Rückzug auf Frankfurt an der Oder fort, wo sie am 13. Januar eintrafen. Bei Küstrin kam es zu einem kleinen Zwischenfall, der Gustav Adolf wieder einmal gegen seinen „neutralen" brandenburgischen Schwager aufbrachte. Schwedische Kavallerie verfolgte einen kaiserlichen Trupp bis vor die Mauern der Festung. Die Brandenburger ließen die Kaiserlichen ein, verschlossen aber vor den Schweden die Tore.

Verhandlungen mit Frankreich

Der Gartzfeldzug war eine brillante Operation, durch die Stettin gesichert und ein tiefer Keil in die feindliche Position getrieben wurde. Der König verlegte sein Hauptquartier nach Bärwalde. Hier traf wenig später der französische Gesandte Charnacé ein, der seit Monaten im Auftrag Richelieus bestrebt war, ein Bündnis mit Schweden abzuschließen. Charnacé hatte sich schon im vorigen Juli in Stettin eingefunden, doch waren damals die Verhandlungen daran gescheitert, daß man sich über drei Punkte nicht zu einigen vermocht hatte. Der eine bestand in der Frage, ob der König Frankreichs oder der von Schweden zuerst auf dem Vertragsdokument genannt werden sollte. Gustav Adolf, der um die Anerkennung seines von vielen noch nicht recht ernstgenommenen Königreichs als gleichwertiger Partner kämpfte, war überaus empfindlich in solchen protokollarischen Rangstreitigkeiten. Zum zweiten wollte der Schwedenkönig mehr an Subsidien bekommen als die 400.000 Reichstaler, die die

Franzosen bereit waren zu zahlen, in Anbetracht der drangvollen Finanzlage Schwedens ein entscheidender Punkt. Zum dritten schließlich hatte er große Vorbehalte gegen die Absicht Richelieus, ihn zur Neutralität gegenüber Bayern und der Liga zu verpflichten. Der Kardinal wollte sich nicht sein Projekt einer dritten Partei im Reiche durch unkonrolliertes schwedisches Dreinschlagen gefährden lassen, der König dagegen sah wohl kaum eine praktische Möglichkeit, einer Konfrontation mit der Liga auszuweichen, und hatte nicht vor, sich beim Kriegführen von einem Dritten an die Leine nehmen zu lassen.

Wie es Père Joseph einmal ausdrückte, mußte es der französischen Diplomatie darum gehen, Gustav Adolf behutsam einzusetzen, wie ein Gift, das, in kleinen Dosen verabreicht, segensreiche Wirkung als ein Gegengift haben konnte, in zu großer Menge jedoch tödlich wirken mußte. Schweden vermochte im Moment unschätzbare Dienste zu leisten, indem es die Kräfte des Kaisers band und schwächte, ohne daß sich Frankreich selbst militärisch zu engagieren brauchte. Langfristig war für Richelieus Deutschlandkonzept aber Bayern der wichtigere Partner, den es daher schonlich zu behandeln galt. Auch war der Kardinal sich des fatalen Eindrucks bewußt, den es in weiten Kreisen machen mußte, wenn sich der Allerchristlichste König mit dem selbsternannten Vorkämpfer des Protestantismus nicht nur gegen die Habsburger, gegen die ja auch der Papst seine Vorbehalte hatte, sondern auch gegen die Katholische Liga zusammentat. Wenn es nun gelang, Bayern und die Liga zu neutralisieren oder gar zur Blockbildung mit Sachsen und anderen gemäßigten protestantischen Reichsständen zu bewegen, dann war der Krieg in Deutschland des letzten Restes seines Anscheins als Religionskrieg entkleidet, und niemand konnte Frankreich einen Vorwurf machen, mit Schweden ein Bündnis abgeschlossen zu haben.

Vertrag von Bärwalde 1631

Gustav Adolf war sich des fein gesponnenen Netzes der französischen Deutschlandpolitik durchaus bewußt, es kam ihm jedoch nicht in den Sinn, darauf die leiseste Rücksicht zu nehmen. Ihm ging es in erster Linie um die so dringend benötigten Subsidien, in zweiter um die Hebung seines internationalen Prestiges, die ein Bündnis mit Frankreich nach sich ziehen würde. Aber in seiner Bewegungsfreiheit einschränken lassen wollte er sich hierfür nicht. Daran waren die Verhandlungen im Sommer gescheitert, wie auch schon die im Frühjahr. Als Charnacé nun in Bärwalde auftauchte, hatte er strikte Anweisung von Richelieu, mit dem Schweden abzuschließen. Dementsprechend fiel das Ergebnis zum Vorteil des letzteren aus.

Der Vertrag von Bärwalde, der am 23. Januar 1631 zustandekam, hatte eine Laufzeit von fünf Jahren. Während dieser Zeit mußte Schweden 30.000 Mann Infanterie und 6.000 Reiter gegen den Kaiser ins Feld stellen, wofür es jährlich 400.000 Reichstaler Subsidien erhielt. Für die bisher geleisteten kriegerischen Anstrengungen zahlte Frankreich rückwirkend 120.000 Reichstaler. In allen eroberten Gebieten hatte Schweden in religiösen Angelegenheiten die Gepflogenheiten des Reiches zu respektieren, das katholische Bekenntnis durfte nirgends, wo es existierte, unterdrückt werden. Bis hierher hatte Frankreich im wesentlichen seine Vorstellungen durchgesetzt. Dann hieß es, die Neutralität Bayerns und der Liga würden anerkannt, sofern sie sich selbst neutral verhielten. Dieser Punkt wurde durch einen Zusatz vom 25. Januar in einer Weise präzisiert, daß er für Frankreich seinen Wert verlor. Hier wurde festgelegt, Bayern und die Liga müßten sich jeglicher Form von Feindseligkeiten, offener wie verdeckter, gegen Schweden und dessen Freunde und Verbündete enthalten und dürften keinen gegen Schweden gerichteten Beschlüssen zustimmen. Um diesen Bedingungen zu entsprechen, hätte Maximilian offen mit Kaiser und Reich brechen müssen. Wie die Dinge lagen, konnte es nun als ganz ausgeschlossen gelten, daß sich eine von Gustav Adolf respektierte Neutralität zwischen ihm und der Liga aufrechterhalten ließ. Zudem war es ganz in sein Dafürhalten gestellt, was er konkret für einen Neutralitätsbruch hielt, und was nicht. Damit war Richelieu bereits jetzt die Kontrolle über das Bündnis entglitten.

Vollends in unlösbare Widersprüche geriet die französische Politik, als Richelieu einige Monate später, am 30. Mai 1631, im Vertrag von Fontainebleau eine Defensivallianz mit Maximilian von Bayern schloß. Darin sagten sich Frankreich und Bayern gegenseitige militärische Unterstützung zu für den Fall, daß der Vertragspartner angegriffen wurde. Ausdrücklich machte Maximilian den Vorbehalt, das Bündnis gelte nur, soweit nicht seine Verpflichtungen gegenüber Kaiser und Reich berührt würden. Das hieß aber, daß ein kriegerischer Konflikt zwischen Schweden und Bayern so gut wie unvermeidbar wurde, und daß Frankreich dann in die mißliche Situation geriet, mit zwei einander bekriegenden Parteien gleichzeitig verbündet zu sein und der einen von beiden auch noch militärische Unterstützung zu schulden.

Der Leipziger Konvent

Die Bemühungen um eine dritte Partei nahmen im Winter 1630/1631 auch im protestantischen Lager konkrete Formen an. Seit der Landung Gustav Adolfs hatte Johann Georg von Sachsen gehofft, die Bedrohung durch Schweden würde den Kaiser veranlassen, den Protestanten in der Frage des Restitutionsedikts entgegenzukommen. Als sich seine beschwörenden Appelle an den Wiener Hof als vergeblich erwiesen, beschloß er, einen Konvent der protestantischen Reichsstände nach Leipzig zu berufen. Eine im November eintreffende Aufforderung Gustav Adolfs, als gleichberechtigter Bündnispartner des Königs eine protestantische Liga aufzubauen, würdigte er keiner Antwort. Anfang Januar 1631 schickte Johann Georg gemeinsam mit Georg Wilhelm von Brandenburg Einladungen an 160 protestantische Fürsten und Städte ab, am 16. Februar wurde der Leipziger Konvent eröffnet. Der sächsische Kurfürst wollte im Grunde genommen nicht mehr erreichen, als durch diese Demonstration protestantischer Einheit und durch die Drohung, militärisch aufzurüsten, den Kaiser zu beeindrucken und zum Einlenken in der leidigen Restitutionsangelegenheit zu bewegen. Andere Reichsstände hatten weitergehende Absichten. Eine einheitlich geführte Bundesarmee nach dem Vorbild der Katholischen Liga sollte entstehen, mit den Schweden wollte man sich zwar nicht verbünden, aber ihnen freundlich abwartend begegnen. Dafür war Sachsens Zustimmung nicht zu gewinnen, und so kam letztlich nur heraus, daß jeder Kreis für sich Truppen aufstellen sollte, ohne daß es eine einheitliche Führung gegeben hätte. Damit schied der protestantische Bund als ein politisch ins Gewicht fallender Faktor vorerst aus. Geoffrey Parker setzt den Leipziger Konvent und den bayerisch-französischen Vertrag von Fontainebleau in Parallele:

„Beide versuchten die Reichsverfassung und die Rechte und Freiheiten der Fürsten zu schützen. Beide zielten ab auf die Schaffung einer neutralen dritten Kraft, die als Stoßdämpfer stehen würde zwischen dem Kaiser und seinen ausländischen Feinden, um zu verhindern, daß der Krieg sich weiter ausdehnte ... Aber beide Bemühungen – und das war Deutschlands große Tragödie – schlugen letztlich fehl, weil beide nicht die Schweden aufhalten konnten, die ihre eigene Vorstellung hatten von dem, was das Reich brauchte, und die die Stärke besaßen, alle niederzutrampeln, deren Ansicht sich in dieser Sache von der ihren unterschied." (Geoffrey Parker 1984, S. 120)

Daß sich für das Jahr 1631 eine gewaltige militärische Entscheidung anbahnte, wurde in diesem Winter allmählich allen klar. Am 24. Januar erreichte Tilly nach einem Gewaltmarsch Frankfurt an der Oder. Mit ihm stand Gustav Adolf erstmals einer der großen Feldherren des Zeitalters gegenüber, der Sieger vom Weißen Berg, von Wimpfen, von Höchst, von Stadtlohn und von Lutter am Barenberg. In den nächsten Monaten wurde der Krieg zu einem Duell zwischen dem 36jährigen König und dem 71jährigen „Heiligen im Harnisch". Tilly hatte zu Beginn dieses Duells die weitaus schlechteren Trümpfe in der Hand. Der Gegner konnte entweder der Oder entlang nach Schlesien oder durch Mecklenburg an die Elbe vordringen, im einen Fall bedrohte er habsburgische Erblande, die Tilly als kaiserlicher Feldherr zu schützen hatte, im anderen Nordwestdeutschland, dessen Verteidigung für die Liga vorrangig war und das auch den Übergriffen der Holländer und Dänen und einem möglichen anglo-schwedischen Landeunternehmen ausgesetzt schien. Mit Magdeburg hatte Tilly zudem einen gefährlichen Unruheherd im Rücken, von dem aus der offene Widerstand jederzeit nach Hessen und Sachsen übergreifen konnte. Der kaiserliche Oberbefehlshaber sah sich daher gezwungen, die Stadt durch Pappenheim blockieren zu lassen und mit dem Operationsheer Gustav Adolf an weiterem Vordringen zu hindern. Das erwies sich indes als ungemein schwierig, da der Gegner auf der inneren Linie stand, die kürzeren Verbindungswege hatte und vor allem sich im Besitz der Initiative befand. Der König konnte sich die Stelle aussuchen, an der er zuzuschlagen gedachte, und dadurch die kaiserlichen Truppen zu ebenso ermüdendem wie fruchtlosem Hin- und Hermarschieren zwingen. Einem offenen Kampf ging Gustav Adolf, der großen Respekt vor seinem Gegner hatte, vorerst bewußt aus dem Wege.

Hinzu kam, daß Tilly nur ganz unzureichende Mittel zur Verfügung standen. Die Masse des Ligaheeres, dessen Verbände sich in noch relativ gutem Zustand befanden, war in Nordwestdeutschland gebunden, die kaiserlichen Streitkräfte in Pommern, der Neumark und Mecklenburg hatten nicht nur viele Einheiten nach Italien abgeben müssen, mit deren Rückkehr nicht vor dem Sommer gerechnet werden durfte, sondern sie befanden sich auch in der denkbar traurigsten Verfassung. Entsetzt stellte Tilly gleich nach seinem Eintreffen in Frankfurt fest, „dass ich die Tag meines Lebens khein Armada gesehen, deren alle nothwendige Requisita von grösserstem bis zum geringsten auf einmal totaliter abgehen ... kein Geld noch Proviant vorhanden, dass ich gegen dem Feindt, wie gern ich gleichsamb wolte, nichts fruchtbarlichs tentiren khan, sondern muess alle Occasiones wieder meinen Willen vergebens hingehen lassen. Unnd verwundert mich über dass zum höchsten, dass die arme Soldaten bei ihrer so grossen Bedürfftigkheit so lang geplieben seindt." (Brief an Trauttmansdorf, 25. Januar 1631, Generalstaben Bd. IV, 1937, S. 15)

Im Februar führte Gustav Adolf einen sehr erfolgreichen Eroberungszug gegen das westliche Mecklenburg. In rascher Folge wurden Neubrandenburg, Malchin, Treptow und Loitz genommen. Demmin, das inmitten schützender Sümpfe lag, die aber jetzt zugefroren waren, fiel nach kurzer Belagerung, wobei 1.800 Kaiserliche kapitulierten. Bei einer Rekognoszierung vor Demmin brach der König im Eis ein und zog ein heftiges Musketenfeuer auf sich. Wie uns Monro berichtet, erwiderte Gustav Adolf auf die Vorhaltungen eines schottischen Offiziers ob dieses Leichtsinns, das sei sicher seine eigene Schuld gewesen, aber er halte nun mal nichts für gut gemacht, wenn er es nicht selbst gemacht habe.

Tilly hatte infolge des schwedischen Vormarschs in südwestlicher Richtung zunächst geglaubt, die Offensive gelte Magdeburg und war nach Neuruppin geeilt, um sich dem Feind vorzulegen. Auf diese Weise konnte er den angegriffenen Festungen keine Hilfe bringen. Als er seinen Irrtum bemerkte, rückte er mit 12.000 Mann vor Neubrandenburg, das Dodo von Knijphausen mit 750 Mann auf Befehl des Königs bis zum Äußersten verteidigen sollte. Der schwedische Kommandant lehnte daher die Kapitulationsaufforderung des Gegners ab.

Gustav Adolf bereitete den Entsatz vor und zog östlich und südöstlich von Tilly 19.000 Mann zusammen, die diesem den Rückzug hätten abschneiden können. Mit einer Überlegenheit von mehr als 50% hätte der König die Schlacht eigentlich wagen müssen, aber Tillys Reputation verfehlte ihre Wirkung nicht. Gustav Adolf zögerte und berief einen Kriegsrat ein, der prompt davon abriet, sich auf einen offenen Kampf mit diesem Gegner einzulassen. Hinzu kam, daß die Truppe sich wegen der Soldrückstände am Rande der Meuterei befand und daher wenig Neigung zeigte, sich auf Tod und Leben zu schlagen. So verfiel man auf den üblichen Ausweg einer Diversion, eines Ablenkungsmanövers, das aber wirkungslos blieb. An Knijphausen schickte der König eine Nachricht, in der er ihm die Kapitulation erlaubte. Der Bote wurde jedoch abgefangen, und so nahm die Katastrophe in Neubrandenburg ihren Lauf. Am 19. März stürmten die Kaiserlichen die Festung, 250 der Verteidiger wurden niedergemacht, die übrigen 500 gefangengenommen. In der schwedischen Armee fand die falsche Nachricht Verbreitung, die ganze Garnison sei massakriert worden, was für große Erbitterung sorgte und zum Teil für das

Blutbad verantwortlich war, das die Schweden ihrerseits einige Wochen später in Frankfurt an der Oder anrichteten.

Das Ringen um Magdeburg

Bald sollte sich herausstellen, daß man mit der verpaßten Entsatzschlacht von Neubrandenburg nicht nur das Schicksal dieser Festung, sondern auch das Magdeburgs besiegelt hatte. Anfang April beschloß Tilly, die rebellische Stadt ernsthaft zu belagern und hier den operativen Schwerpunkt zu setzen. Seine zentrale Lage machte Magdeburg zu einer idealen Basis für alle nur denkbaren Operationen. Eine in der Stadt postierte starke Armee deckte West- und Mitteldeutschland gegen feindliche Angriffe, konnte Vorstöße gegen die von Gustav Adolf besetzten oder bedrohten Gebiete unternehmen und ein wachsames Auge auf die in ihrer Neutralität zweifelhaften Kurfürsten von Sachsen und Brandenburg behalten. Zudem war die Einnahme von Magdeburg geeignet, dem Prestige Gustav Adolfs einen fatalen Schlag zu versetzen, denn die Stadt war der einzige offene Verbündete, den der Schwedenkönig bis dahin im Machtbereich des Kaisers gefunden hatte. Gustav Adolf, der wiederholt versprochen hatte, den isolierten Magdeburgern rechtzeitig zu helfen, konnte die Stadt nicht einfach ihrem Schicksal überlassen, ohne das Vertrauen, das der protestantische Teil Deutschlands auf ihn setzen mochte, aufs empfindlichste zu erschüttern. Das brachte ihn in Zugzwang und beschnitt seine strategische Entscheidungsfreiheit. Tilly hoffte daher, durch das indirekte Mittel der Bedrohung Magdeburgs dem König die Initiative zu entwinden.

Die Erstürmung von Frankfurt an der Oder

Zunächst war das Gegenteil der Fall. Die Belagerung Magdeburgs band das kaiserliche Operationsheer und gab Gustav Adolf freie Hand. Dieser beschloß, gegen Frankfurt an der Oder vorzugehen, eine Maßnahme die außerdem als Diversion dienen sollte, denn Tilly konnte dem Fall dieser wichtigen Stadt nicht tatenlos zusehen.

Als Diversion war der Angriff auf Frankfurt aber ein völliger Fehlschlag, und zwar paradoxerweise wegen seines brillanten, blitzartigen Erfolges. Am 12. April erschienen die Schweden vor der Stadt, am 13. leitete ein konzentrierter Artillerieschlag den Sturmangriff ein. Dieser erfolgte mit solcher Wucht, daß die Angreifer zusammen mit den sich aus einem Vorwerk zurückziehenden Verteidigern in die Stadt eindrangen. 1.700

kaiserliche Soldaten wurden von den in den Straßen wütenden Siegern erschlagen, 1.000 gerieten in Gefangenschaft. Die Angreifer hatten 600 Tote und Verwundete verloren. Dann fielen die außer Rand und Band geratenen Schweden erbarmungslos über die (protestantische!) Zivilbevölkerung her und plünderten unter allen nur denkbaren Exzessen die Stadt. „Ist also Pommern nebenst Neumark befreiet", schrieb am 6./16. April Johann Banér, „die Porte nach der Schlesien eröffnet, Neuen Brandenburg revengiret, Tilly divertiret." (Generalstaben Bd. IV 1937, S. 143)

Tilly war mitnichten „divertiret", denn kaum hatte er seine Armee in Marsch gesetzt, um Frankfurt zu helfen, da kam schon die Nachricht vom Fall der Stadt, worauf der kaiserliche General wieder umkehrte und die Belagerung Magdeburgs fortsetzte. Gustav Adolf hoffte aber, seinen Gegner durch weitere Diversionen doch noch zum Abbruch seines Unternehmens bewegen zu können. Er machte sich an die Belagerung von Landsberg an der Warthe, die sich über zwei Wochen hinzog, bis die Besatzung am 25. April kapitulierte. Der König glaubte während dieser ganzen Zeit, Tilly sei im Begriff ihn anzugreifen. Tatsächlich ließ sich sein Gegner aber nicht mehr von Magdeburg fortlocken. Sollte der Stadt noch geholfen werden, dann mußte das auf direktem Wege geschehen.

Verhandlungen mit Brandenburg

Die Schwierigkeiten eines unmittelbaren Entsatzversuches waren zweierlei. Zum einen hatte Tilly 32.000 Mann im Raum Magdeburg stehen, während Gustav Adolf nicht mehr als 18.000 Mann an Feldtruppen mobilisieren konnte, zum anderen lagen zwischen den Schweden und der verbündeten Stadt Gebiete, die den neutralen Kurfürsten von Brandenburg und Sachsen gehörten. Selbst wenn der König das *odium* eines Neutralitätsbruchs auf sich hätte nehmen wollen, was politisch höchst bedenklich gewesen wäre, so glaubte er um die Sicherheit seiner rückwärtigen Verbindungen und eines eventuellen Rückzuges fürchten zu müssen, wenn ihm der Kurfürst von Brandenburg die Festungen Küstrin und Spandau nicht in die Hand gab. Die bloße Erlaubnis, die Flußübergänge bei diesen Festungen benutzen zu dürfen, die ihm der brandenburgische Gesandte Sigismund von Götzen am 26. April anbot, war ihm nicht Sicherheit genug. Am 9. Mai marschierte er auf Berlin, um seinen Schwager unter unmittelbaren Druck zu setzen. Dieser wollte aber auf die schwedische Forderung, die beiden Festungen besetzen zu dürfen, nur im Rahmen einer grundsätzlichen Abmachung eingehen. Am 12. Mai ließ er dem König den Vorschlag übermitteln, gegen die Garantie der brandenburgischen Erbfolge in Pommern könne Gustav Adolf das Oberkommando über die gemeinsamen Streitkräfte im Kurfürstentum, den freien Zugang zu allen Festungen außer Küstrin und Spandau sowie 20.000 Reichstaler Kontribution im Monat haben. Der Schwede war aber immer noch nicht zufrieden und bestand auf einem persönlichen Gespräch, welches am folgenden Tag stattfand. Er wollte 25.000 Reichstaler pro Monat, das absolute Direktorium im Bündnis mit Zugang zu sämtlichen Festungen und uneingeschränkten Beitritt Brandenburgs zum schwedisch-pommerschen Vertrag einschließlich der Zusage, für die Räumung Pommerns nach Friedensschluß eine Kriegsentschädigung zu bezahlen. Georg Wilhelm blieb hartnäckig und weigerte sich, diesen Bedingungen zuzustimmen. Um aber den Entsatz Magdeburgs nicht unmöglich zu machen, verschob man den Abschluß einer förmlichen Allianz auf spätere Zeiten und einigte sich auf eine vorübergehende Zulassung schwedischer Truppen in Spandau und Küstrin, die auf die Dauer des Magdeburger Unternehmens begrenzt war.

Die Katastrophe von Magdeburg

Nun rückten die schwedischen Truppen über Spandau auf Potsdam vor, wo sie am 16. Mai eintrafen. Dort blieb man die nächsten Tage stehen, um auf die Erlaubnis des sächsischen Kurfürsten zu warten, bei Wittenberg oder Dessau über die Elbe zu gehen. Am 21. Mai traf die Absage Johann Georgs ein, worauf Gustav Adolf den für weniger günstig erachteten Anmarsch entlang der Havel, bei dem kein sächsisches Territorium berührt worden wäre, ins Auge faßte. Weitere Überlegungen erwiesen sich jedoch als müßig, da man nun die Nachricht von der Katastrophe Magdeburgs erhielt. Nachdem die Stadt einen letzten beschwörenden Appell Tillys zur Übergabe im Vertrauen auf die Hilfe Gustav Adolfs abgelehnt hatte, ließ der kaiserlich-ligistische Feldherr auf Drängen Pappenheims am 20. Mai stürmen. Durch einen geglückten Handstreich drangen die Angreifer sofort in die Stadt ein, bei den nun einsetzenden erbitterten Straßenkämpfen fiel Dietrich von Falkenberg, der schwedische Kommandeur, der mit fanatischer Entschlossenheit die Verteidigung geleitet hatte. Die kaiserlich-ligistischen Soldaten, denen nach dem Kriegsrecht die Plünderung eines mit stürmender Hand genommenen Platzes zustand, gerieten völlig außer Kontrolle und liefen Amok in den Straßen der unglücklichen Stadt. Wahrscheinlich wäre das Ergebnis nicht sehr viel schlimmer gewesen als in Frankfurt an der Oder, aber es brachen Brände aus, die ein plötzlich auftretender Nordostwind zu einem die ganze Stadt erfassenden Feuersturm entfachte. Vergeblich bemühte sich Tilly, seine enthemmte Soldateska zum Löschen anzuhalten. Es gelang nur mehr, den Dom und das Prämonstratenserkloster U. L. Frauen zu retten, der Rest der Stadt brannte völlig nieder. Außer den 4.000 Verteidigern dürften etwa 15.000 Menschen den Tod gefunden haben, die meisten waren in Kellern und sonstigen Verstecken erstickt.

Die Zerstörung Magdeburgs stellte nicht nur eine beispiellose Katastrophe für die Stadt und ihre Bürger dar, sie war auch das ärgste Mißgeschick, das die katholische Sache und Tilly persönlich treffen konnte. Die kaiserlich-ligistische Führung hatte damit gerechnet, auf das stark befestigte und im Augenblick der Eroberung immer noch reichlich verproviantierte – nur der Pulvervorrat war zur Neige gegangen – Magdeburg gestützt, ihre bisher in dem ausgesogenen Erzstift schlimmsten Mangel leidenden Truppen im Umkreis der Stadt konzentriert halten zu können, um jedem weiterem Vordringen des Gegners aus einer Position der Stärke heraus entgegenzutreten. Der große Brand hatte nun Quartiere und Magazine restlos zerstört, die Stadt war nicht nur als Hauptfestung und Operationsbasis wertlos geworden, die katastrophale Versorgungslage zwang Tilly auch, bald nach seinem Pyrrhussieg den Raum Magdeburg mit dem Gros seiner Truppen zu verlassen.

Tilly hätte seinen eigenen strategischen Interessen nicht schlimmer zuwiderhandeln können, als indem er die eben eroberte Stadt absichtlich hätte anstecken lassen – eben dieser absurde Vorwurf hat aber das Bild von dieser Katastrophe bis weit ins 19. Jahrhundert hinein beherrscht. Der protestantisch-schwedischen Propaganda boten die Magdeburger Greuel die willkommene Gelegenheit, die militärische Niederlage zur moralischen Vernichtung des Gegners zu benutzen und die bis dahin nur stockend zustandekommende Allianz gegen den Kaiser durch Schrecken und Empörung voranzutreiben und zu festigen.

In der Mitte des 19. Jahrhunderts wurde diese Darstellung jedoch von einzelnen Historikern in Zweifel gezogen, und die nun einsetzende intensive Durchforschung der Quellen erwies schon bald die Unhaltbarkeit der herrschenden Auffassung. Das wiederum verursachte in den folgenden Jahrzehnten eine mit heftiger Polemik betriebene Suche nach dem eigentlichen Brandstifter von Magdeburg, bei der auch die Verteidiger selbst bald in den Kreis der Verdächtigen gerieten. Die schweren Nachteile, die der Brand der Stadt für die Sieger mit sich brachte, legten in der Tat die Vermutung nahe, Falkenberg oder andere Fanatiker hätten Magdeburg angezündet, um es nicht intakt dem Feind in die Hände fallen zu lassen.

Der protestantische Historiker Karl Wittich, der bedeutendste Vertreter dieser Hypothese, hielt jedenfalls Falkenberg für den Verantwortlichen und glaubte, dieser habe auf eigene Faust, ohne Auftrag Gustav Adolfs gehandelt. Andere, meist katholische Forscher wie Onno Klopp unterstellten dem König selbst dieses „höllenartige Stratagem". Zusammenfassend läßt sich mit Hans Teitge wohl feststellen, daß die Brände mit größter Wahrscheinlichkeit aus spontanen, nicht geplanten Brandlegungen während der Straßenkämpfe hervorgingen und durch den Sturm sich über die Stadt verbreiteten.

Fast 300 zeitgenössische Zeitungen, Flugblätter und Pamphlete beschäftigten sich mit der Zerstörung von Magdeburg. Darunter befanden sich auch Rechtfertigungsschreiben Tillys und Gustav Adolfs. Der Sieger bedauerte den Starrsinn der Stadt, der es zum Sturmangriff habe kommen lassen, und er warnte vor falschen Freunden, „welche nur *Dominatum* [Herrschaft] und Privatinteresse suchen." Gustav Adolf ging in seiner Schrift „Kurtzer aber gegründeter Bericht, Warumb die Königl. Maj. zu Schweden der Stadt Magdeburg nicht secundiren können", die 1631 wenigstens zwölf Auflagen erlebte, auf die Frage nach dem Brandstifter nicht ein – daß es für den Leser der Feind gewesen sein sollte, war ohnehin klar –, ihm ging es um die politische und militärische Verantwortung. Daß Magdeburg gefallen und niedergebrannt war, obwohl Gustav Adolf sich mehrmals verpflichtet hatte, der Stadt zu helfen, mußte das Vertrauen in die Zuverlässigkeit schwedischer Versprechungen erschüttern und abschreckend wirken auf potentielle Bundesgenossen. Konsequenterweise schob der König die Schuld ganz und gar auf die Kurfürsten von Brandenburg und Sachsen sowie auf die Magdeburger selbst, auf ihr Zögern, auf ihren Geiz, auf ihre Uneinigkeit, auf ihr mangelhaftes Einschreiten gegen Verrat in den eigenen Reihen. Mit gerechtfertigter Empörung spricht hier Moriz Ritter (1908, Bd. III, S. 492) von „der kalten Selbstsucht des Eroberers", mit der Gustav Adolf die unglücklichen Opfer seiner eigenen unverantwortlichen Versprechungen zu Sündenböcken gestempelt habe.

Schwerer wiegen die Vorwürfe gegen die beiden protestantischen Kurfürsten. Hätte der König den Magdeburgern helfen können, wenn sich Georg Wilhelm von Brandenburg und Johann Georg von Sachsen kooperativer verhalten hätten? Man muß in der militärischen Reaktion Gustav Adolfs auf das Magdeburger Problem drei Phasen unterscheiden. Die erste war die weitaus längste und reichte vom Abschluß des Bündnisses im August 1630 bis zum Beginn der ernsthaften Belagerung durch Tilly Anfang April 1631. Während dieser Monate hielt der König die Lage nicht für drängend, da die Stadt offensichtlich keiner ernsten Gefahr ausgesetzt war. Sie erfüllte in seinem strategischen Konzept eine nützliche Funktion, indem ihre Blockade feindliche Kräfte band und die Existenz eines schwedischen Bollwerks und potentiellen Unruheherds irritierend auf die gegnerische Führung wirken mußte. Als dann die eigentliche Belagerung begann und die Situation Magdeburgs sich rasch verschlechterte, ging Gustav Adolf zu Diversionen über, die zweifellos ernst gemeint waren, aber letztlich nichts halfen. Es war ihm kein Operationsziel zugänglich, das für die Gegenseite eine dem Besitz von Magdeburg gleichkommende Bedeutung besessen hätte und durch dessen Bedrohung Gustav Adolf die Kaiserlichen zur Aufgabe ihres Unternehmens hätte zwingen können.

Ende April war das Scheitern der Diversionsstrategie offenkundig und Gustav Adolf bereitete nun den direkten Entsatzversuch vor. Wäre ein solcher wirklich zustande gekommen, dann hätten die Schweden einem weit überlegenen Gegner bei Magdeburg eine Schlacht liefern müssen, die sie mit einiger Wahrscheinlichkeit verloren hätten. Selbst wenn es wider Erwarten gelungen wäre, die sächsische Armee zur Teilnahme an dieser Operation zu bewegen, hätte das nur eine recht unerhebliche Verstärkung bedeutet, da die Rüstungen Johann Georgs damals noch in den Anfängen steckten. Die kleinliche und somit zeitaufwendige Verhandlungsführung mit dem Brandenburger, dessen Neutralität Gustav Adolf mit seinem Einmarsch ohnehin schon mit Füßen getreten hatte, und das tagelange Zuwarten in Potsdam, obwohl man sofort die Route entlang der Havel hätte einschlagen können, sind meines Erachtens deutliche Hinweise darauf, daß der ganze Entsatzversuch nur Alibifunktion hatte. Gustav Adolf, der zwei Monate zuvor unter ungleich günstigeren Umständen den Entsatzversuch für Neubrandenburg unterlassen hatte und der direkten Konfrontation mit Tilly aus dem Wege gegangen war, wollte nicht das Schicksal seines ganzen großen Unternehmens aufs Spiel setzen, um eine Stadt zu retten, mochte diese noch so wichtig sein und mochte er noch so sehr im Worte stehen. Leicht gefallen ist dem König das gewiß nicht, schon in Anbetracht des zu erwartenden Prestigeverlustes und der daraus resultierenden politischen Konsequenzen. Diese Handlungsweise muß als verständlich und wohl auch als militärisch richtig beurteilt werden, für Sentimentalitäten war dies gewiß nicht der Augenblick.

Auch blieb dem König nichts anderes übrig, als die Schuld auf die Uneinigkeit und den Eigennutz im protestantischen Lager zu schieben, wobei ihm das vorhersehbare Verhalten der beiden Kurfürsten natürlich bestens entgegenkam. Die Wahrheit hätte nur dem Gegner gedient, und so konnte aus dem Magdeburger Desaster, diesem Menetekel protestantischer Zwietracht, doch noch ein Umdenken in Deutschland resultieren, worum sich denn des Königs Propaganda in den nächsten Wochen auch redlich und mit Erfolg bemühte. All dies mag durch die politischen und strategischen Sachzwänge geboten und gerechtfertigt gewesen sein, wirkliche moralische Schuld hatte Gustav Adolf jedoch auf sich geladen, als er viele Monate vor der abschließenden Katastrophe, mit deren Furchtbarkeit er gewiß nicht hatte rechnen können, die Magdeburger durch ungerechtfertigt optimistische Versprechungen verleitet hatte, den Weg zu beschreiten, der sie in den Untergang führen sollte.

Pläne für weitere Bündnisse

An eben dem Tag, an dem Magdeburg in Flammen aufging, legte Dr. Jakob Steinberg, ein Berater Gustav Adolfs, eine Schrift vor, in der er sich mit der weiteren Vorgehensweise in Deutschland befaßte, insbesondere in bündnispolitischer Hinsicht. Sie trug den Titel *„Norma futurarum actionum"* [Richtschnur für die künftigen Aktionen]. Steinberg riet davon ab, sich mit geschlossenen Blöcken protestantischer Staaten zu verbinden, vielmehr sollte man Allianzen mit einzelnen Reichsständen abschließen, wobei die Eventualkonföderation mit Hessen-Kassel als Muster dienen konnte. Der König hatte sich grundsätzlich das absolute Direktorium für die Dauer des Krieges einräumen lassen. Die Motivation dieser Bündnisse war primär militärisch. Die alten Rechte und Freiheiten der Alliierten waren zu respektieren, die Verpflichtungen derselben bestanden darin, die Schweden mit Geld und Leuten zu unterstützen, ihnen ihre Festungen zur Verfügung zu stellen und im Bedarfsfall für Quartiere und Verpflegung zu sorgen. Aus all diesen Einzelbündnissen sollte eine große Allianz der evangelischen Reichsstände entstehen mit Gustav Adolf als ihrem Haupt. Damit wurde erstmals die Idee eines *Corpus Evangelicorum* unter schwedischer Führung formuliert.

Georg Wilhelm von Brandenburg war laut Dr. Steinberg so schnell wie möglich als Bundesgenosse zu gewinnen, notfalls mußte man ihm Zugeständnisse machen. Die tatsächlichen Verhandlungen, die zwischen Schweden und Brandenburg nach dem Fall von Magdeburg wieder aufgenommen wurden, verliefen zunächst aber in einem ausgesprochen ruppigen Ton. Gustav Adolf schraubte seine Forderungen immer höher hinauf und drohte seinem Schwager mit der dauernden Aneignung nicht nur Pommerns, sondern auch der von schwedischen Truppen besetzten Teile Brandenburgs. Am 20. Juni marschierte er wieder auf Berlin, um persönliche Verhandlungen zu erzwingen. Diese verliefen dann in einer überraschend harmonischen Atmosphäre, für die Georg Wilhelm, wie schon im Mai, sorgte, indem er sämtliche weibliche Angehörigen seines Hofes dem König als Vorauskommando entgegenschickte. In den am 21. Juli getroffenen Abmachungen trat der Kurfürst Spandau für die Dauer des Krieges ab, garantierte den Oderübergang bei Küstrin und teilte sein Land in zehn Quartierbezirke ein, von denen jeder monatlich 3.000 Reichstaler Kontribution an die Schweden zahlen sollte. Alle weitergehenden Forderungen ließ Gustav Adolf fallen, nicht einmal ein nominelles Bündnis kam zustande.

Man hat angenommen, die schonende Behandlung Brandenburgs sei darauf zurückzuführen, daß bei dieser Zusammenkunft die Verheiratung des Kurprinzen Friedrich Wilhelm – des späteren Großen Kurfürsten – mit der schwedischen Kronprinzessin Christina beschlossen worden sei. Das Heiratsprojekt scheint jedoch keine bedeutende Rolle bei den Besprechungen gespielt zu haben, und Gustav Adolfs Mäßigung wird man damit begründen müssen, daß er den hartnäckigen und durch das schwedische Imponiergehabe nicht zu erschütternden Kurfürsten nicht mit Gewalt zwingen konnte. Mit seinem durch das Magdeburger Fiasko angeschlagenen Prestige durfte er sich kein Verhalten leisten, durch das er sich ins Unrecht gesetzt und andere potentielle Bundesgenossen verschreckt hätte.

Erfolgsversprechende Kontakte gab es außer mit Hessen-Kassel vor allem mit dem Herzog Wilhelm von Sachsen-Weimar und dessen Bruder Bernhard. Der Fall von Magdeburg und der anschließende Marsch Tillys ins Thüringische erschreckten Wilhelm jedoch dermaßen, daß er alle Abmachungen widerrief, seine aufgrund der Leipziger Beschlüsse angeworbene Armee auflöste und zu Johann Georg von Sachsen floh. Bernhard begab sich dagegen ins schwedische Lager und begann unter Gustav Adolfs Fahnen eine der großen militärischen Karrieren des Dreißigjährigen Krieges.

Operationen in Mitteldeutschland und Mecklenburg

Tilly war nach der Eroberung Magdeburgs nicht, wie zunächst befürchtet, auf Gustav Adolf losmarschiert, um eine Entscheidung zu erzwingen, sondern hatte sich mit dem größeren Teil seines Heeres nach Süden, gegen Thüringen, gewandt. Dafür gab es zum einen logistische Gründe, zum anderen beunruhigten den Feldherrn die Rüstungen der protestantischen Fürsten in seinem Rücken, und schließlich wollte er den aus Italien anrückenden Verstärkungen entgegenkommen. Auch wird er aufgrund seiner bisherigen Erfahrungen damit gerechnet haben, Gustav Adolf würde sich bei Annäherung der kaiserlich-ligistischen Hauptmacht einer offenen Feldschlacht wieder entziehen. Während Tilly mit 17.000 Mann nach Süden abmarschierte, blieb Pappenheim mit 13.000 zunächst im Raum Magdeburg stehen und ging dann nach Norden bis Tangermünde vor, wo er eine Schiffsbrücke über die Elbe legte. Gustav Adolf ließ die Havellinie befestigen, um Brandenburg gegen Pappenheim zu decken, ansonsten verhielten sich die Schweden an dieser Front bis Anfang Juli abwartend.

Dagegen wurden die in Mecklenburg unter Åke Totts Kommando zurückgelassenen Truppen aktiv. Anfang des Jahres gab es noch zwei isolierte kaiserliche Garnisonen an der pommerschen Küste, die hartnäkkig aushielten, Kolberg und Greifswald. Erstere kapitulierte im März, aber Greifswald leistete im Juni immer noch Widerstand. Unmittelbar nach Abschluß der Verhandlungen mit dem Kurfürsten von Brandenburg begab sich Gustav Adolf nach Stettin, um persönlich das Kommando zu übernehmen. Aber er war kaum angekommen, da erhielt er schon die Nachricht, daß die Kaiserlichen nach dem Tod ihres tapferen Kommandanten Perusi Greifswald endlich übergeben hatten. Damit wurden alle an der Küste stehenden schwedischen Kräfte zum Angriff auf Mecklenburg frei. Der König hielt nun seine Anwesenheit auf diesem Kriegsschauplatz für überflüssig und kehrte nach Brandenburg zurück. Totts Offensive führte bis zum September zur Eroberung des größten Teils von Mecklenburg. Am 29. Juli wurde Schwerin genommen, am 16. September kapitulierte nach längerer Belagerung Rostock, und die von Wallenstein vertriebenen Herzöge konnten in ihre Hauptstadt einziehen.

Das befestigte Lager von Werben

Wieder in Brandenburg eingetroffen, beschloß Gustav Adolf die Abwesenheit Tillys auszunutzen, um einen Übergang über die Elbe zu gewinnen und das noch wenig ausgeplünderte Land im Westen des Flusses zur Verpflegung seiner Armee zu nutzen. Am 12. Juli nahm er Tangermünde und überschritt dort die Elbe. In den nächsten Tagen zog er alles an Truppen an sich, was an der Havellinie verfügbar war, und marschierte von Tangermünde nordwärts nach Werben, wo er mit der Anlage eines befestigten Lagers begann. Unmittelbar gegenüber der Einmündung der Havel macht die Elbe hier einen U-förmigen Bogen nach Westen. Quer über die so entstehende Halbinsel legte Gustav Adolf unter Einbeziehung der Stadtbefestigung von Werben eine Linie von Verschanzungen an. Es war eine perfekte Verteidigungsstellung. An beiden Flanken und im Rücken bot der Fluß vollkommene Sicherheit, der Gegner mußte die 4 km lange schwer befestigte Südfront des Lagers frontal angreifen. Zwei Schiffsbrücken über die Elbe sicherten im Rücken die Verbindung zum rechten Ufer und zur Havel. In diesem Lager konzentrierte der König bis zum Ende des Monats 8.600 Mann Infanterie, 6.400 Reiter und nicht weniger als 150 Geschütze.

Als Tilly vom Elbübergang seines Gegners hörte, marschierte er mit Teilen seiner in Thüringen stehenden Truppen schleunigst wieder nach Norden, um sich mit Pappenheim zu vereinigen und die Entscheidung zu suchen. Gustav Adolf unternahm mit seiner Kavallerie eine Rekognoszierung in Richtung auf den anrückenden Gegner. Am 26. Juli überfielen die schwedischen Reiter mit Erfolg kaiserliche Kavallerieabteilungen bei Burgstall. Als Tilly und Pappenheim schließlich vor Werben erschienen, ließ die Stärke der feindlichen Stellung sie von einem ernsthaften Angriff absehen. Mit 5.600 Reitern und 11.400 Infanteristen verfügten sie nur über eine geringe numerische Überlegenheit und durften von einem frontalen Ansturm auf die mit Artillerie gespickten Schanzen nichts weiter als ein sinnloses Massaker unter ihren Truppen erwarten. So kam es am 7. und 8. August zu einigen tastenden Vorstößen und Scharmützeln, nach denen die kaiserlich-ligistischen Feldherren das Gefecht abbrachen und auf Tangermünde zurückgingen. Damit hatte Gustav Adolf in seinem ersten persönlichen Aufeinandertreffen mit Tilly das Feld behauptet.

Die nicht ausgefochtene Schlacht von Werben stellte einen bedeutenden und dringend benötigten moralischen Erfolg für die Schweden dar, obwohl der König sein eigentliches Ziel, den Gegner zum Angriff auf seine Stellung zu verleiten, verfehlt hatte. Die Zeit arbeitete im Moment für Tilly. Die aus Italien anmarschierenden kaiserlichen Truppen unter Egon von Fürstenberg zerschlugen in Süddeutschland gerade alles, was sich nach dem Leipziger Konvent an protestantischem Widerstand zu formieren begonnen hatte. In Kürze war mit ihrem Eintreffen in Mitteldeutschland zu rechnen, wodurch Tilly eine beträchtliche zahlenmäßige Überlegenheit gewinnen würde. Wenigstens hatte nun Wilhelm V. von Hessen-Kassel die Brücken hinter sich abgebrochen, nachdem seine 7.000 Mann starke Armee durch Tillys Abmarsch nach Werben gerade noch vor der Vernichtung bewahrt worden war. Er griff die zu seiner Beobachtung zurückgelassenen kaiserlichen Kräfte an und zerstreute sie. Am 22. August ratifizierte er auf der Basis der Eventualkonföderation sein Bündnis mit Schweden. In dem Landgrafen hatte Gustav Adolf einen energischen und zuverlässigen Alliierten gewonnen, den wenig Skrupel wegen seiner

Pflichten gegenüber Kaiser und Reich plagten. Einige Wochen zuvor schon hatte zu ähnlichen Bedingungen Johann Friedrich von Holstein-Gottorp, ein Onkel Gustav Adolfs, der durch das Restitutionsedikt aus seiner Diözese Bremen vertrieben worden war, ein Bündnis abgeschlossen. Der Mann, in dem sowohl Tilly als auch Gustav Adolf die Schlüsselfigur der kommenden Ereignisse sahen, hielt sich aber nach wie vor aus dem Spiel, Johann Georg von Sachsen.

Der Kriegseintritt Sachsens

Der Kurfürst war durch den Übertritt Brandenburgs und Hessen-Kassels ins schwedische Lager in eine isolierte Position geraten. Den Beschlüssen von Leipzig gemäß war sein General Arnim dabei, eine Armee aufzubauen. Tilly beobachtete die sächsischen Rüstungen mit größtem Mißtrauen und forderte mehrfach ihre Einstellung. Der kaiserlich-ligistische Oberbefehlshaber war schon während der Belagerung von Magdeburg zu der festen Annahme gelangt, der Kurfürst werde früher oder später mit Schweden gemeinsame Sache machen. Deshalb mußte er seiner Meinung nach möglichst bald gezwungen werden, Farbe zu bekennen, damit man ihn rechtzeitig unschädlich machen konnte. Da Johann Georg trotz aller kaiserlichen Proteste fortfuhr, in größter Eile aufzurüsten, verlor Tilly im Laufe des Juni die letzten Zweifel an den gefährlichen Absichten des Kurfürsten und begann, ungeduldig auf Gegenmaßnahmen zu drängen. Der Kaiser hoffte aber noch immer, mit Kursachsen zu einem gütlichen Einvernehmen zu gelangen, und Maximilian von Bayern war schon aus prinzipiellen Erwägungen gegen die gewaltsame Niederwerfung eines Reichsfürsten.

Die Zurückhaltung Ferdinands und Maximilians hinderte Tilly freilich nicht, sächsischen Gesandten gegenüber eine Sprache von brutaler Offenheit zu führen, von der er sich wohl eine Klärung der Lage erwartete. So verlieh er Ende Juni seiner Auffassung Ausdruck, der Augsburger Religionsfriede sei ein den Katholiken aufgezwungenes *Interim* ohne bleibende Gültigkeit, die Kräfteverhältnisse im Reich hätten sich nun geändert und er könne Johann Georg nur raten, die widerrechtlich angeeigneten Stifter freiwillig aufzugeben. Diese Kompromißlosigkeit dürfte dem Kurfürsten den letzten Zweifel genommen haben, was er für seinen Besitzstand zu erwarten hatte, wenn die Schweden geschlagen würden und die Kaiserlichen und Ligisten endgültig die Übermacht erhielten.

Im August trat die sächsische Frage in ein entscheidendes Stadium. Johann Georg sah sich durch den Anmarsch der kaiserlichen Italienarmee aus Süddeutschland unmittelbar bedroht und machte Gustav Adolf am 17. August das mit seiner Neutralität kaum mehr in Einklang zu bringende Angebot, Tilly durch die Besetzung der thüringischen Pässe von seinen Verstärkungen zu trennen. Zur gleichen Zeit erhielt Tilly, der von den schwedisch-sächsischen Kontakten wußte, die langersehnte kaiserliche Vollmacht, gegen Kursachsen notfalls mit Gewalt einzuschreiten, während Maximilian nach wie vor strikt gegen ein solches Vorgehen war. Am 24. August forderte der General Johann Georg ultimativ auf, seine Armee dem Kaiser zu überlassen. Wie erwartet, reagierte der Kurfürst, der auf Anraten Gustav Adolfs seine Truppen schon außerhalb der unmittelbaren Zugriffsmöglichkeit Tillys zusammengezogen hatte, negativ. Daraufhin gab der kaiserlich-ligistische Oberbefehlshaber den Befehl zum Einmarsch in Sachsen.

Tillys Hauptarmee, die am 31. August die Vereinigung mit Fürstenbergs aus Italien zurückgekehrten Truppen vollzogen hatte, stand Anfang September in einer Stärke von 35.000 Mann bei Eisleben. Die sächsische Armee unter Arnim war dabei, sich mit ihrem Gros von 15.000 Mann von Leipzig auf Torgau zurückzuziehen. Gustav Adolf hatte 13.000 Mann im Lager von Werben konzentriert, in den Stellungen an Spree und Havel standen Banér und Horn mit 9.000 Mann, 5.000 Reiter waren zwischen Brandenburg und Gören verteilt. Der König begann gerade, seine Armee in Richtung auf Coswig westlich von Wittenberg zusammenzuziehen, um bereitzustehen, den Sachsen zu Hilfe zu kommen.

Am 4. September fiel Tillys Heer plündernd und brennend bei Merseburg und Halle in Sachsen ein. Das vom Krieg bisher noch ganz verschonte Land bot den ausgehungerten kaiserlich-ligistischen Truppen reichlich Beute. Währenddessen rückten am 8. September die Schweden in Wittenberg ein, und am 12. September wurde das Bündnis zwischen Gustav Adolf und Johann Georg geschlossen. Die Allianz sollte so lange dauern, wie vom Feind Gefahr drohte, eine nebulose Formulierung, die den Schweden später sehr zum Schaden gereichen sollte. Das *directorium* Gustav Adolfs wurde nur mit der Einschränkung anerkannt, die Operationen müßten im beiderseitigen Einvernehmen beschlossen werden. Es war ein Notbündnis, dessen Bedingungen weder den König noch den Kürfürsten befriedigten, aber man hatte keine Zeit für lange Verhandlungen. Der Sachse wäre ohne schwedische Hilfe Tilly hoffnungslos ausgeliefert gewesen, der Schwede brauchte dringend die Verstärkung durch Arnims Armee, um dem Gegner gewachsen zu sein.

„Das Schwert des Herrn.“ Die bald nach der Schlacht von Breitenfeld am 17. September 1631 entstandene Radierung feiert das schwedisch-sächsische Bündnis, das diesem Sieg vorausgegangen war. Im Hintergrund ist der Kampf im Gange, die Parteien sind durch den katholischen Schlachtruf „Jesus Maria“ und das protestantische „Gott mit uns“ gekennzeichnet. Gustav Adolf (links) und Kurfürst Johann Georg stehen neben einem Tisch und legen die Rechte auf das Evangelium, während aus den Wolken die Hand Gottes ihnen das Schwert überreicht, mit dem sie, wie im Text erwähnt wird, die Schlacht von Breitenfeld (Leipzig) gewinnen werden:

„Nun danckt und lobt alle Gott: das Blatt hat sich gewandt
Denn alles kan bald endern des Höchsten rechte Hand
Der giebt diß Schwert diesen Christlichen Potentaten
Drumb ist vor Leipzig die erst Schlacht wohl gerathen.“

Zahlreiche Zitate aus dem Alten Testament betonen das Gottesstreitertum der beiden lutherischen Fürsten und die Bibelfestigkeit des Protestantismus. Allerdings scheint der Verfasser der Kampfeslust und unbedingten Bündnistreue des zögerlichen Sachsen nicht ganz zu trauen, wie die Wahl des Zitats über dem Haupte des Kurfürsten andeuten mag: „Sey getrost und freudig, laß dir nicht grauen, entsetze dich nicht, dan der Herr dein Gott ist mit dir.“ (Jos. 1,9) (Nürnberg, Germanisches Nationalmuseum)

Aufmarsch zur Entscheidungsschlacht

Am 13. September überschritt das schwedische Heer bei Wittenberg die Elbe, am 14. erreichte es Düben, wo am folgenden Tag die von Torgau anmarschierende sächsische Armee zu ihr stieß. Am gleichen Tag kapitulierte nach kurzer Beschießung Leipzig vor Tilly, der am 12. vor den Mauern der Stadt erschienen war. Sowohl Gustav Adolf als auch Tilly wollten nun die Schlacht. Gleich nach der Vereinigung mit den Sachsen hielt der König in Düben einen Kriegsrat ab, an dem Johann Georg und Georg Wilhelm teilnahmen, die sich mittlerweile beide im Hauptquartier eingefunden hatten. Ähnlich wie bei den Diskussionen im Reichsrat, die dem deutschen Unternehmen vorausgegangen waren, machte sich Gustav Adolf zum *advocatus diaboli* und hielt den beiden Kurfürsten, für die möglicherweise ihre Existenz auf dem Spiel stand, alle Gefahren vor Augen, die aus der Annahme einer Feldschlacht entstehen konnten, und er stellte es ihnen frei, sich statt der Schlacht für eine weniger riskante Diversion zu entscheiden. Damit bürdete er ihnen natürlich auch die Mitverantwortung auf für das, was geschehen sollte. Er selbst war „zur Bataille der Zeit begierig", wie Adler Salvius mitteilt (Sveriges Krig IV, 1937, S. 449), und seine Entschlossenheit sprang auf die sonst so vorsichtigen Kurfürsten über. Johann Georg wurde hierbei gewiß vor allem von der Tatsache motiviert, daß bei längerem Zuwarten der Feind ihm sein so lange gehütetes Land ruinieren würde. Für Gustav Adolf war der ausschlaggebende Gesichtspunkt, daß er Tilly augenblicklich an Zahl überlegen war, daß dieser Zustand sich aber bald ändern konnte, da Tilly im Gegensatz zu ihm noch erhebliche Verstärkungen zu erwarten hatte.

Die Kräfteverteilung in Deutschland war am 15. September 1631 folgende. Gustav Adolf und seine Verbündeten verfügten nach den Berechnungen Sven Lundkvists und des schwedischen Generalstabswerks über 82.700 Mann, wovon 69.200 Mann Feldtruppen und 13.500 Garnisonstruppen waren. 24.900 Schweden und 18.300 Sachsen hatte er unter seinem eigenen Kommando bei Düben vereinigt. An der Elbe zwischen Torgau und Zerbit standen 400 Schweden und 3.200 Sachsen, in den Verteidigungslinien an Havel und Spree 4.200 Schweden und 1.000 Brandenburger, an Oder und Warthe 8.900 Schweden und 600 Brandenburger (bei den Schweden handelte es sich größtenteils um Hamiltons Schotten, Engländer und Iren, die endlich eingetroffen waren, aber nicht in Nordwestdeutschland, wie lange Zeit erwartet, sondern in Stettin), in Mecklenburg 5.000 Mann schwedischer und 3.000 einheimischer Truppen, in Pommern 6.200 Schweden und in Hessen die 7.000 Mann des Landgrafen.

Berücksichtigt man, daß am Tag der Schlacht von der Hauptarmee etwa 1.000 Mann infolge von Detachierungen fehlten, dann war es dem König gelungen, etwa 50% seiner Gesamtstärke oder 60% seiner Feldtruppen zur Entscheidung zu konzentrieren, was unter den Verhältnissen des Dreißigjährigen Krieges ein außergewönlich hoher Prozentsatz war.

Die Kaiserlichen und Ligisten verfügten im Reich über 99.000 Mann, von denen 72.000 als Feldtruppen gelten durften und 27.000 in Garnisonen lagen. Tillys Hauptarmee bei Leipzig zählte 34.000 Mann, von denen aber 1–2.000 zur Besetzung der Stadt benötigt wurden, so daß ihm für die Schlacht nicht viel mehr als 32.000 übrig blieben. 1.000 Mann standen bei Naumburg und Weißenfels, 4.500 bei Aschersleben südlich von Magdeburg, 6.500 bei Saalfeld in Thüringen, 10.000 bei Vacha in Hessen, 12.000 in Schlesien, 7.000 in Mecklenburg, 12.000 in Nordwestdeutschland, 10.000 in Südwestdeutschland, 2.000 in Böhmen. Somit brachte Tilly 33% der Gesamtstärke oder 45% der Feldtruppen aufs Schlachtfeld, was in Anbetracht der vielfältigeren Aufgaben und Bedrohungen der kaiserlich-ligistischen Armeen auch als bemerkenswerte Leistung angesehen werden muß. Hätte die Schlacht einige Tage später stattgefunden, dann hätte der mit seinen 6.500 Veteranen zum Zeitpunkt der Schlacht etwa 100 km entfernt durch Thüringen heranziehende Aldringen bei der Hauptarmee eintreffen können. Etwas länger noch hätte Fugger mit seinen 10.000 Mann gebraucht, mit denen er gerade dem Landgrafen im Hessischen gegenüberstand. Auch aus Schlesien sollten Truppen nach Sachsen in Marsch gesetzt werden. Tilly und Pappenheim, die noch am 16. nicht ernsthaft mit dem Angriff Gustav Adolfs gerechnet hatten, wollten sich aber die so lange vergeblich gesuchte Gelegenheit zur offenen Feldschlacht nicht entgehen lassen. Von ihrem Lager bei Möckern nordwestlich von Leipzig marschierten sie am frühen Morgen des 17. September dem König entgegen und formierten sich 7 km nordöstlich von Möckern auf der weiten Elbe zwischen Breitenfeld und Göbschelwitz zur Schlacht.

Die Schlacht bei Breitenfeld 1631

Die Schweden und Sachsen waren am Vorabend bis Wölkau, auf halbem Wege zwischen Düben und Leipzig, gekommen, wobei es Geplänkel zwischen den beiderseitigen Vortruppen gegeben hatte. Am nächsten Morgen ließ der König Schlachtordnung bilden, da man nun jeden Augenblick auf die Hauptmacht des Gegners stoßen konnte. Dieser kam auch alsbald auf der Höhe jenseits des Loberbaches in Sicht. Die sumpfigen Ufer

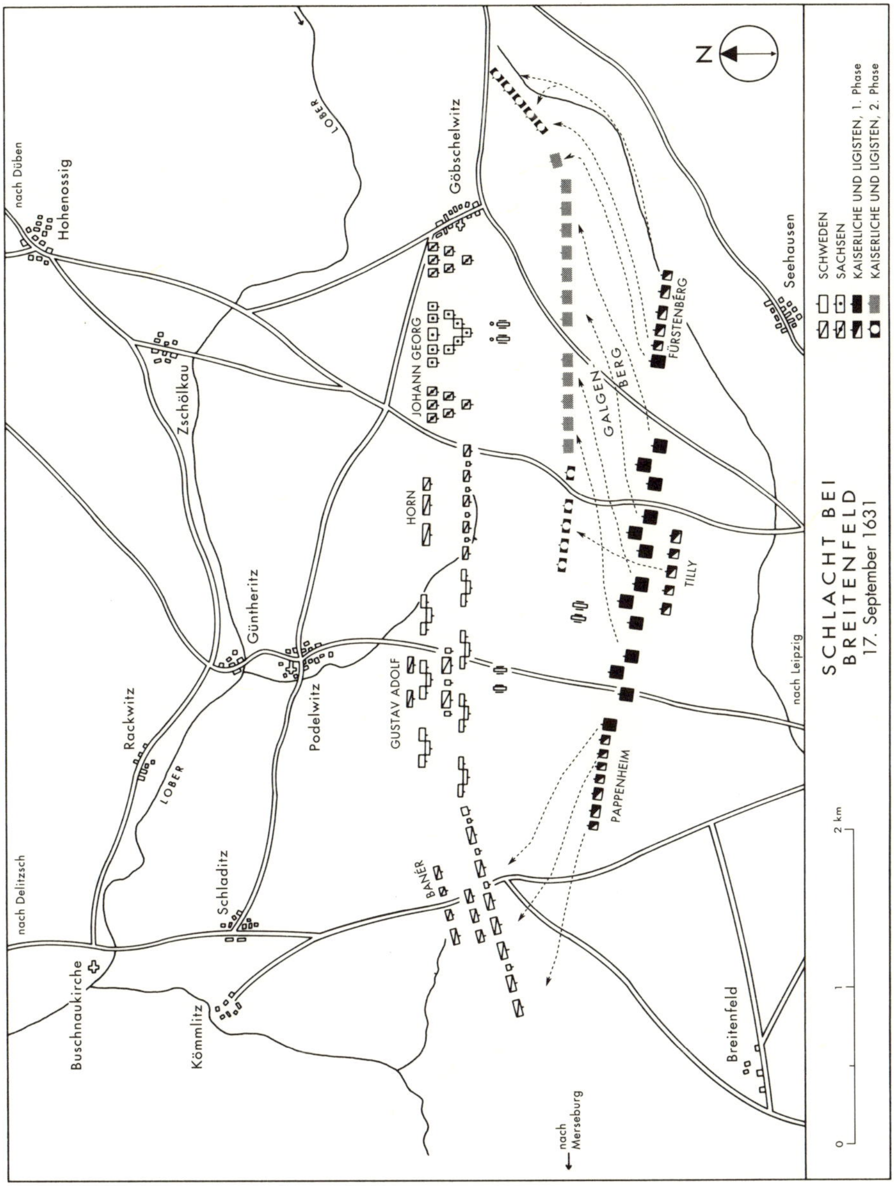

SCHLACHT BEI
BREITENFELD
17. September 1631
SCHWEDEN
SACHSEN
KAISERLICHE UND LIGISTEN, 1. Phase
KAISERLICHE UND LIGISTEN, 2. Phase
N
0
1
2 km
nach Düben
Hohenossig
Göbschelwitz
LOBER
Zschölkau
JOHANN GEORG
GALGEN
BERG
FÜRSTENBERG
Seehausen
HORN
TILLY
Güntheritz
Podelwitz
GUSTAV ADOLF
Rackwitz
LOBER
PAPPENHEIM
nach Leipzig
nach Delitzsch
Schladitz
BANÉR
Buschnaukirche
Kömmlitz
Breitenfeld
nach Merseburg

dieses an sich unbedeutenden Gewässers machten es erforderlich, daß die Front nochmals in Kolonnen zerlegt werden mußte, um das Hindernis zu überwinden. Hätte der Feind jetzt energisch angegriffen, wäre man in eine recht schwierige Lage geraten, doch es kam nur zu einigen Scharmützeln. Vermutlich hatte auch Tilly seine Vorbereitungen noch nicht beendet, außerdem wollte er seine Schlachtordnung nicht vorzeitig durcheinanderbringen. Nachdem der Loberbach überschritten war, rückten die Schweden aus der Senke auf die sanfte Anhöhe des Galgenberges hinauf, den Tilly zu seiner Stellung erwählt hatte. Bezeichnungen wie „Anhöhe" und „Berg" sind nur in Relation zum tiefer gelegenen Loberbachgrund aufzufassen, hat man diesen verlassen, dann wirkt das Gelände fast vollkommen flach. Leider ist das Schlachtfeld heute durch eine Autobahn, eine Mülldeponie und andere Eingriffe arg entstellt worden. Mangels markanter Punkte im Terrain ist die genaue Lokalisierung der einzelnen Positionen der beiderseitigen Schlachtordnungen nicht mit der Sicherheit möglich, wie sie das schwedische Generalstabswerk suggeriert. Das hat Sven Lundkvist (1963) nachgewiesen, der auch in einigen anderen Details die gängige Darstellung der Schlacht korrigieren konnte.

Unter heftigem Artilleriefeuer marschierten die Schweden und Sachsen parallel zu Tillys Front auf. Der Boden war infolge des außergewönlich regenarmen Sommers ganz trocken, und der Wind trieb Gustav Adolfs Männern große Staubwolken ins Gesicht, in die sich der Pulverdampf der Geschütze mischte. Die beiderseitigen Frontlinien waren jeweils etwa 4 km lang. Von der Teilnehmerzahl her dürfte Breitenfeld mit über 73.000 Kombattanten die größte Schlacht des ganzen Dreißigjährigen Krieges gewesen sein. Die schwedische Armee hatte nach Lundkvist 16.300 Mann Infanterie und 7.600 Reiter mit 12 Batteriestücken und 42 Regimentsstücken. Ihre sächsischen Verbündeten zählten 12.100 Mann Infanterie und 5.200 Reiter mit 10–20 Batteriestücken. Dem konnte Tilly höchstens 21.000 Mann Infanterie und 11.000 Reiter mit vermutlich 26 Batteriestücken entgegenstellen. Gustav Adolf war also an Infanterie um 7.400 Mann, an Kavallerie um 1.800 Mann und an Artillerie um wenigstens 38 Geschütze überlegen. Natürlich ist die Exaktheit der Kopfstärken in diesen Berechnungen fiktiv, doch dürfte es sich um ziemlich gute Annäherungswerte handeln. Barbara Stadler (1991, S. 541, 547) möchte die Gesamtstärke der kaiserlich-ligistischen Truppen auf 23.000 Mann mit 20 Geschützen reduzieren, bleibt hierfür aber den Nachweis schuldig. Die Annahme, Tilly habe sich auf eine Schlacht gegen eine fast doppelte Übermacht eingelassen, würde die Leistung beider Feldherren in unglaubwürdiger Weise mindern. Tilly hätte dann sein Schicksal geradezu mutwillig herausgefordert, zumal er ja noch erhebliche Verstärkungen zu erwarten hatte, und Gustav Adolfs Sieg wäre nur mehr als ein höchst ordinäres Niederringen eines hoffnungslos unterlegenen Gegners zu betrachten.

Tilly hoffte zweifellos, die höhere Durchschnittsqualität der kaiserlich-ligistischen Einheiten würden seine deutliche numerische Unterlegenheit ausgleichen. Diese Annahme stützte sich vor allem auf den Umstand, daß die sächsische Armee, die über 40% der Streitmacht Gustav Adolfs ausmachte, überwiegend aus frisch geworbenen Rekruten bestand, während sich die Zusammensetzung des Tillyschen Feldheeres gegenüber dem Winter wesentlich gebessert hatte, da man die unbrauchbarsten Elemente, die während der Operationen der letzten Monate größtenteils in Gefangenschaft geraten oder desertiert waren, durch aus Nordwestdeutschland herangeholte ligistische und aus Italien zurückgekehrte kaiserliche Veteranen ersetzt hatte. Die Masse seiner 11.000 Reiter hatte Tilly auf die Flügel verteilt, die Infanterie stand in vier Terciogruppen zu je drei Tercios und je einem beiderseits die Verbindung zu den Flügeln herstellenden Tercio im Zentrum, dahinter eine starke Reiterreserve. Die schachbrettartig angeordneten Tercios bildeten Scheintreffen, die sich im Gefecht sofort in eine Linie zusammenschoben. Tilly hatte also kein echtes zweites Treffen, was es ihm unmöglich machte, auf unvorhergesehene Entwicklungen flexibel zu reagieren. Gustav Adolf sah hierin übrigens den entscheidenden Fehler seines Gegners. Die Geschütze waren vor der Front des Zentrums in Stellung gegangen.

Die beiden von Gustav Adolf kommandierten Armeen standen in sich geschlossen nebeneinander, links die Sachsen in einem tiefen Treffen, rechts die Schweden, durchgehend in ein starkes erstes und ein schwächeres zweites Treffen gegliedert, dahinter jeweils eine schwache Reserve. Beide Armeen hatten ebenfalls die Standardaufstellung mit dem Fußvolk in der Mitte und den Reitern auf den Flügeln eingenommen, so daß sich die Reihenfolge Kavallerie–Infanterie–Kavallerie–Kavallerie–Infanterie–Kavallerie ergab. Arnim formierte das Zentrum und die beiden Flügel der Sachsen in jeweils einem großen Keil, die schwedische Infanterie bildete die oben beschriebenen Brigaden, die Kavallerie stand mit kommandierten Musketieren untermischt.

Die Schweden dehnten sich während des Aufmarsches immer weiter nach rechts, nach Westen aus – die Flügel beider Seiten hingen ja in der Luft – und drohten Tilly zu überflügeln. Meist wird als Motiv hierfür angegeben, Gustav Adolf habe durch dieses Rechtsziehen dem Gegner den Vorteil von Wind und Sonne abgewinnen wollen. Das schwedische Generalstabswerk schließt aus dem Manöver jedoch, dem König habe eine beiderseitige Umfassung des Gegners mit dem Ziel einer Vernichtungsschlacht à la Cannae vorgeschwebt. Das ist von Lundkvist überzeugend als eine unhaltbare Konstruktion erwiesen worden. Die Annahme, der König habe einen derartigen Plan verfolgt, verkehrt den Schlachtverlauf in sein Gegenteil, denn tatsächlich waren es Tilly und Pappenheim, die versucht haben, die schwedisch-sächsische Front von beiden Flanken her aufzurollen, wobei man ihnen gewiß nicht das moderne Konzept einer Kesselschlacht wird unterstellen dürfen.

Der Angriff Pappenheims

Das Rechtsziehen der Schweden ist wohl spontan befohlen worden und wird sich mit verschiedenen Absichten erklären lassen. Wahrscheinlich wollte man sich tatsächlich den entgegenwehenden Staub- und Rauchwolken sowie der Wirkung der gegenüberstehenden Artillerie entziehen. Ferner könnte Gustav Adolf beabsichtigt haben, die ungedeckte Flanke des Gegners zu bedrohen und so eine Folge von Manöver und Gegenmanöver auszulösen, bei dem er wußte, daß die beweglichere schwedische Armee im Vorteil sein würde. So ist es denn auch gekommen, wobei allerdings – gewiß wider Erwarten – die Initiative sogleich an den Gegner überging. Pappenheim, der den linken Reiterflügel Tillys kommandierte, reagierte auf den Überflügelungsversuch der Schweden mit einer massiven Attacke. Barbara Stadler (1991, S. 550) bestreitet, Pappenheim habe als erster angegriffen, denn aufgrund von Intrigen böswilliger bayerischer Kriegskommissare sei der Flügel des wallensteintreuen Feldmarschalls absichtlich zu schwach gemacht worden, um eine ernsthafte Offensive durchführen zu können. Letzteres sind Spekulationen, und die Tatsache, daß Pappenheim attackierte und nicht attackiert worden ist, geht klar aus den schwedischen Quellen hervor. Zuzugestehen ist jedoch, daß Pappenheims Angriff durch das überflügelnde Vorgehen Gustav Adolfs ausgelöst worden war und daher seinem Wesen nach als eine präventive Gegenattacke zu gelten hat. Mit dem Angriff des linken kaiserlich-ligistischen Flügels begann kurz nach 14 Uhr die eigentliche Schlacht. Pappenheims Kavallerie geriet in die kombinierte Feuer- und Schockwirkung der sich gegenseitig auf engem Raum unterstützenden schwedischen Reitereskadronen und Musketierabteilungen. Nachdem mehrere Frontalangriffe auf den von Johann Banér befehligten rechten Flügel Gustav Adolfs auf diese Weise zurückgeschlagen worden waren, holte Pappenheim immer weiter nach links aus und versuchte seinerseits dem Gegner in die offene Flanke zu kommen. Aber Banér ließ das zweite Treffen einen Haken nach rechts bilden und konnte so auch alle weiteren Attacken Pappenheims abwehren.

Niederlage der Sachsen

Während dieser erbitterte Kampf tobte, hatte Tilly sein Zentrum und seinen rechten Flügel zu einem konzentrierten Ansturm gegen die sächsische Armee vorgeführt. Zu diesem Zweck ließ er die Tercios seines Zentrums schräg nach rechts ziehen, so daß der schwedische linke Flügel unter Gustav Horn sich zunächst angegriffen wähnte und dann nicht mehr rechtzeitig reagieren konnte, um den so plötzlich mit Übermacht angefallenen Sachsen noch zu helfen, zumal Staub und Pulverdampf die Übersicht erschwerten. Durch das brillante Manöver hatte das Gros der kaiserlich-ligistischen Armee das überlegene Artilleriefeuer der Schweden umgangen, und fiel nun mit unwiderstehlicher Wucht auf den schwächsten Teil in der gegnerischen Schlachtordnung. Nach kurzem Widerstand brach die sächsische Armee zusammen und floh, angeführt von ihrem Kurfürsten, vom Schlachtfeld. Sven Lundkvist hat eine Ehrenrettung der ob ihrer raschen Flucht meist arg verhöhnten Sachsen versucht, und es scheint in der Tat, daß nur die Infanterie sich restlos vom Felde treiben ließ, während Teile der Reiterei sich mit größerer Hartnäkkigkeit wehrten und den Schweden des linken Flügels auch im weiteren Verlauf des Kampfes noch wertvolle Hilfe leisteten.

Auf jeden Fall war nach der sächsischen Niederlage das Kräfteverhältnis zuungunsten Gustav Adolfs umgeschlagen, und die siegreiche Hauptmacht Tillys befand sich tief in der offengelegten linken Flanke der Schweden. Der schottische Augenzeuge Robert Monro schildert die Bedrohlichkeit dieses Augenblicks, als die Kaiserlichen und Ligisten schon „*Victoria*!" schrien:

„Über dem Schlachtfeld lagen dichte Wolken, vor allem, weil so viel Staub aufgewirbelt worden war, so daß wir lange Zeit nichts erkennen konnten. Aber als die Sicht etwas besser wurde, erblickten wir links von unserer Reserve zwei große Infanterieformationen, die wir zunächst für sich zurückziehende Sachsen hielten. Wir hatten zwar den Gefechtslärm gehört, den Kampf selber aber nicht gesehen. Rasch fanden wir heraus, daß es der Feind war, der uns bereits sehr viel näher stand als vorher die Sachsen. S. M. [Gustav Adolf] schickte daher den Baron Tyvell los, damit er sich Gewißheit verschaffe. Der kam zu unserer Brigade, und ich bestätigte ihm, daß es der Feind sei. S. M. kam nun selbst und befahl

Oberst Hepburn, seine Brigade nach links schwenken zu lassen und den Feind anzugreifen. Der König entfernte sich wieder, nachdem er diesen Befehl erteilt und uns versprochen hatte, Verstärkung zu schicken. Die Formation des Feindes stand unerschüttert und blickte auf uns aus nächster Nähe, als unsere Brigade und die anderen schwenkten und Front gegen sie machten." (Monro II, 66)

Gegenangriff der Schweden

In der zunächst hoffnungslos erscheinenden Situation bewährte sich die Flexibilität der schwedischen Taktik. Noch bevor die durch den eigenen siegreichen Vorstoß in Unordnung geratenen Truppen Tillys sich zum vernichtenden Flankenstoß gegen Gustav Adolfs linken Flügel neu formiert hatten und nach links eingeschwenkt waren, bildete Horn aus dem zweiten Treffen und Teilen des ersten einen Haken und schritt seinerseits zur Offensive. Die Schweden trafen zuerst auf die Kavalleriereserve Tillys, die, noch ohne Unterstützung durch ihr Fußvolk, rasch dem kombinierten Einsatz der schwedischen Kavallerie- und Musketierabteilungen erlag. Als nun, wie von Monro geschildert, die ersten Tercios in den Kampf eingreifen wollten, wurden sie von Horn mit der Reiterei attackiert und zum Stehen gebracht, während Gustav Adolf das zweite Treffen seines Zentrums, das außer der kaiserlichen Artillerie ja faktisch keinen Gegner mehr vor sich hatte, Horn zur Hilfe schickte. Da inzwischen Banér am rechten Flügel zur Gegenattacke übergegangen war und die von ihren vergeblichen Angriffen erschütterte Reiterei Pappenheims größtenteils vom Feld getrieben hatte, wurden auch hier Truppen zum Einsatz gegen Tillys Hauptmacht frei. Die isolierte kaiserlich-ligistische Infanterie wehrte sich mit außerordentlicher Tapferkeit, doch konnte auch sie der Taktik der verbundenen Waffen auf die Dauer nicht standhalten, insbesondere, als die Schweden ihre Regimentsstücke, die zurückeroberten sächsischen Kanonen und schließlich die erbeuteten kaiserlichen Geschütze auf nächste Entfernung heranbrachten. In der Dunkelheit flohen die Trümmer des geschlagenen Heeres nach Halle, Merseburg und Leipzig. Tilly selbst war, mehrfach verwundet, nur knapp Tod oder Gefangenschaft entronnen.

Der Sieg und sein Preis

Die kaiserlich-ligistische Armee ließ 7.600 Gefallene und 6.000 Gefangene auf dem Schlachtfeld zurück, viele von den letzteren wurden von den

Schweden einfach ihrer eigenen Armee einverleibt. Außer den Getöteten muß es noch Tausende von Verwundeten gegeben haben. Wahrscheinlich war ein erheblicher Teil der Gefangenen blessiert, von den leichter Verwundeten mag auch eine Anzahl entkommen sein. Der blutige Gesamtverlust Tillys wird sich demnach auf kaum weniger als 12.000 Mann belaufen haben, etwa 38% seiner Armee. In Leipzig wurden nochmals 3.000 Gefangene gemacht, verfolgende Kavallerie und aufgebrachte Bauern brachten den zerstreut Fliehenden in der Nacht und an den folgenden Tagen weitere Verluste an Gefangenen und Erschlagenen bei. Viele Soldaten desertierten, und was noch übrig blieb, war so zersprengt und demoralisiert, daß die bei Breitenfeld geschlagene Armee vorerst als so gut wie vernichtet gelten konnte. Die ganze Artillerie, der ganze Troß und etwa 120 Fahnen und Standarten fielen den Siegern in die Hände. Von den letzteren kann ein Teil heute noch in der Stockholmer Trophäensammlung besichtigt werden. Die Sachsen sollen etwa 2.000 Tote verloren haben. Auch hier wäre noch eine beträchtliche Zahl von Verwundeten hinzuzuzählen. Das schwedische Fußvolk büßte 2.100 Mann ein, die Reiterei 1.450, worin jeweils die Verwundeten eingeschlossen sein dürften. Somit belief sich der Gesamtverlust des Siegers auf mindestens 5.600 Mann, wahrscheinlich waren es aber um die 7.000.

Die überproportional hohen Ausfälle der schwedischen Kavallerie weisen auf den herausragenden Anteil hin, den diese Waffengattung am Erfolg hatte. Laut Monro (II, 66) schrieb der König „den Sieg und den Ruhm nächst Gottes Hilfe der schwedischen und finnischen Reiterei zu, die der tapfere Feldmarschall Horn geführt hatte." Kaum minderer Verdienst kam der Kavallerie des rechten Flügels unter Johann Banér zu, die den großen Pappenheim besiegt hatte. Eine bedeutende Rolle hatte auch Lennart Torstensson gespielt, dessen quantitativ und qualitativ überlegene Artillerie dem Feind bös zugesetzt hatte. Das hohe Maß an Initiative und Kompetenz, das Horn, Banér, Torstensson und andere Generäle in dieser konfusen Schlacht zeigten, war ein Anzeichen dafür, daß in Gustav Adolfs Schule hervorragende Unterführer herangewachsen waren, von denen einige nach des Königs Tod beweisen sollten, daß sie auch das Zeug zum eigenständigen Feldherrn besaßen.

Der Sieg der Schweden bei Breitenfeld war nicht das Resultat eines vorgefaßten Schlachtplans, vielmehr war er der Triumph der Elementartaktik und damit der langjährigen Organisations- und Experimentiertätigkeit Gustav Adolfs über die große Taktik. Die Anlage der Schlacht durch Tilly darf trotz der Niederlage als beachtliche Feldherrnleistung gelten. Der mit aller Konsequenz in die Tat umgesetzte Gedanke, die Schweden in der Front nur mit Artillerie zu beschäftigen, die Sachsen so schnell wie möglich vom Feld zu jagen und von ihrer Position aus dann die Schweden von der Flanke her aufzurollen, hatte Gustav Adolf überrascht, ihm die Initiative geraubt und ihn und seine Unterführer zu improvisierten Reaktionen gezwungen. Bewußt oder unbewußt hatte Tilly die Taktik der schiefen Schlachtordnung angewandt, wie Andreas Kraus (S. 192) sehr richtig bemerkt, und das zunächst mit durchschlagendem Erfolg. Die Improvisationen Horns und Gustav Adolfs waren aber ausreichend, ihm den schon fast sicheren Sieg zu entwinden, denn es zeigte sich, daß die kaiserlich-ligistische Armee von der Aufgabe überfordert war, den Plan ihres Führers mit der Schnelligkeit und Präzision durchzuführen, die angesichts eines so gewandten und flexiblen, elementartaktisch überlegenen Gegners erforderlich waren.

Als Gustav Adolfs Soldaten in der einfallenden Dunkelheit ihre Freudenfeuer aus zertrümmerten Munitionswägen und erbeuteten Pikenschäften entzündeten, waren die Verhältnisse im Heiligen Römischen Reich Deutscher Nation vollkommen umgestürzt und Schweden hatte sich zur führenden Militärmacht in Europa aufgeschwungen. Nichts mehr war so an diesem Abend, wie es am Morgen noch gewesen war.

25 Monumentale Bronzebüste Gustav Adolfs aus dem Jahre 1632 (Detail). Der König saß dem Künstler, dem Wachsbossierer und Eisenschneider Hans von der Pütt, in dessen Nürnberger Werkstatt Modell. Ein Zeitgenosse berichtet, der König habe das 50 Pfund schwere lorbeerbekränzte Haupt der Büste, in „hiesiegem [Nürnberger] Lager mit einer Hand geschwungen und gegen den Spiegel wegen der Gleichheit gehalten, und da in der Pith [Pütt] gewarnet, darüber gelacht." Die Büste war für die Mainz gegenüber gegründete Festung Gustavsburg bestimmt. Pfalzgraf Karl Gustav, der nachmalige König Karl X., erwarb das Kunstwerk nach dem Westfälischen Frieden und schenkte es 1649 Gustav Adolfs Tochter, der Königin Christina. (Stockholm, Kgl. Arméförvaltningen)

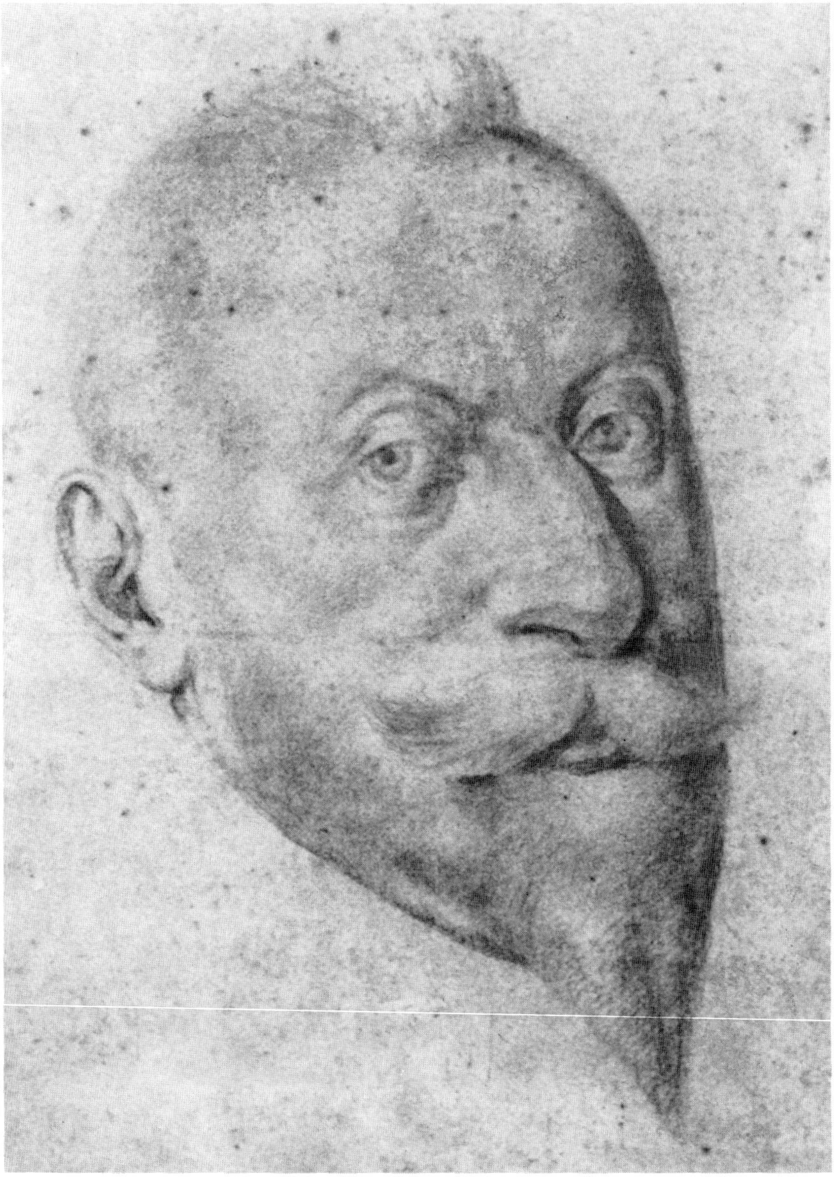

26 Porträt Gustav Adolfs aus dem Sommer 1632. Die Rötelzeichnung eines mit L. S. signierenden Künstlers, der wohl mit dem Nürnberger Maler und Stecher Lorenz Straub zu identifizieren sein dürfte, gilt als das letzte Porträt des Königs, mit Sicherheit ist es eines der realistischsten. Die Zeichnung wurde lange im Schulhaus von Madenhausen in Unterfranken aufbewahrt. (Würzburg, Mainfränkisches Museum, Dauerleihgabe des Evang.-Luth. Dekanats Schweinfurt)

27 Die Schlacht bei Lützen am 16. November 1632. Das Gemälde des großen niederländischen Schlachtenmalers Pieter Snayers stammt aus einem Zyklus, den der Künstler für den kaiserlichen Feldherrn Ottavio Piccolomini geschaffen hat. Snayers' Schlachtenbilder zeichnen sich durch große Zuverlässigkeit im Detail aus. Die Anhöhe im Vordergrund entspringt allerdings künstlerischer Konvention, um den vogelschauartigen Überblick pseudorealistisch zu verbrämen, wohl auch, um dem Künstler Gelegenheit zu geben, militärische Folklore auszubreiten. Tatsächlich ist die Gegend um Lützen fast vollkommen flach. Das Bild läßt uns von einem Standpunkt hinter der kaiserlichen Front das Schlachtfeld überschauen, ganz rechts am Bildrand das Städtchen Lützen, links davon die Windmühlen. Deutlich erkennbar die Schützengräben, die Wallenstein entlang der Straße nach Leipzig vor seiner Front anlegen ließ. Die kaiserliche Infanterie im Zentrum ist korrekterweise in niederländischer Manier formiert, die Pikeniere in der Mitte, flankiert von Musketierflügeln. Im Hintergrund ist die schwedische Armee in ihren typischen Brigadeformationen aufmarschiert. Der eigentliche Angriff hat noch nicht begonnen, die Artillerie ist aber schon aktiv geworden. (Wien, Kunsthistorisches Museum, als Leihgabe im Heeresgeschichtlichen Museum ausgestellt)

28 Der Tod Gustav Adolfs bei Lützen. Der niederländische Maler Jan Asselyn läßt auf seinem eindrucksvollen, wenn auch nicht in allen Details mit den Fakten übereinstimmenden Gemälde den König fälschlicherweise auf dem rechten schwedischen Flügel fallen. Ein Reiter im schwarzen Dreiviertelharnisch schießt dem König mit der Pistole in den Rücken. Diese im wesentlichen authentische Szene hat der Künstler eingebettet in ein barockes Reitergetümmel. Da der zum Zeitpunkt des Geschehens herrschende dichte Nebel nicht berücksichtigt ist, kann man im Hintergrund das Massengefecht und ganz in der Ferne das brennende Lützen erkennen. (Privatbesitz)

29a, b Silbermünze (5 Taler) auf den Tod Gustav Adolfs. Die von Sebastian Dattler geschnittene, in Erfurt geprägte Schaumünze stellt eine besonders qualitätvolle Variante eines aus Anlaß der Beisetzung des Königs im Sommer 1634 überall im schwedischen Machtbereich herausgegebenen Münzentyps dar. (Privatbesitz) Siehe dazu auch S. 469.

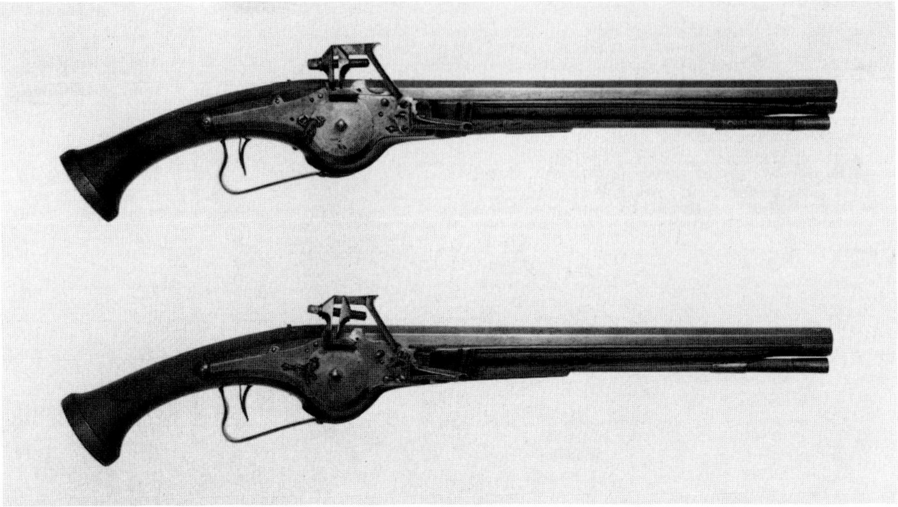

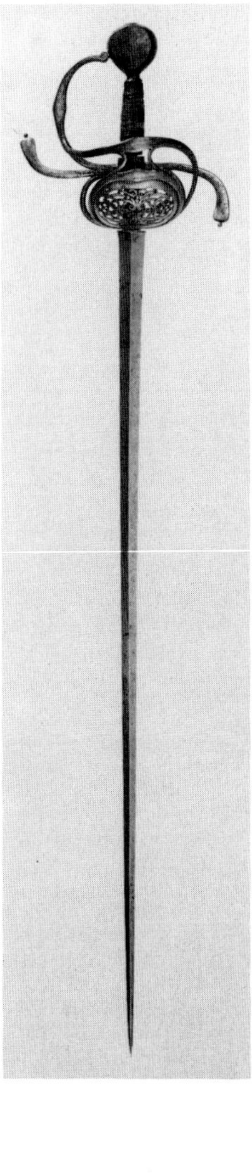

30 a, b Degen und zwei Radschloßpistolen, von Gustav Adolf in der Schlacht von Lützen am 16. November 1632 geführt. (Stockholm, Livrustkammaren)

31 a Das von Gustav Adolf bei Lützen gerittene Pferd „Streif". Der König hatte den Braunen 1631 von dem Obersten Johann Streif von Lauenstein für 1.000 *riksdaler* gekauft. Es wurde von derselben Pistolenkugel, die Gustav Adolf in den linken Unterarm getroffen hatte, am Hals verwundet und starb wenige Wochen nach der Schlacht in Wolgast. (Stockholm, Livrustkammaren) Siehe dazu auch S. 470. ▷

31 b Koller aus mit grüner Seide gefüttertem Elchleder, das Gustav Adolf bei seinem Tod in der Schlacht bei Lützen getragen hat. Das Einschußloch im Rücken ist deutlich zu erkennen. Hier wurde der König von einem Pistolenschuß getroffen. Dort, wo eine andere Pistolenkugel Gustav Adolf am linken Unterarm zuerst verwundet hat, ist der Ärmel sofort aufgeschnitten worden. Rechts vorne hat das Koller einen Einstich, der von einer mehrkantigen Blankwaffe herrührt (auf dem Bild nicht sichtbar). (Stockholm, Livrustkammaren) Siehe dazu auch S. 470. ▷

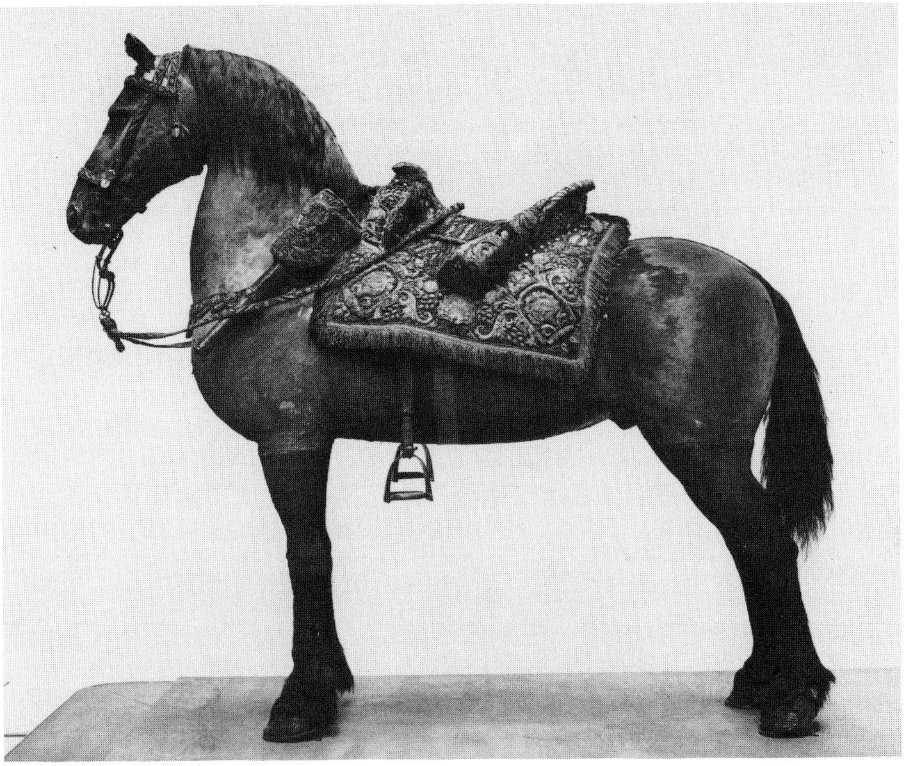

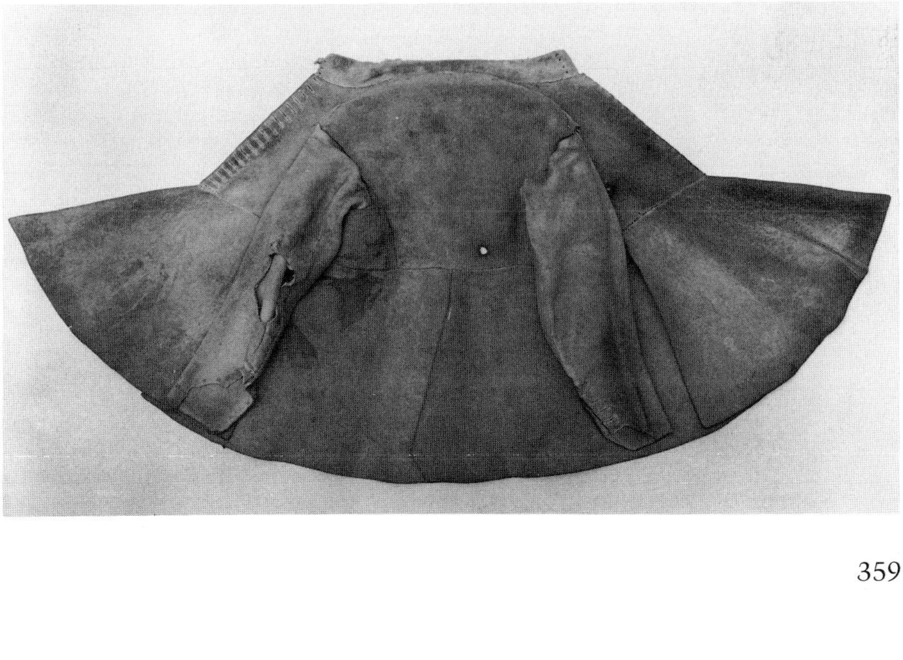

32 Modell für ein Denkmal Gustav Adolfs. Schon bald nach dem Tod des Königs regte Axel Oxenstierna an, auf dem Schlachtfeld von Lützen eine Gedächtniskapelle zu errichten. Wegen des Bündniswechsels des sächsischen Kurfürsten zwei Jahre nach Lützen konnte dann der Vorschlag nicht realisiert werden. Vermutlich stellt die Statue, die der junge Nürnberger Bildhauer Georg Schweigger im Jahre 1633 schuf, einen Entwurf für ein in der geplanten Kapelle zu errichtendes Monument dar. Die Skulptur aus farbig gefaßtem, teilweise vergoldetem Kelheimer Kalkstein zeigt den gefallenen König im Lederkoller, eine Radschloßpistole in der rechten Hand, auf einem Paradebett liegend. (Hamburg, Museum für Kunst und Gewerbe)

Die Höhe des Ruhmes

Der schwedische Triumph von Breitenfeld fuhr wie ein Blitzschlag in die politischen Konzepte aller am deutschen Krieg beteiligten Mächte. Er stellte nach der Schlacht am Weißen Berg im Jahre 1620 den zweiten großen Wendepunkt in der Geschichte des Dreißigjährigen Krieges dar. „Alles, was seit einem Jahrzehnt geschehen, war die Wirkung der Schlacht am Weißen Berg. Breitenfeld war, wenn wir so sagen dürfen, die Antwort darauf.“ (Leopold von Ranke 1869/1910, S. 150)

Die in elf Jahren militärischer Anstrengungen und Siege aufgebaute Übermacht des Kaisers und der Katholischen Liga lag in Trümmern, Spanien mußte fürchten, in den Sog der Niederlage hineingerissen zu werden, der Abstieg Dänemarks zu militärischer und politischer Zweitklassigkeit war noch einmal schlagend bestätigt worden, Sachsen, Brandenburg und die anderen protestantischen Reichsstände sahen sich einem dominierenden Schutzherrn ausgeliefert, Frankreich mußte vorerst die Hoffnung begraben, im Reich eine überkonfessionelle dritte Partei aufzubauen oder gar das weitere Vorgehen des schwedischen Verbündeten lenken zu können, Wallenstein hatte Genugtuung erfahren und durfte zuversichtlich mit seiner Wiederberufung rechnen. Gustav Adolf selbst schließlich sah sich an einem Punkt angelangt, wo ihn kaum mehr etwas mit der vertrauten Mächtekonstellation des Ostseeraums verband, sondern ganz neue Probleme, Möglichkeiten, Gefahren auf ihn warteten. Noch hatte er es freilich in der Hand, sich im Siege zu bescheiden, einen Kompromiß zu suchen, ein weiteres Vordringen nach Süden zu vermeiden. Das hätte jedoch dem Wesen des Königs und seines großen Unternehmens widersprochen. Gott hatte ihm einen Sieg von unerhörter Dimension geschenkt und ihn zum Herrn der Lage gemacht. Durfte er diese Gelegenheit zurückweisen, sich der großen Aufgabe entziehen, den Feind endgültig niederzuwerfen und die Verhältnisse im Sinne Schwedens, des Völkerrechts und der protestantischen Religion auf Dauer zu gestalten? Keinen Augenblick wird dem König dergleichen in den Sinn gekommen sein. Die Frage war nur, wie der Sieg von Breitenfeld am zweckmäßigsten auszunutzen war.

Die schlagartige Ausschaltung der feindlichen Hauptmacht ließ es nun zu, Gustav Adolfs grandiose Planungen vom vorigen Herbst ernsthaft ins Auge zu fassen und eine weit großzügigere Strategie zu betreiben als sie in der bündnispolitischen und logistischen Enge der ersten 15 Monate seit der Landung auf Usedom tatsächlich möglich gewesen war. Bisher hatte unbedingt gegolten, was Carl von Clausewitz 200 Jahre später in seiner Untersuchung über die Feldzüge des Schwedenkönigs schreiben sollte: „Ein kühner Invasions- und Schlachtenfeldherr war Gustav Adolf überall nicht ... er liebte mehr den künstlichen, manövrierenden, systematischen Krieg." (Clausewitz 1837, S. 47)

Man wird hierin gewiß weniger eine Frage der persönlichen Vorliebe sehen dürfen als eine der militärischen und politischen Sachzwänge, wobei bis zu einem gewissen Grade auch strategische Theorie und Konvention eine Rolle gespielt haben. Verglichen mit anderen Konflikten der Epoche wurden während des Dreißigjährigen Kriegs verhältnismäßig viele Schlachten geschlagen, und nicht wenige von ihnen hatten recht weitreichende strategische Folgen. Den deutlichsten Kontrast hierzu bildeten die Kämpfe in den Niederlanden, wo es im Laufe vieler Jahrzehnte nur zu ganz wenigen größeren Gefechten gekommen ist, die dann in der Regel eher geringfügige Resultate zeitigten. Dies war eine Folge der modernen Festungsanlagen, die man in den Niederlanden zu einem engmaschigen System ausgebaut hatte. In Deutschland dagegen, wo es im 16. Jahrhundert kaum größere kriegerische Verwicklungen gegeben hatte, verfügten die meisten Städte nur über veraltete und mittlerweile mehr oder weniger heruntergekommene Fortifikationen, von raumdeckenden strategischen Festungsgürteln konnte schon gar keine Rede sein. Auf diese Weise lief sich in Deutschland ein Sieg in offener Feldschlacht nicht sofort in einem erstickenden Netz von Festungen tot, sondern eröffnete große operative Gelegenheiten, deren konsequente Ausnutzung tiefgreifende Auswirkungen auf die Kräfteverhältnisse haben konnte.

Gustav Adolf hatte den mangelhaften Zustand des Festungswesens im Deutschen Reich während seiner Reise im Jahre 1620 kennengelernt und kalkulierte ihn bei seinen Planungen ein. Wie schon seine Feldzüge in Pommern und Mecklenburg gezeigt hatten, schritt der König angesichts von Festungswerken entweder ohne lange Vorbereitungen zu handstreichartigen Sturmangriffen, denen erstaunlich oft Erfolg beschieden war, oder er versuchte die Verteidiger durch Bluff und Drohung zu rascher Kapitulation zu veranlassen. Letzteres wurde durch die den Widerstandswillen lähmende Überlegenheit der schwedischen Truppen in offenem Feld und die Geschwindigkeit, mit der man sie operativ ausbeutete, ganz ungemein erleichtert. Auch die Brutalität, mit der man jedem begegnete, der sich ernsthaft zur Wehr setzte, und die Milde, auf die derjenige rechnen durfte, welcher rasch die Waffen streckte, waren geeignet, die

Kampfmoral des Gegners zu unterhöhlen. Die Geringschätzung der in Deutschland vorgefundenen Befestigungen wird ferner dadurch verdeutlicht, daß Gustav Adolf die Verteidigungsanlagen strategisch wichtiger Punkte wie Mainz, Augsburg oder Nürnberg, sobald sie sich in seiner Gewalt befanden, nicht nur ausbessern, sondern auch durch umfangreiche vorgelagerte Erdwerke temporärer Natur verstärken, ja ersetzen ließ.

Kriegsrat in Halle

Bei der Planung der auf die Schlacht von Breitenfeld folgenden Operationen brauchte man schwedischerseits vorerst keine aktive Gegenwehr des Feindes ins Kalkül zu ziehen. Tilly war in der Nacht nach der Niederlage mit wenigen hundert Mann nach Halle geflohen, während Pappenheim sich mit etwa 3.000 Mann in Richtung Merseburg abgesetzt hatte. In den nächsten Tagen zog Tilly die bei Aschersleben stehenden 4.500 Mann an sich und marschierte über Halberstadt ins Braunschweigische. Am 24. September verfügte er wieder über 8.000 Mann Infanterie und 5.000 Reiter. Am selben Tag eröffnete Gustav Adolf in Halle einen großen Kriegsrat, der bis zum 26. dauern sollte. Drei verschiedene Vorgehensweisen standen zur Debatte. Man konnte den geschlagenen Hauptstreitkräften des Gegners folgen, sie vollständig aufreiben und Nordwestdeutschland unter Kontrolle bringen, wie Arnim es empfahl. Oder man stieß der Oder entlang nach Südosten gegen die kaiserlichen Erblande und letztlich auf Wien vor, um eine umfassende Entscheidung zu erzwingen, wie der – nach wie vor abwesende – Oxenstierna es erwartet hätte. Die dritte Möglichkeit bestand darin, den Marsch nach Südwesten zu richten und die reichen Gebiete an Rhein und Main heimzusuchen, in der Absicht, im Herzen des Reiches Fuß zu fassen, die Armee durch hohe Kontributionseinnahmen und den Zuzug zahlreicher neuer Rekruten zu verstärken und sich eine solide Basis für ein weiteres offensives Vorgehen gegen Bayern und die kaiserlichen Erblande zu schaffen. Gustav Adolf entschied sich für die dritte Alternative und ist hierfür von Zeitgenossen und Nachwelt viel getadelt worden.

Die Verfolgung Tillys nach Nordwestdeutschland wäre militärisch gewiß die sicherste und zweckmäßigste Lösung gewesen. Man hätte auf diese Weise verhindert, daß der Gegner unter Heranziehung seiner zahlreich dort stehenden Garnisonen in aller Ruhe eine neue starke Armee aufbauen konnte, mit der er langfristig die Verbindung der weit im Süden operierenden Schweden zu ihrer Basis an der Ostsee zu gefährden und die gerade gewonnenen Bundesgenossen in Nord- und Mitteldeutschland zu bedrohen vermochte, ohne sich dem Risiko einer neuen Hauptschlacht aussetzen zu müssen. Dies unterlassen zu haben, sollte sich in den nächsten Wochen und Monaten bitter rächen. Gustav Adolf unterschätzte hier wohl die Regenerationsfähigkeit seiner geschlagenen Gegner und er überschätzte das Leistungsvermögen seiner in Mittel- und Norddeutschland zurückgelassenen Truppen, von denen er erwartete, sie würden die kaiserlich-ligistischen Widerstandsnester zwischen Mecklenburg und Niederrhein eliminieren oder zumindest in Schach halten können. Rein kräftemäßig hätten sie dazu in der Lage sein sollen, aber sie waren zersplittert, und die mit ihrem Kommando betrauten Generäle gehörten mit Ausnahme Wilhelms von Hessen–Kassel nicht gerade zu den besten Unterführern des Königs. Das im Kriegsrat gebrauchte Argument, man wolle die Protestanten im Niedersächsischen Kreis nicht schädigen, indem man *sedem belli* in ihr Gebiet verlegte, kann nur als vordergründig bezeichnet werden, da Nordwestdeutschland auf diese Weise viel länger Kriegsschauplatz blieb, als wenn man die feindlichen Streitkräfte in einer Großaktion rasch zerschlagen oder vertrieben hätte.

Während der unterlassene Feldzug in Niedersachsen Gustav Adolf mit Recht als schwerwiegender Fehler angerechnet werden darf, sind die Vorwürfe, die man ihm zu machen pflegt, weil er darauf verzichtet hat, durch einen Marsch auf Wien den Krieg rasch und entscheidend zu beenden, wenig stichhaltig. Der König hätte sich durch eine solche Bewegung nicht nur von seiner Basis, sondern auch von seinen Verbündeten und von den wichtigen deutschen Rekrutierungsgebieten weit entfernt. Der Vormarsch hätte zudem streckenweise durch schwieriges Gelände und dünn besiedelte Gegenden geführt, in denen es schwierig geworden wäre, ausreichend Verpflegung und vor allem Geldmittel für ein großes Heer aufzutreiben. Und selbst wenn es gelungen wäre, Wien tatsächlich einzunehmen, so hätte das noch gar nichts entschieden. Als Napoleon 1805 und 1809 die habsburgische Hauptstadt besetzte, bedurfte es in beiden Fällen erst noch großer Schlachtensiege, um die Österreicher zum Frieden zu zwingen. Vor allem aber fehlte Gustav Adolf noch die Menge an Truppen, die notwendig gewesen wäre, um eine divergierende Großoffensive unternehmen und gleichzeitig ein so weites Operationsgebiet ausreichend decken zu können, ohne laufend Verstärkungen durch neue Verbündete und eigene Rekrutierungen zu erhalten. Auf solche aber war nur in Deutschland in ausreichender Stärke zu hoffen. Die zweite Hälfte des Dreißigjährigen Krieges sollte noch so manchen spektakulären Vorstoß tief in feindliches Territorium sehen, der, da mit zu schwachen

Kräften unternommen, schließlich in einem militärischen Vakuum verpuffte.

Zweifellos waren es in erster Linie logistische Überlegungen, die Gustav Adolf zu seinem Zug an Main und Rhein veranlaßten. Er durfte hier nicht nur auf neue Bundesgenossen in Gestalt der unterdrückten protestantischen Stände in Süddeutschland rechnen, sondern er konnte, was noch weit wichtiger war, die reichen geistlichen Fürstentümer an der sogenannten Pfaffengasse besetzen und mit hohen Kontributionen belegen. Diese Mittel sollten es ermöglichen, die schwedische Armee auf die Stärke zu bringen, die erforderlich war, um zuerst Bayern auf die ein oder andere Weise aus dem Krieg zu werfen und so den mächtigsten Bundesgenossen des Kaisers auszuschalten, und dann der Donau entlang doch noch ins Herz der habsburgerischen Macht vorzustoßen. Durch den Angriff auf die geistlichen Ligafürsten und die Bedrohung Bayerns hoffte man zugleich, Tilly zum schleunigen Abmarsch aus Nordwestdeutschland zu zwingen, so daß die Operation auch den Charakter einer Diversion besaß.

Die Stoßrichtung, für die sich Gustav Adolf in Halle entschied, mußte zu schweren politischen Komplikationen führen, und diese Tatsache wird es vor allem gewesen sein, die Oxenstierna zu seiner Mißbilligung des königlichen Plans veranlaßt haben dürfte. Die Frage der Richelieu so sehr am Herzen liegenden Neutralität Bayerns und der anderen Ligastände wurde sofort akut, und das in einer Weise, daß kaum daran gezweifelt werden konnte, daß Gustav Adolf diese Neutralität verletzen würde. Mußte das schon zu bedenklichen Spannungen mit dem Verbündeten führen, so ließ die militärische Präsenz Schwedens am Rhein und somit in der unmittelbaren Interessensphäre Frankreichs noch schlimmere Konflikte befürchten. Am Rhein drohte auch ein Zusammenstoß mit den Spaniern, die seit Kriegsbeginn Teile der Unterpfalz besetzt hielten, um sich den Verbindungsweg zwischen Italien und den Niederlanden zu sichern. So konnte der Vorstoß an den Rhein Gustav Adolf sehr leicht einen Verbündeten kosten und ihm dafür einen weiteren offenen Feind auf den Hals ziehen.

Ein ganz besonderes Problem stellte der sächsische Alliierte dar. Nachdem nun gegen Arnims Rat der Feldzug in Süddeutschland beschlossen war, hätte es Johann Georg vorgezogen, diesen Teil des Kriegsplans mit seinen eigenen Truppen zu realisieren. Abgesehen davon, daß dies die Hauptoperation war, die natürlich die schwedische Armee durchzuführen hatte, und daß hierbei die reichste Beute anfallen würde, auf die Gustav Adolf dringend angewiesen war, witterte der König auch die Gefahr, sein Verbündeter wolle sich hinter seinem Rücken mit der Liga verständigen und in Deutschland Politik machen. Er wies deshalb dem Sachsen die Aufgabe zu, nach Südosten, nach Schlesien und somit in die kaiserlichen Erblande vorzudringen. Auf diese Weise gedachte er, die Kluft zwischen dem Kurfürsten und dem Kaiser noch zu vertiefen, weshalb sich auch Johann Georg ebenso heftig wie vergebens gegen den ihm zugedachten Auftrag sträubte.

Siegeszug an Main und Rhein

Ende September setzten sich die Verbündeten in Marsch. Erfurt, das zwar protestantisch war, aber dem Kurfürsten von Mainz gehörte, wäre gerne neutral geblieben, doch Wilhelm von Weimar, der dank Breitenfeld wieder stramm schwedisch geworden war, nahm die Stadt im Handstreich. Am 2. Oktober zog Gustav Adolf ein und ließ die Bürger für die Dauer des Krieges einen Treueid leisten. Während der König den Weitermarsch nach Franken vorbereitete, befahl er Johann Banér, Magdeburg zu erobern und die Verbindung mit den Sachsen aufrechtzuerhalten. Åke Tott sollte die mecklenburgischen Häfen einnehmen, fleißig rekrutieren und dann in Niedersachsen einrücken. Wilhelm von Hessen–Kassel hatte den Feind in Hessen zu beschäftigen und nach Möglichkeit von Süden in Niedersachsen einzudringen, Wilhelm von Weimar blieb als Statthalter im Thüringischen und sollte ebenfalls rekrutieren.

Würzburg

Der König selbst brach mit 23.000 Mann am 6. Oktober von Erfurt in südwestlicher Richtung auf. Am 10. stand man vor der starken würzburgischen Festung Königshofen, die aber nach nicht nennenswertem Widerstand kapitulierte. Man befand sich nun erstmals im Gebiet der Katholischen Liga, in wirklichem Feindesland. Zwei Tage später öffnete nach kurzen Verhandlungen die protestantische Reichsstadt Schweinfurt ihre Tore. Der Würzburger Fürstbischof Franz von Hatzfeld, der erst vor kurzem sein Amt angetreten hatte, ergriff gerade noch rechtzeitig die Flucht, bevor die Schweden am 14. vor seiner Residenzstadt erschienen. Diese kapitulierte widerstandslos, am folgenden Tag zog Gustav Adolf ein. Die über der Stadt thronende Festung Marienberg wurde in einem glänzenden Handstreich erstürmt, wobei es zu einem schauerlichen Massaker unter Besatzung und Zivilisten kam.

Gustav Adolf hielt sich nun fast einen Monat lang in Würzburg auf. Die Bürger mußten 80.000 Reichstaler Kontribution bezahlen und den Erbhul-

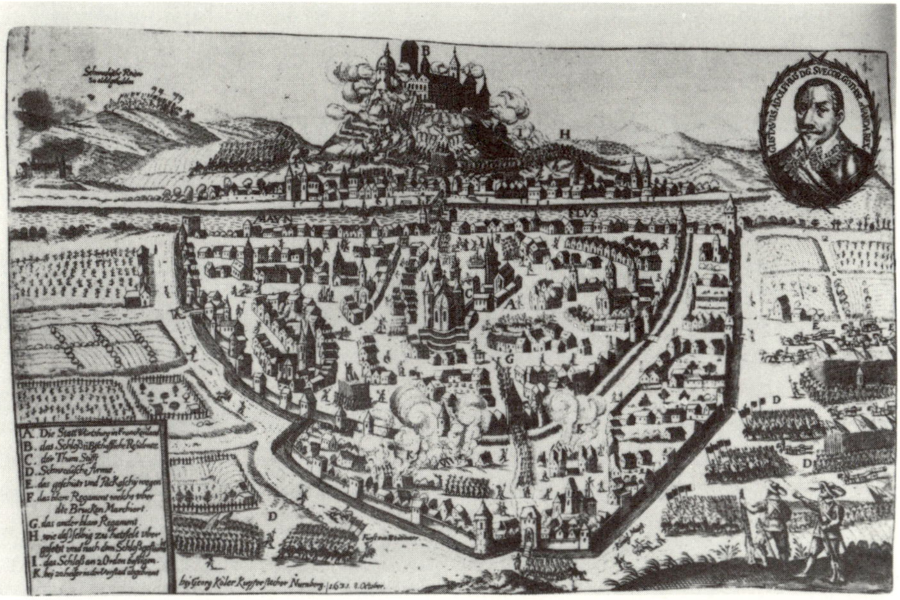

Die Einnahme von Würzburg und die Erstürmung der Feste Marienberg, 14.–18. Oktober 1631. Als Gustav Adolf vor Würzburg erschien, kapitulierte die Stadt nach kurzen Verhandlungen, am 15. Oktober konnte der König bereits seinen Einzug halten. Die etwa 700 Mann starke Besatzung der auf der anderen Seite des Mains gelegenen, als uneinnehmbar geltenden Feste Marienberg wies die schwedischen Kapitulationsaufforderungen jedoch zurück und eröffnete ein heftiges Geschützfeuer. In einer bravourösen Aktion gelang es den Schotten, teils mit Booten, teils auf einer über den abgebrochenen Mittelpfeiler der Brücke gelegten Planke den Fluß zu überschreiten. Am nächsten Morgen ließen sich einige Wachtposten in den Vorwerken von den mit Leitern die Mauern übersteigenden Schweden überrumpeln. Diese verfolgten die in die Hauptfestung Fliehenden so heftig, daß die Zugbrücke nicht mehr hochgezogen werden konnte und die Angreifer mühelos ins Innere der Feste gelangten, wo sie den Glanz ihrer kühnen Waffentat durch ein schauerliches Gemetzel unter den Verteidigern und den auf den Marienberg geflohenen Zivilisten besudelten. Reiche Beute fiel den Siegern in die Hände, die berühmte bischöfliche Bibliothek schenkte Gustav Adolf der Universität Uppsala. (Nürnberg, Germanisches Nationalmuseum)

digungseid auf den schwedischen König schwören. Die Schätze der fürstbischöflichen Bibliothek wurden nach Schweden verfrachtet. Von Würzburg aus schickte Gustav Adolf den drei geistlichen Kurfürsten ein Ultimatum, in dem er sie aufforderte, in ihren Territorien die Augsburgische Konfession zuzulassen und die im Laufe des Krieges eingezogenen Güter zurückzuerstatten, sich gegen den Kaiser zu erklären, den Schweden freien Durchzug, Zugang zu den Festungen und Werbeplätze einzuräumen und ihnen monatlich je 40.000 Reichstaler Kontribution zu zahlen. Das waren natürlich ganz unannehmbare Bedingungen. Unmittelbar bedroht war vorerst nur der Mainzer Kurfürst und er richtete dringende Appelle an Maximilian von Bayern, an die Spanier und an die Lothringer, ihm zur Hilfe zu kommen.

Anmarsch Tillys

Während Gustav Adolf mit der Reorganisation Frankens beschäftigt war und schleppende Bündnisverhandlungen mit Ansbach, Bayreuth und Nürnberg führte, leistete Tilly in Niedersachsen bemerkenswerte Wiederaufbauarbeit an der kaiserlich-ligistischen Streitmacht. Er versah sie mit Geschützen aus den Weserfestungen, vereinigte sich bei Fulda mit Aldringen und Fugger, jagte mit den 25.000 Mann, die er nun wieder hatte, die Hessen in ihre festen Plätze und marschierte am 19. Oktober in Richtung Aschaffenburg ab. Dort erwarteten ihn 10.000 Mann, die Herzog Karl von Lothringen zur Unterstützung des Kaisers herangeführt hatte. Mit der drückenden numerischen Überlegenheit, die ihm nun zu Gebote stand, näherte sich Tilly der schwedischen Hauptmacht. Am 4. November erreichte er Tauberbischofsheim und war damit nur mehr einen Tagesmarsch von Würzburg entfernt. Gustav Adolf versuchte schleunigst Verstärkungen heranzuziehen, doch stellten sich vorerst keine ein. Er eilte mit allem, was er hatte, nach Ochsenfurt, wo er Tillys Angriff erwartete. „Um die Wahrheit zu sagen", schreibt Robert Monro (II. S. 86), „in der ganzen Zeit, die ich Seiner Majestät über drei Jahre hinweg gefolgt bin, habe ich Seine Majestät niemals so aufgeregt und verstört gesehen, wie damals in Oxenfurt, als er selber nicht wußte, was er beschließen sollte ..."

Zum großen Glück für Gustav Adolf hatte Tilly Anweisung von Maximilian, die Armee nicht dem Risiko einer Schlacht auszusetzen, auch scheint er selber noch ganz unter dem Eindruck der Katastrophe von Breitenfeld gestanden zu sein. So gab er die letzte große Chance seiner langen Feldherrenlaufbahn aus der Hand, und zog so plötzlich, wie er gekommen war, in Richtung Rothenburg weiter. Es war die Umkehrung der Situation von Neubrandenburg keine neun Monate zuvor, als der König trotz seiner großen Übermacht einem offenen Kräftemessen mit dem gefürchteten Tilly aus dem Weg gegangen war. Nun haftete Gustav Adolf und seiner Armee der Nimbus absoluter taktischer Überlegenheit an und ließ sie eine verzweifelte operative Krise kampflos überstehen. Der den Gegner demoralisierende Ruf der schwedischen Unbesiegbarkeit, der auf der staubverhangenen Walstatt von Breitenfeld geboren worden war, stellte die wertvollste Nachwirkung jener Schlacht dar.

Frankfurt

Nach dem Abzug Tillys fand Gustav Adolf rasch sein seelisches Gleichgewicht wieder. Im Vertrauen darauf, der Gegner werde demnächst in die Winterquartiere gehen, ließ er 7.000 Mann unter Gustav Horn bei Würzburg zurück und rückte am 19. November mit 14.000 Mann mainabwärts in Richtung auf Frankfurt vor. Da er die Lage in Niedersachsen für geklärt hielt, seit Tilly den Kreis verlassen hatte, erteilte er Wilhelm von Hessen–Kassel den Befehl, zu ihm zu stoßen. Der Vormarsch durch die reiche Landschaft am Main verlief ohne nennenswerte Kampfhandlungen. Die kleinen feindlichen Garnisonen zogen sich bei Annäherung der Schweden allenthalben zurück oder kapitulierten widerstandslos. Am 22. erreichte man Aschaffenburg, am 25. Offenbach, wo sich eine Abordnung aus Frankfurt einfand, um mit dem König zu verhandeln. Als diese ihn im Interesse ihres Messebetriebes vom Betreten der Reichsstadt abhalten wollte und ihn zu verstehen bat, daß die Krönungsstadt der Kaiser des Heiligen Römischen Reiches keine ausländische Besatzung aufnehmen könne, wurde Gustav Adolf sehr ungehalten. Er fragte, wie man nur von Jahrmärkten reden könne, wenn es um die Freiheit Deutschlands und der protestantischen Kirche ginge, am liebsten würde er wieder heimgehen. Dann aber besann er sich doch eines besseren und erklärte den Vertretern der Reichsstadt, indem er auf seine Kanonen zeigte: „Tut Ihrs nicht in Güte, so habe ich die Canons." (Johannes Paul 1932, Bd. III, S. 31) Das sorgte für eine rasche Einigung. Frankfurt erkannte des Königs absolutes Direktorium an, dieser wiederum garantierte die Privilegien der Stadt und versprach auch, die „Commercia" nach Kräften zu fördern. Am 27. hielt der König feierlichen Einzug in Frankfurt.

Um die „Conjunction des Mains und Rheins" zu vollenden, mußte jetzt noch das auf Bitten seines Kurfürsten von 2.000 Mann spanischer Truppen besetzte Mainz genommen werden. Der Gegner hatte den Main nahe der Mündung mit versenkten Schiffen und in den Grund gerammten Pfählen gesperrt, woran ein erster Vorstoß bewaffneter und durch Holzaufbauten geschützter schwedischer Schiffe scheiterte. Gustav Adolf ließ nun einen Teil seiner Armee, zu der mittlerweile Landgraf Wilhelm mit seinen 8.000 Mann gestoßen war, durch den Rheingau auf Bingen vorgehen, während die Hauptmacht Mainz gegenüber bei Kastel Aufstellung nahm. Doch mitten in diese Vorbereitungen platzte die Nachricht, daß Tilly Ansbach eingenommen hatte und am 29. November vor Nürnberg erschienen war. Schleunigst machte sich Gustav Adolf daran, einen Entsatzversuch für die Reichsstadt, mit der er mittlerweile ein Schutzbündnis geschlossen hatte, vorzubereiten. „Es skeint", schrieb er an seinen Schwager, den Pfalzgrafen Johann Kasimir, am 6. Dezember aus Höchst, „alss ob wir dis blutige jar, wie's mit Blutvorgisen angefangen, also auch enden werden, dan der alte teufwel [Tilly] mit allen seinen jungen, als da sein Lotringer, Papenheimb, Furstebergh, Fugher, Aldringer, Galas, Ossa, vnd wen der böse geist mehr erwecket hat den armen christen zur straf, ligen itzo vor Nürnbergh, brauchen gewalt vnd list." (Styffe, S. 396)

Am 9. Dezember setzte sich der König mainaufwärts in Bewegung. Bevor er weitermarschierte, ließ er sich am nächsten Tag in Frankfurt vom Rat der Stadt Treue und Huld „mit Handschlag" geloben. Gleich darauf traf die Mitteilung ein, daß Tilly wieder abgezogen war. Die Gefahr von dieser Seite schwand in den nächsten Tagen noch weiter, als Karl von Lothringen mit seinen Truppen den Heimmarsch antrat und der Kaiser 11.000 Mann nach Böhmen beorderte, in das mittlerweile Arnim mit der sächsischen Armee eingefallen war. So konnte sich der König wieder ungestört den Operationen am Rhein zuwenden.

Der Rheinübergang

Gustav Adolf verstärkte die unter Bernhard von Weimar im Rheingau stehenden Truppen, die inzwischen bei Bingen einen Rheinübergang gewonnen hatten, durch die Streitmacht Wilhelms von Hessen–Kassel, mit der Hauptmacht zog er von Frankfurt nach Süden in das Gebiet des friedliebenden Landgrafen Georg von Hessen–Darmstadt, der nach heftigem Sträuben mittlerweile auch ein Abkommen mit den Schweden getroffen hatte. Auf der Bergstraße gedachte der König Heidelberg zu erreichen, doch sah er sich an der Rheinschleife zwischen Oppenheim und Gernsheim durch eine Sternschanze in der Flanke bedroht. Diese kleine Befestigung war von den Spaniern auf das rechte Rheinufer vorgeschoben worden, weitere spanische Truppen standen auf der Gemminger Au, einer in der Rheinschleife liegenden Insel, und auf dem linken Ufer. Gustav Adolf forderte am 14. Dezember im vollen Bewußtsein der neuen Kriegsgefahr, die er durch sein Handeln heraufbeschwor, die Besatzung der Sternschanze zum Abzug auf. Als diese sich weigerte, entschloß sich der König, Gewalt anzuwenden. Mit nur drei Begleitern überquerte er am 16. in einem Kahn den Rhein und rekognoszierte das linke Ufer. In der Nacht zum 17. setzte eine Abteilung von 300 Mann unter Nils Brahe westlich

„Abbildung der seuln so Ihr M. dem König in Schweden an dem ort da er über Rehen gesätzt zur gedächtnus aufgericht wardt.“ Die zeitgenössische Radierung zeigt die sogenannte Schwedensäule bei Erfelden in Rheinhessen, einen Obelisken mit abgeschnittener Spitze, auf dem ein bekrönter und mit einem Schwert bewaffneter Löwe sitzt. Das Monument wurde von dem in schwedischen Diensten an der Gustavsburg gegenüber Mainz arbeitenden Architekten Matthias Staud auf Geheiß Gustav Adolfs 1632 errichtet, um an den kühnen Rheinübergang am 17. Dezember 1631 zu erinnern. Der Obelisk steht heute noch, etwas landeinwärts versetzt und der untersten Stufen beraubt, auf dem Hahnensand am Altrhein, der Stelle, von der die erste Landungswelle von 300 Soldaten der schwedischen Leibgarde unter Nils Brahe zum linken Rheinufer aufgebrochen war. Dieses überaus seltene Beispiel eines zeitgenössischen Schlachtfelddenkmals ist zum einen ein Hinweis darauf, daß der König das Erreichen und Überschreiten des Rheins für ein besonders denkwürdiges Ereignis hielt, wobei Erinnerungen an Julius Caesar mitgespielt haben mögen. Zum anderen zeigt es, wie sehr Gustav Adolf seine eigenen Taten ganz bewußt als Geschichte erlebte und monumentalisierte. Es steht das in einer Linie mit der musealen Aufbewahrung der Kleidungsstücke, die er bei seinen Verwundungen in Preußen getragen hatte. (Privatbesitz)

Verzeichnis der Städte und Festungen, „so in kurzer Zeit auß der Gefängniß und Trangsal des Papstthums durch Gottes und der Gothen Macht sind erledigt worden.“ Die Radierung von unbekannter Hand muß kurz nach dem 1. März 1632 entstanden sein, da Kreuznach, das an diesem Tag genommen wurde, auf dem Flugblatt die letzte Station des schwedischen Siegeszuges durch Deutschland darstellt. Links oben steht Gustav Adolf, begleitet von einem Löwen, der durch den beigegebenen Kompaß als der von Mitternacht gekennzeichnet ist. Der König stößt eine Pike in den fetten Bauch des Papstes, dessen schwankenden Stuhl ein hinter ihm stehender Jesuit zu stützen sucht. Schwert und Petrusschlüssel, die der Getroffene dem Schweden abwehrend entgegenstreckt, zerbrechen, die Säcke voll geraubten Geldes, auf denen er sitzt, zerplatzen und dem Munde des Durchbohrten entquillt ein langes Band mit den Namen der Orte, die die Römische Kirche in ihrer Gier verschlungen hat. Am Ende des Bandes ist noch erwartungsvoll Platz gelassen für weitere Eroberungen. (Nürnberg, Germanisches Nationalmuseum)

von der Gemminger Au auf Booten über den Strom und faßte auf der Kühkopf genannten Halbinsel Fuß. Die in der Nähe liegende spanische Reiterei wurde alarmiert und sorgte kurzfristig für eine kritische Situation, doch eine zweite Welle von Landungstruppen stabilisierte die Lage im Brückenkopf, worauf die im Rücken bedrohten kleineren Abteilungen auf der Gemminger Au die Insel räumten, welche nun die Masse der schwedischen Truppen zum Flußübergang benutzen konnte. Die Besatzung in der Sternschanze sah sich isoliert und zog sich unter Zurücklassung ihrer Geschütze auf das linke Ufer zurück. Oppenheim kapitulierte am folgenden Tag, das Schloß wurde gestürmt.

Mainz

Bei greulichem Winterwetter rückte der König nun mit 18.000 Mann auf dem linken Ufer nach Norden, auf Mainz vor. Am 20. Dezember erschien er vor der Stadt und forderte sie zur Kapitulation auf. Als diese abgelehnt wurde, eröffnete die schwedische Artillerie das Feuer, wobei sie durch eine schwimmende Batterie auf dem Main unterstützt wurde. Die Befestigungen der Stadt waren viel zu weitläufig, um von den kaum mehr als 2.000 Verteidigern ausreichend besetzt werden zu können. Am 22. entschloß sich der Kommandant Don Philipp de Silva zur Aufgabe gegen ehrenvollen Abzug, der ihm gewährt wurde. Der Mainzer Kurfürst und Erzkanzler des Reichs, Erzbischof Anselm Casimir Wamboldt von Umstadt, war bereits nach Köln entflohen. Am 24. zog der König in die Stadt ein, in der Schloßkirche St. Gangolph wurde ein lutherischer Dankgottesdienst abgehalten. Die Bürgerschaft hatte 80.000 Reichstaler Kontribution zu bezahlen, die Geistlichkeit gleichfalls 80.000, davon allein die Jesuiten 40.000. Die Summen wurden nie zur Gänze aufgebracht, was den Schweden in den nächsten Monaten Anlaß für zahlreiche Beschlagnahmungen und Zerstörungen bot.

Gustav Adolf, der sein Quartier in der Martinsburg nahm, weilte nun einen Monat lang in Mainz, in der zweiten Januarhälfte begab er sich wieder nach Höchst und Frankfurt, wo er sich dann bis zum Feldzugsbeginn 1632 aufhielt. In Mainz trafen im Januar auch die Gemahlin des Königs und der Reichskanzler Oxenstierna ein. So residierte Gustav Adolf im Winter 1631/1632 im Herzen des Reiches stolzer als es je ein Kaiser getan. Mainz und Frankfurt wurden in jenen Monaten zum Zentrum der deutschen und der internationalen Diplomatie. Wir können an dieser Stelle die Schilderung des schwedischen Siegeszuges unterbrechen, um uns die Stellung näher zu betrachten, die der König in Deutschland und

Europa errungen hatte, und um uns zu fragen, mit welchen Plänen er sich getragen haben mag.

Kriegsgefahr mit Spanien

In Mainz befand sich Gustav Adolf im Schnittpunkt kaiserlicher, ligistischer, spanischer, französischer, lothringischer und jetzt eben auch schwedischer Interessen. Die auf so engem Raum aufeinanderstoßenden komplexen Ansprüche, Drohungen und Befürchtungen waren im Winter 1631/1632 nahe daran, einen gesamteuropäischen Konflikt zu entfesseln.

Am akutesten wurden von den Ereignissen im November und Dezember 1631 die schwedisch-spanischen Beziehungen betroffen. Mehrfach waren die Soldaten beider Seiten feindlich aneinandergeraten. In der Unterpfalz standen im Herbst 1631 8–10.000 Mann spanischer Truppen, die Gustav Adolf aus diesem Gebiet zu vertreiben gedachte. Am 10. Januar 1632 schickte der König dem Reichsrat eine Anfrage, ob man den *de facto*-Kriegszustand mit Spanien von sich aus in offenen Krieg verwandeln solle, oder ob es besser sei, die Initiative dem Gegner zu überlassen. Die Ratsmitglieder sprachen sich gegen eine Kriegserklärung aus, was Gustav Adolfs Intentionen entsprochen haben dürfte, der zwar den Krieg mit Spanien zeitweise für unvermeidbar gehalten zu haben scheint, ihn aber doch nicht unnötig vom Zaun brechen wollte, da man mit Kaiser und Liga vorerst noch genügend zu tun hatte. Die Spanier ihrerseits zogen einen Krieg gegen Schweden schon seit dem Sommer ins Kalkül, um eine gegen Holland und Frankreich gerichtete habsburgische Allianz zustandezubringen, die auch geeignet gewesen wäre, den dominierenden Einfluß des spanienfeindlichen bayerischen Kurfürsten auf das kaiserlich-ligistische Bündnis zurückzudrängen. Die Verschlechterung der Kriegslage in den Niederlanden ließ die Spanier aber schließlich davon Abstand nehmen, sich zusätzlich in einen Krieg mit einem Gegner einzulassen, der seine Gefährlichkeit gerade so eindrucksvoll unter Beweis gestellt hatte. Was beide Seiten außerdem vom Krieg abgehalten hat, war die Überlegung, bei einem offenen spanisch-schwedischen Konflikt könne der Nutznießer nur Frankreich sein. Wir haben es also mit einem Dreiecksverhältnis Schweden – Spanien – Frankreich zu tun, bei dem jeder der Beteiligten hoffte, die beiden anderen würden sich in einen Krieg verstricken, worauf er selbst als lachender Dritter aus der Affäre hervorginge. Denkbar war jede Konstellation. Die latente spanisch-französische Feindschaft war eine der Konstanten der europäischen Politik und konnte jeden Augenblick zur Entladung kommen. Aber auch das Bündnis zwischen Schweden und Frankreich war in jenem Winter Spannungen ausgesetzt, die einen kriegerischen Konflikt zwischen diesen beiden Mächten in den Bereich des Denkbaren rückten.

Spannungen mit Frankreich

Die Verhältnisse wurden weiter kompliziert durch die gefährliche Rolle, die Karl IV. von Lothringen spielte. Der Herzog stand in enger Verbindung mit der französischen Opposition unter Gaston von Orléans und Maria von Medici, was ihn in scharfen Gegensatz zu Richelieu brachte. Militärische Drohungen Frankreichs beantwortete er mit demonstrativer Aufrüstung. Ultimativ unter Druck gesetzt, entfernte er schließlich seine frisch angeworbenen Streitkräfte aus der Spannungszone und stellte sie im Herbst 1631 der Katholischen Liga des mit ihm nah verwandten bayerischen Kurfürsten zur Verfügung. Dadurch lieferte er den Schweden jedoch einen Kriegsgrund, der diesen als Vorwand dienen konnte, weit über den Rhein in Frankreichs ureigenste Interessenspäre vorzustoßen. Um dem vorzubeugen, verstärkten die Franzosen ihre Truppen an den Grenzen zu Lothringen, zwangen dem Herzog einen Vertrag auf und vertrieben die Kaiserlichen aus ihren vorgeschobenen Stützpunkten im lothringischen Bereich.

Das Problem der bayerischen Neutralität

Nichts verursachte im Winter 1631/1632 so schwere Reibungen zwischen den Verbündeten von Bärwalde wie die Frage der Neutralität Bayerns und der Liga. Anfang Dezember traf Charnacé in München ein, um Maximilian auf die der französischen Politik vorschwebende Linie zu bringen. Der Kurfürst holte sich bei Tilly in Donauwörth Auskünfte über die militärische Lage, die deprimierender nicht hätten sein können. Er fand den alten Feldherrn „ganz perplex und gleichsam *perso*, in *consiliis* ganz irresolut", bekennend, „daß er keinen Rat noch Mittel wisse." (Riezler 1903, Bd. V, S. 395f.)

So entschloß sich Maximilian, die französische Vermittlung anzunehmen. Die Bedingungen, die er für Bayerns Neutralität nannte, ließen allerdings Gustav Adolfs Einverständnis kaum erwarten. Die besetzten Ligagebiete waren von den Schweden zu räumen, Maximilians Anspruch auf die Kurwürde, sowie auf die Ober- und die Unterpfalz anzuerkennen und den Kaiserlichen freier Abzug in die Erblande zu gewähren.

Während Charnacé in München mit dem Kurfürsten verhandelte, erschien in Mainz Melchior de Lisle, ein anderer Gesandter Richelieus, um Gustav Adolf zum Einlenken zu bewegen. Er hielt dem Schweden vor, der Angriff auf ligistisches Gebiet stelle eine Verletzung des Vertrages von Bärwalde dar. Gustav Adolf erwiderte, er sei sehr gerne bereit, die Neutralität der Liga anzuerkennen, vorausgesetzt, diese zöge ihre Truppen von der kaiserlichen Armee ab und überstelle sie in französischen Dienst, wo sie im Kampf gegen Spanien Verwendung finden könnten. Ferner brauche er Sicherheit, womit er die fortdauernde Besetzung ligistischer Gebiete meinte. Am 9. Januar traf Charnacé mit den Bedingungen Maximilians ein. Im Laufe der nächsten Tage fand nun eine Reihe dramatischer Besprechungen zwischen dem König und den französischen Gesandten statt. Als die letzteren Anstoß nahmen an den schwedischen Operationen links des Rheins, bemerkte Gustav Adolf: „Hätte Euer Herr seine Sache richtig gemacht, wie ich selbst es getan habe, so wäre es bei der Abrede verblieben. Weil aber Euer Herr entgegen den Bärwalder Verabredungen nichts zum jetzigen Sieg beigetragen hat, vielmehr mir die Last allein auf dem Halse ließ, mußte ich tun, wie ich eben gekonnt, und hatte meine Feinde nach bestem Vermögen zu verfolgen." (Dieter Albrecht 1959, S. 76)

Einen schweren psychologischen Fehler begingen Richelieus Gesandte, zu denen am 16. auch noch der Marquis de Brézé, ein Schwager des Kardinals, stieß, als sie den Schweden drohend darauf aufmerksam machten, ihr König sei mit 40.000 Mann unterwegs, worauf ihnen Gustav Adolf antwortete: „Euer Herr bedarf nicht so viel Volks, um mich zu schlagen; denn hätte es an der Zahl und Stärke der Soldaten gelegen, hätte nicht ich den Kaiser, sondern der Kaiser mich geschlagen. Doch Euer König ziehe hin, wo er wolle, so mag er zusehen, daß er meiner Armee nicht zu nahe komme, oder er muß ein Rencontre mit mir halten." (ebd.)

Am 19. Januar legte Gustav Adolf etwas modifizierte Bedingungen vor. Die Truppen der Liga waren nicht mehr gänzlich abzudanken und in französische Dienste zu überführen, sondern nur auf 12.000 Mann zu reduzieren, die aber nicht an einem Platze konzentriert werden durften. Sie hatten alle protestantischen Gebiete zu räumen und jede direkte oder indirekte Unterstützung des Kaisers zu unterlassen. Im Gegenzug war der König bereit, Teile der Unterpfalz und, mit Ausnahme von Speyer, die besetzten trierischen und kölnischen Gebiete aufzugeben, nicht aber die der Bischöfe von Mainz und Würzburg. Frankreich hatte für das Wohlverhalten der Liga zu bürgen und ferner zu garantieren, daß bei einem Friedensschluß der Besitzstand der Protestanten von 1618 wiederhergestellt würde. Letzteres schloß die Restitution Friedrichs V. von der Pfalz ein, womit Frankreich gröblich gegen die im Vertrag von Fontainebleau mit Bayern getroffenen Abmachungen verstoßen hätte. Als die Gesandten Einwände erhoben, fuhr der König sie barsch an: „So unterschreibt oder zieht hin und sagt zu Eurem König, daß er den Weg wieder sucht, den er ins deutsche Land gefunden." (Dieter Albrecht 1959, S. 78)

Mit der Annahme der Bedingungen durch Frankreich war ein zweiwöchiger Waffenstillstand verbunden, in dessen Verlauf die Ligafürsten zum Beitritt gebracht werden sollten. Trier hatte sich schon im Dezember für neutral erklärt und unter den Schutz Frankreichs gestellt, Köln fand sich nun mit Vorbehalten auch zur Neutralität bereit, und selbst von Bayern wurde ein Nachgeben erwartet. Da traf ein abgefangenes Schreiben Maximilians an Pappenheim ein, in welchem dieser aufgefordert wurde, sich durch den Waffenstillstand nicht an der Fortführung seiner höchst erfolgreichen Operationen im Niedersächsischen Kreis abhalten zu lassen. Obwohl Gustav Horn in Franken sich gleichfalls keinen Deut um den Waffenstillstand kümmerte, blähte sein König die Treulosigkeit Maximilians nun zum großen Skandal auf. „Bei der Audienz trafen wir den König von Schweden voll derartiger Schärfe und Kühle an", berichteten die französischen Gesandten, „daß es für uns leichter gewesen wäre, mit ihm zu brechen und ihm den Krieg zu erklären, als die Neutralität zustande zu bringen. Er hielt alle unsere Erklärungen für gänzlich unnütz, er bestand darauf, daß jetzt Ratifikationen, nicht Kontestationen notwendig seien, der König von Frankreich habe sich durch Maximilian von Bayern täuschen lassen, der auf nichts anderes ausgehe, als Zeit zu gewinnen, um sich mit dem Kaiser zu vereinen." (Dieter Albrecht 1959, S. 77)

Diplomatische Niederlage Frankreichs

Mit letzterer Vermutung hatte Gustav Adolf wohl nicht so ganz unrecht. Maximilian war zwar ein eigenwilliger und zweifellos auch eigensüchtiger Bundesgenosse, aber ebenso war er ein Mann von großer Prinzipientreue, und es ging ihm wider sein Gewissen, Kaiser und Kirche in der Stunde der größten Gefahr im Stich zu lassen. Auch wäre er mit der vollen Restitution des Pfälzers, die ihn um all seine Errungenschaften gebracht hätte, niemals einverstanden gewesen. Insofern mußten die Vermittlungsversuche Richelieus von vornherein als verfehlt gelten. Da ihr Scheitern nun offenbar wurde, stand die französische Politik vor dem Dilemma, an welchen ihrer Bündnisverträge sie sich nun halten sollte, an den von Bärwalde oder an den von Fontainebleau. Griff Gustav Adolf Bayern an, wie es dann im März auch prompt geschah, war Frankreich zu militärischer Hilfe verpflichtet, was Krieg mit Schweden bedeutet hätte.

Richelieu wußte, daß er damit den Grundsätzen seiner antihabsburgischen Politik und folglich den Interessen seines Königs zuwidergehandelt hätte, und er wußte ferner, daß sich die französische Armee trotz aller Drohgebärden keineswegs in der Verfassung befand, die es erlaubt hätte, es auf einen ernsthaften Kampf mit dem Sieger von Breitenfeld ankommen zu lassen. Noch schlimmer war, daß Gustav Adolf das auch wußte und sich entsprechend verhielt. Damit erging es Ludwig XIII. und Richelieu wie seinerzeit Christian IV. bei den Verhandlungen von Sjöaryd. Gleich dem Dänenkönig mußten sie feststellen, daß bei einer machtpolitischen Konfrontation unweigerlich derjenige obsiegt, hinter welchem die stärkeren Bataillone stehen, und welcher vor allem bereit ist, von diesen Bataillonen auch wirklich Gebrauch zu machen. So entschlossen sie sich, auf das stärkere Pferd zu setzen und Gustav Adolf freie Hand zu gewähren. Maximilian mußte sich mit der Erklärung abspeisen lassen, da er selber der Angreifer sei, besäßen die Bestimmungen des Verteidigungspakts von Fontainebleau keine Geltung für die derzeitige Situation.

Die gescheiterten Neutralitätsverhandlungen und die Preisgabe Bayerns bedeuteten eine schwere diplomatische Niederlage Frankreichs, das von nun an bis zum Tode Gustav Adolfs kein Gewicht mehr besaß im deutschen Konflikt. Der Versuch Richelieus, ohne eigenen militärischen Einsatz, mit rein diplomatischen Mitteln die Entwicklung in der Hand zu behalten, hatte angesichts der bei Breitenfeld errungenen Übermacht Schwedens und des aggressiven Selbstbewußtseins des Siegers Schiffbruch erlitten. Das „Gegengift", von dem Père Joseph geschrieben hatte, war ganz offensichtlich in einer Überdosis verabreicht worden. Man konnte in Frankreich jetzt nur noch hoffen, daß die antischwedischen Kräfte im Reich noch stark genug waren, die Sturmflut aus dem Norden aufzuhalten und das ersehnte Gleichgewicht herzustellen, viel dazuzuhelfen vermochte man jedoch nicht mehr.

Machtlos mußte Frankreich in den nächsten Monaten zusehen, wie sein schwedischer Verbündeter die Ansätze von Richelieus „drittem Deutschland" niederwalzte und sich daranmachte, die Verhältnisse im Reich in seinem Sinne umzugestalten. Gustav Adolf war für den Kardinal nur als Gegengift, als destruktiver Faktor von Interesse gewesen. Als er nun anfing, konstruktive Politik in Deutschland zu machen und die Organisation eines schwedisch dominierten protestantischen Bundes zu betreiben, drohte er zu einem schlimmeren Gegner zu werden als es der Habsburger je gewesen war. Das Auftreten des Königs bei den Verhandlungen, das von den Franzosen nur als arrogant und brutal, ja barbarisch empfunden werden konnte – und damit standen sie damals ganz und gar nicht allein – ließ das Schlimmste für die Zukunft befürchten. Nur der Tod des Königs dürfte den offenen Bruch zwischen Frankreich und Schweden verhindert haben und sollte es schließlich sogar möglich machen, daß unter gänzlich veränderten Umständen einige Jahre später ein wirkliches und dauerhaftes Militärbündnis zustandekam, dessen destruktive Zielsetzung im Gegensatz zu der des Pakts von Bärwalde niemals in Gefahr geriet, von einer der beiden Mächte aufgegeben zu werden.

Die Beziehungen zu Holland

War man so im Winter 1631/1632 mit Spanien gerade noch an einem Krieg vorbeigekommen, und war das Verhältnis mit Frankreich dermaßen abgekühlt, daß man schon von einer latenten Feindschaft sprechen konnte – die Subsidienzahlungen kamen im Mai 1632 ins Stocken –, durften auch die Beziehungen zu Holland und England nicht gerade als herzlich gelten, von Dänemark ganz zu schweigen. Die Generalstaaten, die im schweren Kampf mit Spanien standen, waren sich natürlich im klaren darüber, daß das schwedische Eingreifen im Reich und insbesondere der Vorstoß Gustav Adolfs an den Rhein für sie eine große Entlastung bedeutete. Am besten wäre es für sie gewesen, wenn es zu einem regelrechten Krieg zwischen Schweden und Spanien oder Frankreich und Spanien gekommen wäre. Auf der anderen Seite fürchteten sie die Handels- und Seepolitik, die ein allzu mächtig gewordenes Schweden eines Tages im Ostseeraum treiben mochte. So zahlten sie 1631 recht unerhebliche Subsidien in Gestalt einiger Monatsraten von je 50.000 Gulden an Gustav Adolf, ansonsten blieb das Verhältnis jedoch ausgesprochen distanziert. Das bedingte auch die enge Zusammenarbeit zwischen Holland und Frankreich.

Aktivitäten Christians IV.

Zum Glück verärgerte Christian IV. die Generalstaaten immer wieder durch seine unberechenbaren Manipulationen an den Sundzöllen, so daß es zu keiner Annäherung zwischen Dänemark und Holland kam. Doch begann Christian, dem angesichts der schwedischen Erfolge angst und bange werden mußte, im Niedersächsischen Kreis Intrigen zu spinnen. Im Frühjahr 1632 fand er einen höchst bereitwilligen Verhandlungspartner in Pappenheim, der damals gerade einen brillanten Feldzug gegen die Schweden und ihre Verbündeten in Nordwestdeutschland führte. Der ligistische Feldherr bot das soeben von seinen Truppen besetzte Stade dem Dänenkönig an und lockte auch mit Bremen und Verden. Wäre Christian darauf eingegangen – und er schien im April nahe daran zu sein –, hätte das unweigerlich Krieg mit Schweden bedeutet. Åke Tott hatte bereits Befehl erhalten, in Jütland einzufallen, als der Däne doch noch vor dem Risiko zurückschreckte. So ging auch diese Krise vorüber, ohne daß eine von beiden Seiten den letzten Schritt getan hätte.

England und die pfälzische Frage

Das Verhältnis zu England war geprägt vom Problem der pfälzischen Restitution. Dieses schien in eine akute Phase zu treten, als Friedrich V. im Februar 1632 sein Exil in den Niederlanden verließ und in Gustav Adolfs Hauptquartier erschien. Man empfing ihn mit den Ehren, die dem Exkönig von Böhmen zukamen, doch erwies es sich dann rasch, daß man schwedischerseits nicht bereit war, dem vertriebenen Kurfürsten sofort und bedingungslos wieder zu seinen einstigen Besitztümern zu verhelfen. Man einigte sich auf Subsidien in der Höhe von 40.000 Reichstalern, die England im Monat zu zahlen hatte. Die Forderungen, die Gustav Adolf aber sonst noch mit der Wiedereinsetzung Friedrichs verband, ließen die Verhandlungen alsbald am Widerstand des Pfälzers scheitern. Er wollte den Schweden nicht das Recht einräumen, jeden von ihnen zurückeroberten festen Platz für die Dauer des Krieges nach Belieben besetzt zu halten, er war auch nicht ohne weiteres bereit, Gustav Adolfs absolutes Direktorium unter Ausschluß aller anderen Verpflichtungen anzuerkennen, und er sträubte sich, in seinen Ländern das Luthertum neben dem Calvinismus zuzulassen.

Trotz der enttäuschenden Behandlung durch seinen vermeintlichen Schutzherrn wurde Friedrich V. in den nächsten Monaten zu einem hartnäckigen Begleiter Gustav Adolfs. Wieder und wieder brachte er zusammen mit dem englischen Gesandten Sir Henry Vane seine Anliegen beim König vor, doch der Erfolg wurde nicht besser. Die einzige Genugtuung, die dem „Winterkönig" bei seiner tragikomischen Irrfahrt durch Deutschland noch zuteilwerden sollte, war der Einzug in München, der Hauptstadt des verhaßten bayerischen Verwandten, den er im Mai an der Seite des schwedischen Eroberers genießen durfte.

Das Scheitern der pfälzischen Restitution bedeutete, daß sich auch die englischen Subsidien nie manifestierten. Die Berichte Vanes und anderer Engländer über „den exzessiven Ehrgeiz und den unerträglichen Stolz" des Königs waren auch nicht geeignet, in London Enthusiasmus für die schwedische Sache zu erwecken, wenngleich Gustav Adolf in England und Schottland, wie in den meisten protestantischen Ländern, zu einem bewunderten Idol der Massen wurde, wozu auch hier neben den objektiven Leistungen die rege schwedische Propaganda kräftig beitrug.

Rußland und Polen

Während man in den westlichen Staaten auf den plötzlichen Durchbruch Schwedens zur Großmachtstellung teils mit kalkulierender Vorsicht, teils mit Unbehagen, ja Feindseligkeit reagierte, entwickelten sich im Osten die Beziehungen zu einem alten Feind des Landes höchst positiv, nämlich zu Rußland. Gustav Adolf konnte nicht nur mit den Moskowitern, wie schon erörtert, einen sehr vorteilhaften Getreidehandel abwikkeln, seit 1630 liefen auch Verhandlungen über die Organisation einer von Schweden in Deutschland für den Zaren aufzustellenden Armee. Dieses Projekt, das im Laufe des Jahres 1632 spruchreif zu werden schien, war für Gustav Adolf mit zwei höchst attraktiven Aussichten verbunden. Zum einen wollte Rußland die gesamten Kosten des Unternehmens tragen, wobei die ins Auge gefaßten Bedingungen den Schweden eine sehr hohe Gewinnspanne eingeräumt hätten, zum anderen war die Armee zum Einsatz gegen den Erzfeind des Königs, gegen Polen, bestimmt. Im Sommer lief der Waffenstillstand zwischen Rußland und Polen aus, und Gustav Adolf war nach Kräften bemüht, die Moskowiter zur möglichst raschen Wiederaufnahme der Feindseligkeiten zu ermuntern.

Obwohl die Polen weder gegenüber Rußland noch gegenüber Schweden die leisesten Angriffsabsichten erkennen ließen, ja im Gegenteil sich sehr um die Aufrechterhaltung des Friedens bemüht zeigten, ließ Gustav Adolf die traumatische Furcht nicht los, sie warteten nur auf eine Gelegenheit, um die Verstrickung ihres Gegners in den deutschen Krieg zu ihrem Vorteil auszunutzen. Natürlich hätte die Aufstellung einer deutsch-schwedischen Streitmacht für Rußland, auch wenn Gustav Adolf nominell nur als gemieteter militärischer Unternehmer in Erscheinung getreten wäre, unweigerlich zu einer Erneuerung des direkten Krieges zwischen Schweden und Polen geführt, weshalb Oxenstierna den Plan seines Herrn in diesem Augenblick für gar nicht opportun und zudem für rechtswidrig hielt, da er sich nicht mit dem bis 1635 währenden Waffenstillstand Schwedens mit Polen vertrug. Die Bedenken seines Kanzlers hielten den König jedoch nicht ab, das Vorhaben bis kurz vor seinem Tode mit großem Enthusiasmus zu betreiben. Im Herbst 1632 eröffneten die Russen tatsächlich den Angriff auf Polen, wenn auch mit geringem Erfolg. Der Zar schickte eine Gesandtschaft zu Gustav Adolf, um den Vertrag jetzt endgültig unter Dach und Fach zu bringen, doch auf dem Weg nach Deutschland erhielten sie die Nachricht vom Ende des Königs, worauf sich das Projekt zerschlug.

Während Gustav Adolf kräftig bemüht war, die Moskowiter gegen Polen zu mobilisieren, pflegte er gleichzeitig Kontakte zur protestantischen Minderheit und anderen Dissidenten in Polen, durch die er nichts weniger zu betreiben beabsichtigte als seine Wahl zum Nachfolger Sigismunds III. Der alte Widersacher der schwedischen Wasa starb am 30. April 1632, und es begann das übliche Machtspiel, das der Wahl eines polnischen Königs vorausging. Ob sich Gustav Adolf wirklich eine ernsthafte Chance ausgerechnet hat, oder ob es ihm nur darum ging, in Polen für Unordnung zu sorgen, erscheint unsicher, jedenfalls benahmen sich seine Agenten höchst undiplomatisch. Letztlich spielte das aber gar keine Rolle mehr, denn mit Sigismunds tüchtigem, in Dingen der Religion toleranten Sohn Wladislaw stand ein Kandidat zur Verfügung, der alle Parteien hinter sich zu einigen vermochte. Es gab keine reale Aussicht, seine Wahl zu verhindern oder auch nur durch Aktivierung einer starken Dissidentenfraktion zu stören. Am 8. November 1632 wurde Wladislaw einstimmig zum neuen polnischen König bestimmt.

Von keinem größeren Erfolg gekrönt waren auch die emsigen Bemühungen Schwedens, gegen den Kaiser eine zweite Front in Südosteuropa zu eröffnen, indem man Siebenbürgen, die Tataren oder gar die Türken selbst für einen gemeinsamen Krieg gegen Habsburg zu gewinnen suchte. Es waren dies wieder Bestrebungen, die so gar nicht zum Bild des christlichen Glaubenskämpfers passen wollen, das die schwedische Propaganda damals in Europa verbreitete.

Zusammenfassend kann man feststellen, daß Breitenfeld und der nachfolgende Siegeszug durch Deutschland den Schweden zwar großes internationales Prestige, aber wenig Freunde eingetragen hat, jedenfalls unter den Regierenden. Wie sahen nun die Verhältnisse innerhalb des Reiches aus?

Gustav Adolf und das Reich

Die Zahl der neuen Verbündeten war zunächst sehr gering. In den Wochen nach Breitenfeld war es eigentlich nur die überwiegend protestantische Reichsritterschaft in Franken, die dem Sieger aus freien Stücken ihre Gefolgschaft anbot. Aber nicht allein der Zustrom neuer Bundesgenossen war enttäuschend, auch mit den Alliierten aus der Zeit vor Breitenfeld gab es noch so manche Unsicherheit, die der Klärung harrte.

Das schwedisch-brandenburgische Heiratsprojekt

So war mit dem Kurfürsten von Brandenburg nach wie vor kein eigentlicher Bündnisvertrag abgeschlossen worden. Schon eine Woche nach der großen Entscheidungsschlacht schickte Gustav Adolf seinen Vertrauten Johann Adler Salvius zu Georg Wilhelm, um mit diesem eine Abmachung auszuhandeln, die sowohl Elemente des pommerschen wie des hessenkasselschen Modells aufwies. Sie sollte „ewig" sein, vorerst aber Brandenburg auf Dauer des Krieges dem schwedischen Direktorium unterstellen. Ferner beanspruchte Gustav Adolf das Recht in allen pommerschen und brandenburgischen Häfen – auch an den Flüssen – Zölle zu erheben, und Brandenburg sollte sich dem schwedischen Kupfergeld öffnen. Die Küste Pommerns betreffend wurden Formulierungen gewählt, die den Schluß zuließen, daß sie auf Dauer in schwedischer Hand bleiben sollte.

Während Georg Wilhelm mit den verschiedensten Ausflüchten den Abschluß hinausschob, scheint im Laufe des Herbstes Gustav Adolf zu dem Schluß gekommen zu sein, nicht nur die pommersche Küste, sondern das ganze Herzogtum müßte mit Schweden vereint werden. Im Februar ließ er Georg Wilhelm von dieser Absicht in Kenntnis setzen, gleichzeitig forcierte er jedoch das schwedisch-brandenburgische Heiratsprojekt in der Hoffnung, dem Kurfürsten hierdurch den Verzicht auf Pommern schmackhafter zu machen. Für den Fall, daß Gustav Adolf doch noch ein Sohn geboren werden sollte, waren Christina und der Kurprinz durch all den Landbesitz zu entschädigen, den Gustav Adolf gerade dabei war, *iure belli* in Deutschland zu erwerben, ein deutlicher Hinweis darauf, daß der König durchaus davon ausging, seine Eroberungen für permanente zu halten. Oxenstierna stand der Verheiratung Christinas mit dem Kurprinzen eher ablehnend gegenüber, wozu beigetragen haben mag, daß er sich für seinen eigenen Sohn Erik Aussichten auf die Hand der Kronprinzessin ausrechnen zu dürfen glaubte. Er brauchte sich keine großen Sorgen zu machen, denn Georg Wilhelm verhielt sich auch in dieser Sache so ausweichend, daß es einer Ablehnung gleichkam. Im September plante Gustav Adolf, den Brandenburger durch die Bistümer Magdeburg und Halberstadt für den Verlust des pommerschen Erbes zu entschädigen, von der Heirat war keine Rede mehr.

Bündnisverhandlungen mit Mecklenburg

Wie schon im Mai 1631 hatte sich Georg Wilhelm einem fest umrissenen Bündnis mit Schweden entzogen. Es war ihm das nur gelungen weil

Gustav Adolf es sich nach wie vor nicht leisten konnte, gegen Brandenburg oder Sachsen, die beiden mächtigsten protestantischen Fürsten des Reiches und wichtigsten Verbündeten Schwedens, seine Vorstellungen mit Gewalt durchzusetzen. Ganz anders sah das aus mit kleineren Reichsständen, namentlich wenn diese das Pech hatten, in für Schweden strategisch wichtigen Gebieten angesiedelt zu sein. Hier nahm der König keine Rücksicht mehr auf reichsfürstliche Empfindlichkeiten, ein Umstand, der deutlich genug beweisen dürfte, daß nicht Verfassungstreue, Recht und „Libertät" für Gustav Adolf die entscheidenden Kriterien seines Handelns waren, sondern machtpolitische Durchsetzbarkeit.

Gleichzeitig mit den ergebnislosen Verhandlungen, die man mit Brandenburg führte, versuchten schwedische Gesandte, den welfischen Herzögen und den Herzögen von Mecklenburg Verträge aufzuzwingen, deren Bestimmungen weit über das hinausgingen, was die einstigen Musterverträge mit Pommern und Hessen–Kassel beinhaltet hatten. Was die Mecklenburger anbetraf, so hatte sich Gustav Adolf schon im August 1631, also noch vor Breitenfeld, entschlossen, eine dauerhafte Abmachung einzugehen, da von den Häfen des Herzogtums, wenn sie in falsche Hände gerieten, große Gefahr für Schweden und sein Ostseereich ausgehen konnte, wie Wallenstein das gerade mit seinen Flottenplänen bewiesen hatte. Der König ließ daher einen im Mai vereinbarten Vertrag hessischen Musters unratifiziert und schickte den Herzögen statt dessen einen Entwurf zu, der bei diesen auf schockierte Ablehnung stieß. Das dem schwedischen Direktorium unterstellte Bündnis sollte im Gegensatz zum hessischen Modell nicht auf die Dauer des Krieges begrenzt, sondern auf „ewige" Zeiten angelegt sein. Wismar, das einstweilen noch von den Kaiserlichen gehalten wurde, hatte nach seiner Wiedereroberung in den Besitz Schwedens überzugehen, zumindest bis zu dem Zeitpunkt, wenn Mecklenburg den Schweden ihre Kriegskosten erstattet hatte. Die Zolleinnahmen in den Häfen und auf den Flüssen des Herzogtums sollten größtenteils der schwedischen Krone zukommen, ferner war durch eine Freihandelsbestimmung das Land dem schwedischen Kupfergeld zum Nominalwert zu öffnen. Die Herzöge durften ohne Einverständnis Gustav Adolfs keine anderweitigen Bündnisse abschließen, die Allianz mit Schweden sollte absoluten Vorrang vor allen anderen Verpflichtungen haben. Darüber hinaus wollte der König ausdrücklich als Oberherr anerkannt werden, womit er die Mecklenburger aus dem Reichsgefüge gelöst und zu Vasallen Schwedens gemacht hätte.

Die Weigerung der Herzöge, den Vertrag in dieser Form zu akzeptieren, erwies sich zunächst als kontraproduktiv. Zusätzlich zu Wismar wollte

Gustav Adolf jetzt auch noch Warnemünde haben, wobei er betonte, *iure belli* gehöre eigentlich das ganze Land ihm, da es vom Feinde besetzt und enteignet gewesen und von ihm freigekämpft worden sei. Die Bedenklichkeiten der Herzöge erschienen ihm als krasse Undankbarkeit. In seinem Ärger forderte er im Januar sogar, Mecklenburg müsse in aller Form aus dem Reich austreten. Unter dem Einfluß Oxenstiernas ließ er das schließlich fallen und mäßigte auch die Formulierungen, mit denen die Herzöge sich ihm unterstellen sollten. Vergeblich drängten diese allerdings im Laufe des Jahres 1632 immer wieder auf Klärung einer vieldeutigen Passage, aus der Schweden noch weitergehende Rechte hätte herausinterpretieren können. Gustav Adolf ging nach dem Jahreswechsel mehr und mehr dazu über, nicht nur Vertragsbedingungen in Form von Diktaten aufzuzwingen, sondern auch ganz bewußt wichtige Fragen in der Schwebe zu belassen und meist sogar seine eigene Ratifikation zu verweigern, wie er es in einem anderen exemplarischen Fall tat, in dem des Herzogs von Braunschweig–Wolfenbüttel.

Braunschweig–Wolfenbüttel

Es gab damals zwei Linien des welfischen Hauses, die ältere der Herzöge von Braunschweig–Wolfenbüttel und die jüngere der Herzöge von Lüneburg–Celle. Da Friedrich Ulrich von Braunschweig keine Nachkommen hatte, war vorauszusehen, daß die Lüneburger den gesamten Besitz erben würden. Im Sommer 1631 hatte sich noch keine von beiden Linien mit Schweden verbündet, obwohl für Christian von Lüneburg seit dem Vorjahr ein Offizierspatent Gustav Adolfs bereitlag, das er im Oktober 1631 dann auch annahm. Die Länder beider Linien waren zu diesem Zeitpunkt zum überwiegenden Teil von den Kaiserlichen besetzt, das säkularisierte Bistum Hildesheim war dem Braunschweiger 1629 regelrecht aberkannt worden. Ferner gab es noch drei Ämter, die nach Auffassung Friedrich Ulrichs zu Hildesheim gehörten und auf die er daher gleichfalls Anspruch erhob.

Im Dezember 1631 schloß Salvius mit dem Lüneburger Herzog einen Vertrag nach hessischem Muster, der allerdings beide Seiten ohne zeitliche Begrenzung zu gegenseitiger Militärhilfe verpflichtete. Christian wurden außer seinen Erbländern auch die drei umstrittenen Ämter versprochen. Der König verweigerte jedoch die Unterschrift, da er glaubte, wesentlich weitergehende Zugeständnisse erhalten zu können, wenn nicht von Christian, dann von dem Braunschweiger Herzog. Mit diesem kam gleichfalls im Dezember ein Vertrag zustande, der es über die Bestimmungen des Lüneburger Abkommens hinaus Friedrich Ulrich zur Auflage machte, für die Wiederbelehnung mit Hildesheim und den drei Ämtern Gustav Adolf als Oberhaupt der evangelischen Kurfürsten, Fürsten und sonstigen Stände des Reichs anzuerkennen, und zwar aus Dankbarkeit, wie ihm erläutert wurde. Die drei Ämter waren damit nicht nur zweimal vergeben, sondern man hatte den Vertrag auch so formuliert, daß Christian damit rechnen mußte, Gustav Adolf werde im Erbfalle Hildesheim und die Ämter einbehalten.

Es folgten längere Verhandlungen, bis die Herzöge zu ihrem Schrecken erkennen mußten, daß der König auch diesen Vertrag nicht mehr für genügend hielt. Der Braunschweiger bekam zu Beginn des Jahres 1632 eine noch unangenehmere Version vorgelegt, der zufolge Gustav Adolf erst die Rechtmäßigkeit der herzoglichen Ansprüche auf die Ämter zu überprüfen gedachte, bevor er sie ihm als Lehen überließ. Sollte Friedrich Ulrich vor Kriegsende sterben, würde sein Erbe die von den Schweden besetzten Festungen nur dann erhalten, wenn er gleichfalls die Allianz unterzeichnete. Für Hildesheim und die Ämter war der schwedische König als alleiniger Herr anzuerkennen, auch sollte dessen militärisches Direktorium nicht nur für den derzeitigen Krieg gelten, sondern für alle, die aus diesem hervorgehen würden.

Die braunschweigischen Gesandten weigerten sich, das zu unterschreiben, denn sie wollten eine Allianz *„jure foederis et societatis"* („nach dem Recht von Vertrags- und Bundesgenossenschaft") und nicht *„per modum dependentiae"* („nach Art einer Abhängigkeit") abschließen. (Johannes Kretschmar 1904, S. 46) Der Widerstand lohnte sich insofern, als die Formulierungen in der endgültigen Vertragsfassung vom 15. Februar 1632 etwas gemäßigt wurden, doch ließ sich Gustav Adolf nicht herbei, seine Unterschrift unter die Abmachung zu setzen, obwohl ihm die herzoglichen Gesandten durch ganz Deutschland nachreisten, um die Ratifikation zu erhalten. Sie ahnten sehr wohl, was der König mit seinem Verhalten bezweckte. Er konnte so seinen aus dem Vertrag erwachsenden Verpflichtungen nachkommen oder nicht nachkommen, wie es ihm gerade zweckmäßig erschien, und er hielt sich die Tür offen für beliebige Modifikationen, je nachdem, wie sich die Lage entwickeln sollte, während er umgekehrt seinen Vertragspartner durch die militärische Dominanz Schwedens dazu zwang, seinen Teil zu erfüllen. Bestärkt von Oxenstierna, machte Gustav Adolf diese flexible Unverbindlichkeit der Bündnisverhältnisse zum System und verweigerte im Jahre 1632 fast allen neuen Allianzverträgen die Ratifikation, so denen mit Christian von

Bayreuth, mit den Grafen der Wetterau, mit dem Herzog von Württemberg und selbst mit Wilhelm von Weimar.

Der psychologische Effekt der königlichen Diplomatie

Wenn der König auch in keinem der geschilderten Fälle seine Maximalforderungen mit Gewalt durchsetzte, so war der Eindruck, den sein Vorgehen auf das protestantische Deutschland machte, doch ein höchst negativer. Die Lehenshoheit, die er zumindest für die vom Kaiser aberkannten und von den Schweden zurückeroberten Gebiete beanspruchte, legte den Verdacht nahe, er wolle sich rechtlich an die Stelle des Kaisers setzen und den Reichsverband sprengen. Daraus resultierte die Furcht, die „Befreiung" durch den Schweden werde in einer noch weit drückenderen Abhängigkeit enden als sie zu Zeiten der habsburgischen Übermacht bestanden hatte. Die Penetranz, mit der der König seine Schützlinge zur „Dankbarkeit" nötigte, und die handfesten Verpflichtungen, die er mit dieser ihm geschuldeten Haltung zu verbinden pflegte, waren auch nicht gerade geeignet, an einen uneigennützigen Retter und Schirmherrn glauben zu lassen. Man hatte das nicht unberechtigte Gefühl, aus den Maximalforderungen auf des Königs fernere Pläne schließen zu dürfen, auch wenn er sie nachträglich wieder mäßigte. Hinzu kam die lähmende Unsicherheit, die daraus erwuchs, daß sich Gustav Adolf beharrlich darüber ausschwieg, welches Endziel ihm im Reich nun eigentlich vorschwebte, und wie seine Bedingungen für einen Friedensschluß aussahen. Im Moment wies alles in die Richtung, die er in der Ratsdebatte vom 23. April 1629 ominös angedeutet hatte: *„Si vincimus, in nostra potentate erit facere quod placuerit"* – „Wenn wir siegen, dann wird es in unserer Macht liegen, das zu tun, was uns paßt." (SRP, I, S. 128)

Nach wie vor redete der König viel von *assecuratio* und *satisfactio*, von Absicherung und Entschädigung, die Schweden bei Kriegsende garantiert werden müßten. Ganz offensichtlich hatten diese Begriffe aber in den Monaten nach Breitenfeld einen Bedeutungswandel durchgemacht: „*Assecuratio* hieß nicht mehr einfach Sicherstellung des schwedischen Einflusses in den Küstenländern, sondern beinhaltete eher ein, wenn auch noch nicht klar definiertes, Programm zur Errichtung einer Art von Polizeigewalt oder einer dauerhaften Bastion weit tiefer im Süden. *Satisfactio* bedeutete nicht mehr eine bloße Entschädigung, sondern vielmehr territoriale Gewinne an der Ostsee. Aus der alten *assecuratio* wurde die neue *satisfactio*, und die *assesuratio* war dabei, eine ganz veränderte Gestalt anzunehmen." (Michael Roberts 1953/1958, Bd. II, S. 641)

Das Unbehagen, das selbst die Verbündeten angesichts der schwedischen Machtposition und der unklaren Ziele des Königs ergriff, wurde noch ungemein verschlimmert durch den beängstigenden Eindruck, den Gustav Adolfs persönliches Auftreten immer wieder hervorrief. Bevor Oxenstierna im Januar 1632 in Mainz eintraf, fungierte der König als sein eigener Außenminister, instruierte selbst die Gesandten, entwarf und verwarf Verträge und führte persönlich Verhandlungen. Bedenkt man, wie sehr ihn gleichzeitig militärische Aufgaben und Verwaltungsarbeit mit Beschlag belegten, dann war dies eine imponierende Energieleistung, der psychologische Effekt der königlichen Diplomatie war jedoch oft genug höchst negativ.

Gewiß konnte der König im Umgang von bezaubernder Liebenswürdigkeit sein, wobei ihm sein lebhaftes Temperament, seine Vitalität, seine natürliche Offenheit, seine vielseitige Bildung und seine Sprachgewandtheit zustatten kamen. Auftritten vor Menschenmengen war so gut wie immer großer Erfolg beschieden, dafür sorgten schon die souveräne Selbstsicherheit des Königs, das persönliche Charisma, das ihn ausgezeichnet haben muß, und das sich mit heiterer Natürlichkeit und einer ungezwungenen Leutseligkeit zu einem unwiderstehlichen Eindruck verband. „*In summa*, dieser König ist so ein liebreicher, holdseliger und anmutiger Held, als man einen Menschen mit Augen sehen mag", heißt es in einem anonymen Bericht über den Einzug Gustav Adolfs in Frankfurt am Main, „Er ist stetigs so *allegro* [fröhlich] und *courageux*, wann er aller Sorg frei wäre, und ist sonderlich ein Lust zu sehen, wann er ißt. Wie wohl er essen und trinken mag, er laßt die fremde Leut hinten und fornen um ihn herum stehen, faßt die Leut wohl in Gesicht. Ist ein überaus schöner Herr, von Angesicht sehr fett [damals nicht unbedingt als Schönheitsmangel empfunden] und ein ziemlich roten spitzigen Bart, kurtzes Haar und ein mittelmässige Länge [Gustav Adolf maß zwischen 170 und 175 cm], verkleidet sich täglich." (Sixten Strömbom 1932, S. 47)

Aber es gab auch einen ganz anderen Gustav Adolf, ungeduldig, jähzornig, brutal. Die Neigung zu cholerischen Ausbrüchen war ein Erbteil der Wasa, der Vater des Königs hatte es in besonders hohem Grade besessen. Überanstrengung und fortwährende nervliche Anspannung, die menschlichen Enttäuschungen, welche ihm namentlich seine deutschen Schützlinge laufend bereiteten, und wohl auch die Arroganz des Siegers ließen diese Züge in Gustav Adolfs Charakter während der letzten beiden Jahre seines Lebens immer häufiger und immer schonungsloser hervortreten.

Berüchtigt ist ein Zwischenfall, der sich Anfang Dezember 1631 in Höchst zutrug, als der Kammerjunker Erik Rålamb wegen einer geschwollenen Hand den Dienst an der Tafel verweigerte und der König ihm in berserkerhafter Wut die flache Klinge seines Degens mit solcher Wucht auf den Kopf schlug, daß sie in drei Stücke zerbrach. Es mutet schon recht eigenartig an, daß Günter Barudio selbst die cholerischen Anfälle Gustav Adolfs als „erlaubte und geforderte Reaktion der Obrigkeit", als „Akt des Gerechten, des Rex justus" zu interpretieren beliebt. (Barudio 1982, S. 287, 550) Der König selbst war sich jedenfalls dieser Schwäche bewußt und litt unter ihr, wie der englische Gesandte Vane, der in München einen heftigen Zusammenstoß mit dem König hatte, berichtete: „Gewöhnlich bereut es der König selbst, wenn der Schlag ausgeteilt ist; denn er hat mir oft erzählt ... daß er alles dafür geben würde, Meister seiner Leidenschaft zu sein; aber daß, wenn er anfinge sich zu erregen, irgendetwas in seinem Kopf hochsteige, das ihn vergessen lasse, was er sage oder tue; daß er dies in sich selbst finde, wie auch die Unannehmlichkeiten, die daraus entstünden, sobald er sich wieder beruhige; und doch könne er es nicht bezwingen, obwohl er sich das oft vorgenommen habe; und er hoffe deshalb, Gott und die Welt möchten ihm vergeben." (Michael Roberts 1953/1958, Bd. II, S. 786)

Reichsritterschaft, Reichsfürsten, Reichsstädte

Hatten die Bündnisverhandlungen mit Brandenburg, Mecklenburg, Braunschweig und Lüneburg im Winter 1631/1632 nur die, wenn auch in Ton und Zielrichtung deutlich veränderte, Fortsetzung bereits lange vor Breitenfeld aufgenommener Kontakte dargestellt, brachte der Vorstoß an Main und Rhein den König in engere Beziehung zu Reichsständen, mit denen er vorher so gut wie gar nichts zu tun gehabt hatte. Wie schon erwähnt, ging die fränkische Reichsritterschaft sofort mit der größten Bereitwilligkeit ins schwedische Lager über. Das war nicht weiter verwunderlich, da es sich hier um fast durchweg protestantische Kleinstmachthaber handelte, deren reichsrechtliche Stellung zum Teil umstritten war, und die sich dem Druck ihrer mächtigen geistlichen Nachbarn, der Fürstentümer Würzburg und Bamberg, ausgesetzt sahen. Durch Gegenreformation und Restitutionsedikt hatten viele von ihnen territoriale Einbußen erlitten und waren aus der Verwaltung des Herzogtums Franken verdrängt worden, die sie traditionell als ihre Domäne betrachteten. Zudem besaßen sie in Gustav Adolfs Hofmarschall Bernholf von Crailsheim einen einflußreichen Fürsprecher in der nächsten Umgebung des

Königs. Am 30. Oktober 1631 wurde ein Akkord zwischen der fränkischen Reichsritterschaft und der Krone Schweden geschlossen, in dem sich die ersteren dem Schutz des Königs unterstellten und sich zu 4.000 Reichstalern Kontribution im Monat verpflichteten. Gustav Adolf garantierte ihnen Reichsunmittelbarkeit und ihren Territorien Religionsfreiheit, womit er sich einmal mehr das Recht zur Interpretation von Reichsgesetzen, also kaiserliche Machtbefugnisse, anmaßte. In der Verwaltung des Herzogtums, mit deren Reorganisation er in jenen Wochen eifrig beschäftigt war, stützte er sich vornehmlich auf die Ritterschaft, wobei die eigentlichen Regierungsstellen allerdings in schwedischer Hand blieben.

Weit schwieriger gestalteten sich die Verhandlungen mit den größeren protestantischen Reichsständen im Fränkischen Kreis, mit den hohenzollerschen Markgrafen von Ansbach und Bayreuth (Brandenburg–Kulmbach), und mit den Reichsstädten, allen voran Nürnberg. Die Bemühungen, im Herbst 1631 ein umfassendes Bündnis Schwedens mit diesen Reichsständen zustandezubringen, scheiterten namentlich am Widerstreben Nürnbergs und Bayreuths, die sehr auf ihre Unabhängigkeit und Neutralität bedacht waren und keinesfalls mit dem Kaiser brechen wollten. Mehr als lockere Verteidigungspakte mit einzelnen Ständen kamen im Oktober nicht zustande. Außerdem wurde beschlossen, dem schwedischen König eine finanzielle Unterstützung in der Höhe von 72 Römermonaten zu gewähren, wie man sie zuvor auch dem Kaiser gegeben hatte. Gustav Adolf war sehr erbost über das ausweichende Verhalten der Stände und ließ sich wieder zu unbeherrschten Äußerungen hinreißen. So drohte er den Nürnberger Gesandten, „dann welcher Stand nicht will, dem müsste man den Kopf entzweischlagen“. (Christa Deinert 1966, S. 88)

Im November wurde ein Rezess mit den Abgesandten Ansbachs, Bayreuths und Nürnbergs geschlossen, in dem sie sich unter den militärischen Schutz Schwedens stellten und zu weiteren Zahlungen verpflichteten, dem Markgrafen Christian von Bayreuth hatte der König wenige Tage zuvor schon in einem persönlichen Gespräch ein engeres Bündnis aufgezwungen. Im Februar 1632 trafen sich in Heilbronn die Gesandten der Reichsstädte Frankfurt, Nürnberg, Ulm und Straßburg, um über weitere Schritte zu beratschlagen. Gustav Adolf wollte, daß sie gemeinsam ein Bündnis mit ihm abschlössen, drängte auf weitere Subsidienzahlungen und versuchte die Zulassung seines Kupfergeldes zu erreichen. Es war ihm in keinem dieser Punkte Erfolg beschieden, doch kamen wieder Bündnisse mit einzelnen Städten zustande. Frankfurt hatte er ja schon im Dezember zu einem solchen genötigt, Ende Februar schloß Ulm eine Konvention ab, in der es sich zur Unterstützung Schwedens in diesem und in künftigen

Kriegen verpflichtete, wofür es den in seinem Gebiet liegenden geistlichen Besitz einziehen durfte. Eine ähnliche Abmachung kam im März mit Nürnberg zustande. Die Reichsstadt zahlte 100.000 Reichstaler und erhielt die Besitzungen des Deutschen Ordens in ihrem Machtbereich zugesprochen. Straßburg, das sich, eingeklemmt zwischen Frankreich und dem habsburgischen Vorderösterreich, in einer besonders schwierigen Lage befand, folgte im Juni.

Die Absicht, aus den großen protestantischen Reichsstädten in Süddeutschland einen festen Bündnisblock zu schmieden, war somit gescheitert, aber immerhin waren sie nun in das entstehende schwedische Verteidigungssystem integriert, und Gustav Adolf hatte Zugriff auf ihre Befestigungen, auf ihr militärisches Potential und vor allem auf ihre Subsidien und Kontributionen. Die Abmachungen mit einigen anderen Städten, die sich außerhalb des eigentlichen schwedischen Operationsgebiets befanden, waren von vornherein nur finanzieller Natur. So erklärten sich die Hansestädte Hamburg, Lübeck und Bremen zu einmaligen größeren Subsidienzahlungen bereit und entgingen damit vorerst weitergehenden Forderungen.

Donationspolitik

Die schwedische Herrschaft bot den Verbündeten aber auch lukrative Anreize. Gustav Adolf ging mit dem eroberten Gebiet sehr freigebig um und verwandelte *„iure belli“* in Besitz genommene Liegenschaften und Einkünfte in Donationen, um verdiente Offiziere und Parteigänger, aber auch Reichsstände, auf deren Gefolgschaft er Wert legte, zu belohnen und sich zu verpflichten. Es war die direkte Übertragung des in Schweden mit so bedenklichem Erfolg angewandten Alienationsprinzips auf die Verhältnisse des Deutschen Reichs. Voraussetzung dafür war, daß der König glaubte, nach Kriegs- und Völkerrecht mit besetztem Feindesland nach Belieben verfahren zu können. Wie stets, berief er sich dabei auf die Autorität des Hugo Grotius. Diesem zufolge stand dem Sieger ein Territorium, das er nicht nur vorübergehend besetzt, sondern fest und abgesichert in seinen Besitz gebracht hatte, zur freien Verfügung, worin auch alle Rechte und Verpflichtungen des betroffenen Gebiets eingeschlossen waren. So schenkte der König seinem Feldherrn Gustav Horn die Stadt und den Herrn-Meistersitz des Deutschen Ordens Mergentheim, die „Wir durch Gottes Gnade und Sieg in unsern rechtmäßigen Gewalt gebracht auch nach unserm Willen zu thun und zu ordnen haben“. (Christa Deinert 1966, S. 134)

Innerhalb weniger Monate fand eine gewaltige Besitzumverteilung statt, durch die nicht nur die Ergebnisse des Restitutionsedikts rückgängig gemacht wurden, sondern auch unanfechtbarer geistlicher Besitz nach Beuterecht säkularisiert und an neue Herren vergeben wurde. Die Abteien Fulda und Korvey und die Bistümer Paderborn und Münster gingen an Gustav Adolfs treuen Bundesgenossen Wilhelm von Hessen–Kassel, und zwar mit der bezeichnenden Einschränkung, sie würden im Falle des Erlöschens der Dynastie an die Krone Schweden zurückfallen. Gustav Gustavsson, des Königs natürlicher Sohn, erhielt das Bistum Osnabrück, Oxenstierna die Abtei Ebersbach, möglicherweise war ihm die ganze kurmainzische Beute zugedacht. Bernhard von Weimar wurde das aus den fränkischen Bistümern bestehende Herzogtum Franken versprochen, erhalten hat er es erst nach dem Tode Gustav Adolfs. Insgesamt wurden in Deutschland unter schwedischer Herrschaft wenigstens 255 Donationen unterschiedlichster Größenordnung vorgenommen, von denen etwa ein Drittel noch in die Regierungszeit des Königs fielen.

Dabei läßt sich ein deutlicher Unterschied feststellen zwischen der Schenkungspolitik Gustav Adolfs und der nach seinem Tode von Oxenstierna geübten Praxis. Während ersterer in der Auswahl der Empfänger sehr bedachtsam und systematisch vorging, herrschte unter dem Kanzler die reine Willkür in Art eines Totalausverkaufs. Zu Lebzeiten des Königs wurden Nichtkreisstände nur ausnahmsweise mit Donationen bedacht, was dann gewöhnlich aus wirtschaftlichen, nicht aus politischen Gründen geschah, um sich andere Formen von Bezahlung oder Belohnung zu sparen. Hauptnutznießer waren aber die mit dem König verbündeten Kreisstände, die auf diese Weise an die schwedische Sache gebunden werden sollten. So wurden im Fränkischen Kreis die Reichsstädte Nürnberg und Schweinfurt und die Fürsten bzw. Grafen von Löwenstein-Wertheim und von Hohenlohe besonders reich beschenkt. Unter Oxenstierna ging dagegen die Masse der Donationen an Offiziere in schwedischen Diensten, ohne daß damit weitergehende politische Absichten verbunden gewesen wären.

Für die Donationspolitik gab es nicht nur das Vorbild der Vergabe schwedischen Kronbesitzes an den Adel, sondern auch im Reich selbst war der Kaiser mit einigen spektakulären Beispielen vorausgegangen. In Böhmen hatte dieser zahllose Parteigänger der Habsburger nach dem Sieg vom Weißen Berg mit dem enteigneten Besitz der verurteilten oder vertriebenen aufständischen Adeligen belohnt, die Belehnung des bayerischen Herzogs mit der Kurwürde und den Ländern des in die Reichsacht getanen pfälzischen Kurfürsten, um ihn für die geleistete Waffenhilfe zu entschädigen, war auch eine Art von Donation, ebenso die Belehnung Wallensteins mit dem Herzogtum Mecklenburg. Es mutet allerdings inkonsequent an, daß Gustav Adolf und seine Verbündeten,die sich nicht genug tun konnten in ihrer Empörung über die rechtsbrecherische kaiserliche Willkür und in ihrem Mitgefühl für die Opfer dieser Politik, die hierin sogar einen wesentlichen Kriegsgrund erblickten, nun keinen Augenblick zurückscheuten, in noch viel größerem Maßstab die gleichen Maßnahmen zu ergreifen, nur mit dem Unterschied, daß nicht einmal die Legitimation kaiserlicher Autorität und juristisch motivierten Vorgehens gegen Reichsverräter in Anspruch genommen werden konnte, so daß nichts als das bloße Recht des Siegers übrig blieb, das Kaiser und Liga seinerzeit natürlich auch besessen hatten.

Indem der König durch das Restitutionsedikt bewirkte Besitzveränderungen rückgängig machte und indem er bei seinen Donationen häufig in umstrittene Rechtsverhältnisse eingriff, stellte er einseitig Recht wieder her und entschied Streitfälle, die Sache des Kaisers oder des Reichskammergerichts gewesen wären, wo manche von ihnen schon längst anhängig waren. Auch hier sehen wir wieder, mit welcher Selbstverständlichkeit Gustav Adolf kaiserliche Machtbefugnisse an sich gerissen hat.

„Ius superioritatis"

In mancher Hinsicht ging er aber noch über die Kompetenzen und Gepflogenheiten des Kaisertums hinaus. So verband er seine Donationen mit Bedingungen, die von einer der kaiserlichen Praxis unbekannten Schärfe waren. Sie dienten ja nicht nur als Belohnung für Getreue und als Lockmittel für Unentschiedene, sondern Gustav Adolf wollte mit ihrer Hilfe auch unter Wahrung der schwedischen Oberhoheit einen Teil der aus dem riesigen Umfang der Eroberungen erwachsenden Überwachungs- und Verwaltungsaufgaben delegieren, denen die schwedische Armee und Administration kaum mehr gewachsen gewesen wären. Es mußte aber gewährleistet sein, daß die Verantwortung in die Hände von ihm abhängiger und folglich gefügiger Machthaber gelangte, und daß die abgegebenen Territorien nicht völlig der Verfügungsgewalt der schwedischen Krone entglitten. Diesem Zweck diente der von Gustav Adolf neu eingeführte, weder im schwedischen, noch im Reichsrecht gebräuchliche und auch Grotius unbekannte Begriff des *ius superioritatis* [Recht der Oberheit], auch als „Mayestetische Superioritet" bezeichnet.

In diese Richtung hatte schon die „Anerkennung" der schwedischen

Krone gewiesen, die er den Mecklenburger und welfischen Herzögen zu deren Mißfallen für die Rückerstattung bestimmter Gebiete hatte aufzwingen wollen. 1632 wurde der Vorbehalt der schwedischen Superioritätsrechte in sämtliche irgendwelche Donationen betreffende Abmachungen aufgenommen. Der Begriff wurde vom König ganz bewußt nicht näher definiert, was ihm die Möglichkeit offenhielt, „für den Fall einer vollkommenen Richtungsänderung seiner Politik oder bei einem Friedensvertrag, der die rechtmäßige Anerkennung dieser kriegsrechtlichen Erwerbungen erst fixieren konnte, ein Einspruchsrecht zu besitzen ... Indem dadurch die Kreisstände seines Eingriffs stets gewärtig sein mußten, blieben sie bis zu einem Friedensvertrag auf ihn angewiesen." (Christa Deinert 1966, S. 142) Durch das *ius superioritatis* behielt sich schließlich der König auch einige Rechte vor, die von größter militärischer Bedeutung waren, nämlich die Befugnis, den betroffenen Gebieten die Zahlung von Kontributionen, die Stellung von Verpflegung und Quartieren, Rekrutierungen und ähnliches aufzuerlegen.

Auch hier läßt sich wieder ein Gegensatz zu der später von Oxenstierna gepflogenen Praxis beobachten. Der Kanzler gab das *ius superioritatis* so gut wie völlig preis, da ihm nicht an einer staatsrechtlichen Fixierung des schwedischen Übergewichts gegenüber den Ständen lag, denn er erachtete dieses für nur vorübergehend und in der militärischen Situation bedingt. Langfristig rechnete er damit, daß Schweden seine im Inneren des Reichs errungene Machtposition als Tauschobjekt für handfeste Vorteile im Ostseeraum einsetzen müßte, wo er nach wie vor die einzige wirkliche Interessensphäre des Landes sah. Die ganz andere Verfahrensweise des Königs läßt den Schluß zu, daß er mittlerweile ein auf Dauer angelegtes schwedisches System auch in Mittel- und Süddeutschland nicht ausschloß. Dabei ist es wieder höchst charakteristisch, daß die Ziele Oxenstiernas klar umrissen waren, während die Gustav Adolfs verschwommen blieben und nur eine einigermaßen sichere Aussage zulassen, nämlich die, daß sie in Reaktion auf die großen militärischen Erfolge immer weiter gesteckt worden sein dürften.

Aber nicht alle eroberten Gebiete wurden als Donationen vergeben. So blieben das mainzische Erfurt und das Erzstift Mainz in der Hand des Königs, ebenso Würzburg und das Herzogtum Franken, jedenfalls bis zum Tode Gustav Adolfs, und das im Mai 1632 eingenommene Augsburg. Natürlich stützte sich der König hierbei wieder auf Hugo Grotius und das *ius belli*. Im Juni erklärte er in Nürnberg, den Papisten abgenommene Gebiete wie Würzburg und Mainz wolle er in seiner Gewalt behalten, „nach dem Civilrecht fragte er dabei nicht, sondern nur nach dem Völkerrecht", „wie man hievon *apud Grotium* lesen könne, der *de jure belli ac pacis* weitläufig beschrieben habe." (Christa Deinert 1966, S. 133)

Es kamen in diesem Zusammenhang vor allem des Grotius Auslassungen über das Beuterecht und über das Recht zur Erlangung der Herrschaft über Personen und Sachen zum Tragen. Diesen zufolge konnte er die volle Staatsgewalt über die eroberten Gebiete ausüben. Augenscheinlichster Ausdruck dieses Machtanspruchs war die Forderung, die Bürger hätten ihm den Erbhuldigungseid zu leisten, wie dies in Erfurt, Würzburg, Mainz, Halberstadt, Magdeburg, Augsburg und etlichen anderen Orten geschah. In Magdeburg sollte dies mit der Erhebung der Stadt zum Rang einer Freien Reichsstadt verbunden werden, womit Gustav Adolf wieder ein kaiserliches Recht wahrgenommen hätte. Besonderes Aufsehen erregte die Erbhuldigung durch die Freie Reichsstadt Augsburg, welche den Bürgern von anderen Reichsständen als bedenklicher Präzedenzfall vorgeworfen wurde. Gustav Adolf ging hier wohl vor allem davon aus, daß die Stadt vom Feind besetzt gewesen und von ihm befreit worden war, wodurch sie *iure belli* in sein Eigentum überging, wie er das schon den pommerschen Ständen erklärt hatte.

Toleranz

Der Huldigungseid war keine bloße symbolische Handlung, sondern verpflichtete die neuen Untertanen zu striktem Gehorsam, wofür ihnen königlicher Schutz, Glaubens- und Gewissensfreiheit zugesagt wurden. Letzteres entsprach auch wieder einer Forderung des Hugo Grotius. Die Bestimmungen des Bündnisvertrags mit Frankreich hatten es den Schweden ohnehin zur Auflage gemacht, das katholische Bekenntnis überall zu tolerieren, wo es existierte. Auch die Bewerbung um die polnische Krone mag zeitweise dazu beigetragen haben, eine Unterdrückung des deutschen Katholizismus höchst inopportun erscheinen zu lassen. Ferner hätte es den Interessen der Kriegführung widersprochen, die andersgläubige Bevölkerung, von der man ja die reibungslose Bezahlung hoher Kontributionen erwartete, unnötig gegen sich aufzubringen. Darüber hinaus widerstrebte es dem König persönlich, militante Intoleranz auszuüben. Die scharf antikatholische Gesetzgebung seiner frühen Regierungsjahre war politisch bedingt gewesen und hatte sich mehr gegen die Umtriebe Sigismunds III. als gegen die Glaubensfreiheit seiner Untertanen gewandt.

Man darf sich allerdings keine übertriebenen Vorstellungen machen von der unter Gustav Adolf in Deutschland praktizierten Toleranz. Calvinismus und Katholizismus wurden zwar in ihrem vorgefundenen Verbreitungsgebiet geduldet, doch gegenüber dem kräftig protegierten Luthertum klar benachteiligt. Man bat die katholische Bevölkerung und vor allem ihre Geistlichkeit besonders kräftig zur Kasse, man schloß katholische Beamte weitgehend, wenn auch nicht vollständig, von der höheren Verwaltung aus, man enteignete selbst in geschlossen katholischen Gegenden Kirchen und sprach sie neu zu gründenden lutherischen Gemeinden zu. Weitergehende Schikanen waren an der Tagesordnung, auch wenn sie dem Willen des Königs widersprachen, der wiederholt gegen Übergriffe seiner Untergebenen und Verbündeten einschritt. Zu solchen kam es immer wieder im Rahmen der wenig geordnet verlaufenden sogenannten Konterreformation, die eigentlich Kontergegenreformation heißen müßte und unter der man die Rückführung des durch Gegenreformation und Restitutionsedikt verlorenen protestantischen Besitzstandes versteht. Daß es hier in Reaktion auf die aggressive Haltung, die die siegreichen Katholiken während der ersten Dutzend Kriegsjahre oft genug gezeigt hatten, zu manchen Exzessen kam, ist selbstverständlich. Gustav Adolf benutzte den Summepiskopat, den er als Teil seines *ius superioritatis* in allen eroberten Gebieten beanspruchte, nicht zuletzt dazu, um die Katholiken vor einer allzu übereifrigen Durchführung der Konterreformation zu schützen. Nach seinem Tode wurden die Verhältnisse sehr viel unerträglicher für die nichtlutherischen Bekenntnisse im schwedischen Machtbereich.

Verwaltung und Gesetzgebung

Da die Regierungsspitzen in den geistlichen Fürstentümern geflohen waren, behandelte Gustav Adolf diese Territorien als herrenloses Gut, was ihm zugleich eine weitere (recht fragwürdige) Rechtfertigung dafür bot, sie ohne weiteres in Besitz zu nehmen. Die Leitung der Verwaltung wurde in die Hände schwedischer Statthalter gelegt, bei denen es sich um geborene Schweden, häufiger aber um zuverlässige Angehörige deutscher protestantischer Fürstenhäuser handeln konnte. So bekleidete Johann Sparre, ein hochadeliger Schwede, den Statthalterposten in Mainz, die Brüder Kraft und Georg von Hohenlohe die gleichen Posten im Fränkischen und im Schwäbischen Kreis, Ludwig von Anhalt die in den Diözesen von Magdeburg und Halberstadt. Auf der Grundlage der Kreisstruktur zog man Kontributionen ein und hob Truppen aus. Das Reichssteuerwesen wurde übernommen, das Reichskammergericht gedachte Gustav Adolf dagegen im protestantischen Sinne zu erneuern, womit man aber über Ansätze nicht hinauskam.

Verwaltung und Gesetzgebung auf lokaler Ebene blieben weitgehend unverändert. Unzuverlässige Elemente wurden allerdings entfernt, die Masse der Räte und Beamten holte man sich aus süddeutschen lutherischen Gebieten. Ferner brauchte die schwedische Staatsgewalt „auf bisherige *Verhältnisse komplizierter Art* wie die sich überlagernden Rechte und Kompetenzen des Erzbischofs, des Domkapitels und des Hofstaates keine Rücksicht zu nehmen, wodurch die Chance für eine klarer gegliederte, zentralistische Administration gegeben war. Eine detaillierte Kammerordnung war für das Erzstift [Mainz] eine Neuerung." (Hermann-Dieter Müller 1979, S. 127)

Den dominierenden Gesichtspunkt stellte bei den meisten Verwaltungsmaßnahmen notgedrungenermaßen die möglichst effektive Nutzbarmachung der besetzten Gebiete für die schwedische Kriegführung durch Kontributionen, Einquartierungen und Lebensmittellieferungen dar. Das bedeutete zwar für die betroffene Bevölkerung eine nicht enden wollende Kette von drückenden direkten und indirekten Steuern und sonstigen Abgaben und Lasten, bedingte aber auch, daß man schwedischerseits nach Kräften versuchte, Ruhe und Ordnung aufrechtzuerhalten und wilde Plünderungen zu verhindern. Auch das änderte sich nach Gustav Adolfs Tod, als es immer deutlicher wurde, daß man die süddeutschen Eroberungen nicht auf Dauer würde behaupten können. Nun begann rücksichtsloser Raubbau an den Ressourcen, wie man ihn schon stets bei nur temporärer Besetzung von Feindesland betrieben hatte.

Schaffung einer schwedischen Hausmacht

1632 läßt sich in Ansätzen der systematische Ausbau eines schwedisch kontrollierten Flächenstaats im nördlichen Süddeutschland beobachten. Nicht die Territorien der Verbündeten waren hierfür geeignet, sondern die großen geistlichen Fürstentümer, mit denen man als erobertem und beschlagnahmtem Feindesland nach Belieben verfahren konnte. Besonders in Mainz versuchte man durch Arrondierung einerseits und Abgabe entlegener Enklaven andererseits, ein in sich geschlossenes Territorium herzustellen. Die Schaffung einer soliden schwedischen Hausmacht auf dem Boden der geistlichen Fürstentümer dürfte Gustav Adolf spätestens seit der Schlacht von Breitenfeld vorgeschwebt sein und ein wesentliches Motiv für seinen Entschluß gebildet haben, den Vormarsch seiner siegreichen Armee nach Südwesten zu dirigieren. Das gewaltige Befestigungssystem, mit dem Gustav Adolfs Ingenieur Olof Hansson Örnehufvud Mainz umgab, und in das ab Anfang 1632 auch die am rechten Rheinufer

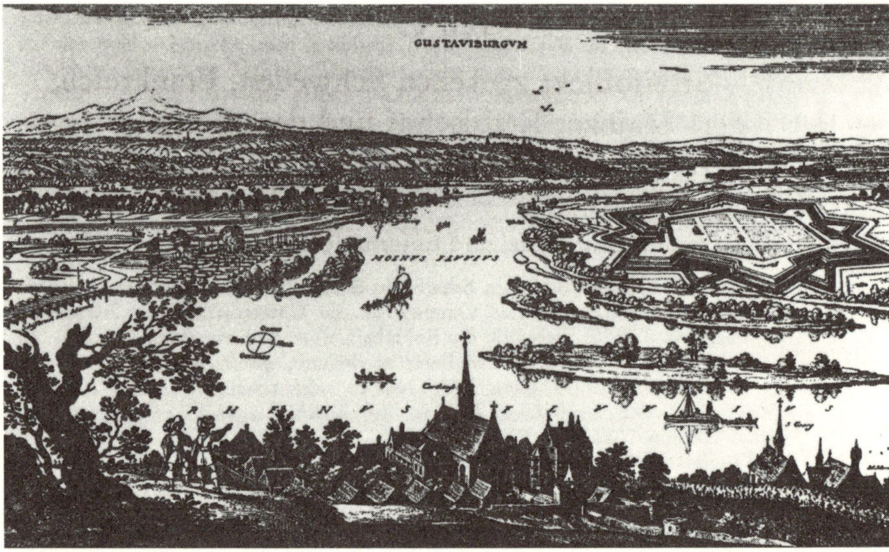

Die Gustavsburg (rechts oben) am Zusammenfluß von Rhein und Main, von der Mainzer Klause auf dem Albansberg am linken Rheinufer aus gesehen. Stich von Matthäus Merian aus dem Jahre 1633. Die von Gustav Adolfs großem Ingenieur Olof Hansson Örnehufvud Anfang 1632 entworfene Festungsanlage bot Raum für 600 Häuser. Ihren Namen hat sie erst nach dem Tod des Königs erhalten. (Privatbesitz)

entstehende „Gustavsburg" integriert wurde, legen den Verdacht nahe, daß hier am Zusammenfluß von Rhein und Main ein zentrales Bollwerk zur Sicherung der Schwedenherrschaft in Deutschland entstehen sollte. Ob Mainz allerdings eine Art von Hauptstadtfunktion zugedacht war, erscheint angesichts der fehlenden konfessionellen Basis unsicher. Das nahe gelegene Frankfurt wäre hier wohl die wahrscheinlichere Wahl gewesen. Festzuhalten aber bleibt, daß in Mainz – wie auch in Würzburg – die ganze Personal-, Territorial- und Fortifikationspolitik darauf hinweisen, „daß die Landesorganisation nicht als eine temporäre Maßnahme in der Form einer Militärregierung, sondern als eine bleibende Einrichtung ziviler Prägung konzipiert war." (Hermann-Dieter Müller 1979, S. 128)

Des Königs langfristige Ziele in Deutschland

Damit sind wir nun bei der vielumstrittenen Frage angelangt, was des Königs letzte Absichten in Deutschland gewesen sein könnten, unter welchen Bedingungen er bereit gewesen wäre, Frieden zu schließen. Inwieweit war die Verfügung über erobertes Gebiet rein militärisch motiviert und wäre bei Kriegsende ohne weiteres aufgegeben worden, inwieweit sollte sie ein Faustpfand herstellen, um bei Friedensverhandlungen damit andere Ziele durchsetzen zu können, inwieweit war sie auf Dauer berechnet?

Es kann keinem Zweifel unterliegen, daß der König keinerlei Neigung zu einem Kompromißfrieden empfand und daß er von Anfang an mit der Möglichkeit eines sehr langen Krieges gerechnet hat. Am 31. Oktober 1632 drückte Oxenstierna das in einem höchst drastischen Bild aus: „In *summa* der könig werde nicht mehr trauen und so lang mit ihnen [den Kaiserlichen] fechten, bis er sie zur erden gelegt, mit seinem knie uf ihrem hals säße und den degen an die gurgel ihnen stehen hette, so würde er alsdan sagen ‚so und so mache nun frieden.'" (Irmer, Bd. 35, S. 290) Hier schwingt das bei Gustav Adolf immer wiederkehrende Mißtrauen mit, die katholische Seite werde sich Ketzern gegenüber nicht an ihr Wort gebunden fühlen, papierene Versprechungen von einem solchen Vertragspartner seien nichts wert. Daher wollte er Reales, echte Sicherheiten, und die waren im gewünschten Umfang wohl nur durch einen Diktatfrieden zu erhalten.

Friedensinitiativen

Das Vorurteil von der katholischen Treulosigkeit war damals in der protestantischen Welt weit verbreitet und Gustav Adolf dürfte mit ihm großgeworden sein. Trotzdem hat sich der König den Friedensinitiativen, die von verschiedenen Seiten ausgingen, nicht grundsätzlich verschlossen. Den unermüdlichsten Eifer in dieser Sache zeigte der Landgraf Georg von Hessen–Darmstadt, den Gustav Adolf einmal ironisch „des heiligen römischen Reiches Erzfriedstifter" genannt hat. (Michael Roberts 1953/1958, Bd. II, S. 660, Anm. 5) Zutiefst verfeindet mit den calvinistischen und proschwedischen Verwandten in Hessen–Kassel, verband er Luthertum und Kaisertreue miteinander und pflegte so gute Kontakte zur Liga und vor allem zum Kurfürsten von Mainz, daß er von vielen Protestanten für einen potentiellen oder wirklichen Verräter gehalten wurde. Er gehörte zu den Hauptinitiatoren des auch von Frankreich geförderten katholisch-protestantischen „Kompositionstages" in Frankfurt, der aber durch die Schlacht von Breitenfeld weitgehend gegenstandslos wurde. Er schickte im Oktober 1631 einen Gesandten zu Gustav Adolf nach Würzburg, um sich seine Neutralität garantieren zu lassen und um seine Absicht kundzutun, einen großen deutschen Friedenskongreß zusammenzurufen. Der Empfang durch den König war sehr ungnädig. Er nannte den Landgrafen einen Heuchler und Feind und wollte ihm durchaus keine Neutralität zugestehen. Umso erstaunlicher ist es, daß dem Darmstädter wenig später im Vertrag von Höchst tatsächlich eine eingeschränkte Neutralität gewährt wurde. Er mußte lediglich die Festung Rüsselsheim zur Verfügung stellen und den schwedischen Truppen das Durchmarschrecht einräumen. Gustav Adolf wollte wohl nicht als derjenige gelten, der des Landgrafen löbliche Friedensinitiative im Keim erstickt hatte.

Die weitere Entwicklung der Dinge entsprach jedoch Gustav Adolfs schlimmsten Befürchtungen. Die Kurfürsten von Sachsen und Brandenburg setzten sich im Februar 1632 in Torgau zusammen, um sich hinter dem Rücken des Königs über die anzustrebenden Friedensbedingungen zu einigen. Von Anfang an hatte Georg von Hessen–Darmstadt versucht, Schweden von den Beratungen fernzuhalten, um es dann mit vollendeten Tatsachen konfrontieren zu können. Nun fühlte sich Gustav Adolf auch von den beiden Kurfürsten hintergangen. Der Sachse gab ohnehin fortlaufend Anlaß zu Mißtrauen. Christian IV. von Dänemark leistete am Dresdner Hof verdächtige Wühlarbeit. Der Kurfürst stand unter dem Einfluß seines Marschalls Arnim, eines ehemaligen wallensteinischen Generals, der laufend Verhandlungen mit den Kaiserlichen und besonders mit seinem einstigen Generalissimus pflegte. Ziemlich unverhohlen trat Arnim für einen sächsisch-kaiserlichen Separatfrieden ein, und im Frühjahr 1632 fürchtete man schwedischerseits, jeden Augenblick mit dem Abfall der Sachsen rechnen zu müssen. Daß Gustav Adolf unter diesen Umständen nicht mehr viel von den Friedensinitiativen Georgs von Hessen–Darmstadt wissen wollte, ist nicht zu verwundern.

Statt dessen vertraute der König seinem treuesten Verbündeten Wilhelm von Hessen–Kassel, dem Verwandten und Intimfeind des Darmstädters, an, man brauche auch nach dem Krieg einen protestantischen Bund mit einem starken stehenden Heer, die Kaiserlichen müßten dagegen bei Friedensschluß entwaffnet werden. Wilhelm reagierte begeistert und unterbreitete auf Wunsch des Königs einen Friedensplan, wie er radikaler nicht denkbar war. Unter anderem wollte er das Reformationsrecht ohne jede Einschränkung freigeben und die geistlichen Kurfürstentümer abschaffen und dadurch die Wahl eines protestantischen Kaisers gewährleisten. Auch an den Reichsrat in Stockholm wandte sich Gustav Adolf, um zu erfahren, welche Friedensvorstellungen man dort pflegte. Die Beratungen im März 1632 führten zu dem Ergebnis,im Reich sei der Besitzstand von 1618 wiederherzustellen, Schweden müsse Garantien für die Sicherheit der evangelischen Religion erhalten, ferner eine vom König festzusetzende Kriegsentschädigung, Pommern und Wismar hätten auf jeden Fall in schwedischem Besitz zu bleiben, ein festes protestantisches Bündnis unter schwedischem *directorium belli* sei auf Dauer beizubehalten.

Im Reichsrat gab es aber auch starke Befürchtungen, man könne den Bogen überspannen. So wurde der Wunsch geäußert, Gustav Adolf solle nicht den Anschein erwecken, er strebe nach „*Dominium totius orbis*" („der Herrschaft über den ganzen Erdkreis"), denn das könne einen „*perpetuum bellum*" („einen Dauerkrieg") herbeiführen, zumal wenn der König sich in der Frage der Reichszentralgewalt aus einem Saulus in einen Paulus verwandle und sich damit seine bisherigen Freunde zu Feinden mache. (Sigmund Götze 1971, S. 87)

Reichsrecht und Kriegsrecht

Am 11. Juni 1632 schickte Gustav Adolf den Pfalzgrafen August von Sulzbach als Gesandten zu Johann Georg nach Sachsen. In seinen Instruktionen hieß es, man könne die deutschen Staaten in sechs Klassen einteilen. Die erste würde von denjenigen protestantischen Staaten gebildet, welche 1630 ganz ihrer Geltung beraubt und vom Feinde besetzt gewesen seien, *iure belli* müßten diese nach ihrer Befreiung nun schwedischer Besitz sein (z. B. Mecklenburg). Zur zweiten Kategorie gehörten protestantische Staaten, deren Fürsten nur noch eine nominelle Herrschaft ausgeübt hätten und somit gleichfalls von den Schweden befreit worden seien (z. B. Pommern). Die dritte Klasse seien protestantische Staaten, die zunächst einen feindseligen Geist gezeigt hätten (z. B. Brandenburg). In der vierten fände man die beim Eintreffen der Schweden noch freien protestantischen Staaten, die allerdings auch dringend der Hilfe Gustav Adolfs bedurft hätten (z. B. Hessen–Kassel und Sachsen). Die fünfte Klasse bestünde aus protestantischen Fürsten, die mit dem Feinde unter einer Decke gesteckt hätten (hier dachte der König möglicherweise an Hessen–Darmstadt). Bei der sechsten Kategorie handelte es sich schließlich um die offenen Feinde, deren erobertes Land „*cum jure supremo*" („mit höchstem Recht") den Schweden gehöre. Gegen alle Klassen, mit Ausnahme der vierten, glaubte der König mehr oder weniger weitgehende völkerrechtlich begründete Ansprüche geltend machen zu können. Er betonte allerdings, er gedenke nicht, diese alle mit Gewalt durchzusetzen. (Irmer, Bd. 35, S. 199–208)

Neun Tage später führte Gustav Adolf in Nürnberg mit Angehörigen des Rats der Stadt Besprechungen, in denen er sich gleichfalls zu seinen Zielen äußerte. Seine *satisfactio* dürfe man sich nicht so vorstellen, als sei er ein hergelaufener Landsknecht, der seinen Monatssold wolle, auch um

Land und Leute ginge es ihm nicht, davon habe er in seinem Königreich gottlob genug. Aber solle er nicht nach Völkerrecht die besetzten geistlichen Gebiete behalten, und stünden ihm nicht in Pommern und Mecklenburg des Kaisers Hoheitsrechte zu? Pommern müsse er „aus Particularursachen, nämlich wegen der See" unbedingt haben. Die Nürnberger begriffen zwar den alten Zustand des Reiches, nicht aber seinen gegenwärigen. Keineswegs wolle er dem Reich neue Gesetze vorschreiben. Der von ihm angestrebte Bund der evangelischen Reichsstände solle ein *„corpus in corpore"* („einen Körper im Körper") bilden, also einen organischen Bestandteil des Reichs.

Daß der König den verfassungstreuen Reichsstädtern nicht erzählen würde, er wolle das *Imperium Romanum* zerschlagen, versteht sich von selbst. Was hier seine wirklichen Ansichten waren, geht wohl am besten aus seinen Taten hervor, und die zeugen nicht gerade von großem Respekt für die Gesetze und Einrichtungen des Reichs, die er ohne zu zögern den sehr viel biegbareren Regeln seines abstrakten Kriegsrechts unterwarf. In einem Bericht Lars Grubbes, eines engen Vertrauten des Königs, über Verhandlungen mit den Brandenburgern im Mai 1631 heißt es: „Immer noch Einwände gemacht aufgrund von *jura imperii fundamentalia* [grundlegenden Reichsgesetzen], der ‚Erbverbrüderung' und von ähnlichem Zeug, völlig absurd." (Michael Roberts 1953/1958, Bd. II, S. 636) Gewiß wird man die Auffassung Gustav Adolfs nicht ohne weiteres mit der Äußerung eines seiner Männer gleichsetzen dürfen. Der König bemühte sich darum, die Reichsstandschaft zu erhalten, und wollte Pommern als Reichslehen haben, was sich nur schlecht mit einer beabsichtigten Zerschlagung des Reichs vertragen hätte. Michael Roberts hat wohl recht, wenn er schreibt: „Seine Haltung dem Reich gegenüber war weder von Verehrung noch von Bilderstürmerei geprägt, sie war indifferent." (Michael Roberts 1953/1958, Bd. II, S. 638)

Aber wenn auch Gustav Adolf eine Zerstörung oder völlige Umgestaltung des Reiches nicht eigentlich beabsichtigt haben dürfte, sie lag doch in der Tendenz seines Handelns: „Satisfactiio wie assecuartio sollten tiefe Eingriffe in die inneren Verhältnisse Deutschlands bedeuten und richteten sich gegen die Mehrzahl der deutschen Stände. Ein corpus Evangelicorum unter schwedischer Führung und ein habsburgisches Kaisertum waren miteinander nicht zu vereinbaren. Zugespitzt mußte es zur Auflösung des Reiches oder zur Einsetzung eines schwedischen Kaisers führen." (Sven A. Lundkvist 1988, S. 223)

Die Idee eines den Krieg überdauernden protestantischen Sonderbundes, eines *corpus Evangelicorum*, unter schwedischer Führung nahm im Kopf Gustav Adolfs immer festere Formen an, nachdem sich Sachsen als unfähig oder nicht willens erwiesen hatte, eine funktionsfähige antikaiserliche Allianz auf die Beine zu stellen. Daß die Schweden nach Breitenfeld ins Innere des Reiches und nicht in die habsburgischen Erblande vordrangen, hing gewiß auch damit zusammen, daß auf diese Weise am schnellsten zu hoffen war, ein solches Bündnis zustandezubringen und unter Kontrolle zu halten. In Nürnberg sprach der König am 19. Juni 1632 von einem *corpus bellicum* und einem *corpus politicum* der evangelischen Reichsstände. Beim ersteren handelte es sich um ein reines Militärbündnis, mit dessen Hilfe der jetzige Krieg zu gewinnen war. Das letztere, das eigentliche *corpus Evangelicorum*, sollte auch nach Kriegsende fortbestehen und den Frieden sichern. Das einheitlich organisierte Heer müßte einem einzigen *capo* unterstehen. Für die Führung des *corpus bellicum* bot er den Nürnbergern mehrere Fürsten zur Auswahl an, den sächsischen Kurfürsten, mit dem allerdings Konflikte wegen der Zukunft Magdeburgs möglich seien, den brandenburgischen, mit dem der König sich aber wegen Pommerns nicht vertrage, den Landgrafen von Hessen–Kassel, der nicht genügend stark sei, den pfälzischen Kurfürsten, der jedoch „dieser Zeit weder Hand noch Fuß" habe. Die Präsentation der Alternativen machte hinlänglich klar, daß es keinen ernsthaft diskutablen Kandidaten außer dem Schwedenkönig gab. Als Führer des *corpus politicum* kam Gustav Adolf von vornherein nicht auf die Idee, jemanden anderen als sich selbst in Erwägung zu ziehen. In diesem Sinne instruierte er auch den Pfalzgrafen August für seine Verhandlungen mit Johann Georg.

Mit der Gründung seines *corpus Evangelicorum* gedachte der König den beitretenden Reichsständen faktisch die Militärhoheit zu nehmen, alle Ansätze zu einer selbständigen Außenpolitik zu unterdrücken und die Finanzhoheit durch ein zentrales Abgaben- und Kontributionssystem zu durchbrechen.

Kurz vor dem Tod Gustav Adolfs schien das *corpus* endlich festere Formen anzunehmen. Am 5. November 1632 erhielt Oxenstierna umfassende Instruktionen, um mit den vier oberen Reichskreisen – Kurrhein, Oberrhein, Schwaben und Franken – in Ulm einen evangelischen Bund zu gründen. Der Kanzler sollte als „Bundes-Direktor" fungieren und einem *consilium formatum*, das für Militär, Außenpolitik und Recht zuständig war, und einem *collegium cameralium* für die Finanzen vorsitzen. Die Stärke der Bundesarmee war auf 130.000 Mann festzusetzen. Über die Dauer der Allianz stand nichts in den Instruktionen, doch sollten die Stände dem Kaiser die Gefolgschaft aufkündigen und sich der Direktion und Protektion Gustav Adolfs unterstellen. Von *„corpus in corpore"* konnte hier also keine Rede mehr sein.

Mit der Führung eines solchen straff organisierten Bundes hätte der König über eine permanente Machtbasis im Reich verfügt, mit der er dem habsburgischen Kaiser weit überlegen gewesen wäre. Trug sich Gustav Adolf mit dem Gedanken, die Konsequenz aus diesem Umsturz der deutschen Verhältnisse zu ziehen und die Kaiserkrone für sich und seine Dynastie zu beanspruchen? Viele seiner Zeitgenossen haben das geglaubt, selbst der sächsische Kurfürst ließ sich unter dem unmittelbaren Eindruck des Breitenfelder Sieges dazu hinreißen, dem Schweden seine Hilfe bei Erringung der Kaiserwürde zuzusagen, ein Angebot, auf das er später nie wieder zurückgekommen ist. Von Gustav Adolf gibt es nur eine einzige Äußerung in diesem Zusammenhang. Am 2. Januar 1632 sagte er zu Adolf Friedrich von Mecklenburg: „Sollte ich Kaiser werden, so sind E. L. mein Fürst." (Johannes Kretzschmar 1904, S. 176, Fußnote) Das kann nun kaum als ein schlüssiger Beweis dafür gelten, er habe nach der Kaiserkrone gestrebt. Allerdings zeigen, wie Sven A. Lundkvist (1985) nachgewiesen hat, des Königs eigene Schriften, daß ihm schon in den späten 1620er Jahren der Gedanke nicht fremd war, das Kaiserhaus auszuwechseln. Vertraute Gustav Adolfs sprachen 1632 einige Male ganz unverhohlen von ihrem Herrn als künftigem Kaiser. Am bekanntesten wurden die Bemerkungen, die Philipp Sadler und Martin Chemnitz Mitte Juni in Nürnberg machten. Sie meinten, es sei nicht ausgeschlossen, daß ihr König, sobald „die Zeit erfüllet" sei, die deutsche Kaiserkrone erringen und eine wahrhafte monarchische Stellung einnehmen werde, ohne Wahlkapitulation oder sonstige Beschränkung. (Sigmund Götze 1971, S. 88 f.)

Sollte Gustav Adolf wirklich seine Wahl zum Kaiser betrieben haben, dann wäre in der Tat sein Kaisertum ein ganz anderes geworden als das der Habsburger, und sein Reich wäre auch ein ganz anderes gewesen als das von diesen beherrschte. 1632 waren das aber noch vage Eventualitäten, auf die der König nicht allzu viele Gedanken verschwendet haben wird. Als die Nürnberger anboten, ihm die in ihrer Stadt aufbewahrten Kaiserinsignien zu zeigen, kam er der Aufforderung nicht nach.

Der Weg nach Lützen

Vom Feldzug des Jahres 1632 erhoffte sich Gustav Adolf die endgültige militärische Entscheidung. Durch Werbungen wollte er die Gesamtstärke seiner Streitkräfte in Deutschland einschließlich der Sachsen bis zum Beginn der Operationen auf über 200.000 Mann bringen. Dieses gigantische Menschenpotential erschien ihm erforderlich, um mit der Hauptmacht den entscheidungssuchenden Vorstoß nach Schwaben und Bayern und von dort in die habsburgischen Erblande durchzuführen, während gleichzeitig kleinere Armeen den Gegner auf allen Nebenkriegsschauplätzen angriffen oder zumindest in Schach hielten und zahlreiche Garnisonstruppen die bereits gewonnenen Gebiete sicherten. Der Feldzug begann bereits im März 1632, wesentlich früher als Gustav Adolf geplant hatte. Zu diesem Zeitpunkt hinkte sein Rekrutierungsprogramm noch weit hinter dem gesteckten Ziel her, obwohl seit Ende des Vorjahrs immerhin gut 40.000 neue Soldaten hinzugekommen waren. Die Stärke der schwedischen Truppen belief sich Anfang März auf 120.000 Mann (davon 13.000 Schweden und Finnen), der sächsische Verbündete hatte weitere 20.000.

Diese 140.000 Soldaten waren über ein riesiges Areal verstreut. Die stärkste Konzentration stand im Rhein-Main-Gebiet. Hier war es gelungen, die Spanier aus fast allen pfälzischen und trierischen Städten und Festungen zu vertreiben, die sie in früheren Jahren eingenommen hatten. Anfang März 1632 befanden sich nur noch Frankenthal und Philippsburg in spanischer Hand. Natürlich mußte Gustav Adolf eine kleine Armee in diesem Gebiet zurücklassen, wenn er nach Süden aufbrach, um es vor der latenten Bedrohung durch die Spanier zu schützen, um den Franzosen im Rheinland nicht das Feld zu überlassen und um die Bevölkerung finanziell auszupressen. Die politische und organisatorische Leitung war hier in Abwesenheit des Königs dem in Mainz residierenden Oxenstierna zugedacht, dem zur Erledigung der militärischen Probleme Bernhard von Weimar und einige andere Generäle zur Seite standen.

Als ein ostwärts vorgeschobener Posten der Hauptkonzentration durfte die kleine Streitmacht gelten, mit der Gustav Horn in Franken stand. Seine Truppen sollten bei Operationsbeginn Teil der königlichen Hauptarmee werden. Horn war es, den die Verantwortung dafür traf, daß der Feldzug früher eröffnet wurde als vorgesehen. Obwohl Gustav Adolf ihn in seinem Eifer zu bremsen versuchte, hatte Horn im Winter das von seinen Truppen kontrollierte Gebiet stetig erweitert und sich dabei auch nicht durch den Mitte Januar geschlossenen Waffenstillstand stören lassen. Am 10. Februar gelang ihm sein spektakulärster Coup, als er Bamberg einnahm. Damit provozierte er einen Gegenschlag Tillys. Der Feldherr der Liga brach am 23. Februar mit 18.000 Mann aus dem Raum Nördlingen auf und erschien am 9. März vor Bamberg, wo sich Horns 8.000 Mann in offenem Feld überraschen ließen. Sie wurden unter empfindlichen Verlusten in die Flucht geschlagen, die nachsetzenden Ligisten drangen in Bamberg ein und eroberten die Stadt zurück. Horn marschierte mit seiner geschlagenen Armee nach Schweinfurt, Tilly machte nach kurzer Verfolgung kehrt und wandte sich wieder nach Süden. Er ahnte, daß der Schwedenkönig schnell und energisch reagieren würde.

In der Tat sah Gustav Adolf in der Bamberger Schlappe eine Herausforderung, die er nicht hinzunehmen gedachte, zumal er das militärische Prestige seiner Armee um jeden Preis erhalten mußte. Er ließ 10.000 Mann bei Mainz zurück und rückte mit 13.000 am 14. März nach Osten vor, während weitere Truppen von Norden nach Würzburg in Marsch gesetzt wurden. Am 21. vereinigte er sich bei Kitzingen mit Horn, aber die Operation erwies sich als Lufthieb, da Tillys Vorsprung bereits zu groß war. Dabei hätte der König es bewenden lassen können, aber er entschloß sich, dem Gegner nach Süden zu folgen. Der Feldzug des Jahres 1632 hatte in allem Ernst begonnen.

Die Nebenkriegsschauplätze

Als Gustav Adolf nach der Schlacht von Breitenfeld die Entscheidung getroffen hatte, mit seiner Hauptmacht nach Süden vorzustoßen, waren in seinem Rücken eine Anzahl kaiserlich-ligistischer Widerstandsnester zurückgeblieben, deren Niederkämpfung er einigen seiner Unterführer hatte anvertrauen müssen. Die Aufgabe erschien nicht allzu schwer zu sein, denn die Schweden und ihre Verbündeten verfügten in Nord- und Mitteldeutschland über eine drückende numerische Überlegenheit.

An der mecklenburgischen Küste belagerte eine kleine Armee unter Åke Tott, einem ebenso eigenwilligen wie untätigen General, die Stadt Wismar, in deren Hafen die Schiffe der von Wallenstein aufgebauten kaiserlichen Ostseeflotte und ihrer polnischen Verbündeten lagen, blokkiert von einem schwedischen Geschwader. Erst am 17. Januar 1632 gelang es Tott, die kaiserliche Garnison zur Kapitulation zu veranlassen. Die andere Aufgabe des Generals wäre es gewesen, bei der Eliminierung des kaiserlich-ligistischen Widerstandes im Niedersächsischen Kreis mitzuhelfen, doch ließ er sich zuerst durch die Belagerung von Wismar und dann durch die angeblich drohende dänische Intervention in Norddeutschland von ernsthaften Maßnahmen abhalten.

Tilly hatte bei seinem Abzug im Oktober 1631 kaum mehr als 5.000 Mann in Niedersachsen zurückgelassen. Gegen diese sollten nun Åke Tott von Norden und Wilhelm von Hessen–Kassel von Süden her vorgehen. Während ersterer aus den genannten Gründen wenig zu diesem Feldzug in Niedersachsen beitrug, gelang dem wesentlich unternehmungslustigeren Landgrafen die Einnahme einiger Plätze, doch wurde er dann von Gustav Adolf nach Franken geholt, um ihm gegen Tilly beizustehen.

In Thüringen standen zwei weitere Armeen unter Banér und Wilhelm von Weimar bereit, die bei Bedarf gleichfalls in Niedersachsen eingesetzt werden konnten. Ihre Hauptaufgabe war es, die strategisch wichtigen thüringischen Pässe zu sichern, die die Verbindung der Hauptarmee mit Sachsen und Norddeutschland gewährleisteten. Da sie es unmittelbar mit keinem Gegner zu tun hatten, erfüllten sie auch die Funktion einer Reserve, die entweder dem sächsischen Kurfürsten zur Hilfe kommen oder eben in Niedersachsen eingreifen konnte. Banér machte sich schließlich daran, die in den Ruinen von Magdeburg biwakierende Garnison zu blockieren, hatte dabei aber nicht viel Erfolg. So verging das Jahr 1631, ohne daß es gelungen gewesen wäre, der kaiserlich-ligistischen Präsenz im Niedersächsischen Kreis ein Ende zu bereiten.

In den letzten Dezembertagen traf Pappenheim auf dem Kriegsschauplatz ein, und damit trat der Feldzug in eine kritische Phase. Der ligistische Feldherr erwies sich als glänzender Guerillaführer, der mit seinen weit überlegenen Gegnern Katz und Maus spielte. Mit kaum mehr als 8.000 Mann gelang es ihm, etwa 30.000 Schweden, Braunschweiger und Hessen in Atem zu halten und ihnen eine Reihe von blamablen Niederlagen zuzufügen. Seine Gegner erwiesen sich als vollkommen unfähig, miteinander zu kooperieren, und sie ließen sich durch seine unentwegten Aktivitäten dazu verleiten, die Stärke der kaiserlich-ligistischen Truppen weit zu überschätzen. Die verwegenen Operationen Pappenheims, die die Verbindung Gustav Adolfs mit der Küste gefährdeten, begannen den König und Oxenstierna ernsthaft zu irritieren. So rächte es sich bitter, daß man es versäumt hatte, unmittelbar nach der Schlacht von Breitenfeld in Nordwestdeutschland reinen Tisch zu machen. Als Gustav Adolf Mitte März Banér und Wilhelm von Weimar befahl, mit der Masse ihrer Armeen nach Würzburg zu marschieren, um ihm gegen Tilly zu helfen, schwand jede Aussicht, den niedersächsischen Unruheherd mit Hilfe der dort verbliebenen schwedischen Truppen in den Griff zu bekommen.

Aber nicht nur dieser Kriegsschauplatz bot Anlaß zu Sorgen. Dem sächsischen Verbündeten hatte der König die Aufgabe zugedacht, die östliche strategische Flanke gegen die unter dem Kommando Tiefenbachs in Schlesien stehenden kaiserlichen Truppen zu sichern. Im November 1631 drang aber Arnim plötzlich in Böhmen ein, wo er kaum auf Widerstand stieß. Am 16. nahmen die Sachsen Prag. Der General mochte hauptsächlich durch logistische Überlegungen zu seiner Offensive veranlaßt worden sein, er befand sich jetzt aber in einer gefährlich exponierten Lage und hatte zudem die Kaiserlichen zu einem Gegenschlag gereizt. Das war alles umso bedenklicher, als man wußte, daß Arnim einen scharf antischwedischen Kurs verfolgte und seinen ohnehin schwankenden Kurfürsten zur Aufgabe des Bündnisses drängte. Ferner war bekannt, daß der sächsische General in Verhandlungen stand mit seinem alten Feldherrn, mit Wallenstein. Und Wallenstein drohte im Winter 1631/1632 zum schwersten aller Probleme zu werden, mit denen es der König im nächsten Feldzug zu tun bekommen sollte.

Wallenstein

Im Sommer 1631 hatte es geheime Kontakte zwischen Gustav Adolf und dem abgesetzten Generalissimus des Kaisers gegeben. Böhmische Emigranten hatten sie geknüpft, die der Hoffnung waren, der Schwedenkönig und der mit seinem Kaiser zerfallene, angeblich über finsteren Racheplänen brütende Wallenstein könnten sich zusammentun, um ihre Heimat zu befreien. Über die Verhandlungen wissen wir fast nur durch die Berichte eines obskuren Agenten Bescheid, der 1630 als Bote zwischen dem Grafen Heinrich Matthias von Thurn, dem Haupt der zahlreichen in schwedische Dienste getretenen Emigranten, und Wallensteins Schwager Adam von Trčka, hin und herging. Dieser, Jaroslaw Sezyma Rašin von Riesenburg mit Namen, machte seine Aussagen vier Jahre später, als es darum ging, den ermordeten Wallenstein nachträglich des Verrats zu überführen, und sie sind deshalb mit äußerster Vorsicht aufzunehmen. Gustav Adolf soll in einem – verlorengegangenen – Brief dem Friedländer militärische Unterstützung bei seinem Rachefeldzug gegen das Haus Habsburg angeboten haben. Wallenstein habe darauf – mündlich – übermitteln lassen, er brauche 10–12.000 Mann, die ihm zugesagt worden seien, sobald man Tilly geschlagen habe. Als nach Breitenfeld diese Situation dann gegeben war, sei der König nur mehr bereit gewesen, 1.500

Die „Wahre Historie des Wallensteinischen Gelächters". Der Herzog von Friedland verfolgte nach seiner Entlassung im Herbst 1630 den weiteren Verlauf des Kriegs als passiver Beobachter. Obwohl er menschlich durchaus Sympathien für seinen Konkurrenten und Nachfolger Tilly, „den guten Alten", empfand, müssen ihn dessen katastrophale Niederlage bei Breitenfeld und der Vorstoß des Schwedenkönigs nach Süddeutschland, der vor allem Wallensteins alten Gegenspieler Maximilian von Bayern traf, mit großer Genugtuung erfüllt haben. Der zu dem wohl Ende 1631 entstandenen Flugblatt gehörende Text weiß zu berichten, Wallenstein habe sich nach seiner Entlassung einen schönen und bequemen Sessel machen lassen. Als die Nachricht von der Breitenfelder Schlacht eintraf, ließ er sich diesen bringen, setzte sich darauf und „lachte vierzehn Tag, das wackelt Bauch und Sessel." (Nürnberg, Germanisches Nationalmuseum)

Mann zur Verfügung zu stellen, worauf der Kontakt zur Verzweiflung der Emigranten abgebrochen worden sei.

Was auch immer der genaue Inhalt dieser tastenden Verhandlungen gewesen sein mag, sie scheinen von beiden Seiten nicht allzu ernst genommen worden zu sein. Eine echte Interessengemeinschaft zwischen Gustav Adolf, den Emigranten und dem undurchschaubaren Condottiere war nicht gegeben. Wallenstein war durch den konfiszierten Besitz der vertriebenen protestantischen Adeligen reich geworden –, was hätte bei deren Rückkehr geschehen sollen? Die böhmische Königskrone, mit der man den Herzog zu ködern versuchte, stand nach Auffassung der meisten Protestanten Friedrich V. von der Pfalz zu, ein Vizekönigtum konnte kaum von Reiz sein für den Friedländer. „Wallenstein als Gehilfe, als dependierende Kreatur des Königs von Schweden, das ging nicht. Warum er in das dunkle Spiel sich überhaupt einließ? Um anzuhören, was man ihm böte. Um mit dabei zu sein, aktiv, nicht leidendes Opfer, wenn in Böhmen etwas Unerhörtes geschähe. Um eine ‚Zwickmüle' zu bauen, wie er später es ausdrückte." (Golo Mann 1971, S. 771)

Ähnlich wird es Gustav Adolf ergangen sein, dem es gewiß sehr gelegen gekommen wäre, wenn Wallenstein definitiv mit dem Kaiser gebrochen hätte und wenn es in Böhmen zu einem Aufstand gekommen wäre, der aber auf eine so vage Aussicht hin nie einen substantiellen Teil seiner auf anderen Schauplätzen dringend benötigten Truppen abgegeben hätte, und schon gar nicht in die Hand eines so unberechenbaren Mannes wie Wallenstein. Immerhin war es dessen ehrgeizige Politik im Ostseeraum gewesen, die einen der wesentlichsten Gründe für die Intervention Schwedens in Deutschland dargestellt hatte.

Der siegreiche Fortgang des Krieges ließ das Interesse Gustav Adolfs, den Herzog in den Dienst der schwedischen Sache zu stellen, noch weiter sinken. Umgekehrt mußte dem Kaiser und seinen Beratern die Wiederberufung des Generalissimus von Tag zu Tag dringender geboten erscheinen. Und so kam es, daß nach längeren Verhandlungen Wallenstein am 15. Dezember 1631 erneut den Oberbefehl über alle kaiserlichen Kriegsvölker erhielt, vorerst nur für drei Monate, aber mit größeren Vollmachten denn je. Unverzüglich begann der große Heeresorganisator die Werbetrommel zu rühren. Bis zum Feldzugsbeginn im Frühjahr 1632 wollte er die Stärke der kaiserlichen Armee auf 100.000 Mann gebracht haben. Aber Soldaten waren mittlerweile schwerer zu bekommen als bisher, zu viele Kriegsherren waren gleichzeitig dabei, ihre Heeresmacht auf eine in diesem Krieg noch nicht dagewesene Stärke bringen zu wollen. Das traf Wallenstein, das traf Gustav Adolf und das traf am allermeisten Maximilian von Bayern, der sich im kommenden Feldzug gezwungen sehen sollte, seine Armee mit Landfahnen, unerfahrener Miliz, aufzustocken.

Trotz aller Schwierigkeiten begann während der Wintermonate in den kaiserlichen Erblanden wieder ein Heer von achtunggebietender Stärke zu entstehen, das die östliche Flanke der Schweden und vor allem den unsicheren sächsischen Bundesgenossen bedrohen würde. Vorerst hielt Wallenstein in seinem Hauptquartier in Znaim noch still, denn er wollte seine Vorbereitungen abschließen und nicht mit halbfertigen Streitkräften in das Geschehen eingreifen. Auch war ihm wohl nicht allzu viel daran gelegen, seinen alten Gegenspielern, den Fürsten der Liga, ganz besonders Maximilian von Bayern, vorzeitig aus ihrer Drangsal zu helfen.

Der Vorstoß nach Bayern

Während Wallenstein in Mähren und Teilen Böhmens seine neue Armee organisierte, während Pappenheim die schwedischen Truppen im Niedersächsischen Kreis umherscheuchte, während Oxenstierna sich in Mainz auf einen drohenden Gegenangriff der Spanier vorbereitete, setzte in Franken Gustav Adolf mit 18.000 Mann seinen Vormarsch nach Süden fort. Tilly hatte zwei Tagesmärsche Vorsprung und strebte dem stark befestigten Ingolstadt zu. Nachdem die feindliche Feldarmee seinem Zugriff entwichen war, konnte es sich der König leisten, in Nürnberg triumphalen Einzug zu halten. Dies geschah am 31. März. Unter den Ehrengeschenken, die ihm der Magistrat überreichte, befanden sich zwei prächtige Pokale in der Form eines Himmels- und eines Erdglobus. Die Stadt stellte den Schweden 2.000 Mann zur Verfügung und verpflichtete sich, jeden Monat 20.000 Reichstaler in die Kriegskasse zu zahlen. Gustav Adolf zeigte seine gewohnte Leutseligkeit, beim Festbankett im Rathaus konnte man zur Freude der von der charismatischen Persönlichkeit des Schweden in Bann geschlagenen Nürnberger seine mächtige Stimme durch den ganzen Saal schallen hören. Von Nürnberg marschierte der König über Schwabach und Weißenburg weiter in Richtung Donauwörth.

Die ehemalige Freie Reichsstadt, die Maximilian von Bayern 1607/1609 an sich gebracht hatte, wurde von 2.000 Mann ligistischer Truppen und 500 Mann bayerischer Landfahnen unter Herzog Maximilian von Sachsen-Lauenburg gehalten. Die Schweden besetzten am 6. April den die Stadt dominierenden Schellenberg, von dem aus ihre von Lennart Torstensson mit brillantem Erfolg eingesetzte Artillerie dem Gegner schweren Schaden tat. Die erbitterten Kämpfe zogen sich bis in den nächsten Tag hinein, als die Reste der ligistischen Truppen sich auf das rechte

Donauufer zurückzogen. In den Straßen der Stadt metzelten die Sieger zahlreiche Soldaten und Zivilisten nieder, bei der überaus gründlichen Plünderung machte man wenig Unterschied zwischen Protestanten und Katholiken. 1.000 Gefangene wurden zwangsweise in die schwedische Armee eingereiht, „aber als papistische Bayern rissen sie innerhalb von weniger als drei Tagen wieder aus, sobald sie die Herdfeuer ihrer heimischen Hütten rochen." (Robert Monro, II. 114)

Mit der Einnahme von Donauwörth hatte Gustav Adolf die Donaulinie durchbrochen. Er konnte nun tiefer nach Schwaben vordringen, das er zur Basis seiner weiteren Operationen machen wollte, oder er konnte sich direkt gegen Bayern wenden, die Vormacht des Katholizismus im Reich, den wichtigsten Bundesgenossen des Kaisers. Kurfürst Maximilian, der sich zu seiner Armee begeben hatte, und Tilly waren mit 22.000 Mann von Ingolstadt nach Westen vorgerückt, um die Verteidiger von Donauwörth zu unterstützen. Als sie sahen, daß sie zu spät gekommen waren, ließen sie ihre Armee entlang des Lech aufmarschieren, um Bayern vor dem Einbruch der Schweden zu schützen. Gleichzeitig schickte Maximilian verzweifelte, vorerst aber vergebliche Hilfsgesuche an Wallenstein, eine arge Demütigung für den Fürsten, der die Hauptverantwortung für die Abberufung des Generalissimus zwei Jahre zuvor trug.

Der Lechübergang bei Rain

Gleich nach der Eroberung von Donauwörth trafen die Truppen Banérs und Wilhelms von Weimar ein, die der König aus Mitteldeutschland heranbefohlen hatte. Das brachte die Stärke der Armee auf 22.500 Mann Infanterie und 15.000 Reiter. Gustav Adolf war seinem Gegner also drückend überlegen, vor allem wenn man bedenkt, daß die bayerisch-ligistischen Truppen zu einem erheblichen Teil aus unerfahrenen Milizsoldaten bestanden. Obwohl der im Frühjahr Hochwasser führende breite und reißende Fluß ein schweres Hindernis für den Angreifer darstellte, war die Verteidigung der etwa 30 km langen Lechlinie zwischen Augsburg und der Donau gegen einen so starken Feind, der sich den Angriffspunkt aussuchen konnte, ein sehr schwieriges Unternehmen. Tilly ließ sämtliche Brücken abbrechen und alle Boote vom linken Ufer entfernen. Zwischen Ober- und Unterpeiching, etwa 4 km südlich der unweit der Donau gelegenen Festung Rain, befand sich das verschanzte Hauptlager seiner Armee.

Am 12. April hielt Gustav Adolf in Nordheim einen Kriegsrat ab, in dem sich die meisten Generäle dagegen aussprachen, angesichts des Feindes den Flußübergang zu versuchen. Der König entschloß sich trotzdem für das Wagnis. Ähnlich wie am Rhein bei Oppenheim vier Monate zuvor erkundete er persönlich die feindlichen Stellungen, wobei es sogar zu einem Wortwechsel mit dem bayerischen Posten kam. Ein günstiger Umstand war es, daß der Auwald den schwedischen Aufmarsch verbarg. Gustav Adolf half dem nach, indem er feuchtes Stroh abbrennen ließ, und so einen künstlichen Nebel erzeugte. Bei Oberndorf, Tillys Hauptlager gegenüber, fuhr die schwedische Artillerie auf und brachte 72 Geschütze in Stellung. Die Gebäude des Dorfes wurden abgebrochen und aus dem Holz eine schwimmende Brücke hergestellt, deren Planken sich kaum über den Wasserspiegel erhoben, so daß sie von der Artillerie nur schwer getroffen werden konnte. Durch entsprechende Truppenbewegungen brachte Gustav Adolf den Gegner zu der Annahme, er wolle bei Oberndorf den Übergang versuchen, tatsächlich ließ er diesen aber zwei Kilometer weiter im Süden vorbereiten, wo eine große bewaldete Kiesbank den Fluß in zwei Arme teilte.

In der Nacht vom 14. auf 15. April überschritt eine schwedische Vorausabteilung auf der schwimmenden Brücke den wesentlich breiteren linken Arm und setzte sich auf der Kiesbank fest. Von dort aus begann sie, auch über den rechten Arm zu gehen und einen Brückenkopf zu bilden. Als Tilly am nächsten Morgen merkte, daß der Feind dabei war, am rechten Ufer festen Fuß zu fassen, führte er seine Truppen zum Gegenangriff vor, wobei sie in das verheerende Feuer der überlegenen schwedischen Artillerie gerieten, dessen Wirkung in dem dichten Auwald durch umstürzende Bäume und herumfliegende Äste und Holzsplitter noch gesteigert wurde. Gustav Adolf, der eigenhändig Geschütze richtete und abfeuerte, verstärkte laufend seinen Brückenkopf, Teile seiner Kavallerie, angeführt von den Finnen, überschritten den Lech weiter südlich durch eine Furt und wirkten gegen die linke Flanke der Bayern.

Als Tilly sich an die Spitze eines der letzten verzweifelten Gegenstöße setzte, zerschmetterte eine leichte Geschützkugel seinen rechten Oberschenkel und er mußte vom Platz getragen werden. Kurfürst Maximilian entschloß sich nun, den aussichtslos gewordenen Kampf abzubrechen und seine durch das fürchterliche Kanonenfeuer und die Verwundung ihres Feldherrn erschütterten Truppen nach Ingolstadt zurückzuführen. Seine Armee hatte etwa 3.000 Tote und Verwundete eingebüßt, die Verluste der Schweden beliefen sich auf 2.000 Mann. Der 73jährige Tilly erlag, trotz der Bemühungen eines berühmten Arztes, den ihm Gustav Adolf aus Ansbach schickte, am 30. April in Ingolstadt seiner schweren Verwundung. „Und obwohl dieser tüchtige Feldherr bis zu diesem Zeit-

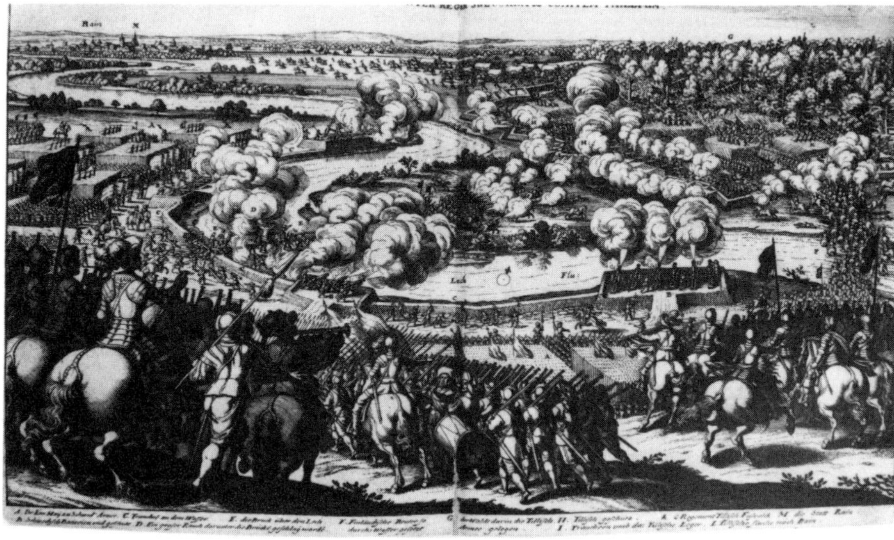

Lechübergang und Schlacht bei Rain am Lech, 15. April 1632. Auf Matthäus Merians Kupferstich aus dem *Theatrum Europaeum* sehen wir links im Mittelgrund die Schweden unter dem Schutz künstlich erzeugten Rauches eine Brücke über den Lech schlagen, rechts durchquert finnische Kavallerie den Fluß durch eine Furt. Abgesehen von den viel zu tief aufgestellten Infanterieformationen, enthält der Stich eine Reihe weiterer Ungenauigkeiten. Der Lech erscheint zu schmal und weist nicht die zahlreichen großen und kleinen Kiesbänke auf, die damals für diesen Fluß charakteristisch waren und die den Schweden ihr Unternehmen erleichterten (heute ist der Lech in diesem Bereich begradigt). Ebenso fehlen der Übersicht halber die Auwälder auf dem linken Ufer, während der Effekt der schwedischen Kanonenkugeln in den Wäldern auf dem rechten Ufer, in denen Teile der bayerisch-ligistischen Truppen aufgestellt sind, deutlich dargestellt ist. Das Lager Tillys befindet sich viel zu nahe am Fluß – es lag über einen Kilometer vom rechten Ufer entfernt auf einem flachen Höhenzug. (Privatbesitz)

punkt in vielen Kämpfen zahlreiche Siege über Könige errungen hatte", schreibt der schottische Oberst Monro, „so wurde er doch zuletzt von einem König überwunden, der ein noch besserer Feldherr war als er ... so nannte ihn Seine Majestät, als er von Tillys Tod Kenntnis erhielt, den ehrenwerten alten Tilly, dessen Taten zu seinen Lebzeiten so ruhmvoll gewesen seien, daß sie nach seinem Tode zu unvergänglichen Monumenten seines Ruhmes würden und ihm ein ewiges Gedenken sicherstellten, so daß die Zeit seinen Namen nicht verblassen lassen werde. Und der König sagte, es sei sein Wunsch, ebenso tapfer nach dem Gottesreich zu streben. Dann sei sein Tod ohne Bitternis für seine Freunde, und er würde einen unsterblichen Namen gewinnen." (Robert Monro, II. 118)

Der Lechübergang bei Rain war in Anlage und Durchführung ein

Meisterstück der Feldherrnkunst und machte tieferen Eindruck auf Zeitgenossen und Nachwelt als die meisten anderen Waffentaten des Königs. Ein Ziel war allerdings nicht erreicht worden: die Herbeiführung einer Hauptschlacht, die zur Zerschlagung des bayerisch-ligistischen Heeres hätte führen sollen. Besiegt, aber noch kampffähig igelten sich die Truppen Maximilians in Ingolstadt ein, einer der stärksten Festungen in ganz Deutschland.

Die Einnahme von Augsburg

Da also Maximilian mit dem Gros seiner Armee vom Gefechtsfeld bei Rain entkommen war, verzichtete Gustav Adolf vorerst auf eine Verfolgung und wandte sich nach Süden, um Augsburg einzunehmen. „Für einen frommen Lutheraner besaß Augsburg starke gefühlsmäßige Anziehungskraft; für einen Strategen hatte es beträchtliche Bedeutung; für den Zahlmeister einer Armee war es unwiderstehlich." (Michael Roberts 1953/1958, Bd. II, S. 702)

Augsburg war zwar mehrheitlich eine protestantische Stadt und hatte sich bisher neutral verhalten, aber kurz vor der Ankunft der Schweden hatte sein mächtiger Nachbar, der bayerische Kurfürst, den Magistrat gezwungen, eine Garnison von 5.000 Mann aufzunehmen. Gustav Adolf betrachtete Augsburg daher als eine vom Feinde eroberte und besetzte Stadt mit all den bekannten Konsequenzen, die das *„iure belli"* nach sich zog. Am 19. April eröffneten seine Geschütze ein wohl gewollt harmloses Feuer auf die Freie Reichsstadt, aber schon nach kurzer Beschießung erschien eine Abordnung der Bürger und bat um Verhandlungen. Die bayerische Garnison erhielt freien Abzug nach Ingolstadt, am 20. rückten die Schweden in der Stadt ein, am 24. hielt der König seinen umjubelten Einzug. In der lutherischen Hauptkirche St. Anna wurde ein Gottesdienst mit *Te Deum* abgehalten, anschließend nahm der König von einem Fenster des Fuggerpalais aus die Eidesleistung der auf dem Weinmarkt versammelten Bürgerschaft entgegen. Dieser Eid, in dem sich die Augsburger zu allem verpflichteten, „was getreuen Untertanen ihrem natürlichen Herrn zu tun und leisten obliegt" (Hans Oskar Laber 1932, S. 20), erregte großes Aufsehen. Vielfach warf man den Bürgern vor, die Position der Freien Reichsstädte verraten und sich zu Untertanen des Schwedenkönigs degradiert zu haben.

Überhaupt waren die Bedingungen, die Gustav Adolf den Augsburgern auferlegte, sehr streng. Der katholische Rat – eine Frucht des Restitutionsedikts – wurde, wie nicht anders zu erwarten, durch einen evangeli-

Die beträngte Stadt Augspurg.

WAnn der günstige Leser wissen wil / was diese zwey vngehewre Thier bedeuten / so kan er das 13. Cap. der offenbarung Johannis fleissig besehen: darinn durch das sibenköpffichte Thier die beschaffenheit deß Papsts zu Rom vnd seiner München vnd Pfaffen abgebildet: durch das ander Thier aber insonderheit / die in disem seculo erst ersprungene Sect vñ gesellschafft bezeichnet worden / welche sich von dem Namen deß Lambs (JEsu) benennet / vnd alle Macht thut deß ersten Thiers / das ist / sich richtet nach der weise deß Antichrists / vnd demselben die Wunden heilet / verstehe durch allerley Griff das Papsthumb / so viel müglich / bestärcket / wie auch grosse streich von Zeichen vnnd Wundern fürgibt / als ob sie das Fewer vom Himmel bringen / vnd Berg versetzen köndten / gestallt man in den Lügenden von den Wunderzeichen Lojolæ, Francisci Xaverij vnd anderer der lenge nach liset.

Nun haben sich diese zwey Thier / nach dem sie vieler anderer Particular Kirchen im Teutschland sich bemächtiget / auch gemacht an die Evangelische Gemeine zu Augspurg / vnd endlichen im Monat Augusto deß 1629. Jahrs / das verhängnuß bekommen / die Evangelische Kirchen- vnd Schuldiener abzusetzen / vnd an derselben Stelle jhre Brut hinein zuspeyen.

Dannenhero diese / so bald sie in der Stadt auff die Füsse kommen / sich der Kirchen vnd Schulen der Evangelischen angemasset / die Bibliothecam occupirt, vnnd allgemach die daselbst der reinen Religion zugethane Burger grossen theils biß zum Exilio vnnd Elend tribuliret vnd gepresst / ꝛc. vnnd hätte man von der lieben Stadt Augspurg billich sagen köñen: jhre Widersacher schweben empor / vnd jhren Feinden gehets wol. Thren. 1. vers. 5. die Widerwertigen brüllen in den Häusern Gottes vnd setzen jhre Götzen darein. Psal: 74. vers. 4. Sie reissen den Grund vmb / was soll der Gerechte außrichten / Ps. 11. vers. 3. Sie sagen / vnsere Zung soll überhand haben / vns gebüret zu reden. Psal. 12. vers. 5.

Gedruckt im Jahr 1632.

„Die beträngte Stadt Augspurg“ und „Die durch Gottes Gnad erledigte Stadt Augspurg.“ Die beiden Flugblätter sind aufeinander bezogen und wurden offensichtlich zusammen ausgestellt und zum Verkauf angeboten. Das heißt, sie müssen nach dem 24. April 1632 gedruckt worden sein, dem Tag, an dem Gustav Adolf in das vier Tage zuvor von seiner Armee eingenommene Augsburg einzog. Von allen Eroberungen der Schweden war die von Augsburg diejenige, welche auf das Publikum den tiefsten Eindruck machte und die von der königlichen Propaganda am weidlichsten ausgeschlachtet wurde. Augsburg war die Stadt der „Confessio Augustana“ von 1530 und des Religionsfriedens von 1555 und spielte daher im Bewußtsein der protestantischen Welt eine besondere Rolle. Die erste Radierung zeigt uns das Wüten der katholischen Gegenreformation in der freien Reichsstadt, in der seit 1629 die durch das Restitionsedikt ermöglichten Rekatholisierungen vollzogen worden waren. Zwei Ungeheuer aus der Geheimen Offenbarung, von denen das siebenköpfige Tier das Papsttum und der Widder den Jesuitenorden verkörpern sollen, dräuen über der unglücklichen Stadt und

Die durch Gottes Gnad erledigte Stadt Augspurg.

Nach dem die zwey Antichristische Thier (wie gegen über zusehen) jhren Muth von Anno 1629. biß auff das 1632. Jahr wider die Stadt Augspurg gekühlet/ vnd die Kirchen vnd Schulen mit jhrem Geschmeis allenthalben daselbst erfüllet: So hat es Gott fast wider aller Menschen Gedancken/ dahin allergnädigst gemittelt/ daß sein getrewer Werckzeuge von Mitternacht die Königliche Mayestat in Schweden/ etc. den ermelden Thieren so weit Abbruch gethan/ biß jr toben vnd schnauben alda nider gelegt/ vnd den bedrangten Evangelischen Christen das öffentliche exercitium Religionis wider eingeraumt worden. Was grosse Frewde vnter jhnen sich erhaben/ wenn höchst gedachte Königliche Mayestat eingeritten/ dem heiligen Gottesdienst selbst mit inbrünstiger Andacht beygewohnt/ vnd andere lobwürdigste Sachen gnädigst angeordnet/ das kan nicht gnugsam außgesprochen vnd erzehlt werden.

Gibt demnach dieser gantz wundersame Außgang deß vorhergehenden vngebürlichen Bedrangnuß zu Augspurg (wie auch an andern vielen orten) nunmehr den rechten Verstandt der herrlichen Weissagung Johannis von der Beschaffenheit der ehegemelten zweyen Thier deutlich an die Hand.

Denn nachdem das ander Thier (der Jesuitische Orden/ so erst zu vnserer Vorfahren Zeiten auffkommen vnd das Pabstumb allenthalben einzuführen sich vnterstanden) das gerechte Verhängnuß Gottes über die Sünden der Evangelischen zu seinen Vortheil vnd eussersten Muthwillen eine geraume zeit gewendet: So hat Gott endlich deren/ die durch waare Rew vnd Buß mit glaubigem eiffrigem Gebet zu jhm sich bekehret/ vätterlich widerumb angenommen/ die Verfolgere mit gleicher Müntz bezahlet/ jhnen jhr trotzen vnd pochen darnider gelegt vnd kräfftiglich erwiesen/ daß die Gedult vnd Glaub der heiligen nicht vergeblich gewesen.

Die Wort aber/ so in der Offenbarung Johannis/ Cap. 13. v. 5. 6. vnd folgendts zufinden/ lauten also: Sie sprachen/ wer ist dem Thier gleich? vnd wer kan mit jhm kriegen? vnd es ward jhm gegeben (oder verhängt) ein Mundt/ zu reden grosse ding vnd ward jhm gegeben/ daß es mit jhm wehrete 42. Monden lang. Vnd es that seinen Mund auff zur Lästerung gegen Gott/ zulästern seinen Namen (sein Wort/ die heilig Schrifft) vnd seine Hütten (die waare Evangelische Kirch) vnd die im Himmel wohnen (das ist/ die heiligen Engel vnd Außerwehlten/ theils mit Andichtung frembder Ehr/ als ob sie begerten vmb die himlische Hülff angeruffen zu seyn/ theils mit Verketzerung vnd Verdammung der in waarem Glauben abgeschiedenen Evangelischen Confessorn). Vnd es ward jm gegeben zustreiten mit den Heiligen vnd sie zu überwinden. Vnd jhm ward gegeben die Macht über alle (oder allerley) Geschlecht vñ Sprachen vñ Heiden/ vnd alle die auff Erden wohnen/ beten es an (nemblich alle diejenige) deren Namen nicht geschrieben sind in dem lebendigen Buch deß Lambs/ das erwürget ist von Anfang der Welt. Hat jemand Ohren/ der höre (verstehe/ wie Gott endlich die Verfolger bezahlen werde) So jemand in das Gefängnuß führet/ der wird ins Gefängnuß gehen. So jemand mit dem Schwerd tödet/ der muß mit dem Schwerd getödet werden: Hie ist Gedult vnd Glaub der Heiligen. Biß hieher S. Johannes.

Gott helff/ daß wir seine Gnad vnd augenscheinlich erzeigte Hülff danckbarlich erkennen/ die vorige Mängel verbessern vnd ja fleissig vns hüten/ damit nicht ein widriges verursacht vnd die erwiesene Hülff verhindert werde.

Dn. Dn. S. S. R. A. d.d.

Gedruckt/ Im Jahr 1632.

speien Mönche und Ordensgeistliche in deren Inneres, während aufrechte Protestanten die Mauern verlassen und ins Exil gehen. Die apokalyptische Vision des ersten Blattes soll den Betrachter mit umso größerer Erleichterung die Beendigung des Schreckensregiments zur Kenntnis nehmen lassen, deren Darstellung Gegenstand des zweiten Blattes ist. Held Gustav Adolf als gottgesandter Retter des reinen Evangeliums hat die beiden Untiere mit kräftigen Schwertstreichen zu Tode getroffen. Die Szene stellt den Schwedenkönig deutlich in Parallele mit dem Erzengel Michael, dem Heiligen Georg und anderen Teufels- und Drachenbezwingern. Links verlassen die papistischen Geistlichen und Mönche die befreite Stadt, rechts kehren die vertriebenen Protestanten zurück. Der lange Schweif des siebenköpfigen Tiers führt über München noch weiter in die Ferne – Wien, Rom ? –, womit die tatsächliche und die erhoffte Fortsetzung des schwedischen Siegeszuges angedeutet sein dürften. (Nürnberg, Germanisches Nationalmuseum)

„Inn Gottes Heilligen wortt befindliche gantz ausführlich wohlgegründete ... wahre Abbildung und Beschreibung Gegenwärttigen Zustandes, Der Heiligen Christlichen Kirche als auch Deroselben Feinden und Verfolgern." Der am Tag des Einzuges Gustav Adolfs in Augsburg am 14./24. April 1632 von Johann Oeder herausgebrachte Einblattdruck feiert den ersten wieder in Augsburg abgehaltenen evangelischen Gottesdienst und den Treueid der Stadt an den schwedischen König. Dieser, dem das Blatt auch gewidmet ist, erscheint in der Mitte der Komposition unmittelbar unter der segnenden Figur Gottvaters und wird so als Vollstrecker göttlichen Willens charakterisiert. Links von ihm stehen die guten evangelischen Kräfte, in der obersten Ebene, von Maria und den Aposteln angeführt, Luther und andere Reformatoren, darunter die Fürsten und Herren, die sich zum Protestantismus bekennen, und zuunterst, mit Trompeten und Fackeln gerüstet, die Krieger Gideons, die militärischen Vorkämpfer der Reformation, an ihrer Spitze ein schwedischer Trompeter. Ihnen entsprechen auf der rechten, papistischen Seite die babylonische Hure, das vom Erzengel Michael mit dem Flammenschwert bearbeitete siebenköpfige Tier, der Papst mit seinen Bischöfen und die weltlichen Führer des Katholizismus, sowie deren teilweise schon die Flucht ergreifenden Streitkräfte. Das Blatt ist gespickt mit Bibelzitaten, wie die meisten Drucke dieser Art. In der Mitte der Widmung unten befinden sich zwei Wappenschilde, der eine ist der königlich schwedische, der andere zeigt einen aus den Wolken ragenden gepanzerten Arm mit einem Schwert in der Hand, darüber ist zu lesen: „Mit Gott und ritterlichen Waffen." (Augsburg, Städtische Kunstsammlungen)

schen ersetzt. Die politische Entmündigung der katholischen Minderheit erfolgte übrigens gegen den ausdrücklichen Wunsch ihrer protestantischen Mitbürger. Monatlich mußten 30.000 Gulden (20.000 Reichstaler) Kontribution bezahlt werden – die ganzen Steuereinnahmen der Stadt beliefen sich damals auf nur 70–80.000 Gulden im Jahr. Der Magistrat finanzierte diese Zahlungen durch hohe Aufschläge auf die Lebensmittelpreise. Die starke in Augsburg verbleibende schwedische Garnison erforderte umfangreiche Einquartierungen, selbst die Armensiedlung (Fuggerei) mußte von ihren Bewohnern geräumt werden, „darüber ein solches erbärmliches heulen, schreien und weinen mit zusammenschlagung der Händ über die häupter erfolgt, das es einen stain zuegeschweigen einen menschen bewegt haben solte." (Bernd Roeck 1991, S. 257) Da die Befestigungen als ungenügend befunden wurden, hatten bis zu 3.000 Bürger Zwangsarbeit zu leisten, um die Stadt mit einer gewaltigen Erdumwallung zu umgeben. So glich Augsburg in den nächsten Jahren „innerhalb seiner geometrisch-idealen Fortifikation ... einem künstlichen protestantischen Utopia inmitten einer feindlichen Umwelt." (Bernd Roeck 1991, S. 268)

Fahne einer der 21 von Gustav Adolf in Augsburg gegründeten protestantischen Bürgerkompanien. Am 14. Juli 1632 wurden diese Feldzeichen feierlich überreicht in der Hoffnung, den vom König vermißten Wehrgeist in den protestantischen Städtern zu wecken. Sie hatten alle ein gelbes Blatt mit grünem Lorbeerkranz, auf dem sich vier rote Rosen befanden. Emblem und Motto waren von Kompanie zu Kompanie verschieden. Die hier gezeigte Fahne der Kompanie des Hauptmanns Max Steirnagel zeigt eine Landschaft, über die sich vor weißem Himmel ein blau-gelb-roter Regenbogen spannt, über dem eine goldene Krone schwebt. Der Regenbogen symbolisiert das Ende der (katholischen) Sintflut, die Krone steht natürlich für den Schwedenkönig, der die Stadt aus ihrer Drangsal befreit hat, und auf ihn bezieht sich auch das Motto: „Licht bringt sie [die Krone] und Heiterkeit." (nach Jürgen Kraus 1983, Abb. 18, Nr. 15)

Vergeblicher Angriff auf Ingolstadt

Nachdem die Stadt der *Confessio Augustana* „befreit" war – was nicht zuletzt einen immensen Propagandaerfolg in der ganzen protestantischen Welt darstellte –, wandte sich Gustav Adolf wieder der bayerischen Hauptarmee zu. Am 28. April erschien er mit 32.000 Mann vor Ingolstadt. Hier hatte sich Maximilian verschanzt, da er Bayern nach der Durchbrechung der Lechlinie nicht mehr verteidigen konnte. So wollte er nun wenigstens seine Armee retten und die Donaulinie mit verkehrter Front gegen die Schweden behaupten. Das war von entscheidender Bedeutung, da er so die Verbindung mit dem in Böhmen und Mähren stehenden Heer Wallensteins offenhielt.

Gustav Adolfs vergeblicher Angriff auf Ingolstadt, 29. und 30. April 1632. Auf dem Kupferstich des Matthäus Merian aus dem *Theatrum Europaeum* (1646) ist die bayerische Festungsstadt von Süden her gesehen, aus der Angriffsrichtung der Schweden. Im Vordergrund die Altach, ein heute zugefüllter Nebenarm der Donau, südlich von dem die Schweden ihr Lager angelegt hatten. Die Angriffe galten dem bayerischen Hornwerk auf dem Südufer der Donau, das die feste Brücke schützen sollte, und einem weiteren Hornwerk, das einer (außerhalb des rechten Bildrandes) liegenden zum bayerisch-ligistischen Lager (rechts im Hintergrund) führenden Schiffsbrücke vorgelagert war. Der Schuß, der Gustav Adolfs Pferd traf, wurde von der Bastei rechts vom (Neuen) Schloß, also vom jenseitigen Donauufer aus, abgegeben. (Privatbesitz)

An eine regelrechte Erstürmung des von Maximilian systematisch zu einer modernen Festung ausgebauten, von 20.000 Mann verteidigten Ingolstadt war kaum zu denken. Die Absicht Gustav Adolfs dürfte eher darin bestanden haben, die bayerischen Hornwerke am Südufer der Donau in seinen Besitz zu bringen, um Maximilian einen Vorstoß in Rücken oder Flanken des schwedischen Heeres unmöglich zu machen. Vor allem aber wollte er durch die Drohung eines weitergehenden Angriffs die gegnerischen Truppen bei Ingolstadt binden, so daß er durch einen raschen Vorstoß nach Osten Regensburg einnehmen konnte. Wäre ihm das gelungen, hätte Wallenstein keine andere Wahl gehabt, als Böhmen zu verlassen und direkt in die Kämpfe einzugreifen.

Die Schweden errichteten ihr Lager südlich der Sandrach mit dem Hauptquartier in Oberstimm. Am 29. April begannen sie mit Schanzarbeiten nördlich der Altach, einem heute zugefüllten alten Donauarm. Der Angriff galt den beiden Hornwerken, die der festen Donaubrücke und einer ostwärts davon angelegten Schiffsbrücke auf dem Südufer vorgelagert waren. „Mit Gott! Ich will den Schweden grüßen", soll Kurfürst Maximilian gerufen haben, als er persönlich den ersten Kanonenschuß auf die Angreifer abfeuerte.

Noch in der Nacht des 29. auf 30. April ließ Gustav Adolf seine Truppen gegen die bayerischen Werke anstürmen. „Wer in dieser Nacht auf diesem Platz keine Angst gehabt hat vor Kanonenkugeln", schreibt der schottische Augenzeuge Robert Monro, „den hätte man zu Schießpulver für die nächste Nacht verarbeiten sollen ... Auch den Tapfersten konnte man nicht dafür tadeln, wenn er sich hier beim Anblick der in einer Reihe aufblitzenden Mündungsfeuer der Kanonen niederbückte und denjenigen, welcher es unterließ, sich ganz klein zu machen, um von keiner der Kanonenkugeln getroffen zu werden, bedauerte niemand, wenn er sein Leben verlor, nur um aufrechtstehend seine Tapferkeit zu demonstrieren." (Robert Monro II. 120, 121)

Die verlustreichen Angriffe wurden allesamt zurückgeschlagen. Als der König am nächsten Morgen das Hornwerk an der festen Brücke rekognoszieren wollte, tötete ihm eine Geschützkugel das Pferd unter dem Leib. „Der Apfel ist noch nicht reif", soll er bemerkt haben, als man ihn staubbedeckt und blutverschmiert unter dem Tier hervorzog.

Dem Rat des sterbenden Tilly folgend rückte Maximilian am 1. Mai mit seiner Hauptmacht nach Regensburg ab und besetzte die strategisch hochbedeutende Freie Reichsstadt. Damit kam er Gustav Adolfs geplanter Operation zuvor. In Ingolstadt ließ der Kurfürst 7.000 Mann zurück, denen es gelang, die weiteren schwedischen Angriffe abzuwehren, nur die

Schiffsbrücke mußte aufgegeben werden. Am Abend des 2. Mai verbrannte ein großer Teil der königlichen Bagage in Oberstimm, das wahrscheinlich Bauern angezündet hatten. Gustav Adolf war gerade von einem Abstecher nach Neuburg zurückgekehrt, wo er mit den Jesuiten eine freundliche Unterhaltung geführt hatte.

Weniger freundlich verlief eine Unterredung, die der König im Lager vor Ingolstadt mit dem französischen Botschafter am bayerischen Hof, dem Marquis de Saint Etienne, hatte. Dieser wollte ihn zur Beendigung seiner Offensive gegen das Kurfürstentum bewegen. Er behauptete, Tillys Angriff auf Bamberg sei ohne Wissen Maximilians erfolgt, worauf ihm Gustav Adolf erwiderte, er vergebe ihm seine Ignoranz. Als der Franzose ihm die persönlichen Vorzüge des bayerischen Kurfürsten schilderte, gab er die etwas patzige Antwort, selbst eine Laus sei nicht ohne häusliche Tugenden. Wenn Maximilian Frieden wolle, müsse er gänzlich abrüsten, widrigenfalls werde er sein Land von einem Ende bis zum anderen verwüsten. Die Andeutung französischen Unwillens veranlaßte den König zu der Bemerkung, es lasse ihn völlig kalt, wenn Ludwig XIII. dem Bayern 40.000 Mann zur Hilfe schicke, denn es sei ihm gleichgültig, gegen welches Volk er kämpfe. (Michael Roberts 1953/1958, S. 705; Göran Rystad 1980, S. 424)

Am 4. Mai brach Gustav Adolf die Angriffe auf Ingolstadt, die ihn über 1.700 Mann gekostet hatten, ab und führte sein Heer in südlicher Richtung ins Innere Bayerns. Die gescheiterte Operation gegen Ingolstadt und Regensburg stellte mehr als nur eine vorübergehende Schlappe dar. „Der Fehlschlag bei Ingolstadt war in mancher Hinsicht der kritische Moment des Feldzuges von 1632", schreibt Michael Roberts. (1953/1958 Bd. II, S. 706) Von nun an ging die Initiative auf den Gegner über.

Die Eroberung von München

Die nächste Bewegung Gustav Adolfs brachte ihm zwar mit der Einnahme der bayerischen Hauptstadt einen der spektakulärsten Prestigeerfolge seiner Laufbahn ein, eigentlich war sie aber schon Ausdruck strategischer Ratlosigkeit. Die plausibelste Erklärung dürfte, neben dem irrationalen Element der Ruhmsucht, darin liegen, daß der König nicht auf die hohen Kontributionen verzichten wollte, die er den bayerischen Städten abzupressen gedachte. Von Ingolstadt zog er über Geisenfeld nach Moosburg an der Isar, wo er am 5. Mai eintraf. Horn wurde nach Landshut detachiert, dem er eine Kontribution von 100.000 Reichstalern auferlegte. Die Stadt konnte nur die Hälfte aufbringen und mußte für die Zahlung der Restsumme acht Geiseln stellen, die nach Augsburg gebracht wurden.

Seit sie bayerischen Boden betreten hatten, plünderten, brannten und mordeten die schwedischen Soldaten nach Herzenslust. Es handelte sich hier nicht einfach um planlose Übergriffe einer zuchtlosen Soldateska, sondern um eine bewußte Maßnahme, die Kurfürst Maximilian friedenswillig machen oder ihm die Basis zur Fortsetzung des Krieges zerstören sollte. Bayern und die angrenzenden schwäbischen Gebiete waren seit weit über 100 Jahren gänzlich von der Kriegsfurie verschont geblieben, nun sanken weite Landstriche in Schutt und Asche. Die Bauern rächten sich, indem sie kleine Trupps, Nachzügler und Marodeure überfielen und oftmals unter Zufügung schrecklicher Grausamkeiten massakrierten. Das vergalten die Soldaten durch gesteigerte Vernichtungswut, man sah Äcker bedeckt mit den Leichen erschlagener Bauern. Es war die übliche Eskalation von Terror und Antiterror, die zu allen Zeiten ein Kennzeichen des Partisanenkrieges ist, zu dem Kurfürst Maximilian seine Bevölkerung übrigens ausdrücklich aufrief.

Während der Rauch der brennenden Dörfer in den Himmel stieg, verweilte Gustav Adolf eine ganze Woche in Moosburg. Der lange Aufenthalt hatte seinen Hauptgrund darin, daß alarmierende Nachrichten vom niedersächsischen Kriegsschauplatz und vor allem vom Hof in Dresden eintrafen. Pappenheim hatte die Hessen bei Höxter aufs Haupt geschlagen, Tott bei Stade besiegt und bedrohte die Elblinie, was dem sächsischen Kurfürsten einen gehörigen Schrecken einjagte, zumal er sehr wohl wußte, daß es um seine Armee in Böhmen schlecht stehen würde, sobald Wallenstein seine Vorbereitungen abgeschlossen hatte und zum Angriff überging. Zu allem Überfluß vertrug er sich nicht mit seinem Oberbefehlshaber. Armin klagte über den katastrophalen Zustand seiner Truppen und verhandelte eifrig mit Wallenstein über einen Sonderfrieden. Als Zwischenträger fungierte ein kaiserlicher Offizier namens Ernst Georg von Sparr. Der schwedische Gesandte am sächsischen Hof, Philipp Reinhard von Solms, erfuhr von diesen Kontakten. Da er, wie die meisten schwedischen Diplomaten und Offiziere, Arnim zutiefst mißtraute, schickte er Gustav Adolf Meldungen, die diesen das Schlimmste in Böhmen und Sachsen befürchten ließen. Während des Aufenthalts in Moosburg entschloß sich der König daher, die ganze Feldzugsplanung umzustoßen, Banér mit einem Teil der Truppen in Bayern zu belassen, selbst aber mit 16.000 Mann nach Eger zu eilen, um den Sachsen gegen Wallenstein zu helfen und sie in ihrer Bündnistreue zu bestärken.

Aber schon bald trafen etwas beruhigerende Nachrichten aus Dresden ein. Als Solms dem Kurfürsten die verräterischen Umtriebe seines Generals eröffnete, stellte sich heraus, daß dieser in Absprache mit Johann Georg gehandelt hatte, daß es nur um ein Abklären der Positionen ging und darum, daß man Wallenstein hinhalten wollte. Ganz ungerechtfertigtes Vertrauen entwickelte Solms jedoch in die Schlagkraft der sächsischen Armee, deren Präsenzstärke er mit fast 30.000 Mann um das Doppelte zu hoch einschätzte. Mit Erleichterung ließ daher Gustav Adolf seinen letzten Plan fallen und setzte am 14. Mai den Vormarsch nach Süden fort. Freising, das man am selben Tag noch erreichte, mußte sich mit einer Kontribution von 20.000 Reichstalern von der Plünderung freikaufen. In dieser Stadt stellte sich wieder der französische Diplomat

Die Einnahme von München am 17. Mai 1632. Matthäus Merians Kupferstich im *Theatrum Europaeum* (1646) zeigt den Schwedenkönig an der Spitze seines Gefolges von Ismaning kommend auf die Isarbrücke zureiten. Abgeordnete der Stadt erwarten den Sieger, um ihm die „Schlüssel sambt dem Gehorsam" darzubieten. Unter den Begleitern sind namentlich aufgeführt der Exkurfürst Friedrich V. von der Pfalz (Böhmens „Winterkönig"), Pfalzgraf August von Sulzbach, die Herzöge Wilhelm von Weimar und Johann von Holstein. Die Szene spielt sich in der Gegend des heutigen Maximilianeums ab. Rechts am Stadtrand ist die prächtige kurfürstliche Residenz zu erkennen. Am Horizont steigen realistischerweise die Rauchwolken brennender Dörfer in den Himmel. (Privatbesitz)

Saint Etienne ein und versuchte den König von seiner geäußerten Absicht, an München das Schicksal Magdeburgs zu rächen, abzubringen. Diesmal war seinen Bemühungen größerer Erfolg beschieden als vor Ingolstadt. Man einigte sich darauf, daß der Hauptstadt Maximilians, die auf eine Verteidigung nicht eingerichtet war, gegen Zahlung des ungeheuren Lösegelds von 300.000 Reichstalern Brand und Plünderung erspart bleiben sollten.

Am 17. Mai zog Gustav Adolf feierlich in München ein. Es war der abschließende Höhepunkt seiner Laufbahn als größter Eroberer, den Europa seit dem Mongolensturm des 13. Jahrhunderts gesehen hatte. Die Münchner erlebten zu ihrer freudigen Überraschung die schwedischen Soldaten von ihrer besten und diszipliniertesten Seite, Gustav Adolf selbst war wohlgelaunt und leutselig. Die Masse der Armee lagerte außerhalb der Stadtmauern, zuerst auf dem Schwabinger Anger (Gegend des späteren Englischen Gartens), wo der König auch eine große Truppeninspektion abhielt, dann auf dem Neuhauser Anger (Gegend des heutigen Hauptbahnhofs).Gustav Adolf wohnte in Maximilians Residenz, der prächtigsten im ganzen Reich. Der König war tief beeindruckt von dem Reichtum und der Schönheit der Bauten und Kunstsammlungen. Aus den letzteren entnahmen er und vor allem seine deutschen Begleiter eine Menge kostbarer Souvenirs, den größten Teil seines beweglichen Besitzes hatte der Kurfürst allerdings rechtzeitig in Sicherheit bringen lassen. Im Zeughaus fand man unter dem Boden versteckt 119 Kanonenrohre. Der König legte bei ihrer Bergung selbst Hand an und befahl, die Beute nach Augsburg zu bringen.

Am 19. Mai stieg der König auf dem Ritt zum Neuhauser Anger bei der Michaelskirche ab und wohnte einem katholischen Gottesdienst bei. Er ließ sich von dem Rektor des Jesuitenkollegs den Ritus erklären und stellte eifrig Zwischenfragen. „*Ubi est scriptum?*" – [„Wo steht das geschrieben?"], wollte er als bibelfester Protestant wissen, und ob die Totenmesse für Tilly schon gelesen sei. „*Tyrannus fuit*" ["Er ist ein Tyrann gewesen"], meinte er dann aber wenig freundlich. Beim Verlassen des Gotteshauses äußerte er, es sei nur schade, daß in einem so prächtigen Tempel das wahre Wort Gottes nicht verkündet werde. (Ludwig Schaedel 1908, S. 123) Eine Einladung, das benachbarte Jesuitenkolleg zu besuchen, lehnte er ab, obwohl dieser Orden eine eigentümliche Faszination auf ihn ausübte. Wäre er ein katholischer Fürst, erklärte er, dann würde er sich an die Jesuiten halten. (Göran Rystad 1980, S. 425)

Der König blieb bis zum 26. Mai in dem „goldenen Sattel auf einer dürren Mähre", wie er München genannt haben soll (ebd.), dann zog er mit

15.000 Mann nach Augsburg weiter, der Rest der Armee blieb vorläufig in der bayerischen Hauptstadt. Da es den Münchnern gleichfalls nicht gelang, viel mehr als die Hälfte des mit den Schweden vereinbarten Lösegelds zu bezahlen, wurden 42 Geiseln, zumeist Geistliche und Angehörige des Magistrats, nach Augsburg verschleppt, wo sie drei Jahre lang in Gefangenschaft blieben.

Unklare strategische Situation

Auch nachdem er München verlassen hatte, konnte sich Gustav Adolf nicht zu einem klaren Entschluß durchringen, wie der Feldzug nun weitergehen sollte. Aus Sachsen und Niedersachsen trafen nur spärliche und unsichere Informationen ein, doch glaubte er vorerst noch darauf verzichten zu können, Verstärkungen nach Norden abzugeben oder gar persönlich Süddeutschland zu verlassen. Ganz unklar war man sich über die Absichten Wallensteins. Vielleicht hatte er seine Truppen schon in Marsch gesetzt, um den nach wie vor an der Donaulinie stehenden Bayern zur Hilfe zu kommen, wie Gustav Adolf hoffte. Dem Gedanken eines sächsisch-kaiserlichen Sonderfriedens war der König in jenen Tagen nicht einmal grundsätzlich abgeneigt, vorausgesetzt, die schwedischen Interessen blieben gewahrt, indem Sachsen und Schlesien neutralisiert wurden und die Armee des Kurfürsten in die Dienste Gustav Adolfs trat. Aber unter solchen Bedingungen hätte Wallenstein schwerlich abgeschlossen.

Genauer wußte man im königlichen Hauptquartier darüber Bescheid, was im Rheinland vor sich ging. Im April waren die Spanier mit einigem Erfolg zur Gegenoffensive angetreten. Zwar hatten sie Ende des Monats eine schwere Schlappe gegen die schwedische Kavallerie erlitten, doch konnten sie jederzeit den Angriff erneuern. Zudem hatte Oxenstierna erhebliche Schwierigkeiten, seine Generäle unter einen Hut zu bringen.

Auch im unmittelbaren Umfeld der Hauptarmee gab es Probleme. Im westlichen Bayern und in Schwaben brach ein Bauernaufstand gegen die Eindringlinge und Landesverderber los, den die lokale Geistlichkeit kräftig anschürte und dem eine kleine kaiserliche Streitmacht unter Wolf Rudolf von Ossa das militärische Rückgrat verlieh. Die schwedischen Besatzungstruppen unter Patrick Ruthwen, den Gustav Adolf nach Ulm geschickt hatte, um die Entwicklung im Südwesten im Griff zu behalten, waren nicht in der Lage, diesen von beiden Seiten grausam geführten Kleinkrieg zu beenden.

Unter solchen Umständen war an eine entscheidungssuchende Offensive gegen die habsburgischen Erblande gar nicht zu denken, erst mußte eine sichere Basis in Süddeutschland geschaffen werden. Die Unruheherde waren zu beseitigen und nach Möglichkeit eine direkte Verbindung herzustellen zwischen den Operationsgebieten an der Donau und am Oberrhein. Zu diesem Zweck intensivierte Gustav Adolf auch die schon seit längerem geführten Verhandlungen mit der Schweiz. Vor allem ging es ihm darum, daß den Spaniern der Weg über die Pässe nach Süddeutschland versperrt blieb. In diesem Bestreben traf sich die schwedische Politik mit der französischen, und den vereinten Anstrengungen der beiden Mächte war auch Erfolg beschieden. Die Absicht, die protestantischen Kantone zu offener Parteinahme für die Schweden zu veranlassen, scheiterte jedoch am massiven Widerstand der katholischen Urkantone.

Diese Überlegungen waren es also gewesen, die den König dazu gebracht hatten, am 26. Mai mit einem Teil der Armee von München nach Westen abzurücken. In Augsburg hielt er sich eine ganze Woche auf, wartete auf Nachrichten, schickte Boten ab, organisierte neue Rekrutenwerbungen. Aber auch das Gesellschaftsleben, das der König in den großen Städten Süddeutschlands recht genossen zu haben scheint, kam nicht zu kurz. Er tafelte öffentlich, spielte Ball, tanzte und flirtete temperamentvoll mit den Patrizierinnen. Dann setzte er den Marsch in südwestlicher Richtung, ins Allgäuische fort. Am 4. Juni traf er in Memmingen ein, seine Reiter schweiften schon bis in die Alpentäler. Memmingen war der südlichste Punkt, den Gustav Adolf je erreicht hat.

Michael Roberts (1953/1958, Bd. II, S. 713) nennt den Zug ins Allgäu „einen fast mutwilligen Schritt in die falsche Richtung". Er war auf jeden Fall eine Operation von sekundärer Bedeutung, durch die sich der König vom Ort der eigentlichen Krise entfernte, statt sich ihm zu nähern. Am 5. Juni platzte dann die Bombe. Ein Bote traf in Memmingen ein mit der Nachricht, daß Wallenstein sein drohendes Zuwarten, an das man sich schon fast wie an eine ferne Gewitterwolke gewöhnt hatte, beendet und seine Armee in Marsch gesetzt hatte. Nicht nach Bayern, wo Maximilian verzweifelt seiner Hilfe harrte, sondern gegen die wackelige Position der Sachsen in Böhmen. Wie ein Kartenhaus brach diese zusammen. Am 25. Mai mußte Arnim Prag räumen, seine schwachen Truppen waren in vollem Rückzug.

Das zweite Duell beginnt

Das Eingreifen Wallensteins leitete den dramatischen Höhepunkt des Dreißigjährigen Krieges ein, das Duell zwischen den beiden größten Heerführern ihrer Zeit, zwischen dem 37jährigen sieggewohnten Schwedenkönig und dem 48jährigen, von Gichtanfällen geplagten, bewunderten und mißtrauten Generalissimus des Kaisers.

Als die Nachricht vom Falle Prags den Dunst der Unsicherheiten durchbrach, reagierte Gustav Adolf schnell und energisch. Er schickte seinen fähigsten Unterführer, Gustav Horn, zu Oxenstierna an den Rhein, um in dessen Armee durchzugreifen und die Spanier zurückzutreiben. Lars Grubbe erhielt den Auftrag, die Operationen im Niedersächsischen Kreis zu koordinieren, Wilhelm von Weimar sollte in Thüringen eine neue Reservearmee aufbauen. Der König selbst brach sofort nach Augsburg auf. Während ein Teil seiner Truppen in Richtung Donauwörth weitermarschierte, begab Gustav Adolf sich in einem Gewaltritt nach München und setzte die dort verbliebenen Einheiten gleichfalls nach Donauwörth in Bewegung. Um seine Basis in Schwaben nicht zu gefährden, ließ er 22.000 Mann unter Banér und Bernhard von Weimar südlich der Donau zurück. Die Operationsarmee, mit der er am 14. Juni von Donauwörth nach Dietfurt vorrückte, zählte 10.000 Mann Infanterie, 8.500 Reiter und 70 Geschütze. Über Weißenburg und Schwabach erreichte er am 17. Juni Fürth. Hier legte das Heer eine Pause ein, während Gustav Adolf sich über die Pläne seines Gegners klar zu werden versuchte.

So entschlossen die Maßnahmen des Königs von dem Augenblick an waren, als er von Wallensteins Offensive hörte, änderte das doch nichts an der Tatsache, daß er von nun an der Reagierende war, das Gesetz des Handelns aber diktierte sein Gegenspieler. Dieser hatte mittlerweile von den gezausten Sachsen abgelassen und war auf dem Vormarsch nach Eger. Dorthin sollte sich auch Maximilian von Bayern mit der ligistischen Armee begeben. Gustav Adolf konnte die neue Stoßrichtung des kaiserlichen Feldherrn erahnen, als ihn am 20. Juni in Nürnberg die Nachricht erreichte, daß der bayerische Kurfürst Regensburg verlassen hatte und in Eilmärschen nach Norden zog. Maximilian hatte zwar kaum 7.000 Mann dabei, aber der König wollte sich nicht die Gelegenheit entgehen lassen, die Bayern abzufangen und zu überwältigen. Diese hatten gerade Nabburg passiert. Gustav Adolf hetzte mit seinen Truppen nach Nordosten, traf am 22. in Hersbruck ein, am 24. in Vilseck. Dort erfuhr er, daß Maximilian ihm entwischt war und sich bereits nördlich von Weiden befand, worauf die Schweden den Rückmarsch nach Nürnberg antraten. Die Vereinigung der Bayern mit Wallenstein war nicht mehr zu verhindern. Sie erfolgte am 1. Juli in der Gegend von Tirschenreuth.

Der kaiserliche Feldherr hatte sich damit begnügt, die Sachsen aus Böhmen und Teilen der Lausitz zu scheuchen und sich so freie Hand gegen Gustav Adolf zu verschaffen. Ernstlich in die Enge treiben wollte er weder

Arnim noch den Kurfürsten, da er nach wie vor einen Sonderfrieden mit diesem anstrebte. Der Vormarsch über Eger in die Oberpfalz galt nicht nur der Vereinigung mit Maximilian, sondern vor allem dem strategisch hochwichtigen Nürnberg. Diese Stadt war für die Verbindung der schwedischen Hauptarmee mit Thüringen, Sachsen und Norddeutschland unverzichtbar. Eine Position bei Nürnberg ermöglichte es Wallenstein auch, Gustav Adolf und die Sachsen voneinander getrennt zu halten. Nachdem der Gegner nun seine Truppen geteilt hatte, bot sich ferner die Möglichkeit, ihn *en detail* zu schlagen. Die kombinierten kaiserlichen und bayerisch-ligistischen Armeen, mit denen Wallenstein und Maximilian am 2. Juli von Neustadt an der Waldnaab nach Süden aufbrachen, zählten 31.000 Mann Infanterie, 13.000 Reiter und etwa 80 Geschütze. Dem konnte Gustav Adolf bei Nürnberg kaum 20.000 Mann entgegenstellen.

Während Wallenstein sich über Amberg, Neumarkt, Roth und Schwa-

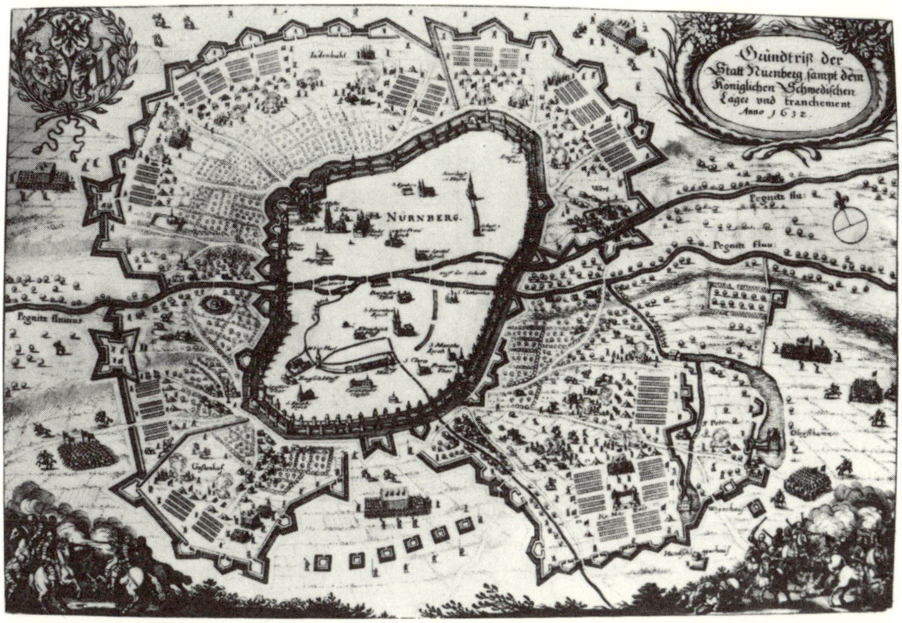

Gustav Adolfs Nürnberger Lager 1632. Die Karte eines anonymen Stechers zeigt die umfangreichen Verschanzungen, die der König unter Leitung Olaf Hansson Örnehufvuds Anfang Juli rings um Nürnberg errichten ließ. Sie boten den knapp 20.000 Mann, die Gustav Adolf bei sich hatte, sehr großzügig Platz und waren abschreckend genug, um Wallenstein, als er Mitte des Monats mit zweieinhalbfacher Übermacht im Raum Nürnberg erschien, vor einem Angriff zurückschrecken zu lassen. (Nürnberg, Germanisches Nationalmuseum)

bach Nürnberg näherte, ließ der König um die Stadt eine gewaltige, etwa 15 km lange Verschanzung anlegen, hinter der er die feindliche Übermacht herausfordern wollte. Die Arbeiten waren im wesentlichen beendet, als die kaiserlich-ligistische Streitmacht am 13. Juli die Peripherie von Nürnberg erreichte.

Der Stellungskrieg um Nürnberg

Gustav Adolf hatte sich aus eben den Gründen, die Wallenstein zum Angriff auf die Reichsstadt veranlaßt hatten, dazu entschlossen, standzuhalten und die Verstärkungen, die bereits aus verschiedenen Teilen Deutschlands angefordert waren, nach Nürnberg zu dirigieren. Bevor diese eintreffen konnten, war aber angesichts der mehr als doppelten Überlegenheit des Gegners mit einem entscheidungssuchenden Angriff zu rechnen. Maximilian drang auch in seinen Verbündeten, einen solchen zu unternehmen, doch dieser befand, „daß denselben [Gustav Adolf] in den fortificationen anzugreiffen nicht rathsam." (Wallenstein an Czerminski, 18. Juli 1632, Hallwich, Bd. III, Nr. 1049)

Statt gegen die mit 300 Geschützen bestückten Verschanzungen anzustürmen, entschloß sich Wallenstein, ebenfalls ein großes befestigtes Lager bei Zirndorf südwestlich von Fürth anzulegen. Redouten, Halbredouten, Kronwerke, Sternschanzen, Viereckschanzen verwandelten die Landschaft binnen weniger Tage „vom Friedlich-Natürlichen ins Menschlich-Kriegerische." (Golo Mann 1971, S. 845) Die 16 km langen Verschanzungslinien umschlossen die Orte Zirndorf, Altenberg und Unterasbach und wurden von der nach Rothenburg führenden Straße durchquert. Die Ostgrenze des Lagers zog sich etwa 6 km westlich von Nürnberg den Höhen links der Rednitz entlang.

Das Zirndorfer Lager war der wichtigste Bestandteil in einem System von Festungen und Garnisonen im weiten Umkreis von Nürnberg, die sich in kaiserlich-ligistischer Hand befanden und die Zufahrtstraßen nach Nürnberg beherrschten. Zu diesem Blockadering gehörten Herzogenaurach, Forchheim, der Rothenberg bei Schnaittach, Amberg, Neumarkt, Freystadt, die Wülzburg bei Weißenburg, Schwabach, die Cadolzburg, im August kam noch die Festung Lichtenau dazu. „Wenn es auch nicht zu einer direkten Belagerung und Bedrohung der Reichsstadt Nürnberg durch unmittelbare militärische Gewaltanwendung im taktischen Sinne gekommen war, so empfanden die Zeitgenossen die Einkreisung der Stadt doch als Belagerung, die den Eingeschlossenen zwar begrenzte Bewegungsfreiheit gewährte, sie aber dennoch von jeder Versorgung von außen absperrte, so daß die Stadt mit den Flüchtlingen und den Soldaten der schwedischen Armee auf die Nahrungsmittelvorräte innerhalb des Einkreisungsringes angewiesen war." (Helmut Mahr 1982, S. 28)

Wallensteins Absicht bestand darin, den Feind zu *„stringieren"* (einzuschnüren), „also daß er entweder im *posto* erhungern oder mit *disavantagio* [Nachteil] schlagen oder von dannen weichen ... mueste." (Wallenstein an Ferdinand II., 15. September 1632, Hallwich, Bd. III, S. 100) Davon versprach er sich die weitreichendsten strategischen Folgen, denn „wan der König dahie nur ein eintzigen *colpo* [Schlag] bekommen wirdt, dz sich vihl sachen im Reich werden endern." (Wallenstein an Erzherzog Leopold, 1. August 1632, Hallwich, Bd. III, Nr. 1099) Aber nicht nur der psychologische Eindruck einer eventuellen Niederlage Gustav Adolfs mußte Rückwirkungen auf andere Kriegsschauplätze haben. Wollte der König aus seiner bedrängten Situation in Nürnberg herauskommen, dann mußte er in erheblichem Umfange Verstärkungen heranholen, die dann anderen Fronten fehlen würden. So war auch mit einer Entlastung der kaiserlichen, ligistischen und spanischen Positionen in Böhmen, in Niedersachsen, in Bayern und Schwaben, im Elsaß und in der Pfalz zu rechnen.

Die Nebenkriegsschauplätze spielten tatsächlich eine entscheidende Rolle im strategischen Kalkül des Königs. Bei den Sachsen hatte sich seit Wallensteins Abmarsch die Lage entschieden zum Besseren gewandelt. Im Juli und August eilte Arnim von Erfolg zu Erfolg. Er eroberte die Lausitz zurück und drang tief in Schlesien ein, Sagan, Glogau und Breslau fielen in seine Hand. Trotzdem wurde Gustav Adolfs Botschafter Solms sein altes Mißtrauen gegenüber Johann Georg nicht los. Anfang Juli vertraute er sich Wilhelm von Weimar an, was diesen zu einer spontanen Aktion veranlaßte, die katastrophale Folgen hätte haben können. Er fiel von Thüringen aus in Sachsen ein, um die Loyalität des Kurfürsten mit Gewalt sicherzustellen. Sofort nachdem er davon Kenntnis erhalten hatte, befahl Gustav Adolf dem Herzog den Rückzug. Glücklicherweise zeigte sich Johann Georg nicht nachtragend und stellte zur Unterstützung des Königs bei Nürnberg fünf Regimenter zur Verfügung.

Wallenstein trug selbst dazu bei, den Kurfürsten in seiner Bündnistreue zu bestärken, indem er ihm Holk ins Land schickte, um es nach Kräften zu ruinieren. Mit dieser „Diversion" hoffte er (vergeblich), Arnim zum Abzug aus Schlesien zu nötigen. Auch wollte er sich wohl für die Verheerungen rächen, welche die sächsischen Truppen in Wallensteins persönlichen Besitzungen Sagan und Glogau angerichtet hatten.

Im Niedersächsischen Kreis standen die Dinge schlimmer denn je. Pappenheim war Herr der Lage, weder Baudissin, der die Nachfolge Totts angetreten hatte, noch Wilhelm von Hessen–Kassel, noch Georg von Lüneburg oder irgendeiner der anderen schwedischen und deutschen Generäle zeigte sich ihm gewachsen. Zum Glück verließ Pappenheim im Juli vorübergehend den Kriegsschauplatz, um den Versuch zu machen, die von den Holländern belagerte spanische Festung Maastricht zu entsetzen. Trotzdem waren nur die Hessen bereit, Verstärkungen nach Franken abzugeben.

Die Entsendung Horns an den Rhein hatte sich bestens bewährt. Er leitete eine schwungvolle Offensive gegen die Spanier ein. Anfang Juli nahm er Koblenz, das er dann gegen Zusicherung freien Übergangs über die Mosel den Franzosen übergab. Wegen der eben erwähnten Belagerung von Maastricht ließ der spanische Druck aber ohnehin stark nach, und es wäre in den nächsten Wochen und Monaten besser gewesen, die Talente Gustav Horns auf einem kritischeren Schauplatz einzusetzen. Auf jeden Fall konnte Oxenstierna den königlichen Wünschen in vollem Umfang nachkommen und erhebliche Kräfte für den fränkischen Feldzug freimachen. Oxenstierna wurde auch die schwierige Koordination der auf Nürnberg gerichteten Truppenbewegungen aufgetragen.

Nachdem der mobile Teil der ligistischen Armee sich mit Wallenstein vereinigt hatte, war es auch überflüssig, Banér und Bernhard von Weimar mit 22.000 Mann im westlichen Bayern und in Schwaben zu belassen. Beide sollten sich persönlich mit zusammen 10.000 Mann ins westliche Franken begeben, wo Oxenstierna die Entsatzarmee zu konzentrieren gedachte, bevor man gemeinsam auf Nürnberg marschierte.

Während die Vorbereitungen für die Versammlung der verschiedenen Hilfskontingente getroffen wurden, standen sich Gustav Adolf und Wallenstein in ihren befestigten Lagern gegenüber. Was sich nun entwickelte, das „war ein Wettkampf der Willenskraft mit dem Hunger als Hauptwaffe". (Basil Henry Liddell Hart 1968, S. 117) Indem die Kaiserlichen ihren Gegner im Raum Nürnberg „stringierten", hofften sie, daß ihm bald die Verpflegung ausgehen würde, zumal ja auch die durch zahlreiche Flüchtlinge aus der Umgebung angeschwollene Bevölkerung ernährt werden mußte. Sehr zustatten kam Wallenstein hierbei seine zahlreiche leichte Kavallerie („Kroaten" und „Polacken"), die Meister des Kleinkrieges waren.

Trotzdem stellte sich der Erfolg nicht so schnell ein, wie der Generalissimus das zunächst erwartet hatte. Nürnberg war vor Beginn der Einschließung reichlich mit Vorräten aller Art versehen worden, das verschanzte Lager hatte man so weiträumig angelegt, daß es keine seuchenträchtigen Zusammenballungen von Unterkünften gab. Nur das Futter für die Pferde begann schon bald knapp zu werden und ließ langfristig eine Beeinträchtigung der Kampfkraft der Kavallerie voraussehen. Auch gelang es nie, die Blockade wirklich undurchlässig zu machen. Gustav Adolf dachte nicht daran, einfach stillzusitzen und auf die Ankunft der Entsatzarmee zu warten. Immer wieder unternahm er begrenzte Vorstöße, um Fourage zu beschaffen, aber auch um seinerseits den Feind zu beunruhigen und dessen eigener Versorgung Abbruch zu tun. Bei der erfolgreichsten dieser Aktionen gelang es Anfang August, das große Depot in Freystadt in der Oberpfalz zu überfallen und bei dieser Gelegenheit auch ein gerade aus Böhmen eingetroffenes Korps unter Oberst Sparr zu zersprengen. Letzterer, der Wallensteins Verhandlungen mit Arnim geführt hatte, wurde gefangengenommen.

Gustav Adolf benutzte diese Gelegenheit, um Sparr mit einem Friedensangebot ins feindliche Hauptquartier zu schicken. Die Bedingungen waren zwar für den Kaiser völlig indiskutabel, doch enthielten die Vorschläge Köder für Wallenstein und Maximilian. Diesem wurde als Ersatz für die Pfalz das habsburgische Oberösterreich, jenem statt Mecklenburg das Hochstift Würzburg und der fränkische Herzogstitel in Aussicht gestellt. Da die erhoffte Resonanz ausblieb, schliefen die Kontakte wieder ein.

Natürlich hatten auch die Kaiserlichen und Ligisten große logistische Schwierigkeiten, mußten sie vorerst doch mehr als das Doppelte an Soldaten und Pferden versorgen. Wie viele Menschen und Tiere sich im Zirndorfer Lager selbst befanden, ist umstritten. Einen gewissen Prozentsatz der Truppen hatte man auf Garnisonen rund um Nürnberg verteilt, viele Einheiten waren mit Streifzügen, Vorpostendiensten, Beschaffung von Lebensmitteln beschäftigt. Andererseits erhielt Wallenstein im Laufe des Stellungskrieges auch einige Verstärkungen. Die oft zu findende Angabe, in dem verschanzten Lager hätten 40–50.000 Soldaten und etwa 10.000 Zivilisten gehaust, erscheint zu hoch. Gustav Adolf selbst, als er am 28. September die verlassene Anlage inspizierte, kam zu dem Schluß, sie biete höchstens Platz für „13.050 Fuss und 4.680 Pferdt." Das mag nun in der anderen Richtung übertrieben sein, aber gewiß hatte Wallenstein kein Interesse daran, sein Lager permanent zu überfüllen.

Der Vorteil der Kaiserlichen und Ligisten bestand darin, daß sie einen fast unbeschränkten Aktionsradius besaßen. Aber die nähere Umgebung von Nürnberg und Fürth war sehr bald schon kahlgefressen, und die Heranführung von Lebensmitteln und sonstigem Bedarf über größere Distanzen schuf erhebliche Transportprobleme. Das meiste wurde aus der Oberpfalz und anderen Teilen Bayerns herangeschafft. Sobald seine Verstärkungen eintrafen, hoffte Gustav Adolf den Spieß herumdrehen und seinerseits eine Zwickmühle bauen zu können. Die Entsatzarmee sollte sich westlich von Wallensteins Hauptposition versammeln und vor allem das ansbachische Gebiet unter Kontrolle bringen. Dann saß der Gegner zwischen zwei schwedischen Konzentrationen und konnte von einem Großteil seiner Zufuhr abgeschnitten werden. Wallenstein ahnte diese Gefahr und ließ ein Truppenkorps unter Gallas nach Südwesten vorrükken, um im Raum Ansbach Aufstellung zu nehmen. Diesem gelang auch zu Gustav Adolfs großem Ärger die Eroberung der Schlüsselfestung Lichtenau, die von der nürnbergischen Besatzung ohne großen Widerstand geräumt wurde. Jetzt war die Verwirklichung der „Zwickmühle" nicht mehr möglich, und der König entschloß sich, die Entsatzarmee direkt an sich zu ziehen.

Am 19. August vereinigten sich bei Windsheim die Truppen Banérs und Bernhards von Weimar, die in einem weiten Bogen über Donauwörth, Gunzenhausen, Dinkelsbühl, Nördlingen, Feuchtwangen herangezogen waren, um einen Zusammenstoß mit dem ihnen entgegengesandten Gallas zu vermeiden, mit den von Norden kommenden Abteilungen unter Oxenstierna. Diese umfaßten außer den Einheiten, die er selbst vom Rhein mitgebracht hatte, Wilhelms von Weimar schwedisch-sächsisches Korps und die Hessen des Landgrafen. Insgesamt zählte die Entsatzarmee 30.000 Mann. Der Marsch von Windsheim über Neustadt an der Aisch, Herzogenaurach und Bruck ging nur sehr langsam vor sich, da man wegen der Nähe des Gegners in voller Kampfbereitschaft vorrücken mußte. Wallenstein machte aber keinerlei Anstalten, die Vereinigung Oxenstiernas und Gustav Adolfs zu verhindern. Nur die Besatzung von Herzogenaurach hatte sich der Entsatzarmee entgegengestellt, wurde aber von Banérs Leuten rasch überwältigt, wobei auch eine bedeutende Menge Proviant erbeutet wurde. Am 27. August stellte die Entsatzarmee bei Bruck an der Regnitz den Kontakt mit den Vorposten Gustav Adolfs her.

Der Kampf an der Alten Veste

Der König verfügte jetzt über fast 28.000 Mann Infanterie, 17.000 Reiter und 175 Feld- und Regimentsgeschütze. Die Armee Wallensteins wird zu diesem Zeitpunkt auf etwas über 30.000 Infanteristen und 12.000 Reiter geschätzt. Die Kaiserlichen und Ligisten waren also jetzt die zahlenmäßig Schwächeren, insbesondere in Bezug auf die schlachtentscheidende Waffengattung, die Reiterei.

Das Anschwellen seiner Armee auf 45.000 Mann brachte aber Gustav

Adolf nicht nur Vorteile, sondern setzte ihn auch unter Zugzwang und schränkte seine Handlungsfreiheit ein. Die logistischen Probleme wuchsen ins Ungeheure. Zwar hatten die Entsatztruppen 3.000 Proviantwagen mitgeführt, aber der Inhalt war rasch verbraucht. Die numerische Überlegenheit mußte so schnell wie möglich zu einer umfassenden taktischen Entscheidung benutzt werden, sonst drohte das Verpflegungswesen zusammenzubrechen. Der König gönnte den eingetroffenen Truppen drei Tage Erholungspause, dann begannen die Vorbereitungen für den großen Kampf.

Das Hauptproblem bestand darin, wie man den Gegner dazu bringen sollte, sich in offener Schlacht zu stellen. Hatte sich Wallenstein schon im Besitz einer mehr als doppelten Übermacht sehr vorsichtig verhalten, war kaum zu erwarten, daß er jetzt, nachdem die Kräfteverhältnisse zu seinen Ungunsten umgeschlagen waren, ohne weiteres aus seinen Verschanzungen herauskommen würde. Am 31. August marschierte die schwedische Armee gegenüber der Ostseite des Lagers zwischen den Dörfern Kleinreuth und Gebersdorf in Schlachtordnung auf und rückte an die Rednitz vor. Der Gegner reagierte mit lebhaftem Geschützfeuer, blieb aber hinter seinen Befestigungen. In der Nacht legten die Schweden durch Erdwerke geschützte Batteriestellungen nahe an der Rednitz an. Dabei wurde Banér, einer der besten Generäle des Königs, durch einen Musketenschuß schwer verwundet.

Am nächsten Tag eröffneten die schwedischen Geschütze ein heftiges Feuer auf das Lager, durch das sie die gegenüberstehenden feindlichen Batterien zwangen, ihre Kanonen in eine zurückgezogene Aufstellung zu verlegen. Das wirkte sich indes unvorteilhaft aus, da die Artillerie Wallensteins so vor dem schwedischen Feuer geschützt war, ihrerseits jedoch die nun über die Rednitz setzende und gegen die Verschanzungen anrennende Infanterie Gustav Adolfs mit Erfolg beschießen konnte. Am Abend gab der König den Angriff an diesem Abschnitt auf und beschloß, die Armee nach Fürth und von dort nach Westen marschieren zu lassen, um sich gegen die Nordseite des Lagers zu wenden. Der neue Bereitstellungsraum wurde am nächsten Tag nach Süden zu verschanzt.

Wallenstein wollte es nun tatsächlich auf eine Schlacht ankommen lassen und führte seine Truppen aus den Befestigungen. Er stellte sie westlich vom Lager hinter dem Bibertbach auf. Der rechte Flügel lehnte sich an die Verschanzungen an, die Front verlief wahrscheinlich schräg nach Südwesten. Die Schlachtordnung konnte so auf ihrer ganzen Breite durch die im Lager postierten Geschütze unterstützt werden, Gustav Adolf hätte zudem das Flankenfeuer der im Nordwestteil des Lagers stehenden Batterien passieren müssen, um überhaupt an die feindliche Armee heranzukommen. Wir wissen nicht, ob der König in so unvorteilhafter Position die Schlacht angenommen hätte, denn er erfuhr überhaupt nichts von ihrer Existenz. Statt dessen lieferte ihm seine Aufklärung am Morgen des 3. September die Falschmeldung, der Feind ziehe nach Westen oder Süden ab.

Dies war eine höchst fatale Fehlinterpretation des Wallensteinschen Aufmarschs, denn sie veranlaßte Gustav Adolf, gegen die vor ihm liegende Nordseite des Lagers, die am stärksten befestigte von allen, frontal anzustürmen. Entgegen seiner sonstigen Gewohnheit verzichtete er auf persönliche Rekognoszierung und gab einen übereilten Angriffsbefehl. Die meisten seiner Unterführer waren gegen dieses Vorgehen, aber der König setzte sich über ihre Meinung hinweg. Er war so überzeugt davon, der Feind befinde sich auf dem Rückzug, daß er einen großen Teil seiner Reiterei aussandte, um Wallenstein den Weg zu verlegen. In den Verschanzungen auf der Nordseite des Lagers glaubte er nur noch eine Nachhut anzutreffen.

Der Aufmarschraum der Schweden wird heute vom Europakanal durchquert, ihr Hauptangriffsziel hat sich jedoch nicht allzusehr verändert seit 1632. Dies war die steile und bewaldete Anhöhe, die von der „Alten Veste", einer Burgruine, bekrönt ist. Wallenstein hatte Geschütze auf den Berg bringen lassen. Rund um die Ruine waren die Bäume gefällt und zu Verhauen zusammengeschoben worden. Die Alte Veste bildete das wichtigste unter mehreren Bollwerken, die der durchgehenden Lagerverschanzung einige hundert Meter vorgelagert waren und um die sich die erbittertsten Kämpfe des 3. September drehen sollten.

Schotten, Schweden, Finnen, Deutsche stürmten mit großer Tapferkeit gegen die Befestigungen an, wurden aber reihenweise niedergemäht, ohne viel ausrichten zu können. Die Alte Veste war zeitweise völlig isoliert, Gegenattacken der im Inneren des Lagers postierten ligistischen Kavallerie trieben die Schweden wieder zurück. Wallenstein löste die kämpfende Truppe in regelmäßigem Turnus ab. Die Angriffe konnten wegen des ansteigenden Geländes und des nassen und schlüpfrigen Bodens nur unzureichend von der schwedischen Artillerie unterstützt werden. Als Torstensson bessere Stellungen für seine Geschütze erkunden wollte, wurde er von bayerischen Reitern gefangengenommen. Gustav Adolf hatte sich in diesem Augenblick nur „ein Paternoster" weit von ihm entfernt aufgehalten.

Bei strömendem Regen lagen sich in der Nacht die Gegner inmitten der Toten und Verwundeten gegenüber. Am nächsten Morgen flammten die

Kämpfe noch einmal kurz auf, dann zogen sich die Schweden, unbelästigt vom Feind, auf ihre Ausgangsstellungen zurück. Sie hatten vermutlich über 1.200 Tote und 2.000 Verwundete verloren, die Kaiserlichen und Ligisten wohl 300 Tote und 700 Verwundete.

Der Nimbus der Unbesiegbarkeit Gustav Adolfs war dahin, er hatte sich, wie Wallenstein es formulierte, „bey dieser *impressa* [Unternehmung] gewaldig die hörner abgestossen.“ (Wallenstein an Ferdinand II., 4. September 1632, Förster, Bd. II, S. 237)

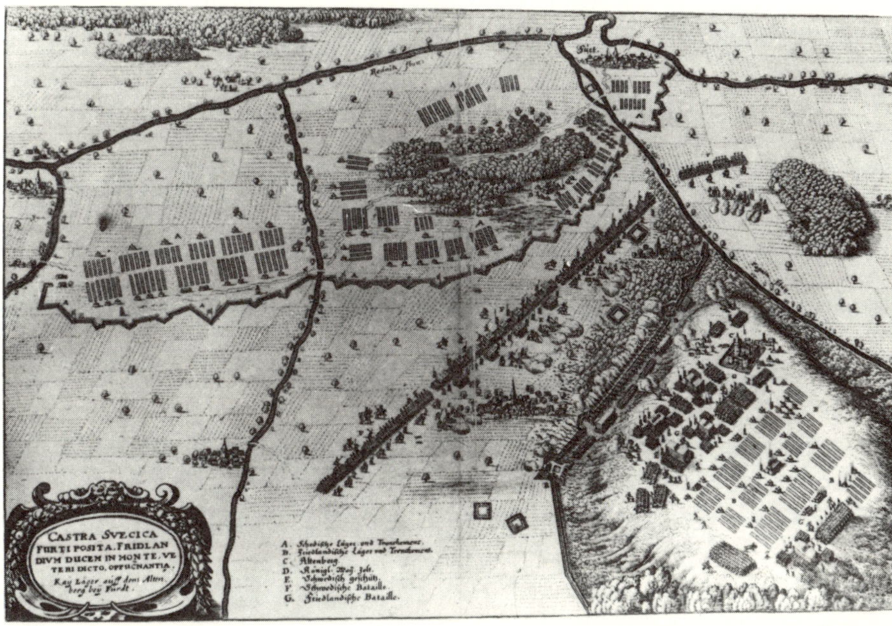

Der Angriff Gustav Adolfs auf Wallensteins Verschanzungen an der Alten Veste südlich von Fürth am 3. September 1632. Die Darstellung eines unbekannten Stechers ist stark schematisiert. Von Wallensteins Zirndorfer Lager ist nur der nördlichste Teil zu sehen (rechts unten auf dem Stich), die Alte Veste am obersten Ende der Anhöhe befand sich nicht innerhalb der Befestigungslinien, sondern war diesen etwa 400 m vorgelagert. Der Fluß, der rechts am Hang entlangfließt, ist die Rednitz, nicht die Pegnitz, die sich erst nördlich von Fürth (rechts oben auf der Karte), von Südosten kommend mit der Rednitz vereinigt. Südlich von Fürth nach Westen laufend sehen wir die Verschanzungen, die Gustav Adolf hatte anlegen lassen, um seine Aufmarschzone zu schützen. Südlich davon ist die schwedische Armee zum Angriff angetreten. Die Tercios mit Bastionen, in denen sich die kaiserlich-ligistische Infanterie auf der Gegenseite formiert hat, sind ein Phantasieprodukt des Künstlers. (Nürnberg, Germanische Nationalmuseums)

Die Niederlage

Das eigentliche Fiasko kam für die Schweden aber erst nach dem Kampf an der Alten Veste. Dieser war ein abgeschlagener Angriff, aber keine volle Niederlage gewesen. Der Stellungskrieg ging weiter, nur mit dem Unterschied, daß Gustav Adolf jetzt mehr als 40.000 Mann und die zugehörigen Pferde zu versorgen hatte, von der Nürnberger Zivilbevölkerung ganz zu schweigen. Der König befand sich in einem fast unlösbaren Dilemma. Der Versuch, eine taktische Entscheidung zu erzwingen, war gescheitert. Die Niederlage einzugestehen und abzuziehen, wäre zwar die einfachste und vernünftigste Lösung gewesen, aber es hätte den negativen Eindruck, den der Rückschlag an der Alten Veste gemacht hatte, noch ungemein verstärkt und dem Prestige Gustav Adolfs und seiner Armee schweren Schaden zugefügt. So blieb nur noch eines zu tun, nämlich nichts. Natürlich gab man sich der Hoffnung hin, der Feind werde sich noch irgendeine unerwartete Blöße geben oder seinerseits der Sache überdrüssig werden und als erster den Rückzug antreten. Die Hoffnung war müßig, und so setzte nun ein Massensterben ein, wie es die Armeen Gustav Adolfs noch nicht erfahren hatten.

Den Truppen mußten die Rationen drastisch gekürzt werden, nur Pferdefleisch gab es im Überfluß, da die Tiere infolge des Futtermangels zu Tausenden eingingen. Die Quartiere waren jetzt viel dichter belegt, was katastrophale sanitäre Verhältnisse zur Folge hatte. Krankheiten grassierten, vor allem die rote Ruhr, und forderten hohe Opfer unter den durch Unterernährung geschwächten Soldaten. „Das Lazareth ist dermassen mit krancken Schwedischen Soldaten überhäufft gewesen, daß man die Todte im selbigen Hof wie Holtz auffeinandergelegt, biß man der Zeit gehabt, eine Grube zu machen und selbige darin zu werffen. Welche Seuch [Ruhr] dann dermassen überhand genommen, daß sie auch etlich hundert Bürger und fast den besten Kern der jungen Mannschaft hinweg gerissen ... Summatim sind diß 1632. Jahr über zu Nürnberg gestorben, so an den Kirch-Tafeln angeschrieben gestanden: 8.500. Im Lazareth 19.060. So auff den Schützenkarren hinauß geführet worden 1.846, Summa Summarum 29.406. Ohne diejenige, so nahe umb die Stadt auff der Schütt, Wiesen und Gärten gestorben und daselbst begraben worden, deren ingleichem eine grosse Zahl gewesen."(Theatrum Europaeum I, S. 736)

Besonders übel betroffen wurden von Hunger, Krankheit und kriegericher Gewalt die Bewohner der rings um Nürnberg gelegenen Dörfer. Helmut Mahr (1982, S. 73f.) teilt hier erschütternde Zahlen mit. So starben in Roßtal in der ersten Hälfte des Jahres 1632 35 Menschen, in der zweiten jedoch, in welche die Kämpfe zwischen Wallenstein und Gustav Adolf fielen, 632. Das ist eine Zunahme um 852%! Solche Statistiken zeigen, daß die Schrecken des Dreißigjährigen Krieges durchaus keine Legende sind.

Verständlicherweise untergruben diese Zustände die Kampfmoral der Truppe in ganz bedenklichem Maße. Tausende von Soldaten desertierten, nicht wenige gingen zum Feind über. Verluste aller Art ließen Gustav Adolfs stolze Armee innerhalb von zwei Wochen von 45.000 auf 27.000 Mann zusammenschmelzen. Am schlimmsten hatte es wegen der hohen Pferdesterblichkeit die Kavallerie getroffen. Von ihren 17.000 Pferden waren Mitte September gerade noch 7.000 übrig. Wartete man noch weiter, dann war der Zeitpunkt abzusehen, zu dem die Armee ihre Kampffähigkeit völlig eingebüßt hatte. So fügte sich der König in das Unvermeidliche und zog am 18. September mit dem Gros seiner Truppen nach Westen ab. Herausfordernd bildete er noch einmal Schlachtordnung vor dem feindlichen Lager, bevor er das ganze rechtsum machen ließ und in Richtung Neustadt an der Aisch abmarschierte. Die schweren Geschütze hatte er schon in der vorangegangenen Nacht vorausgeschickt, was deutlich macht, daß er nicht damit rechnete, sein Gegner könnte im letzten Augenblick doch noch aus den Befestigungen hervorkommen und den Kampf aufnehmen. Damit täuschte er sich auch nicht. „Er hatt gar eine schöne Retirada gethan undt weiss gewis aus diese undt alle seine Accionen das er das Handtwerck leider wol verstehet", berichtete Wallenstein am gleichen Tag dem Kaiser. (Förster, Bd. II, S. 245f.)

Weshalb ließ der Generalissimus Gustav Adolfs angeschlagene Armee ungehindert abziehen? Kurfürst Maximilian, der vergeblich auf Angriff und Verfolgung gedrängt hatte, war der Ansicht, man habe eine einmalige Gelegenheit verpaßt, den Krieg mit einem Schlag zu beenden. Die übliche Ansicht, Maximilian habe von militärischen Dingen nichts verstanden, ist nicht ganz richtig. Am Weißen Berg hatte er 1620 gegen den Willen des kaiserlichen Kommandeurs Buqoy den Angriff durchgesetzt, und einer der entscheidendsten Siege des ganzen Krieges war die Folge gewesen. Die Maßnahmen des Kurfürsten nach Tillys Verwundung bei Rain am Lech, die Verteidigung von Ingolstadt und Regensburg, der Marsch nach Tirschenreuth, zeugten alle von nüchterner Einsicht in die strategischen Notwendigkeiten. Wenn er nun den durch passives Ausharren errungenen Abwehrerfolg Wallensteins zu einer positiven Entscheidung steigern wollte, war ihm unbedingt beizupflichten, vorausgesetzt, die kaiserlich-ligistische Armee befand sich in einem Zustand, der ihr eine klare Überlegenheit gegeben hätte. Dies erscheint unsicher, aber wahrscheinlich.

Zweifellos hatten auch die Truppen Wallensteins und Maximilians in den letzten Wochen schwer unter Nahrungsmangel und Krankheiten gelitten, obwohl nicht anzunehmen ist, daß die Sterblichkeit ein solches Ausmaß angenommen hätte, wie im gegnerischen Lager. Von Massendesertionen ist nichts bekannt, im Gegenteil erhielt die kaiserlich-ligistische Armee sogar Verstärkung durch Überläufer. Man wird davon ausgehen dürfen, daß Wallenstein Mitte September noch zwischen 30 und 35.000 Mann zur Verfügung standen, worunter wohl annähernd 10.000 Reiter. Berücksichtigt man ferner, daß Gustav Adolf bei seinem Abmarsch über keine schwere Artillerie mehr verfügte, dann hätte er durch einen energischen Angriff des Gegners in sehr ernste Gefahr geraten müssen. Die bekannte taktische Überlegenheit der Schweden und die Feldherrnkunst Gustav Adolfs wären aus Mangel an Reiterei und Geschützen nur mehr bedingt zur Geltung gekommen, auch fehlten dem König mit Horn, Banér und Torstensson drei seiner bewährtesten Unterführer. Als sich die kaiserlich-ligistischen Truppen zwei Monate später bei Lützen ohne die geringsten Geländevorteile der zahlenmäßig zunächst sogar deutlich überlegenen Armee Gustav Adolfs zum offenen Kampf stellen mußten, also unter wesentlich ungünstigeren Verhältnissen als am 18. September, zeigten sie sich durchaus imstande, dem Gegner ein taktisches Unentschieden abzuringen.

Es scheint, daß Wallenstein, der „erhabene Pokerspieler der Kriegsgeschichte" (Basil Henry Liddell Hart 1968, S. 117), alle Gaben eines großen Feldherrn besaß bis auf eine, nämlich den leidenschaftlichen, mit Einsicht gepaarten Kampfgeist, wie er Gustav Adolf, Tilly, Pappenheim und selbst Maximilian I. auszeichnete. Auch politisches Kalkül dürfte bewußt oder unbewußt mitgespielt haben, die nicht unberechtigte Befürchtung, er könne durch einen allzu durchschlagenden Sieg seine eigene Unentbehrlichkeit zerstören. So versuchte er zwar mit Erfolg, seinen Gegner zu entzaubern, ihm den Ruf der Unbesiegbarkeit zu nehmen, ihm das Gesetz des Handelns aufzuzwingen, doch widerstrebte es ihm, diese hart errungenen Vorteile durch das Risiko einer Entscheidungsschlacht aufs Spiel zu setzen, die auch im Falle des Sieges mit einiger Wahrscheinlichkeit darin resultieren würde, daß er sich und seine Armee selbst überflüssig machte.

Was auch immer seinen Gegner bewogen haben mag, auf einen Angriff zu verzichten, Gustav Adolf verließ die Nürnberger Festungslandschaft mit angeschlagener Reputation, doch „im Felde unbesiegt".

Der König ließ in Nürnberg Oxenstierna mit 4.500 Mann zurück. Es war kaum damit zu rechnen, daß Wallenstein in dem ausgesogenen Land die Ressourcen finden würde, um eine langwierige Belagerung durchzuführen. Die schwedische Feldarmee hielt sich einige Tage in Neustadt an der Aisch auf. Dort befand sich ein großes Depot, aus dem sich die Truppen wieder einigermaßen verpflegen konnten. Als der Gegner sich nicht rührte und nur leichte Kavallerie nachschickte, um die Schweden zu belästigen und herauszufinden, was sie vorhatten, wurde der Marsch nach Windsheim fortgesetzt, wo man am 23. eintraf.

Wieder einmal stand der König vor der Frage, wohin er sich mit seiner Hauptmacht wenden sollte. Am Rhein gab es nichts zu tun für ihn, hier hatte Gustav Horn die Lage fest im Griff und machte gute Fortschritte gegen die Spanier. Den Niedersächsischen Kreis, wo es ja sehr schlecht stand, glaubte er nach wie vor sich selbst überlassen zu dürfen. Dagegen erwog er, sich nach Sachsen zu begeben, zumal er in Windsheim die Nachricht erhielt, daß Wallenstein am 23. in nördlicher Richtung von Zirndorf abmarschiert war. Arnim stand zwar siegreich in Schlesien, aber das Kurfürstentum wurde mittlerweile von Holks Scharen verwüstet. Trotzdem gelangte Gustav Adolf zu der Ansicht, die 7.000 Mann, die er unter den beiden Herzögen von Weimar zurückzulassen gedachte, um Franken und Thüringen zu schützen, müßten zusammen mit der Nürnberger Garnison und den 15.000 Sachsen und Schweden, über die Arnim verfügte, ausreichen, um Mitteldeutschland gegen Wallenstein zu verteidigen. Ein Besuch, den er am 28. September dem verlassenen Zirndorfer Lager abstattete, bestätigte ihn in der irrtümlichen Ansicht, die Armee seines Gegners sei nicht mehr viel stärker als 20.000 Mann.

So entschloß sich der König in die entgegengesetzte Richtung zu ziehen, nach Süden. Er wollte dort seine Armee reorganisieren, Rekruten aus der Schweiz an sich ziehen und den Ausbau seiner Basis vorantreiben, den er im Juli so jäh hatte abbrechen müssen. Südwestdeutschland sollte ganz besetzt und „befriedet" werden, einschließlich der habsburgischen Erblande in Vorderösterreich. Zu diesem Zweck plante Gustav Adolf, den Feldzug bis an den Bodensee und an die obere Donau auszudehnen. Langfristiges Ziel war gewiß, dem siegreich im Elsaß operierenden Horn die Hand zu reichen und so Rhein und Donau zu „conjungieren". Der Herzog von Württemberg und die großen süddeutschen Reichsstädte, mit denen bereits Bündnisse bestanden, konnten militärisch und politisch zusammengeschlossen werden, so daß ein weites Gebiet zwischen dem

Lech im Osten, dem Rhein im Westen und den Alpen im Süden unter die feste Kontrolle Schwedens und seiner Verbündeten kam. Damit hing unmittelbar zusammen, daß des Königs Pläne für die Gründung eines *„corpus Evangelicorums"* im Herbst endlich verwirklicht werden sollten.

Gestützt auf diese solide Basis konnte man im nächsten Frühjahr die Offensive donauabwärts fortsetzen und den entscheidungssuchenden Vorstoß nach Österreich unternehmen. Gut in dieses Konzept paßten Nachrichten, daß die protestantischen Bauern in Oberösterreich wieder einmal anfingen, rebellisch zu werden, eine Drohung, von der zu hoffen war, daß sie Wallenstein zur Detachierung erheblicher Kräfte zwingen würde. Die ligistischen Streitkräfte hoffte der König ohnehin durch die bloße Tatsache seines Marsches nach Süden von der kaiserlichen Hauptarmee abziehen zu können, da Maximilian jetzt wieder um sein Bayerland fürchten mußte. Diese Planung zeigte, daß Gustav Adolf und Oxenstierna, der die Entscheidung seines Königs, nach Süden zu marschieren, vorbehaltlos unterstützte, ihren Optimismus noch keineswegs eingebüßt hatten. Trotz der Lehre, die Nürnberg für sie eigentlich hätte darstellen müssen, unterschätzten sie die Möglichkeiten, die sich Wallenstein in Mitteldeutschland eröffneten, nachdem ihm die schwedische Hauptmacht durch ihren Abzug nach Süden freie Hand ließ. Man wird nicht umhinkönnen, dem König hier ein gewisses Wunschdenken vorzuwerfen, das ihn mit unangebrachter Hartnäckigkeit an einmal gefaßten grandiosen Konzeptionen festhalten ließ. Aber auch der Charakter einer Verlegenheitslösung haftete dem Marsch nach Süddeutschland an. Als er sich von Nürnberg entfernte, stand Gustav Adolf vor der Notwendigkeit, etwas Positives zu tun, ohne die Stärke für eine entscheidungssuchende Operation großen Stils zu besitzen. Sollte sich Wallenstein von der süddeutschen Diversion nicht ablenken lassen, konnte man immer noch angemessen reagieren.

Am 27. September brach die Armee mit nur 7.000 Mann Infanterie und 4.300 Reitern von Windsheim auf und marschierte über Rothenburg, Dinkelsbühl, Nördlingen nach Donauwörth. Als man dort am 5. Oktober eintraf, erhielt Gustav Adolf die Meldung, daß die Festung Rain am Lech nach kurzem Widerstand vor den Kaiserlichen kapituliert hatte. Der König ließ den Kommandanten wegen der schwächlichen Verteidigung vor ein Kriegsgericht stellen und enthaupten. Die Rückeroberung des Platzes bereitete jedoch keine großen Schwierigkeiten, am 11. Oktober zog die Garnison nach Ingolstadt ab. Beunruhigende Nachrichten aus dem Norden, denen zufolge Wallenstein bei Bamberg stand und Pappenheim Anstalten machte, in Hessen einzufallen, veranlaßten Gustav Adolf, seine Marschrichtung zu ändern. Statt nach Schwaben wandte er sich nun gegen Bayern, offensichtlich in der Absicht, Ingolstadt anzugreifen. Die Armee erreichte am 13. Neuburg an der Donau, aus Augsburg sollte Belagerungsmaterial herangebracht werden. Der König erwartete gewiß, daß die Bedrohung der bayerischen Hauptfestung den Gegner tiefer beeindrucken würde als der Marsch nach Schwaben. Auch entfernte sich die Armee auf diese Weise nicht so weit von der Position der feindlichen Hauptmacht.

Aber schon am 15. Oktober wurde der Vorstoß auf Ingolstadt abgebrochen. Der Anlaß war ein Schreiben Oxenstiernas, in dem dieser mitteilte, Wallenstein marschiere auf Coburg, seine Vereinigung mit Pappenheim stünde bevor.

Nachdem die Schweden nach Neustadt und Windsheim abgezogen waren, hatte sich der kaiserliche Generalissimus zunächst ganz falschen Vorstellungen von den weiteren Plänen seines Gegners hingegeben. Er dachte, der König, dessen Armee er für noch ruinierter hielt als sie war, strebe dem Main zu, um sich gegen Pappenheim zu wenden, den Wallenstein irrtümlicherweise schon im Anmarsch wähnte, oder um dem drangsalierten Kurfürsten von Sachsen gegen Holk beizustehen. Aus diesem Grund zog er über Forchheim und Bamberg nach Coburg, das er am 9. Oktober erreichte. An Pappenheim schickte er dringende Befehle, seinen (vermeintlichen) Vormarsch nach Süden zu beschleunigen, so daß man den König zwischen zwei Feuer nehmen könne. Gallas hatte er nach Sachsen geschickt, um den Druck auf Johann Georg zu verstärken. Allerdings sollte das Land nicht mehr verwüstet werden, wie Holk es bisher getan hatte, da der Generalissimus jetzt beabsichtigte, Sachsen regelrecht zu besetzen und dort seine Truppen in Winterquartiere zu legen.

Erst kurz nach seiner Ankunft in Coburg erhielt Wallenstein endlich die Nachricht, daß Gustav Adolf nach Süden, an die Donau gezogen war und, nicht nach Norden. Trotzdem glaubte er, an seinem bisherigen Plan festhalten zu dürfen. Die Tatsache, daß der Gegner gerade in die entgegengesetzte Richtung marschiert war als er angenommen hatte, nötigte ihn zu keiner Änderung seiner Stoßrichtung. Was ursprünglich dazu gedacht gewesen war, Gustav Adolf direkt in die Zange zu nehmen, eröffnete nun die Möglichkeit zu einem höchst wirkungsvollen indirekten Vorgehen gegen Sachsen. Er vertraute darauf, daß seine Diversion die zwingendere war als die, welche sein Gegner gerade gegen Bayern in Gang zu setzen versuchte. Nur ein Marsch auf Wien hätte eine vergleichbare Wirkung haben können, aber für einen solchen war Gustav Adolf viel zu schwach. Wallenstein hielt bei diesem Spiel die weitaus besseren Trümpfe in der

Hand. „Will der Khönig sich nicht verlieren, so muß er dem Churfürsten [von Sachsen] succuriren", schrieb er am 23. Oktober an Aldringen. (Hallwich, Bd. III, S. 326f.)

Die Vertreibung oder der Abfall seines wichtigsten Bundesgenossen hätte Gustav Adolf nicht nur strategisch isoliert, er wäre auch ein allen sichtbares Zeichen dafür gewesen, daß die schwedische Invasion ihren Kulminationspunkt überschritten hatte. Zerbröckeln der protestantischen Front, Auftreten neuer Gegner wären die unvermeidlichen Folgen gewesen.

Hierzu kam, daß nicht nur Kursachsen, sondern auch Hessen und Thüringen durch den gemeinsamen Vormarsch Wallensteins und Pappenheims akut bedroht wurden. Der Verlust der thüringischen Pässe wäre in strategischer Hinsicht noch katastrophaler gewesen für die schwedische Position in Deutschland als die Unterwerfung Johann Georgs. So wurde der Versuch beider Feldherren, durch indirektes Vorgehen die Initiative zu erringen, von dem unterschiedlichen Gewicht der Operationsobjekte entschieden. Der einzige Erfolg, den Gustav Adolf mit seiner Diversion gegen Süddeutschland verbuchen konnte, bestand darin, daß Maximilian sich wieder von Wallenstein trennte, um seinem bedrohten Land beizustehen. Am 14. Oktober marschierte er mit 9.000 Mann nach Regensburg zurück, die Hälfte davon Kaiserliche unter Aldringen. Zum Ausgleich dafür sollte Wallenstein über Pappenheim und seine Armee verfügen dürfen. Der Generalissimus zog am folgenden Tag in Richtung Hof weiter. Sein Ziel war Leipzig.

Nach Norden zurück

Am 18. Oktober trat Gustav Adolf den Rückmarsch von Neuburg an. Kaum 7.000 Mann begleiteten ihn, der Rest blieb unter dem Kommando Christians von Birkenfeld in Süddeutschland zurück. Der Weg führte wieder über Donauwörth, Nördlingen, Windsheim. Man hat heftig darüber debattiert, was nun eigentlich den König dazu veranlaßt haben dürfte, den bayerischen Feldzug abzubrechen. Der Entscheidung in Neuburg waren intensive schriftliche Beratungen mit dem in Nürnberg verbliebenen Oxenstierna vorausgegangen. Der Kanzler plädierte dafür, den Krieg in Süddeutschland zu forcieren, gegen Bayern und die Erblande vorzugehen, den Norden vorerst sich selbst zu überlassen. Er war der Ansicht, man brauche sich nicht so sehr um die rückwärtigen Verbindungen zu kümmern, da der Krieg ja nun den Krieg ernähre. Gustav Adolf waren die Risiken bei einer solchen Strategie zu hoch. An eine rasche

Einnahme von Ingolstadt glaubte er nicht, Regensburg anzugreifen, solange Ingolstadt in bayerischer Hand war, hielt er für zu gefährlich, einen Vorstoß weiter donauabwärts erst recht.

Meist wird die Bedrohung Sachsens für das ausschlaggebende Motiv gehalten, das den König zum Rückmarsch nach Norden bewogen habe. Am 9. Oktober hatte Johann Georg aus Dresden geschrieben, die sächsischen Truppen seien nicht „bastant" (ausreichend), Holk, Gallas und Pappenheim „widerstandt zu thun" (von der Bedrohung durch Wallenstein selbst hatte er da noch keine Ahnung) und daß „vermüg der zwischen Uns aufgerichteten Alliantz" Gustav Adolf „succurs" leisten müsse, widrigenfalls diese Allianz wohl als gebrochen zu erachten sei. (Hallwich, Bd. III, S. 221 ff.) Diesen Brief hat der König jedoch erst am 24. Oktober erhalten, als er bereits Nördlingen erreicht hatte. Michael Roberts und, diesem folgend, Golo Mann betonen mit Recht, daß Gustav Adolf von vornherein mit dem Angriff Wallensteins auf Sachsen gerechnet hatte, „folglich, wenn man es mit dem Verstande sieht, von ihm nicht erschüttert werden durfte." (Golo Mann 1971, S. 866)

Roberts erblickt daher die Sinneswandlung des Königs auch weniger in der Bedrohung Sachsens als in der Nordwestdeutschlands und Thüringens begründet. Pappenheim hatte nach seiner Rückkehr aus den Niederlanden sowohl Baudissin als auch Georg von Lüneburg geschlagen und konnte jederzeit gegen Hessen, Thüringen oder Sachsen vorstoßen, ganz wie es ihm beliebte. Er erhielt auch entsprechende Befehle von Wallenstein und Maximilian, über die er sich jedoch vorerst souverän hinwegsetzte, da er zu viel Geschmack an seinem selbständigen Kommando gefunden hatte. Das konnte man aber schwedischerseits nicht wissen, und so rechnete man überall, wo es am bedenklichsten erschien, mit dem Eingreifen des gefürchteten Generals. Zu allem Überfluß hörte man auch wieder von feindseligen Aktivitäten des Dänenkönigs in Norddeutschland, wobei Gustav Adolf sich nicht aller seiner Verbündeten sicher sein zu dürfen glaubte.

Nils Ahnlund (1940) und Michael Roberts (1953/1958) haben schließlich vermutet, die Neuburger Entscheidung sei in einem Anfall von „Depression und Ermüdung" erfolgt: „Der Dschungel der deutschen Politik wuchs ihm über den Kopf; er mußte sich den Weg freihacken nach außen, und sei es nur für einen Augenblick, um frische Luft aus dem Norden zu atmen." (Michael Roberts 1953/1958, Bd. III, S. 743)

Weit weniger dramatisch wird das im großen schwedischen Generalstabswerk gesehen. Der König hatte dem süddeutschen Kriegsschauplatz, den er langfristig für den entscheidenden hielt, Verstärkungen zugeführt, jetzt machte er sich daran, die Lage in einem anderen strategisch bedeutenden Gebiet zu bereinigen, wo sich die Dinge eben schlechter entwikkelt hatten, als man ursprünglich angenommen hatte. Das dürfte im wesentlichen zutreffend sein und deutlich zeigen, daß Gustav Adolfs Invasion ihren eigentlich offensiven Charakter – zumindest vorübergehend – verloren hatte und in eine sichernde, reagierende Phase getreten war. Es ist nun einmal unvermeidlich, daß „jeder Erfolg, wenn er nicht zu völliger Niederwerfung des Feindes und zum Friedensschluß führt, ein Objekt für Gegenstöße und Rückschläge bildet." (Hans Delbrück 1920/1964, Bd. I, S. 359)

Gewiß sollte man nicht zuviel Aufhebens um den Hin- und Hermarsch des Königs machen, als ob dergleichen ein außergewöhnlicher, geradezu deklassierender Fehler wäre. Sicher, Gustav Adolf hatte Wallensteins Absichten zunächst falsch eingeschätzt (was auf Gegenseitigkeit beruhte) und er hatte sich Illusionen hinsichtlich der Widerstandskraft einiger seiner Unterführer und Verbündeten hingegeben, aber letzten Endes ist doch kein bleibender Schaden daraus entstanden. Hätte er freiwillig den Krieg nach Sachsen tragen sollen, indem er als erster dorthin zog, oder wäre es besser gewesen, an den Main zu gehen und Wallensteins Wunsch entgegenzukommen, gemeinsam mit Pappenheim eine Neuauflage der Nürnberger Operation zu veranstalten? Auch war der Marsch nach Süden nicht ganz verloren gewesen, sondern hatte erheblich zur Stabilisierung der dortigen Lage beigetragen und zudem eine Schwächung der Wallensteinschen Armee durch den Abmarsch Maximilians bewirkt.

Man darf auch nicht übersehen, daß es für beide Seiten noch schwieriger als sonst war, sich ein zutreffendes Bild von den Bewegungen des Gegners zu machen, da sowohl Gustav Adolf als auch Wallenstein ihre Armeen in mehrere Korps aufgeteilt hatten, von denen es nicht auf Anhieb gesagt werden konnte, welches den Hauptstoß führte. So hatten die Kaiserlichen zunächst die im westlichen Franken operierenden Truppen Bernhards von Weimar für des Königs eigene Armee gehalten, was zum Gutteil Wallensteins falsche Lagebeurteilung in den ersten drei Wochen nach dem Abmarsch des Feindes erklärt. Gustav Adolf seinerseits erhielt am 21. Oktober in Nördlingen die Falschmeldung, der Generalissimus ziehe von Coburg nach Süden. Bevor sich herausstellte, daß eine Verwechslung mit Maximilians an die Donau ziehenden Truppen vorlag, glaubte der König an eine neuerliche Bedrohung Nürnbergs und eilte sogleich mit kleiner Bedeckung in die Reichsstadt. Dort fand er Johann Georgs Brief vom 9. Oktober vor, zugleich kamen die wahren Marschbewegungen der kaiserlich-ligistischen Truppen ans Licht. Damit änderte sich das Bild der

Lage von Grund auf. Man wußte jetzt, daß Arnim nach wie vor in Schlesien stand und Sachsen somit dem Zugriff Wallensteins und Pappenheims wehrlos ausgeliefert war. Die kaiserliche Armee hatte sich jedoch durch den Abmarsch Maximilians und die Detachierung Gallas' geschwächt, auch schien Pappenheim sich noch nicht mit Wallenstein vereinigt zu haben. Sofort entschloß sich Gustav Adolf, so schnell wie möglich nach Kursachsen zu ziehen, um die Entscheidungsschlacht zu suchen.

Am 27. Oktober brach der König mit dem größeren Teil der bisherigen Nürnberger Garnison auf und vereinigte sich mit dem Hauptheer, das am 30. Oktober Kitzingen erreichte. Auch Oxenstierna verließ Nürnberg und folgte dem König. Alles hing nun davon ab, daß der Gegner die thüringischen Pässe noch nicht besetzt hatte. Die Gefahr war groß, denn Pappenheim hatte nach seinen letzten Erfolgen bei Wolfenbüttel und bei Hildesheim endlich den Vormarsch nach Südosten angetreten und näherte sich Erfurt. Bernhard von Weimar rettete mit dem in Franken verbliebenen Korps die Situation, indem er selbständig aus der Gegend von Königshofen nach Norden vorrückte und die Pässe sicherte. Am 31. Oktober stand er in Arnstadt, zwei Tage später traf dort auch der König mit seiner Vorhut ein, am 5. November die Hauptmacht, die über Schweinfurt, Königshofen und Schleusingen herangezogen war. Der Teil der Armee, der Gustav Adolf seit Neuburg begleitete, hatte in 17 Tagen 630 km zurückgelegt, im Durchschnitt gut 35 km am Tag. Der König gönnte den ermüdeten Soldaten und Pferden 48 Stunden Ruhe, bevor es nach Erfurt weiterging. Als er sich in Arnstadt von Oxenstierna trennte, war es das letzte Mal, daß sich die beiden Männer sahen. In Erfurt traf Gustav Adolf seine Königin, auch dies ein Abschied für immer.

Der Aufmarsch in Sachsen

Nachdem das Hindernis der thüringischen Pässe glücklich überwunden war, mußte als nächstes die Saalelinie durchbrochen werden. Auch hier hätte eine rechtzeitige Besetzung der Übergänge durch die Kaiserlichen große Probleme schaffen können. Wieder ging die schwedische Armee mit erstaunlicher Geschwindigkeit vor. Bereits am 8. November standen ihre Spitzen vor Naumburg, das nur von einer Handvoll Musketiere verteidigt wurde. Kaum hatte man diese vertrieben und die Stadt eingenommen, traf der Gegner in größerer Stärke ein, konnte aber nichts mehr ausrichten. Zwei Tage später überschritt die Masse der schwedischen Truppen die Saale und begann in der Krümmung, die der Fluß hier macht, ein verschanztes Lager anzulegen, das große Ähnlichkeit mit dem von Werben hatte. Die Leitung lag wieder in den Händen des bewährten Olof Hansson Örnehufvud.Hier gedachte Gustav Adolf Verstärkungen an sich zu ziehen und abzuwarten, was Wallenstein unternehmen würde, von dem man weder wußte, was er in der letzten Zeit getan hatte, noch wo er sich aufhielt.

Der Herzog war Ende Oktober über Brunn und Zwickau in Sachsen einmarschiert und hatte sich dabei mit den Truppen Holks vereinigt. Dieser führte in den nächsten Tagen dann auch faktisch das Kommando, da der Generalissimus wieder stark unter dem Podagra litt. Mit Ausnahme von Leipzig stieß man nirgends auf Widerstand, die Masse der sächsischen Truppen unter Arnim hielt sich ja nach wie vor in Schlesien auf, ungeachtet der verzweifelten Hilferufe aus Dresden. Gallas stand mit 12.000 Mann im Raum von Meißen und sollte einen eventuellen Anmarsch Arnims verhindern, außerdem hatte er die Aufgabe, die Verbindung mit Böhmen herzustellen. Die Hauptarmee, die gleichfalls etwa 12.000 Mann zählte, besetzte am 1. November Leipzig, dessen Verteidiger nach eher symbolischer Gegenwehr den Kampf aufgaben. Holk rückte dann auf Eilenburg vor und von dort weiter nach Nordosten, um sich des Elbübergangs bei Torgau zu versichern. Dazu kam es jedoch nicht mehr, da Georg von Lüneburg, der nach Pappenheims Wegzug aus dem Niedersächsischen Kreis mit 4.000 Mann losgeeilt war, um die Sachsen zu unterstützen, am rechten Elbufer erschien. Gleichzeitig trafen alarmierende Meldungen vom Anmarsch Gustav Adolfs ein. Die Kaiserlichen machten daraufhin kehrt, am 6. November waren sie wieder bei Leipzig, wo der sehnlichst erwartete Pappenheim mit seinen 8.000 Mann zu ihnen stieß. Als Wallenstein nun die Saalelinie stärker besetzen lassen wollte, um Gustav Adolf den Weg zu versperren, mußte er, wie wir gesehen haben, feststellen, daß dieser ihm bei Naumburg zuvorgekommen war.

Wallensteins Dilemma

Der Generalissimus rückte nun mit den 20.000 Mann, die er seit der Ankunft Pappenheims unter seinem unmittelbaren Kommando hatte, auf Weißenfels vor, das er am 10. November erreichte. Wegen des schwierigen Geländes war es nicht möglich, in Schlachtordnung direkt auf Naumburg loszugehen. Man verteilte daher die Truppen auf die umliegenden Dörfer und beratschlagte, wie man dem König in seinen Verschanzungen beikommen könne. Dieser war mit etwa 19.000 Mann kaum schwächer als sein Gegner. Unter solchen Umständen kam ein Sturm auf das Naumburger Lager nicht in Frage. Andererseits mußte dringend etwas geschehen, denn Wallensteins Zentralstellung drohte allmählich gefährlich zu werden. Widerwillig dem Drängen seines Kurfürsten gehorchend, war Arnim inzwischen mit 6.000 Mann nach Westen aufgebrochen. Da man die Elblinie nicht in seine Gewalt zu bringen vermocht hatte, konnten die Sachsen nicht daran gehindert werden, sich bei Torgau mit Georg von Lüneburg zu vereinigen und auf Leipzig vorzustoßen. Gallas war auf Wallensteins Anweisung gerade erst noch weiter nach Osten marschiert, jetzt erhielt er Gegenbefehl, aber zunächst war mit ihm nicht zu rechnen.

Der Herzog stand somit vor einem Dilemma. Entweder er wurde innerhalb weniger Tage mit Gustav Adolf fertig oder Arnim und Georg von Lüneburg kamen ihm in den Rücken. Der König seinerseits dachte gar nicht daran, seine starke Stellung zu verlassen und einen ungeschwächten Feind in schwierigem Gelände anzugreifen, denn die Zeit arbeitete ja für ihn. Wochenlanges Zuwarten wie bei Nürnberg kam für Wallenstein diesmal nicht in Frage, einmal in Anbetracht der strategischen Situation, zum anderen wegen der vorgerückten Jahreszeit. Es war naß und kalt, die Truppen brauchten ihre Winterquartiere. Man durfte davon ausgehen, daß es dem Gegner da nicht anders erging, womöglich war die Naumburger Stellung schon dazu bestimmt, Teilen der schwedischen Armee als Winterlager zu dienen.

So beschlossen Wallenstein und seine Generäle, die Armee in mehrere Verbände aufzulösen, die in befestigten Plätzen Quartier beziehen sollten. Mit der Verteilung der Armee auf verschiedene Standorte in Sachsen – Pappenheim in Niedersachsen – wäre dem Feind das Objekt für einen konzentrischen Angriff entzogen worden. Der Gefahr, *en detail* besiegt zu werden, gedachte man dadurch zu entgehen, daß jede Garnison sich in ihren Befestigungen aufs äußerste verteidigen sollte, bis die anderen Verbände der Armee zum Entsatz heranrückten. Auf diese Weise würden Freund und Feind den Winter im feindlichen Sachsen verbringen und nicht in den Landen des Kaisers oder seiner Verbündeten, was allein schon einen höchst erstrebenswerten Erfolg darstellte. Die Anordnung der Quartiere zeigt, daß darüber hinaus ein strategischer Zweck verfolgt wurde, nämlich die Errichtung eines die schwedische Armee einschnürenden Kordons. Angesichts eines so aktiven Gegners, wie Gustav Adolf es war, der erfahrungsgemäß keinerlei Scheu vor winterlichen Operationen besaß, durfte die ganze Konzeption allerdings als reichlich riskant gelten.

Am Morgen des 14. November versammelte sich die kaiserliche Armee in Schlachtordnung, während zuerst die Bagage und dann die Artillerie unter Bedeckung in die Quartiere vorausgeschickt wurden, dann zog

Pappenheim in Richtung Halle ab, die restlichen Regimenter blieben zurück, um nach und nach auf verschiedene Plätze in Sachsen verteilt zu werden. Hatten die einzelnen Verbände erst einmal ihre Quartiere erreicht, war die Gefahr nicht mehr so groß, der kritischste Zeitraum war der Marsch. Durch die zunächst eingenommene Schlachtordnung, die dann nach und nach abgebaut wurde, und durch den Schleier von Kroaten und Dragonern, den er zurückließ, hoffte Wallenstein genug für die Sicherung dieses gefährlichen Manövers getan zu haben. Aber Gustav Adolf reagierte mit einer Schnelligkeit, die den Generalissimus an den Rand einer Katastrophe brachte.

Gustav Adolf sucht die Entscheidung

Der sukzessive Abmarsch der kaiserlichen Armee wurde dem König sofort gemeldet. Nachdem die erste Skepsis überwunden war, soll er ausgerufen haben: „Fürwahr, nun glaube ich, daß Gott ihn in meine Hände gegeben hat!" (Michael Roberts 1953/1958, Bd. II, S. 748)

In den finsteren ersten Stunden des 15. November formierten sich die schwedischen Einheiten in Schlachtordnung, um 4 Uhr morgens setzten sie sich in Bewegung. Ganz sicher war man sich noch nicht über die Absichten des Feindes. Langsam rückte die Armee auf Weißenfels vor, bereit zuzuschlagen, wenn sich die Gelegenheit zum Gefecht mit noch nicht abmarschierten feindlichen Kräften bot. Sollten die Kaiserlichen jedoch bereits außer Reichweite sein, wollte Gustav Adolf nach Osten ziehen, um die Vereinigung mit den Torgautruppen zu bewerkstelligen. Als die Schweden nun am Vormittag des 15. in die Nähe von Weißenfels gelangten, bestätigte die Bevölkerung, daß Pappenheim tatsächlich nach Halle marschiert war und daß Wallenstein nur noch mit Teilkräften bei Lützen stand, das ihm seit dem 10. November als Hauptquartier diente. Jetzt gab es keinen Zweifel mehr über die weiter einzuschlagende Route. Am Mittag setzte man den Marsch in Richtung auf Rippach und Lützen fort.

Die einzigen Truppen, die an diesem Tag den Schweden entgegentraten, waren kaum 1.000 Kroaten und Dragoner unter Colloredo, die geradewegs in die königliche Armee hineinrannten. Colloredo gelang es, sich geordnet hinter die Rippach zurückzuziehen, nur eine Kompanie wurde ihm zersprengt und ihre Standarte, auf der die Glücksgöttin Fortuna abgebildet war, erbeutet. Auf die abergläubischen Soldaten soll das großen Eindruck gemacht haben.

Bis 4 Uhr verteidigte nun Colloredo mit größter Hartnäckigkeit die

Rippach mit ihren sumpfigen Ufern und steilen Böschungen gegen eine erdrückende Übermacht. „Hätte nicht der Pass Ripack den König lange aufgehalten," heißt es im Bericht Holks über die Schlacht bei Lützen, „würde er den ersten Abend [15. November] ... einen großen Effekt erzielt haben, weshalb über Hals und Kopf Alles angeordnet wurde ... Nach drei Alarmschüssen und einem scharfen Scharmützel, in welchem die Kroaten außer anderem merklichen Schaden ein Kornett verloren, blieben die Armeen diese Nacht in einer Entfernung von etwa vier Kanonenschüssen von einander entfernt im Felde stehen." (Hallwich, Bd. III, S. 500)

15 Regimenter der Wallensteinschen Armee waren bereits abmarschiert, als um 14 Uhr die drei Kanonenschüsse das verabredete Zeichen zur Umkehr gaben. Manche noch nicht allzu weit entfernten Einheiten hörten die Schüsse und drehten um, anderen wurden Boten nachgeschickt, vor allem Pappenheim mußte schleunigst benachrichtigt werden, „und ist ein dringenderer Brief niemals geschrieben worden."(Golo Mann 1971, S. 876): „Der feindt marschiert hereinwarths der herr lasse alles stehen und liegen undt incaminiere sich herzu mit allem volk und stücken auf das er morgen frue bey uns sich befünden kan ..." (ebd.)

Die Armee Gustav Adolfs erreichte in den Abendstunden die Felder südlich von Lützen, in der Ferne konnte man die Wachtfeuer der Kaiserlichen sehen. Dort war Holk dabei, den eintreffenden Regimentern bei Fackelschein ihre Positionen anzuweisen. Musketiere hackten und schaufelten in den Gräben entlang der Straße nach Leipzig, die an der kaiserlichen Front entlangführte. Wallenstein, geplagt von schweren Gichtanfällen, war entschlossen, „keinen Fuß breit weichen zu wollen, sondern eher zu krepieren." (Holks Relation, Hallwich, Bd. III, S. 500)

Die letzte Schlacht

Die schwedische Armee biwakierte in Schlachtordnung auf den nebeligen Feldern, etwa 4 km von der feindlichen Position entfernt. Gustav Adolf verbrachte die Nacht in einer Kutsche zusammen mit Knijphausen und Bernhard von Weimar. Sonst war niemand da von seinen bewährtesten Unterführern, Horn nicht, Banér nicht, Torstensson nicht, auch Wilhelm von Hessen–Kassel und Georg von Lüneburg fehlten. Der König scheint in einer schwermütigen Stimmung gewesen zu sein. Seit Wochen schwankte er zwischen ungebrochenem Optimismus und finsterer Resignation. Tönnes Langman hörte am Tag vor der Schlacht Gustav Adolf in einem Selbstgespräch „klagen und lamentieren und beteuern, wie gut er es mit der deutschen Angelegenheit gemeint habe", doch erkenne der deutsche

Adel seine Autorität nicht an: „Aber diejenigen, welche meine Befehle, meinen Rat, meine Ermahnungen, nicht beherzigt haben, sie sollen ... – was ich hier nicht wiederzugeben wage." (Michael Roberts 1967 A, S. 110, Anm. 113)

Michael Roberts hat die Situation Schwedens und seines Königs im November 1632 unübertrefflich zusammengefaßt: „Am Vorabend von Lützen war die Zukunft Schwedens kaum klarer (und sie war viel komplexer) als bei Peenemünde. Die Popularität der Schweden war im Sinken; die Disziplin der deutschen Söldner schlecht; Johann Georg loyal vor allem aus Furcht, Georg Wilhelm vor allem aus Habsucht; nur auf eine Handvoll treuer Bundesgenossen konnte man sich verlassen. Der König selbst war verbittert; beunruhigt vom Problem der Thronfolge mit ihren konstitutionellen Verwicklungen; vielleicht auch nicht mehr unbesiegbar. Im Augenblick jedenfalls schien Gustav Adolf sich in einer Sackgasse verlaufen zu haben. Ein Sieg bei Lützen, ein politischer Erfolg in Ulm mochte alles wieder ins Lot bringen – für einige Zeit. Doch ist es nicht ohne Bedeutung, daß seine letzten Äußerungen, die man am Vorabend der Schlacht von ihm hörte, in einem stöhnenden Selbstgespräch über die Treulosigkeit von Bundesgenossen bestand." (ebd., S. 102)

Todesahnungen suchten den König schon seit längerem heim. Was in seiner Abschiedsrede vor dem Reichstag noch eine stoische Fügung ins Unvermeidliche gewesen war, wurde jetzt bisweilen zur Sehnsucht nach dem Frieden des Grabes. Oxenstierna gegenüber bekannte Gustav Adolf bei einem ihrer letzten Gespräche, daß er „nichts sehnlicher wünsche, als daß sein Gott ihn vorzeitig aus dem irdischen Jammertale abberufe und also den bitteren Kelch künftiger Enttäuschungen an ihm vorübergehen lasse." (Siegmund Goetze 1971, S. 90)

Meist waren die düsteren Stimmungen des Königs verflogen, sobald er seine Energien auf ein erkennbares Ziel konzentrieren und seinem Tatendrang freien Lauf lassen konnte. So wird es wohl auch an jenem Morgen des 16. November 1632 gewesen sein. Gustav Adolf betete kurz in seiner Kutsche, bevor er sich, ohne zu frühstücken, aufs Pferd schwang. Der Nebel war so dicht, daß die Armee erst um 8 Uhr aufbrechen konnte. Etwa eine Stunde später wurde Meuchen erreicht und der Floßgraben überschritten, nördlich von dem die Armee aufmarschierte. Sie zählte nach den Berechnungen des schwedischen Generalstabswerks 12.800 Mann Infanterie und 6.200 Reiter mit 20 schweren Geschützen und 40 Regimentsstücken.

Die Stärke des Gegners, der nach wie vor im Nebel verborgen war, war nur zu schätzen, sie konnte sich fortwährend verändern, indem neue

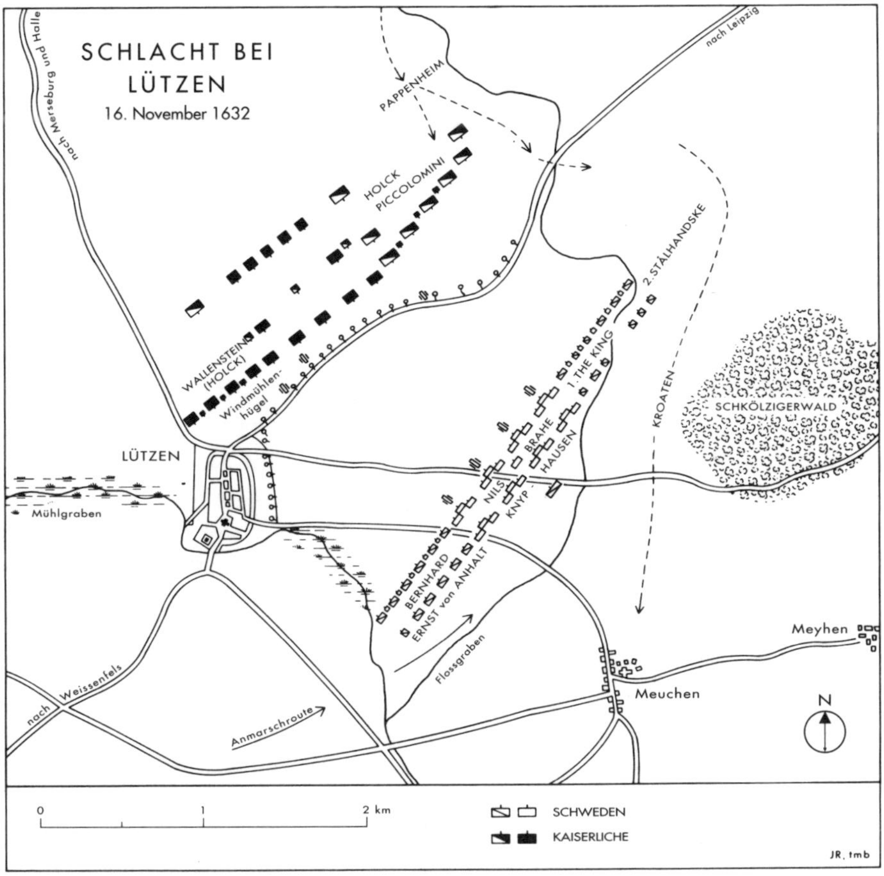

Truppenteile eintrafen. Gustav Adolf mußte daher die Schlacht so früh wie nur möglich beginnen, mit jeder Stunde schmolz die eigene Überlegenheit dahin. Als die Kämpfe begannen, dürfte Wallenstein 8–9.000 Mann Infanterie, 6.000 Reiter einschließlich der Kroaten und 20–24 schwere Geschütze gehabt haben. Er war also an Artillerie sehr erheblich und an Infanterie um etwa 30% schwächer, an Kavallerie aber etwa gleichstark.

Wallensteins Lützener Stellung war insofern unorthodox, als sie nicht quer zu Gustav Adolfs Anmarschrichtung sondern parallel zu ihr Front machte, wohl um den Gegner zu einer zeitraubenden Schwenkung zu zwingen. Das hätte eigentlich die Gefahr eines Flankenangriffs heraufbeschwören müssen, doch lehnte sich der dem Feind zugewandte Flügel an das Städtchen Lützen und den von nassen Wiesen umgebenen Mühlgraben. Nahe der Stadt befand sich etwas hinter der Front eine sanfte, von Windmühlen gekrönte Anhöhe, die Wallenstein mit 14 Geschützen krönte. Den linken Flügel sollte der Floßgraben vor Flankierung schützen, doch war dieser über 2 km von Lützen entfernt, und das war zu weit für die höchstens etwa 15.000 Mann, die dem Herzog zu Beginn des Kampfes zur Verfügung standen. Man konnte nur hoffen, daß Pappenheim noch rechtzeitig eintraf, um die Lücke zwischen dem linken Flügel und dem Floßgraben auszufüllen, die einstweilen von aufs Pferd gesetzten Troßknechten „gehalten" wurde, um dem Gegner diese Schwachstelle zu verbergen.

Vor der Schlachtordnung standen in den ausgebauten Straßengräben mindestens 1.000 Musketiere, dahinter die Artillerie, soweit sie sich nicht auf dem rechten Flügel bei den Windmühlen befand. Dann folgte die eigentliche Schlachtordnung, die Infanterie im Zentrum, die Reiterei auf den Flügeln. Wallenstein hatte sich zwei taktische Neuerungen seines Gegners zu eigen gemacht: Die Brigaden der Infanterie waren mit 10 Mann Tiefe fast so flach formiert wie die schwedischen und in den Intervallen zwischen den Eskadronen der Kavallerie standen kleine Musketiertrupps. Das Infanteriezentrum hatte zwar zwei Treffen und eine kleine Reserve, doch konnte mangels Masse nur das erste Treffen eine einigermaßen geschlossene Front bilden. Es hatte fünf Brigaden zu je 1.000 Mann, das zweite nur zwei.

Gustav Adolf bildete dagegen zwei fast gleichstarke, auch in ihrer Zusammensetzung annähernd identische Treffen. Im Zentrum standen vier Brigaden in einem Treffen, jede ungefähr 1.300 Mann stark. Die Flügel bestanden aus jeweils zwei Treffen zu sechs durchschnittlich 250 Mann zählenden Eskadronen, im vorderen Treffen befanden sich in jedem Intervall 200 Musketiere, die erstmals auch über Regimentsstücke verfügten, die bisher nur im Infanteriezentrum Verwendung gefunden hatten. Die Reiterflügel verfügten damit über eine Feuerkraft, die es wohl begreiflich macht, daß die kaiserliche Kavallerie trotz ihrer numerischen Stärke an diesem Tage einen recht schweren Stand haben sollte. Die schwere Artillerie war in Batterien von je fünf Geschützen auf die Brigaden des 1. Treffens verteilt. Einen Schwerpunkt der Aufstellung bildete das vordere Treffen des rechten Flügels. Es war mit 2.000 Reitern bedeutend stärker als andere Abschnitte, da Gustav Adolf, der diesen Flügel persönlich befehligte, hier den ersten Hauptangriff führen wollte. Damit traf er gerade den schwächsten Punkt der feindlichen Schlachtordnung, den in der Luft hängenden linken Reiterflügel. Links führte Bernhard von Weimar das Kommando, im Zentrum Nils Brahe (1. Treffen) und Knijphausen (2.).

Das Wetter meinte es nicht gut mit den Schweden an diesem gespenstisch-nebligen Novembertag. Erst nach 10 Uhr brach langsam die Sonne durch. Die beiden Armeen standen sich zu diesem Zeitpunkt auf einer Entfernung von etwa 1.000 m kampfbereit gegenüber. Während des nervenaufreibenden Wartens im Nebel hatte der Feldprediger Fabricius mit den Truppen gebetet, der König war die Front entlanggeritten und hatte ermunternde Worte an die einzelnen Einheiten gerichtet. Um 11 Uhr eröffnete die Artillerie auf beiden Seiten mit Vehemenz das Feuer, die Schlacht von Lützen hatte begonnen. Über die Einzelheiten des sehr konfusen Gefechtsverlaufs gibt es eine umfangreiche Kontroversliteratur, doch haben sich in jüngerer Zeit die Ergebnisse, zu denen Josef Seidler in einigen akribischen Untersuchungen gelangt ist, durchgesetzt. Ihnen werde auch ich in meiner Schilderung weitgehend folgen.

Der Tod Pappenheims

Nach einer kurzen, aber heftigen Kanonade setzte sich die schwedische Schlachtlinie in Bewegung. An den Straßengräben kam es zu erbitterten Kämpfen, schließlich gelang es dem rechten Flügel, die kaiserlichen Musketiere zu vertreiben und über die Straße zu setzen. Der in Stellvertretung für Pappenheim von Holk kommandierte linke Flügel Wallensteins geriet schon bald in schwere Bedrängnis und mußte vom rechten Verstärkungen anfordern. In Anlehnung an den erfolgreichen Reiterflügel drang das rechte schwedische Infanteriezentrum ebenfalls über die Gräben vor und überrannte die hier postierten Geschütze. Weniger gut erging es Herzog Bernhards Flügel. Ihn traf schweres Artilleriefeuer von den Windmühlen her, in der linken Flanke ging Lützen, angesteckt von den sich zurückziehenden kaiserlichen Musketieren, in Flammen auf und die Rauchwolken trieben über den westlichen Teil des Schlachtfeldes. Seinen rechten Flügel kommandierte Wallenstein persönlich, ein Kürassierregiment fiel der schwedischen Reiterei in die Flanke, diese wich zurück, worauf die siegreiche kaiserliche Kavallerie dem linken Zentrum der Schweden in die Seite kam.

Die kritische Lage am linken Flügel bewog Gustav Adolf, das Kommando des rechten an Stålhandske zu übergeben, um selbst auf den bedrohten Flügel zu reiten, begleitet von dem småländischen Kavallerieregiment. Kurz nachdem der König diesen Schauplatz verlassen hatte – es war etwa 12 Uhr – traf Pappenheim mit etwa 2.000 Reitern ein. Er hatte, seitdem er Wallensteins Brief in der Nacht erhalten hatte, 50 km zurückgelegt. Sogleich übernahm er das Kommando am linken Flügel und stellte die

Lage in diesem Abschnitt wieder her. Wäre er „bei Zeiten dagewesen", so meint Holk, „hätte der König eine schlechte Tat getan." (Holks Relation, Hallwich, Bd. III, S. 502) Aber als Pappenheim sich nun daranmachte, eine schwungvolle Gegenattacke einzuleiten, traf ihn die Kugel eines Regimentsstücks. Daraufhin ergriff seine Reiterei die Flucht. Hier geschah es zum ersten Mal an diesem Tag, daß einige der kaiserlichen Kavalleriekommandeure den Angriff verweigerten und ihre Leute an einen weniger gefährlich erscheinenden Frontabschnitt oder ganz vom Schlachtfeld führten. Der Vorgang wiederholte sich noch mehrmals im Laufe der Schlacht. Die Verantwortlichen waren überwiegend in kaiserlichen Diensten stehende Protestanten, und Seidler meint, in ihnen sei „keine Kampfesneigung gegen Gustav Adolf aufgekommen ... In den entscheidenden Augenblicken siegte immer die Herzensstimmung über den Fahneneid." (Seidler 1954, S. 76) Wallenstein hielt jedenfalls einige Monate später blutiges Strafgericht und ließ in Prag 15 der Schuldigen hinrichten.

Der sterbende Pappenheim mußte in den Armen seines Trompeters die Flucht seiner Leute mitansehen. „Ach, Ihr Brueder, daß Gott erbarm!" rief er mit Tränen in den Augen und wollte sich losreißen, um noch einmal zu kämpfen, „Ist kheiner mehr, der vor den Kayser treulich fechten will!" Man brachte den Feldmarschall in eine Kutsche, um ihn nach Leipzig zu bringen, worauf er „einen Ring vom finger gezogen, denselben geküßt und ihm dem Trompeter, seiner Gemahlin zu bringen, gegeben, schließlich auch ihme, Trompetern, die Handt geküst, darein gebißen und gesagt, er thue bey ihm nicht als ein Trompeter, sondern alß ein Cavaglier ... und hierauf alßbald in seinen, des Trompeters, Armen verschieden." (Aussage des Trompeters Ehinger vom 13. Mai 1633, Hallwich, Bd. III, S. 134f.)

Zwei Umstände verhinderten, daß Pappenheims Tod und die Massenflucht am linken Flügel zu einer völligen Katastrophe führten. Zum einen überzog um diese Zeit wieder dichter Nebel das Schlachtfeld und verhüllte den Schweden die kritische Lage des Gegners, zum anderen wurde das zweite Treffen des schwedischen rechten Flügels durch einen Kroatenüberfall durcheinandergebracht. Den letzteren hatte noch Pappenheim zur Unterstützung seines geplanten Gegenangriffs angeordnet. Die Kroaten überschritten im Rücken der Schweden den Floßgraben und stießen bis zu den Munitionswagen vor, von denen sie einen in die Luft fliegen ließen. Drei Kürassierregimenter mußten abgezogen werden, um die Kroaten zurückzutreiben.

Am anderen Flügel stand es gerade umgekehrt. Das erste Treffen Bernhards von Weimar hatten Wallensteins Reiter zurückgeworfen, das zweite wurde gleichfalls von Kroaten belästigt, die Infanterie des linken Zentrums begann unter den kombinierten Angriffen des kaiserlichen Fußvolks und der siegreichen Kavallerie zu weichen, hinzu kam das mörderische Kanonenfeuer von der Windmühlenhöhe.

Es war wohl gegen 12,30 Uhr, als Gustav Adolf mit der småländischen Kavallerie hinter dem linken Zentrum erschien, um wieder Ordnung zu schaffen. Die Sichtverhältnisse waren äußerst schlecht, da der Pulverdampf sich mit dem Rauch des brennenden Lützen und dem wieder einsetzenden Nebel vermischte. Als Gustav Adolf an der Spitze seiner Reiter die hart bedrängte Grüne Brigade unterstützen wollte, wurde er durch die zurückflutenden Truppen von den Småländern getrennt. In der Konfusion geriet der ohnehin stark kurzsichtige König zu nahe an die vordringenden Kaiserlichen. Eine Kugel zerschmetterte seinen linken Ellenbogen. In der älteren Literatur war meist von einem Musketenschuß die Rede (so vor allem Srbik 1926), inzwischen hat sich die Auffassung durchgesetzt, daß das Projektil aus einer Reiterpistole abgefeuert worden ist (Brzezinski 1989). Der König preschte auf seinem gleichfalls verwundeten Pferd aus dem unmittelbaren Gefahrenbereich und stieg ab, um sich verbinden zu lassen.

Für das, was nun folgte, liegen etwas widersprüchliche Aussagen vor, was zu der Legende geführt hat, der König sei von dem Herzog Franz Albrecht von Sachsen-Lauenburg ermordet worden, der gerade erst von der kaiserlichen Seite in den schwedischen Dienst übergetreten war.

Der nüchternste und zuverlässigste Bericht stammt wohl von Gustav Adolfs Hofmarschall Bernholf von Crailsheim: „... in welcher *charge* I. M. (alsbalden) der linke arm über dem gelenk zu stücken geschossen, (wie auch das Pferd durch den hals), und von dem feind verfolget und wegen gedachten nebels von den Truppen wegkommen ... in welcher folge denn I. M erstlich wiederum in den rücken durch den leib geschossen, darauf Sie vom pferde gefallen (auf den boden), hernach noch einen schuss recht durch den kopf (und 2 stösse in den leib) bekommen (und folgendes von dem feinde ausgezogen worden) ...“ (Diemar 1890, S. 53)

Crailsheim befand sich im engeren Gefolge des Königs und wachte nach der Schlacht über den Leichnam. Der Page des Hofmarschalls, der 18jährige Nürnberger Patriziersohn Augustus von Leubelfing, welchen Conrad Ferdinand Meyer in ein Mädchen verwandeln sollte, versuchte noch, des

Königs Arm zu verbinden und ihm dann wieder aufs Pferd zu helfen, als die kaiserlichen Kürassiere über sie herfielen. Leubelfing wurde tödlich verwundet, sein Grabstein ist in Naumburg noch zu sehen. Anders Jönsson, Gustav Adolfs Leibwächter, fand bei dieser Gelegenheit gleichfalls den Tod. Die verfolgenden Reiter gehörten zu den Kürassierregimentern Götz und Piccolomini. Zieht man noch andere Berichte heran, dann hat einer der verfolgenden Kürassiere Gustav Adolf mit der Pistole in den Rücken geschossen, worauf dieser vom Pferd fiel und im Steigbügel hängen blieb. Den Schuß in den Rücken soll nach Aussage einiger Quellen der Obristleutnant Moritz von Falkenberg vom Regiment Götz abgegeben haben, ein katholischer Verwandter des Verteidigers von Magdeburg. Er war erst kurz vor Lützen von Gustav Adolf aus schwedischer Gefangenschaft entlassen worden. Wenige Minuten nach dem Fall des Königs ereilte auch ihn der Tod. Nachdem Gustav Adolf zu Boden gestürzt war, erhielt er eine Reihe weiterer Wunden. Den Tod führte ein Pistolenschuß in den Kopf herbei. Insgesamt zählte der Apotheker, der den König einbalsamiert hat, fünf Schuß- und drei Hiebwunden sowie eine Stichwunde.

Die Soldaten, die Gustav Adolf töteten und seinen Leichnam plünderten, wußten wohl, daß ihr Opfer eine hochrangige Persönlichkeit war, über seine Identität waren sie sich aber nicht so ganz sicher, ebensowenig Piccolomini, der einen sterbenden schwedischen Offizier am Boden liegen sah, von dem seine Männer behaupteten, es könne Gustav Adolf sein. Wallenstein behandelte die Nachricht vom Tode des Königs noch am Tage nach der Schlacht als Gerücht. Trotzdem sprach es sich auf beiden Seiten rasch herum, daß Gustav Adolf gefallen sei. „... die ganze Bataille war auf dieser Seite, als man seinen Körper erblickte, gewonnen", schrieb Holk in seiner Relation. (Hallwich, Bd. III, S. 501)

Bei den Schweden drohte sich Panik auszubreiten, als die Neuigkeit bekannt wurde. Der Feldprediger Fabricius versuchte dem entgegenzuwirken. „*Fugiendum est*" – „Man muß fliehen", schrien ihm davoneilende Angehörige der Feldkanzlei zu, „*Standum est*" – „Standhalten muß man", antwortete er und behauptete, der König sei nicht tot, sondern nur verwundet. Er scharte einige hundert Mann um sich und stimmte mit ihnen inmitten von Nebel und Pulverdampf den Choral „Erhalte uns, Herr, bei Deinem Wort" an. (Michael Roberts 1953/1958, Bd. II, S. 770)

Diesmal waren es die Schweden, über deren kritische Situation Nebel und Pulverdampf ihren gnädigen Schleier legten. Rückschläge gab es trotzdem, vor allem auf dem bisher siegreichen rechten Flügel. Wallenstein übergab nach Pappenheims tödlicher Verwundung das Kommando über seinen angeschlagenen linken Flügel an Ottavio Piccolomini. Einen Besseren hätte er nicht finden können. Der Italiener eilte mit seinem Kürassierregiment und dem des Obersten Götz, deren Reiter wir gerade am Tode Gustav Adolfs so eifrig haben mitwirken sehen, an den bedrohten Abschnitt. In einer Serie wilder Gegenattacken, bei denen er sechsmal verwundet wurde und fünf Pferde unter dem Leib verlor, traf er den gegenüberstehenden Flügel der Schweden so schwer, daß von diesem für den Rest des Tages keine Gefahr mehr ausging.

Das Blaue und das Gelbe Regiment wurden dabei fast völlig aufgerieben, „die Blüte der Armee, alte Soldaten mit zumeist sieben oder acht Dienstjahren, die der König hier aufgestellt hatte, weil er sich auf sie am meisten verließ ... Ihre Leichen bedeckten nun den Boden, den sie verteidigt hatten. Das waren in der Tat alte bewährte Soldaten, aber es war so lange her, seit sie das letzte Mal geschlagen worden waren, daß sie vergessen hatten, wie man wegläuft." (*The Swedish Intelligencer*) Nils Brahe, den Gustav Adolf trotz seiner erst 28 Jahre für den nächst Torstensson fähigsten seiner schwedischen Offiziere hielt, kommandierte das Gelbe Regiment und zugleich das 1. Treffen des Infanteriezentrums. Er erhielt einen bösen Schuß ins Knie, an dem er 14 Tage später starb.

Das Kommando fiel nach des Königs Tod dem gleichfalls erst 28jährigen Bernhard von Weimar zu. Nach einer Unterredung mit Knijphausen, der, vorsichtig wie immer, zum Rückzug riet, beschloß er, die Schlacht fortzusetzen, in Anbetracht der Gesamtlage eine überaus kühne Entscheidung. Der König war an einem Flügel gefallen, der ohnehin schon im Weichen begriffen war, der andere, bis dahin erfolgreiche Flügel wurde gleich darauf unter schwersten Verlusten zurückgetrieben, dann noch die Hiobsbotschaft vom Tode des geliebten Oberbefehlshabers, die stellenweise Panik auslöste – in dieser Lage wären wohl die meisten Armeen zusammengebrochen. Die Masse der Schweden konnte aber zum Stehen gebracht, geordnet und zu erneuten Angriffen vorgeführt werden, nachdem ihr erster Ansturm gescheitert war.

Diese erstaunliche moralische Festigkeit des königlichen Heeres war es, die Wallenstein an diesem Tag um einen Sieg brachte. „Anstatt aber dessen, daß der Verlust ihres Hauptes, wie sonst zu geschehen pflegt, ihnen Herz, Mut und *Courage* zum Fechten genommen und einen Schrekken eingejagt haben sollte, erwies sich vielmehr das Gegenteil; der Eifer, Zorn, Grimm und Rachebegierde waren so stark, daß sie wie wütende Tiere auf den Feind losgingen, um den Tod ihres Herrn zu rächen." (Chemnitz, Bd. I, S. 466)

Als Bernhard von Weimar mit dem wiedergeordneten, solchermaßen angefeuerten linken Flügel von neuem angriff, waren die ihm gegenüberstehenden, bisher siegreichen Kaiserlichen durch den Abzug Piccolominis und der beiden besten Kürassierregimenter geschwächt, dafür trafen flüchtige Reiter vom linken Flügel ein, die nun ihr demoralisierendes Spiel wiederholten. Die kaiserliche Kavallerie wurde hier großenteils in die Flucht geschlagen, das rechte Infanteriezentrum, von der Reiterei im Stich gelassen und vom Feind in Front und Flanke angegriffen, wehrte sich tapfer, mußte aber schließlich zurückweichen, die große Batterie bei den Windmühlen fiel den Schweden in die Hände, die die Geschütze umdrehten und die Kaiserlichen auf nächste Distanz beschossen, worauf alsbald etliche Munitionskarren in die Luft flogen. Die schwedische Artillerie verlegte ihre Stellungen nach vorn und verstärkte das auf Wallensteins Männer niedergehende Feuer.

Nach der Einnahme der großen Batterie glaubten die Schweden, die Schlacht sei nun gewonnen. Es war zwischen 2 und 3 Uhr nachmittags, und es trat eine kurze Kampfpause ein, während der beide Seiten ihre in Konfusion geratenen Truppen neu formierten. Piccolomini gab Verstärkungen an den rechten Flügel Wallensteins ab, Holk konnte einen Teil der geflohenen Reiter wieder sammeln. Der Kampf wurde mit energischen Gegenstößen der Kaiserlichen erneuert, und diese scheinen sich zeitweise wieder in den Besitz der verlorenen Geschütze gesetzt zu haben. Darauf folgten erneute Angriffe Bernhards von Weimar, und so wogte das Ringen stundenlang hin und her und wurde bis in die Dunkelheit hinein fortgesetzt. Erst um 7 Uhr abends verstummte der ohrenbetäubende Gefechtslärm allmählich. Eine Stunde später trat Wallensteins Armee den geordneten Rückzug auf Leipzig an. Indem sie das Schlachtfeld räumte, überließ sie den Gegnern den Sieg.

Der Rückzug Wallensteins

Der Herzog hatte seine Entscheidung aus strategischen Rücksichten getroffen. Nachrichten waren eingegangen, daß Georg von Lüneburg und Arnim bei Torgau die Elbe überschritten hätten und in vollem Anmarsch gegen den Rücken des kaiserlichen Heeres seien.Es war eine Falschmeldung, aber sie hat den Kampf entschieden. In seinem Entschluß ließ sich Wallenstein auch nicht beirren, als kurz nach Einstellung der Kämpfe die Pappenheimsche Infanterie mit 3.000 Mann und 6 Geschützen eintraf. Die frischen Truppen fanden lediglich bei der Deckung des Rückzuges Verwendung. „... und weil es keine Pferde gab, die ganze Artillerie abzuführen, außer der Pappenheim'schen und einigen Stücklein, der Herzog und alle hohen Offiziere blessiert, hielt man es für besser, abzumarschieren, die Stücke stehen zu lassen und sich mit Gallas zu konjungieren, bevor die Sächsischen konjungierten und man dadurch einer partikulären Ehre halber die ganze Wohlfahrt des Kaisers hazardierte ... keine der Parteien verfolgete die andere mit einem einzigen Schuß, so müde und der Victoria ungewiss war man auf beiden Seiten, bis sich beide des Morgens verlassen sahen." (Holks Relation, Hallwich, Bd. III, S. 501 f.)

Die fürchterliche Erbitterung, mit der gefochten worden war, läßt sich an den Verlusten ermessen. Die Schweden waren mit 19.000 Mann in die Schlacht gegangen, als man ein oder zwei Tage später Musterung hielt, hatten sie nach der übereinstimmenden Aussage mehrerer Quellen noch 12.000. Rechnet man einiges an Detachierten, Versprengten, Nachzüglern und Deserteuren ab, so darf die Einbuße mit wenigstens 5.000 Toten und Verwundeten angenommen werden. Für die Kaiserlichen haben wir keine sehr genauen Anhaltspunkte, doch können ihre Verluste nicht viel geringer gewesen sein. In Gefangenschaft geraten waren auf beiden Seiten nur recht wenige, „die zeit es nit leyden wöllen, und hat man mit dem Metzgen zuthun genug gehabt." („Gründlicher und ausführlicher Bericht ...", München 1632)

An Trophäen hatten die Kaiserlichen den größten Teil ihrer Artillerie aus Mangel an Zugpferden auf dem Schlachtfeld zurückgelassen. Dagegen scheinen sie nur 6 oder 8 Fahnen und Standarten eingebüßt, aber etwa 60 erbeutet zu haben, was deutlich zeigt, daß einige der schwedischen Einheiten völlig zerschlagen worden sind.

Taktisch gesehen, hatte die Schlacht bei Lützen unentschieden geendet. Die leichten Vorteile, die die Schweden sich gegen Abend erkämpft hatten, wurden durch die Ankunft des Pappenheimschen Fußvolkes wieder aufgehoben, Wallenstein wäre eine erfolgversprechende Fortsetzung des Kampfes durchaus möglich gewesen. Erst die physische und psychische Erschöpfung Wallensteins, welche diesen in gewohnter Risikofeindlichkeit die taktische Situation noch nicht tangierende strategische Kombinationen zum Anlaß nehmen ließen, den Rückzug zu befehlen, und die anschließende Räumung Sachsens machten Lützen zu einem teuer erkauften Sieg der Schweden.

Faßt man die Operationen vom 15. und 16. November zusammen, so war es Gustav Adolf gelungen, die Zersplitterung des Feindes dazu zu benutzen, blitzartig die Initiative an sich zu reißen und seinen Gegner an den Rand einer vernichtenden Niederlage zu bringen. Jedenfalls zwang er Wallenstein eine Schlacht auf, bei der dieser nur verlieren, aber kaum gewinnen konnte. Aber es gelang nicht, taktisch die Frucht dieses operativen Erfolges zu ernten und einen entscheidenden Sieg zu erringen, nicht zuletzt eine Folge von des Königs Tod. Dieses Ereignis macht es ohnehin illusorisch, von einem Sieg der Schweden zu sprechen.

Aber Lützen hat nicht nur allen hochfliegenden Ambitionen Gustav Adolfs ein jähes Ende bereitet, auch Wallenstein stand vor dem Trümmerhaufen seiner Pläne. Das so geschickt eroberte Sachsen mußte aufgegeben werden, die Winterquartiere waren dahin, ebenso die Hoffnungen auf einen Sonderfrieden mit dem Kurfürsten. Die mühsam aus dem Boden gestampfte Armee war ebenso übel zugerichtet wie die des Gegners, schwer unter Desertionen leidend schleppte sie sich nach Böhmen zurück, von wo sie im Sommer aufgebrochen war. Gegenseitig zunichtegemachte Anstrengungen, aber nirgends eine Entscheidung, das war das Ergebnis von Lützen.

Der lange Weg in die Heimat

Nachdem man den bis auf Hemden und Strümpfe ausgeraubten Leichnam Gustav Adolfs in der Dunkelheit unter einem Berg von Toten hervorgezogen hatte, brachte man ihn in die 2 km hinter der Front gelegene Pfarrkirche von Meuchen. Dort wurde der König gewaschen, die blutgetränkten Lappen begrub man in der Kirche. Der Dorflehrer improvisierte einen Gottesdienst. In einem rasch zusammengezimmerten Sarg brachte man den Leichnam am nächsten Tag nach Weißenfels. Dort wurde er im Geleitshaus, in dem wenige Tage zuvor Pappenheim genächtigt hatte, einbalsamiert. Das in eine Goldkapsel eingeschlossene Herz nahm Maria Eleonore an sich, die vor Schmerz wie von Sinnen war und in den nächsten Monaten einen morbiden Kult mit den sterblichen Überresten ihres heißgeliebten, nie verstandenen Mannes trieb.

Der Leichnam verblieb mehrere Wochen in Weißenfels, dann begann die lange Trauerprozession an die Ostseeküste. Die småländische Reiterei und die Reste von Nils Brahes alter Brigade gaben dem König das Geleit. In Wittenberg stand der Sarg eine Nacht lang in der Schloßkirche, dem Ausgangspunkt der Reformation. Schließlich gelangte der Zug nach Wolgast. Im dortigen Schloß blieb der Leichnam noch Monate, da man erst abwarten mußte, bis die Ostsee wieder eisfrei war. Im Mai traf Gabriel Oxenstierna ein, um die Überführung nach Schweden zu leiten. Am 14./24. Juni landete das Schiff in Nyköping. Dort brachte man den Sarg in das gänzlich mit schwarzem Stoff ausgeschlagene Schloß, den Witwensitz Maria Eleonores. Ein ganzes Jahr lag Gustav Adolf im Grünen Saal bei Fackel- und Kerzenlicht aufgebahrt, dann erst war die Königin bereit, ihren Helden herauszugeben. Sie trug sich mit Plänen für ein grandioses Mausoleum, welche ihre Tochter später weiterverfolgte und hierfür sogar den Cavaliere Bernini, den großen Baumeister des barocken Rom, um Entwürfe bat. Erst die Abdankung Christinas sollte diesen Projekten ein definitives Ende bereiten.

Am 22. Juni 1634 wurde Gustav Adolf in einem neu errichteten Anbau der Riddarholmskirche zu Stockholm feierlich beigesetzt. Den Platz an der Südseite des Hochchores hatte er vor seinem Aufbruch nach Deutschland selbst bestimmt. Eine kurze lateinische Inschrift faßt das Idealbild seines Lebens zusammen:

„*In angustiis intravit.*	„In enger Not trat er herein.
Pietatem amavit.	Die Frömmigkeit hat er geliebt.
Hostes prostravit.	Die Feinde hat er niedergestreckt.
Regnum dilatavit.	Das Königreich hat er erweitert.
Suecos exaltavit.	Die Schweden hat er erhöht.
Oppressos liberavit.	Die Unterdrückten hat er befreit.
Moriens triumphavit.“	Sterbend hat er triumphiert.“

Des Königs Vermächtnis. Das nach einem Entwurf von Sébastien Bourdon in Kupfer gestochene Titelblatt von Bogislav Philipp von Chemnitz' „Königlichen Schwedischen in Teutschland geführten Kriegs Ander Theil" aus dem Jahre 1653 zeigt den vergöttlichten Gustav Adolf als schwedischen Hercules, der seine Keule der Tochter herabreicht, auf daß diese sein Erbe machtvoll verteidige. Der König steigt nach Art der Apotheose römischer Imperatoren mit einem Adler in den Himmel auf. (Schloß Karlberg, Schweden)

Moriens triumphavit

Daß der König im Sterben triumphiert habe, bezieht sich ohne Zweifel auf die Schlacht von Lützen, die nach seinem Tode noch mit knapper Not gewonnen wurde. Aber auch der weitere Verlauf des Dreißigjährigen Krieges klingt für den nachgeborenen Leser in dieser Formulierung an. Im Westfälischen Frieden ging Schweden neben Frankreich als Hauptsieger aus dem langen Ringen hervor. Gustav Adolf gilt als der Begründer der durch den Friedensschluß besiegelten Großmachtstellung seines Landes. Das ist gewiß richtig, doch war es bei seinem Tode noch ein weiter Weg bis nach Münster und Osnabrück. Keine drei Jahre nach Lützen schien die schwedische Intervention in Deutschland nicht minder gescheitert zu sein als die dänische einige Jahre zuvor. „Als das Frühjahr 1635 kam, war seine [Oxenstiernas] Autorität am Zusammenbrechen. Mitteldeutschland war so gut wie verloren, und um von Worms aus die Küste zu erreichen, blieb ihm keine andere Wahl, als einen langen Umweg durch Frankreich und Holland zu machen, wobei er die Beute mit sich trug, die er auf einem Schauplatz gemacht hatte, auf den er niemals zurückkehren sollte. Noch ein paar Monate später, und das Bild war noch düsterer. Im August 1635 fand er sich als Gefangener seiner eigenen meuternden Offiziere wieder, der nach verzweifeltem Feilschen diese mit Versprechungen beschwichtigen mußte, die man unmöglich erfüllen konnte, und der im Geheimen an den Kaiser Friedensangebote schickte, die beantwortet wurden, indem man seinen Abgesandten ins Gefängnis steckte. Am Ende des Jahres saß er einsam, machtlos und verbittert in Stralsund, ein müder und desillusionierter Mann, der vergeblich darum betete, daß die Flut des deutschen Patriotismus verebbe, unfähig, noch länger den Lauf der Ereignisse zu kontrollieren; seine Streitkräfte waren auf eine kleine kostbare Armee reduziert, seine Entscheidungsfreiheit darauf begrenzt, entweder die Bedingungen zu akzeptieren, die Johann Georg ihm vielleicht gewähren mochte, oder sich in die Fesseln einer französischen Allianz zu begeben." (Michael Roberts 1982, S. 62)

Dies waren die Auswirkungen der vernichtenden Niederlage, die Gustav Horn und Bernhard von Weimar 1634 bei Nördlingen gegen die Spanier, Kaiserlichen und Ligisten erlitten hatten, und des anschließenden Friedens von Prag, in dem sich Sachsen und die meisten anderen protestantischen Reichsstände mit dem Kaiser ausgesöhnt hatten, um nun Front zu machen gegen alle, die sich von außen in Deutschland einmischten. Damit war der Heilbronner Bund zerbrochen, die postume Verwirklichung von Gustav Adolfs *corpus Evangelicorum*.

Daß sich Schweden von diesem verheerenden Rückschlag erholen konnte und schließlich doch noch als Sieger aus dem Krieg hervorging, hatte zwei Gründe. Einmal die Tatsache, daß nun Frankreich offen in den Kampf eingriff, um das drohende Übergewicht des Kaisers im Reich zu verhindern, zum anderen, daß Schweden militärisch wieder seine alte Schlagkraft gewann. Das war vor allem das Verdienst von zwei Feldherren aus Gustav Adolfs Schule, Banér und Torstensson. Ohne sein militärisches Prestige wäre das Land völlig in Abhängigkeit von dem französischen Verbündeten geraten.

Aber wenn auch Schwedens Rang gewahrt wurde, der Charakter der neuen Großmacht war ein ganz anderer als der, den sie im letzten Lebensjahr Gustav Adolfs angenommen hatte. Wenn auch schwer faßbar und in den letzten Zielen ihm selbst wohl unklar, hatte der König eine völlige Neuordnung Deutschlands betrieben. Wahrscheinlich wäre sie in den grandiosen Formen, die ihm vorschwebten, undurchführbar gewesen, weil sie außer ihm kaum einer der Mächtigen innerhalb und außerhalb des Reiches ernstlich wünschen konnte, aber durch seinen Schlachtentod, der ihn mitten aus der Siegesbahn riß, wurde dieses unvollendete und unvollendbare Wollen zu einem pathetischen Vermächtnis.

Oxenstierna, der zu Lebzeiten Gustav Adolfs bei aller Skepsis immer wieder selbst dem mitreißenden Schwung, den großartigen Perspektiven seines Königs erlegen war, lenkte die Politik Schwedens in die Bahnen seiner Ostseeinteressen zurück, die man nach des Kanzlers Meinung eigentlich nie hätte verlassen sollen. Am 4. Februar 1633, keine drei Monate nach Lützen, schrieb er, der Krieg müsse „*caute* und *prudenter*" („vorsichtig und klug") geführt werden, „so daß er der unsere nur dem Namen nach ist, auch wenn wir vor aller Welt laut verkünden, wir seien entschlossen, ihn zusammen mit unseren Verbündeten und mit der Hilfe Gottes weiter voranzutreiben; doch mit dem geheimen Vorsatz, daß er uns keine Kosten verursachen darf, weder an Menschen noch an Geld, mit Ausnahme derer, die unvermeidlicherweise getragen werden müssen, um die Ostseeküste zu schützen ..." (AOSB, I. 8, S. 162)

Den Krieg auf dem Kontinent als eine Art Diversion größten Stils zur Sicherung der schwedischen Machtstellung im *Balticum* einzusetzen, war ursprünglich ja auch des Königs Absicht gewesen, doch der militärische Höhenflug der Jahre 1631 und 1632 hatte seinen Ehrgeiz, seinen Gestaltungswillen, seine Leidenschaft für das Große und schließlich seinen Glauben an die eigene Sendung zu sehr angesprochen, als daß er sich noch in die Grenzen enger baltischer Interessenpolitik hätte sperren lassen. Bei allem Rechnen mit Kupfer und Zöllen, bei allem Taktieren und Organisieren dürfen wir ja nie aus den Augen verlieren, daß Gustav Adolf vor allem König war, ein vom hohen Anspruch seiner Stellung durchdrungener Monarch, der Nachfolger Beriks und Alarichs, der ebenbürtige Konkurrent der Caesaren, wenn nicht am Ende Caesar selbst.

Die Großmachtstellung dagegen, zu der Oxenstierna schließlich Schweden im Westfälischen Frieden führte, war wieder eine geographisch und rational begrenzte, die der Herrin des *dominium maris Baltici*. Doch auch sie erwies sich nur zu bald als brüchig. Wie Oxenstierna am 29. Oktober 1647 vor dem Reichsrat erklärte, gab es für Schwedens Größe einige wenige, klar definierbare außenpolitische Voraussetzungen: „*Libertas statuum imperii Germanici* [die Freiheit – oder richtiger Libertät – der Staaten des Deutschen Reiches]; *nimia servitus Moscoviae* [die übergroße Knechtschaft der Moskowiter]; *Poloniae nimia libertas* [die übergroße Freiheit der Polen]; *Daniae interna mala* [die inneren Übel Dänemarks]." (SRP, XII, S. 212)

Die Bedingtheit jeder historischen Situation spricht nun nicht gegen die persönliche Leistung des Königs. Er hat Schweden den Weg in die moderne Welt gewiesen und er hat das Fundament für eine der erstaunlichsten Großmachtbildungen der Geschichte gelegt, auch wenn sein Werk schon bald nach seinem Tode zusammengebrochen zu sein schien. Die erste dieser Taten erwies sich als die dauerhaftere, die zweite als die kurzlebigere und die zweifelhaftere, doch ist diese es gewesen, die den König für einen Augenblick die Geschicke Europas entscheiden ließ. Ob man diese Entscheidung für eine positive oder negative hält, ist eine Frage des Standpunkts. Er bleibt aber auf jeden Fall eine der großen gestaltenden Persönlichkeiten der Geschichte, ein „von seiner eigenen Fülle berauschter und berauschender Mensch." (Ricarda Huch) Nicht ohne Zerrissenheit, wieder und wieder mit seinem Machtwillen und seinem Gewissen ringend, strahlte er ein Charisma aus wie keine andere Persönlichkeit des langen tragischen Krieges in Deutschland. Dieses Charisma, das er auf Zeitgenossen und Nachwelt ausgeübt hat, ist auch die Ursache für die oft geäußerte Behauptung, der Dreißigjährige Krieg sei durch seinen Tod erst allen Sinns beraubt worden. Was von nun an fehlte, das war der über sich selbst hinausweisende, die Phantasie bewegende Held. In dieser Hinsicht hatte Richelieu recht, als er zum Tode Gustav Adolfs meinte: „*Il valait seul plus que deux armées*" – „Er allein war mehr wert als zwei Armeen." (Bracher 1971, S. 232) Jetzt blieben nur mehr die Armeen.

Anhang

Zu den Abbildungen

Ergänzende Bildbeschreibungen zum Kunstdruckteil

S. 84, Abb. 4 a: Zwei Putten halten jeweils in einer Hand einen Olivenzweig, in der anderen das bekrönte Wasawappen mit der goldenen Getreidegarbe („*vasen*"). Der Olivenzweig soll den (inneren) Frieden symbolisieren, den die Herrschaft der Wasa Schweden beschert hat.
S. 84, Abb. 4 b: Ein von vergoldeten Putten zurückgeschlagener, ursprünglich rot bemalter und golden gesäumter Vorhang rahmt das Wappen ein. Die bekrönten, den Wappenschild haltenden Löwen waren gleichfalls vergoldet, Augen und Zähne weiß, der Rachen rot bemalt. Der golden eingefaßte Schild weist die heraldischen Farben des Reichswappens auf. Die Schildfläche ist geviertelt, links oben und rechts unten drei goldene Kronen auf blauem Grund, das eigentliche schwedische Nationalwappen seit dem 14. Jahrhundert, rechts oben und links unten goldener Löwe auf blauem, mit drei schrägen silbernen Wellenbalken belegtem Grund, der als Wappentier des „gotischen" Königreiches galt. Die vier Felder trennt ein goldenes Kreuz, auf das die schwedische Fahne (goldenes / gelbes Kreuz auf blauem Grund) zurückzuführen ist. Als Herzschild ist das Wappen der regierenden Dynastie, also das des Hauses Wasa, aufgelegt, eine goldene Getreidegarbe in einem blau-silber-rot schrägrechts zweimal geteilten Schild. Entgegen dem sonstigen Gebrauch ist der Herzschild gleichfalls bekrönt, wohl um das Wappen der Familie hervorzuheben, nach der das Schiff benannt worden war.
S. 85, Abb. 5: Dominierendes Bildwerk des Heckspiegels ist das von zwei springenden Löwen gehaltene schwedische Reichswappen. Dieses Feld wird flankiert von zwei Königsstatuen, von denen nur die auf der Steuerbordseite (rechts) befindliche erhalten geblieben ist. Der bekrönte, in antiker Weise gerüstete Herrscher könnte Gustav Adolfs Vater Karl IX. sein. Unter dem Wappen verläuft eine Galerie mit vier durch Groteskenmaskaronen voneinander getrennten Fenstern, darunter schließt sich eine Reihe von Statuen an, die sich beiderseits unter den Galerien der Seitentaschen fortsetzt. Insgesamt handelt es sich um 27 Figuren, von denen auf der Abbildung sechs zu erkennen sind. Alle stellen Krieger in antiker Gewandung dar, die meisten mit Fackeln und Blasinstrumenten in den Händen, was sie als die Männer des alttestamentarischen Helden Gideon ausweist.
S. 87, Abb. 7 a: Ganz im Vordergrund die Insel Skeppsholmen, rechts verbunden durch eine Zugbrücke mit der Insel Blasieholmen, auf der sich die königliche Werft (*skeppsgården*) befand. In dieser Werft entstand auch die „Wasa". Blasieholmen liegt nordöstlich der Insel Staden, dem eigentlichen Stockholm, die auf dem Kupferstich die Mitte des Bildes einnimmt. Links die südliche Vorstadt Södermalm, von Staden getrennt durch den rechten Arm des Ausflusses des Mälarsees, der hier in die Ostsee mündet. Eine weitere Brücke verbindet auch diese Stadtteile miteinander. Am Ostufer von Staden läuft eine breite Promenade entlang, vor der zahlreiche Schiffe angelegt haben. Das ist der Skeppsbron, für den Gustav Adolf durch Abbruch der dortigen Stadtmauer Platz geschaffen hatte. Hinter dem linken Rand von Staden ragt der Turm der Riddarholmskirche in den Himmel, in der Gustav Adolf

beigesetzt wurde. Sie steht auf dem Riddarholmen, einer kleinen Insel unmittelbar westlich von Staden. In der Mitte die Hauptkirche (*Storkyrka*) von Stockholm, St. Nikolai, ganz rechts, am Nordufer von Staden, das königliche Schloß. Jenseits des Norrström, des linken Armes des Mälar, die nördliche Vorstadt Norrmalm.

S. 88, Abb. 8: Bei dieser Gelegenheit wurden „welsche Gesteche" und Massenturniere abgehalten. Ähnlich wie beim Krönungsturnier in Uppsala am 16. Oktober 1617 waren die Kampfspiele von prächtigen Aufzügen begleitet, bei denen die Teilnehmer allegorische Figuren und Helden aus der antiken und aus der „gotischen" Mythologie darstellten. Der König selbst war 1617 in der Rolle des Gotenkönigs Berik aufgetreten. Mit den festlichen Turnieren Gustav Adolfs hielt nach Lena Rangström (1992, S. 144) „der Barock seinen offiziellen Einzug in Schweden". 1633 wurde die abgebildete Rüstung samt den Textilien bei der Trauerprozession für Gustav Adolf in Wolgast verwendet. Am 2. Juli des darauffolgenden Jahres trug Karl Horn sie erneut als Trauerrüstung beim Begräbnis des Königs in Stockholm.

S. 247, Abb. 23: Hammers Bild zeigt die Krise der Schlacht, als die Kaiserlichen versuchten, die schwedische Schlachtordnung von beiden Seiten gleichzeitig zu überflügeln und von links mit dem Gros ihrer Infanterie zu überrollen. Das Schlachtfeld ist von einer fiktiven Anhöhe etwa 1,5 km hinter der schwedischen Stellung von Norden her gesehen. Die realen Höhen wie der sogenannte Galgenberg links im Mittelgrund sind stark übertrieben dargestellt, denn die Gegend wirkt tatsächlich fast völlig flach. Links vorne, am Fuß des „Feldherrnhügels" des Betrachters, das Dorf Zschölkau, wo eine Brücke über den Loberbach führt, weiter rechts das Dorf Podelwitz. Die Tercios der Katholiken sind den Galgenberg „herab"-gestürmt, haben die sächsische Armee überrannt – links im Vordergrund sieht man noch deren Reste davoneilen – und greifen, dabei deutlich in Unordnung geratend, den linken schwedischen Flügel unter Gustav Horn an. Dieser hat einen Haken nach links gebildet und Tilly das zweite Treffen – die ursprüngliche Position ist rechts davon durch viereckige Schatten auf dem Boden gekennzeichnet – entgegengeführt, die schwedische Reiterei überflügelt ganz links bereits ihrerseits die feindlichen Tercios. Die Zahl der dargestellten Tercios ist viel zu hoch, eine Reserve im Zentrum hatte Tilly zu diesem Zeitpunkt eben nicht mehr. Hinter den kaiserlich-ligistischen Linien hat – etwas verfrüht – bereits die Flucht des geschlagenen Heeres eingesetzt. So klar uns die großen Momente der Schlacht von Merian und Hammer herausgearbeitet erscheinen, die elementartaktischen Details werden nur recht unpräzise wiedergegeben. Die Tercios sind, wie gewöhnlich, zu tief formiert, die schwedischen Brigaden gar haben die Künstler einfach aus verkleinerten Tercios derselben Art zusammengesetzt, die charakteristische, zur Lineartaktik überleitende Flachheit der schwedischen Ordnung ist also völlig verkannt.

S. 357, Abb. 29 a, b: Auf der Vorderseite liegt Gustav Adolf im Harnisch, die Krone auf dem Haupt, wie aufgebahrt auf dem Lützener Schlachtfeld. Im Hintergrund schlagen die Schweden die kaiserliche Armee in die Flucht, wobei sie ein Engel mit Flammenschwert vom Himmel herab unterstützt. Auf dem Band, das dieser Engel in der Linken hält, ist zu lesen: „Selbst den Toten fliehen sie." Zwei Engel über dem Oberkörper des Königs halten die Seele des gefallenen Helden in Gestalt eines kleinen nackten Menschen, um sie in den Himmel emporzutragen, wo oben in der Mitte der Name Gottes strahlt. Der Seele schallt als göttlicher Gruß entgegen: „Wohlan, du getreuter Knecht." Auf der Rückseite sitzt Gustav Adolf in einem von drei geflügelten Pferden gezogenem Triumphwagen und rollt über apokalyptische Ungeheuer hinweg. Der König ist unter dem Hermelinmantel halb als Lebender (rechte Körperhälfte), halb als Skelett (linke Körperhälfte) dargestellt. Er hält in den Händen ein Schwert und ein aufgeschlagenes Buch, in dem zu lesen ist: „Das Wort Gottes bleibt bestehen in Ewigkeit." Gustav Adolf wird flankiert von den allegorischen Verkörperungen des Glaubens (links) und der Tapferkeit bzw. der Standhaftigkeit (rechts), die ihm gemeinsam einen Lorbeerkranz über das Haupt halten. Darüber steht: „Sowohl im Leben als auch im Tode triumphiere ich." Während die Umschrift der Vorderseite lediglich die Titel des Königs aufzählt, heißt es auf der Rückseite: „Der glorreiche Führer, der fromme Fürst, der unbesiegte Held, der unvergleichliche Sieger, der glückhafte Triumphator, der Befreier Deutschlands."

S. 358, Abb. 31 a: Das ausgestopfte Pferd trägt einen prächtig bestickten Sattel mit Pistolenholstern, den Gustav Adolf zu Neujahr 1632 von seiner Gemahlin geschenkt bekommen hatte. Die Widerristhöhe des Tiers beträgt nur 146 cm, dürfte also, selbst wenn man einen geringfügigen Größenverlust beim Ausstopfen berücksichtigt, nur unwesentlich das Maß von 147,3 cm überschritten haben, das Ponies von Großpferden trennt. Der König scheint zwischen 170 und 175 cm groß gewesen zu sein (freundliche Auskunft Nils Dreijholt, Livrustkammaren).

S. 358, Abb. 31 b: An dem Koller kürzlich vorgenommene Untersuchungen haben ergeben, daß der König zur Blutgruppe A gehört hat. Schwarzpulverreste bestätigen, daß der Pistolenschuß aus nächster Entfernung abgegeben worden ist. Das von kaiserlichen Reitern erbeutete Koller wurde nach Wien geschickt und war dort bis zum 1. Weltkrieg im Arsenal ausgestellt. Zum Dank für humanitäre Hilfe, die Österreich während des Krieges durch das Schwedische Rote Kreuz erhalten hatte, wurde die Reliquie 1920 an Schweden zurückgegeben.

Bildquellennachweis

– *Kunstdruckteil* (genannt sind die Abbildungs-Nummern)

Antikvarisk-Topografiska Arkivet, Stockholm: 9b; Bayerisches Nationalmuseum, München: 21; Bayerische Staatsgemäldesammlungen, München: 11; Gustav-Adolf-Gedenkstätte, Lützen: 3; Haus der Bayerischen Geschichte: 28; M. Junkelmann, Ratzenhofen: 2,22a; Kungliga Biblioteket, Stockholm: 9a, 16; Kunsthistorisches Museum, Wien: 22b, 27; Livrustkammaren, Stockholm: 8,30a, 30b, 31a, 31b; Museum für Kunst und Gewerbe, Hamburg: 32; Nationalhistoriske Museum, Frederiksborg: 10; Photo-Verlag Gundermann, Würzburg: 26; Rijksmuseum-Stichting, Amsterdam: 19; Stadtmuseum, Stockholm: 7a, 7b; Statens Konstmuseer, Stockholm: 1, 6, 12, 13, 14, 15, 17, 18, 24, 25; Vasa Museum, Stockholm: 4a, 4b, 5.

Die Abbildungen 20 u. 23 wurden entnommen aus: Karlberg. Slott och Skola, Västervik 1992. Abbildung 29a/b stammt aus: Gustav Adolf, Wallenstein und der Dreißigjährige Krieg in Franken (Ausstellungskatalog d. Stadtarchivs Nürnberg), München 1982.

– *Textabbildungen und Karten*

S. 133 wurde entnommen aus: Arne Losman u. a., The Age of New Sweden, Stockholm 1988. S. 419 stammt aus: Jürgen Kraus, Bayerisches Armeemuseum Ingolstadt. Die Fahnen und Uniformen der Reichsstadt Augsburg (1545–1806), Ingolstadt 1983. S. 464 aus: Karlsberg. Slott och Skola, Västervik 1992. Alle anderen Textabbildungen wurden von den in den Bildunterschriften genannten Institutionen bezogen.

Die Karten wurden nach Angaben des Autors vom Verlag gefertigt. Als Vorlagen dienten dabei vornehmlich: bei Karte *Breitenfeld* (S. 345): Generalstaben, Sveriges Krig, Bd. IV, Skiss 16a; bei Karte *Lützen* (S. 453): Generalstaben, Sveriges Krig, Bd. VI, Skiss 18a; bei Karte *Ostseeraum*: Michael Roberts, 1953/58, Bd. I, nach S. 526; bei Karte *Deutsches Reich*: Michael Roberts, 1953/58, Bd. II, nach S. 432.

Zeittafel

1397	Union von Kalmar zwischen Dänemark, Schweden und Norwegen
1523	Wahl Gustavs Wasa zum König von Schweden (Gustav I.)
1527	Reformation in Schweden
1544	Einführung der Erbmonarchie (Erbvereinigung von Västerås)
1550	* Karl IX.
1555	Augsburger Religionsfriede
1559	* Tilly
1560	+ Gustav I. – Nachfolge Erik XIV.
1561	Erik XIV. annektiert Reval
1563–1570	Krieg Schwedens gegen Dänemark, Lübeck und Polen („Nordischer Siebenjähriger Krieg")
1566	* Sigismund III.
1568	Absetzung Eriks XIV.
1569	Nachfolge Johann III.
1570–1595	Krieg zwischen Schweden und Rußland
1573	* Maximilian I. von Bayern
1577	* Christian IV. von Dänemark
1578	* Ferdinand II.
1583	* Axel Oxenstierna
1583	* Wallenstein
1583	Die Schweden erobern Narwa
1585	* Richelieu
1587	Wahl Sigismunds III. zum König von Polen
1588	Wahl Christians IV, zum König von Dänemark (Volljährigkeit 1593/1596)
1592	+ Johann III. – Nachfolge Sigismund III.
1593	Kirchenkonvent von Uppsala
1594	Krönung Sigismunds III.
1594 XII 9	* Gustav II. Adolf
1595	Friede von Teusina zwischen Schweden und Rußland
1598	Schwedischer Bürgerkrieg, Sieg Herzog Karls von Södermanland über Sigismund III.
1598	Regierungsantritt Maximilians I. von Bayern
1599	* Maria Eleonore von Brandenburg
1600	Sigismund III. als König von Schweden abgesetzt, Herzog Karl zum regierenden Fürsten ernannt
1600	„Blutbad von Linköping"
1600	Angriff Karls auf Polen
1604	Erbvereinigung von Norrköping, Herzog Karl nimmt Königstitel an (Karl IX.)
1604	Beginn der „Zeit der Wirren" in Rußland

1604	* Bernhard von Weimar
1605	Niederlage Karls IX. gegen die Polen bei Kirchholm
1607	Krönung Karls IX.
1608	Karl IX. greift in Rußland ein
1610	Niederlage der Schweden und Russen gegen die Polen bei Kluschino
1611	Beginn des Kalmarkrieges zwischen Schweden und Dänemark
1611 X 30	+ Karl IX. – Nachfolge Gustav II. Adolf
1611 XII 31	Königsversicherung Gustav Adolfs auf dem Reichstag von Nyköping
1612 I 6	Ernennung Axel Oxenstiernas zum Reichskanzler
1613 I 21	Friede von Knäred mit Dänemark
1614	Bündnis mit den Generalstaaten
1614	Gründung des schwedischen Obersten Gerichtshofs (*Svea Hovrätt*)
1615	Vergebliche Belagerung von Pskow
1617 I	Reichstag von Örebro – Reichstagsordonnanz – antikatholische Gesetzgebung
1617 II 27	Friede von Stolbowa mit Rußland
1617 X 12	Krönung Gustav Adolfs zu Uppsala
1618	+ Johann von Östergötland
1618	Kammerordnung und Kanzleiordnung
1618	Drucklegung der Gustav-Adolf-Bibel
1618	Waffenstillstand von Tolsburg mit Polen
1618	Aufstand in Böhmen, Ausbruch des Dreißigjährigen Krieges
1619	Die Dänen räumen Älvsborg
1619	Kaiserwahl Ferdinands II.
1620	Gustav Adolfs Reise durch Deutschland
1620 XI 8	Sieg der Kaiserlichen und Ligisten am Weißen Berg
1620 XI 25	Hochzeit Gustav Adolfs mit Maria Eleonore von Brandenburg
1620–1621	Polnisch-türkischer Krieg
1621	Konferenz von Segeberg – Christian IV. setzt sich an die Spitze des Niedersächsichen Kreises und schließt Bündnisse mit England und den Generalstaaten
1621	Schwedische Kriegsartikel
1621	Wiedereröffnung des Krieges mit Polen
1621 IX 15	Einnahme von Riga
1621	+ Karl Philipp
1622	* Karl X. Gustav
1622–1624	Neuer Waffenstillstand mit Polen
1622	Tilly siegt bei Wimpfen und erobert Heidelberg
1623	Belehnung Maximilians I. von Bayern mit der pfälzischen Kurwürde
1623	Eröffnung des ersten schwedischen Gymnasiums in Västerås
1623	Schwedische Machtdemonstration vor Danzig
1623–1624	Konfrontation mit Dänemark
1624 VI 29	Vertrag von Sjöaryd mit Dänemark

1624	Richelieu leitender Minister in Frankreich
1625	Christian IV. tritt in den Krieg gegen Kaiser und Liga ein
1625	Wiedereröffnung des Krieges mit Polen
1625	Des Hugo Grotius „*De jure belli et pacis*“ erscheint in Paris
1625	Einführung der schwedischen Kupferwährung
1625/1626	Die Universität Uppsala erhält ihre Verfassung
1626 I 7	Sieg Gustav Adolfs über die Polen bei Wallhof in Livland
1626 VI 6	Ritterhausordnung
1626 VI 26	Landung Gustav Adolfs in Preußen
1626 VIII 4	Kriegserklärung an Danzig
1626 VIII 27	Tilly schlägt Christian IV. bei Lutter am Barenberg
1626 XII 8	* Christina
1627	Historienfragment Gustav Adolfs
1627	Tilly und Wallenstein vertreiben Christian IV. aus Norddeutschland und stoßen an die Ostsee vor
1627 VIII 7 u. 8	Gefechte bei Dirschau, schwere Verwundung Gustav Adolfs
1627 XII	Reichstag in Stockholm, Beratung über Eintritt in den Krieg in Deutschland
1628 I	Sonderkommission des Reichstages billigt Eingreifen in Deutschland
1628 IV	Kaiserliche greifen im Mantuanischen Erbfolgekonflikt ein
1628 IV 28	Schwedisch-dänisches Bündnis
1628 IV–VII	Wallenstein belagert vergeblich Stralsund
1628 VIII 10	Untergang der „Wasa“
1628 VIII–X	Rückschläge gegen die Polen in Preußen
1629 II 20	Zusammenkunft mit Christian IV. in Ulvsbäck
1629 III 6	Restitutionsedikt
1629 V 27/VI 7	Friede von Lübeck zwischen Dänemark und dem Kaiser
1629 VI	Schwedische Niederlage gegen die Polen bei Honigfelde, verschanztes Lager bei Marienburg
1629 IX 16/26	Waffenstillstand von Altmark mit Polen
1630 II 18	Vertrag von Tiegenhof mit Danzig
1630 V 19	Abschiedsrede Gustav Adolfs vor dem schwedischen Reichstag
1630 VI 26/VII 6	Landung Gustav Adolfs auf Usedom
1630 VII–IX	Kurfürstentag in Regensburg
1630 VII 20	Einnahme von Stettin, Bündnis mit Pommern
1630 VIII 10	Bündnis mit Magdeburg
1630 VIII 13	Entlassung Wallensteins
1630 X 13	Nicht ratifizierter Friedensvertrag von Regensburg zwischen Frankreich und dem Kaiser
1630 XI 21	Eventualkonföderation zwischen Schweden und Hessen-Kassel
1631 I 3	Vorstoß Gustav Adolfs auf Gartz und Greifenhagen
1631 I 23	Bündnisvertrag von Bärwalde zwischen Schweden und Frankreich
1631 II–IV	Leipziger Konvent
1631 IV 13	Erstürmung von Frankfurt a.d.Oder

1631 V 8	Vertrag von Fontainebleau zwischen Frankreich und Bayern
1631 V 20	Zerstörung von Magdeburg
1631 V 20	*„Norma futurarum actionum"*
1631 VII 21	Vertrag mit Brandenburg
1631 VII–VIII	Befestigtes Lager von Werben
1631 IX 12	Bündnis mit Sachsen
1631 IX 17	Sieg Gustav Adolfs über Tilly bei Breitenfeld
1631 X 2	Einnahme von Erfurt
1631 X 14	Einnahme von Würzburg
1631 XI 27	Einzug in Frankfurt a. Main
1631 XII 15	Wallenstein übernimmt wieder den Oberbefehl über die Kaiserlichen
1631 XII 17	Rheinübergang bei Erfelden
1631 XII 22	Einnahme von Mainz
1632 III 9	Schlappe Gustav Horns gegen Tilly bei Bamberg
1632 IV 15	Lechübergang bei Rain, Niederlage und Verwundung Tillys
1632 IV 20	Einnahme von Augsburg
1632 IV 29–V 3	Vergebliche Angriffe auf Ingolstadt
1632 IV 30	+ Tilly
1632 IV 30	+ Sigismund III.
1632 V 17	Einnahme von München
1632 VII–IX	Stellungskrieg um Nürnberg
1632 XI 8	Wahl Wladislaws zum König von Polen
1632 XI 16	Schlacht bei Lützen – + Gustav Adolf
1633 IV 23	Heilbronner Bund
1634 II 25	+ Wallenstein
1634 VI 22	Beisetzung Gustav Adolfs in Stockholm
1634 IX 6	Niederlage Bernhards von Weimar und Gustav Horns bei Nördlingen gegen Kaiserliche, Ligisten und Spanier
1634	Annahme der „Regierungsform" durch den schwedischen Reichstag
1635	Friede von Prag
1635	Kriegseintritt Frankreichs
1636	Erneuerung des Waffenstillstandes mit Polen – Verlust der preußischen Zölle
1636	Sieg Banérs bei Wittstock über Kaiserliche und Sachsen
1637	+ Ferdinand II., Nachfolge Ferdinand III.
1639	+ Bernhard von Weimar
1642	+ Richelieu
1643–1645	Schwedisch-dänischer Krieg
1644	Regierungsantritt Christinas
1645	Friede von Brömsebro mit Dänemark: Jämtland, Härjedalen, Gotland und Ösel an Schweden
1648	+ Christian IV.
1648	Westfälischer Friede: Vorpommern einschließlich Stralsund, Stettin und Rügen, Wismar und die Bistümer Bremen und Verden als Reichslehen an Schweden, ferner 5 Millionen Reichstaler Kriegsentschädigung

1651	+ Maximilian I.
1654	Abdankung Christinas, Nachfolge Karl X. Gustav
1654	+ Axel Oxenstierna
1655	+ Maria Eleonore
1655–1660	Erster Nordischer Krieg zwischen Schweden, Polen, Rußland, Dänemark, den Niederlanden und Brandenburg
1658	Friede von Roskilde mit Dänemark: Skåne, Blekinge, Halland, Bornholm, Bohuslän und Drontheim an Schweden
1660	+ Karl X. Gustav
1674–1679	Krieg mit Brandenburg und Dänemark
1680–1682	„Reduktion" des an den Adel vergebenen Staatsbesitzes
1689	+ Christina
1700–1721	Großer Nordischer Krieg zwischen Schweden, Rußland, Dänemark, Polen-Sachsen, Brandenburg-Preußen und Hannover
1721	Friede von Nystad, Ende der schwedischen Großmachtstellung

Literatur

Bei den Zitaten im Text werden folgende Abkürzungen benutzt (volle Titel siehe unter dem Verfasser – bzw. Herausgebernamen im Verzeichnis der gedruckten Quellen und der zeitgenössischen Literatur):

AOSB	Oxenstierna, Axel, *Rikskansleren Axel Oxenstiernas skrifter och brefväxling*
SRDA	Ahnlund, Nils (Hg.), *Svenska riksdagsakter ...*
SRP	Kullberg, N. A., Bergh, S. (Hg.), *Svenska riksrådets protokoll*
Theatrum Europaeum	Abelinus, Johann Philipp u. a. (Hg.), *Theatrum Europaeum ...*

Ohne Zusatz des Erscheinungsjahres angegebene Verfasser- oder Herausgebernamen beziehen sich auf Titel, die unter der Rubrik „Gedruckte Quellen und zeitgenössische Literatur" aufgeführt sind, solche mit Erscheinungsjahr auf Titel in der Rubrik Sekundärliteratur.

Gedruckte Quellen und zeitgenössische Literatur

ABELINUS Johann Philipp u. a. (Hg.), *Theatrum Europaeum oder außführliche Beschreibung aller und jeder denckwürdiger Geschichten, so sich hin und wider in der Welt, fürnämlich aber in Europa und teutschen Landen sowohl im Religions- als im Prophanwesen ... zugetragen haben,* Bde. 1–3, Frankfurt a. M. 1635–1639

AHNLUND Nils [Hg.], *Svenska riksdagsakter jämte andra handlingar som höra till statsförfattningens historia,* Stockholm 1932 ff. (abgekürzt SRDA)

CHEMNITZ Bogislav Philipp, *Geschichte des Königlich Schwedischen in Teutschland geführten Krieges,* Bd. I, Stettin 1648

CHRISTINA VON SCHWEDEN, *Memoiren, Aphorismen,* übersetzt von CARLSSON Anni, München 1967

FÖRSTER Friedrich, *Albrechts von Wallenstein, des Herzogs von Friedland und Mecklenburg, ungedruckte, eigenhändige, vertrauliche Briefe und amtliche Schreiben aus den Jahren 1627 bis 1634,* 3 Bde., Berlin 1828–1829

Galt peder, *Peder Galts depescher 1622–1624,* hg. von AHNLUND Nils (Historiska handlingar 26/1) 1920

GROTIUS Hugo, *De jure belli ac pacis libri tres,* Paris 1625 (deutsche Übersetzung von SCHÄTZEL Walter, Tübingen 1950)

HALLENDORFF Carl (Hg.), *Tal och skrifter ar Konung Gustav II Adolf,* Stockholm 1915

HALLWICH Herrmann, *Briefe und Akten zur Geschichte Wallensteins 1630–1634* (4 Bde.), Bd. III (0 Fontes rerum Austriacarum II. Diplomatica et Acta, Bd. 65), Wien 1912

IRMER Georg, *Die Verhandlungen Schwedens und seiner Verbündeten mit Wallenstein und dem Kaiser von 1631 bis 1634,* 2 Bde. (Publicationen aus den K. Preussischen Staatsarchiven 35 und 39) Leipzig 1888, 1889

KULLBERG N. A., Bergh S. (Hg.), *Svenska riksrådets protokoll,* Stockholm 1878 ff. (abgekürzt SRP)

MONRO Robert, *His Expedition with the Worthy Scots Regiment levied in August 1626 by Sr. Donald Mac-Key ...,* London 1637

OXENSTIERNA Axel, *Rikskansleren Axel Oxenstiernas skrifter och brefväxling,* bisher 27 Bde., Stockholm 1888–1969 (abgekürzt AOSB)

PUFENDORF Samuel, *Sechsundzwanzig Bücher Kriegsgeschichte von Gustav Adolfs Feld-*

zuge in Deutschland an bis zur Abdankung der Königin Christina, Frankfurt a. M. und Leipzig 1688
ROBERTS Michael (Hg.), *Sweden as a Great Power 1611–1697. Government, Society, Foreign Policy* (Auswahl von Quellentexten), London 1968
RYDBERG O. S., HALLENDORFF Carl (Hg.), *Sveriges traktater med främmande magter,* Bd. V/1 (1572–1632), Stockholm 1903
SCHILDKNECHT Wendelin, *Harmonia in Fortalitiis construendis, defendendis et oppugnandis,* Stettin 1652
Styffe Carl Gustav (Hg.), *Konung Gustaf II Adolfs skrifter,* Stockholm 1861
Troupitz Laurentius, *Kriegskunst nach Königlicher Schwedischer Manier eine Compagny zu richten, in Regimentzug und Schlacht-Ordnung zu bringen, zum Ernst anzuführen und in esse würcklich zu unterhalten,* Frankfurt a. M. 1638
WALLHAUSEN Johann Jacob von, *Kriegskunst zu Fuß,* Oppenheim 1612 (Faksimiledruck Graz 1971)
WALLHAUSEN Johann Jacob von, *Kriegskunst zu Pferdt,* Frankfurt a. M. 1616 (Faksimiledruck Graz 1971)
WALLHAUSEN Johann Jacob von, *Ritterkunst,* Frankfurt a. M. 1616 (Faksimiledruck Graz 1969)
WATTS William, *The Swedish Intelligencer,* 5 Bde., London 1632

Sekundärliteratur

AHLSTRÖM Bjarne, ALMER Jngve, HEMMINGSSON Bengt, *Sveriges Mynt. 1521–1977,* Stockholm 1976
AHLSTRÖM Bjarne, ALMER Jngve, JONSSON Kenneth, *Sveriges Besittningsmynt,* Stockholm 1980
AHNLUND Nils, *Gustav Adolf den store,* Stockholm 1932 (deutsche Übersetzung unter dem Titel „Gustav Adolf" Berlin 1938)
AHNLUND Nils (Hg.), *Kejsardömet Skandinavien* (Historisk Tidskrift I, 35, 1934)
AHNLUND Nils, *Axel Oxenstierna intill Gustav Adolfs död,* Stockholm 1940
AHO James A., *Religious Mythology and the Art of War. Comparative Religious Symbolisms of Military Violence,* Westport, Conn. 1981
ALBRECHT Dieter, *Richelieu, Gustav Adolf und das Reich,* München 1959
ALBRECHT Dieter, *Die auswärtige Politik Maximilians von Bayern (1618–35)* (= Schriftenreihe der historischen Klasse bei der bayerischen Akademie der Wissenschaften 6, Göttingen 1962)
ALBRECHT Dieter, *Das konfessionelle Zeitalter. Zweiter Teil: Die Herzöge Wilhelm V. und Maximilian I.* (in SPINDLER Max, KRAUS Andreas [Hg.], *Handbuch der Bayerischen Geschichte,* Bd. II, München ²1988, 393–457)
ALBRECHT Dieter, *Die Kriegs- und Friedensziele der deutschen Reichsstände* (in REPGEN Konrad [Hg.] 1988, 241–273)
ALLMAYER-BECK Johann Christoph, LESSING Erich, *Die kaiserlichen Kriegsvölker. Von Maximilian I. bis Prinz Eugen. 1479–1718,* München 1978
ALM Josef, *Eldhandvapen. 1. Från deras tidigaste förekomst till slagåsets allmänna införande,* Stockholm² 1976
ANDERSON Matthew Smith, *War and Society in Europe of the Old Regime 1618–1789,* New York 1988
ANDERSON Perry, *Lineages of the Absolutist State,* London 1974
ANDERSON Roger Charles, *Naval Wars in the Baltic, 1522–1820,* London 1969
ANDERSSON Jngvar, *Schwedische Geschichte,* München 1950
ANKARLOO Bengt, *Europe and the Glory of Sweden: The Emergence of a Swedish Self-Image in the Early 17th Century* (in RYSTAD Göran 1983, 237–244)
ARNOLDSSON Sverker, *Krigspropagandan i Sverige före trettioåriga kriget,* Göteborg 1941

ATTMAN Artur, *The Russian and Polish Markets in International Trade 1560–1650*, Göteborg 1973

ATTMAN Artur, *The Struggle for the Baltic Markets. Powers in Conflict 1558–1618*, Göteborg 1979 (= Acta regiae societatis scientiarum et litterarum Gothoburgiensis, Humaniora 14)

AXEL-NILSSON Göran, *Pompa memoriae Gustavi Adolphi. Über einige von der Königin Christina projektierte Mausoleen* (in VON PLATEN, Magnus [Hg.], *Queen Christina of Sweden. Documents and Studies*, Stockholm 1966, 9–19)

ÅMODEER Kjell, *Die Rolle der Juristen in Schweden im 17. Jahrhundert. Eine rechtshistorische Skizze* (in RYSTAD Göran 1983, 119–134)

ÅBERG Alf, *The Swedish Army, from Lützen to Narva* (in ROBERTS Michael 1973b, 265–287)

ÅGREN kurt, *Breadwinners and Dependents. An Economic Crisis in the Swedish Aristocracy during the 1600s?* (in ÅGREN Kurt u. a., *Aristocrats, Farmers, Proletarians. Essays in Swedish Demographic History* = Studia Historica Upsaliensia 47, Stockholm 1973, 9–27)

ÅGREN Kurt, *Rise and Decline of an Aristocracy. The Swedish Social and Political Elite in the 17th Century* (Scandinavian Journal of History 1, 1976, 55–80)

ÅSTRÖM Sven-Erik, *The Swedish Economy and Sweden's Role as a Great Power. 1632–1697* (in ROBERTS Michael 1973b, 58–101)

ÅSTRÖM Sven-Erik, *The Role of Finland in the Swedish National and War Economics during Sweden's Period as a Great Power* (Scandinavian Journal of History 11, 1986, 135–147)

BARKER Thomas M., *The Military Intellectual and Battle. Raimondo Montecuccoli and the Thirty Years War*, Albany, N. Y. 1975

BARKMAN G. Bertil C:son, *Kungl. Svea Livgardes historia*, Bde. II und III, Stockholm 1938–39

BARUDIO Günter, *Absolutismus – Zerstörung der ‚libertären Verfassung'. Studien zur ‚Karolinischen Eingewalt' in Schweden zwischen 1680 und 1693* (= Frankfurter Historische Abhandlungen 13), Wiesbaden 1976

BARUDIO Günter, *Gustav Adolf der Große. Eine politische Biographie*, Frankfurt a. M. 1982

BARUDIO Günter, *Der Teutsche Krieg. 1618–1648*, Frankfurt a. M. 1985

BEAUFORT-SPONTIN Christian, *Harnisch und Waffe Europas. Die militärische Ausrüstung im 17. Jahrhundert*, München 1982

BEHRINGER Wolfgang, *„Erhob sich das ganze Land zu ihrer Ausrottung ..." Hexenprozesse und Hexenverfolgungen in Europa* (in VAN DÜLMEN Richard [Hg.], *Hexenwelten. Magie und Imagination vom 16.–20. Jahrhundert*, Frankfurt a. Main 1987, 131–169)

BERNER Felix, *Gustav Adolf. Der Löwe aus Mitternacht*, Stuttgart 1982

BIRELEY Robert, *The Thirty Years' War as Germany's Religious War* (in REPGEN Konrad 1988, 85–106)

BLACK Jeremy, *A Military Revolution? Military Change and European Society, 1550–1800*, Atlantic Highlands, N. J. 1991

BOGUCKA maria, *Sweden and Poland: Economic, Socio-political and Cultural Relations during the First Half of the 17th Century* (in RYSTAD Göran 1983, 161–167)

BOHMBACH Jürgen (Hg.), *Anspruch und Realität. Wirtschaftliche, soziale und politische Entwicklung in Schweden und seinen Besitzungen im 17. Jahrhundert. 2. Arbeitsgespräch schwedischer und deutscher Historiker in Stade am 18. und 19. Juni 1987*, Stade 1988

BOTHE Friedrich, *Gustav Adolfs und seines Kanzlers wirtschaftliche Absichten auf Deutschland*, Frankfurt a. M. 1910

BOWMAN Francis, *Sweden's Wars, 1611–1632* (Journal of Modern History 14, 1942, 357–369)

BÖHME Klaus-Richard, *Die Schwedische Besetzung des Weichseldeltas. 1626–1636*, Würzburg 1963

BÖHME Klaus-Richard, *Schwedische Finanzbürokratie und Kriegführung 1611 bis 1721* (in RYSTAD Göran 1983, 51–58)

BÖHME Klaus-Richard, *Probleme der schwedischen Kriegsfinanzierung während der Großmachtzeit* (in BOHMBACH Jürgen [Hg.] 1988, 43–48)

BÖTTCHER Diethelm, *Propaganda und öffentliche Meinung im protestantischen Deutschland 1628–1636* (Archiv für Reformationsgeschichte 44, 1953, 181–203 und 45, 1954, 83–98)
BRACHER Ulrich, *Gustav Adolf von Schweden. Eine historische Biographie*, Stuttgart u. a. 1971
BRÄNNMAN Erik, *Frälseköpen under Gustav II Adolfs regering*, Diss. Lund 1950
BRZEZINSKI Richard, *Gustavus Adolphus* (Military Illustrated 21, 1989, Oktober/November, 53–55)
BRZEZINSKI Richard, HOOK Richard, *The Army of Gustavus Adolphus. 1 Infantry, 2 Cavalry*, (= Osprey Men-at-Arms Series 235 und 262) London 1991 und 1993
BUCHHOLZ Werner, *Der Eintritt Schwedens in den Dreißigjährigen Krieg in der schwedischen und deutschen Historiographie des 19. und 20. Jahrhunderts* (Historische Zeitschrift 245, 1987, 292–314)
CARR Raymond, *Two Swedish Financiers: Louis de Geer and Joel Gripenstierna* (in BELL H. E. und OLLARD R. L. [Hg.], *Historical Essays 1600–1750 Presented to David Ogg*, London 1963 18–33)
CEDERSTRÖM Rudolf, *Gustav II Adolf vid Lützen – Livrustkammarens Lützenminnen*, Stockholm 1944
CHILIAN Hans, *„Geknechtete befreite er." Gustav Adolfs nordischer Freiheitskampf im Lichte unserer Zeit*, Leipzig 1939
CIPPOLLA Carlo M., *Guns and Sails in the Early Phase of European Expansion. 1400–1700*, London 1965
CLAUSEWITZ Carl von, *Strategische Beleuchtung mehrerer Feldzüge von Gustav Adolf, Turenne, Luxemburg und andere historische Materialien zur Strategie* (Hinterlassene Werke, Bd. IX) Berlin 1837
CORVISIER André, *Armées et sociétés en Europe de 1494 à 1789*, Paris 1976
CREVELD Martin van, *Supplying War. Logistics from Wallenstein to Patton*, Cambridge 1977
DAHLGREN E. W., *Louis de Geer, 1587–1652. Hans lif och verk*, 2 Bde., Uppsala 1923
DAHLGREN Stellon, *Estates and Classes* (in ROBERTS Michael 1973b, 102–131)
DEINERT Christa, *Die schwedische Epoche in Franken von 1631–1635*, Diss. Würzburg 1966
DELBRÜCK Hans, *Geschichte der Kriegskunst im Rahmen der politischen Geschichte*, Bd. I und IV, Berlin 1962 und 1964 (photomechanischer Nachdruck der 3. bzw. der 1. Auflage von 1920)
DEUTICKE Karl, *Die Schlacht bei Lützen 1632*, Diss. Gießen 1917
DICKMANN Fritz, *Der Westfälische Frieden*, Münster[5] 1985 (1959)
DIEMAR Herrmann, *Untersuchungen über die Schlacht bei Lützen (16. November 1632)*, Diss. Marburg 1890
DIWALD Hellmuth, *Wallenstein. Eine Biographie*, München 1969
DOEBERL Michael, *Das Kaiserprojekt und die letzten Absichten Gustav Adolfs nach bayerischer Auffassung* (Forschungen zur Geschichte Bayerns 15) 1907, 202–208
DOWNING Brian M., *The Military Revolution and Political Change. Origins of Democracy and Autocracy in Early Modern Europe*, Princeton, N.Y., 1992
DROYSEN Gustav, *Gustav Adolf*, 2 Bde., Leipzig 1869, 1870
DUFFY Michael, *The Military Revolution and the State 1500–1800*, Exeter 1980
EHLERT Hans, *Ursprünge des modernen Heerwesens. Die nassauisch-oranischen Heeresreformen* (Militärgeschichtliche Mitteilungen 38, 1985, 27–56)
EKHOLM Lars, *Kontributioner och krediter. Svensk krigsfinansiering 1630–1631* (in LANDBERG Hans u. a. 1971, 143–270)
EKHOLM Lars, *Rysk spannmål och svenska krigsfinanser 1629–1633* (Scandia 40, 1974, 64–102)
EKMAN Ernst, *Gothic Patriotism and Olof Rudbeck* (The Journal of Modern History 34, 1962, 52–62)
EKMAN Ernst, *Three Decades of Research on Gustavus Adolphus* (The Journal of Modern History 38, 1966, 243–255)

Ekstrand Gudrun, Sillén Katarina af (Hg.), *Gustav II Adolf – 350 år efter Lützen* (Katalog der Ausstellung in den Livrustkammaren 1982), Stockholm 1982

Ellenius Allan, *Gustav Adolf i bildkonsten: från* Miles Christianus *till nationell frihets-symbol* (in Ekstrand Gudrun 1982, 91–111)

Ellenius Allan, *Visual Culture in Seventeenth – Century Sweden. Images of Power and Knowledge* (in Losmann Arne, u.a. 1988, 41–67)

Elmroth Ingvar, *För kung och fosterland. Studier i den svenska adelns demografi och offentliga funktioner 1600–1900*, Lund 1981

Eriksson Gunnar, *Science and Learning in the Baroque Era* (in Losmann Arne, u.a. 1988, 69–84)

Ernstberger Anton, *Wallensteins Heeressabotage und die Breitenfelder Schlacht (1631)*, (Historische Zeitschrift 142, 1930, 41–72)

Franz Günther, *Der Dreißigjährige Krieg und das deutsche Volk. Untersuchungen zur Bevölkerungs- und Agrargeschichte*, Stuttgart[3] 1961 (1940)

Frauenholz Eugen von, *Das Söldertum in der Zeit des Dreißigjährigen Krieges* (= Entwicklungsgeschichte des deutschen Heerwesen III/1), München 1938

Frauenholz Eugen von, *Die Landesdefension in der Zeit des Dreißigjährigen Krieges* (= Entwicklungsgeschichte des deutschen Heerwesens III/2), München 1939

Generalstaben (Hg.), *Sveriges Krig, 1611–1632* (Bd. I *Danska och Ryska Krigen*, Stockholm 1936; Bd. II *Polska Kriget*, Stockholm 1936; Bd. III *Tyska Kriget intill mitten van Januari 1631*, Stockholm 1936; Bd. IV *Tyska Kriget från mitten av Januari 1631 till och med Breitenfeld*, Stockholm 1937; Bd. V *Från Breitenfeld till Lech*, Stockholm 1938; Bd. VI *Från Lech till Lützen*, Stockholm 1939; Bilagsband I *Sveriges Sjökrig, Krigförfattning och Härorganisation inom Tyska Riket, den Svenska spioneri – och underrättelsetjänstens organisation*, Stockholm 1937; Bilagsband II Jakobsson Th., *Beväpning och beklädnad*, Stockholm 1938)

Gerhardt Martin, Hubatsch Walther, *Deutschland und Skandinavien im Wandel der Jahrhunderte*, Bonn 1950

Gillgren Peter, *Magnus Gabriel De la Gardies bataljmålningar på Karlberg* (in Holmquist M. Bengt [Hg.], *Karlberg. Slott och Skola. Byggnader och Konst*, Västervik, 1992, 299–328)

Glamann Kristof, *Japanese Copper on European Market in the 17th Century* (in Kellenbenz Hermann 1977, 280–289)

Glaser Hubert (Hg.), *Um Glauben und Reich. Kurfürst Maximilian I. Beiträge zur Bayerischen Geschichte und Kunst 1573–1657*, Katalog der Ausstellung „Wittelsbach und Bayern" II/1 (Aufsatzband) und II/2 (Katalogband), München 1980

Goetze Siegmund, *Die Politik des schwedischen Reichskanzlers Axel Oxenstierna gegenüber Kaiser und Reich*, Diss. Kiel 1971

Gustafsson Lars, *Virtus politica. Politisk etik och nationellt svärmeri i den tidigare stormaktstidens litteratur*, Uppsala 1956

Gustafsson Lars, *Dienstadel, Tugendadel und Politesse mondaine. Aristokratische Bildungsideale in der schwedischen Großmachtzeit* (in Lohmeier Dieter, *Arte et Marte. Studien zur Adelskultur des Barockzeitalters in Schweden, Dänemark und Schleswig-Holstein* = Kieler Studien zur Deutschen Literaturgeschichte 13, Neumünster 1978, 109–127)

Gürsching H., *Gustav Adolf und München 1632* (in Festschrift zur Jahrhundertfeier der bayerischen Hauptgruppe im Gustav-Adolf-Werk, Ansbach, München 1951, 44–61)

Hahlweg Werner, *Die Heeresreform der Oranier und die Antike. Studien zur Geschichte des Kriegswesens der Niederlande, Deutschlands, Frankreichs, Englands, Italiens, Spaniens und der Schweiz vom Jahre 1589 bis zum Dreißigjährigen Kriege*, Berlin 1941

Hahlweg Werner, *Die oranische Heeresreform, ihr Weiterwirken und die Befreiung und Etablierung der Niederlande. Studien und Betrachtungen* (Nassauische Annalen 80, 1969, 137–157)

Hahlweg Werner, *Die Heeresreform der Oranier. Das Kriegsbuch des Grafen Johann von Nassau-Siegen,* Wiesbaden 1973 (= Veröffentlichungen der Historischen Kommission für Nassau 20)

Hale John R., *War and Society in Renaissance Europe 1450–1620,* New York 1985

Hamacher Theo, *Der Tod Gustav Adolfs. Eine unbeachtete, auf westfälische Kampfteilnehmer zurückgehende Darstellung Ferdinands von Fürstenberg* (in Westfälische Zeitschrift für vaterländische Geschichte und Altertumskunde 108, Münster 1958, 273–281)

Harms Wolfgang (Hg.), *Deutsche illustrierte Flugblätter des 16. und 17. Jahrhunderts,* Bd. 2, München 1980

Hartmann Peter Claus, *Bayern als Faktor der französischen Politik während des Dreißigjährigen Krieges* (in Glaser Hubert [Hg.] 1980, II/1, 448–455)

Hasselberg Gösta, *Halv regering. Ett tema i 1600-talets svenska statsrätt* (Kungl. humanistika vetenskaps-samfundets i Uppsala, Årsbok 1963–1964, 1966, 81–150)

Heckscher Eli F., Sveriges ekonomiska historia från Gustav Vasa, I, 1.2, Stockholm 1935, 1936

Heckscher Eli F., *An Economic History of Sweden,* Cambridge, Mass. 1954

Herlitz Carl, *Svenska Armén Regementen,* Stockholm 1970

Hessler Carl Arvid, *Gustaf II Adolfs konungaförsäkran* (Scandia 5, 1932, 167–204)

Hildebrand K.-G., *Das schwedische Eisen 1500–1650* (in Kellenbenz Hermann 1974, 1–16)

Hjärne Erland, *Från Vasatiden till Frihetstiden,* Stockholm 1929

Hommel Hildebrecht, *Das Madenhausener Gustav-Adolf-Bild des Meisters LS* (Die evangelische Diaspora 1932, Heft I, Februar, 7–10)

Hroch Miroslav, *Švédsky' zásah do třicetileté války* (Historia a vojenstvi 1962/2, 217–256)

Hroch Miroslav, *Der Dreißigjährige Krieg und die europäischen Handelsbeziehungen* (Wissenschaftliche Zeitschrift der Ernst-Moritz-Arndt-Universität Greifswald, gesellschafts- und sprachwissenschaftliche Reihe 12, 1963, 533–543)

Hroch Miroslav, *Handel und Wandel im Ostseeraum während des Dreißigjährigen Krieges. Zur Rolle des Kaufmannskapitals in der aufkommenden allgemeinen Krise der Feudalgesellschaft in Europa,* Prag 1976

Hubatsch Walther, *Im Bannkreis der Ostsee. Grundriß einer Geschichte der Ostseeländer in ihren gegenseitigen Beziehungen,* Marburg 1948

Hubatsch Walther, *Unruhe des Nordens. Studien zur deutsch-skandinavischen Geschichte,* Göttingen 1956

Inger Göran (Hg.), *Den svenska juridikens uppblomstring i 1600-talets politiska, kulturella och religiösa stormaktssamhälle – The Flourishing Jurisprudence in the Political, Cultural and Religious Seventeenth Century Society, Sweden's Age of Greatness* (= Rättshistoriska Studier, Serien 2, Bd. 9), Stockholm 1984

Jessen Hans (Hg.), *Der Dreißigjährige Krieg in Augenzeugenberichten,* Düsseldorf 1963

Johannesson Kurt, *Gustav II Adolf som retoriker* (in Ekstrand Gudrun 1982, 11–30)

Junkelmann Marcus, *Feldherr Maximilians: Johann Tserclaes Graf von Tilly* (in Glaser Hubert [Hg.] 1980, II/1, 377–399)

Junkelmann Marcus, *Gottes Kriege, Gottes Siege. Zur Darstellung des Dreißigjährigen Krieges in der fürstlichen und kirchlichen Repräsentationskunst* (in Voges Dietmar-H. [Hg.], *Frieden ernährt. Krieg und Unfrieden zerstört* = 27. Jahrbuch des Historischen Vereins Nördlingen, 1985, 221–263)

Kaiser David, *Politics and War. European Conflict from Philip II to Hitler,* Cambridge, Mass., 1990

Kellenbenz Hermann, *Spanien, die nördlichen Niederlande und der skandinavisch-baltische Raum in der Weltwirtschaft und Politik um 1600* (Vierteljahresschrift für Sozial- und Wirtschaftsgeschichte 41, 1954, 289–332)

Kellenbenz Hermann (Hg.), *Schwerpunkte der Eisengewinnung und Eisenverarbeitung in Europa 1500–1650,* Köln, Wien 1974

Kellenbenz Hermann, *Europäisches Eisen. Produktion – Verarbeitung – Handel (vom Ende des Mittelalters bis ins 18. Jahrhundert)* (in Kellenbenz Hermann 1974, 397–452)

Kellenbenz Hermann (Hg.), *Schwerpunkte der Kupferproduktion und des Kupferhandels in Europa 1500–1650*, Köln, Wien 1977

Kellenbenz Hermann, *Europäisches Kupfer, Ende 15. bis Mitte 17. Jahrhundert. Ergebnisse eines Kolloquiums* (in Kellenbenz Hermann 1977, 290–351)

Klaar Karl-Engelhardt, *König Gustav II. Adolf von Schweden* (in Schuhmann Günther 1982, 27–43)

Koppe Wilhelm, *Der Haushalt des schwedischen Reiches unter Gustav Adolf und Christina*, Habil. schrift (maschinenschriftl.) Kiel 1938

Kraus Andreas, *Maximilian I. Bayerns großer Kurfürst*, Graz, Regensburg u. a. 1990

Kraus Jürgen, *Die Fahnen und Uniformen der Reichsstadt Augsburg. 1545–1806* (= Veröffentlichungen des Bayerischen Armeemuseums 7), Ingolstadt 1983

Kretzschmar Johannes, *Gustav Adolfs Pläne und Ziele in Deutschland und die Herzöge zu Braunschweig und Lüneburg*, Hannover 1904

Kretzschmar Johannes, *Schwedische Handelskompanien und Kolonisationsversuche im sechzehnten und siebzehnten Jahrhundert* (Hansische Geschichtsblätter 17, 1911, 215–246)

Kroener Bernhard R., *Soldat oder Soldateska? Programmatischer Aufriß einer Sozialgeschichte militärischer Unterschichten in der ersten Hälfte des 17. Jahrhunderts* (Beiträge zur Militär- und Kriegsgeschichte 25, 1982, 100–123)

Krüger Kersten, *Dänische und schwedische Kriegsfinanzierung im Dreißigjährigen Krieg bis 1635* (in Repgen Konrad 1988, 275–298)

Kuhn Hanns, *Die Schweden vor Ingolstadt. 28. April – 4. Mai 1632* (Sammelblatt des historischen Vereins Ingolstadt 50, 1931, 79–142)

Kumelien Kjell, *Staat, Kupfererzeugung und Kupferausfuhr in Schweden 1500–1650* (in Kellenbenz Hermann 1977, 241–259)

Laber Hans Oskar, *Die Schweden in Augsburg von 1632 bis 1635*, München 1932 (= Münchner Historische Abhandlungen 2/1, 1932)

Lagerqvist Lars O., *Gustav II Adolfs likfärdsmynt från Wolgast*, Stockholm 1981

Landberg Hans, Ekholm Lars, Nordlund Roland, Nilsson Sven A., *Det kontinentala krigets ekonomi. Studier i krigsfinanziering under svensk stormakstid*, Stockholm u. a. 1971 (= Studia Historica Upsaliensia 36)

Landesmuseum Joanneum Graz, Abteilung Zeughaus, *Von alten Handfeuerwaffen. Entwicklung, Technik, Leistung* (Ausstellungskatalog), Graz 1989

Landström Björn, *The Royal War – ship Vasa*, Stockholm 1988 (Schwedische Originalausgabe 1980)

Lang Elisabeth Constanze, *Friedrich V., Tilly und Gustav Adolf im Flugblatt des Dreißigjährigen Krieges*, Diss. Austin 1974

Langer Herbert, *Stralsunds Entscheidung 1628* (Greifswald-Stralsunder Jahrbuch 4, 1964, 83f. und 94f.)

Langer Herbert, *Neue Forschungen zur Geschichte des Dreißigjährigen Krieges* (Zeitschrift für Geschichtswissenschaft 16, 1968, 931–950)

Langer Herbert, *Der Dreißigjährige Krieg. Hortus Bellicus. Eine Kulturgeschichte*, Gütersloh[3] 1982 (1980)

Lanitzki Günter, *Die Wasa von 1628. Illustrierte Geschichte des berühmten schwedischen Kriegsschiffes*, Berlin[2] 1986 (1984)

Lerche Otto, *Gustav Adolf. Deutsche Bilder und Stätten*, Hamburg 1932

Liddell Hart Sir Basil, *Große Heerführer. Dschingis Khan, Sabutai, Maréchal Saxe, Gustav Adolf, Wallenstein, General Wolfe*, Düsseldorf und Wien 1968 (engl. Original: *Great Captains Unveiled*, Edinburgh und London 1927)

Lindegren Jan, *Utskrivning och utsugning. Produktion och reproduktion i Bygdeå 1620–1640*, Uppsala 1980 (= Studia Historica Upsaliensia CXVII)

LINDEGREN Jan, *The Swedish „Military State", 1560–1720* (Scandinavian Journal of History 10, 1985, 305–336)
LORENTZEN Theodor, *Die schwedische Armee im Dreißigjährigen Kriege und ihre Abdankung*, Leipzig 1894
LÖVGREN Anna-Brita, *The King's Council in Sweden and in Europe during the 17th Century. Aspects of the Organization and Division of Business* (in RYSTAD Göran 1983, 71–94)
LÖVGREN Anna-Brita, *Die Bedeutung der Städte in der schwedischen Verwaltung* (in BOHMBACH Jürgen [Hg.] 1988, 7–12)
LOSMAN Arne, LUNDSTRÖM Agneta, REVERA Margareta (Hg.), *The Age of New Sweden*, Stockholm 1988
LUNDKVIST Sven, *Slaget vid Breitenfeld 1631* (Historisk tidskrift 1963, 1–38)
LUNDKVIST Sven, *Svensk krigsfinansiering 1630–1635* (Historisk tidskrift 1966, 377–421)
LUNDKVIST Sven, *The Experience of Empire: Sweden as a Great Power* (in ROBERTS Michael 1973b, 20–57)
LUNDKVIST Sven, *Gustav II Adolf som fältherre* (in EKSTRAND Gudrun 1982, 47–60)
LUNDKVIST Sven, *Verklighetsuppfattning och verklighet. En studie i Gustav II Adolfs handlingsramar* (in *Studier i äldre historia tillägnade Herman Schück* 5/4, Stockholm 1985, 227–241)
LUNDKVIST Sven, *Die schwedischen Kriegs- und Friedensziele 1632–1648* (in REPGEN Konrad 1988, 219–240)
LYNN John A., *Tactical Evolution in the French Army 1560–1660* (French Historical Studies 14, 1985, 176–191)
MAHR Helmut, *Wallenstein vor Nürnberg 1632. Sein Lager bei Zirndorf und die Schlacht an der Alten Veste, dargestellt durch den Plan der Gebrüder Trexel 1634*, Neustadt Aisch 1982
MAI Hartmut, SCHNEIDER Kurt, *Gustav-Adolf-Stätten in und bei Lützen* (= Das Christliche Denkmal 115) Berlin 1981
MANN Golo, *Wallenstein. Sein Leben erzählt von Golo Mann*, Frankfurt a. M. 1971
MEDIGER Walter, *Mecklenburg, Rußland und England-Hannover 1706–1721. Ein Beitrag zur Geschichte des Nordischen Krieges*, Hildesheim 1967, 2 Bde. (= Quellen und Darstellungen zur Geschichte Niedersachsens 70)
MEHRING Franz, *Gustav Adolf. Ein Fürstenspiegel zu Lehr und Nutzen der deutschen Arbeiter*, Berlin[2] 1908 (1894) (in Gesammelte Schriften 5, Berlin 1964, 299–360)
MILCH Werner, *Gustav Adolf und der 30jährige Krieg*, Jena 1926
MILCH Werner, *Gustav Adolf in der deutschen und schwedischen Literatur*, Breslau 1928
MILCH Werner, *Gustav Adolf. Sein Leben in Liedern*, Leipzig 1930
MONDFELD Wolfram zu, *Wasa. Schwedisches Regalschiff von 1628*, 2 Bde., München 1981
MONTGOMERY Ingun, *Gustav Adolf och religionen* (in EKSTRAND Gudrun 1982, 61–77)
MÜLLER Hermann-Dieter, *Der schwedische Staat in Mainz 1631–1636. Einnahme, Verwaltung, Absichten, Restitution*, Diss. Mainz 1979
NILÉHN Lars, *Sweden and Swedish Students abroad: the 17th Century and Its Background* (in RYSTAD Göran 1983, 97–117)
NILSSON Sven A., *Reaktionen mot systemskiftet 1611. En linje i Gustav Adolfs politik* (Scandia 1950, 1–37)
NILSSON Sven A., *På väg mot reduktionen. Studier svenskt 1600-tal*, Stockholm 1964
NILSSON Sven A., *Reduktion eller kontribution. Alternativ inom 1600-talets svenska finantspolitik* (in NILSSON Sven A., *På väg mot reduktionen*, Stockholm 1964, 86–123)
NILSSON Sven A., *Gustav II Adolf* (Svenskt Biografiskt Lexikon 81) 1967, 442–458)
NILSSON Sven A., *Från förläning till donation: Godspolitik och statshutshållning under Gustav II Adolf* (in NILSSON Sven A. 1990, 117–149, Erstpublikation 1968)
NILSSON Sven A., *Zusammenfassung. Kriegsfinanzierung während der schwedischen Großmachtzeit* (in LANDBERG Hans u. a. 1971, 453–479)

NILSSON Sven A., *Hemlandet och de stora krigen under Gustav II Adolfs tid* (in NILSSON Sven A. 1990, 150–177, Erstpublikation 1973)
NILSSON Sven A., *Sandbor och skattebönder. En studie av extraskatternas fördelning under 1500 och 1600-talen* (in NILSSON Sven A. 1990, 31–55, Erstpublikation 1977)
NILSSON Sven A., *Militärstaten i funktion* (in Gudrun EKSTRAND 1982, 31–46)
NILSSON Sven A., *1634 års regeringsform i det svenska statssystemet* (in NILSSON Sven A. 1990, 199–225, Erstpublikation 1984)
NILSSON Sven A., *Imperial Sweden: Nation-Building, War and Social Changes* (in NILSSON Sven A. 1990, 273–304, Erstpublikation 1988)
NILSSON Sven A., *De stora krigens tid. Om Sverige som militärstat och bondesamhälle – The Era of the Great Wars. Sweden as a Military State and its Agrarian Society* (= Studia Historica Upsaliensia 161), Stockholm 1990
NORDBERG Axel, *Polen i svensk politik 1617–1626*, Diss. Stockholm 1974
NORDLUND Roland, *Krig på avvecling. Sverige och det tyska kriget 1633*, Uppsala 1974
NORDMANN Claude, *L'armée suédoise au XVIIe siède* (Revue du Nord 54, 1972, 133–147)
NORDSTRÖM Johan, *De yverbornes ö. Sextonhundratalsstudier*, Stockholm 1934
NORDSTRÖM Lena, *Livrustkammaren* (Katalog), Uddevalla 1985
OAKLEY Stewart, *War in the Baltic, 1550–1790* (in BLACK Jeremy [Hg.], *The Origins of War in Early Modern Europe*, Edinburgh 1987, 52–71)
ÖSTERBERG Eva, *Violence among Peasants. Comparative Perspectives in Sixteenth and Seventeenth Century Sweden* (in RYSTAD Göran 1983, 257–275)
PARKER Geoffrey, *The Army of Flanders and the Spanish Road 1567–1659. The Logistics of Spanish Victory and Defeat in the Low Countries' Wars*, Cambridge 1972
PARKER Geoffrey, *The „Military Revolution, 1560–1660" – A Myth?* (in ders., *Spain and the Netherlands, 1559–1659*, Short Hills, N. J. 1979, 85–103)
PARKER Geoffrey, *Europe in Crisis 1598–1648*, Brighton, London 1980
PARKER Geoffrey, *The Thirty Years' War*, London u. a. 1984
PARKER Geoffrey, *The Military Revolution. Military Innovation and the Rise of the West, 1500–1800*, Cambridge 1988 (abgekürzt Geoffrey Parker 1988 a)
PARKER Geoffrey, *The Soldiers of the Thirty Years' War* (in REPGEN Konrad 1988, 303–315, abgekürzt Geoffrey Parker 1988 b)
PARROTT David A., *Strategy and Tactics in the Thirty Years' War: The „Military Revolution"* (Militärgeschichtliche Mitteilungen 38, 1985, 7–25)
PARROTT David, *The Military Revolution in Early Modern Europe* (History Today, Dezember 1992, 21–27)
PAUL Johannes, *Gustav Adolf in der deutschen Geschichtsschreibung* (Historische Vierteljahresschrift 25, 1931, 415–429)
PAUL Johannes, *Gustav Adolf*, 3 Bde., Leipzig 1927–1932
PAUL Johannes, *Gustav Adolf. Christ und Held*, Göttingen u. a. 1964
PETERS Jan, *Über die Ursachen der schwedischen Teilnahme am 30jährigen Krieg. Bemerkungen zur Gustav-Adolf-Auffassung bei Walther Hubatsch* (Wissenschaftliche Zeitschrift der Ernst-Moritz-Arndt-Universität Greifswald 8, 1958/59, 199–208)
PETTENGILL John S., *The Impact of Military Technology on European Income Distribution* (Journal of Interdisciplinary History X/2, 1979, 201–225)
POLISENSKY J. V., *War and Society 1618–1648*, Cambridge 1978
RABB Theodore K., *The Effects of the Thirty Years' War on the German Economy* (The Journal of Modern History 34, 1962, 40–51)
RANGSTRÖM Lena, *Gustav II Adolfs och Kristina tidens upptåg* (in dies., *Riddarlek och tornerspel. Sverige-Europa*, Katalog der Ausstellung in den Livrustkammaren 1992, Stockholm 1992, 144–158)
RANKE Leopold von, *Geschichte Wallensteins*, Leipzig[6] 1910 (1869)
REDLICH Fritz, *Contributions in the Thirty Years' War* (The Economic History Review, Second Series, XII, 1959–1960, 247–254)

REDLICH Fritz, *The German Military Enterpriser and His Work Force. A Study in European Economic and Social History* (= Vierteljahresschrift für Sozial- und Wirtschaftsgeschichte 47), Wiesbaden 1964

REPGEN Konrad (Hg.), *Krieg und Politik 1618–1648. Europäische Probleme und Perspektiven* (= Schriften des Historischen Kollegs. Kolloquien 8), München 1988

REVERA Margareta, *1600-talsbönderna och deras gerrar. Om jordägande, skatter och samhällsförändring i ljustet av nyare forskning – Seventeenth Century Peasants and their Lords: On Land Ownership, Taxation, and Social Transformation in The Light of Newer Research* (in INGER Göran 1984, 13–45)

REVERA Margareta, *The Making of a Civilized Nation. Nation-Building, Aristocratic Culture and Social Change* (in LOSMANN Arne u. a. 1988, 103–131)

RIEZLER Sigmund, *Geschichte Baierns*, Bde. 5 und 6 (1597–1657), Gotha 1903, Nachdruck Aalen 1964

RITTER Gerhard, *Gustav Adolf, Deutschland und das nordische Luthertum* (in ders., *Die Weltwirkung der Reformation*, München³ 1959 [1941], 134–145)

RITTER Moriz, *Deutsche Geschichte im Zeitalter der Gegenreformation und des Dreißigjährigen Krieges*, 3 Bde., 1890–1908

ROBERTS Michael, *Gustavus Adolphus. A History of Sweden 1611–1632*, 2 Bde., London u. a. 1953 und 1958

ROBERTS Michael, *The Military Revolution, 1560–1660*, Belfast 1956 (in leicht erweiterter Fassung neu abgedruckt in ROBERTS Michael 1967, 195–225)

ROBERTS Michael, *The Political Objectives of Gustav Adolf in Germany* (Transactions of the Royal Society, 5 th Series, vol. 7, 1957, wieder abgedruckt in ROBERTS Michael 1967, 82–110)

ROBERTS Michael, *On Aristocratic Constitutionalism in Swedish History, 1520–1720* (1966, in erweiterter Fassung wieder abgedruckt in ROBERTS Michael 1967, 14–55)

ROBERTS Michael, *Essays in Swedish History*, London 1967

ROBERTS Michael, *The Early Vasas: A History of Sweden 1523–1611*, Cambridge 1968

ROBERTS Michael, *Gustavus Adolphus and the Rise of Sweden*, London 1973 (abgekürzt Michael Roberts 1973 a)

ROBERTS Michael (Hg.), *Sweden's Age of Greatness*, London 1973 (abgekürzt Michael Roberts 1973 b)

ROBERTS Michael, *The Swedish Church* (in ROBERTS Michael 1973b, 132–202)

ROBERTS Michael, *The Swedish Imperial Experience. 1560–1718*, Cambridge 1979

ROBERTS Michael, *Oxenstierna in Germany, 1633–1636* (Scandia 48, 1982/1, 61–105)

ROBERTS Michael, *From Oxenstierna to Charles XII. Four Studies*, Cambridge 1991

ROECK Bernd, *Als wollt die Welt schier brechen. Eine Stadt im Zeitalter des Dreißigjährigen Krieges* [d.i. Augsburg], München 1991

ROSÉN Jerker, *Svensk historia*, Bd. I, Stockholm 1962

ROTHENBERG Günther E., *Maurice of Nassau, Gustavus Adolphus, and the „Military Revolution" of the Seventeenth Century* (in PARET Peter [Hg.], *Makers of Modern Strategy from Machiavelli to the Nuclear Age*, Princeton, N. J. 1986, 32–63)

RUDOLF Hans Ulrich (Hg.), *Der 30-jährige Krieg*, Darmstadt 1977

RUNEBY Nils, *Monarchia mixta. Maktfördelningsdebatt: Sverige unter den tidigare stormaktstiden*, Stockholm 1962

RUNEBY Nils, *Das „bedingte" Erbreich: Schweden* (in KUNISCH Johannes [Hg.], *Der dynastische Fürstenstaat. Zur Bedeutung von Sukzessionsordnungen für die Entstehung des frühmodernen Staates*, Berlin 1982, 293–314)

RUNEBY Nils, *Godh politie och regemente* (in EKSTRAND Gudrun 1982, 79–88)

RUNEBY Nils, *Barbarei oder Zivilität? Zur Entwicklung einer organisierten Gesellschaft im 17. Jahrhundert* (in RYSTAD Göran 1983, 203–218)

RYSTAD Göran, *Med råds råde eller efter konungens gottycke?* (Skandia 29, 1963, 157–249)

Rystad Göran, *Die Schweden in Bayern während des Dreißigjährigen Krieges* (in Glaser Hubert, 1980, II/1, 424–435)
Rystad Göran (Hg.), Europe and Scandinavia: Aspects of the Process of Integration in the 17th Century (= Lund Studies in International History 18), Stockholm 1983
Rystad Göran, *Introduction: Europe and Scandinavia in the 17th Century* (in Rystad Göran 1983, 13–29)
Rystad Göran, *The King, the Nobility and the Growth of Bureaucracy in 17th Century Sweden* (in Rystad Göran 1983, 59–70)
Schaedel Ludwig, *Gustav Adolf von Schweden in München* (Forschungen zur Geschichte Bayerns 16, 1908, 121–126)
Schäfer Dietrich, *Die Zusammenkunft Gustav Adolfs mit Christian IV. in Ulfsbäck 1629* (Preußische Jahrbücher 105, 1961, 39–62)
Schiller Friedrich von, *Geschichte des dreißigjährigen Krieges*, Stuttgart 1850
Schmidt Hans, *Wallenstein als Feldherr* (Mitteilungen des Oberösterreichischen Landesarchivs 14, 1984, 241–260)
Schormann Gerhard, *Der Dreißigjährige Krieg*, Göttingen 1985
Schück Hermann, *Sweden as an Aristocratic Republic* (Scandinavian Journal of History 9, 1984, 65–72)
Schuhmann Günther (Hg.), *Gustav Adolf, Wallenstein und der Dreißigjährige Krieg in Franken* (Ausstellungskatalog), Nürnberg 1982
Schwarz Herbert, *Gefechtsformen der Infanterie durch 800 Jahre*, 2 Bde. München 1977
Seidler Josef, *Untersuchungen über die Schlacht bei Lützen 1632*, Memmingen 1954
Seidler Josef, *Besteht noch ein Lützenproblem? Eine Antwort an Walther Hubatsch, Berthold Kitzig u. a.*, Memmingen 1971
Soom A., *Der baltische Getreidehandel im 17. Jahrhundert* (Kungl. Vitterhets Historie och Antikvitets Akademiens Handlingar. Historiska Serien) Stockholm 1961
Soop Hans, *The Power and the Glory. The Sculptures of the Warship Wasa*, Stockholm 1986
Sörensson Per, *Das Kriegswesen während der letzten Periode des Dreißigjährigen Krieges* (Historische Vierteljahresschrift 27, 1932, 575–600)
Sörensson Per, *Ekonomi och krigföring under Gustaf II. Adolfs tyska fälttåg 1630–1632* (Skandia 5, 1932, 295–320)
Srbik Heinrich Ritter von, *Zur Schlacht von Lützen und zu Gustav Adolfs Tod* (Mitteilungen des Österreichischen Instituts für Geschichtsforschung 41, 1926)
Stadler Barbara, *Pappenheim und die Zeit des Dreißigjährigen Krieges* (Diss. Zürich 1990), Winterthur 1991
Stavenow Åke, Schück Adolf (Hg.), *Katalog över Gustav II Adolfs Utställningen i Nordiska Museets Hall*, Stockholm 1932
Steinberg Sigfrid Henry, *The Thirty Years' War. A New Interpretation* (History 32, 1947, 89–102)
Strömbom Sixten, *Iconographia Gustavi Adolphi – Gustav II Adolf, samtida porträtt*, Stockholm 1932
Struck Walter, *Das Bündnis Wilhelms von Weimar mit Gustav Adolf*, Stralsund 1895
Struck Walter, *Gustav Adolf und die schwedische Satisfaktion* (Historische Vierteljahresschrift 2, 1899, 323–363, 463–516)
Teitge Hans, *Die Frage nach dem Urheber der Zerstörung Magdeburgs 1631*, Halle 1904 (= Hallesche Abhandlungen zur Neueren Geschichte 42)
Tham Wilhelm, *Den svenska utrikespolitikens historia*, Bd. I.2, 1560–1648, Stockholm 1960
Tingsten Lars, *Gustav II. Adolfs politik och krigföring i Tyskland 1630–32*, 1927
Treitschke Heinrich von, *Gustav Adolf und Deutschlands Freiheit*, Leipzig 1895
Wagner Eduard, *Tracht, Wehr und Waffen im Dreißigjährigen Krieg*, Hanau 1980
Weber Reinhard, *Würzburg und Bamberg im Dreißigjährigen Krieg. Die Regierungszeit des Bischofs Franz von Hatzfeld 1631–1642*, Diss. Würzburg 1979

Wehberg Hans, *König Gustav Adolf und das Problem der Annexion besetzten feindlichen Gebietes* (in *Liber Amicorum of Congratulation to Algot Bagge*, Stockholm 1956, 248–260)

Weibull Curt, *Gustav II. Adolf* (Scandia 6, 1933, 1–22, wieder abgedruckt in ders., *Historiska problem och utvecklingslinjer*, Stockholm[2] 1962, 73–92)

Weibull Curt, *Goternas utvandring från Sverige* (Scandia 23, 1955–57, 161–186)

Weibull Lauritz, *Gustave-Adolphe et Richelieu* (Revue historique 174, 1934, 216–229)

Wendt Einar, *Det svenska licentväsendet i Preussen 1627–1635*, Uppsala 1933

Westphal Otto, *Gustav Adolf und die Grundlagen der schwedischen Macht*, Hamburg 1932

Wittich Karl, *Magdeburg, Gustav Adolf und Tilly*, 2 Bde., Berlin 1874

Wittich Karl, *Gustav II. Adolf, König von Schweden* (Allgemeine Deutsche Biographie 10, 1879, 189–213)

Wittrock Georg, *Svenska handelskompaniet och kopparhandeln under Gustaf II Adolf*, Diss. Uppsala 1919

Wittrock Georg, *Gustav II Adolf*, Stockholm 1927

Wittrock Georg, *Gustav Adolfs Krigföring i Tyksland efter Striderna vid Nürnberg 1632*, Uppsala 1927

Wittrock Georg, *Die Schlacht von Lützen* (Historische Vierteljahresschrift 25, 1929, 45–55)

Zernack Paul, *Schweden als europäische Großmacht der frühen Neuzeit* (Historische Zeitschrift 232, 1981, 327–357)

Orts- und Personenregister

Die *kursiv* gesetzten Zahlen beziehen sich auf Abbildungslegenden und geben die Nummern der betreffenden Tafeln an. Die Buchstaben ä, ö, und å, welche im schwedischen Alphabet an letzter Stelle erscheinen, finden sich, wie die deutschen Diphthonge, unter a und o (bzw. u) eingereiht.